Dieter Schulze

Polen
Der Süden

REISE-HANDBUCH

Inhalt

Blühende Natur und 1000-jährige Städte 8
Reisen im Süden von Polen 10
Planungshilfe für Ihre Reise. 13
Vorschläge für Rundreisen................................... 18

Wissenswertes über Polens Süden

Steckbrief Polen 22
Natur und Umwelt 24
Wirtschaft, Soziales und aktuelle Politik............................. 32
Geschichte.. 37
Zeittafel 44
Gesellschaft und Alltagskultur 46
Architektur, Kunst und Kultur....................................... 52

Wissenswertes für die Reise

Anreise und Verkehr.. 64
Übernachten 67
Essen und Trinken.. 69
Outdoor 73
Feste und Veranstaltungen 75
Reiseinfos von A bis Z 78

Unterwegs in Polens Süden

Kapitel 1 – Breslau und Umgebung

Auf einen Blick: Breslau und Umgebung 92
Breslau 94
Ein Blick zurück 94
Altstadt... 95
Universitätsviertel... 100
Sandinsel · Dominsel.. 101
Rund um den Słowacki-Park...................................... 103
Freiheitsplatz 105
Vier-Tempel-Viertel.. 108

Östlich des Zentrums..............................109
Südlich des Zentrums 111

Die Umgebung von Breslau..........................116
Westlich und nördlich von Breslau.................116
Aktiv: Keramik selbst machen 121
Südlich von Breslau 125

Kapitel 2 – Riesengebirge und Glatzer Bergland

Auf einen Blick: Riesengebirge und Glatzer Bergland......134
Jelenia Góra und das Hirschberger Tal 136
Jelenia Góra 136
Aktiv: Fünf-Schlösser-Radtour im Hirschberger Tal..........140
Cieplice · Hirschberger Tal 142

Iser- und Riesengebirge 150
Świeradów Zdrój und Umgebung 150
Aktiv: Wanderung von der Heufuderbaude ins Tal ...152
Szklarska Poręba..................................155
Aktiv: Naturlehrpfad zum Zackelfall...............160
Jagniątków 161
Aktiv: Wanderung um Szklarska Poręba – Wälder,
    Wiesen, Wasserfälle 162
Karpacz...166
Aktiv: Wanderung rund ums Kirchlein Wang 168
Aktiv: Wanderung zur Schneekoppe..................170
Kowary 173

Glatzer Bergland 174
Kłodzko...174
Aktiv: Alles Im Fluss – Gondel- und Schlauchboottour......175
Westlich von Kłodzko..............................176
Südlich von Kłodzko 181
Aktiv: Wanderungen zu Wölfel, Spitzigem Berg, Schneeberg......184

Kapitel 3 – Oppelner Land und Oberschlesien

Auf einen Blick: Oppelner Land und Oberschlesien 188
Oppelner Land 190
Opole 190
Brzeg...194

Nysa und Umgebung 196
Moszna · Głogówek 199
Annaberg 200

Oberschlesien **202**
Katowice 202
Aktiv: Mit dem Rad nach Nikiszowiec 210
Gliwice 211
Tarnowskie Góry 215
Częstochowa 216
Pszczyna und Umgebung 221
Bielsko-Biała Żywiec 222
Żywiec 223

Kapitel 4 – Krakau und Hohe Tatra

Auf einen Blick: Krakau und Hohe Tatra 228
Krakau **230**
Orientierung · Hauptmarkt 230
Königsweg 233
Wawel 237
Universitätsviertel 240
Szczepański-Platz · Planty · Neue Welt 241
Kazimierz 244
Südliches Weichselufer 247

Die Umgebung von Krakau **260**
Wieliczka 260
Kalwaria Zebrzydowska 262
Wadowice 263
Oświęcim 266
Nationalpark Ojców 269
Aktiv: Wanderungen zu Höhlen & Schloss 270

Hohe Tatra **272**
Zakopane 272
Aktiv: Wanderung zur Kalatówki-Alm 278
Ausflüge ins Gebirge 282

Pieniny **286**
Krościenko 286
Szczawnica 287
Aktiv: Floßfahrt auf dem Dunajec 288
Niedzica 290

Poprad-Tal **291**
Krynica 291

Ausflüge von Krynica..292
Stary Sącz...293
Nowy Sącz...294
Weiterfahrt gen Osten 295

Kapitel 5 – Der tiefe Osten

Auf einen Blick: Der tiefe Osten............................298
Von Tarnów bis Przemyśl 300
Tarnów 300
Rzeszów 306
Łańcut..308
Jarosław 310
Przemyśl..311

Bieszczady...314
Sanok 314
Von Lesko bis nach Ustrzyki Górne..............................316
Ustrzyki Górne · Wetlina und Majdan 320
Aktiv: Wanderung im Dreiländereck 321
Komańcza und Umgebung...322

Zamość und Umgebung 326
Zamość..326
Nationalpark Roztocze 331

Lublin und Umgebung..332
Lublin 332
Die Umgebung von Lublin 341

Längs der Weichsel...343
Kazimierz Dolny..343
Aktiv: Wanderung zur Lössschlucht...........................348
Sandomierz..350
Baranów Sandomierski..352

Rund um die Heiligkreuzberge 353
Kielce...353
Nationalpark Heiligkreuz 354
Südlich von Kielce..355

Kapitel 6 – Warschau und zentrales Tiefland

Auf einen Blick: Warschau und zentrales Tiefland 358
Warschau und Umgebung 360
Warschau..360

Aktiv: Ins Grüne – Spaziergang durch den Łazienki-Park 370
Rund um Warschau 379

Łódź und Umgebung 383
Łódź 383
Rund um Łódź 392

Posen und Umgebung 394
Posen 394
Östlich von Posen 400
Südlich von Posen 402

Kulinarisches Lexikon 404
Sprachführer 406
Register 408
Abbildungsnachweis/Impressum 416

Themen

Die Rückkehr von Wisent, Bär und Wolf 28
Die Mythen der Unschuld 48
Breslau – eine deutsche Stadt? 106
Begegnungsstätte auf Gut Moltke 129
Geblasen und geschliffen – Glas aus der Juliahütte 148
Legenden von Rübezahl 156
Sehnsuchtsland am Fuß der Schneekoppe 164
Deutsche Minderheit 197
Katowice – das polnische Chicago 209
Die Madonna-Tour 220
800 Jahre Bier 224
Lust an Legenden 242
Das Krakau der Juden 248
Auf den Spuren des polnischen Papstes 264
Die Goralen, ein geschickter Menschenschlag 274
Die Kultur der Roma und Sinti 302
Bojken und Lemken, Holzkirchen und Ikonen 318
Polens Musikgenie: Chopin 381
Das gelobte Land 390

Alle Karten auf einen Blick

Breslau und Umgebung: Überblick 93
Breslau 98
Die Umgebung von Breslau 122

Riesengebirge und Glatzer Bergland: Überblick 135
Jelenia Góra 138
Radkarte Hirschberger Tal 140
Hirschberger Tal 143
Wanderkarte Świeradów Zdrój – Heufuderbaude 152
Wanderkarte Szklarska Poręba – Zackelfall 160
Wanderkarte Szklarska Poręba – Rundtour 162
Wanderkarte Karpacz – Kirche Wang 168
Wanderkarte Karpacz – Schneekoppe 170
Glatzer Bergland 180
Wanderkarte Międzygórze 184

Oppelner Land und Oberschlesien: Überblick 189
Opole 192
Oppelner Land 198
Katowice 206
Katowice – Nikiszowiec 210
Oberschlesien 213

Krakau und Hohe Tatra: Überblick 229
Krakau 234
Krakau – Kazimierz 246
Die Umgebung von Krakau 262
Oświęcim 266
Wanderkarte Nationalpark Ojców 270
Zakopane 276
Wanderkarte Zakopane – Kalatówki-Alm 278
Hohe Tatra 283
Pieniny 286

Der tiefe Osten: Überblick 299
Wanderkarte Bieszczady 321
Bieszczady 324
Zamość 328
Lublin 334
Kazimierz Dolny 346
Wanderkarte Kazimierz Dolny – Lössschlucht 348
Heiligkreuzberge 354

Warschau und zentrales Tiefland: Überblick 359
Warschau 364
Warschau – Łazienki-Park 370
Łódź 386
Die Umgebung von Łódź 393
Posen 396

Blühende Natur und 1000-jährige Städte

Höchste Zeit, Polen kennenzulernen! Das Land liegt vor unserer Haustür und wartet mit vielen Überraschungen auf. Zu entdecken sind historische Städte, allen voran Breslau, Krakau und Warschau, dazu Naturparadiese wie das Riesengebirge, die Hohe Tatra oder die Waldkarpaten. Und natürlich auch die Menschen, die zu neuen Ufern aufbrechen …

» La Pologne? La Pologne? Schrecklich kalt dort, nicht wahr?« – oft zitierte Worte von Wisława Szymborska, der Grande Dame der polnischen Literatur. Mit ihrer Frage lud sie nicht gerade dazu ein, ihre Heimat zu erkunden. Wer will schon in der Fremde frösteln? Doch lassen Sie sich nicht irritieren: Wer heute nach Polen reist und das Nachbarland noch von gestern kennt, macht große Augen – von Kälte keine Spur! Vielmehr gibt es regelrechte Hotspots, die einen auf Trab bringen: Metropolen, in denen es kulturell brodelt, in denen immer neue Museen und Konzerthäuser entstehen und ein Viertel nach dem anderen zum Szenequartier mutiert. Auch die kleinen Städte werden herausgeputzt, Marktplatz, Rathaus, Kirche und Bürgerhäuser schmuck restauriert. Die Menschen, die sich darin bewegen, wirken freundlich und offen. Sie sind es, die Traditionen bewahren und Historisches polieren, bis es glänzt. Neues wird so behutsam integriert, dass es das Bild nicht stört, bestenfalls moderne Akzente setzt. Auf dem Land sieht es ebenfalls gepflegt aus – nicht zuletzt machen das die hohen EU-Subventionen möglich.

Mit viel Engagement wird auch die Natur bewahrt. Nationalparks schützen außergewöhnliche Landschaften wie das Riesengebirge und die alpine Tatra, das Durchbruchstal des Dunajec und die Waldkarpaten, deren Buchenwälder sich im Herbst goldgelb färben – Indian Summer in Polens Osten! Bei so viel landschaftlicher Schönheit überrascht es nicht, dass viele Polen in ihrer Freizeit nach draußen gehen. Keine Sportart wird ausgelassen, um der Natur näherzukommen: Wander- und Radwege, Kanutouren und Klettersteige führen dorthin, wo man mit sich und den Elementen allein ist.

Polen ist uns geografisch nah, doch mental immer noch fern. Spricht man im ›Westen‹ von unserem Nachbarn, stellen sich Bilder von Maria ein, vom polnischen Papst, von schönen Frauen, Wodka und Chopin. Und vielleicht auch von Helden, Märtyrern und Autodieben. Eine bunte Mischung wird da aufgefahren und je nach Bedarf kommt Verächtliches dazu – wer den Schaden hat, braucht für den Spott nicht zu sorgen. Die Polen haben in ihrer 1000-jährigen Geschichte so einiges einstecken müssen. Mehrfach wurde ihr Land geteilt und der Herrschaft fremder Mächte unterworfen. Allerdings ist es ihnen immer wieder gelungen, den Kopf aus der Schlinge zu ziehen und sich zu behaupten. »Noch ist Polen nicht verloren« – bis heute wird die Nationalhymne mit Inbrunst gesungen: im Parlament und auf der Straße, aus feierlichem Anlass und bei sportlichem Triumph.

Die Vielfalt der polnischen Städte überrascht – oft glaubt man, unterschiedliche Länder zu bereisen. Das königliche Krakau, eine der schönsten Städte Mitteleuropas, besitzt eine Fülle kunsthistorischer Schätze: vom Marienaltar des Nürnberger Bildhauers Veit Stoß bis zum Arkadenhof der Jagiellonen-Universität. Habsburgischer Charme vereint sich mit italienischer Renaissance, Gemütlichkeit mit Leichtigkeit. In dieser Stadt der Kirchen, Kneipen und Cafés ist Lebensgenuss um einiges wichtiger als das schnelle Geld. Ganz anders in der Hauptstadt Warschau, wo das Big Business boomt und die Immobilienpreise Rekordmarken erreichen. Zwar gibt es auch hier eine Vorzeigealtstadt, nach dem Zweiten Weltkrieg perfekt rekonstruiert, doch wirkt sie mit ihrer noch frischen Patina wie die Kulisse zu einem Historienfilm. Wem Warschau zu kühl und hektisch erscheint, begibt sich nach Breslau: Kopfsteinpflaster, Jugendstillampen, bunt leuchtende Fassaden – eine Stadt wie für ein Fest geschmückt, in der sich üppiger Barock mit der Eleganz des Klassizismus paart. Dazwischen findet man Avantgarde des 20. Jh. – manch ein Architekt, der später Weltkarriere machte, stammt aus Breslau.

Ein Katzensprung ist es von Breslau ins Riesengebirge, Teil eines 500 km langen Höhenzugs, der sich ostwärts bis zur EU-Außengrenze erstreckt. Die Hohe Tatra ist das kleinste Hochgebirge der Welt und ein Dorado für Naturliebhaber. Gleiches gilt für die schwer auszusprechenden Bieszczady, die schon zu den Waldkarpaten gehören. Sie liegen weit im Südosten, dem ursprünglichsten Teil Polens. Hier wandert man noch durch Dörfer, in denen Holzkirchen mit zwiebelförmiger Kuppel an die Kultur der untergegangenen Lemken und Bojken erinnern. Wer nachts mit einem Ranger auf Pirsch geht, kann Bären und Wölfe beobachten. Einen besonderen Zauber üben auch die grenznahen Gebiete Ostpolens aus, wo noch Pferdefuhrwerke über Alleen rumpeln und das Korn mit der Sense geschnitten wird. Hier entstand Zamość, eine Renaissancestadt wie aus dem Bilderbuch, die Verwirklichung einer architektonischen Utopie. Von dort mag man weiterreisen nach Kazimierz Dolny, dem Kultort am Ufer der Weichsel. Da möchte man bleiben und sein Quartier aufschlagen, sich zurückfallen lassen ins goldene Zeitalter …

Der Autor

Dieter Schulze

Dieter Schulze studierte Slawistik, um Dostojewski im Original lesen zu können. Doch auf dem Weg nach Russland blieb er in Polen hängen und kehrt nun jedes Jahr zurück. Mit seiner polnischen Freundin reist er kreuz und quer durchs Land und staunt immer wieder darüber, wie viel Neues ihm dort begegnet – Polen ist in permanentem Umbruch! Beim DuMont Reiseverlag erschienen von ihm Reisebücher zu Krakau und Danzig sowie zur polnischen Ostseeküste. Im Winter zieht es Dieter Schulze in warme, südliche Gefilde, am liebsten auf die Kanarischen Inseln – und natürlich sind auch über sie Bücher entstanden!

Reisen im Süden von Polen

Warum in die Ferne schweifen, wenn das Gute liegt so nah? Setzen Sie sich ins Auto, in den Bus oder in den Zug und schon wenig später sind Sie am Ziel – ohne lange Anfahrt, ohne Jetlag und ohne Grenzkontrolle. Allein Polens Süden ist so abwechslungsreich, dass man hier locker zwei bis drei Urlaubswochen verbringen kann, ohne einen Hauch von Langeweile zu verspüren.

Der richtige Mix

Kultur- und Aktivurlaub lassen sich in Polens Süden bestens kombinieren. Die interessantesten Städte reihen sich im Vorgebirge wie Perlen auf einer Schnur: Breslau – Opole – Katowice – Krakau – Tarnów – Rzeszów – Przemyśl. Wer sich nach dem Städtetrip in die Natur begeben möchte, reist südwärts durch eine sanfte Hügellandschaft und trifft auf ein lang gestrecktes Mittel- und Hochgebirge. Sudeten und Karpaten, so werden Polens große Gebirgszüge genannt, die sich 500 km von der deutschen bis zur ukrainischen Grenze ziehen. In allen Bergregionen finden Wanderer und Mountainbiker bestens markierte Wege und ganzjährig geöffnete Hütten, für Wintersportler stehen Loipen und Pisten bereit. Weniger Sportive wählen die Seil- bzw. Bergbahnen, um auf die Gipfel zu gelangen. Im Gebirge befindet sich auch das Gros nostalgischer Kurorte, die auf eine jahrhundertelange Badetradition zurückblicken.

Kulturelle Höhepunkte

Polens Städte könnten gegensätzlicher nicht sein. Hier das dynamische, nach 1945 wieder aufgebaute **Warschau,** dort das in die Vergangenheit und den Genuss verliebte, im Krieg unzerstört gebliebene **Krakau.** Oder, gleichfalls nur zwei Autostunden voneinander getrennt, das erzkatholische **Częstochowa** und das ›gelobte Land‹ der Industriestadt **Łódź. Breslau,** das als Europäische Kulturhauptstadt viel Geld in neue Kunsttempel, aber auch in die Off-Szene gepumpt hat, kontrastiert mit **Posen,** das vor allem auf Business und Bildung setzt. Die Provinzhauptstadt **Opole** ist gemütlich-beschaulich, das benachbarte **Katowice** gerade dabei, den Geruch von Schweiß und Maloche abzustreifen, um das kulturelle Herz Oberschlesiens zu werden. Und auch im Kleinen ist Schönes zu entdecken: Ehemalige Residenzstädte mit prachtvollen Burgen und Klöstern, beeindruckende Gnaden- und Friedenskirchen in **Świdnica** und **Jelenia Góra.** Und im **Hirschberger Tal** kann man von einem Schloss zum nächsten fahren – nirgends in Europa gibt es auf so kleinem Raum so viele Adelssitze!

Naturerlebnisse

Von den Städten ist es nie weit in die Berge, die sich dort am schönsten zeigen, wo sie als Nationalpark geschützt sind. Von Breslau erreicht man schnell das **Riesengebirge** mit seinem glatt gezogenen Kamm, von dem man weit nach Böhmen blickt, und die von Wind und Wetter zernagten Tafelberge des **Glatzer Berglands.** Vor den Toren Krakaus liegt der kleine **Ojców-Nationalpark** mit bizarr verwitterten Kalksteinschluchten. Ganz anders präsentiert sich die **Hohe Tatra** mit zerklüfteten Graten und wieder anders die **Waldkarpaten** mit ihren windgepeitschten Hochsteppen und im Herbst golden leuchtenden Buchenwäldern.

Reisen auf eigene Faust

Eine gut ausgebaute touristische Infrastruktur und ein dichtes Netz öffentlicher Verkehrsmittel erleichtern das individuelle Reisen im Land. Man muss also nicht unbedingt das Auto nutzen, mit Zügen oder Bussen kommt man gleichfalls gut voran. In den letzten Jahren ist viel Geld in den Ausbau des Schienennetzes geflossen, die meisten Züge sind jüngeren Datums und bieten selbst im Regionalverkehr kostenlosen Internetzugang. Die Bahn als Transportmittel ist ideal für die West-Ost-Achse Breslau–Krakau–Przemyśl sowie Posen–Warschau–Lublin. Leichter mit dem Bus zu erreichen sind die Gebirgsorte im Süden und die Renaissancestadt Zamość im Osten. Ein paar Kleinode freilich, orthodoxe Waldkirchen und einsame Schlösser, liegen so sehr im Abseits, dass man sie nur kennenlernt, wenn man motorisiert ist.

Wer mit dem eigenen Fahrzeug unterwegs ist, freut sich über die neue Autobahn A 4, die von Görlitz über Breslau und Krakau bis zur Ostgrenze verläuft. Eine gute Option ist auch die Kombination Fly & Drive. Die internationalen Flughäfen Breslau, Katowice, Krakau, Rzeszów, Lublin, Łódź und Warschau werden zunehmend auch von Billig-Airlines angesteuert. So könnte man beispielsweise in den äußersten Osten nach Rzeszów fliegen, dort ein Mietauto für die Erkundung der Waldkarpaten nehmen und sich anschließend mit öffentlichen Verkehrsmitteln Richtung Westen zurücktreiben lassen.

Aufgrund der Entfernungen empfiehlt es sich, die Unterkunft mehrfach zu wechseln und vom jeweiligen Quartier aus Tagestouren zu unternehmen. Organisatorisch ist das kein Problem, denn auch in abgelegenen Bergdörfern findet man fast immer eine Pension oder ein Privatzimmer. Wer eine bestimmte Gegend intensiver kennenlernen möchte, quartiert sich am besten in einer der Provinzhauptstädte oder in einem der Ferienorte ein, wo man auch einmal auf eine lokale Reiseagentur zurückgreifen kann. Im Angebot sind Ausflüge in die

Befürchten Sie etwa, Polens historische Gemäuer hätten für Kids nichts zu bieten? Von wegen! Einmal so richtig Prinzessin spielen, das kann man in den Schlössern des Hirschberger Tals

jeweilige Umgebung mit deutsch- bzw. englischsprachigem Guide sowie natürlich jede Menge Outdoor-Aktivitäten wie Mountainbiken, Wandern, Kanutouren etc.

Die Alternative: pauschale Arrangements

Wer sich um die Organisation seiner Reise nicht kümmern will, wählt die bequeme Lösung und bucht pauschal über einen Veranstalter. An erster Stelle stehen Busrundreisen mit klassischem Sightseeingprogramm, wie sie z. B. **Studiosus,** www.studiosus.com, und – mit Schwerpunkt Schlesien – Senfkorn-Reisen, www.senfkorn.de, anbieten. Anspruchsvoll sind die von **Reise-Zeichen,** www.reise-zeichen.de, angebotenen Exkursionen in Polens Geschichte und Gegenwart. Kururlaub, von deutschen Krankenkassen bezuschusst, organisieren z. B. **Medikur-Reisen,** www.kuren.de, und **Travelnetto,** http://berge.travelnetto.de, Wander- und Radurlaub Wikinger Reisen, www.wikinger-reisen.de.

Tipps für die Terminplanung

Die Sommerschulferien beginnen in Polen landeseinheitlich am letzten Freitag im Juni und dauern bis zum letzten Freitag im August – dann ist in Polen Hochsaison. Auch wenn es die meisten Urlauber ans Meer zieht, sind doch viele auch in den Bergen unterwegs, sodass es schwierig sein könnte, spontan eine preisgünstige Unterkunft zu finden. In dieser Zeit empfiehlt es sich also, rechtzeitig zu reservieren. Ein weiterer gut gebuchter Termin ist das erste Maiwochenende, wo viele Polen nach dem langen Winter eine Frühlingsreise unternehmen. Über Weihnachten sind Winterferienorte wie Zakopane in der Hohen Tatra sowie Karpacz und Szklarska Poręba im Riesengebirge sehr gefragt.

Wer es einrichten kann, sollte in der Vor- und Nachsaison reisen, optimalerweise in den Monaten Juni und September, wenn milde Temperaturen gleichermaßen zu Städtetrips und Outdoor-Aktivitäten verlocken – ohne Massenandrang und zu deutlich niedrigeren Preisen.

WICHTIGE FRAGEN VOR DER REISE

Welche **Dokumente** braucht man für die Einreise? s. S. 64

Welches **Budget** muss ich für einen Urlaub in Südpolen einplanen? s. S. 86

Wie versorge ich mich in Polen mit **Bargeld?** s. S. 80

Welche **Kleidung** muss in den Koffer? s. S. 82

Empfiehlt sich ein **Mietwagen?** s. S. 10

Wie kann man mit **öffentlichen Verkehrsmitteln** herumreisen? s. S. 65

Muss ich die **Unterkunft** vorab buchen? s. S. 67

Wie informiert man sich über aktuelle **Wetterprognosen**? s. S. 83

Wie steht es um die **Sicherheit** im Land? s. S. 86

Welche **Wandergebiete** sind die schönsten? s. S. 74

Welche Attraktionen bietet Polen für **Kinder**? s. S. 82

Planungshilfe für Ihre Reise

Angaben zur Zeitplanung

Bei den folgenden Zeitangaben für die Reise handelt es sich um Empfehlungswerte für Reisende, die ihr Zeitbudget eher knapp kalkulieren.

 Kulturerlebnis   *Naturerlebnis*

1. Breslau und Umgebung

Nicht umsonst war Breslau im Jahr 2016 Europäische Kulturhauptstadt: Hier gibt es Architektur aus 1000 Jahren von der Gotik bis zur Avantgarde, neue spektakuläre Museen und eine rege Off-Szene, dazu viel Grün an den Ufern der Oder – und alles durchdrungen von Aufbruchstimmung. Vor den Toren der Stadt

Die Kapitel in diesem Buch

1. **Breslau und Umgebung:** S. 91
2. **Riesengebirge und Glatzer Bergland:** S. 133
3. **Oppelner Land und Oberschlesien:** S. 187
4. **Krakau und Hohe Tatra:** S. 227
5. **Der tiefe Osten:** S. 297
6. **Warschau und zentrales Tiefland:** S. 357

locken barocke Mega-Klöster, schmucke Residenzstädte, Märchenschlösser und Friedenskirchen, einiges davon als UNESCO-Weltkulturerbe prämiert.

 Breslau

Gut zu wissen: Breslau ist immer schön, am attraktivsten jedoch zur warmen Jahreszeit, wenn sich der Alltag draußen abspielt und viele Terrassencafés öffnen. Von Mai bis Ende September kann man bei Bootsfahrten auf der Oder entspannen oder auch selbst in Aktion treten und ein Paddel- oder Tretboot ausleihen. Ebenfalls nur in den warmen Monaten werden die empfehlenswerten Free Walking Tours durchgeführt. Stimmungsvoll ist Breslau allerdings auch in der Vorweihnachtszeit, wenn ein großer Christkindlmarkt stattfindet.

Die Altstadt und die Dominsel lassen sich gut zu Fuß zu bewältigen. Wollen Sie mehr in den Außenbezirken unterwegs sein und das gut ausgebaute Bus- und Tramnetz nutzen, empfiehlt sich der Kauf des günstigen 24- bzw. 48-Stunden-Tickets.

Die meisten Urlauber quartieren sich mehrere Tage in Breslau ein und erkunden von dort aus die Umgebung in Form von Tagesausflügen.

Zeitplanung

Breslau:	3 Tage
Bolesławiec, Legnica, Legnickie Pole und Głogów:	1 Tag
Trzebnica und Lubiąż:	halber Tag
Świdnica, Książ, Wałbrzych, Krzeszów und Walim:	1–2 Tage

---

2. Riesengebirge und Glatzer Bergland

Schluchten, Schneegruben, Seen und Wasserfälle: zwar nicht riesig, wie der Name nahelegt, aber doch dramatisch – und obendrein als Nationalpark geschützt. Am Fuß von Iser- und Riesengebirge liegen traditionsreiche Bergstädtchen wie Świeradów Zdrój, Szklarska Poręba und Karpacz, von denen aus sich großartige Wander- und Radtouren unternehmen lassen. Und im Vorland erstreckt sich das Hirschberger Tal, mit so vielen (Hotel-)Schlössern, wie sie nirgendwo sonst in Europa auf so kleinem Raum zu finden sind.

Östlich des Tals schließt sich das landschaftlich nicht weniger reizvolle Glatzer Bergland an: Ein 40 km breiter Kessel wird von über 1400 m ansteigenden Bergen umschlossen. Eingesprenkelt sind kleine Städte und mittelalterliche Klöster. Nostalgischen Reiz strahlen die in preußischer Zeit gegründeten Kurorte aus, die dort entstanden, wo Mineralquellen sprudeln. Dass es gleich vier sind, verdankt sich der hier brüchigen, an Verwerfungen reichen Erdplatte, die das Wasser aus der Tiefe freisetzt.

 Iser- und Riesengebirge

Gut zu wissen: Wer in den Bergen Einsamkeit sucht, sollte die Schulferien meiden – ideal sind die Monate Mai und Juni sowie der September. Action & Fun werden dagegen überwiegend im Juli und August geboten: ein großes internationales Biketreffen in Szklarska Poręba, hochkarätiges Straßentheater in Jelenia Góra, das Festival dell'Arte mit vielen Schlosskonzerten im Hirschberger Tal – um nur ein paar Beispiele zu nennen.

Skifahrer und Snowboarder kommen ab etwa Anfang Dezember auf ihre Kosten. Bis Ostern ist Wintersport möglich, zur Not werden Schneekanonen eingesetzt. Die Seilbahnen sind das ganze Jahr über in Betrieb: im Sommer für Wanderer, Gleitschirmflieger, Mountainbiker etc., im Winter für Skifahrer.

Wer eine Kur bucht, kann sich die Behandlungen von deutschen Krankenkassen bezuschussen lassen.

Zeitplanung

Isergebirge:	2 Tage
Riesengebirge:	3 Tage
Hirschberger Tal:	2 Tage
Glatzer Bergland:	2 Tage

3. Oppelner Land und Oberschlesien

Links der Oder bewaldete Hügel im Wechsel mit gewellten Getreidefeldern, rechts der Oder eine schier endlose Ebene, aus der nur der 385 m hohe Annaberg aufragt – dazwischen herausgeputzte Orte. Polnisch-deutsche Ortsschilder sind ein untrügliches Zeichen dafür, dass hier die deutsche Minderheit sehr stark ist: Etwa ein Drittel der Bevölkerung des Oppelner Landes hat die doppelte Staatsangehörigkeit. Provinzhauptstadt dieses ›Musterländles‹ ist Opole, ein beschaulicher, schmuck restaurierter Ort.

Ganz anders präsentiert sich Oberschlesien. Polens einstiger ›Ruhrpott‹ erfindet sich zurzeit neu: Ehrgeizige Infrastruktur- und Kulturprojekte sorgen dafür, dass sich die Hauptstadt Katowice zum Drehkreuz von Hightech und internationalem Handel entwickelt. Ehemalige Zechen wurden zu Museen umgebaut, eine 2017 sogar zum Weltkulturerbe ernannt. Eine Autostunde südlich von Katowice ändert sich das Bild: ländliche Idylle als Vorspiel zu den Schlesischen Beskiden.

- *Katowice*
- *Częstochowa*

Gut zu wissen: Die Städte sind per Zug bestens verbunden. In West-Ost-Richtung verläuft auch die (mautpflichtige) Autobahn A 4 und – parallel dazu in Oberschlesien – die Schnellstraße S 1. Vom Flughafen Katowice gelangt man südwestwärts auf der A 1 (Amber One) via Gliwice in Richtung tschechischer Grenze mit schnellen Abstechern nach Bielsko-Biała und Żywiec, nordwärts zum Wallfahrtsort Częstochowa.

Zeitplanung
Opole:	1–2 Tage
Moszna, Nysa, Paczków und Głogówek:	1 Tag
Brzeg und Gliwice:	1 Tag
Katowice und Tarnowskie Góry:	1–2 Tage
Częstochowa:	1 Tag
Pszczyna, Bielsko Biała und Żywiec:	1 Tag

4. Krakau und Hohe Tatra

An Krakau kann man sich nicht sattsehen: der große Marktplatz, der Wawelhügel über der Weichsel, das jüdische Viertel und der Stadtteil Neue Welt. So viel gibt es zu entdecken und zu erleben, dass Krakau längst als Polens heimliche Hauptstadt gilt.

Von der ehemaligen Königsstadt ist es nicht weit zum Salzbergwerk Wieliczka und nach Oświęcim mit dem ehemaligen Vernichtungslager Auschwitz. Südlich von Krakau schwingt sich die Hohe Tatra bis zu 2500 m auf. In ihrem Schatten liegen satte Almen und Seen wie das ›Meeresauge‹, am Fuß des Gebirges kauert Zakopane, ein Kultort mit attraktiver Holzarchitektur, aber auch Remmidemmi. Der Hohen Tatra nordöstlich vorgelagert sind die kleineren, gleichfalls schönen Pieniny. Östlich davon schließen sich die vom Poprad durchflossenen Sandezer Beskiden an, wo man verwunschene Holzkirchen mit zwiebelförmigen Türmen und Kuppeln entdeckt.

- *Krakau*
- *Wieliczka*
- *Oświęcim*

Hohe Tatra

Gut zu wissen: Empfehlenswert ist der Kauf der Krakowska Karta Turystyczna (›Krakauer Touristenkarte‹), die zum Eintritt in mehr als 40 Museen sowie zur Fahrt in öffentlichen Verkehrsmitteln berechtigt. Sie ist wahlweise für zwei oder drei Tage in allen Infobüros erhältlich. Menschen über 70 Jahre können die öffentlichen Verkehrsmittel in Krakau gratis benutzen! Unmotorisierte Besucher, die sich die Organisation von Ausflügen in die Umgebung etwas erleichtern möchten, wenden sich an eines der vielen Krakauer Reisebüros und buchen dort eine Tour; meist nennen sie sich Infostelle und sind mit einem ›i‹ markiert.

Die Schönheit der Hohen Tatra sorgt dafür, dass Zakopane stets gut besucht ist, besonders um den 1. Mai, von Ende Juni bis Ende August sowie über Weihnachten. Wer keinen Rummel mag, meidet diese Termine oder weicht in die weniger besuchten Nachbarorte aus.

Zeitplanung

Krakau:	4 Tage
Wieliczka:	halber Tag
Auschwitz:	1 Tag
Wadowice und Kalwaria:	halber Tag
Ojców-Nationalpark:	1 Tag
Zakopane:	1–3 Tage
Pieniny, Dunajec-Schlucht und Szczawnica:	2 Tage
Krynica, Stary Sącz und Nowy Sącz:	1–2 Tage

5. Der tiefe Osten

Je weiter östlich, desto multikultureller: Jahrhundertelang herrschten hier Magnaten, die so reich waren, dass sie Privatstädte besaßen. Sie luden Juden ein, Handel und Handwerk anzukurbeln, hinzu kamen Orthodoxe und Unierte aus der heutigen Ukraine und aus Armenien. Ihr Erbe spiegelt sich in einer reichen, exotisch angehauchten Architektur wider, z. B. in Tarnów, Rzeszów, Przemyśl und ganz besonders in Zamość. Zentrum der Region ist Lublin, wo einst die größte Rabbischule der Welt stand. Heute sorgen zwei Universitäten für die jugendliche Atmosphäre in der Stadt.

An der Weichsel, die sich unbegradigt durch die Landschaft schlängelt, bezaubern Renaissanceorte wie Kazimierz Dolny und Sandomierz. Holzkirchen mit Zwiebelkuppeln sehen Sie im gebirgigen Südosten, wo sich Wolf und Bär gute Nacht sagen. Hier liegen die Bieszczady (Waldkarpaten), ein Dorado für Wanderer.

- *Zamość*
- *Lublin*
- *Kazimierz Dolny*

 Bieszczady

Gut zu wissen: Autofahrer sollten vor der Fahrt in die Waldkarpaten bedenken, dass es dort nur wenige Tankstellen gibt (meist 7–18 Uhr, am Wochenende oft nur vormittags). Vor Ort sind Busse rar und bei einigen Strecken auf die Monate Juli und August beschränkt. Die ausgedehnten Buchenwälder bescheren den Waldkarpaten im September und Oktober einen Indian Summer, der lange Winter ist ideal für Schneeschuhwanderungen.

Zeitplanung

Tarnów und Rzeszów:	1–2 Tage
Łańcut und Przemyśl:	1 Tag
Bieszczady:	3 Tage
Zamość und Lublin:	2 Tage
Kazimierz Dolny und Sandomierz:	2 Tage
Kielce und Heiligkreuzberge:	1 Tag

6. Warschau und zentrales Tiefland

Städtetrilogie für Kulturliebhaber. Die erste im Reigen der Boomtowns im Süden ist Polens Hauptstadt Warschau, die mit einem vollen Kulturkalender aufwartet, mit Sehenswürdig-

keiten von traditionell bis trendy, mit großen Parks und Badestränden an der Weichsel.

Nur eine Zug- bzw. Autostunde entfernt liegt Łódź, das aus dem Nichts zur Textilmetropole Europas aufstieg – Backsteinfabriken wie Trutzburgen und Industriellenpaläste erinnern daran. Die Zeitreise von der Industrialisierung bis ins frühe 20. Jh. wird mit praller Gegenwart gewürzt: Mode, Film und Highlife am Wochenende.

Last but not least im Städtereigen: Posen, mit schmucker Altstadt, Dominsel und ›deutschem‹ Spirit.

- Warschau
- Łódź
- Posen

Gut zu wissen: Warschau und Łódź sind durch den Pendolino-Schnellzug, Warschau und Posen durch einen Eurocity miteinander verbunden. Die beste Jahreszeit für einen Besuch in Warschau sind die Monate Mai bis September, wenn Bootstouren auf der Weichsel möglich sind. Łódź ist den ganzen Sommer hindurch ein spannendes Reiseziel, besonders während des Festivals der vier Kulturen im September. In der dunklen Jahreszeit lockt Posen mit Martinsfest (11. Nov.) und Weihnachtsmarkt.

In Warschau lohnt sich der Kauf eines Tickets, mit dem man 1 bis 3 Tage lang alle öffentlichen Verkehrsmittel benutzen kann. In Posen bietet die Tourist Card freien Eintritt in Museen und die Nutzung von Bus und Tram.

Zeitplanung

Warschau:	3 Tage
Łódź:	2 Tage
Posen:	1 Tag

Nicht nur Gipfelerklimmer haben in Polens Süden ihren Spaß, auch eine Etage drunter lassen sich wunderbare Wandertouren unternehmen

Vorschläge für Rundreisen

▬ Durchs Gebirge nach Breslau (16 Tage)

1.–2. Tag: Von der deutsch-polnischen Grenzstadt Görlitz geht es via Lubań nach Świeradów Zdrój, ein ländliches Bäderidyll am Fuß des Isergebirges.

3.–4. Tag: Auf der Sudetenstraße erreichen Sie Szklarska Poręba, wo Sie einen Höhenbummel auf dem Reifträger unternehmen, die Glashütte und Haus Wiesenstein besuchen können.

5. Tag: Den Auftakt zum Hirschberger Tal bilden Piechowice und Pakoszów mit einem wunderschönen Schloss zum Entspannen. Aktive steigen zur Burg Kynast hinauf.

6.–7. Tag: Mit großartigen Kirchen, Laubengängen und Terrassenlokalen am Marktplatz ist Jelenia Góra ein attraktiver Zwischenstopp auf dem Weg zum Wasserschloss Karpniki – hier lässt es sich gut essen und schlafen.

8.–9. Tag: Von Karpacz geht es mit der Seilbahn auf die Schneekoppe und zu Fuß via Teichbaude wieder hinab. Zum Abschluss erwartet Sie die Stabholzkirche Wang.

10.–11. Tag: Via Kloster Krzeszów (Weltkulturerbe), Wałbrzych und Szczawno geht es zum Märchenschloss Fürstenstein (Książ).

12. Tag: Świdnica mit Schlesiens schönster Kirche (Weltkulturerbe) und die Begegnungsstätte in Krzyżowa sind lohnende Zwischenstopps auf dem Weg nach Kłodzko, dem Eingangstor zum Glatzer Bergland.

13.–14. Tag: Heuscheuer (Góry Stołowe) und Schneegebirge (Masyw Śnieżnika), Kurorte wie Polanica und Kudowa Zdrój sowie die Bärenhöhle wollen erkundet sein!

15.–16. Tag: Über das Zisterzienserkloster Henryków erreichen Sie Breslau, die Hauptstadt Niederschlesiens.

▬ Städtetrip – neun auf einen Streich (12 Tage)

1. Tag: Von Breslau geht es auf Nebenstraßen an der Oder entlang nach Brzeg mit schönem Schloss-Kirchen-Ensemble.

2. Tag: Opole gefällt mit lebendiger Altstadt und nettem Nachtleben.

3.–4. Tag: In Gliwice beginnt Oberschlesien mit Bergwerken und Eisenhütten – heute reloaded als Industriedenkmal. In Katowice lohnt die Kulturmeile und die revitalisierte Zeche Tarnowskie Góry (Weltkulturerbe).

5.–8. Tag: Die Königstadt Krakau lockt mit Wawelberg, Europas schönstem Marktplatz und dem jüdischen Viertel Kazimierz.

9. Tag: Auf der Route der Adlerhorste, quer durchs Jura-Hochland, erreicht man Częstochowa, Polens größten Wallfahrtsort.

10. Tag: Łódź ist wieder weltlichen Freuden zugetan: Mode, Film und moderne Kunst.

11.–12. Tag: Posen punktet mit vitaler Altstadt, Dominsel und Kaiserschloss.

▬ Von Krakau in die Karpaten (14 Tage)

1.–4. Tag: Von Krakau fahren Sie gen Süden in die Tatra. Am Fuß des Gebirges liegt Zakopane mit origineller Holzarchitektur. Seil- und Bergbahnen führen auf die Gipfel, wo aussichtsreiche Wandertouren starten. Oder Sie fahren zum ›Meeresauge‹ und umrunden den See.

5.–6. Tag: Noch mehr Natur! Nahe dem Kurort Szczawnica schlängelt sich der Dunajec durchs Pieniny-Gebirge – auf ihm lässt sich eine geführte Floßfahrt unternehmen.

7.–8. Tag: Über Stary Sącz und längs des schäumenden Poprad erreichen Sie den nostalgischen Kurort Krynica.

9.–11. Tag: Das Passstädtchen Dukla markiert die Grenze zu den Waldkarpaten. Von Wetlina bzw. Ustrzyki Górne bieten sich großartige Wandertouren an – aussichtsreiche Höhenbummel mit Natur, so weit das Auge reicht.

12. Tag: Auf der ›Großen Schleife‹, vorbei am Solina-See, geht's nach Sanok mit Skansen und Schloss. Multikulturell ist auch die Grenzstadt Przemyśl mit Kathedralen für Katholiken, Orthodoxe und Unierte.

13. Tag: Über das historische Stetl Jarosław erreichen Sie Schloss Łańcut, auch eine schöne Synagoge gibt es hier.

14. Tag: Kurz vor Krakau kann man im Salzbergwerk Wieliczka (Weltkulturerbe) in eine geheimnisvolle Unterwelt hinabsteigen.

▬ Perlen im Osten (12 Tage)

1.–2. Tag: Spazieren Sie in Tarnów durch die Altstadt, besuchen Sie die Museen und lassen Sie den Tag bei einem Gläschen Tarninówka auf dem Marktplatz ausklingen.

3. Tag: Rzeszów, die Hauptstadt der Provinz Vorkarpaten, gefällt mit ihrem restaurierten historischen Kern, der auch underground besichtigt werden kann.

4.–5. Tag: Die im 16. Jh. entworfene Idealstadt Zamość strahlt bis heute einen großen Zauber aus. Kontraste bietet der Roztocze-Nationalpark – Wälder, kleine Seen mit Badestrand und zottelige Wildpferde.

6.–7. Tag: Lublin, Hauptstadt der gleichnamigen Provinz, hat eine Burg (Weltkulturerbe) und ein reiches jüdisches Erbe, das neu entdeckt wird. Im Schloss Kozłówka steht Barock in Kontrast zu Sozialistischem Realismus.

8.–9. Tag: An der Weichsel liegt Kazimierz Dolny – klein, aber so fein, dass man gern länger bleibt. Hier lässt sich eine Bootsfahrt auf dem Fluss unternehmen und ein Landschaftspark erkunden.

10.–12. Tag: Auf Nebenstraßen längs der Weichsel gelangen Sie nach Warschau. Polens Hauptstadt ist reich ist an Kunst, Kultur und Geschichte.

Wissenswertes über Polens Süden

»Im Leben wie auf der Schaukel: einmal
oben, einmal unten, aber immer verschaukelt.«
Andrzej Majewski

Wenn die Füße vom Sightseeing wehtun, kann man sich hervorragend in Polens lässigen Bars ausruhen

Steckbrief Polen

Daten und Fakten
Name: Republik Polen (Rzeczpospolita Polska)
Hauptstadt: Warschau (Warszawa) (1,7 Mio. Einw.)
Amtssprache: Polnisch, im Oppelner Land auch Deutsch

Fläche: 312 685 km²
Einwohnerzahl: 38,5 Mio.
Bevölkerungsdichte: 123 Einw./km²
Bevölkerungswachstum: – 0,11 %
Lebenserwartung: 73,9 (Männer), 82,0 (Frauen)

Währung: Złoty (zł)
Zeitzone: Polen gehört wie Deutschland zur mitteleuropäischen Zeitzone (MEZ)
Landesvorwahl: 0048
Internet-Kennung: .pl

Landesflagge: Die Flagge der Republik Polen besteht aus zwei waagerechten Streifen in den Farben Weiß und Rot. Nur bei offiziellen Anlässen wird eine Flagge verwendet, die auch das polnische Staatswappen zeigt – ein goldgekrönter weißer Steinadler mit goldenem Schnabel auf einem roten Schild. Dieser größte in Polen lebende Raubvogel ist ein Symbol für Stärke und Autonomie.

Geografie
Polen hat mit der Ostsee im Norden sowie dem Gebirgszug der Sudeten und Karpaten im Süden eine klar definierte geografische Grenze. Im Westen übernehmen Oder und Lausitzer Neiße – mal mehr, mal weniger genau – diese Funktion, im Osten Bug und San. Die Landschaften verlaufen in Nord-Süd-Richtung in parallelen Streifen: An die 524 km lange Ostseeküste mit Sandstränden, Dünen und Klippen schließt sich ein breiter Hügelgürtel an. Eingelagert sind die pommersche und die masurische Seenplatte, die durch die Weichsel voneinander getrennt werden. Die Mitte des Landes nehmen das Großpolnische und das Masowische Tiefland ein. Südlich davon erstrecken sich Mittelgebirge, die sich an der Landesgrenze zu Tschechien und der Slowakei zum Hochgebirge aufwerfen. Von den Sudeten über die Tatra bis zu den gering bevölkerten Bieszczady dominiert urwüchsige Natur.

Geschichte
Zwar reichen erste Spuren menschlicher Besiedlung zwischen Oder und Bug 180 000 Jahre zurück, doch erst die Kelten und Skythen errichteten ab ca. 1300 v. Chr. größere befestigte Siedlungen. Germanen und Goten drängten sie zurück, während der Völkerwanderung kamen slawische Stämme aus dem Dnjepr-Gebiet in das Gebiet. Herzog Mieszko I. (ca. 960–992) vermochte es, diese zu einen. Seinem Nachfolger, Bolesław Chrobry, gelang im Jahr 1000 die Gründung des christlichen Staates Polen (*pole* = Feld).

Nach einem machtvollen Auftakt zerfiel dieser in konkurrierende Fürstentümer, erst 1320 wurde Polen als Königreich neu begründet. Unter den Dynastien der Piasten und Jagiellonen erlebte der Staat seine goldene Epoche mit Krakau als Hauptstadt. In der Zeit der Wahlmonarchie, der sogenannten Adelsrepublik (1572–1795), wurde Polen derart geschwächt, dass es für die Nachbarn ein Leichtes war, sich das Land einzuverleiben.

Erst 1918, nach 123-jähriger Fremdherrschaft, entstand wieder ein souveränes Polen, allerdings nur für kurze Zeit: Von 1939 bis 1945 wurde es von Deutschland besetzt, von 1945 bis 1990 stand es unter dem Einfluss der Sowjetunion. Nach dessen Selbstauflösung integrierte sich Polen in die Bündnissysteme des Westens (NATO, EU).

Staat und Politik

Seit 1990 ist Polen eine parlamentarische Demokratie mit einem für fünf Jahre gewählten, mit starken Befugnissen ausgestatteten Präsidenten. Dieser fungiert als oberster Repräsentant des Staates und zugleich als Oberbefehlshaber der Streitkräfte. Amtsträger ist seit 2015 Andrzej Duda. Auf vier Jahre wird der Ministerpräsident gewählt, seit Ende 2017 hat Mateusz Morawiecki diesen Posten inne. Beide Politiker stammen aus den Reihen der nationalkonservativen, katholisch ausgerichteten Partei Prawo i Sprawiedliwość (›Recht und Gerechtigkeit‹), kurz PiS. Seit diese die Regierung übernahm, werden demokratische Rechte radikal abgebaut, Medien und Justizapparat unterliegen immer stärker staatlicher Kontrolle. Ermahnungen seitens der EU-Kommission blieben bislang fruchtlos.

Polen ist seit 1999 in 16 Woiwodschaften unterteilt, die in etwa den Status deutscher Bundesländer besitzen. Im Süden des Landes sind dies: Niederschlesien (Dolny Śląskie) mit der Hauptstadt Breslau (Wrocław), das Oppelner Land (Opolskie) mit der Hauptstadt Opole (Oppeln), Schlesien (Śląskie) mit der Hauptstadt Katowice (Kattowitz), Kleinpolen (Małopolskie) mit der Hauptstadt Krakau (Kraków), die Vorkarpaten (Podkarpackie) mit der Hauptstadt Rzeszów, das Lubliner Land (Lubelskie) mit der Hauptstadt Lublin, Masowien (Mazowsze) mit der Hauptstadt Warschau (Warszawa) und Großpolen (Wielkopolskie) mit der Hauptstadt Posen (Poznań).

Wirtschaft und Tourismus

Bis 1945 war Polen ein Agrarland, dann wurde auf Industrialisierung gesetzt. Wichtige Rohstoffe wie Stein- und Braunkohle, Blei, Kupfer und Zink lagern im Süden, vor allem in Oberschlesien. Der Anteil der Industrie am Bruttosozialprodukt liegt heute bei 38 %, der der Landwirtschaft ist auf 3 % gesunken. Stark angestiegen ist die Bedeutung des Dienstleistungssektors (59 %), hier vor allem der des Tourismus: Er wird sowohl in den Städten als auch auf dem Land kontinuierlich ausgebaut. Viel investiert wird im Kultur- und Aktiv-, Kur- und Wellnessbereich. Die restlichen Prozente des Bruttosozialprodukts entfallen auf Baugewerbe, Forstwirtschaft und Fischerei.

Nach dem EU-Beitritt Polens 2004 sind ca. 2 Mio. meist junger Menschen vor allem nach Großbritannien und Irland emigriert – nur eine kleine Zahl von ihnen kehrte in den vergangenen Jahren zurück. Die Arbeitslosenquote liegt bei etwa 5 %, freie Stellen werden zunehmend mit Ukrainern besetzt. Mehr als 1 Mio. Ukrainer leben bereits im Land, doch die wenigsten von ihnen sind als polnische Staatsbürger anerkannt. Sie sind Migranten, keine Flüchtlinge, müssen sich ohne Hilfe der Behörden durchschlagen. Man findet sie im Hotel- und Gastronomiegewerbe, auf dem Bau, in Putz- und Pflegeberufen. Fast immer ist ihre Arbeit schlecht entlohnt.

Bevölkerung und Religion

Nur etwa 3 % von Polens Bevölkerung sind nationale Minderheiten: vor allem Ukrainer, ferner Deutsche, Weißrussen, Litauer, Slowaken, Roma und Sinti sowie Tschechen.

Bei der letzten Volkszählung bekannten sich 87,2 % der polnischen Bevölkerung zum römisch-katholischen Glauben. Dazu kommen Griechisch-Katholische (Unierte) und Griechisch-Orthodoxe, Evangelische (Augsburger Konfession), Altkatholiken, Zeugen Jehovas, Muslime und Juden.

Natur und Umwelt

Noch investiert Polens Regierung viel Geld in den Umweltschutz: Saurer Regen, Luft- und Wasserverschmutzung sollen bald der Vergangenheit angehören. Allein im Süden finden sich 14 Nationalparks, die die unterschiedlichsten Landschaften umfassen – von fruchtbaren Tiefebenen über Tafelberge und windgepeitschte Hochalmen bis zu den alpinen Gebirgszügen der Hohen Tatra.

Polen liegt im östlichen Mitteleuropa und umfasst eine Fläche von 312 685 km². Das Land, etwas kleiner als Deutschland, aber größer als Großbritannien und Italien, hat eine kompakte, fast runde Form und reicht von Oder und Neiße bis zum Bug, von der Ostseeküste bis zu den Sudeten und Karpaten. In Nord-Süd-Richtung beträgt die maximale Ausdehnung 649 km, in West-Ost-Richtung 689 km. Außer an Deutschland (im Westen) grenzt es an die Tschechische und die Slowakische Republik (im Süden), an die Ukraine und Weißrussland (im Osten) sowie an Litauen und Russland (im Nordosten).

Landschaftstypen

Polen wird in westöstlich verlaufende Landschaftsräume unterteilt. Die Städte Posen und Warschau, die die Grenze zwischen Nord- und Südpolen markieren, liegen in einer von Urstromtälern durchzogenen **Tiefebene**, die fast 50 % der polnischen Landesfläche einnimmt. Einst war sie dicht bewaldet, doch bereits im Mittelalter wurden die Bäume gefällt, weil sich der fruchtbare Lehm- und Lößboden bestens für Ackerbau eignete. Heute bestimmen Kartoffel- und Getreidefelder das Bild des sanft gewellten großpolnisch-masowischen Flachlands, von vielen mit der typisch polnischen Landschaft gleichgesetzt – weit gefehlt.

Nach Süden zu steigt das Tiefland zunächst gemächlich an, die geografische Gestalt wurde auch hier von der letzten Eiszeit geprägt. Eine weite **Hügelkette** erstreckt sich vom Annaberg in Oberschlesien über Częstochowa und die Heiligkreuzberge bis zum Lubliner Land. Wiederum südlich davon schließt sich Polens **Berglandschaft** mit den Sudeten (Iser- und Riesengebirge sowie Glatzer Bergland) und den Karpaten (Hohe Tatra, Beskiden und Bieszczady) an. Die beiden Gebirgszüge sind durch das Odertal – die sogenannte Mährische Pforte im Dreiländereck Polen, Tschechien und Slowakei – voneinander getrennt und haben größtenteils Mittelgebirgscharakter. Alpin ist nur die Hohe Tatra, die am Rysy 2499 m erreicht – Polens höchster Gipfel.

Naturschutzgebiete

23 % der Landesfläche stehen unter Naturschutz. Landschaftsparks *(parki krajobrazowe)* und zahlreiche Reservate *(rezerwy)* bewahren malerische Täler, Wälder und Flussläufe. Die spektakulärsten, tier- und pflanzenreichsten Landschaften werden als Nationalparks *(parki narodowe)* geschützt.

Von Berlin nur drei Autostunden entfernt liegt der **Nationalpark Riesengebirge** (Karkonoski Park Narodowy) mit der 1602 m hohen Schneekoppe (Śnieżka), der höchste Punkt der Sudeten. Zusammen mit dem tschechischen Teil des Schutzgebiets wurde er zum UNESCO-Biosphärenreservat ernannt. Die Kammlinie wirkt von Weitem wie mit dem Lineal gezogen, alles Schroffe und Zackige haben Wasser und

Naturschutzgebiete

Wind im Laufe der Jahrmillionen abgetragen. Eiszeitliche Vergletscherung ließ Täler, Gruben und Seen entstehen, in der grandiosen Gesteinswüste blieben nur einige widerspenstige Felsen als Monolithen erhalten.

Südöstlich davon befindet sich im Glatzer Bergland der **Nationalpark Heuscheuergebirge** (Park Narodowy Gór Stołowych), der korrekt übersetzt eigentlich ›Tischgebirge‹ heißen müsste. Riesige Quadersandsteine, oben flach wie ein Brett, ragen hier mehrere Hundert Meter senkrecht auf. Ins poröse Gestein haben die Kräfte der Erosion enge und tiefe Spalten geschnitten, ein richtiggehendes Felslabyrinth, das durch Wanderwege erschlossen ist.

Die Mährische Pforte im Dreiländereck Polen, Tschechien und Slowakei markiert den Übergang zum Karpatenbogen, der sich 300 km bis zu Polens Ostgrenze und darüber hinaus erstreckt. Die Karpaten, das nach den Alpen größte Bergmassiv Europas, bestehen aus mehreren, sehr unterschiedlichen Gebirgsketten. Besonders eindrucksvoll ist das Gebiet des **Nationalparks Hohe Tatra** (Tatrzański Park Narodowy). An ihrer Westseite, wo malerische Täler die Landschaft durchziehen, hat die Tatra fast anmutigen Charakter. Dagegen türmen sich im Zentrum und an ihrer Ostseite schroffe Felswände zu einer Festung aus Moränenwällen und zerklüfteten Graten auf. In Einschnitten und Tälern verbergen sich mehr als 100 Seen, deren zumeist türkisfarbenes Wasser sich reizvoll abhebt vom grauen Granit und dem Weiß des ewigen Eises. Mit 35 ha ist der Morskie Oko (›Meeresauge‹) der größte aller Seen, oberhalb davon liegt der nur über steile Pfade erreichbare Czarny Staw, der ›Schwarze Teich‹. Auch die Tatra wurde mit ihrem slowakischen Pendant auf die Liste der UNESCO-Biosphärenreservate gesetzt.

Von der Tatra spannt sich ein schmaler, aber dramatisch zerklüfteter Gebirgskamm mit dem **Nationalpark Pieninen** (Pieniński Park Narodowy) ostwärts. Am besten lernt man das Schutzgebiet bei einer Floßfahrt auf dem Dunajec kennen. Die etwa 15 km lange Stre-

Außerordentlich hübsche Kuhschellen, auch die gibt es in in unserem Nachbarland …

cke führt durch eine canyonartige Schlucht, vorbei an steilen, mehrere Hundert Meter hohen Felswänden.

Im äußersten Südosten Polens liegt der **Nationalpark Waldkarpaten** (Bieszczadzki Park Narodowy), eine urwüchsige, kaum besiedelte Landschaft mit dicht bewaldeten, steilen Berghängen. Auch dieses Gebiet wurde von der UNESCO zum Biosphärenreservat erklärt und reicht weit in die benachbarte Ukraine und die Slowakei hinein. Aufgrund des rau-kontinentalen Klimas liegt die Baumgrenze in den Bieszczady schon bei 1100 m. Oberhalb dieser Marke erstrecken sich steppenartige, windgepeitschte Hochalmen, die an die schottischen Highlands erinnern.

Flora und Fauna

Mischwälder im Tiefland, Nadelwälder im Hochland und in Regionen über 1800 m alpines Grasland – floramäßig sieht Polen ähnlich wie Deutschland aus. Wie überall in Europa wurden auch in Polen in den letzten 1000 Jahren immer größere Flächen gerodet, um Anbauflächen zu gewinnen. Nur 30 % des Landes sind noch bewaldet. Farbenfrohen Klatschmohn und Kornblumen sieht man auf den Getreidefeldern des Flachlands. Waschechte ›Polen‹ findet man nur in den Nationalparks, z. B. die Zawadzki-Chrysantheme in den Pieniny, Karpaten-Steinbrech und -Rittersporn in der Tatra sowie die Dichtblütige Nelke in den Bieszczady.

Je weniger der Mensch eingreift, desto ursprünglicher präsentiert sich die Tierwelt. Vor allem in den Wäldern des bevölkerungsarmen Ostens leben Braunbären, Wölfe, Luchse sowie ausgewilderte Wisente. Auch robuste Wildpferde wie Huzulen und Tarpane konnten dank Rückzüchtung wieder in die Natur entlassen werden. In der Hohen Tatra sind Gämsen, Murmeltiere und Otter zu Hause, im Riesengebirge auch Wildschafe (Mufflons). Der Bestand der Wölfe ist in Polen so hoch, dass die Tiere auf der Suche nach neuem Lebensraum Richtung Westen ziehen – mittlerweile sind sie in Deutschland angekommen.

NACHHALTIG REISEN

Die Umwelt schützen, die lokale Wirtschaft fördern, intensive Begegnungen ermöglichen, voneinander lernen – nachhaltiger Tourismus übernimmt Verantwortung für Umwelt und Gesellschaft. Die folgenden Websites geben Tipps, wie man seine Reise nachhaltig gestalten kann, und weisen auf entsprechende Reiseangebote hin.

www.forumandersreisen.de: Die 150 Reiseveranstalter des Forum Anders Reisen bieten ungewöhnliche Reisen weltweit, auch nach Polen. Nachhaltigkeit wird durch einen gemeinsamen Kriterienkatalog gewährleistet.

www.sympathiemagazin.de: Länderhefte mit Infos zu Alltagsleben, Politik, Kultur und Wirtschaft; Themenhefte zu den Weltregionen, zu Umwelt, Kinderrechten und Globalisierung.

https://oete.de: Das Portal des Vereins Ökologischer Tourismus in Europa erklärt, wie man ohne Verzicht umweltverträglich und sozial verantwortlich reisen kann.

Polen nachhaltig: Viele meist junge Polen kaufen im Bioladen und leben vegetarisch oder vegan – entsprechend groß ist das Angebot solcher Lokale, vor allem natürlich in den Großstädten. Hier findet man sogar Gastroketten wie Bioway, Greenway und Eko-Piekarnie (›Biobäcker‹). Sehr hilfreich ist die Website www.happycow.net, auf der nach Eingabe des gewünschten Ortes alle Bioläden und -restaurants angezeigt und auf einer Karte dargestellt werden. Das Fahrrad als Transportmittel ist auf dem Vormarsch, auch öffentliche Verkehrsmittel werden traditionsmäßig stark genutzt.

Umweltschutz

Die Krux der Kohleproduktion

Die Einrichtung der Nationalparks kann freilich nicht darüber hinwegtäuschen, dass es in Sachen Umweltschutz lange Zeit nicht zum Besten bestellt war. Bis zur Jahrtausendwende hatte Polen eine der höchsten Kohlendioxid-Ausstoßraten Europas, sodass das Land in erheblichem Maß zur globalen Erwärmung beitrug. Schuld daran war vor allem die technologisch veraltete Energieerzeugung aus Stein- und Braunkohle. Extrem hohe Werte erreichten auch die in Oberschlesien ausgestoßenen Mengen an Schwefeldioxid. Und der Industrieabfall, der über die 1000 km lange Weichsel in die Ostsee transportiert wurde, akkumulierte sich in einem flachen, tidenarmen Meer, das zunehmend verschmutzte und aus eigener Kraft nicht zur Regeneration fähig war.

Fortschritte …

Nach seinem Beitritt zur Europäischen Union hat Polen drastische Umweltschutzmaßnahmen eingeleitet. Unrentable Industriebetriebe und marode Kraftwerke wurden stillgelegt, Hunderte von Kläranlagen neu gebaut bzw. alte modernisiert, Schadstoffemissionen durch die schrittweise Umstellung alter Heizsysteme von Kohle auf Gas sowie den Einbau von Filtern reduziert. Gleichwohl gibt es in der Presse nach wie vor Meldungen über verstärkten Smog in polnischen Städten …

Ein ehrgeiziges Aufforstungsprogramm vergrößert den Bestand des Waldes von derzeit ein Viertel auf ein Drittel der Landesfläche. Statt der zurzeit vorherrschenden Fichten und Kiefern, die 70 % aller Bäume ausmachen, pflanzt man nun widerstandsfähige Eichen, Linden, Buchen und Birken, die in diesem Raum schon vor der weitflächigen mittelalterlichen Rodung beheimatet waren. Außerdem ist die Gründung neuer Landschafts- und Nationalparks geplant.

… und Rückschläge

Polens aktuelle Regierung versteht den Umweltschutz als unzulässige EU-Einmischung in die Belange des Landes. Was das Wirtschaftswachstum bremst, wird infrage gestellt – getreu nach dem Motto »Polska pierwsza« (›Zuerst denken wir an Polen‹). So sollen im Norden mehrere Atommeiler entstehen (die ersten überhaupt), um sich von den russischen Gaslieferungen unabhängiger zu machen. Auch der Ausbau erneuerbarer Energien aus Sonne, Wind und Wasser wird vernachlässigt – bis 2020 sollen damit nur 15 % des gesamten Energiegedarfs gedeckt werden. Dafür wird weiterhin auf Kohle gesetzt, von der Polen reichlich hat. Und nach wie vor stammen schätzungsweise 50 % der Giftstoffe, die in die Ostsee entlassen werden, aus Polens landwirtschaftlicher Produktion.

Ein Urwald fällt

Für Schlagzeilen sorgten 2017 die Eingriffe in den Białowieża-Urwald an der Grenze zu Weißrussland. Umweltminister Jan Szyszko legitimierte die Abholzaktion, der auch viele gesunde Bäume zum Opfer fielen, mit der Bekämpfung des Borkenkäfers – die Umweltschützer liefen Sturm …

Białowieża, der letzte im europäischen Flachland verbliebene europäische Urwald, ist Refugium für eine Vielzahl seltener Pflanzen- und Tierarten. Außer Wölfen und Luchsen gibt es hier frei lebende Wisente und Wildpferde, übrigens auch sämtliche acht Spechtarten. Im Juli 2017 klagte die EU-Kommission gegen die Abholzung dieses Urwaldes, da davon auch das von ihr selbst proklamierte Schutzgebiet Natura 2000 betroffen ist. Lange Zeit weigerte sich die polnische Regierung, die Rodung – wie von der EU gefordert – einzustellen. Der Umweltminister ließ gar verlauten, das Gebiet um Białowieża sei illegal zum Weltnaturerbe erklärt worden und Vorgaben aus dem Ausland werde man nicht Folge leisten. Erst nach der Verurteilung Polens durch den Europäischen Gerichtshof 2018 wurde der Umweltminister abgelöst und das Abholzen gestoppt.

Die Rückkehr von Wisent, Bär und Wolf

Bis ins 20. Jh. hinein wurden die ›großen Wilden‹, wo immer sie auftauchten, verfolgt und getötet: Sie galten als Bedrohung für den Menschen und waren eine begehrte Jagdtrophäe. Seit man die Tiere 1929 und verstärkt nach 1945 unter Schutz gestellt hat, vermehrte sich ihr Bestand in Polen derart, dass in jüngster Zeit Wisente wieder in begrenzter Zahl zum Abschuss freigegeben wurden.

Der Wisent oder Bison binasus, wie er mit seinem lateinischen Namen heißt, ist ein wild lebendes Riesenrind. Mit einer durchschnittlichen Länge von 3 m und einem Durchschnittsgewicht von bis zu 1000 kg gilt er als Europas größtes Säugetier. Er hat gebogene, spitze Hörner, mit denen in Kontakt zu treten niemandem empfohlen werden kann, sowie lange Stirn- und Kehlhaare, die ihm ein zotteliges Aussehen verleihen. Wisente sind gute Leichtathleten, können schnell sprinten (bis zu 60 km/h) sowie weit und hoch springen – wer von einem solchen Koloss verfolgt wird, sollte tunlichst den nächsten Baum erklimmen.

Obwohl so groß und stark, war das Überleben des Wisent doch immer wieder gefährdet. Mit der Rodung der Wälder seit dem Mittelalter wurde ihm sein natürlicher Lebensraum geraubt. Wilderer und Jäger, die sein Fleisch schätzten, stellten ihm nach. Schon im 17. Jh. war sein Bestand derart geschrumpft, dass der polnische König den Abschuss der Tiere unter Strafe stellte. Doch die Jagd ging weiter, 1919 wurde das letzte in Polen lebende Exemplar dieser Gattung erlegt. Nach dem Tod eines Artgenossen acht Jahre später im Kaukasus musste man in Zoologische Gärten ausweichen, um einen Wisent zu erspähen.

Zur Bewahrung der Art starteten polnische Biologen 1929 ein ehrgeiziges Zuchtprogramm, das während des Zweiten Weltkriegs unterbrochen, danach aber fortgesetzt wurde. 1963 konnten erstmalig wieder Wisente in die freie Wildbahn entlassen werden. Heute leben ca. 700 dieser Tiere in polnischen Wäldern, vorwiegend im Białowieża-Nationalpark in Polens Norden und in den Waldkarpaten (Bieszczady). Ein Wildgehege im Schlosspark von Pszczyna beheimatet die sogenannte Pless-Linie: Nachkommen dreier Kühe und eines Bullen, die 1865 dem Fürsten von Pless geschenkt wurden und in den Plesser Wäldern umherstreiften. In der Schnapsindustrie hat man den Wisent derweil als Werbeträger entdeckt: Er schmückt das Etikett des Wodka Żubrówka, auf dessen Flaschengrund ein Grashalm schwimmt, der von dem Tier besonders geschätzt wird.

Der pelzige Bär, das beliebte Kuscheltier, ist im Karpatenbogen heimisch, der über die Ukraine bis nach Rumänien reicht. Schätzungsweise 7800 Exemplare leben in diesem Gebiet, davon aber nur etwa 60 in den Waldkarpaten (Bieszczady) im Südosten Polens. Bedenkt man, dass jeder ausgewachsene Bär eine Fläche von 40 bis 100 km^2 zum Leben benötigt, darf diese Region fast als überbevölkert gelten.

Zwar ernährt sich der Bär zu 75 % vegetarisch, doch schließt das nicht aus, dass er zuweilen Schafe und Hühner reißt, Bienenstöcke plündert und häuslichen Abfall nach Essbarem durchsucht. Wer sichergehen will, bei Wanderungen in den Waldkarpaten keine unliebsame Begegnung mit einem Bären zu haben, sollte ein Bärenglöckchen benutzen. Lassen Sie es ab und zu klingeln, dann ist das Tier gewarnt und sucht das Weite – ein Bär greift nur an, wenn er über-

Da lugt es ganz friedlich aus seinem Versteck hervor, doch Achtung: Die so behäbig erscheinenden Wisente haben flinke Beine und sollten nicht unterschätzt werden!

rascht wird. Auf Schildern vor Ort werden weitere Verhaltenstipps gegeben: ruhig bleiben, Augenkontakt meiden, sich langsam rückwärts zurückziehen Die Toleranz der Bergbewohner gegenüber Meister Petz ist groß, was freilich nicht erstaunt, denn sie werden bei nachweisbaren Verlusten vom Staat entschädigt. Solange kein Mensch zu Schaden kommt, lautet die Devise, soll der Bär in den Karpaten leben dürfen.

Der Schafe und Kühe reißende Wolf war für die sesshaft gewordenen Menschen, die sich von Viehzucht ernährten, schon immer eine Quelle der Gefahr. Mit Beginn der Feudalherrschaft kam ein weiterer Grund hinzu, den Wolf zu verfolgen: Er trübte die Jagdlust der Adeligen, weil er das Wild dezimierte und die großen Hirschrudel in alle Himmelsrichtungen zerstreute.

Märchen und Mythen trugen das Ihre dazu bei, das Bild vom blutrünstigen Ungeheuer zu festigen – von »Rotkäppchen« bis zum »Wolf und den sieben Geißlein« vertritt das Tier stets das Prinzip des Bösen. Oft ist es mit dem Teufel im Bund, als Werwolf bedroht es die Menschen. Heute profitiert der Wolf vom staatlich verordneten Naturschutz: Eine in den 1960er-Jahren in Polen gestartete ›Wolfsaktion‹ führte dazu, dass er im gebirgigen Süden wieder heimisch ist. Bereits mehrfach hat er die Grenze zu Deutschland überschritten.

Hier sagen sich Fuchs und Hase gute Nacht – für Outdoorenthusiasten der Himmel auf Erden: die Waldkarpaten

Wirtschaft, Soziales und aktuelle Politik

Polonia kehrt nach Europa zurück: Eine populäre Karikatur von 1990 zeigt »Polonia«, eine Frau mit offener Bluse und wehendem Haar, wie sie einen Fuß über die Grenze nach Deutschland setzt. In der einen Hand hält sie wacker eine Fahne der Solidarność, in der anderen eine Priesterpuppe. Aber die Freiheitskämpferin wird nicht mit offenen Armen empfangen – man will ihr den Zutritt nach Europa verwehren.

Transformation

Schauplatz Wirtschaft

Die Karikatur mit der stolzen Polonia ist inzwischen museumsreif, steht aber nach wie vor für die schwierige Zeit, die das Land beim Übergang vom sozialistisch-autoritären Regime zur marktwirtschaftlichen Demokratie durchmachte. Erst im Jahr 2004 durfte Polen der Europäischen Union beitreten.

Rasch wurde den Polen nach der Wende klargemacht, dass sie bei der Überwindung des Kommunismus zwar Großartiges geleistet hätten, sich aber keineswegs auf ihren Lorbeeren ausruhen dürften, zumal das Land mit 42 Mrd. US-Dollar verschuldet sei. Um die Zahlungsfähigkeit zu erhalten, erließen Weltbank und IWF (Internationaler Währungsfonds) der Regierung einen großen Teil ihrer Schulden, knüpften dieses ›Geschenk‹ aber an Bedingungen. Polen sollte sich in ihrem Sinne reformwillig zeigen, d. h. keine Zeit mit Debatten über einen ›dritten Weg‹ zwischen Plan- und Marktwirtschaft vergeuden, sondern sich gemäß den Weisungen des an der amerikanischen Harvard University ausgebildeten Finanzministers Leszek Balcerowicz eine Schocktherapie verordnen. »Die polnische Wirtschaft«, erklärte dieser, »ist krank; notwendig ist eine Operation – tiefe chirurgische Schnitte.«

Getreu der neoliberalen Doktrin zog sich der Staat, der im Sozialismus fast alle gesellschaftlichen Bereiche organisiert und finanziert hatte, aus der sozialen Verantwortung zurück. Er strich Leistungen und Subventionen, privatisierte die Staatsunternehmen und förderte die Gründung von Banken. Aufgrund des Mangels an inländischem Kapital mussten freilich Anreize geschaffen werden, die es Ausländern lukrativ erscheinen ließen, in Polen zu investieren. Dazu zählten Vorzugszinsen, Sonderabschreibungen sowie zeitlich begrenzte Steuerfreiheit auf den erwirtschafteten Gewinn. Die Preise wurden dem freien Markt überlassen, was für die Dauer mehrerer Jahre die Inflation heftig nach oben trieb. Zudem öffnete der Staat den bis dahin vom Westen abgeschotteten Binnenmarkt – um mit den ausländischen, qualitativ höherwertigen Waren konkurrieren zu können, waren die einheimischen Unternehmer zur Modernisierung gezwungen.

In den ersten Jahren der **Transformation,** wie die Schocktherapie zwischen 1990 und 2004 genannt wird, erlitten 80 % der Bevölkerung drastische Einbußen ihres Lebensstandards. Das Einkommen begann sich, wie es in offiziösen Mitteilungen heißt, zu »differenzieren«. Die Reallöhne sanken um durchschnittlich ein Drittel. Doch da sich der Erfolg einer Wirtschaft, in der sich jeder selbst der Nächste ist, nicht an der Kaufkraft seiner Bürger bemisst, durfte Polen schon wenige Jahre nach der Wende als Erfolgsmodell gehandelt werden. Polnische Wirtschaft, früher ein Synonym für Mangel und Chaos, stand nun für Fortschritt und Effizienz. Vertreter internationaler Finanzinstitutionen attestierten dem Land »die erfolgreichste Reform der Neuzeit« und das »dynamischste Wachstum in Europa«. Das Bruttosozialprodukt stieg um jährlich 4 bis 6 %, die Inflation ging zurück und der Złoty war relativ stabil. Gemeinsam mit neun weiteren osteuropäischen Staaten zog Polen am 1. Mai 2004 in die **Europäische Union** ein.

Schauplatz Politik

Man erinnere sich: Im Frühjahr 1989 wurde bei den Verhandlungen am Runden Tisch zwischen Regierung und Opposition das Machtmonopol der Kommunisten beseitigt, einige Monate später die Rückkehr zur parlamentarischen Demokratie beschlossen. Die große Mehrzahl der Polen bejubelte den Systemwechsel, 50 Jahre nach Ende der Zweiten wurde die **Dritte Polnische Republik** eingeläutet: Der Wappenadler erhielt seine Krone, Kirche und Adel ihre einstigen Besitztümer zurück. Schon 1990 gingen alle wichtigen Ministerien an Nichtkommunisten über, auch wurden einschneidende Maßnahmen zur Einführung der Marktwirtschaft ergriffen. Arbeitsminister Jacek Kuroń schrieb rückblickend: »Unsere Stärke bestand darin, dass uns gerade jene unterstützten, die die ersten Verlierer der Marktwirtschaft waren.« Waren diese dann doch nicht zufrieden und machten ihr Wahlkreuz bei der Opposition, so änderte das nur noch wenig an dem eingeschlagenen Kurs – längst waren die Weichen für die weitere Entwicklung gestellt, das Richtlinienmonopol hatte sich von der Politik auf die Wirtschaft verlagert.

Laut der 1997 verabschiedeten neuen Verfassung ist Polen ein parlamentarischer Rechtsstaat auf der Grundlage sozialer Marktwirtschaft. Der Präsident wird direkt vom Volk für fünf Jahre gewählt, darf Minister einsetzen und kann die Beschlüsse des Sejm, der ›unteren‹ gesetzgebenden Kammer des Parlaments, durch sein Vetorecht blockieren. Er hat damit deutlich mehr Macht als etwa sein deutscher Amtskollege. Die Mitglieder des Senats, der ›oberen‹, rein beratenden Kammer, sind nach einem bestimmten Schlüssel einberufene Vertreter von Berufsständen und Provinzen. Außerdem wurde in der Verfassung die rechtliche Gleichstellung aller Religionsgemeinschaften verfügt.

Polens Demokratie begann ›normal‹ zu funktionieren, allerdings galten die Wahlergebnisse lange Zeit als schwer vorhersehbar. Sicher war nur, dass es bei jeder Wahl zum neuerlichen Austausch der politischen Eliten kam. Doch welche der Oppositionsparteien von der Unzufriedenheit der Bürger profitierte, blieb bis zum Wahltag ein Rätsel, das auch Demoskopen nicht zu lösen vermochten. Die politische Rechte, die **Post-Solidarność,** splitterte sich immer wieder auf, wurde umbenannt und vereinigte sich neu. Auch bei den Linken kam es zu Abspaltungen und überraschenden Zusammenschlüssen. Erstaunlicherweise wurden in Polen Siege der Postkommunisten schon wenige Jahre nach der Wende nicht mehr als ›Werk des Teufels‹ begriffen. Die **SLD** (Bündnis der Demokratischen Linken), wie sie sich damals nannte, war zu einer sozialdemokratischen Partei mutiert, befürwortete eine sozialverträgliche Transformation der Gesellschaft. Bei den Parlamentswahlen 2001 steigerte sie ihren Stimmenanteil auf 41 % und feierte einen überwältigenden Sieg. Die Linke schien endgültig in den Herrschaftsapparat integriert – Weltbank und Internationaler Währungsfonds bescheinigten ihr im Vorfeld des EU-Beitritts »gewachsenen Realitätssinn«, trauten ihr gar die Modernisierung Polens eher zu als dem konservativen, aus der alten Solidarność hervorgegangenen Block.

Polen in der EU – Ende gut, alles gut?

Rechtswende

Nach dem EU-Beitritt 2004 durfte man annehmen, die Integration Polens sei gelungen, nun werde sie von Geldern aus dem großen

Wirtschaft, Soziales und aktuelle Politik

europäischen Topf profitieren und zu einer blühenden Euro-Volkswirtschaft aufsteigen können. Tatsächlich ist Polen seit 2007 wichtigster Netto-Empfänger der EU-Fördergelder – dem Land wurde ein neuer Anstrich verpasst. Gleichwohl herrscht im Land eine tief sitzende Unzufriedenheit. Unmittelbar nach dem EU-Beitritt verließen ca. 2 Mio. Bürger ihr Land, um in Irland und Großbritannien gut bezahlte Jobs anzunehmen. Die meisten von ihnen waren jung, ehrgeizig und gut ausgebildet, hatten es gelernt, flexibel zu sein und sich einer fremden Umwelt anzupassen. Durch ihre Geldtransfers halfen sie der einheimischen Wirtschaft – und doch wurden sie in Polen vermisst …

Die Verdrossenheit spiegelte sich auch im Wahlverhalten: Weniger als 40 % der stimmberechtigten Bürger beteiligten sich an den Parlamentswahlen 2005. Dramatische Verluste musste die SLD hinnehmen, also gerade jene politische Kraft, die den Beitritt Polens zur Europäischen Union so erfolgreich arrangiert hatte. Damit bekam sie die Quittung für ihre positive Europapolitik, aber auch für Korruptionsskandale, in die Vertreter der Partei verstrickt waren. In den Folgejahren ging es mit der Linken stetig bergab, sie zerfleischte sich in innerparteilichen Querelen.

Von 2005 bis 2007 regierte ein von der national-konservativen **PiS** (Partei für Recht und Gerechtigkeit) geführtes Bündnis, das den ›linken Euro-Enthusiasten‹ die Schuld daran gab, Polen in einem schlechten Vertrag an die EU verschachert zu haben. Nun sei es an der Zeit, die Eigeninteressen bei den europäischen Nachbarn stärker zur Geltung zu bringen. Darin war sich die PiS anfangs einig mit der **PO** (›Bürgerplattform‹), einer konservativ-liberalen Partei, die sich bei der Debatte über den Abstimmungsmodus im Rat der Europäischen Union quergestellt und Polens angeblich zu geringen Einfluss innerhalb der Europäischen Union beklagt hatte.

Willkommene Routine: die jährliche Weihnachtstafel für Mittellose auf Krakaus Hauptmarkt

Unter ihrem Vorsitzenden **Donald Tusk** milderte die Partei ihre Kritik an der EU und übernahm von 2007 bis 2015 die Regierung. Sie war eine Verfechterin des ›freien Spiels der Marktkräfte‹, forcierte die Privatisierung und förderte den Mittelstand durch Steuererleichterungen.

In der Finanzkrise hat sich Polen übrigens besser geschlagen als die südeuropäischen ›Krisenstaaten‹: Dank Abwertung der eigenen Währung konnten die Exporte verbilligt und damit angeheizt werden – mit dem Euro wäre dies nicht möglich gewesen…

Gewinner und Abgehängte

Wem eigentlich dient die EU-Erweiterung, fragen viele Polen und wollen nicht stolz darauf sein, dass ihr Land für westliche Konzerne so lukrativ ist. Auf polnischem Boden, vor ihren Augen, wird Reichtum erwirtschaftet, doch nur ein Teil davon bleibt im Land – freier Kapitalverkehr und Rückführung der Gewinne sind schließlich erlaubt. So hat sich das Land verwundbar gemacht: Es liefert billige Produktionsstätten für hochentwickelte westliche Unternehmen, die auf dem Weltmarkt um ihre Anteile kämpfen und dabei auf den Faktor Mensch so gut wie keine Rücksicht nehmen. Als zentraler osteuropäischer Wirtschaftsstandort bescherte Polen seinem deutschen Nachbarn unmittelbar vor dessen Tür eine Niedriglohnkonkurrenz und suchte seine Mitbewerber aus der Slowakei und Ungarn sowie aus den baltischen Staaten mit noch besseren Angeboten an die westlichen Konzerne zu übertreffen. Der Kostenvorteil wird so zum Prinzip wirtschaftlichen Handelns: Man wirbt mit niedrigen Unternehmenssteuern, guten und billigen Arbeitskräften – und appelliert zugleich an die patriotische ›Einsicht‹ der Beschäftigten, auf Lohnforderungen zu verzichten, damit Polen als Industriestandort begehrt bleibe. Die Konzerne haben Freude an diesem Schauspiel freier Konkurrenz, bietet es ihnen doch die Chance, die Schraube auch in den Kernländern der EU mächtig anzuziehen.

Viele Polen wollen sich allerdings weder damit noch mit der ihnen anempfohlenen nationenübergreifenden Identität anfreunden. Sie misstrauen dem Leitbild eines europolitischen Neoliberalismus, der nur einer Minderheit nützt. Doch zu einer radikalen Kritik an den Verhältnissen können sich nur die wenigsten durchringen, weil ihre Erfahrung mit dem bürokratischen Sozialismus das utopische Denken blockiert.

Derweil lassen sich an vielen Fronten soziale Verwerfungen beobachten. Thinktanks wie die Friedrich-Ebert-Stiftung in Warschau diagnostizieren eine Verschärfung der sozialen Unterschiede. Weite Teile der Bevölkerung, hieß es schon früh, könnten dem Modernisierungskurs nicht folgen. Das Land ist zweigeteilt. Auf der einen Seite stehen die Nutzießer des EU-Beitritts: Polens Exporteure und jene, die das Glück hatten, in der Industrie, aber auch bei Banken, Versicherungen oder in städtischen Dienstleistungsbetrieben eine Anstellung zu finden. Auf der anderen Seite, vor allem im Süden und Osten Polens, finden sich verarmte Landbewohner, nicht mehr konkurrenzfähige

Wirtschaft, Soziales und aktuelle Politik

Kleinbauern, Invaliditätsrentner, Frühpensionäre und Arbeitslose. Gerade unter ihnen erfreuen sich die Parolen rechter und populistischer Parteien großen Zuspruchs.

Triumph der Populisten

Eine große Zahl polnischer Wähler will von Europa nichts wissen. Sie huldigen lieber einem kleinräumigen Nationalismus, der manchmal auch mit autoritären, fremdenfeindlichen Momenten angereichert ist. Dabei kann, wo die politischen ›Eliten‹ den Nationalismus als Waffe einsetzen, um im innereuropäischen Verteilungskampf mehr für Polen herauszuholen, ein dumpf-patriotisches Gemisch entstehen, dem rational schwer beizukommen ist.

Aus den Wahlen der vergangenen fünf Jahre ging die nationalistische PiS als klare Siegerin hervor, bei den EU-Wahlen von 2019 sogar mit knapp sieben Prozentpunkten Vorsprung vor der konservativ-liberalen »Europäischen Koalition«. Die Linke, die in der Nachwendezeit vier Ministerpräsidenten gestellt hatte, spielt in der aktuellen polnischen Politik keine wichtige Rolle mehr.

Politische Beobachter glauben nicht, dass sich die PiS in absehbarer Zeit von der führenden Position verdrängen lässt. Die Partei versteht es erfolgreich, alte Feindbilder zu schüren und unterschwellige Ängste gegenüber Russen, Deutschen und sogenannten Raubtierkapitalisten zu mobilisieren. Sie setzt auf einen starken Staat und sucht sich bei jeder nur passenden Gelegenheit als Retterin des bedrohten Vaterlandes zu profilieren. Innenpolitisch predigt die Partei nationale Solidarität, Ruhe und Ordnung. Angestrebt wird der Aufbau eines autoritären Präsidialsystems und so höhlt man vorsorglich schon jetzt schrittweise die demokratischen Rechte aus: Die staatlichen Fernsehsender werden von unerwünschten Journalisten gesäubert, damit die Weltsicht der herrschenden Partei keine Verfälschung oder gar Kritik erfährt; die Gewaltenteilung wird ausgehebelt, weil man sie als Hemmnis für staatliches Durchregieren begreift; das Verfassungsgericht wird entmachtet, nicht genehme Richter in den Ruhestand entlassen.

Kampf wird auch dem durch die Globalisierung beförderten ›Sittenverfall‹ angesagt. Das Ziel ist die Sicherung der Macht an allen Fronten zwecks ›moralischer Erneuerung‹ im Geist des Katholizismus: ohne Homo-Ehe, ohne Abtreibung und ohne Multikulti, dafür mit traditionellen Geschlechterrollen und kirchlichem Mitspracherecht in staatlichen wie auch privaten Dingen. Und natürlich soll Polen polnisch bleiben. Afrikanische und arabische Flüchtlinge sind unerwünscht, da diese das Land mit fremder Rasse und Religion unterwandern oder – wie es Jarosław Kaczyński, der Parteichef der PiS, formuliert – »nebst allen Arten von Parasiten und Bakterien« die Scharia ins Land bringen.

Parallel zur moralischen Erneuerung fährt die Regierung ein Sozialprogramm, das die Abgehängten der Gesellschaft unterstützt: Ältere kommen in den Genuss höherer Renten, haben Anspruch auf kostenlose Medikamente und freie Benutzung des öffentlichen Verkehrs. Jüngere erhalten erstmals Kindergeld – ärmere Familien ab dem ersten, wohlhabendere ab dem zweiten Kind. Da sich der Zuschuss immerhin auf 500 Złoty beläuft, hat das zur Folge, dass Eltern mit drei Kindern nun über das Durchschnittsgehalt einer Kassiererin verfügen und viele Frauen sich ermuntert fühlen, zu Hause zu bleiben. So herrscht in einigen Orten bereits Arbeitskräftemangel. Doch Ersatz steht schon bereit: In die Bresche springen Ukrainer, die zu Hunderttausenden ins Land strömen und dafür sorgen, dass keine höheren Löhne zu zahlen sind. 2020, so schätzt man, leben und arbeiten 1,5 Mio. Ukrainer in Polen.

Der Euro wird in Polen vorerst nicht eingeführt. Jarosław Kaczyński hat sowohl den Zeitpunkt für die Währungsumstellung als auch den Grund für die Verschiebung konkretisiert: Erst wenn das Pro-Kopf-Bruttoinlandsprodukt Polens bei 85 % des deutschen BIPs angekommen ist, werde man der Eurozone beitreten, da Polen sonst eine Peripherienation bleiben würde und für alle Zeiten seine Chance verspielte, ein gleichberechtigter Partner im Verband der europäischen Nationen zu sein. Derzeit liegt das BIP im unmittelbaren Vergleich bei knapp 75 % – mit steigender Tendenz.

Geschichte

»Noch ist Polen nicht verloren« – so lautet die erste Zeile der Nationalhymne: Mehrmals ist Polen als Staat von der Landkarte verschwunden, doch immer wieder auferstanden wie Phoenix aus der Asche – gestrauchelt, gestürzt und dann abermals im Konzert der Nationen dabei. Was gab den Polen diese Kraft zum Durchhalten, was ließ sie stets aufs Neue festhalten an der Idee eines eigenen Staates?

Staatsgründung

Im 10. Jh. einten sich slawische Stämme, die im Gebiet zwischen Warthe und Weichsel lebten, unter der **Piasten-Dynastie.** Als erster historisch belegter Piastenfürst – und erster Herrscher im Gebiet des heutigen Polen – gilt **Mieszko I.** (reg. um 960–992). Sein Aufstieg begann kurioserweise mit einer Niederlage. Seit er von Truppen des Markgrafen Gero 963 bei einer Schlacht an der unteren Oder besiegt worden war, musste er Kaiser Otto I. Tribut leisten. Doch Mieszko erwies sich als treuer Vasall, heiratete eine deutsche Prinzessin und ließ sich 966 mitsamt seinem Gefolge nach römisch-katholischem Ritus taufen. Damit erwarb er Anspruch auf päpstlichen Schutz und durfte seinerseits missionierend tätig werden. Binnen weniger Jahrzehnte gelang es ihm und seinem Sohn und Nachfolger, **Bolesław I.** (reg. 992–1025), das Herrschaftsgebiet ostwärts bis zur Weichsel auszudehnen. Als sich Bolesław kurz vor seinem Tod zum König krönte, unterstand ihm ein Staat, dem mit der Gründung des Erzbistums Gnesen im Jahr 1000 die religiöse Unabhängigkeit gegenüber der deutschen Kirche zugestanden worden war.

Das Königreich zerfällt

Thronstreitigkeiten führten ab 1138 zum Zerfall des Königreichs in Teilfürstentümer. Pommern fiel 1181 ans Deutsche Reich und auch Schlesien begann sich gen Westen auszurichten. Deutsche Siedler wurden angeworben, um das Land östlich der Oder zu erschließen.

Dem Feldzug der Mongolen 1241 fielen viele Menschen zum Opfer, Städte im Süden Polens wurden teilweise zerstört. In der **Schlacht bei Liegnitz** wurde eine polnisch-deutsche Streitmacht vernichtet, gleichwohl drangen die Mongolen in der Folge nicht weiter in Richtung Westen vor.

Polnisch-litauische Union

Erst ab dem frühen 14. Jh. wurden die Teilfürsten zurückgedrängt und Polen abermals in einem Königreich vereinigt. Pommern gehörte allerdings nicht mehr dazu und auch die Loslösung Schlesiens musste König **Kazimierz III.** (reg. 1333–70) im **Vertrag von Trentschin** (1335) anerkennen. Was Polen im Westen verloren gegangen war, holte es sich im Osten. Unter der Regentschaft von Kazimierz dehnte sich das Reich bis in die heutige Ukraine aus. Eine Gefahr erwuchs ihm freilich an der Nordflanke, wo der **Deutsche Orden** Position bezog. Dieser begnügte sich nicht mit der Missionierung der Heiden, sondern entfaltete eigene Macht: Sein straff organisierter ›Gottesstaat‹ konkurrierte mit dem christlichen Polen und bedrohte das ›heidnische‹ Litauen. Um sich gegen die ›deutsche

Geschichte

Gefahr‹ zu schützen, wurde ein Bündnis geschmiedet. Die polnische Thronerbin Jadwiga wurde mit dem litauischen Großfürsten Jagiełło verheiratet. Dieser nahm den christlichen Glauben an, durfte sich fortan König **Władysław II.** (reg. 1386–1434) nennen und herrschte in Personalunion über Polen und Litauen. 1410 gelang es ihm, seine innenpolitische Position durch den Sieg über den Deutschen Orden in der **Schlacht bei Grunwald** (Tannenberg) zu festigen.

Jagiellonen-Dynastie

Władysław II. begründete die **Jagiellonen-Dynastie** (1386–1572), die über den flächenmäßig größten Staat Europas herrschte. Er reichte von der Ostsee bis zu den Karpaten und – nach weiteren Territorialgewinnen im Osten – von der Warthe bis zum russischen Smolensk und gar über das ukrainische Kiew hinaus.

Unter den Jagiellonen-Königen **Zygmunt I.** (reg. 1506–48) und **Zygmunt II.** (reg. 1548–72) erlebte das Land sein goldenes Zeitalter, eine Blütezeit für Handwerk und Handel, Kunst und Kultur. Vor allem in Krakau, der Hauptstadt, entstanden prachtvolle Renaissancebauten. Italienische Architekten verwandelten die Wawelburg in ein repräsentatives Schloss, Bürgerpaläste und Tuchhallen wurden mit eleganten Attiken geschmückt. Patrizier und viele Adelsvertreter zeigten sich offen für das Gedankengut des Humanismus und der Reformation, Polen erwarb den Ruf, das toleranteste Land Europas zu sein. An der Universität debattierte man Thesen von Hus, Morus und Erasmus, die Entdeckungen von Kopernikus erschütterten das christliche Weltbild. Auch immer mehr Juden, in West- und Südeuropa verfolgt, wählten Polen als Zufluchtsort. Hier genossen sie königlichen Schutz, was Anfeindungen seitens der Bevölkerung und der Kirche freilich nicht ausschloss.

Polens goldenes Zeitalter währte mehrere Jahrzehnte und blieb doch nur ein Zwischenspiel: Das Adelsparlament erstarkte und suchte den Einfluss der Städte sowie die Allianz des Königs mit dem Bürgertum zu schwächen. Zu den letzten erfolgreichen Amtshandlungen des Königs gehörte die Unterzeichnung des **Vertrages von Lublin** im Jahr 1569, worin sich Polen und Litauen zur **Republik der beiden Nationen** vereinten. Mit dem Tod Zygmunts II. endete die Jagiellonen-Dynastie – fortan befand der Adel darüber, wer sich polnischer König nennen durfte.

Die Weichen für den Niedergang Polens wurden bereits unter der Jagiellonen-Herrschaft gestellt. Die Adligen, mächtige Herrscher vor Ort, machten dem König klar, dass er, um seinen Willen durchzusetzen, auf ihre tatkräftige Unterstützung angewiesen war. Sie wollten sich nicht weiter damit begnügen, Transmissionsriemen königlicher Beschlüsse zu sein, sondern forderten eine direkte Beteiligung an der Macht. Schon früh hatten sie die Einrichtung eines Reichstages (Sejm) durchgesetzt und dem König die gesetzgebende Gewalt für alle den Adel betreffenden Fragen abgetrotzt. Zur Schwächung der Zentralmacht trug auch das Liberum Veto bei, jener ›Grundsatz der Einstimmigkeit‹, mit dem jeder königliche Beschluss zu Fall gebracht werden konnte, sofern sich auch nur ein einziger Adeliger gegen ihn aussprach.

Adelsrepublik

Mit dem Aussterben der Jagiellonen-Dynastie im Jahr 1572 setzte der Adel die Erbmonarchie außer Kraft. Jetzt wurde nur derjenige König, der vom Adel dazu ausersehen war. Gleichzeitig wurde an allen Fronten der Kampf gegen den Liberalismus verstärkt. Der städtische Außenhandel wurde eingeschränkt, die Gewinne aus dem lukrativen Leinen-, Holz- und Getreideexport flossen fortan in die Kasse des Adels. Zugleich wurden die Bauern der königlichen Rechtsprechung enthoben und der adligen unterstellt. Der Adel stufte sie zu Leibeigenen herab und konnte über ihr Leben und ihren Besitz nach eigenem Gutdünken verfügen.

Das Prinzip der Wahlmonarchie degradierte den König zu einer Marionette herrschender Adelsfraktionen. Es gehörte zum

Kaum zu glauben, dass dieser Innenhof im Krakauer Wawel schon so viele Jahrhunderte auf dem Buckel hat – das ist Renaissance par excellence

politischen Alltag, dass Günstlinge auswärtiger Herrschaftshäuser durch Bestechung führender Adelsgruppen zu polnischen Königen avancierten. In schneller Folge kamen Franzosen, Ungarn und drei Schweden auf den Thron, später auch mehrere Sachsen. Polen machte sich zum Spielball fremder Mächte, lange bevor es von der Landkarte verschwand. Dabei wurde es in Krisen und bald auch Kriege verstrickt.

An der Ostflanke bot die ›Religionsfrage‹ ausreichend Konfliktstoff. Die vom Papst 1595 vorgegebene Union zwischen römisch-katholischer und griechisch-orthodoxer Kirche wurde zwar 1596 in Brest gegen die Stimmen der orthodoxen Bischöfe von Przemyśl und Lwów (Lemberg) durchgesetzt, erwies sich aber als unrealisierbar. Zum einen waren da die katholischen Magnaten, die ihre ›unierten‹ Kollegen nicht akzeptierten, zum anderen die orthodoxen Bauern, die nicht willens waren, dem bewährten alten Glauben abzuschwören und sich dem Papst in Rom zu unterwerfen. Der religiöse Disput mündete in einen sozialen Konflikt, der sich 1648 in dem von **Bohdan Chmielnicki** geführten **Bauern- und Kosakenaufstand** entlud – er war gerichtet gegen die katholischen Großgrundbesitzer und deren zumeist jüdischen Gutsverwalter. 19 Jahre später entschied sich der orthodoxe Teil der Ukraine östlich des Dnjepr für die Abspaltung von Polen bei gleichzeitigem Anschluss an Moskau, das ›dritte Rom‹.

Aufteilung und Zerfall

Einige Jahre zuvor (1655–60) waren weite Teile Polens von schwedischen Truppen überrannt worden. Dabei wurden viele Städte verwüstet und 4 Mio. Menschen, also fast die Hälfte der damaligen Einwohner Polens, getötet. Unter den wenigen Orten, die den Schweden widerstanden, befand sich das Paulinerklos-

Geschichte

ter von Tschenstochau. Die heroische Abwehr wurde dem Wirken der Schwarzen Madonna zugeschrieben, woraufhin sie von den Regierenden in den Rang einer polnischen Königin erhoben wurde. Bis heute gilt sie im katholischen Polen als Symbol für Freiheit und Eigenstaatlichkeit.

An der Südgrenze verstärkten sich derweil die Auseinandersetzungen mit der Türkei. Ein erster Krieg hatte 1621 mit einem Waffenstillstand geendet, 60 Jahre später rückten die Türken entlang des Schwarzen Meeres abermals in Nordrichtung vor. König **Jan III. Sobieski** (reg. 1674–96) stellte sich ihnen bei Wien entgegen und errang 1683 in der **Schlacht am Kahlenberg** den letzten militärischen Erfolg für Polen vor dem staatlichen Zerfall.

Auf Jan III. folgte der sächsische König **August II.** 66 Jahre lang währte die Regentschaft der Sachsen, bevor 1764 erstmals wieder ein Pole den Thron bestieg: **Stanisław August Poniatowski**, Liebhaber der Zarin Katharina II. Es gelang Russland, vier Jahre später im polnischen Parlament ein ›Toleranztraktat‹ durchzusetzen, demzufolge Anhänger des protestantischen und orthodoxen Glaubens wieder den Katholiken gleichgestellt werden sollten. Dagegen rebellierte ein großer Teil des polnischen Adels, der sich als Verteidiger des katholischen Glaubens und damit auch der ›Freiheit‹ begriff. Der noch im gleichen Jahr ausbrechende Bürgerkrieg zwischen rivalisierenden Adelsfraktionen, den Verfechtern des Status quo und den Vorkämpfern für Reformen, bot den Nachbarn Gelegenheit zur direkten Intervention. Nachdem Zarin Katharina I. ihre Truppen 1771 in Polen einmarschieren ließ, zögerten auch Österreich und Preußen keine Minute, sich ihren Anteil am Kuchen zu sichern. In der ersten Teilung 1772 büßte Polen rund ein Drittel seines Territoriums ein.

Die Furcht vor weiteren Verlusten schweißte den Adel zusammen. Im Eilverfahren wur-

Als Russland und Preußen wieder einmal Monopoli um Polen spielten, trat Tadeusz Kościuszko auf den Plan: 1794 zettelte er in Krakau einen Aufstand gegen die Teilung an – vergebens

den überfällige Reformen verabschiedet. 1791 erhielt Polen die erste geschriebene Verfassung Europas, inspiriert von den Ideen der Französischen Revolution. Das nun freilich ging der absolutistisch regierenden Zarin und dem preußischen König zu weit. Sie nahmen das Reformwerk der **Ersten Republik** zum Anlass, zwei Jahre später erneut in Polen zu intervenieren: Russische Truppen besetzten den Osten des Landes, während sich Preußen die Gebiete rings um Posen, Danzig und Thorn einverleibte. Ein von General **Tadeusz Kościuszko** angeführter Aufstand ›für die Festigung der allgemeinen Freiheit‹ scheiterte, worauf Polen 1795 ein drittes Mal, nun wieder unter Beteiligung Österreichs, geteilt wurde und als Staat aufhörte zu existieren.

Fremdherrschaft

1795 bis 1918: Für die Dauer von 123 Jahren existierte Polen nur als Idee, als Erinnerung an eine bessere Zeit und als illusionärer Zukunftsentwurf. Sprache, Religion und Kultur hielten das Volk zusammen, ließen es aufbegehren und in einer Kette von Aufständen scheitern. Anfangs setzten die Polen ihre Hoffnung auf Frankreich. Viele kämpften im Heer Napoleons, als dieser in Preußen einmarschierte, sich mit dem Herzogtum Warschau ein Protektorat schuf und weiter gen Moskau zog. Die Schwarze Madonna war nicht mit dabei – das vereinigte Heer wurde geschlagen und die alten Teilungsmächte setzten sich wieder ins ›Recht‹. Nur zwei Zugeständnisse machte man an den Unabhängigkeitswillen der Polen: Krakau wurde unter Aufsicht der Teilungsmächte Freie Stadt und der von Russland annektierte Teil, weitgehend identisch mit dem unter Napoleon bestehenden Herzogtum Warschau, genoss als sogenanntes **Kongresspolen** weitgehende Autonomie.

Unter den Russen, wo der Freiheitsspielraum in jener Zeit am größten war, fand die erste Revolte statt. Im November 1830 erhoben sich Teile des Kleinadels, darunter viele Offiziere und Studenten, gegen die Fremdherrschaft, im preußisch besetzten Landesteil wurde ihr Kampf unterstützt. Nach der Niederschlagung des Aufstands wurde der Kleinadel, seit dem Mittelalter die Führungsschicht des Landes, rigoros entmachtet: Er büßte Tausende von Gütern ein und verlor alle Privilegien. Unzählige Adelige verließen aus Angst vor Prozessen das Land und emigrierten nach Paris, wo fortan auch die Dichter Adam Mickiewicz und Juliusz Słowacki sowie der Komponist Frédéric (poln. Fryderyk) Chopin als Botschafter Polens wirkten.

Beim Aufstand im österreichischen Galizien (1846) ging Krakau seines freien Status verlustig, die Erhebung im preußischen Posen (1848) scheiterte gleichfalls. 15 Jahre später war wieder der russisch besetzte Teil an der Reihe. Als Zar **Alexander II.** die Niederlassungsfreiheit für Juden und Landzuteilungen für Bauern in Aussicht stellte, war es vor allem der Großadel, der für die polnische Sache trommelte und zum Sturmangriff blies. Doch auch diese Revolte misslang – durch die Befreiung der Bauern vereitelte der Zar ihre Einbindung in den nationalen Widerstand. Russisch wurde daraufhin Amtssprache, Kongresspolen an das zaristische Reich angeschlossen und die orthodoxe auf Kosten der katholischen Kirche gestärkt.

Entsprechendes geschah im preußisch besetzten Teil, wo sich **Otto von Bismarck,** ab 1871 Reichskanzler, als Scharfmacher profilierte. Deutsch wurde alleinige Unterrichtssprache, die katholische Kirche als Trägerin der nationalen Idee unterdrückt. Polen im Grenzland wurden vertrieben, andere mittels eines Kulturkampfes zu ›echten‹ Deutschen herangezogen. Ab 1886 begann der deutsche Staat, polnischen Grundbesitz aufzukaufen und die Germanisierung des Bodens zu beschleunigen.

Einzig im österreichisch besetzten Teil konnten die Bewohner aufatmen. Die durch die Niederlage im Deutschen Krieg 1866 geschwächte Doppelmonarchie machte den Polen Zugeständnisse in Fragen der Autonomie, wodurch es ihr gelang, einen potenziellen Konfliktherd an der Nordostflanke des Reiches zu neutralisieren. Galizien durfte sich au-

Geschichte

tonom verwalten, mit eigenem Regionalparlament, Polnisch als Amtssprache und freien Universitäten.

Die Betonung des Nationalen verhinderte in Polen die Entstehung einer starken, vom Marxismus beeinflussten Bewegung. Zwar fanden die Ideen der aus Zamość stammenden **Rosa Luxemburg** viele Anhänger in der Industriestadt Łódź und auch unter den Arbeitern und Intellektuellen Warschaus, doch ihrem ›Inter-Nationalismus‹ stellte sich ein ›National-Sozialismus‹ entgegen, der in **Józef Piłsudski** seinen populistischen Führer fand.

Zweite Republik

Die große Stunde des Józef Piłsudski schlug nach dem Ersten Weltkrieg, als das Prinzip der nationalen Selbstbestimmung Grundlage der staatlichen Neuordnung in Europa wurde und Polen, begünstigt durch die Niederlage zweier Teilungsmächte im Krieg und die innenpolitische Krise in Russland, seinen ersehnten eigenen Staat erhielt. Bis zu seinem Tod 1935 hat Piłsudski die politischen Geschicke der **Zweiten Republik** bestimmt – als gewählter Präsident, als putschender Diktator oder als graue Eminenz im Hintergrund.

Polen erwarb 1919 Teile der Provinz Westpreußen und Großpolen, 1921 das oberschlesische Industrierevier. Es führte Krieg gegen die Ukrainer, die gleichfalls einen eigenen Staat wollten, danach gegen Russland, weil es mit der im Versailler Vertrag als Grenze fixierten Curzon-Linie unzufrieden war. Dem auf militärische Stärke setzenden Piłsudski gelang es, den Grenzverlauf zugunsten des polnischen Staates zu verschieben.

Das neue Polen war kein homogener Nationalstaat, sondern ein Vielvölkergebilde mit starken ethnischen Minderheiten, deren Rechte ab 1930, in den Jahren der ›moralischen Diktatur‹, zunehmend ausgehöhlt wurden. Man unterstellte Ukrainern, Litauern, Weißrussen und Deutschen mangelnde Loyalität, den Juden auch Sympathien für den Kommunismus. Aus Angst vor Überfremdung beschloss die polnische Regierung, die Zulassung von Juden zur Universität zu beschränken. Das an jüdischen Gymnasien abgelegte Abitur wurde prinzipiell nicht mehr als Hochschulreife anerkannt. 1936 zogen 20 000 Studenten, ein Drittel aller damaligen polnischen Studenten, nach Tschenstochau, dem katholischsten aller Nationalheiligtümer, um unter dem Beifall des Kardinals zu geloben, Polen werde judenfrei, früher oder später …

Das Experiment der Zweiten Republik mündete in die Katastrophe. Die deutsche Regierung drängte auf Revision der Grenzen, wünschte eine veränderte Verfassung für Danzig sowie den Bau einer extraterritorialen Autobahn und einer Eisenbahnlinie nach Ostpreußen. Da Polen zu dieser Konzession nicht bereit war, gab **Adolf Hitler** am 3. April 1939 den Befehl zur Vorbereitung eines Krieges und löste einige Wochen später das Nichtangriffsabkommen von 1934 auf. Der am 23. August 1939 zwischen Molotow und Ribbentrop unterzeichnete **Hitler-Stalin-Pakt** enthielt ein geheimes Zusatzprotokoll, das die Aufteilung Polens vorsah.

Deutsche Okkupation

Im September 1939, nach nur zwei Jahrzehnten Unabhängigkeit, verschwand Polen erneut von der Landkarte. Der Bug markierte nun die Grenzlinie zwischen dem deutschen und dem sowjetischen Einflussbereich. Das Wartheland, Danzig-Westpreußen und das Gebiet um Kattowitz wurden direkt ans Reich angeschlossen, der ›polnische Rest‹ – mit Krakau als Hauptstadt – als koloniales Generalgouvernement verwaltet; es diente als Reservoir von Arbeitskräften und militärisches Aufmarschgebiet für den Angriff auf die Sowjetunion.

Der deutschen Okkupation und der vorhergehenden deutsch-sowjetischen Besetzung (bis Juni 1941) fielen knapp 6 Mio. Polen zum Opfer, darunter 3 Mio. Juden, die in eigens zu diesem Zweck errichteten Konzentrations- und Vernichtungslagern systematisch umgebracht wurden. Während des Krieges bildete sich im Untergrund die **Nationalistische Heimatarmee** (Armia Krajowa), die am 1. August

1944 den **Warschauer Aufstand** organisierte – nicht zu verwechseln mit dem Aufstand im Warschauer Ghetto, den die eingeschlossenen Juden im April 1943 begannen, um – wie es Marek Edelmann, einer der überlebenden Anführer, formulierte – »sich nicht abschlachten zu lassen, wenn die Reihe an uns kam«.

Volksrepublik Polen

Aus den Zerstörungen des Zweiten Weltkriegs ging Polen als **Sozialistische Volksrepublik** hervor: *de iure* souverän, *de facto* aber gebunden an die Weisungen der Sowjetunion. Auf den Konferenzen von Jalta und Potsdam wurden die neuen Staatsgrenzen festgelegt: Die Oder-Neiße-Linie markierte die Westgrenze, die Curzon-Linie wurde Ostgrenze. Damit verschob sich das polnische Staatsgebiet um 200 km Richtung Westen. Schlesien, das südliche Ostpreußen, Pommern und Danzig gehörten nun zu Polen, die meisten hier lebenden Deutschen wurden vertrieben. Die Gebiete Weißrusslands und der Ukraine fielen an die Sowjetunion.

»Kommunistische Herrschaft passt zu Polen wie der Sattel auf eine Kuh« – entgegen der skeptischen Diagnose Stalins wurde in dem Land die Planwirtschaft eingeführt. Dabei übernahm die **Polnische Vereinigte Arbeiterpartei** (PZPR) die führende Rolle in Staat und Gesellschaft und verstaatlichte Banken und wichtige Industrien. Nach sowjetischem Vorbild wurden vor allem der Bergbau und die Schwerindustrie gefördert. 1949 erfolgte die Aufnahme Polens in den Rat für gegenseitige Wirtschaftshilfe, sechs Jahre später wurde das Land in das östliche Militärbündnis integriert.

Solidarność

Wirtschaftliche Engpässe führten in den Jahren 1956, 1968 und 1970 zu Unruhe und Massenprotest. Doch erst in der zweiten Hälfte der 1970er-Jahre bildete sich eine Bewegung heraus, die mehr wollte als die Verbesserung der eigenen Lebenssituation und den Austausch von Personen an der Spitze der Partei. Nun wurden weitergehende politische Forderungen gestellt, die im Antrag auf Zulassung freier Gewerkschaften gipfelten. Kristallisationspunkt der sich formierenden Opposition wurde die Kirche, um die sich ein breites Aktionsbündnis von Arbeitern und Intellektuellen sammelte.

1980 kam es zu Streiks auf der Danziger Werft, die sich rasch auf das ganze Land ausdehnten. Überraschend lenkte die Staatsmacht ein und erlaubte die Gründung der unabhängigen Gewerkschaft **Solidarność,** die innerhalb weniger Wochen 10 Mio. Mitglieder zählte. Damit aber verlor die Arbeiterpartei das Organisationsmonopol und musste eingestehen, dass sie von denen, die sie zu vertreten vorgab, nicht anerkannt wurde. Das Rad der Geschichte rollte und konnte auch durch die Verhängung des Kriegsrechts von Dezember 1981 bis Juli 1983 nicht angehalten werden. Die veränderten politischen Kräfteverhältnisse in Russland taten ein Übriges, um den Auflösungsprozess des politischen Systems in Polen zu beschleunigen.

Weg in die Demokratie

Der Zusammenbruch des Sozialismus vollzog sich 1989/90, mit **Tadeusz Mazowiecki** wurde erstmals in der Nachkriegsgeschichte ein Nichtkommunist Chef einer osteuropäischen Regierung. Erster Staatspräsident der sogenannten **Dritten Republik** wurde 1990 der ehemalige Gewerkschaftsführer **Lech Wałęsa.** Im Eiltempo befreite sich Polen aus der Vormundschaft der Sowjetunion: 1991 kam es zur Auflösung des Rats für gegenseitige Wirtschaftshilfe (RGW/Comecon), kurz darauf auch des Warschauer Pakts. In den Folgejahren erlebte Polen eine schmerzhafte Transformationsphase: Das Regulativ des Marktes ersetzte fortan den sozialistischen Plan. 1997 erhielt Polen eine neue demokratische Verfassung, ein Jahr später trat es dem NATO-Bündnis bei und nahm Kurs auf die Mitgliedschaft in der Europäischen Union (s. S. 33).

Zeittafel

5.–10. Jh.	In der Zeit der Völkerwanderung besiedeln slawische Stämme aus dem Osten das Gebiet des heutigen Polen.
966	Piastenfürst Mieszko I., Herrscher über das Gebiet zwischen Oder und Warthe, tritt zum Christentum über. Er erwirbt Anspruch auf päpstlichen Schutz und darf missionierend tätig werden.
1000	Der deutsche Kaiser Otto III. gesteht dem polnischen Vasallen Bolesław Autonomie zu, 1025 wird dieser gekrönt.
1038	Nach dem Einfall der Böhmen im Südwesten des Landes verlegt König Kazimierz I. die Hauptstadt von Gnesen nach Krakau.
1138–1320	Thronstreitigkeiten führen zum Zerfall des Königreichs in Teilfürstentümer. Deutsche Siedler werden angeworben, um das Land östlich der Oder zu erschließen. Nach dem Einfall der Mongolen 1241 müssen viele Städte, darunter Breslau und Krakau, neu aufgebaut werden.
Ab 1320	Władysław I. gelingt es, die Teilfürstentümer zu einen, Krakau ist wieder Landeshauptstadt. Schlesien fällt an die böhmische Krone, doch gelingt es Kazimierz III., dem Reich neue Gebiete im Osten anzugliedern.
1386–1572	Unter der Jagiellonen-Dynastie wird Polen mit Litauen vereint, es entsteht der flächenmäßig größte Staat Europas. Die neue Kraft spiegelt sich in Wissenschaft und Bildung, Kunst und Architektur.
1572–1795	Mit dem Erlöschen der Jagiellonen-Dynastie wird die Wahlmonarchie eingeführt, der Adel auf Kosten der Krone gestärkt. 1596 wird Warschau neue polnische Hauptstadt. Die Zentralmacht zerfällt, Polen verstrickt sich in Kriege und büßt seinen Rang als osteuropäische Großmacht ein.
1795	Polen erfährt seine dritte Spaltung, wird aufgeteilt unter Preußen, Österreich und Russland und verschwindet von der europäischen Landkarte. Im 19. Jh. werden drei Aufstandsversuche (1830/31, 1846 und 1863) niedergeschlagen. Nach der Schwächung Österreichs durch die Niederlage im Krieg gegen Preußen 1866 erhält Galizien, der von Habsburg besetzte Teil Polens, eine gewisse Liberalität und entwickelt sich zum Zentrum der polnischen Nationalbewegung.
1918–39	Nach Wiedererlangung seiner Souveränität erhält Polen Teile Ost- und Westpreußens, auch im Osten und Süden gewinnt es Territorien dazu. Der Vielvölkerstaat wird autoritär, zeitweise auch diktatorisch regiert.

In dem von Deutschland ausgelösten Zweiten Weltkrieg sterben 6 Mio. Polen, das Vernichtungslager Auschwitz wird zum Synonym für den beispiellosen Massenmord an den Juden. Am Ende des Krieges liegen Polens Städte in Schutt und Asche. Die Siegermächte beschließen, die Landesgrenze 200 km westwärts zu verschieben, markiert durch die Flüsse Oder und Neiße (Oder-Neiße-Linie). Im Osten dient die Curzon-Linie längs der Flüsse Bug und San als Grenze. Die deutsche Bevölkerung wird aus dem Land vertrieben und ›ersetzt‹ durch Polen aus den ehemaligen polnischen Ostgebieten.	**1939–45**
Polen wird in den osteuropäischen Herrschaftsblock eingefügt, die Opposition sammelt sich unter dem Banner des Katholizismus. 1956, 1970 und 1980 werden regierungsfeindliche Unruhen niedergeschlagen. Nach der Revolte von 1980 entsteht die Gewerkschaft Solidarność, die sich mit Unterstützung des polnischen Papstes den Sturz des politischen Systems zum Ziel setzt. Die Selbstauflösung des sowjetischen Systems 1991 macht den Weg für radikale Reformen frei.	**1947–89**
Polen wird marktwirtschaftliche Demokratie, tritt 1999 der NATO und 2004 der Europäischen Union bei.	**1989–2004**
EU-Fördergelder bewirken einen ersten großen Wachstumsschub, gleichwohl emigrieren 2 Mio. polnische Bürger in andere EU-Länder, vor allem nach Großbritannien und Irland.	**2004–09**
Am 10. April sterben beim Absturz der Regierungsmaschine nahe dem russischen Smolensk wichtige Vertreter der politischen, militärischen und wirtschaftlichen Führung Polens.	**2010**
Die Fußball-Europameisterschaft, die Polen gemeinsam mit der Ukraine austrägt, löst eine umfassende Modernisierungswelle aus. Polens Innenstädte werden herausgeputzt, die Infrastruktur stark verbessert.	**2012**
Der ukrainisch-russische Konflikt belebt die traditionelle Russenfeindlichkeit vieler Polen.	**2014**
Die nationalkonservative PiS (Recht und Gerechtigkeit) dominiert die politische Parteienlandschaft Polens, die Opposition ist zersplittert.	**Ab 2015**
Polen feiert den 100. Geburtstag von Karol Wojtyła, dem späteren Papst Johannes Paul II.	**2020**

Gesellschaft und Alltagskultur

Ob der obligatorische Freitagsfisch, die Sonntagsmesse, Heimattreue oder die vielen Heiligenfeste: Ältere Polen orientieren sich strikt an den Vorgaben der katholischen Kirche. Die Jüngeren sehen das lockerer – die Religion ist ihr Leitfaden, doch fahren sie auch gern zum nächsten Pop- und Rockkonzert, lieben Smartphones, Fast Dates, Partys und neueste Modetrends.

Die Macht der Kirche

Das gibt es wohl nur in Polen: »Gott, Ehre, Vaterland« ist das gemeinsame Motto von Kirche und Regierungspartei, Radio Maryja zählt Millionen von Zuhörern, der verstorbene polnische Papst wird verehrt, als säße er heute im Vatikan. In vielen Wohnzimmern hängt ein Kruzifix, gleich daneben die Schale mit dem gesegneten Weihwasser. *Polak to katolik* (›Ein Pole ist immer ein Katholik‹), so lautet die bis heute gültige Formel. Mehr als 90 % aller Bewohner bezeichnen sich als gläubig, was in diesem Land kein Lippenbekenntnis ist. Sie gehen zur Beichte und zur Messe, pilgern mindestens einmal im Leben zur Schwarzen Madonna von Częstochowa und spenden bei der Sonntagskollekte ihren letzten Groschen. 15 000 Kirchen und Klöster gibt es in Polen; tätig sind dort 30 000 Priester und ebenso viele Mönche und Nonnen. Gleichwohl wollen sich Polens Bischöfe nicht allein auf deren Überzeugungskraft verlassen. Nach dem Fall des Sozialismus ließen sie alles, was ihnen hoch und heilig war, in weltliche Gesetze kleiden.

Ärzte, die sich für Abtreibung aussprechen, werden kriminalisiert, die Familie, basierend auf der Ehe zwischen Mann und Frau, gilt als Fundament des Staates. Damit sie allen Widerständen zum Trotz möglichst lange hält, wurde das Scheidungsverfahren erschwert – so wundert es nicht, dass von 1000 Ehen nur 45 geschieden werden; in Deutschland ist die Zahl viermal so hoch. Homosexualität gilt als sittenwidrig: »Keine Ideologie«, so heißt es hierzu im bischöflichen Grundsatzpapier, »kann dem menschlichen Geist die Gewissheit nehmen, dass es die Ehe nur zwischen zwei Personen unterschiedlichen Geschlechts gibt.« In Polen ist es unvorstellbar, dass – wie etwa in Deutschland oder im gleichfalls katholischen Spanien – die gleichgeschlechtliche Lebensgemeinschaft als Ehe anerkannt wird.

Damit es gar nicht zu derlei ›Fehlentscheidungen‹ kommt, nimmt die Kirche schon im Kindesalter Einfluss. Sie mischt in Erziehungsfragen kräftig mit, hat das Land flächendeckend mit katholischen Privatschulen überzogen und durchgesetzt, dass Religion in staatlichen Schulen versetzungsrelevantes Pflichtfach ist. Gelehrt wird ausschließlich die katholische Variante des Christentums; undenkbar wäre es, dass Protestantismus, Orthodoxie, Judentum oder gar der Islam Eingang in den Lehrplan finden. Die staatlich bezahlten Seelsorger sind in sämtlichen Institutionen aktiv, ohne priesterlichen Segen geht fast nichts in Polen.

Gescheitert ist die Kirche einzig an dem Vorhaben, Polen in der Verfassung als von Gottes Gnaden zu definieren. Auch in den Entwurf der EU-Verfassung ließ sich der Bezug auf christliche Werte nicht einschleusen. Derweil hat sie als stärksten Gegner den freien Markt ausgemacht. Sie hält ihren Schäflein vor, dass Konsumwahn und Materialismus mit dem Glauben an Gott unvereinbar sind, stößt dabei allerdings auf taube Ohren. Nach der Sonntagsmesse pilgern die Kirchgänger in die Einkaufszentren, die vom späten Vormittag bis zum späten Abend geöffnet sind.

Auch das Wochenendvergnügen möchte sich die Mehrheit der Polen nicht nehmen lassen. Der Katechismus verbietet ihnen, freitags Feste zu feiern, da an diesem Tag »unser Herr ans Kreuz geschlagen wurde«. Doch Bars und Klubs boomen mehr denn je, die Party währt das gesamte Wochenende. Es scheint, als hätten die Polen ein pragmatisches, manche mögen sagen bigottes Verhältnis zur Kirche entwickelt: Was der Priester sagt, ist eine Sache, doch was man letztlich tut, eine ganz andere. Vor allem jüngere Leute wollen sich im Alltag nicht vorschreiben lassen, wie sie sich zu verhalten haben – was der persönlichen Lust Schranken auferlegt, ist ihnen suspekt. Sie sind keine Idealisten, sondern handfeste Pragmatiker. Ein gut bezahlter Job, ein Auto, eine eigene Wohnung, Reisen in ferne Länder – das ist der Lebenstraum der meisten.

Leicht wird es der Kirche nicht fallen, ihre schon halb verlorenen, ›materiell korrumpierten‹ Seelen zurückzugewinnen. Doch sie gibt sich zuversichtlich, möchte ihren Missionsauftrag am liebsten auf das gesamte heidnisch-hedonistische Westeuropa ausweiten. Tadeusz Pieronek, der frühere Generalsekretär der Polnischen Bischofskonferenz, sah schon früh in Polens EU-Integration »eine wunderbare Chance, schwer zu meisternde Herausforderung und große apostolische Aufgabe.«

Arbeits- und Überlebensmoral

Improvisieren und kombinieren, wenn nichts mehr geht, auch emigrieren – nach dieser Devise leben die Polen auch heute noch. Da sie in der Geschichte arg gebeutelt und herumgeschubst wurden, haben sie gelernt, auf die eigene Kraft zu bauen. Was ihnen unter der Fremdherrschaft widerfuhr, setzte sich in demokratischen Zeiten mit dem Verrat durch die Solidarność fort: Schöne Versprechen hatte man ihnen gemacht, um sie dann doch wieder schamlos zu brechen. Die Schriftstellerin Olga Tokarczuk spricht ihren Landsleuten aus

Hier wird für einen erfolgreichen Almauftrieb gebetet, doch Gründe für Kirchenbesuche gibt es viele mehr – über 90 % der Polen sind tief gläubig

Die Mythen der Unschuld

Eine saubere Trennlinie zwischen Tätern und Opfern ist oft nicht möglich. Auch die Polen waren nicht immer nur Opfer – im Zusammenleben mit Juden, Ukrainern, Weißrussen und Litauern gibt es viele dunkle Episoden, über die man erst langsam zu sprechen lernt.

» In der Geschichte Europas gibt es wohl kein Land, das so wenig gegenüber der Welt schuldig wäre. Dicht an uns grenzen zwei Völker mit der allerdüstersten Geschichte: Deutschland und Russland. Polen bildete in der Mitte ein Gebiet von Gesetz und Leben. Zwischen der schizophrenen Kraft Deutschlands und der irrsinnigen Leere Russlands versuchte eine Nation zu leben, die lange Zeit hindurch die höchsten Prinzipien der Menschheit – das Christentum, den Humanismus, die Demokratie, die Freiheit der menschlichen Person und des Glaubens – ernst nahm, nach acht Jahrhunderten für ihre Phantasmagorien mit der Gefangenschaft und für die Freiheit mit dem Tode bezahlte. Wir hatten weder die praktische Vernunft der Engländer noch die Leidenschaftlichkeit der Franzosen bei der Errichtung von absolutistischen oder republikanischen sozial-staatlichen Konstruktionen. Doch wir ließen die anderen Nationen neben oder mitten unter uns leben. Das reicht schon aus, sich weder erniedrigt noch schuldig zu fühlen.«

Liest man diese Zeilen des Schriftstellers Kazimierz Brandys (1916–2000), so ist man zunächst einmal sprachlos. Was da geschrieben steht über die Deutschen und Russen, wirkt zu abstrus, als dass man es ernst nehmen möchte. Brandys hat diese Zeilen 1980 geschrieben: ein angesehener Schriftsteller, der in seiner Erzählung »Die Mutter der Könige« auf brillante Art mit dem Stalinismus abgerechnet hat.

Bis heute sind es die Mythen des 19. Jh., verquickt mit alten Adelstugenden, die das Weltbild vieler Polen bestimmen. In der Zeit der Staatenlosigkeit hatte man gelernt, Niederlagen in Siege zu verwandeln und den Opfern fehlgeschlagener Aufstände eine höhere, fast religiöse Aura zu verleihen. Dieses in der Pariser Emigration geborene Ideal war wie geschaffen dafür, Polen als den ›Messias der Völker‹ und ›Christus der Nationen‹ erscheinen zu lassen.

Im Land selbst entstand ein Kult der Märtyrer und Heroen – die Bedeutung der Menschen wurde an ihrer Opferbereitschaft, nicht am Erfolg ihrer Taten gemessen. Bis heute feiert man den polnischen Adeligen Tadeusz Kościuszko, der sich 1794 in die Schlacht warf, um die Teilung zu verhindern. Man glorifiziert die todesmutigen Ulanen, die sich auf dem Rücken ihrer Pferde deutschen Panzern entgegenstellten, und die Kämpfer des Warschauer Aufstands, die ihren Einsatz mit dem Leben und der völligen Zerstörung der Hauptstadt bezahlten.

Leidensfähigkeit und Todesmut sind der Test für ›wahres‹ Polentum – das nationale Selbstbewusstsein unserer Nachbarn wirkt befremdlich. Ist die Geschichte des Landes so rein, dass man nur stolz auf sie sein kann? Polens östliche Nachbarn sind sich da nicht so sicher. Die Ukrainer etwa beharren darauf, dass es noch immer schwierige historische Hypotheken abzutragen gebe. In Erinnerung ist besonders die Zeit nach dem Ersten Weltkrieg, als das gerade souverän gewordene Polen bis Kiew vorrückte und die Westukraine annektierte. Und was nach dem Zweiten Weltkrieg unter der Bezeichnung Aktion Weichsel geschah, lässt sich mit dem

In Krakaus Stadtviertel Kazimierz wird man auf Schritt und Tritt an die jüdische Geschichte erinnert – dieses Gebäude beherbergte einst eine Schule für Talmudstudien

Völkerrecht gleichfalls nur schwer vereinbaren. Nahezu alle ukrainischsprachigen Bojken und Lemken wurden am 29. April 1947 in einer Nacht- und Nebelaktion zwangsumgesiedelt und polonisiert – man verdächtigte sie der Sympathien für die Rebellen, die für ein ukrainisches Reich von Krakau bis Kiew kämpften.

Auch die Litauer sind nicht immer gut auf Polen zu sprechen. Sie haben nicht vergessen, dass sich der Nachbarstaat 1920 ihre Hauptstadt Vilnius einverleibte und die polnische Staatsgrenze weit in den Nordosten vorschob. Im Süden waren es die Tschechen, die zum Opfer des polnischen Expansiondrangs wurden – als Deutschland 1938 das Sudetenland besetzte, nutzte Polen die Schwäche des Nachbarn, um sich das teilweise von Landsleuten bewohnte Teschener Land zu sichern.

Ein besonders heikles Kapitel ist das polnisch-jüdische Verhältnis. Ab dem 14. Jh. waren viele Juden vor Verfolgung in West- und Südwesteuropa nach Polen geflüchtet. Sie erhielten von König Kazimierz III. Privilegien, durften eigene Gotteshäuser und Friedhöfe unterhalten. Dass Polen gleichwohl kein Paradies für sie war, macht ein Blick auf die Hauptstadt deutlich: Im Jahr 1495 verließen alle Juden Krakau und siedelten sich in der Nachbarstadt Kazimierz an – allerdings taten sie dies nicht freiwillig, wie es viele Touristenbroschüren zu suggerieren versuchen, sondern auf Anordnung des Jagiellonen-Königs Johann I. Albrecht. Der gab vor, sie nur so vor Übergriffen der Christen schützen zu können …

Minderheiten neu entdeckt

dem Herzen, wenn sie schreibt: »Die stabile Krise ist der natürliche gesellschaftspolitische Zustand, den die Polen seit Generationen gewöhnt sind und mit dem sie ausgezeichnet zurechtkommen.«

Der Staat wird nicht sonderlich ernst genommen, was sich u. a. in der chronisch niedrigen, stets weiter sinkenden Wahlbeteiligung ausdrückt: »Sollen die dort oben doch machen, wozu sie Lust haben!« So lautet der von Ohnmacht diktierte Standardsatz am Stammtisch. Den Volksvertretern haftet etwas Anrüchiges an. Wer in die Politik geht, lautet die weitverbreitete Meinung, ist ein Karrierist und Opportunist, einer, der den Staat als Selbstbedienungsladen zur eigenen Bereicherung begreift. So werden die das Politikgeschäft begleitenden Skandale von den meisten Polen mit einem Achselzucken abgetan. Zweifelhafte Tröstung versprechen Sätze wie *Jakoś to będzie!* (›Irgendwie wird's schon werden‹), grotesker Humor spiegelt sich in der Formel »Noch nie war es so, dass es nicht irgendwie geworden wäre«.

Dass auch in der EU vor allem die Fähigkeit des geschickten Durchwurstelns zählt, lassen sich die Polen vom Modell Deutschland bestätigen. Spätestens seit Einführung der Ein-Euro-Jobs hat der Mythos vom Wirtschaftswunderland ausgedient und mit ihm die Phalanx preußischer Tugenden aus Fleiß, Pünktlichkeit und eiserner Arbeitsdisziplin. Da pfeift man doch lieber auf Prinzipien, schon im Sozialismus hat man sich über Normerfüllung lustig gemacht. Man ist fleißig, bestimmt aber gern selber das Tempo, in dem gearbeitet wird. Der von der Frankfurter Industrie- und Handelskammer herausgegebene »Unternehmer-Knigge« liegt gar nicht so falsch, wenn er die Polen als hervorragende Krisenmanager empfiehlt. Zwar neigten sie dazu, vieles auf den nächsten Tag zu verschieben, doch könne man ganz beruhigt sein: Das Pensum würde geschafft, wenn auch vielleicht knapp – Hauptsache, man übe keinen Druck aus.

Bei solch einem aufwendigen Kopfschmuck ist der Coiffeur eher Nebensache – die Haare zum Zopf geflochten und fertig

Minderheiten neu entdeckt

1939 war Polen noch ein multinationaler Staat: Ein Drittel der Bevölkerung war weder katholisch noch ethnisch-polnisch. Zu den größten Minderheiten zählten mit etwa 10 % die Juden, daneben gab es Weißrussen und Ukrainer, Deutsche und Litauer, Roma und Sinti sowie Kaschuben, Goralen, Schlonsaken und Tataren. Sechs Jahre später, am Ende des Zweiten Weltkriegs, bot sich ein anderes Bild: Die meisten Juden waren von den Deutschen ermordet, die Deutschen vertrieben, Ukrainer, Russen und Litauer in ihre eigenen, an die Sowjetunion angeschlossenen Volksrepubliken ausgesiedelt worden. Die verbliebenen Minderheiten durften ihr kulturelles Erbe in Form von Folklore pflegen, tauchten aber in der offiziellen Statistik nicht auf. Polen galt als monolithischer Nationalstaat, in dem sich die Bevölkerung als polnisch-katholisch definierte.

Erst seit der Wende spricht man wieder offen von ethnischen Minderheiten, ihr Anteil wird auf 3 bis 5 % der Bevölkerung geschätzt (s. S. 197, 248, 274, 318). Älteren, national gesonnenen Polen ist das selbstbewusste Auftreten dieser ›anders gearteten‹ Landsleute nicht geheuer. Manch einer schüttelt den Kopf, wenn er im Oppelner Land polnisch-deutsche Ortsschilder sieht, und fürchtet um die ›Reinheit‹ der polnischen Kultur. Leider gibt es auf dem Land auch immer mehr junge Leute, die solchen Thesen anhängen.

Anders reagiert die Mehrzahl der jüngeren Polen in den Städten. Sie freut sich darüber, dass der Alltag durch die Randgruppen bunter und exotischer geworden ist. In Breslau, Krakau und Warschau geht man jüdisch, litauisch oder auch balkanisch essen, tanzt bei Festivals zu den Rhythmen von Klezmer und lauscht in orthodoxen Kirchen stimmgewaltigen Chorälen. Man entdeckt die Schönheit unierter Kathedralen mit ihren Ikonen, protestantischer Fachwerkkirchen und tatarischer Moscheen. Staunend stellt man fest, dass die eigene, polnische Kultur unterschwellig schon immer von diesen Fremdeinflüssen durchdrungen war.

Architektur, Kunst und Kultur

Polen ist reich an Kunstdenkmälern aus 1000 Jahren, Strömungen aus West und Ost gingen hier eine ungewöhnliche Symbiose ein. Weltberühmt sind die Plakate aus sozialistischer Zeit, die Filme aus ›Holly-Łódź‹ und die großen naiven Maler. Polens Kreative haben sich in den globalen Kunstmarkt integriert – im eigenen Land hingegen entfachen sie hin und wieder einen Bildersturm.

Architektur

Polens Könige, Adelige und Patrizier hatten eines gemein: Wenn es darum ging, Paläste und Kirchen zu errichten, stellten sie bevorzugt Künstler aus anderen Ländern ein. Darum stammen die schönsten erhaltenen Baudenkmäler von Italienern und Deutschen, Franzosen und Niederländern, aber nur ganz selten von Polen. Diese traten paradoxerweise erst in Erscheinung, als ein polnischer Staat nicht mehr existierte. Mit ihren Werken trugen sie dann allerdings entscheidend dazu bei, dass sich ein nationales polnisches Bewusstsein ausbilden konnte. Doch blicken wir zuerst noch weiter zurück …

Romanik und Gotik

Die neuen zivilisatorischen Techniken kamen um das Jahr 1000 mit dem Christentum nach Polen – Stein löste Erde und Lehm als Baumaterial ab. Die ersten Kirchen wurden in den Formen der **Romanik** errichtet, waren jedoch deutlich kleiner und schmuckloser als ihre westlichen Pendants. Zu den wenigen, die bis heute erhalten sind, gehören die Andreaskapelle auf dem Krakauer Marktplatz und die Kirchen von Opatów und Tum.

Als deutsche Zisterziensermönche 1178 ihr erstes Kloster in Wąchock errichteten, griffen sie bereits auf Stilelemente der **Gotik** wie Spitzbögen und Kreuzrippengewölbe zurück. Auch bei den Klöstern in Trzebnica, Henryków und Lubiąż ist der gotische Einfluss unverkennbar. In Gniezno und Posen, Krakau und Breslau entstanden gotische Backsteinkathedralen, die an die Stelle älterer Sakralbauten traten und in denen sich das Selbstbewusstsein des wiedervereinten Königreichs Ausdruck verschaffte. Von den Burgen jener Zeit, die Kazimierz III. an der Grenze zu Schlesien errichten ließ, blieben nur Ruinen erhalten. Sie werden ›Adlerhorste‹ genannt und erheben sich mächtig aus dem weiß-grauen, verwitterten Kalk des Krakau-Tschenstochauer Jura. In der Königsstadt selbst entstanden neue geistliche und weltliche Gebäude, so etwa das Collegium Maius und der Rathausturm, allesamt Backsteinbauten.

Die Gotik in Schlesien, das ab 1335 nicht mehr zu Polen zählte, schlug eine Sonderentwicklung ein. Üppig verziertes Blendwerk milderte die Strenge des Backsteins, in der Bildhauerei wurde die starre Gestik durch eine bewegtere Darstellung ersetzt.

Renaissance und Barock

Mit Bona Sforza, der Gattin Zygmunts I., wurde im Jahr 1518 eine Italienerin Königin des Landes. Aus Mailand brachte sie den Geist der **Renaissance** mit, unter dem Polens Kultur erblühte. Symbol der neuen Zeit wurde die königliche Residenz auf dem Krakauer Wawelberg, die von dem Florentiner Architekten Bartolomeo Berecci in ein Schloss mit eleganten Arkadengängen verwandelt wurde. Die Adeligen eiferten dem König nach und finanzierten repräsentative Residenzen, so in Łańcut und Baranów Sandomierski.

Im Gefolge Bereccis kamen Francesco Fiorentino, Santi Gucci, Gian Maria Padovano und viele andere italienische Künstler nach Polen. Außer Kirchen und Palästen schufen sie herausragende Grabstätten, in denen sich die Herrscher ein Denkmal für die Ewigkeit setzten. Die Innenräume der Schlösser wurden mit *arrasy* dekoriert: kunstvoll geknüpften Wandteppichen aus dem französischen Arras mit Motiven aus Bibel, Mythologie und Tierwelt.

Mit den ins Land geholten Jesuiten kam Ende des 16. Jh. der **Barock** nach Polen. Den Mönchen und ihren Auftraggebern ging es darum, geistliches Terrain zurückzugewinnen, das an die protestantischen ›Ketzer‹ verloren gegangen war. Im Rahmen eines offensiven Bauprogramms wurden prachtvolle Kirchen errichtet, um die Stärke des Klerus zu demonstrieren. Auf die Krakauer Peter- und-Paul-Kirche (1597) folgten viele weitere Gotteshäuser: Die schlesischen Klöster in Krzeszów und Henryków, Legnickie Pole und Lubiąż gelten als Krönung europäischer Barockkunst.

Neoklassizismus und Stilmix des 19. Jh.

Ab der Mitte des 18. Jh. war man des opulenten Barock überdrüssig und suchte sein Heil im Rückgriff auf die Formen der Antike. Politisch von Zerfall bedroht, erlebte Polen unter seinem letzten König Stanisław August Poniatowski einen kulturellen Aufbruch. Bauten im Stil des **Neoklassizismus** wie der Warschauer Łazienki-Palast oder das Schlesische Theater in Katowice kündeten vom Versuch, Sinnlichkeit und Vernunft in Einklang zu bringen.

Im geteilten Polen des 19. Jh. kehrte Beliebigkeit ein. Von **Neogotik** und **Neobarock** bis zum Stilmix des **Eklektizismus** war alles vertreten. Nur wenige Architekten ragten heraus, unter ihnen der Leiter der Staatsbaubehörde für Preußen, Karl Friedrich Schinkel, der etliche Schlösser in Schlesien und Großpolen gestaltete. Ende des 19. Jh. setzte sich in Krakau und Warschau, vor allem aber in Łódź, der **Jugendstil** durch.

Etwa zur gleichen Zeit entwickelte sich am nördlichen Rand der Hohen Tatra der erste originär polnische, in Form und Material an die Gebirgsumgebung angepasste **Zakopane-Stil.** Ein gutes Beispiel dieser Architekturrichtung ist die Villa Koliba im Örtchen Zakopane, die bäuerlich-traditionelle Holzarchitektur mit den Formen des Jugendstils vereint.

Sozialistischer Realismus

Nach dem Zweiten Weltkrieg stellte sich angesichts des verwüsteten Landes die Frage, ob eine sozialistische ›Neue Welt‹ entstehen oder das Alte wieder aufgebaut werden sollte. Man entschied sich für einen Kompromiss, um den entwurzelten Polen ein Gefühl von historischer Kontinuität zu vermitteln. So wurden die schönsten Altstädte, etwa in Warschau, Breslau und Lublin, originalgetreu rekonstruiert, wobei die Polen ihren Ruf als beste Restauratoren der Welt unterstrichen.

Zeitgleich entstanden viele Neubauten im Stil des **Sozialistischen Realismus.** Ein herausragendes Beispiel ist der Warschauer Kulturpalast, mit 234 m Polens höchster und lange Zeit umstrittenster Bau: für die einen ein Monster im Zuckerbäckerstil, für die anderen ein grandioser Wolkenkratzer. Seine Opulenz kontrastiert mit dem Funktionalismus der im Umkreis vieler Städte entstandenen Plattenbausiedlungen: Hochburgen der Tristesse, fantasielos und grau. Freilich gab es im Sozialismus auch Perlen zu entdecken, z. B. den Bahnhof Warszawa Centralna, der bis heute allen Abrissplänen widerstand, und die noch immer beliebte Mustersiedlung Żoliborz im Nordwesten der Hauptstadt.

Marktplatz

Rynek, abgeleitet vom mittelhochdeutschen Wort *rinc* bzw. *ring,* ist die polnische Bezeichnung für ›Marktplatz‹. In fast allen Städten wurde er restauriert und ist *der* Treff schlechthin, ein kleines Universum, in dem alles Wesentliche geschieht.

Architektur, Kunst und Kultur

Experimente

Im Jahr 1989 erklärte ein führender Politiker dem Präsidenten der Vereinigung polnischer Stadtplaner, Tadeusz Markowski: »Planung gab es im Kommunismus, jetzt wird der Stadtraum vom Markt kontrolliert – und von Gott.« Wurde nun – frei von Planung – so viel besser gebaut? Keineswegs! Nicht nur die renommierte Zeitschrift »Architektur und Wohnen« vertritt die Auffassung, Polens Hauptstadt sei in den ersten zwei Jahrzehnten der Nachwendezeit von mehr oder weniger missglückten Neubauten heimgesucht worden.

Stilmäßig aufwärts ging es erst später, nicht zuletzt dank der immensen Geldzuwendungen aus Brüssel. Mit den Finanzspritzen wurden viele Innenstädte prächtigst herausgeputzt, sodass es heute ein wahres Vergnügen ist, sie zu besuchen. Doch was ist von neuen Prunkbauten wie dem Tempel der göttlichen Vorsehung in Wilanów zu halten? Der katholische Klerus und mit ihm so mancher Politiker reagierten voller Stolz auf den monumentalen Betonbau mit dem 600 kg schweren, über dem Eingang platzierten Porträt von Papst Johannes Paul II. Die Mehrheit der Warschauer dagegen zeigt sich, wenn man Umfragen glauben darf, weniger begeistert von dem Werk – übrigens auch nicht vom neuen Stadion, das von dem Hamburger Büro gmp Architekten entworfen wurde …

Bildende Kunst

Frühe Stile

Auch in der polnischen Kunst kommt die wechselvolle Geschichte des Landes zum Ausdruck, schon früh sind die Einflüsse anderer Kulturen zu entdecken. Aus der Zeit des ersten Jagiellonen-Königs Władysław II. (1386–1434), dessen Reich sich fast bis ans Schwarze Meer ausdehnte, stammen die ersten Beispiele **orthodox-byzantinischer Kunst.** Die ikonenartigen, farbgewaltigen Fresken in der Lubliner Burg, geschaffen von Meister Andrzej im Jahr 1418, gehören heute zum UNESCO-Weltkulturerbe.

Den Übergang vom späten Mittelalter zur Neuzeit markierte Veit Stoß (1447–1533), ein Meister aus Nürnberg. Er schuf das wohl schönste Kunstwerk Krakaus, den mehrflügeligen Hauptaltar der Marienkirche. Die lebensgroßen, realistischen Figuren sind individuell gestaltet und in ihrer Mimik und Gestik so ausdrucksstark, dass man glauben mag, sie seien lebendig.

Nationale Malerei

Mehr als die Architekten haben sich die Künstler in den Dienst der Nation gestellt. Mit virtuos gemalten, realistischen Gemälden feierten sie glorreiche Momente der polnischen Geschichte und hielten auf diese Weise die Idee eines eigenen Staates wach. Da gab es Maler vom Schlag eines **Piotr Michałowski** (1800–55), dessen dynamische Darstellung von Kriegen und Aufständen einem Géricault und Delacroix durchaus ebenbürtig ist. Kościuszkos Sieg über russische Truppen inspirierte **Wojciech Kossak** (1857–1942) zu einem gigantischen, 114 m langen Rundgemälde, das heute in Breslau ausgestellt ist.

Doch der Ruf eines polnischen Nationalmalers gebührt uneingeschränkt **Jan Matejko** (1838–93). In seinen monumentalen Historiengemälden setzt er die Siege Polens über seine Nachbarn farbenprächtig in Szene. Der Bogen spannt sich von der »Schlacht bei Grunwald«, in der polnisch-litauische Truppen den Deutschen Orden besiegten, über die »Preußische Huldigung«, die den deutschen Ordensmeister kniend vor Zygmunt I. zeigt, bis hin zur »Lubliner Union«, dargestellt als Unterwerfung des litauischen Adels unter den polnischen Monarchen.

Junges Polen

Von derlei Aufbaupathos wandten sich die Vertreter der Künstlergruppe **Młoda Polska** (›Junges Polen‹) angewidert ab. Sie forschten nach den Gründen für Polens Niedergang und suchten Anschluss an die europäische

Bildende Kunst

Moderne. Wichtigster Vertreter dieser Strömung war **Stanisław Wyspiański** (1869–1907), der nicht nur als Maler, sondern auch als Romancier brillante symbolistische Werke schuf.

Erst **Stanisław Ignacy Witkiewicz** (1885–1939) jedoch gelang es, sich wirksam von nationalem Ballast zu befreien. Der Vater der polnischen Avantgarde, wie er gerne bezeichnet wird, war ein multimediales Universaltalent – er schrieb Dramen und Romane, war Kunsttheoretiker, Philosoph, Maler und Fotograf. Viele kennen ihn nur unter seinem Pseudonym Witkacy, das ihn unterscheidbar machte von seinem Vater, dem einflussreichen Architekten. Interessant an Witkacy: Bei ihm dominierte Gegenständlichkeit, doch wurde sie einer radikalen Verwandlung unterzogen – Gesichter wurden aufgesplittert. Farbexplosionen und Formen, die das Bewusstsein in rauschartige Zustände versetzen, machen sein facettenreiches Werk aus.

Agitprop und Gegenströmungen

Nach dem Zweiten Weltkrieg setzte Polens neue Regierung den Sozialistischen Realismus auch in der Bildenden Kunst als Doktrin durch. Laut Stalin sollte sie sozialistisch im Inhalt und realistisch in der Form sein. Das hieß, zurück zum Abbild der Wirklichkeit, jetzt aber mit Sujets aus der Arbeitswelt: Bauern auf dem Feld, Bergarbeiter in der Kohlemine, industrielle Landschaften, die Polen als aufstrebendes Land zeigen – dies alles in bunten, ›optimistischen‹ Farben.

Doch der Sozialistische Realismus entsprach nicht den Erfahrungen der Kriegsgeneration, die nicht optimistisch nach vorn schaute, sondern voller Grauen zurück: düstere, weltentrückte Landschaften, reduzierte bzw. zerstörte Körper waren deren Themenschwerpunkt. 1955 lenkte der Staat ein und präsentierte in der großen Schau »Kunst gegen Krieg« die expressiven Werke von **Waldemar Cwenarski**

Prächtig in Szene gesetzt: Jerzy Nowosielskis »Villa dei Misteri« in Krakaus Nationalmuseum

Architektur, Kunst und Kultur

> **Kunst zum Anschauen**
> Mehrere hervorragende Museen machen mit Polens Kunst bekannt. Die besten befinden sich in Breslau (Vier-Kuppel-Pavillon, s. S. 110), Katowice (Schlesisches Museum, s. S. 204), Krakau (MOCAK, s. S. 251, Warschau (Zachęta-Galerie und Schloss Ujazdów, s. S. 366, 367) und Łódź (ms2, s. S. 385). Die staatliche Galerie BWA zeigt in vielen Filialen im ganzen Land polnische Gegenwartskunst.

(1926–53), **Alina Szapoczników** (1926–73) und **Andrzej Wróblewski** (1927–57). In apokalyptischen Gemälden verarbeiteten **Janusz Stern** (1926–53) und **Józef Szajna** (1922–2011) ihre Erfahrungen im Konzentrationslager. **Tadeusz Kantor** (1915–90) und **Władysław Hasior** (1928–99) schufen alptraumhafte Collagen aus Schrott und anderen Fundstücken, **Jerzy Nowosielski** (1923–2011) ließ sich von orthodoxer Ikonenkunst zu kompositorisch strengen, surrealen Bildern inspirieren.

Tauwetter nach 1956

Schillernd präsentiert sich die Bildende Kunst nach 1956, durch das politische Tauwetter wurde sie nur noch selten von der Zensur behelligt. Ab den späten 1950er-Jahren etablierte sich die Abstraktion in all ihren Varianten – losgelöst von realen Gegenständen und frei von jeglichen Zwängen vermochte sie das ungefilterte Gefühl des Künstlers auszudrücken und einen unmittelbaren Ausdruck seiner Energie zu zeigen. **Stefan Gierowski** (geb. 1925) schuf monumentale kontemplative Bilder, während **Tadeusz Brzozowskis** (1918–87) Gemälde durch dick aufeinandergeschichtete Farben fast wie ein Stück organische Natur anmuten.

Fast gleichzeitig kam Mixed Media in Mode. Warum soll eine Leinwand nur Farbe zeigen, fragten sich Künstler wie **Jadwiga Maziarska** (1913–2003) und **Zdsisław Beksiński** (1929–2005). Unter Verwendung von Materialien wie Wachs, Sand, Holz und Metall verwandelten sie Flächen in Skulpturen. Große Anerkennung erhielt **Magdalena Abakanowicz** (1930–2017) mit ihren »Abakans«: Aus Jute, Sisal und Hanf, Leder, Stroh und Stahl formte sie Skulpturen verstümmelter Menschen.

Weltberühmt wurde in jenen Jahren auch die polnische **Plakatkunst,** die sich von ihrer Rolle als bloßer Werbeträger emanzipierte. Sie kam bissig-sozialkritisch, subversiv und poetisch daher, 1966 erhielt sie in Wilanów bei Warschau das erste eigene Museum der Welt. Bis heute hat sie nichts von ihrer Ausstrahlungskraft eingebüßt, wie dies die (kommerziellen) Plakatgalerien in Warschau, Krakau und Breslau belegen.

In den 1980er- und 1990er-Jahren war auch in Polen die Kunst der Neuen Wilden angesagt: grotesk-verfremdete Gegenstände, mit sichtbarer Gewalt auf die Leinwand geworfen, einfache Kompositionen, grelle Farben – all dies erschien wie eine Rückkehr des Expressionismus in potenzierter Form. In Breslau war die **Luxus-Gruppe** aktiv, die gern auf Pop Art und dadaistische Collagen zurückgriff.

Und wie schaut's heute aus? Haben sich Tendenzen herausgebildet, über die man noch in 100 Jahren sprechen wird? Anything goes: **Leon Tarasewicz** (geb. 1957) nähert sich der Abstraktion an, lässt aber eine Naturfaszination erkennen, die sich in organischen Formen widerspiegelt. **Paweł Altheimer** (geb. 1967) erschafft aus Plastik halb verfremdete Menschenfiguren. **Piotr Janas** (geb. 1970) und **Jakub Julian** (geb. 1980) kontrastieren an alten Meistern geschulte Malkunst mit in die Leinwand hineingearbeiteten Materialien.

Archaisch und skurril – Polens Volkskunst

Sie fasziniert durch ihre naive Darstellungsweise, ihre Farbigkeit und ihre Ausdruckskraft. Man merkt Polens Volkskunst an, dass sie einer bäuerlich-archaischen Welt entstammt, die vom Wechsel der Jahreszeiten bestimmt ist, von Glauben und Gottvertrauen. Vor allem in der Podhale, dem Vorland der Tatra, sowie in Masowien rund um Warschau ist Kunsthandwerk ein Bestandteil der Alltagskultur.

Archaisch und skurril – Polens Volkskunst

Holzschnitzerei

Vom natürlichen Kunstsinn der Goralen, der Bergbewohner der Tatra, zeugen bis heute die spitzgiebeligen, aus Bohlen erbauten und mit Balkonen verzierten Häuser (s. Thema S. 274) zwischen Czorsztyn und Zakopane. Die Innenräume sind mit Holzmöbeln ausgestattet, an den Wänden hängt Glasmalerei in kräftigen Farben, oft mit Darstellungen wilder Räuber. Gern zeigt die Glasmalerei auch Humor – so manches Mal schleppen nicht Jäger ein getötetes Wild davon, sondern umgekehrt: Hirsche tragen einen Jäger zu Grabe. Die Schnitzerei erhielt sich aus der Zeit, da die königlichen Wälder für jedermann zugänglich waren und es Holz im Überfluss gab. Viele Motive entstammen der christlichen Vorstellungswelt, sind aber derart verfremdet, dass sie an Kirchenkunst kaum noch erinnern.

Vor allem zwei Darstellungen haben es den Bergbewohnern angetan. »Christus im Elend« stützt sein Haupt in die Hand, seine Gesichtszüge sind voller Melancholie. Man begegnet dieser Figur als Bildstock am Wegesrand, weshalb sie auch »Christi letzte Rast« genannt wird. Sie will daran erinnern, dass wir Reisende auf einer langen Fahrt sind – das Leben wird als mühevoller Kreuzweg gedeutet. Das zweite Motiv der Bergbauern, die »Pietà«, ist gleichfalls ein Zeugnis der Trauer: Maria beweint den in ihrem Schoß liegenden toten Sohn. Andere geschnitzte Figuren kennt man aus der Oster- und Weihnachtsgeschichte: goldene Engel und Teufelchen, die Heiligen Drei Könige und die Zwölf Apostel.

Der große Naive – ein ›Nichtsnutz‹

Der bedeutendste naive Maler Polens ist nur unter seinem Vornamen bekannt. **Nikifor** (1895–1968) wurde im Kurort Krynica geboren, seine Eltern kamen aus ärmlichen Verhältnissen. Da er einen Hör- und Sprachfehler hatte, erhielt er den Spitznamen Nycyfor (lemkisch für ›Nichtsnutz‹). Die Grundschule musste er schon früh verlassen, hatte dort nur etwas Lesen und das Schreiben von Großbuchstaben gelernt. Später sah man ihn am Bahnhof, auf der Promenade und in den angrenzenden Straßen sitzen: Auf Zigarettenschachteln und kleinen Zetteln, die er aus Abfalleimern hervorkramte, hielt er mit Federstrichen alles fest, was er zu Gesicht bekam.

Die meisten verwarfen seine Zeichnungen als kindische Kritzelei, doch nach dem Zweiten Weltkrieg wurde der Kunsthistoriker Andrzej Banach auf ihn aufmerksam und sorgte dafür, dass die Aquarellbilder Nikifors zunächst in Polen, dann auch im Ausland zu sehen waren – in den Kunstgalerien von London und Paris, Wien, Rom und Jerusalem riss man sich plötzlich um die Werke des Autodidakten.

Als der Maler 1968 starb, wurde er posthum mit dem Ehrentitel ›Nikifor Krynicki‹ bedacht. Ihm zu Ehren richtete man in Krynica in einer Holzvilla das Nikifor-Museum (s. S. 291) ein. Über 100 Werke des naiven Künstlers sind dort zu sehen, darunter auch einige, die ans alte Galizien erinnern: bunte, verträumte Motive, märchenhaft verfremdete Normalität.

Ethnomuseen und Skansen

Eine Fülle von Beispielen polnischer Volkskunst findet man in den ethnografischen Museen von Krakau, Warschau und Łowicz sowie in Galerien der Cepelia-Kette. Auch manch ein Sakralmuseum birgt Perlen der Volkskunst, so das Diözesanmuseum in Tarnów mit fantastischen Glasmalereien der Goralen und vielen naiven Madonnenbildern.

In den polnischen Freilichtmuseen, Skansen genannt (www.skanseny.net), taucht man ein in die traditionelle bäuerliche Kultur der verschiedenen Regionen. Dörfer – vorwiegend aus dem 18. und 19. Jh. – wurden hier original nachgebaut, dazu gehören Bauernhöfe und Scheunen, Holzkirchen und Türme, Wirtshäuser und Cafés (›kaiserlich‹ in Nowy Sącz), Schulen, Mühlen und Werkstätten, manchmal auch Bildstöcke. Die größten und wichtigsten Freilichtmuseen, alle errichtet in sozialistischer Zeit, entdecken Sie bei Kudowa Zdrój, in Pszczyna, Opole, Nowy Sącz und Sa-

Architektur, Kunst und Kultur

nok. Eine Übersicht über alle Freilichtmuseen bietet www.skanseny.net.

Streifzug durch die Literatur

19. und 20. Jh.

Nur wenige polnische Schriftsteller sind auch außerhalb ihres Landes berühmt, so der Nobelpreisträger **Henryk Sienkiewicz** (1846–1916), dessen verfilmtes Literaturepos »Quo Vadis« jedes Jahr zu Ostern ins Fernsehen kommt, und **Stanisław Lem** (1921–2006), dessen Science-Fiction-Romane in viele Sprachen übersetzt wurden. Bekannt sind auch **Joseph Conrads** (1857–1924) Werke »Lord Jim« und »Im Herzen der Finsternis«, doch kaum einer weiß, dass der Autor seine Jugend in Krakau verbrachte und in Wahrheit Józef Konrad Korzeniowksi hieß. Seinen schwer auszusprechenden Nachnamen hat er unterschlagen und seine Vornamen internationalisiert, so als habe er alle polnische Eigenart hinter sich lassen wollen. Joseph Conrad gehört zu jenen Emigranten, die nach den gescheiterten Aufständen von 1830 und 1863 das besetzte Land für immer verließen. 20 Jahre lang befuhr er die Weltmeere, und was er dabei sah und erlebte, hat er in einer Kritik des Kolonialismus literarisch verarbeitet – ein Thema, in dem das polnische Element bestenfalls in der Erfahrung fremder Gewalt zu finden ist. Seine Landsleute haben es Conrad offenbar verübelt, dass er sich nicht ihrem, sondern dem Leiden anderer Völker zuwandte und obendrein in Englisch, nicht in Polnisch schrieb. Selbst in Krakau, wo er lange lebte, wird die Erinnerung an ihn nicht gepflegt.

Eine ganz andere Behandlung wird den Romantikern der vorhergehenden Generation zuteil. **Adam Mickiewicz** (1798–1855), **Juliusz Słowacki** (1809–49) und **Zygmunt Krasiński** (1812–59), die aus dem Exil mit all ihrer Fantasie für Polen agitierten, avancierten noch zu Lebzeiten zu Nationaldichtern. Bis heute fehlen ihre Texte in keinem Schulbuch, Denkmäler und nach ihnen benannte Straßen fin-

det man in jeder polnischen Stadt. Nach Mickiewicz' Nationalepos »Pan Tadeusz« wurde in Breslau ein Museum benannt (s. S. 97), das u. a. das Originalmanuskript ausstellt. Im Ausland sind die Werke der drei Nationaldichter allerdings so gut wie unbekannt. Aufgrund der in ihnen enthaltenen Anspielungen gelten sie als schwierig zu lesen – nur Polen selber, glaubt man, könnten sie verstehen.

Mit dem Literaturnobelpreis geehrt wurden **Władysław Reymont** (1867–1925), **Czesław Miłosz** (1911–2004) und **Wisława Szymborska** (1923–2012), Anwärter für den Preis waren **Witold Gombrowicz** (1904–69), **Zbigniew Herbert** (1924–98), **Tadeusz Różewicz** (1921–2014) und **Sławomir Mrożek** (1930–2013). Leicht zugänglich, aber nie oberflächlich sind die ›unfrisierten‹ Gedanken des Lyrikers **Stanisław Jerzy Lec** (1909–66): beißend scharfe Aphorismen für alle Lebenslagen.

In mehr als 30 Sprachen übersetzt wurden die Bücher des reisenden Schriftstellers **Ryszard Kapuscińsk**i (1932–2007). Er schrieb

Streifzug durch die Literatur

Nicht nur in Krakau hat er die Polen noch heute literarisch fest im Griff: Adam Mickiewicz

konkret und ohne Pathos, verfasste mitreißende Reportagen aus Afrika, Asien und Lateinamerika. Kaum eine Krisenregion gibt es, die er nicht besuchte, um über sie zu schreiben. Die Erde sei ein gewalttätiges Paradies, klagte er, und suchte den Kontakt mit all jenen, die in dieser Welt nicht zu den Privilegierten gehören.

Jüdische Autoren

Kraftvoll und zugleich berührend sind die Romane von **Isaac Bashevis Singer** (1904–91), einem polnischen Juden, der in Jiddisch schrieb und 1935 aus dem damals antisemitisch aufgehetzten Polen emigrierte. Die Polen haben auch ihn nie als einen der Ihren anerkannt, obwohl fast alle seine Werke von polnischen Orten und den Menschen, die dort lebten, inspiriert sind. Selbst als er 1978 mit dem Literaturnobelpreis ausgezeichnet wurde, änderte dies in Polen nichts an der Einstellung ihm gegenüber. Wahrscheinlich waren es bittere Worte wie die im Roman »Schoscha« geäußerten, die ihm den Hass seiner Landsleute einbrachten: »Die Polen wollen uns loswerden. Sie betrachten uns als Volk innerhalb eines Volkes, einen fremden und bösartigen Körper. Sie haben nicht den Mut, uns selbst umzubringen, aber sie werden keine Träne vergießen, wenn Hitler es für sie tut.« Im Ausland wurde Singer berühmt, die kraftvolle, bilderreiche Sprache und der dialogische Erzählstil führen die untergegangene Welt der Juden lebendig vor Augen. »Eine Kindheit in Warschau« ist einer von vielen Romanen, die stets neue Auflagen erleben. Übrigens hat auch sein Bruder **Israel Joshua Singer** (1893–1944) einen interessanten Roman hinterlassen: »Die Brüder Ashkenasi« ist eine sich über mehrere Generationen erstreckende Familiensaga aus Polen.

Bruno Schulz (1892–1942), der polnische Kafka, ist nicht rechtzeitig emigriert – er wurde im Ghetto von Drohobycz (heute Ukraine) von einem deutschen Gestapo-Mann erschossen. Schulz verkörpert jenen Typus des mitteleuropäischen Schriftstellers, dessen Welt im Zweiten Weltkrieg untergegangen ist. In einer barock ausgeschmückten, von einem wahnwitzigen Einfall zum nächsten galoppierenden Sprache erzählt er in »Die Zimtläden« und dem »Sanatorium zur Sanduhr« von der östlichen jüdischen Welt, vom krisengeschüttelten Kleinbürgertum und dem Hereinbrechen der Moderne in der fernen Provinz.

Hanna Krall (geb. 1937) ist eine ›Davongekommene‹, für die der Holocaust den Dreh- und Angelpunkt ihres Schaffens bildet. Alle ihre Werke kreisen um das jüdisch-polnische Verhältnis, wobei sie ihre Wahrnehmung stets durch die Berichte anderer Zeitzeugen ›korrigiert‹. Bekannt wurde sie durch die Gespräche mit Marek Edelmann, einem der wenigen überlebenden Aufständischen des Warschauer Ghettos. Krall beherrscht die Collagetechnik wie keine zweite polnische Autorin, dokumentiert und macht doch eigene Literatur.

Gegenwart

Die Utopie von einer besseren Welt ist heute in der polnischen Literatur kein Thema mehr. Als literarisches, Erfolg verheißendes Muster dient der Rückgriff auf Ereignisse der Vergangenheit, oft verquickt mit einer aufregenden Story. So wird in dem Roman »Warschauer Verstrickungen« von **Zygmunt Miłoszewski** (geb. 1976) der im Sozialismus aufgebaute polnische Geheimdienst an den Pranger gestellt – als eine Art Geheimbund, so die These, wirke er bis heute fort.

Auch **Marek Krajewski** (geb. 1966) greift auf Vergangenes zurück. Er siedelt seine Romane in seinem Geburtsort an, dem einst deutschen Breslau. Die dortige Machtergreifung der Nationalsozialisten in den 1930er-Jahren bildet den Hintergrund für seinen ersten und erfolgreichsten Krimi, der den griffigen Titel »Mord in Breslau« trägt. Es folgten »Gespenster in Breslau«, »Festung Breslau«, »Pest in Breslau« und »Finsternis in Breslau« … Weitere Bände sind zu erwarten.

Andrzej Stasiuk (geb. 1960), der seit Jahren in Czarne, einem gottverlassenen Karpatendorf, lebt, hat seine Wahlheimat in »Die Welt hinter Dukla« literarisch erkundet. **Olga Tokarczuk** (geb. 1962) schreibt u. a. über ›ihr‹ Glatzer Bergland und beweist, dass man nicht immer populären Mustern folgen muss, um erfolgreich zu sein. Sie wurde in einer Gegend geboren, die, weil sie bis 1945 deutsch war, keine Geschichte haben durfte. Doch damit mochte sich die Autorin nicht bescheiden: Der Stoff eines ihrer Bücher, »Ur und andere Zeiten«, handelt von Träumen und Wahrnehmungen aus dem »schwarzen Rücken der Zeit«, die klug registriert und aufgezeichnet werden: ein poetisches Porträt des Glatzer Berglandes, das Mosaik einer Landschaft, beschrieben aus dem Blickwinkel unterschiedlicher Epochen, Personen und Ethnien.

Film

Kino vor der Wende

In der Hochschule von Łódź entstanden ab 1956 die Meisterwerke des polnischen Films. Bereits **Andrzej Wajdas** (1926–2016) »Kanal« von 1957, in dem es um den Warschauer Aufstand und den Kampf gegen die Nationalsozialisten geht, wurde von der internationalen Kritik begeistert aufgenommen. Doch nicht das Thema beeindruckte, sondern seine Bearbeitung. Der Autor zeichnete kein flammendes Widerstandswerk, keinen positiv-sauberen Helden, der – aller Zweifel enthoben – für das eintritt, was immer schon für gut und richtig befunden wurde. Seine Helden waren anders: von Trauer gezeichnet und einsam, nicht wissend, ob das, was sie tun, wirklich den Ausweg verheißt. Eine solche Sichtweise war nicht ›politisch korrekt‹ – sie war nonkonformistisch und strebte nach Wahrheit.

Die Kunst der polnischen Filmemacher schlug eine Brücke zum westeuropäischen Existenzialismus. Sie war diesem verwandt in seiner entschiedenen Sinnsuche, blieb aber politisch wachsam. Nach den Revolten von 1968 und 1970 engagierte sich das Kino gesellschaftlich, wurde zunehmend angriffslustig und klagte ein, was die sozialistische Losung versprach. Dabei bildete sich eine enge Beziehung zwischen Spiel- und Dokumentarfilm heraus, wie Andrzej Wajdas Streifen »Der Mann aus Marmor« (1976) beispielhaft zeigt.

›Wahrheitssuche‹ im Film

1981 wurde der Ausnahmezustand verkündet. Einige der besten Regisseure zogen es vor, fortan im Ausland zu arbeiten, und kamen oft erst nach der politischen Wende zurück. Einen Regisseur gab es, dem es auch in dieser Phase gelang, Filmgeschichte zu schreiben: **Krzysztof Kieślowski** (1941–96), in Deutschland berühmt geworden durch seinen Fernsehzyklus über die Realität der zehn Gebote in der modernen Gesellschaft. Der »Kurze Film über das Töten«, ein Traktat über das fünfte Gebot, ließ die Zuschauer frösteln – der Film schildert kalt und unerbittlich einen Mord sowie die Hinrichtung des Täters. Der Regisseur führt die Verrohung scheinbar normaler Menschen vor und zeigt doch zugleich die Bestialität der Justiz, deren Gesetze nicht dazu taugen, die zwischenmenschlichen Beziehungen zu regeln.

Als Kieślowski im Westen zum Kultregisseur avancierte und französische Produzenten begannen, seine Filme zu finanzieren, blieb dies nicht ohne Wirkung auf sein künstlerisches Schaffen: Die Kälte der frühen Werke, so der Kritiker Andreas Kilb, wich einem »pathetischen Zartbitter«. Der Popularität des Filmemachers hat dies keinen Abbruch getan. »Das doppelte Leben der Veronika« und die Trilogie der »Drei Farben« wurden Kultfilme. Das Publikum war fasziniert von der geheimnisvoll vorgestellten Ethik, der den Diskurs untermalenden Musik Zbigniew Preisners und dem Anblick jener traurigen jungen Heldinnen, die die Niedergangsstimmung des Fin de siècle so trefflich wiedergaben.

Nach Kieślowskis Tod ist es um den polnischen Film etwas still geworden. 2002 horchte die internationale Filmkritik noch einmal auf: »Der Pianist« von **Roman Polański** (geb. 1933) erzählt die Lebensgeschichte des jüdischen Musikers Szpilman, der im Warschauer Ghetto zugrunde ging. Auch Polański hat seine Kindheit im Ghetto verbracht, nur dank einer Verkettung von Zufällen gelang ihm die Flucht.

Das polnisch-jüdische Verhältnis war zuletzt auch Thema im Film »Ida« von Regisseur **Paweł Pawlikowski** (geb. 1957), der für diesen Streifen 2014 den Europäischen Filmpreis erhielt. 2018 wurde er erneut mit Preisen überschüttet: diesmal für seinen wunderbaren Film »Cold War«, ein nostalgischer Rückblick auf die Jahre 1949–64, das Schicksal zweier Musiker im Süden Polens, Liebende, die zueinander nicht finden: Wiktor setzt sich nach Paris ab, Zula bleibt im sozialistischen Polen. Als sie ihm dann doch folgt, muss sie erkennen, dass die Warenwelt des Westens den Geliebten selber zur Ware hat werden lassen, und sie verspürt Sehnsucht nach dem Osten ... »Im Sozialismus«, so das Resümee des ZEIT-Kritikers, »wird man zur Unterwerfung gezwungen, im Kapitalismus unterwirft man sich freiwillig.«

Um eine andere Form von ›Wahrheitssuche‹ geht es der gegenwärtigen nationalkonservativen Regierung Polens: Das Volk soll im Kino aufgeklärt werden über Schlüsselereignisse der polnischen Geschichte, z. B. über den Flugzeugabsturz von Smolensk. Dabei waren am 10. April 2010 der polnische Präsident Lech Kaczyński und 95 Mitglieder der Regierungsdelegation ums Leben gekommen – sie hatten die Gräber der in Katyn getöteten polnischen Offiziere besuchen wollen. Bei der Auswertung des Flugschreibers wurde festgestellt, das Unglück sei durch Missachtung von Sicherheitsregeln verursacht worden. Man habe auf die Piloten Druck ausgeübt, trotz schlechter Witterung zu landen. Jarosław Kaczyński, der Bruder des Präsidenten und jetzige Parteichef der PiS, hat das Untersuchungsergebnis nicht akzeptiert und Regisseur **Antoni Krauze** (geb. 1940) um die ›wahrheitsgemäße‹ Aufarbeitung des Themas gebeten. Dieser legte 2016 einen zweistündigen Spielfilm vor, der die These des PiS-Politikers, wonach es sich um ein russisches, von Putin gesteuertes Attentat gehandelt habe, stützt. Die Russen, so der Regisseur, könnten den beim Absturz herrschenden Nebel künstlich erzeugt haben. Doch konnte man dieser Version Glauben schenken?

Wessen Wahrheit ist die Welt?

Wissenswertes für die Reise

Anreise und Verkehr
Übernachten
Essen und Trinken
Outdoor
Feste und Veranstaltungen
Reiseinfos von A bis Z

Polen hat von allem etwas: viel Kirche und Kitsch …

… viel Straßenmusik …

… und viele fantastische Bauten, auch moderne

Anreise und Verkehr

Einreisebestimmungen

Seit Polens Beitritt zum Schengener Abkommen 2007 sind die Grenzkontrollen entfallen. Deutsche, Österreicher und andere EU-Bürger benötigen für die Einreise einen Personalausweis, Schweizer weiterhin den Reisepass. Kinder müssen unabhängig vom Alter mit einem eigenen Ausweis ausgestattet sein.

Für Hund oder Katze braucht man einen EU-Heimtierausweis, in dem Name, Alter, Rasse, Geschlecht und die Kennzeichnungsnummer vermerkt sind. Die Tiere müssen eine Tätowierung oder einen Mikrochip tragen. Im Begleitdokument darf der Nachweis über gültigen Impfschutz gegen Tollwut nicht fehlen. Bei Verstößen werden die Vierbeiner auf Kosten des Halters zurückgeschickt oder für die Dauer von mehreren Monaten in Quarantäne genommen.

Zollbestimmungen

Gemäß den EU-Bestimmungen ist die Ein- und Ausfuhr von Waren für den Privatgebrauch innerhalb festgelegter Freigrenzen möglich. Zulässig sind: 800 Zigaretten oder 200 Zigarren oder 1 kg Tabak, 10 l Spirituosen, 90 l Wein oder 110 l Bier, 10 kg Kaffee sowie 20 l Kraftstoff im Reservekanister. Die Ein- und Ausfuhr von 10 000 € oder mehr ist in der EU deklarationspflichtig. Weitere Infos: www.zoll.de bzw. www.ezv.admin.ch (für Schweizer).

Anreise

... mit dem Flugzeug

Die meisten Besucher Südpolens fliegen nach Krakau, Geschäftsleute wählen in der Regel Warschau und Posen. Direktflüge von deutschen Städten gibt es auch nach Breslau und Katowice sowie ganz weit im Osten nach Rzeszów und Lublin.

Krakau: www.krakowairport.pl
Warschau: www.warsaw-airport.com
Posen: www.airport-poznan.com.pl
Breslau: www.airport.wroclaw.pl
Katowice: www.katowice-airport.com
Rzeszów: www.rzeszowairport.pl
Lublin: www.airport.lublin.pl

Je nach Abflugort, Kaufterm und Saison kostet der Flug hin und zurück zwischen 60 und 400 €. Zu den bekanntesten Unternehmen gehören Lufthansa, Austrian, Swiss und LOT, daneben drängen Billigflieger auf den polnischen Markt. Sondergepäck wie Fahrräder und Skiausrüstung muss rechtzeitig angemeldet werden und unterliegt besonderen Transportvorschriften.

... mit der Bahn

Viermal täglich verkehrt der **Eurocity** in beiden Richtungen zwischen Berlin, Posen (ab 19 € einfach) und Warschau (ab 29 € einfach). Von Posen aus kann man per Zug z. B. weiterfahren nach Breslau, von Warschau nach Krakau.
Noch ungeklärt ist die Verlängerung des **Kulturzugs** Berlin–Breslau über 2020 hinaus.

Dreimal täglich verkehrt ein **Regionalexpress** von Dresden über Görlitz nach Breslau. Wer ins Riesengebirge will, nutzt ab Görlitz die wieder eingesetzte Niederschlesische Eisenbahn bis Jelenia Góra. Auch mit Zielona Góra gibt es nun eine Verbindung (www.biletyregionalne.pl). Infos zu aktuellen Spartarifen (z. B. Sparpreis Europa), aber auch zur Fahrradmitnahme bekommt man in Reisezentren der Deutschen Bahn, in Reisebüros mit DB-Lizenz, beim telefonischen ReiseService, Tel. 11861, sowie im Internet unter www.bahn.de.

... mit dem Bus

Direktverbindungen von Berlin nach Breslau, Katowice und Krakau bietet die Bahn mit ihrem komfortablen **IC Bus** (www.bahn.de > Tickets und Angebote > Fernbus der Bahn). Weitere Busverbindungen nach Polen unterhält **Eurolines,** www.eurolines.de, teilweise in Kooperation mit anderen Veranstaltern; Kinder bis zum vierten Lebensjahr ohne eigenen Sitzplatz reisen gratis, Kinder von vier bis zehn Jahren erhalten 50 % Ermäßigung.

... mit dem Auto

Autofahrer dürfen sich freuen: Quer durch Südpolen führt die 672 km lange Autobahn A 4, die von der deutsch-polnischen Grenze (Görlitz) bis zum Grenzübergang zur Ukraine (Korczowa) in voller Länge befahren werden kann und Städte wie Breslau, Opole, Katowice und Krakau passiert. In der Mitte des Landes verläuft, gleichfalls in West-Ost-Richtung, die Autobahn A 2. Sie verbindet Berlin mit Warschau, direkt angebunden sind Posen und Łódź. Die Planung der Anreise wird erleichtert durch die Website www.reiseplanung.de: Einfach den Abfahrts- und Zielort eingeben, dann werden Dauer und Länge der Fahrt sowie die wichtigsten Zwischenstationen angegeben.

Polens Autobahnen sind mautpflichtig, die Höhe der Gebühr ist streckenabhängig. Gezahlt werden kann in Złoty oder in Euro (das Wechselgeld wird in Złoty ausgezahlt). An einigen Mautstellen ist auch die Zahlung per Kreditkarte möglich. Die aktuellen Mautgebühren finden Sie auf folgenden (englischsprachigen) Websites: Autobahn A 2: www.autostrada-a2.pl, Autobahn A 4: www.autostrada-a4.com.pl.

Für die Einreise nach Polen brauchen Autofahrer den nationalen Führerschein. Erforderlich sind auch Warndreieck, Verbandskasten, Ersatzbirnenbox und Nationalitätenkennzeichen. Ein Hinweis des Auswärtigen Amts: Steuert der Halter sein Fahrzeug nicht selbst oder fährt darin als Passagier mit, so benötigt der Fahrer unbedingt eine Bescheinigung des Halters, in der ihm die Erlaubnis erteilt wird, das Fahrzeug zu nutzen und damit nach Polen zu reisen. Fahrer eines nicht in Polen zugelassenen Fahrzeugs, die ohne eine solche Bescheinigung angetroffen werden, müssen mit einer Geldbuße rechnen. Ein Muster für eine solche Bescheinigung gibt es auf der Website der Polnischen Botschaft: www.berlin.msz.gov.pl (> Rechtsinformationen).

Verkehrsmittel im Land

Bahn und Bus

Die Website der polnischen Bahn, **www.rozklad-pkp.pl**, hat eine deutsche Version und ist sehr übersichtlich. Tickets kann man über die Website **www.intercity.pl/de** kaufen. Beachten Sie dabei, dass die Zielorte auf Polnisch einzugeben sind – jedoch ohne Sonderzeichen.

In den Bahnhofshallen stehen die Abfahrtszeiten *(odjazdy)* auf gelben, die Ankunftszeiten *(przyjazdy)* auf weißen Tafeln. In allen Zügen, die auf dem Fahrplan mit einem ›R‹ gekennzeichnet sind, wird eine Platzreservierung *(miejscówka)* verlangt. Kauft man Tickets erst im Zug beim Schaffner, ist ein Aufschlag zu zahlen. Einen Überblick über alle Zug- und Busverbindungen Polens bieten die Websites **www.e-podroznik.pl** und **www.jakdojade.pl** (mit Gratis-App).

Die Bahnhöfe liegen oft außerhalb des Zentrums, Busbahnhöfe meist mitten im Ort. Staatliche Busse erkennt man am Kürzel PKS. Daneben gibt es die private Konkurrenz von Polski Express sowie zahlreiche weitere Privatfirmen, deren Busse noch die abgelegensten Dörfer miteinander verbinden. Fahrkarten erhalten Sie am Terminal oder beim Fahrer.

In Łódź macht die Erneuerung selbst an Straßenbahnstationen nicht Halt – hier wartet man gerne ein Weilchen

Mietwagen

An allen Flughäfen und in den größeren Städten findet man die gängigen internationalen Anbieter wie Avis oder Hertz, aber auch nationale Unternehmen, z. B. **Express Rent A Car**, www.express.pl. Es empfiehlt sich, das Auto vor der Reise online oder über ein Reisebüro zu buchen – der Mietpreis fällt dann niedriger aus. Um ein Auto zu mieten, muss man bei den meisten Verleihern mindestens 21 Jahre alt sein und den Führerschein mindestens ein Jahr besitzen.

Öffentlicher Nahverkehr

In allen größeren Städten gibt es Stadtbusse und Straßenbahnen, in Warschau auch eine U-Bahn. Die Verkehrsmittel sind preiswert, doch leider sind die Ticketsysteme nicht einheitlich. In einigen Städten hängt der Fahrpreis von der Fahrtdauer ab – bei der Schätzung besser aufrunden, denn die Strafen sind hoch! Erkundigen Sie sich auch frühzeitig, ob für größeres Gepäck eine gesonderte Fahrkarte gekauft werden muss. Fast immer gibt es günstige Tages-, Dreitages- und Wochenendtickets, Kinder unter 4 und Rentner ab 70 Jahren (Ausweis nicht vergessen!) fahren vielerorts gratis.

Taxi

Die preiswerten Funktaxis erkennt man daran, dass die Tür mit einer Zahl beschriftet ist und ein Aufkleber am hinteren Seitenfenster den Höchstpreis pro Kilometer anzeigt. Bestellt man Taxis telefonisch (z. B. Radio-Taxi 919), zahlt man dafür keine zusätzliche Gebühr. Achten Sie darauf, dass der Taxameter erst bei Fahrtbeginn eingeschaltet wird. Zum angezeigten Grundbetrag von knapp 2 € wird der Fahrpreis addiert, pro gefahrenem Kilometer kommt noch etwa 1 € dazu. Die offiziell festgelegten Preise sind zu erfahren unter www.bettertaxi.de/taxirechner-polen. Zwischen 22 und 6 Uhr sowie sonntags darf ein Aufschlag erhoben werden.

Fahrrad

Digitale Leihsysteme wie Nextbike erobern die Städte. Voraussetzung sind ein Smartphone und eine Kreditkarte – nach der Registrierung auf der Website können Sie losradeln (https://nextbike.pl/en). Radfahren ist auch in Fußgängerzonen erlaubt, doch gebührt ein Fußgängern dort generell Vorrang. In polnischen Bussen ist die Fahrradmitnahme nicht möglich, wohl aber in vielen Zügen. Fahrradkarten sind am Schalter vor Ort zu kaufen. Infos unter www.intercity.pl (> Fahrgäste).

Verkehrsregeln

Der Zustand der Hauptverkehrsstraßen hat sich deutlich gebessert, auf Nebenstrecken kann es noch vereinzelt Schlaglöcher und holprige Bahnübergänge geben.

Als Tempolimits gelten innerorts 50 km/h (in Fußgängerzonen 20 km/h), außerhalb geschlossener Ortschaften 90 km/h, auf einspurigen Schnellstraßen 100 km/h, auf zweispurigen 120 km/h und auf Autobahnen 140 km/h. Pkw mit Anhänger dürfen auch auf breiten Landstraßen nicht schneller als 70 km/h, auf Autobahnen 80 km/h fahren. Verstöße werden mit deftigen Geldstrafen geahndet, meist wird man sogleich am Straßenrand zur Kasse gebeten. Knöllchen werden zumeist an die deutschen Behörden weitergeleitet.

Auto- und Motorradfahrer müssen ganzjährig mit Abblendlicht fahren. Parken ist bei Dunkelheit nur mit Standlicht gestattet. 100 m vor und nach einem Bahnübergang darf nicht geparkt werden. Im Bereich von Kreuzungen ist Überholen verboten, Straßenbahnen haben an Kreuzungen gleichrangiger Straßen Vorfahrt. Telefonieren ist nur mit Freisprechanlage erlaubt. Die Promillegrenze beträgt 0,2, bei Überschreitung droht der Entzug des Führerscheins und das Fahrzeug kann sichergestellt werden. Auf allen Sitzen besteht Anschnallpflicht, Kinder bis 12 Jahre benötigen einen Kindersitz.

Tankstellen sind zahlreich, die Versorgung mit bleifreiem Benzin (durchgestrichenes ›Pb‹) und Dieselkraftstoff (ON) ist flächendeckend sichergestellt.

Bewachte Hotel- oder Stadtparkplätze *(parking strzeżony)* sind relativ teuer, für 24 Std. werden zuweilen mehr als 15 € verlangt.

Übernachten

Die Palette ist breit, für jeden Geldbeutel und Geschmack stehen Unterkünfte zur Verfügung: Schloss- und Standardhotels, Zimmer auf dem Bauernhof, Hostels, Pensionen und Campingplätze. Insbesondere die Qualität der Hotels hat sich in den vergangenen Jahren stark verbessert.

In Städten wie Breslau und Krakau empfiehlt es sich vor allem in den Monaten Mai, Juni und September rechtzeitig zu reservieren, im Sommer auch in den Schlosshotels des Hirschberger Tals sowie im Riesengebirge und in der Hohen Tatra.

Alle im Buch genannten Unterkunftspreise gelten für zwei Personen im Doppelzimmer inkl. Frühstück. Bei Übernachtungen in Ferienwohnungen ist kein Frühstück inbegriffen.

Buchung

Individualreisende buchen ihre Unterkünfte am einfachsten übers Internet, hilfreich dabei sind Portale wie www.tripadvisor.de, www.booking.com oder www.trivago.de. Man gibt den Ort und das Datum für den Aufenthalt ein und bekommt eine Unterkunftsliste geliefert, deren Reihenfolge allerdings ›Betriebsgeheimnis‹ bleibt – anscheinend ändert sie sich sogar von Nutzer zu Nutzer … Immerhin können diese Ranglisten zumeist nach durchschaubareren Kriterien wie Preis oder Anzahl der Sterne neu sortiert werden. Positiv ist, dass eine Bezahlung in vielen Fällen erst vor Ort vorgenommen werden muss und dass man – auch ganz kurzfristig – kostenlos stornieren kann. Vorsicht ist bei den Gästebewertungen angebracht: Viele der vermeintlich objektiven Urlauberkommentare sind in Auftrag gegebene Eigenwerbung der Hotels. Auch kann es vorkommen, dass Zimmer auf den Hotelportalen teurer sind als auf der Homepage des Hotels – deshalb immer vergleichen!

Können oder wollen Sie keine Buchung via Internet vornehmen, sollten Sie ein paar Tage im Voraus im Hotel anrufen und das gewünschte Zimmer reservieren. Polnisch-Sprachkenntnisse sind hierfür nicht nötig, es wird fast immer Englisch, manchmal auch Deutsch gesprochen.

Hotels und Gästehäuser

In Polen wurden viele neue Hotels errichtet, bereits bestehende zumeist grundlegend renoviert. Diese sind häufig in historischen Villen, Bürgerhäusern und Palästen untergebracht, so in Szklarska Poręba, Krakau und Zakopane. Zimmer in romantischen Schlössern findet man z. B. in Karpniki und in Piechowice, beide im Hirschberger Tal – Orte, in denen man gern seinen ganzen Urlaub verbringen möchte. Zu Recht tolle Bewertungen bekommt auch das Hotel Modrzewie Park in Szczawnica (s. S. 289).

Fast alle polnischen Hotels – gerade auch die kleineren, familiär geführten – bieten Frühstück in Form eines Büfetts. Das gilt gleichfalls für die aus ehemaligen Ausflugsheimen hervorgegangenen Gästehäuser, die man vor allem in Kur- und traditionellen Ferienorten findet. Auch gut: Kostenloser Internetzugang via WLAN ist in Polen Standard!

Privatzimmer und Ferienwohnungen

In Städten und Ferienorten findet man Privatzimmer (*pokoje, pokoje wolne* oder *noclegi*), meist mit eigenem Bad und auf Wunsch mit Frühstück. Sie werden über die örtliche Touristeninformation oder das Internet vermittelt, z. B. über www.airbnb.com.

Unschlagbar günstig wohnt man auf dem Land. Agrotouristische Bauernhöfe (*gospodarstwa agroturystyczne*) entdeckt man vor allem in Niederschlesien, in der Hohen Tatra und in den Waldkarpaten. Achten Sie auf den Storch auf dem Dach – dieses Logo bürgt für Qualität! Die Zimmer sind meist einfach, aber sauber und verfügen in der Regel über ein eigenes Bad. Oft wird Halb- oder Vollpension geboten. Eine Infobroschüre verschickt auf Anfrage das polnische Fremdenverkehrsamt (s. S. 78), buchen kann man z. B. über **www.ferienland-polen.de**, **www.agritourism.pl** und **www.wakacje.agro.pl**.

Jugendherbergen und Hostels

Zwar gibt es in Polen viele Jugendherbergen *(schronisko młodzieżowe)*, doch Doppelzimmer haben nur diejenigen in Städten wie Breslau und Krakau. Mit dem internationalen Ausweis des Dachverbands Hostelling International (HI), **www.hihostels.com**, erhält man Rabatt.

Eine gute Alternative zu den offiziellen Jugendherbergen sind private Hostels, **www.hostelworld.com**, die vor allem in den großen Städten entstehen. Sie bieten Küchenbenutzung, Aufenthaltsraum, Wäscheservice und Gratis-Internetzugang.

Camping

Polens Campingplätze *(kemping)* sind meist einfach, aber reizvoll gelegen und preiswert. In diesem Buch sind vor allem Plätze aufgeführt, die vom ADAC empfohlen werden. Sie eignen sich auch für Wohnmobile, oft kann man sogar Holzhütten mieten. Stets verfügen sie über Sanitärblöcke mit Warmwasserduschen, Gemeinschaftsküchen sowie eine Imbissstube oder ein Lokal. In der Rezeption erhält man Lebensmittel und Getränke.

Die Campinggebühren sind niedriger als in Westeuropa, in der Nebensaison und bei längeren Aufenthalten erhält man Rabatt. Die Saison dauert in der Regel vom 15. Mai bis zum 30. September. Weitere Informationen findet man im Internet auf **www.campingpolska.com** und **www.pfcc.eu**.

Edles Entree in einem edlen Etablissement: das Hotel Modrzewie Park in Szczawnica

Essen und Trinken

»Die Dicken leben kürzer, aber sie essen länger«, sagt Stanisław Lec, der Meister der Pointen. Polen sind Genießer, sie lieben langes und genussvolles Speisen, ›gesund‹ muss es nicht unbedingt sein. Aufgetischt werden Fisch und gemästetes Federvieh, Wildbret und Spanferkel. Drum geben Sie acht, sonst setzen Sie dank der deftigen und kalorienreichen Kost rasch Fettpölsterchen an!

Exotisches aus Küche und Keller

Die einstige kulturelle Vielfalt Polens spiegelt sich in den Gerichten – da findet man deutsche und französische, russische und mediterrane, ganz stark auch jüdische Einflüsse. Auswärtige Könige haben ihre Landesküche nach Polen mitgebracht und für kulinarische Abwechslung gesorgt. Berühmt geworden ist Bona Sforza, die Mailänder Gattin von König Zygmunt I.: Sie hat nicht nur italienische Kunst, sondern auch Gemüse und Gewürzkräuter importiert. Bis zum heutigen Tag hat sich ihre geliebte Salatbeilage erhalten, die aus geraspelten Möhren, Tomaten- und Gurkenscheiben besteht – die mittlerweile klassische Beilage wird *surówka* genannt.

Vorspeisen

Natürlicher Sauer ist die Grundlage vieler Suppen, den ›exotischsten‹ Speisen des Nachbarlandes. Sehr zu empfehlen sind saure Roggenmehlsuppe mit Ei und Wurst *(żurek)* sowie klarer Borschtsch aus Roten Rüben *(barszcz)*. Im Sommer wird dieser als erfrischende Kaltschale serviert, angerührt mit saurer Sahne und Dickmilch *(chłodnik)*. Darin schwimmen Radieschenscheiben, klein geschnittene grüne Gurken und Dill, manchmal auch Streifen zartes Kalbfleisch.

Wer Suppen nicht mag, greift zu Pilzen. Der polnische Wald gilt wieder als Pilzparadies, in großer Zahl wachsen Reizker, Steinpilz und Pfifferling. Zu einem Teller marinierter Pilze werden aufgeschnittene Gewürzgurken gereicht, die mit frischem Dill und Knoblauch pikant eingelegt sind.

Auf dem Land wird wie zu Großmutters Zeiten fein geschnittener, mit Kümmel und Wacholderbeeren abgeschmeckter Kohl in Holzfässern gesäuert. Nach mehrwöchiger Lagerzeit ist er reif für *bigos*: Sauerkraut, das mit Wurst, Zwiebeln und Pilzen gedämpft und mit Zwetschgen und Äpfeln verfeinert wird. Jeder Koch hütet sein eigenes erprobtes Rezept, doch alle sind sich einig, dass *bigos* erst nach mehrmaligem Aufwärmen sein wahres Aroma entfaltet.

Hauptspeisen

Deutsch-böhmischen Ursprungs ist das sogenannte Schlesische Himmelreich, früher das beliebteste Sonntagsmahl der Region. Um es zuzubereiten, benötigt man ein halbes Pfund mageres Rauchfleisch, das mit eingeweichtem Backobst – Äpfel, Birnen und Pflaumen – gar gekocht wird. Als Beilage sind Kloß- und Knödelvarianten zu empfehlen: rund oder rechteckig, gekocht oder gedämpft, süß oder salzig. Sie stammen garantiert nicht aus der Fertigpackung, sondern werden in einer arbeitsintensiven Prozedur mit der Hand zubereitet. Gute Klöße erkennt man daran, dass sie weich und locker sind, aber doch fest genug, um in Scheiben geschnitten werden zu können.

Slawischen Ursprungs sind die Maultaschen, die gleichfalls in vielen Varianten daherkommen. Da gibt es sowohl kleine ›Öhrchen‹ *(uszki)* als auch große Piroggen *(pierogi)*, russische mit Kartoffel-Quark-Mischung sowie polnische mit Pilzen und Sauerkraut. Letzter Schrei in feinen Restaurants sind die mit Kaviar gefüllten Maultaschen. Und auch die süße Spielart darf nicht fehlen: Piroggen mit Blau- und Heidelbeeren werden mit zerlassener Butter übergossen, anschließend mit Sahne und Zucker serviert.

Nachspeisen

Üppig und kalorienreich sind auch die Nachspeisen. Hervorragend schmecken die vielen Kuchen- und Gebäckvarianten, wobei man Mohn- und Apfelkuchen am häufigsten sieht. Der vom Feld gepflückte Mohn wird eingeweicht und mit Sultaninen und geraspelten Mandeln zu einer Masse geknetet, die zu Kuchen und Stollen weiterverarbeitet wird. Ein typisches Festtagsgebäck ist der *mazurek*, ein Mürbeteig, den man nach dem Backen mit Früchten und Nüssen dekoriert.

Auf jüdische Tradition geht die *szarlotka* zurück, ein leckerer Apfelkuchen. Früher gab es ihn nur zum Pessach-Fest, heute ist er in allen Konditoreien Polens zu haben: ein Teig mit einer Apfel-, Nuss- und Rosinenmischung, deren lehmartige Farbe an die Ziegel erinnern sollte, mit denen die Israeliten in biblischer Zeit die Städte der Ägypter erbauten.

Französischen Ursprungs sind *eklerki* und *napoleonki*, die mit dem Durchzug der Grande Armée in Polen populär wurden. *Eklerki* bestehen aus Brandteig und sind in Polen üblicherweise mit Schlagsahne gefüllt, *napoleonki* werden aus Blätterteig hergestellt und mit Puddingcreme versüßt.

Getränke

Die Getränke sind auf die deftige Küche abgestimmt. Seit dem Mittelalter beliebt ist das Bier, das zu fast jeder warmen Mahlzeit aufgetischt wird. In Schlesien war die Bierbrauerei ein wichtiger Wirtschaftszweig. Das Schweidnitzer Gerstenbier, das in schlesischen Ratskellern ausgeschenkt wurde, gibt es zwar heute nicht mehr, dafür das leichte Breslauer Piast, das würzige Leżajsk und das Żywiec aus den Beskiden (s. Thema S. 224).

Vor allem in den Städten wird zum Essen gerne ein Glas Wein getrunken. Schon seit dem 13. Jh. ist die Region um Zielona Góra für ihre guten Reben bekannt, inzwischen wird auch in vielen anderen Teilen des Landes Wein produziert. Dank staatlicher Unterstützung wurden etliche Weinliebhaber zu ambitionierten Winzern. Passend zum Klima bauen sie vor allem robustere Rebsorten wie Pinot Noir, Riesling und Chardonnay an. Noch wird fleißig experimentiert, wobei interessante Neuzüchtungen entstehen, so Jutrzenka, eine Kreuzung aus Villard Blanc und Pinot Blanc. Populär gemacht werden die neuen Tropfen bei Weinfesten, beispielsweise in der Burgruine Janowiec bei Kazimierz Dolny (s. S. 350).

Alkoholfrei, dafür gesund sind die vielen kohlensäurehaltigen Mineralwasser, die in allen Kurbädern aus der Tiefe der Erde an die Oberfläche sprudeln. Der Reigen beginnt im Riesengebirge und setzt sich über das Glatzer Bergland und die Beskiden fort bis zu den Karpaten. Und die Wasser schmecken alle unterschiedlich, probieren Sie einmal Staropolanka, Solanka, Piwniczka, Nałęczowianka …

Wer ein ›klares‹ Wässerchen bevorzugt, greift zu Wodka. Mehr als 20 Sorten stehen zur Auswahl, vom Edeltropfen Luksusowa bis zum hochprozentigen Siwucha, dessen Name übersetzt ›Schwarzmarkt‹ bedeutet. Auch ›koscherer Pessah‹ ist gefragt, außerdem Cymes und Jankiel, die bestens zur süßsauren polnisch-jüdischen Küche passen. Eine Krakauer Spezialität ist Starka Krakowska, ein Wodka, der nach mehreren Jahren der Lagerung im Eichenfass eine braun-goldene Tönung und ein mildes Aroma annimmt.

Essenszeiten und -gewohnheiten

Die Polen lieben ein üppiges Frühstück mit Schinken, Käse und Ei, das bis zum Mittagessen, der wichtigsten Mahlzeit des Tages, vorhält. Je nachdem, wann die Familienmitglieder nach Hause kommen, wird es zwischen 13 und 17 Uhr eingenommen. In der Regel sind drei Gänge vorgesehen. Als Vorspeise gibt es eine Suppe, danach ein Fleischgericht (freitags Fisch) und zum Abschluss etwas Süßes. In vielen Haushalten trinkt man zum Essen Kompott, d. h. abgeschöpften Fruchtsaft, auf dessen Grund ein paar Kirschen, Pflaumen oder Erdbeeren schwimmen. Das polnische Abendessen ist

Kunst am Käse: Oscypek

Farbe im Eintopf: Barszcz

Süß oder sauer in Teigtaschen: Pierogi

KOCHEN WIE DIE POLEN

Grundlage von **Borschtsch** (*barszcz*) sind dünn geschnittene Rote Bete, die mit ein paar Krumen Schwarzbrot eine Woche im Glas stehen und dadurch einen säuerlichen Geschmack annehmen. Anschließend werden sie in einem Sud aus Sellerie, Petersilie, Möhren, Lauch und Zwiebeln eingekocht, mit Salz und Pfefferkörnern, Nelken sowie einem Lorbeerblatt abgeschmeckt. Man kann die Suppe auch noch mit Steinpilzen und einem Schuss Rotwein abrunden, Apfelscheiben und etwas Zitronensaft verstärken den säuerlichen Geschmack. Nach dem Kochen wird das Gemüse abgeschöpft und nur die klare rote Bouillon genutzt. Angereichert wird der *barszcz* meist mit fleischgefüllten Teigtaschen, den ›**Öhrchen**‹ (*uszki*). Der Teig dafür ist rasch fertiggestellt: Mehl, ein Ei und eine Prise Salz werden zu einer Masse verknetet und dünn ausgerollt. Dann sticht man kleine Quadrate aus und füllt sie mit einer Fleischfarce. Für deren Zubereitung werden 500 g Rindfleisch gekocht, durch den Wolf gedreht und mit in Butter goldbraun geschmorten Zwiebeln vermischt. Die *uszki* werden in siedendes Salzwasser geworfen und fünf Minuten gekocht. Ähnlich wie Öhrchen entstehen **Piroggen** (*pierogi*). Aus dünn ausgerolltem Teig werden runde, mittelgroße Taler ausgestochen, die unterschiedlich gefüllt werden. Am beliebtesten ist die ›russische‹ Version mit Kartoffeln, die gar gekocht und zu Püree zerstampft, dann mit Schichtkäse vermengt und mit geschmorter Zwiebel, Speckgrieben, Pfeffer und Salz abgeschmeckt werden. Auch die Piroggen werden in siedendes Wasser geworfen; gar sind sie, sobald sie an der Oberfläche schwimmen. Die noch heißen Teigtaschen werden mit zerlassenem Fett und saurer Sahne beträufelt, kühle Buttermilch schmeckt köstlich dazu.

weniger umfangreich, doch stets kräftig: Man isst belegte Brote, dazu etwas Mariniertes, vielleicht auch eine Portion *bigos* oder Piroggen. Gegessen wird zwischen 18 und 20 Uhr, teilweise auch später.

In fast allen polnischen Mittelklassehotels wird das Frühstück in Büfettform serviert und ist so reichlich, dass man auf ein Mittagessen gerne verzichtet. Restaurants öffnen um 11 oder 12 Uhr und bleiben in kleinen Orten bis mindestens 20 Uhr, in Großstädten ›bis zum letzten Gast‹ geöffnet. Aufgrund der niedrigen Arbeitslöhne können sich die Restaurantbesitzer viel Personal leisten und brauchen keinen Ruhetag einzuschieben.

Vom feinen Restaurant zur Milchbar

Der Gegensatz zwischen Stadt und Land ist groß. In Städten wie Krakau oder Warschau gibt es Gourmetlokale, Ethno- und Crossover-Restaurants, Gaststuben mit typischer polnischer Kost, Cafés und Salatbars, Bistros und Fastfood-Läden – das Gastroangebot der Großstädte steht dem im Westen in nichts nach. Anders sieht es auf dem flachen Land aus, wo man nur in Schlössern oder Luxushotels fein speist. Die traditionellen Lokale haben es in der Provinz schwer: Nur mit Mühe können sie sich über Wasser halten. Ganz selten stößt man noch auf einen rustikalen Gasthof, die vertraute *karczma* oder *gospoda*, oder ein romantisches Kellerlokal, die *piwnica*.

Ein sympathisches Überbleibsel aus sozialistischer Zeit sind die sogenannten **Milchbars** (*bar mleczny*), staatlich subventionierte Selbstbedienungslokale, in denen es – anders als der Name vermuten lässt – herzhafte Hausmannskost gibt. Nichts kommt aus der Mikrowelle, alles wird frisch zubereitet. Für wenig Geld lernt man hier die wichtigsten polnischen Gerichte kennen. Sie sind samt Preis auf einer Tafel angeschrieben und in einer Vitrine ausgestellt. Bestellt werden muss am Tresen. Während man an der Kasse die Rechnung begleicht, wird das Essen aus der Küche geliefert.

Outdoor

Im Winter fährt man in Polens Süden Ski, von Frühjahr bis Herbst wird gewandert – die Wege in der Bergregion sind bestens beschildert. Im Riesengebirge und vor allem im Osten sieht man auch viele Radfahrer und Mountainbiker, doch insgesamt ist das Radwegenetz noch nicht gut entwickelt. Für ›Minderheiten‹ gibt es weitere Angebote, beispielsweise Angeln, Jagen, Reiten und Golfspielen.

Angeln

Diesem Hobby kann man in Polen nur nachgehen, wenn man eine Angelerlaubnis vom Polnischen Angelverband hat, dem Polski Związek Wędkarski (PZW), **www.pzw.org.pl**. Dieser informiert über die örtlichen Ausgabestellen für Lizenzen, über die vom jeweiligen Ortsverband festgelegten Tages- und Jahressätze sowie über Schonzeiten, Schonmaße und Fangbeschränkungen. Der deutsche Angelschein ist in Polen nicht gültig, das Angeln mit lebenden Köderfischen generell verboten. Freilich unterstehen nicht alle Bächlein dem Angelverband, deshalb mag es sich lohnen, in den Hotels nachzufragen, wer die jeweiligen Besitzer der Gewässer sind. Als fischreich gelten alle Stauseen, gute Reviere sind aber auch die Bergflüsse der Sudeten, Beskiden und Bieszczady, wo man Lachse, Äschen, Regenbogen- und Bachforellen fängt.

Golfen

Im sozialistischen Polen galt dieser Sport als versnobt und war 45 Jahre lang tabu. Inzwischen sind jedoch über 30 attraktive Golfplätze entstanden, u. a. bei Warschau, Krakau und Breslau; die jeweiligen Adressen stehen in den entsprechenden Ortskapiteln. Für ein Greenfee bezahlt man meist etwas weniger als in Deutschland. Angeboten werden auch drei- bis fünftägige Kurse, die Unterrichtssprache ist in der Regel Englisch. Über Plätze und Turniere in Polen informiert die Seite des Polnischen Golfverbandes PZG (Polski Związek Golfa), **www.pzgolf.pl**.

Radfahren

In Polen gibt es immer mehr Freizeitradler. Vor allem in den Universitätsstädten, aber auch in vielen Hotels des Hirschberger Tals kann man Räder mieten. Da polnische Autofahrer bislang jedoch kaum auf Radfahrer eingestellt sind, empfiehlt sich auf den Straßen große Vorsicht, das Tragen einer Warnweste und eines Helms, insbesondere in der Dunkelheit und außerhalb geschlossener Ortschaften.

Durch die dünn besiedelten Gebiete Ostpolens führt auf über 2000 km Länge der neu geschaffene, einheitlich beschilderte Radwanderweg **Green Velo**. Er beginnt in den Heiligkreuzbergen und führt über das Karpatenvorland und das Lubliner Land nordwärts via Podlachien zum Frischen Haff an der Ostsee. Unterwegs passiert man mehrere National- und Landschaftsparks sowie Adelsresidenzen wie Krasiczyn und Łańcut, Holzkirchen und Synagogen. Auch interessante Renaissancestädte wie Sandomierz und Zamość liegen am Weg. Entlang der Strecke gibt es mehr als 200 überdachte Rastplätze mit Fahrradständern, Tischen und Bänken sowie Infotafeln mit touristischen Übersichtskarten. Auf der Website **www.greenvelo.pl** finden Sie bestens ausgearbeitete Radrouten mit Höhenprofil, Angaben zum Schwierigkeitsgrad, zur Länge und benötigten Zeit.

Ausgewiesene Singletrails finden sich vor allem im Riesen- und Isergebirge, neuerdings auch im Glatzer Bergland. Ein Zentrum der Mountainbiker ist Szklarska Poręba, jährlich im August treffen sich dort Aktive aus Polen und den Nachbarländern zum Bike-Action-Festival. Viele Radler sieht man auch in der

In Polens Süden sollte man auch mal die Wanderschuhe schnüren, es gibt viel zu entdecken in Tatra & Co.

Hohen Tatra, im Podhale am nördlichen Rand der Tatra, in den Beskiden und in den Bieszczady.

Reiten

Polnische Gestüte genießen einen guten Ruf, desgleichen die knapp 400 Reitzentren, die dem Polnischen Reitverband PZJ (Polski Związek Jeździecki), **www.pzj.pl**, angehören. Wer seinen Urlaub im Sattel verbringen möchte, wendet sich am besten zunächst ans Polnische Fremdenverkehrsamt (s. S. 78). Hier erhält man Auskunft darüber, wo es deutschsprachige Reitlehrer gibt, welche agrotouristischen Bauernhöfe Ausritte anbieten etc. Das Fremdenverkehrsamt versorgt auch mit Infos zum längsten Reitweg Europas, der über ca. 1800 km in einer großen Schleife rund um Łódź verläuft (www.wsiodle.lodzkie.pl).

Skifahren

Gebirgsketten ziehen sich über rund 500 km an Polens Südgrenze entlang und bieten jede Menge Möglichkeiten zum Skifahren. Die unbestrittene Winterhauptstadt ist Zakopane. Von November bis März tummeln sich hier die Snowboarder und Skifahrer, wobei sich die Anfänger bestenfalls an die Pisten am Gubałówka heranwagen. Cracks treibt es zu der 7 km langen Abfahrt am Kasprowy Wierch. Jedes Jahr im Januar findet in Zakopane der World Cup der Skispringer statt.

Im Riesengebirge, am Fuße der Schneekoppe, trifft man sich in den Orten Karpacz und Szklarska Poręba. Auch hier hält sich die Schneedecke runde fünf Monate. Gleichfalls beliebt sind die Orte Szczyrk und Wisła in den Schlesischen Beskiden. Interessante Infos zu Polens Wintersportgebieten bietet die Website **www.schneehoehen.de** (> Skigebiete > Osteuropa > Polen).

Wandern

Auch der polnische Papst war ein begeisterter Wanderer und v. a. in der Hohen Tatra unterwegs – doch nicht nur dort sind die Wege gut und zuverlässig markiert: Stets zeigt ein farbiger Balken zwischen zwei weißen Streifen die jeweilige Strecke an. Es gibt in allen Ferienorten sehr gutes Kartenmaterial, erhältlich in Buchläden oder bei der Touristeninformation. Auf vielen Wanderkarten sind die Herbergen eingetragen, in denen man übernachten oder sich unterwegs verpflegen kann. Sie sind allerdings meist nur im Sommer geöffnet.

Beliebtestes Ziel deutscher Wanderer ist der Nationalpark Riesengebirge (Karkonosze), der die wertvollsten Gebiete dieses Gebirgszuges schützt. Die wichtigsten Standorte hier sind Świeradów Zdrój, Szklarska Poręba und Karpacz. Weitere schöne Wandermöglichkeiten bieten sich im Glatzer Bergland, in der Hohen Tatra und in den Waldkarpaten (Bieszczady).

In diesem Buch werden mehrere attraktive Touren vorgestellt, die mit den unterschiedlichen Naturräumen in Polens Süden vertraut machen. Jede Region hat ihren eigenen Reiz, oft sogar ihr eigenes Mikroklima! Zusätzlich zu den beschriebenen Touren finden Sie in den Ortskapiteln weitere Wandertipps.

Feste und Veranstaltungen

Traditionelle Feiertage

Wenn das katholische Polen feiert, steht ein farbiges Feuerwerk an: Auf bunte Prozessionen folgen Festschmaus, Tanz und Musik.

Weihnachtszeit

Ein Höhepunkt des Kirchenjahres ist Weihnachten. In den Karpaten wird das Kommen des Erlösers mit Alphörnern angekündigt, in Krakau ist es der große Krippenwettbewerb, der auf die Weihnachtszeit einstimmt. Schon zwei Wochen vor Heiligabend werden Krippen aus Pappmaschee und Glanzpapier aufgestellt: mit Glitter und Glamour inszenierte Architekturträume, die aus »Tausendundeiner Nacht« stammen könnten.

Zu Beginn des Festessens am Heiligen Abend wird eine geweihte Oblate gebrochen und unter den Anwesenden verteilt. Dann startet das große Weihnachtsmahl, bei dem frischer Karpfen nicht fehlen darf. Ein Gedeck wird für den ›einsamen Wanderer‹ aufgelegt, womit die Familie bekundet, dass sich ein Not leidender Fremder jederzeit hinzugesellen darf.

Zwischen Weihnachten und dem Dreikönigsfest finden in vielen Dörfern Umzüge statt. Als Engel oder Teufel, oft auch als Schaf- oder Ziegenbock verkleidet, zieht man mit einem großen Stern von Haus zu Haus, teilweise wird auch die Geschichte von König Herodes aufgeführt: Laut Bibel ließ dieser alle männlichen Kinder töten, weil er nicht wusste, welches Neugeborene der gefürchtete Messias war. Gar lustvoll wird die Enthauptung und anschließende Höllenfahrt des Königs dargestellt – besonders den Kindern macht es Spaß, den Bösewicht seiner gerechten Strafe zuzuführen.

Fasching

Die Zeit bis Aschermittwoch überbrückt der Fasching, wobei nur die letzten drei Tage groß gefeiert werden: mit Umzügen, Maskenbällen und den obligatorischen Festessen. Konditoreien verkaufen unendlich viele Pfannkuchen, damit man noch einmal im Süßen schwelgen kann, bevor die lange Zeit des Fastens beginnt.

Ostern

Ostern ist eines der wichtigsten Feste, doch sind Karfreitag und Ostermontag keine Feiertage. Am **Palmsonntag** werden zum Andenken an den Einzug Jesu in Jerusalem ›Palmen‹ geweiht, die in Polen mangels Originalen meist aus Blumensträußen oder Weidenzweigen bestehen. Für **Gründonnerstag** ist die Bestrafung des Judas angesetzt. Lebensgroße Strohmänner werden mit 30 Glasscherben gespickt, die für die Silbermünzen stehen, welche der Apostel für seinen Verrat an Jesus erhielt. Unter großem Beifall stürzt man sie von Kirchtürmen und schleift sie dann unter Schlägen durch die Straßen.

Der **Ostermontag** ist der ›Tag des hohen Wasserverbrauchs‹, Śmigus Dyngus genannt. In Familien mit Sinn für Tradition werden die Häupter mit Wasser benetzt, ein symbolisches Abstreifen der Sünden. Dagegen triumphiert auf den Straßen der Jux: Man bespritzt sich mit Wasser, häufig sogar kübelweise. In den Beskiden ziehen maskierte ›Osterbettler‹ durch die Straßen – nur wer einen Obolus entrichtet, kommt an ihnen vorbei. Erinnert wird damit an die Opfer der Tatarenüberfälle des 13. Jh., die ihre Wunden mit Stroh bedeckten und ihr Dasein als Bettler fristeten.

Schon seit 1608 werden in der Karwoche in Kalwaria Zebrzydowska **Passionsspiele** aufgeführt. Das Spektakel reicht vom Einzug in Jerusalem bis zum Prozess am Karfreitag, wenn Jesus ans Kreuz genagelt wird.

Fronleichnam

Zu Fronleichnam finden die wohl farbenprächtigsten Umzüge statt. An diesem Tag trägt man die Figuren der Schutzheiligen durch die Dörfer und bedeckt die Straßen mit Blumenblüten.

Polen für Jazzfans: In Krakau und Warschau jagt ein Event das andere

Polen für Klampfenfans: Tausende treffen sich beim Breslauer Gitarrenfestival

Polen für Folklorefans: Fast zu jeder Jahreszeit wird irgendwo irgendetwas geboten

Veranstaltungskalender

Januar/Februar
Den Höhepunkt der Skisaison markieren der **Europa- und der Weltpokal im Skispringen** in Zakopane.

März
Der 50 km lange **Piastenlauf** in Jakuszyce bei Szklarska Poręba ist das größte Langlaufrennen Europas.

April
In Kalwaria Zebrzydowska bei Wadowice finden mehrtägige **Passionsspiele** statt, in Warschau steigt das einwöchige **Ludwig-van-Beethoven-Festival.**

Mai
Im Schloss von Łańcut wird ein **Festival Alter Musik** geboten, in Częstochowa **Gaude Mater,** eine Konzertreihe mit religiöser Musik. Ende Mai starten in Złotoryja der **Wettbewerb der Goldwäscher** und in Krakau das **Internationale Kurzfilmfestival.**

Juni
Popmusik dominiert beim **Festival des polnischen Liedes** in Opole. Bei der Prozession zu **Fronleichnam** werden in Łowicz traditionelle Trachten getragen. Fürs **Theaterfestival Malta** reist man nach Posen, für die **Jüdischen Gedenktage** nach Tarnów. Dort macht sich auch die **Roma-Karawane der Erinnerung** auf den Weg nach Szczurowa. In Krakau ist immer etwas los, in diesem Monat z. B. der **Lajkonik-Umzug,** die **Johannisnachtfeier** am Weichselufer und das großartige **Festival der Jüdischen Kultur.**

Juli
Einen **Theatersommer** feiert man in Zamość, **Festivals des Straßentheaters** gibt es u. a. in Warschau, Krakau und Jelenia Góra. Warschau lädt zudem ein zum **Jazz-Festival,** Zakopane zu den Tagen der **Szymanowski-Musik.** Anlässlich des **Festes der hl. Anna** findet am 26. Juli eine Prozession am Annaberg statt.

August
Kazimierz Dolny ist besonders schön während der Zeit des **Kultursommers,** wenn Kunsthandwerker auf den Plätzen ihre Waren ausstellen und überall Musik erklingt. Zu Monatsbeginn startet die **Woche der Beskidenkultur** im Gebiet rings um Wisła, zwei Wochen später das **Internationale Festival der Bergfolklore** in Zakopane. Jedes Jahr findet in Warschau das jüdische **Singer-Festival** statt, nur alle zwei Jahre (2020, ...) die **Plakatbiennale.** Etwa zur gleichen Zeit wie das Festival **Musik im Alten Krakau** beginnt in Duszniki Zdrój das **Chopin-Festival.** Am 13. August wird in Kalwaria Zebrzydowska **Marias Entschlafung** inszeniert. Das darauf folgende fröhliche **Mysterium** dauert bis zu Mariä Himmelfahrt, also volle zwei Tage.

September
Wratislavia Cantans, ein Festival klassischer Musik, Oratorien und Kantaten, findet in Breslau statt, auf dem **Warschauer Herbst** wird zeitgenössische Musik vom Feinsten geboten. Der Hirschberger September endet mit einem **Theaterfestival.** Berühmte Solisten spielen auf den **Internationalen Jazztagen** in Zamość und auf dem **Rawa-Blues-Festival** in Katowice. **Dymarki,** das Fest der Schmelzöfen, feiert man in den Heiligkreuzbergen, **Bajit Chadasz,** eine intensive Begegnung mit der jüdischen Kultur, pflegt man in Krakau.

Oktober
Alle drei Jahre (2020, ...) ist Krakau Hauptstandort der **Internationalen Grafik-Triennale,** die oft auch in den November verschoben wird. Krakau rüstet sich Ende des Monats für den **Allerheiligen-Jazz.**

November
Beim **Jazz-Jamboree** und beim **Festival Alter Musik** in Warschau treten Musikensembles und Solisten aus aller Welt auf.

Dezember
Zwei Wochen vor Heiligabend startet in Krakau der **Wettbewerb der Weihnachtskrippen.**

Reiseinfos von A bis Z

Alkohol

In Polen darf nur im Bereich von Lokalen Alkohol genossen werden, ansonsten herrscht in der Öffentlichkeit Alkoholverbot! Jugendliche unter 18 Jahren dürfen generell nichts Alkoholisches trinken.

Auskunft

... in Deutschland
Polnisches Fremdenverkehrsamt
Hohenzollerndamm 151
14199 Berlin
Tel. 030 210 09 20
www.polen.travel

... in Österreich
Polnisches Fremdenverkehrsamt
Fleschgasse 34/2-A
1130 Wien
Tel. 01 524 71 91
www.polen.travel/de-at

Von der Website des Fremdenverkehrsamtes lassen sich zahlreiche Infobroschüren kostenlos downloaden, u. a. zu Ferien auf dem Bauernhof, Aktiv- und Winterurlaub, Gastronomie, Kurreisen und Wellness. Die Adressen lokaler Touristenbüros finden sich im Reiseteil des Buches in den jeweiligen Ortsbeschreibungen. Immer häufiger sprechen die Angestellten fließend Englisch, oft sogar Deutsch.

Barrierefrei reisen

Nützlich ist die von der EU gesponserte Website des Tourismusvereins PTTK, die auch in einer englischen Sprachversion vorliegt: **www.turystykadlawszystkich.pl**. Hier bekommt man Infos zu Transportmitteln, Unterkünften, Restaurants und anderen touristischen Einrichtungen, die auf Rollstuhlfahrer, Geh- und Sehbehinderte eingerichtet sind.

Botschaften und Konsulate

... in Deutschland
Polnische Botschaft
Lassenstr. 19–21
14193 Berlin
Tel. 030 22 31 30
www.berlin.msz.gov.pl/de

... in Österreich
Polnische Botschaft
Hietzinger Hauptstr. 42-C
1130 Wien
Tel. 01 87 01 51 00
www.wieden.msz.gov.pl/de

... in der Schweiz
Polnische Botschaft
Elfenstr. 20-A, 3000 Bern
Tel. 031 358 02 02
www.berno.msz.gov.pl/de

... in Polen
Deutsche Botschaft
ul. Jazdów 12
00-467 Warszawa
Tel. 22 584 17 00
www.polen.diplo.de

Österreichische Botschaft
ul. Gagarina 34
00-748 Warszawa
Tel. 22 841 00 81
www.bmeia.gv.at/oeb-warschau

Schweizer Botschaft
al. Ujazdowskie 27
00-540 Warszawa
Tel. 22 628 04 81
www.eda.admin.ch/warsaw

Dos and Don'ts

Polen hat seine Besonderheiten ... Damit Sie im Umgang mit Einheimischen nicht zu viele Minuspunkte sammeln, im Folgenden eine Liste der ›beliebtesten‹ Fettnäpfchen:

– Sie folgen einer Einladung von Familie Kowalski, kommen pünktlich (erster Fehler) und bringen der Dame des Hauses kein Geschenk mit (zweiter Fehler).
– Sie schenken Frau Kowalski einen Blumenstrauß, haben aber nicht darauf geachtet, aus wie vielen Blumen er besteht – eine gerade Zahl verheißt für die Zukunft nichts Gutes!
– Sie geben den Begrüßungskuss auf der Türschwelle – bloß nicht dort (s. Blumenstrauß)!
– Sie sprechen Herrn Kowalski mit seinem Nachnamen an, dabei hätten Sie ihn beim Vornamen nennen müssen ...
– Sie helfen Ihrer weiblichen Begleitung nicht aus dem Mantel und halten ihr nicht die Tür auf.
– Die Frau stellt ihre Handtasche auf den Boden.
– Ihnen wird ein Wodka angeboten und Sie lehnen ab. Vom unhöflichen Aspekt mal ganz abgesehen: Ein ›Nein, danke!‹ wird ohnehin nicht akzeptiert und mit einem Lächeln abgetan.
– Noch ein Fehler: Sie wagen es, Herrn Kowalski zu fragen, wie viel er verdient.
– Sie wurden schon dreimal bei den Kowalskis eingeladen und haben sich noch immer nicht revanchiert.
– Sie gehen nackt in die Sauna.
– Sie springen oben ohne in einen Gebirgsfluss.
– Sie besichtigen die Kirche während der Messe.
– Sie sagen etwas Kritisches über den verstorbenen (polnischen) Papst.
– Sie sagen etwas Gutes über Russland ...

Einkaufen

Wo einkaufen?

Beim Einkaufsbummel in den Großstädten entdeckt man ein buntes, weitgehend vertrautes Warensortiment, desgleichen in den Shoppingmalls, die in Polen **Galeria** genannt werden. Allerdings ist nicht zu übersehen, dass die heimische Modeindustrie erstarkt, wovon auch der länderübergreifende Erfolg der alljährlich in Łódź stattfindenden Fashion Week zeugt. Wenn Sie etwas typisch Polnisches kaufen wollen, so achten Sie auf die vielerorts angebotene Kleidung mit Folkloremustern oder fragen Sie nach der – inzwischen auch in Berlin populären – Slow Fashion. Die wird lokal und fair produziert, nachhaltig ist sie natürlich auch.

Nur selten findet man in den Städten noch die traditionellen Mode- und Lebensmittelläden aus der Vorwendezeit, allein der **Kiosk** *(kiosk ruch)* hat sich erhalten. Hier gibt es nicht nur Presseerzeugnisse, sondern auch allerlei für den täglichen Bedarf.

Großen Spaß macht immer noch das Einkaufen auf dem **Markt** *(targ),* wo zumeist Bauern ihre Produkte anbieten. Die Tomaten stammen nicht aus dem Treibhaus, sondern sind sonnengereift. Äpfel und Birnen, die ohne Pestizide heranwachsen durften, sehen vielleicht nicht so knackig aus wie bei uns, doch dafür schmecken sie intensiver. Im Sommer gibt es Waldbeeren, die man bei uns kaum noch sieht, im Frühherbst kommen die vielen Pilze dazu. Auch das wäre ein schönes Mitbringsel: ein Glas mit marinierten oder eine Tüte mit getrockneten Steinpilzen! Noch vieles mehr ist auf dem Markt zu entdecken. In Vitrinen stapeln sich Wurst-

Geklöppelte Tischsets oder doch lieber knallige Unterwäsche? Sie haben die Qual der Wahl!

sorten wie Kabanossi, Krupniok, Krakauer und Warszawski. Wenn man Glück hat, stammt die Wurst noch vom Dorfmetzger, der sie nicht in Plastik, sondern in echten Darm wickelt. Es gibt Salzdillgurken aus dem Fass *(ogórki)*, gekochte Maiskolben *(kukurydza)* und backfrische, mit Mohn und Sesam bestreute Bretzeln *(obwarzanki)*. Käseliebhaber finden frisch geschöpften Weiß- und Schichtkäse, den die Polen gern mit fein gehacktem Schnittlauch und Radieschen würzen, sowie den *oscypek* aus der Tatra, ausgezeichnet mit dem Gütesiegel ›EU-Spezialität mit Herkunftsgarantie‹. Er wird aus roher, nicht pasteurisierter Schafsmilch gewonnen und anschließend geräuchert, wodurch er seine charakteristische Bernsteinfarbe erhält. Am besten schmeckt er hauchdünn aufgeschnitten.

Souvenirs

Das Angebot an polnischem Kunsthandwerk *(sztuka ludowa)* umfasst feinste **Spitze** aus dem Beskidenort Koniaków, **Keramik** mit blauem Pfauenauge aus dem niederschlesischen Bolesławiec sowie mundgeblasenes **Glas** aus dem Riesengebirge, am besten von der Huta Julia in Piechowice. Eine Fundgrube für Souvenirs ist die Hohe Tatra. Von hier kommen handgeschnitzte **Weihnachtskrippen,** flache, spitz zulaufende **Lederschuhe,** handgestrickte **Schafswollpullover,** bestickte **Decken, Taschen** und **Gürtel**. Begehrte Mitbringsel bleiben alte **Gemälde, Drucke** und **Poster** – beim Kauf ist zu beachten, dass Kunstwerke und Antiquitäten, die vor dem 9. Mai 1945 hergestellt wurden, nur exportiert werden dürfen, wenn eine Genehmigung des zuständigen Kultusministeriums vorliegt.

Elektrizität

Die Stromspannung in Polen entspricht dem europäischen Standard. Ein Adapter für mitgebrachte elektrische Geräte ist nicht nötig.

Feiertage

1. Januar: Neujahr
6. Januar: Hl. Drei Könige
März/April: Ostern
1. Mai: Tag der Arbeit
3. Mai: Tag der Verfassung
Mai/Juni: Fronleichnam
15. August: Mariä Himmelfahrt
1. November: Allerheiligen
11. November: Unabhängigkeitstag
25./26. Dezember: Weihnachten

Frauen

Polen ist grundsätzlich ein sicheres Land für allein reisende Frauen, doch sollte man auch hier die wichtigsten Regeln beachten, also z. B. nicht nachts ohne Begleitung durch einsame Viertel spazieren und bei Männerbekanntschaften frühzeitig die eigenen Grenzen abstecken.

Geld

Währung

Die polnische Regierung hat beschlossen, die Einführung des Euros um mehrere Jahre zu verschieben. Dennoch gibt es im Land viele Hotels und oft auch Restaurants, in denen man

---

SPERRUNG VON BANK- UND KREDITKARTEN

bei Verlust oder Diebstahl*:
0049-116 116
oder 0049-30 4050 4050
(* Gilt nur, wenn das ausstellende Geldinstitut angeschlossen ist, Übersicht: www.sperr-notruf.de)
Weitere Sperrnummern:
- MasterCard: 0049-69-79 33 19 10
- VISA: 0049-69-79 33 19 10
- American Express: 0049-69-97 97 2000
- Diners Club: 0049-69-66 16 61 23
Bitte halten Sie Ihre Kreditkartennummer, Kontonummer und Bankleitzahl bereit!

bereits mit dem Euro bezahlen kann. Gehen Sie im Supermarkt einkaufen oder fahren Sie mit dem Zug, benötigen Sie freilich das offizielle Zahlungsmittel, den Złoty (zł). Im Umlauf sind Banknoten im Wert von 10, 20, 50, 100 und 200 Złoty, die allesamt Porträts polnischer Könige zeigen. Außerdem gibt es 1-, 2- und 5-Złoty-Münzen sowie 1-, 2-, 5-, 10- und 50-Groszy-Münzen (1 Złoty = 100 Groszy). Zwecks besserer Orientierung werden in diesem Buch die Hotel- und Restaurantpreise in Euro angegeben – multiplizieren Sie den Wert mit vier, so haben Sie den Złoty-Betrag.

Geldbeschaffung

Geld tauscht man in der Bank oder in der Wechselstube, dem Kantor. Doch seien Sie vorsichtig: Auf den Werbetafeln einiger Wechselstuben, auch am Flughafen und im Bahnhof, wird getrickst, daher vor dem Tausch unbedingt den genauen Kurs erfragen! Die Marge zwischen Ankaufs- und Verkaufskurs (*kupno* bzw. *sprzedaż*) sollte weniger als 2 % betragen, z. B. *kupno* (›we buy‹) 1 € = 4,08 zł, *sprzedaż* (›we sell‹) 1 € = 4,14 zł. Den tagesaktuellen Kurs findet man im Internet unter www.umrechner-euro.de.

Ein Tipp für Abhebungen an Geldautomaten mit Kredit- oder Bankkarten: Meiden Sie die Direktumrechnung zum ›garantierten Wechselkurs‹ in Euro und lassen Sie stattdessen den abgehobenen Betrag in der Landeswährung abbuchen – die eigene Bank legt dann den offiziellen Devisenkurs zugrunde.

Gängige Kreditkarten sind MasterCard und VISA. Die entsprechenden Embleme an Geldautomaten, Türen oder Schaufenstern zeigen an, wo man mit den Karten Geld abheben oder bezahlen kann. Geht die Karte verloren oder wird sie gestohlen, hilft der Notfallservice weiter (s. Infokasten S. 80), kostenlos und rund um die Uhr. Hier kann man auch eine Ersatzkarte beantragen und Erste-Hilfe-Geld (Emergency-Cash) anfordern. Für Österreicher und Schweizer wird dieser Service vorerst noch nicht angeboten, sie sollten daher vor Reiseantritt bei der zuständigen Bank die für ihre Kreditkarte geltende Sperrnummer erfragen.

Gesundheit

Gegen Vorlage der Europäischen Versicherungskarte erhalten gesetzlich Versicherte aus Deutschland, Österreich und der Schweiz kostenfreie Nothilfe. Lassen Sie sich vor der Reise von Ihrer Krankenkasse die Adressliste des Polnischen Gesundheitsfonds NFZ geben – darauf sind alle Krankenhäuser und Vertragsärzte aufgeführt. Für den anschließenden Antrag auf Kostenerstattung bei der Krankenkasse benötigt man die Quittungen aus Polen, auf denen Datum, Name des Arztes und des Patienten sowie Art, Umfang und Kosten der Behandlung dokumentiert sein müssen. Der Abschluss einer zusätzlichen privaten Reisekrankenversicherung empfiehlt sich, um all jene Kosten abzudecken, die die gesetzliche Krankenkasse möglicherweise nicht übernimmt.

Die Versorgung mit Medikamenten hat sich in Polen stark verbessert. Arzneimittel sind generell etwas günstiger als bei uns und teilweise ohne Rezept erhältlich. Wer nachts oder an Feiertagen ein Medikament benötigt, finden am Eingang der Apotheken *(apteka)* eine Liste mit Adressen von Apotheken mit Sonderdienst.

Internetzugang

In sämtlichen Hostels sowie in zahlreichen Hotels, Bistros und Cafés steht Besuchern kostenloses WLAN zur Verfügung. Viele Städte bieten auf zentralen Plätzen und Boulevards gleichfalls Gratis-WLAN an.

Karten

In Polen werden sehr gute Stadtpläne und Regionalkarten hergestellt. Wanderer sollten nach den Nationalparkkarten Ausschau halten, auf denen meist auch die Wanderwege eingezeichnet sind. Das Kartenmaterial ist erhältlich bei Touristeninformationen vor Ort sowie in Filialen der Buchhandelskette EMPiK, www.empik.com, die in allen größeren Städten vertreten sind. Für Autofahrer empfiehlt sich die Marco-Polo-Karte ›Polen Süd‹ im Maßstab 1 : 300 000.

Mit Kindern unterwegs

Für einen Urlaub mit Kindern sind Ferien auf dem Land ideal. Auf vielen agrotouristischen Höfen (s. S. 67) gibt es einen kleinen Kinderspielplatz, auch Tiere sind meist mit von der Partie – Kinder können das Melken der Kühe miterleben, das Füttern von Huhn und Schwein, vielleicht auch die Ernte auf dem Feld. Kontakt mit polnischen Kindern sollten trotz aller Sprachschwierigkeiten möglich sein, Schulferien in Polen starten in der letzten Juniwoche und dauern bis Ende August.

Kleine Schiffstouren sind in Breslau, Krakau und Warschau möglich. Einer der beliebtesten Ausflüge mit Kindern führt in die Pieniny, wo man sich von Flößern über den Dunajec schippern lassen kann.

Spannend ist auch der Abstieg ins Salzbergwerk von Wieliczka mit seinen Kapellen und Skulpturen sowie der Besuch der geheimnisumwobenen Goldmine in Złoty Stok, wo Polens einziger unterirdischer Wasserfall zu sehen ist. Die Kanalfahrt im Stollen der Schwarzen Forelle ist gleichfalls toll, aber leider noch immer etwas schwer zu organisieren. Aber vielleicht haben die Kinder auch Lust, die Überreste eines archaischen Vierbeiners, des *Silesaurus Opolensis*, zu bestaunen? Dann müssen Sie den Dino-Park in Krasiejów, 20 km östlich von Opole, besuchen.

Kleidung und Ausrüstung

Vor allem in der Hauptstadt legen Polen Wert auf ein gepflegtes Äußeres, das spürt man schon beim Betreten des Hotels. In anderen Teilen des Landes ist man da toleranter – Sie können sich locker kleiden, ganz wie Sie es von zu Hause gewohnt sind. Nur fürs Theater und die Oper macht man sich fein, ebenso für den Besuch im Nobelrestaurant.

Betritt der Mann eine Kirche und hat vergessen, seinen Hut abzunehmen, wird er mit Blicken verwarnt. Sowohl Männer als auch Frauen sollten ihre Schultern bedecken sowie lange Hosen bzw. Röcke tragen. Wieder anders sind die Regeln auf jüdischen Friedhöfen und in Synagogen: Hier wird männlichen Besuchern eine Kopfbedeckung verabreicht.

Wer viel in der Natur unterwegs ist, sollte sich gegen die Sonne schützen. Anders als im seenreichen Nordosten des Landes kann man im Süden auf Mückenschutzmittel verzichten.

Klimadaten Warschau

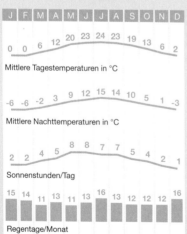

Klima und Reisezeit

Polens Klima ist dem unseren sehr ähnlich. Der Süden des Landes liegt im Übergangsbereich vom ozeanisch bestimmten Klima Westmitteleuropas zum Kontinentalklima Osteuropas. Die Tageshöchsttemperatur liegt z. B. in Warschau zwischen durchschnittlich 0 °C im Januar und 24 °C im Juli. In Breslau liegen die Temperaturen schon etwas darunter, vor allem die Nächte sind hier kälter. Noch etwas stärker fallen die Temperaturgegensätze im östlichen Grenzland aus. Die Jahresniederschläge schwanken zwischen 500 mm im Flachland, 700 mm in den

Mittelgebirgen und bis zu 1500 mm in den Karpaten. Eine aktuelle Wettervorschau finden Sie im Internet unter www.wetteronline.de.

Breslau und Krakau sind zu jeder Jahreszeit eine Reise wert, gerade auch während der Sommerferien hat man hier keine Schwierigkeiten, ein Quartier zu finden. Für einen Urlaub in der Natur sollten, sofern man kein Skifahrer ist, die Monate April bis Oktober eingeplant werden. Im Juli und August empfiehlt es sich, die Hohe Tatra und die Bieszczady zu meiden, da es während der Schulferien dort recht voll wird.

Links und Apps

Links

www.polen.travel: Das offizielle Tourismusportal des Polnischen Fremdenverkehrsamts mit Planungshilfen für den Urlaub, einer Kurzbeschreibung der touristisch interessanten Regionen, Städte und Nationalparks, vielen Tipps zur Freizeitgestaltung.

www.info-polen.com: Website mit hilfreichen Reisetipps und vielen Hintergrundinformationen zu Land und Leuten.

www.schlesien-heute.de: Magazin für Nieder- und Oberschlesien mit lesenswerten Artikeln zu Kultur und Architektur, dazu attraktive Reiseangebote des Senfkorn-Verlags, u. a. Urlaub in Schlosshotels.

www.laender-analysen.de/polen: Das Deutsche Polen-Institut, die Bremer Forschungsstelle Osteuropa und die Deutsche Gesellschaft für Osteuropakunde bieten Chroniken und kenntnisreiche Analysen der politischen, wirtschaftlichen und kulturellen Verhältnisse Polens.

www.rbb-online.de/kowalskiundschmidt: Hier kann der Text zum beliebten TV-Magazin nachgelesen werden – mal amüsant, mal bitterernst wird der Alltag in Polen und Deutschland beleuchtet, und manchmal entdeckt das deutsch-polnische Moderatorenteam sogar Gemeinsamkeiten.

www.culture.pl: Die neuesten Kulturnachrichten in englischer Sprache.

Apps

In Your Pocket: Englischsprachige City-Guides zu den größten Städten Polens.

Naviki: Mit dem Fahrrad-Navi kann man seine Routen bestmöglich planen.

Vogelführer 2 PRO: Vogelbestimmung für die Hosentasche (nur für iOS).

WetterOnline: Wettervorhersage mit angezeigter Warnung vor Unwettern.

Literatur und Hörbücher

Angela Bajorek: Janosch – Wer fast nichts braucht, hat alles. Berlin 2016. »Komm, wir finden einen Schatz«: Der aus Zabrze stammende Kinderbuchautor gewährt Einblicke in seine dunkle Kindheit in Oberschlesien – und macht doch Mut ...

Barberon-Zimmermann, Barbara: Polen hören. Eine musikalisch illustrierte Reise durch die Kulturgeschichte Polens von den Mythen bis in die Gegenwart. Kayhude 2010. Anspruchsvolles Hörbuch mit von Rolf Becker vorgetragenen Legenden und Episoden, Texten u. a. zu Kopernikus, Polanski und Marie Curie. Und alles untermalt von zauberhafter Musik!

Deutsches Polen-Institut Darmstadt (Hg.): Jahrbuch Polen 2019: Nachbarn. Wiesbaden 2019. Mit Gewinn zu lesen – das Buch informiert über Wünsche und Ängste der Polen, die Tücken der Wahrnehmung des Fremden, das sich wandelnde Verhältnis der Geschlechter, Traditionslinien und ihre Brüche. Dies ist bereits der 30. Band der von Karl Dedecius begründeten Reihe, die früher den Titel »Ansichten« trug und stets aufs Neue mit fundierten Artikeln und literarischen Texten überrascht. »Migration«, »Minderheiten«, »Jugend«, so lauten die thematischen Schwerpunkte der vergangenen Jahre, die bis heute nichts an Aktualität verloren haben.

Gawin, Izabella/Schulze, Dieter: Kulturschock Polen. Bielefeld 2015. Was geschieht da gerade in unserem Nachbarland? In welche Widersprüche ist es verstrickt? Um das zu verstehen, ist dieses Buch, wie viele Leser schreiben, unentbehrlich. Es ist sachlich, aber immer auch unterhaltsam verfasst, an vielen Stellen kommt man ins Schmunzeln. Vom Madonnenfieber bis zum Heldenkult werden die irritierenden Erfahrungen beschrieben, die im Umgang mit Polen zu erwarten sind.

Herzig, Arno/Schmidt-Münzberg, Christopher: Das Hirschberger Tal einst und jetzt. Görlitz 2017. Sorgfältig recherchiertes Buch zum schlesischen Elysium, einer der herausragenden Kulturlandschaften Europas.

Janesch, Sabrina: Katzenberge. Berlin 2012. Der preisgekrönte Debütroman der Autorin kreist um die Themen Schuld und Vertreibung und um die Liebe zu Djadjo, dem Großvater. Doch erwarten Sie keinen sentimentalen Heimatroman! Nele Leibert, eine junge Frau mit polnischen Wurzeln, begibt sich auf Spurensuche, reist in die Vergangenheit nach Schlesien und Galizien, taucht ein in eine oft unheimlich erscheinende, magisch anmutende Welt, die aber doch sehr real ist ...

Schieb, Roswitha: Zugezogen, Flucht & Vertreibung – Erinnerungen der zweiten Generation. Paderborn 2016. Auf der Grundlage vieler Gespräche wird nachgespürt, welche Bedeutung die verlorene Heimat für die Kinder der Flüchtlinge und Vertriebenen hat. Unterdrückte Erinnerungen, Erfahrungen von Fremdsein und Ausgrenzung üben eine immense Kraft aus und werden auf die nächste Generation übertragen.

Stasiuk, Andrzej: Galizische Geschichten. Frankfurt 2016. Literarische Reportagen aus einem vergessenen Winkel Europas, die Helden sind Wanderarbeiter, Traktorfahrer und Dorfhuren.

ders.: Die Welt hinter Dukla. Frankfurt 2013. Auch dies eine Hommage an Polens wilden Südosten, in diesem Fall das Dorf Dukla, das den Autor in seinem ganzen Elend magisch anzieht.

Wiatr, Marcin: Literarischer Reiseführer Oberschlesien. Potsdam 2016. Wer sich intensiver mit dem Oppelner Land und Oberschlesien beschäftigen möchte, ist mit diesem schön edierten Buch bestens bedient. Autoren aus der Region – von Eichendorff über Janosch bis Bienek – führen auf mehreren Touren ins barocke, postindustrielle, grüne und mystische Schlesien. Historische und zeitgenössische Fotos sowie Stadtpläne runden den Band ab.

Medien

In Mittelklassehotels kann man fast immer ein paar deutsche Fernsehsender empfangen. Deutsche Zeitungen und Zeitschriften bekommt man an Flughäfen, Bahnhöfen und in Buchläden der EMPiK-Kette, meist sogar am Tag ihres Erscheinens.

Um ein Gegengewicht und eine Ergänzung zur Berichterstattung über Polen in ausländischen Medien zu bieten, hat der polnische Rundfunk nach mehrjähriger Pause die Produktion von deutschsprachigen Sendungen wieder aufgenommen und seinen Auslandsdienst vergrößert. Auf www.radiodienst.pl werden politische, kulturelle und gesellschaftliche Themen besprochen, auch Fragen der Beziehung zu Deutschland und anderen europäischen Ländern. Deutsche Medien hatten die von der konservativen Regierung Polens forcierte Einschränkung der freien Berichterstattung heftig kritisiert.

Nachtleben

Im Sommer sind nächtliche Open-Air-Partys angesagt, vor allem am Wochenende in den großen Städten und fast immer verknüpft mit Livekonzerten lokaler Musikgrößen. In Breslau und Posen ist um den Rynek am meisten los, in Krakau im Viertel Kazimierz und in Warschau im Viertel Praga. Wer mitfeiern will, sollte daran denken, dass in Polen der Konsum von Alkohol in der Öffentlichkeit verboten ist.

Was sonst noch an Veranstaltungen läuft, erfahren Sie bei den lokalen Touristenbüros und durch einen Blick auf die Website des staatlichen Fremdenverkehrsamtes (s. S. 78).

Notfälle

Euro-Notruf: 112
Polizei: 997

Wer sich nicht ins Breslauer Nachtleben stürzen will und im Double Tree by Hilton absteigt, hat eine schicke Bar gleich vor Ort

Krankenwagen: 999
Pannenhilfsdienst: 981
ADAC: 0048 618 31 98 88, www.adac.de
ÖAMTC: 0043 12 51 20 00, www.oeamtc.at
TCS: 0041 588 27 22 20, www.tcs.ch
Freiwilliger Bergrettungsdienst GOPR: 601 100 300

Banken: Mo–Fr 8–17, Sa 8–14 Uhr
Wechselstuben: Mo–Fr 9–18, Sa 9–14 Uhr
Touristenbüros: 9–17 Uhr
Museen: Mo geschl.
Kirchen: Mit Ausnahme der Krakauer Marienkirche sind sie in Polen den ganzen Tag über geöffnet, doch wird während der Messe um Ruhe gebeten.

Öffnungszeiten

Öffnungszeiten sind in Polen nicht gesetzlich geregelt, doch plant die Regierung ein Einkaufsverbot an Sonntagen. An Ostern, Weihnachten und Neujahr ruht praktisch das gesamte Land – *nieczynne* steht dann an Läden, Museen und sogar Restaurants.

Geschäfte: Mo–Fr 10–18, Sa 10–14 Uhr, in den großen Städten schließen sie oft etwas später und viele sind sonntags geöffnet, einige sogar rund um die Uhr.
Supermärkte: tgl. 10–21/22 Uhr
Restaurants: tgl. 12–22/23 Uhr
Milchbars: tgl. 10–21 Uhr
Apotheken: Mo–Fr 8–19, Sa 9–14 Uhr
Postämter: Mo–Fr 8–18/20, Sa 9–13 Uhr

Post

Postämter *(Poczta Polska)* verfügen über Kartentelefone und verkaufen Telefonkarten. Das Porto für Briefe und Postkarten beträgt 6 zł, in nur wenigen Tagen ist die Post am Ziel. Briefmarken erhalten Sie außer in der Post auch in Hotels und an Zeitungskiosken.

Rauchen

In Polen gilt ein umfassendes Rauchverbot, das nicht nur alle öffentlichen Gebäude und Verkehrsmittel, sondern z.B. auch Spielplätze umfasst. Ausnahmen gibt es für Gaststätten, die einen gesonderten Raucherraum besitzen.

Reisekasse

Man kann in Polen mit seinem Geld deutlich mehr unternehmen als in Deutschland, Österreich oder gar in der Schweiz. Sowohl die Preise für Unterkünfte als auch in der Gastronomie sind erheblich günstiger als bei uns. Besonders lohnend ist es, zum Shoppen nach Polen zu fahren: Für 1 € erhält man laut ADAC Waren im Gegenwert von 1,89 € – mehr als in jedem anderen europäischen Land. Daran dürfte sich auch in den kommenden Jahren kaum etwas ändern, denn es ist nicht damit zu rechnen, dass die polnische Währung gegenüber dem Euro erstarkt.

Preisniveau

Unterkünfte findet man in jeder Preiskategorie. Wie andernorts auch macht es aber einen großen Unterschied, ob man in Warschau, in abgelegenen Bergregionen des Südens oder im tiefen Osten absteigt. Für ein Doppelzimmer mit Frühstück zahlt man in den Städten in einem guten Mittelklassehotel ab etwa 70 €, in einer Pension ab 40 €, in einem Hostel um 10 €. Auf dem Land bekommt man ein Privatzimmer häufig schon für 25 €. In Ferien- und Kurorten wird Hotelgästen eine Touristensteuer abverlangt, die ca. 1 € pro Kopf und Nacht beträgt.

Die Kosten für ein Essen im **Restaurant** schwanken enorm: In Milchbars und anderen Selbstbedienungslokalen *(samoobsługa)* wird man schon für 3 bis 4 € satt. Verzichtet man auf Fisch und Fleisch und hält sich an Teiggerichte, Suppen und Salate, kommt man auch in mittel- und hochpreisigen Lokalen mit einem Betrag von unter 10 € pro Person davon, inkl. Getränke. Für ein nach polnischem Maßstab ›richtiges‹ Essen – dreigängig und mit Fleisch – zahlt man inkl. Wein oder Bier 15 bis 25 €. Mittagsmenüs sind so gut wie unbekannt, fast immer wird à la carte gegessen.

Wenig zahlt man auch für Kulturveranstaltungen und Museumsbesuche. Überall noch günstig ist das Fahren mit öffentlichen Verkehrsmitteln, und Autofahrer freuen sich über den im Vergleich zu Deutschland 10 bis 15 % günstigeren Spritpreis.

Spartipps

Bei Hotelübernachtungen in den Städten sollte man sich nicht scheuen, nach Wochenend- oder sonstigen Rabatten zu fragen – in Polen ist es normal, über den Preis zu verhandeln. Wer beim Essen Geld sparen will, sucht die Milchbars (s. S. 72) auf, in denen man schon für wenige Euros ein Hauptgericht bekommt.

Kinder bis 4 Jahre reisen in Bahn und Bus gratis, bis 7 Jahre mit 50 % Rabatt. Senioren ab 70 Jahren fahren in Städten wie Breslau und Krakau kostenlos, sofern sie beim Fahrer ihren Ausweis vorzeigen.

Kinder und Senioren erhalten in Museen eine Ermäßigung von 30 bis 50 %, an einem Tag der Woche ist der Eintritt für alle Besucher frei. In den Städten kann sich der Kauf einer Touristenkarte lohnen, die in der Regel eine kostenlose Beförderung mit öffentlichen Verkehrsmitteln sowie vergünstigte Eintrittspreise in Museen und andere Sehenswürdigkeiten enthält. Infos hierzu bekommt man in den Touristenbüros.

Schwule und Lesben

Polen ist erzkatholisch und daher kein Mekka für Homosexuelle. Zwar existiert in allen größeren Städten eine LGBT-Szene, doch liegen die Lokale ziemlich versteckt. Immerhin fand 2010 in Warschau erstmalig in einem Land Mittel- und Osteuropas die EuroPride statt, das wichtigste europäische Festival von Schwulen und Lesben.

Sicherheit

Die Zeit der spektakulären Autodiebstähle gehört der Vergangenheit an, dennoch sollte man vorsichtig bleiben und möglichst nur bewachte Parkplätze *(parking strzeżony)* aufsuchen. Höhere Aufmerksamkeit ist auch an Bahnhöfen, in Bussen und Straßenbahnen sowie in Menschenansammlungen geboten, wo Taschendiebe ihr Unwesen treiben. Wertvolle Uhren und Schmuck, Pässe und Kameras nicht sichtbar tragen!

Bei Diebstahl oder Verlust der Personalunterlagen stellen die Konsularabteilungen der jeweiligen Botschaft (s. S. 78) Ersatzpapiere aus. Dazu müssen zwei Passbilder und eine durch die örtliche Polizei ausgestellte Verlustanzeige vorgelegt werden. Bei Fahrzeugpapieren genügt die von der Polizei attestierte Verlustanzeige. Personalausweis und Fahrzeugpapiere können nur im Heimatland neu ausgestellt werden. Grundsätzlich sollte man Fotokopien – getrennt von den Originalen – mitführen oder, noch besser, einscannen und im Computer hinterlegen. So wird beim Verlust der Dokumente eine Identifizierung vereinfacht.

Telefonieren

Die Vorwahl für Polen lautet 0048, es folgt die neunstellige Telefonnummer des Anschlussinhabers, in welche die Ortsvorwahl bereits integriert ist. Bei Gesprächen von Polen ins Ausland wählt man 0049 für Deutschland, 0043 für Österreich und 0041 für die Schweiz.

Seit Juni 2017 gibt es innerhalb der Europäischen Union keine Roaminggebühren mehr, d. h. das Telefonieren mit dem eigenen Handy sowie das Simsen und Surfen sollte im EU-Ausland nicht mehr kosten als im Heimatland. Wählen Sie z.B. in Polen mit Ihrem deutschen Handy eine polnische Nummer, zahlen Sie das Gleiche, was Sie von Deutschland aus nach Polen gezahlt hätten.

Empfehlenswert bleibt natürlich auch weiterhin die Nutzung von Skype oder WhatsApp bei kostenloser WLAN-Verbindung. Der Empfang von Telefonaten und SMS-Nachrichten ist innerhalb der EU prinzipiell gratis.

Toiletten

Warum ist es für den Besuch in Polen wichtig, den Unterschied zwischen einem Dreieck und einem Kreis zu kennen? Als Mann sollten Sie auf Toiletten die Tür mit dem Dreieckssymbol benutzen, als Frau die mit dem Kreiszeichen!

In einigen Cafés kann es noch passieren, dass man für den Besuch der Toiletten einen kleinen Obolus zu entrichten hat.

Trinkgeld

Obwohl das Trinkgeld in Restaurantrechnungen bereits enthalten ist, darf man selbstverständlich 5 bis 10 % des Betrags dazugeben, wenn der Service vollauf zufriedenstellend war. Die meisten Polen begnügen sich damit, die jeweilige Summe aufzurunden. Gleichfalls Trinkgeld erhoffen sich Zimmerfrauen, Rezeptionisten und Reiseleiter.

Beim Bezahlen sollte man es vermeiden, *dziękuję* (›danke‹) zu sagen – dies könnte der Kellner in dem Sinne interpretieren, dass man am Restgeld nicht interessiert ist. Um Missverständnissen vorzubeugen, sagt man *proszę* (›Bitte sehr!‹) und hält das Portemonnaie ostentativ geöffnet.

Wellness

Eine wachsende Zahl von Hotels verfügt über Spa- und Wellnessbereiche. Gleich drei großartige Anlagen sind im Besitz der polnischen Kosmetikkönigin Irena Eris, wobei das Hotel SPA im Kurort Polanica Zdrój nahe Kłodzko besonders schön ist. Generell lohnt es sich, im Internet nach besonderen Angeboten Ausschau zu halten. Sehr gute Infos zu Spa- und Wellnesshotels finden sich in einer Broschüre des Polnischen Fremdenverkehrsamtes, die zum Download bereitsteht: www.polen.travel (> Freizeit > SPA und Wellness).

In Polen gibt es auch jede Menge guter Möglichkeiten für Kuraufenthalte. Prüfen Sie vorab, ob Ihre Krankenkasse einen Teil der Kosten übernimmt!

Zeit

Es gilt wie in Deutschland die mitteleuropäische Zeit (MEZ).

Unterwegs in Polens Süden

»Nur wer umherschweift, findet neue Wege.«
Sprichwort

Wegmarkierer und Wegbegleiter im ländlichen Polen: Flurkreuze

Kapitel 1

Breslau und Umgebung

Seit Breslau 2016 Europäische Kulturhauptstadt war, ist es wie verwandelt. Alles glänzt wie neu: gewaltige gotische Kirchen, barocke Paläste und auch kühne Bauten der Moderne – einer davon, die Jahrhunderthalle, wurde sogar von der UNESCO zum Weltkulturerbe gekürt. Und es wird weiter experimentiert: Spektakuläre Museen und Kulturtempel entstehen, die die interessantesten Facetten der Stadt und ihrer langen Geschichte ausleuchten.

Breslau blickt auf eine böhmische und eine habsburgische Epoche zurück, es war preußisch und polnisch, nach 1945 brachten die aus Lemberg und Vilnius Zugezogenen ihre Traditionen mit. So ist Breslau eine Stadt der Brüche und immer neuen Anfänge. ›Breslau 2020+‹ heißt ein neues ambitioniertes Projekt, mit dem die Stadt als europäische Kulturmetropole präsent bleiben will.

Auf Spuren einer bewegten Geschichte stößt man auch in Breslaus Umgebung. Im Norden lohnt ein Besuch der Klöster von Trzebnica und Lubiąż, wo Schlesiens Christianisierung vor 800 Jahren begann. Fährt man nach Głogów, dessen Altstadt in einem bunt-historisierenden Stil wiederaufgebaut wurde, kommt man durch eine Landschaft mit ausgedehnten Sonnenblumenfeldern und Obstplantagen.

Südlich von Breslau tut sich eine Vielzahl möglicher Reisewege auf. Eine Route führt vorbei am slawischen Kultberg Zobten ins bewaldete Gebirgsvorland. In Świdnica wurde die evangelische Gnadenkirche zum UNESCO-Weltkulturerbe erklärt. Wenige Kilometer entfernt entdeckt man den ehemaligen Moltke-Gutshof, heute eine deutsch-polnische Tagungsstätte, und das Märchenschloss Fürstenstein in Książ.

Nur eine Möglichkeit der Fortbewegung im sommerlichen Breslau ... Die entspannte Alternative: per Boot auf der Oder

Auf einen Blick: Breslau und Umgebung

Sehenswert

⭐ **Breslau:** Lebendige Altstadt mit einem von Barockhäusern gesäumten historischen Markt, eine Dominsel mit himmelstürmender Kathedrale und Überraschungen im Scheitniger Park (s. S. 94).

Zisterzienserklöster: Wer ein Faible für Sakralarchitektur hat, findet nahe Breslau vier gewaltige Klöster, die zu den Höhepunkten europäischer Barockarchitektur zählen – Lubiąż, Trzebnica, Krzeszów und Henryków (s. S. 124, 125, 130, 131).

Książ: »Schloss Fürstenstein«, so Fürst Pückler-Muskau im frühen 19. Jh., ist »wie von Geistern hingezaubert, frei in die blaue Luft sich türmend.« (s. S. 128)

Schöne Routen

Schiffsausflug in Breslau: In der Oderstadt verzweigt sich der Fluss in viele Seitenarme. Von der Anlegestelle an der Sandinsel Piasek starten Ausflugsschiffe zu Fahrten längs der Altstadt, um die Flussinseln herum und am Dombezirk vorbei bis zum Zoo (s. S. 115).

Von Breslau Richtung Südwesten: Folgen Sie der Straße 35, am Berg Zobten vorbei, ins waldreiche Waldenburger Bergland mit der attraktiven Stadt Świdnica, Gut Moltke, Schloss Fürstenstein und dem Kurort Szczawno Zdrój (s. S. 125).

Meine Tipps

Wratislavia Cantans: Polens einziges Festival, das in die Vereinigung europäischer Musikfestspiele aufgenommen wurde. Präsentiert werden die weltbesten Chöre und Orchester in Breslaus schönsten Sälen, dazu gibt es Tanz, Theater und viel Kunst (s. S. 96).

Auf den Zobten: Der Berg, ein machtvoller ›Einsiedler‹ in der schlesischen Tiefebene, kann auf einem steilen Weg bestiegen werden (s. S. 125).

Polens beste Schokolade in Świdnica: Probieren Sie handgemachte Pralinen in ungewöhnlichen Geschmacksrichtungen in einer alten Schokomanufaktur (s. S. 126).

Konzert in der Friedenskirche von Świdnica: In den Logen der weltweit größten Fachwerkkirche fühlt man sich wie in einem altertümlichen Theater. Testen kann man die Akustik beim Bachfestival im Juli und August (s. S. 127).

Unterirdische Stadt in Walim: Wandern Sie in den Berg, der im Zweiten Weltkrieg durch kilometerlange Stollen erschlossen wurde (s. S. 131).

Eine Pause von der Kunst? Dann ab ins Café von Breslaus Vier-Kuppel-Pavillon

Aktiv

Keramik selbst machen: In der Keramikmanufaktur von Bolesławiec können Sie an Workshops teilnehmen und Ihre eigenen Gefäße mit typischem Pfauenmuster herstellen (s. S. 121).

★ Breslau

▶ 1, G/H 15

Volles Programm für mehrere Tage: Tauchen Sie in Breslaus 1000-jährige Geschichte ein, besuchen Sie altehrwürdige Sehenswürdigkeiten und neue, spannende Museen. Für Erholungspausen sorgen Bootstrips und Spaziergänge ins Grüne. Abends haben Sie die Qual der Wahl zwischen Oper, Musikforum und Off-Bühnen, trendigen Bars und Klubs.

Cityplan: S. 99

Neue Töne im nahen Osten! Wer noch glaubt, die Hauptstadt Niederschlesiens sei ein angegrauter, vor sich hindämmernder Moloch, muss umlernen: **Breslau** (Wrocław) ist die Schönste weit und breit!

Herausgeputzt ist der Marktplatz (Rynek) mit gotischem Rathaus, historischen Bürgerhäusern und Barockpalästen. Hier und in den angrenzenden Straßen pulsiert das Leben wie in kaum einer anderen polnischen Stadt. Sehen und gesehen werden heißt die Devise, Cafés und Terrassenlokale reihen sich aneinander. Dabei ist das Terrain keineswegs in touristischer Hand – kaum ein Breslauer lässt es sich entgehen, wenigstens einmal am Tag vorbeizuschauen.

Wer Ruhe sucht, spaziert über eine der vielen Brücken zur Dominsel (Wyspa Tumska), wo eine Atmosphäre klösterlicher Abgeschiedenheit herrscht. Von dort ist es nicht weit in den Scheitniger Park (Park Szczytnicki) mit Japanischem Garten und Zoo, imposanter Jahrhunderthalle und Vier-Kuppel-Pavillon.

Auch südlich der Altstadt, im ehemals jüdischen Breslau, tut sich Spannendes: Das Vier-Tempel-Viertel (Dzielnica Czterech Świątyń) – so genannt, weil hier Katholiken, Protestanten, Orthodoxe und Juden ihre Gotteshäuser haben – wurde vom Szenepublikum entdeckt und lockt mit schrägen Kneipen und Musikclubs. Fast unmerklich geht das Viertel in den weiten Freiheitsplatz (pl. Wolności) über, der mit Nationalem Musikforum, Theatermuseum, Königsschloss und Oper die ›hohe‹ Kultur repräsentiert.

Ein Blick zurück

Wrotizla, Pressla, Breslau, Wrocław – so viele Namen, so viele Herrscher: Alles begann mit einer Inselsiedlung am Schnittpunkt von Salz- und Bernsteinstraße. Aufgrund ihrer strategischen Lage war sie im Mittelalter von der polnischen, böhmischen und deutschen Krone heiß begehrt. 1335 gelang es Böhmen, sie bis 1526 für sich zu gewinnen. Weitere 200 Jahre, bis 1741, gehörte sie dann den Habsburgern, bevor sie in den Schlesischen Kriegen an Preußen fiel und ab 1871 Teil des Deutschen Kaiserreichs wurde.

In den 1930er-Jahren war Breslau eine Hochburg der Nationalsozialisten: Die in der Stadt lebenden Polen wurden drangsaliert, die Juden erst entrechtet, dann deportiert und ermordet. In den letzten Monaten des Zweiten Weltkriegs erklärte die nationalsozialistische Führung Breslau zur Festung und stellte die Flucht unter Todesstrafe. Erst als die sowjetische Armee im Februar 1945 vor den Toren der Stadt stand, wurde die Evakuierung angeordnet: Unter chaotischen Umständen sollten binnen weniger Tage rund 1 Mio. Menschen Breslau verlassen.

Nach Deutschlands Kapitulation wurde aus Breslau das polnische Wrocław: Die Deutschen gingen, die Polen kamen, viele von ihnen aus den an die Sowjetunion gefallenen polnischen Ostgebieten: Ein fast 100%iger ›Bevölkerungsaustausch‹ fand statt, wie es ihn in der Geschichte bis dato nicht gegeben hatte. Erst nach der Wende 1989/90 siedelten sich wieder Deutsche in Breslau an – heute wird ihre Zahl auf 400 geschätzt. Dafür kommen immer mehr Touristen, angezogen von der Schönheit und Lebendigkeit der Stadt. Und auch viele internationale Konzerne lassen hier arbeiten, u. a. Amazon, IBM, HP, Ernst & Young, Siemens und Bosch …

Altstadt

Der erste Weg führt zum **Ring** (Rynek), dem glanzvoll restaurierten Marktplatz der Stadt. Entworfen wurde er 1242, ein Jahr, nachdem Breslau durch die Tataren in Schutt und Asche gelegt worden war. Rings um den 212 x 175 m großen Platz entstanden feudale Giebelhäuser, in seiner Mitte prunkt das im 15. Jh. fertiggestellte Rathaus (s. S. 96). Allabendliche Feststimmung herrscht während der Sommermonate, wenn Cafés und Restaurants ihre Tische ins Freie stellen, Straßenmusiker aufspielen und bis um Mitternacht flaniert wird.

Es lohnt sich, einmal um den Platz herumzuspazieren. Besonders schön präsentiert sich die **Westseite,** die nach dem üppig bemalten und mit Barockportal verzierten **Kurfürstenhaus** (Pod Siedmioma Elektorami, Rynek 8) benannt ist. Im **Haus zur Goldenen Sonne** (Pod Złotym Słońcem, Rynek 6) können Sie in adelig-bürgerliche Wohnkultur anno dazumal eintauchen (s. Pan-Tadeusz-Museum S. 97). Das Nachbarhaus, der **Polnische Hof** (Dwór Polski), ist heute ein Hotel und Restaurant. Man erzählt sich, König Zygmunt III. Wasa habe hier seine zukünftige Ehefrau, Prinzessin Anne von Habsburg, kennengelernt. Gotische Gewölbe, dunkle Holzmöbel und schmiedeeiserne Lampen erinnern an die damalige Zeit, dazu passend die altpolnische Küche im Restaurant Królewska. Als schönstes Beispiel niederländischer Bauart gilt das siebenstöckige **Greifenhaus** (Pod Gryfami, Rynek 2). Es wurde im 16. Jh. errichtet und ist mit fantastischen Giebelfiguren geschmückt.

An der **Nordseite,** nach den hier einst angesiedelten Süßwarenhändlern ›Naschmarkt‹ genannt, befindet sich die **Städtische Bibliothek** (Dolnośląska Biblioteka Publiczna, Rynek 58). Bizarre Fresken empfangen den Besucher in der Eingangshalle, im ersten Stock wurde ein Deutscher Lesesaal eingerichtet.

Alt und modern verstehen sich auf Breslaus Ring ganz vorzüglich

WRATISLAVIA CANTANS

An oberster Stelle der zahlreichen Festivals in Breslau steht **Wratislavia Cantans,** das in die erlauchte Riege der Vereinigung europäischer Musikfestspiele aufgenommen wurde. Jährlich im September kommen einige der weltweit besten Ensembles in die Stadt, um Klassik und sakrale Musik zu präsentieren – im Nationalen Musikforum, aber auch in historischen Räumen wie der Aula Leopoldina, einem der prachtvollsten Barocksäle Europas, wo sich jeder Ton in den geschwungenen Linien der Skulpturen widerspiegelt. In der orthodoxen Kathedrale erklingen mystische Gesänge, in der strengen Maria-Magdalena-Kirche Oratorien und Kantaten, vielleicht auch das Requiem von Verdi, Mozart oder Penderecki. Insgesamt stehen mehr als 50 Konzerte auf dem Programm, einige finden auch in ausgewählten Orten der Region statt, beispielsweise in den Schlössern von Kliczków und Brzeg, im Kloster Lubiąż sowie in den Kirchen von Jelenia Góra, Świdnica, Oława und Głogów (www.nfm.wroclaw.pl/en/wratislavia-cantans).

Die **Ostseite** blieb den jüdischen Kaufleuten und Bankiers vorbehalten. Vor ihren ehemaligen Wohn- und Kaufhäusern erhebt sich eine gotische Säule, die jahrhundertelang als Pranger diente. An sie wurde der Bildhauer Veit Stoß gefesselt, als er es wagte, ein Rendezvous mit fünf Frauen gleichzeitig zu arrangieren. Doch auch härtere Methoden wurden angewandt: das Henkerbeil für Totschläger und das Schafott für vermeintliche Hexen.

Ein Ableger der berühmten Schweidnitzer Brauerei (Rynek 22) verlieh der **Südseite** den Namen ›Zum Goldenen Becher‹. Im Touristenbüro (Rynek 14) versorgt man sich mit aktuellen Veranstaltungstipps, daneben reihen sich Restaurants aneinander – oft in Häusern mit prachtvollen mittelalterlichen Gewölben.

Altes Rathaus und Museum der bürgerlichen Kunst 1

Museum: www.muzeum.miejskie.wroclaw.pl, Mi–Sa 10–17, So 10–18 Uhr, Eintritt frei
Dominiert wird der Platz vom **Alten Rathaus** (Ratusz), das Wohlstand und Macht des Breslauer Patriziats zur Schau stellt. Perle der schlesischen Gotik wird es genannt, fast 200 Jahre dauerte seine Vollendung (1328–1510). Ein beliebtes Fotomotiv ist die Ostfassade mit Schmuckgiebel und astronomischer Uhr. Nicht minder schön präsentiert sich die spätgotische Südseite mit ihren aufwendig gestalteten Fenstern. Über jedem prangt ein Giebelfeld, das Elemente des Breslauer Wappens enthält: Da sieht man den Adler der schlesischen Piasten und den böhmischen Löwen, den für Wratislavia stehenden Buchstaben W, das Haupt des Evangelisten Johannes und den Kopf des Stadtpatrons Johannes des Täufers. Zahlreiche, fast lebensgroße Figuren stellen Vertreter der Breslauer Zünfte dar. Ein kleines Portal weist den Weg in den **Schweidnitzer Keller** (Piwnica Świdnicka, s. S. 113), in dem seit dem 13. Jh. gezecht und geschmaust wird.

Das Rathaus betritt man von der Turmseite im Westen, wo auch das Denkmal des ostpolnischen Komödiendichters Aleksander Fredro (1798–1876) postiert ist. Die prächtigen

Altstadt

Innenräume beherbergen das **Museum der bürgerlichen Kunst** (Muzeum Sztuki Mieszczańskiej). Zunächst kommt man in die im frühen 17. Jh. gestaltete Bürgerhalle mit der Kleinen Galerie der großen Breslauer (s. Thema S. 106). Geradeaus geht es weiter in den Gerichtssaal, links in die Ratsstube und die Stadtschreiberkanzlei, rechts über den Grünen Saal zur Stube des Bürgermeisters. Gemälde, Kunsthandwerk und Stilmöbel vermitteln das Flair vergangener Epochen.

Über eine ausladende Marmortreppe erreicht man das Prunkstück des Hauses, den dreischiffigen **Remter** (Speisesaal). Dieser ist mit einem kunstvollen Kreuzrippengewölbe überspannt, in die Kragsteine wurden Gesichter, Blumen und Wappen gemeißelt. Hier feierten die städtischen Patrizier rauschende Feste, die weniger Begüterten mussten mit dem Erdgeschoss vorliebnehmen.

Spaß macht es auch, die ehemaligen **Tuchhallen** (Sukiennice) hinter dem angrenzenden Neuen Rathaus zu erkunden – die Gässchen zwischen ihnen sind Orte der Stille mitten im Trubel.

Pan-Tadeusz-Museum 2

Rynek 6, www.muzeumpanatadeusza.ossolineum.pl, Di–Fr 9–17, Sa, So 10–18 Uhr, 20 zł
Im **Pan-Tadeusz-Museum** (Muzeum Pana Tadeuzsa) wird alles aufgefahren, was Museen spannend macht: flimmernde Screens, 3-D-Animationen und Multimedia-Stationen, übereinanderlappende Projektionen und sogar auf Dampfschleier projizierte Videos. Das Kernstück des Museums dagegen ist ganz und gar analoger Art: das mit Tinte geschriebene Originalmanuskript »Pan Tadeusz« des polnischen Nationaldichters Adam Mickiewicz (s. S. 58), das in flammender Sprache die Freiheitsliebe der Polen feiert. Es entstand 1812, als das Land besetzt war, und gilt bis heute als eine Art nationaler Bibel. So darf man sich auch nicht wundern, wenn plötzlich Dokufilme aus dem Zweiten Weltkrieg zu sehen sind: »Der romantische Freiheitskampf polnischer Patrioten« – so der Titel der Ausstellung – wird ins 20. Jh. weitergeführt.

Salzmarkt

Eine Miniaturausgabe des Rings findet man an seiner Südwestecke, wo sich der **Salzmarkt** (pl. Solny) anschließt. Seinen Namen verdankt er dem Weißen Gold, das hier einst in großer Menge gehandelt wurde – heute sind es blühende, frischen Duft verströmende Blumen. Rings um den Platz stehen bunte Giebelhäuser, in seiner Mitte prangt ein eleganter Springbrunnen.

An der Südseite des Salzmarkts erhebt sich die **Alte Börse** 3 (Stara Giełda) mit lachsfarbener, klassizistischer Fassade. Während sich hier die christlichen Kaufleute trafen, kamen im gegenüberliegenden, grün-gold gestrichenen **Oppenheimer-Haus** 4 die jüdischen Bankiers zusammen. Heute ist Breslaus schönstes Barockgebäude Sitz der Stiftung Op Enheim, die mit Ausstellungen, Konzerten und Vorträgen den multikulturellen Dialog fördern will (s. Thema S. 106).

Hänsel und Gretel 5

Hänsel und Gretel (Jaś i Małgosia), so werden die windschiefen, durch einen Torbogen malerisch miteinander verknüpften Häuschen an der Nordwestseite des Rings genannt. Im Hänselhaus links hatte der Kupferstecher Get-Stankiewicz sein Atelier, das Gretelhaus birgt ein kleines Café. Auf dem zugehörigen kleinen Platz steht ein Denkmal für den 1906 in Breslau geborenen Dietrich Bonhoeffer. Als Pastor hielt er Predigten gegen den Nationalsozialismus, aufgrund seiner Teilnahme am Widerstand wurde er 1945 hingerichtet (s. Thema S. 106).

Elisabethkirche 6

ul. Św. Elżbiety 1, So–Fr 8–18, Sa 13–18 Uhr, Turmaufstieg nur bei gutem Wetter möglich
Hinter dem ›Märchenpaar‹ erhebt sich die **Elisabethkirche** (Kościół Św. Elżbiety), ein hoch aufschießender strenger Backsteinbau aus dem 13./14. Jh. Mehrere Hundert aufwendig restaurierte deutsche Grabmäler von der Gotik bis zum Barock verteilen sich auf die Kirchenschiffe und die Kapellen. Von der Aussichtsterrasse auf dem 91 m hohen Turm – erreichbar über 300 Stiegen! – bietet sich ein weiter Blick über die Altstadt.

Breslau

Sehenswert

1. Altes Rathaus und Museum der bürgerlichen Kunst
2. Pan-Tadeusz-Museum
3. Alte Börse
4. Oppenheimer-Haus
5. Hänsel und Gretel
6. Elisabethkirche
7. Alte Schlachtbänke
8. Fechterbrunnen
9. Universität
10. Ossolineum
11. Kirche Maria auf dem Sande
12. Universitätsbibliothek
13. Kreuzkirche
14. Nepomuksäule
15. Kathedrale St. Johannes des Täufers
16. Ägidienkirche
17. Erzdiözesanmuseum
18. Botanischer Garten
19. Nationalmuseum
20. Panorama von Racławice
21. Museum für Post- und Fernmeldewesen
22. Architekturmuseum
23. Adalbertkirche
24. Maria-Magdalena-Kirche
25. Oper
26. Dorotheenkirche
27. Nationales Musikforum
28. Theatermuseum
29. Königsschloss und Historisches Museum
30. Evangelisch-Augsburgische Kirche
31. Kirche des hl. Antonius
32. Synagoge zum weißen Storch
33. Kathedrale der Polnischen Orthodoxen Kirche

Fortsetzung S. 100

Breslau

- 34 Museum für Militaria und Museum für Archäologie
- 35 Scheitniger Park
- 36 Jahrhunderthalle
- 37 Vier-Kuppel-Pavillon
- 38 Zoo
- 39 Hydropolis
- 40 Depot der Erinnerung
- 41 Sky Tower
- 42 Jüdischer Friedhof

Übernachten
- 1 Double Tree by Hilton
- 2 Qubus
- 3 Art
- 4 Sofitel Wrocław
- 5 Park Plaza

- 6 Tumski
- 7 AWF

Essen & Trinken
- 1 JaDka
- 2 Przystań
- 3 La Maddalena
- 4 Chłopskie Jadło
- 5 Wrocławska Gastropub
- 6 Etno Café Barbara
- 7 Central Café

Einkaufen
- 1 Markthalle
- 2 Blumenmarkt
- 3 Galeria Sztuki Naiwnej i Ludow
- 4 Empik

- 5 Tajne Komplety
- 6 Antykwariat A. Jaworskiego

Abends & Nachts
- 1 Casa de la Música
- 2 Incognito
- 3 Neon Side
- 4 Filharmonia

Aktiv
- 1 Free Walking Tours
- 2 Żegluga Pasażerska Wrocław
- 3 Zatoka Gondoli
- 4 Rent A Bike – Bike-Café

Alte Schlachtbänke 7

Im Schatten der Elisabethkirche liegen die ehemaligen **Schlachtbänke** (Stare Jatki), die in eine Galerie- und Kneipenpassage verwandelt wurden. Ein witziges Denkmal zu Ehren der Tiere, denen hier der Garaus gemacht wurde, erinnert an die einstige Bestimmung der Gasse: Wildschwein und Ziege, Ferkel und Gans ›watscheln‹ – in Bronze gegossen – quer durch die Passage.

Universitätsviertel

Über die frühere **Schmiedebrücke** (ul. Kuźnica) führt der Weg ins **Universitätsviertel.** Buchläden und Antiquariate reihen sich aneinander. Ein Blickfang ist das Jugendstilcafé **Pod Kalamburem** (Nr. 29-A), in sozialistischer Zeit Treffpunkt politischer Abweichler, heute ein alternativer Treff. Und auch Hardrock wird hier gern gespielt.

Fechterbrunnen und Universität

pl. Uniwersytecki 1, www.muzeum.uni.wroc. pl, Mo, Di, Do, Fr 10–17, Sa, So 10–18 Uhr (während akademischer Feiern geschl.), 14 zł

In der Mitte des Universitätsplatzes steht der **Fechterbrunnen** 8 (Fontanna z Rzeźbą Szermierza), der 1904 geschaffen wurde und seinen Namen einem elegant posierenden, degenschwingenden Jüngling verdankt. Ihm zu Füßen ›spucken‹ Münder in grotesken Gesichtern das Wasser in große Schalen. Ein paar Schritte weiter befindet sich der Eingang zur **Universität** 9 (Uniwerystet), dem größten Barockbau Breslaus. Er erstreckt sich über 171 m entlang der Oder und schützt die Stadt vor den Fluten des Flusses. Unbedingt sehenswert ist die **Aula Leopoldina**, der universitäre Festsaal im ersten Stock, der dank seiner hervorragenden Akustik für Konzerte genutzt wird. Er ist vom Boden bis zur Decke mit illusionistischen Fresken ausgemalt. Bewegte Formen und warme Farben zielen darauf ab, den Betrachter aus der schnöden Wirklichkeit in eine fiktive Welt von Kunst und Wissenschaft zu versetzen. Über dem Podium am Kopfende des Saales sieht man die überlebensgroße Figur des Universitätsgründers Kaiser Leopold I., der von Allegorien der Weisheit flankiert wird, während er mit seinen Füßen die Dummheit von sich stößt. Die Fensternischen zeigen Medaillons mit dem Konterfei von Professoren und Ehrenbürgern im Moment geistiger Inspiration: Sie lassen ihre Feder übers Papier fliegen oder sind von göttlicher Erleuchtung erfüllt.

Ossolineum 10
ul. Szewska 37, www.ossolineum.pl, Sa Nachmittag und So sowie im Juli geschl., Eintritt frei
Östlich der Universität schließen sich mehrere Kirchen und Klöster an. Prämonstratenserkloster und St. Vinzenz beherbergen die Philologische Fakultät, das kupferfarbene Kreuzritterkloster zum Roten Stern das renommierte **Ossolineum** (Zakład Narodowy im. Ossolińskich, ZNiO). Die Institutsbibliothek enthält Bücher und Grafiken, die nach dem Krieg von der Lemberger Universität nach Breslau umgesiedelt wurden. Nicht nur Zeichnungen von Albrecht Dürer, Rembrandt und William Hogarth findet man hier, sondern auch kostbare Erstausgaben polnischer Nationaldichter, historische Landkarten, Ex-Libris-Unikate und Münzen. Schön ist auch der Garten hinter dem Ossolineum, in dem eine Skulptur den ›schlesischen Engel‹ feiert: den deutschen Barockdichter Angelus Silesius (s. Thema S. 106).

Sandinsel

An der grandiosen, 1908 erbauten **Markthalle** 1 (Hala Targowa) setzt man über eine Brücke auf die **Sandinsel** (Wyspa Piasek) über, die im Lauf von Jahrtausenden vom Oderstrom aufgeschüttet wurde. Rechts zweigt ein schöner, grüner Promenadenweg zur Dominsel ab, doch zuvor lohnt ein Blick in eine grandiose Kirche.

Kirche Maria auf dem Sande 11
Die gotische **Kirche Maria auf dem Sande** (Kościół Najświętszej Marii Panny na Piasku) präsentiert sich als dreischiffiger Backsteinbau mit hohen, schlanken Säulen, von außen streng, innen lichtdurchflutet und luftig. Sparsam, doch effektvoll ist die Ausstattung mit mittelalterlichen Tafelbildern, darunter die berühmte Darstellung der Siegesmadonna im Nordschiff, die 1946 von Mariampol am Dnjestr nach Breslau gelangte. Die erste Kirche, die an dieser Stelle stand, hatte im 12. Jh. Maria Włast gestiftet, Ehefrau des allmächtigen Fürsten Piotr Włast.

Universitätsbibliothek 12
Maria Włast war es auch, die die finanziellen Mittel für das benachbarte Kloster bereitstellte. Nun leben dort schon längst keine Mönche mehr, stattdessen bergen die Räume die **Universitätsbibliothek** (Biblioteka Uniwersytecka). Zu den Kostbarkeiten zählt die mittelalterliche Handschriftensammlung mit der vom hl. Hieronymus im 5. Jh. übersetzten Eusebius-Chronik, einer Bibel aus dem 8. Jh. sowie Erstausgaben der Werke von Marco Polo, Christoph Kolumbus und Martin Luther.

Dominsel

Über die gusseiserne **Dombrücke** (Most Tumski) gelangt man zur **Dominsel** (Ostrów Tumski), wo die Stadt gegen Ende des 9. Jh. ihren Ursprung nahm. Als der Fürst seine Burg 1241 ans linke Oderufer verlegte, entwickelte sich die Insel zum Zentrum kirchlicher Macht. Hier residierten der Erzbischof und die hohe Geistlichkeit nebst einer Heerschar von Mön-

INSELHÜPFEN IN BRESLAU

100 Brücken soll's in Breslau geben, die sich über die vielfach aufspaltende Oder spannen. Das schönste Wasserensemble bietet sich nördlich des Univiertels rings um die fünf Inseln **Mieszczańska, Słodowa, Bielarska, Tamka** und **Piasek**. Durch kleine Brücken miteinander verbunden, mit viel Grün und Promenaden gestaltet, sind sie beschauliche Rückzugsorte mitten in der Stadt. Auch einen kleinen Jachthafen gibt es, der den Rahmen für das **Przystań** 2 (s. S. 113) und weitere feine, über den Fluten schwimmende Terrassenlokale abgibt.

Weltliches und geistliches Breslau liegen nur ein paar Schwimmzüge voneinander entfernt

chen und Nonnen. Bis heute hat sich daran wenig geändert. Eine Kirche reiht sich an die nächste, in schwarzem Habit huschen Ordensschwestern übers kopfsteinerne Pflaster. Seit im 19. Jh. der alte Oderlauf zugeschüttet wurde, ist die Insel mit dem Festland verbunden, doch noch immer bildet sie eine eigene, in sich abgeschlossene Welt – Hektik und städtischer Lärm sind verbannt.

Kreuzkirche und Nepomuksäule

Als ein Unikum präsentiert sich die **Kreuzkirche** 13, mit vollem Namen **Doppelkirche zum Heiligen Kreuz und zum hl. Bartholomäus** (Kościół Św. Krzyża i Św. Bartłomieja) aus dem 13./14. Jh. Oben werden Gottesdienste in römisch-katholischer, unten in griechisch-katholischer Liturgie abgehalten.

Die vor der Kirche stehende **Nepomuksäule** 14 (Kolumna Nepomukena) zeigt den Heiligen in barocker Dynamik, ein Relief am Sockel erzählt von seinem tragischen Tod: Kaiserliche Schergen stießen den Priester von einer Prager Brücke, vorgeblich, weil er sich weigerte, das Beichtgeständnis der Kaiserin auszuplaudern.

Kathedrale St. Johannes des Täufers 15

pl. Katedralny 18, www.katedra.archidiecezja. wroc.pl, Mo–Sa 10–17, So 14–16 Uhr, im Winter kürzer

An der Nepomuksäule startet die stimmungsvolle, von geistlichen Palästen und zwei Cafés gesäumte **Kathedralstraße** (ul. Katedralna). Mehrfach können Sie rechts in die bischöflichen Gärten eintreten und den schönen Blick auf die Oder genießen. Am Ende der Straße ragt die **Kathedrale St. Johannes des Täufers** (Katedra Św. Jana Chrzciciela) mit ihren himmelstürmenden, 98 m hoch aufschießenden Türmen auf. Erbaut wurde sie zwischen 1244 und 1341, zuvor hatten an dieser Stel-

Rund um den Słowacki-Park

le bereits mehrere Kirchen gestanden. Besucher fühlen sich beim Betreten des Gotteshauses ins Reich der Finsternis versetzt. So dunkel sind die Wände und Gewölbe, dass es gar nicht leicht ist, die reiche Bauplastik angemessen zu bewundern. Schmuckstück des Doms sind zwei Kapellen an der Ostseite. Die barocke Elisabethkapelle besticht durch ein Kuppelfresko von Giacomo Scianzi und ein Epitaph ihres Stifters, des Breslauer Erzbischofs und hessischen Kurfürsten Friedrich. Die barocke Kurfürstenkapelle gefällt durch die dynamische Raumordnung, in der sich die Ellipsenform in Grundriss und Kuppel wiederholt. Auch hier ist das Gewölbe mit fantastischen Fresken ausgemalt, die die Auseinandersetzung zwischen Katholizismus und Protestantismus als Kampf zwischen Gut und Böse thematisieren: Erzengel Michael stößt Luzifer in die Hölle, der wahre Glaube triumphiert über die Ketzerei. Zum Abschluss empfiehlt es sich, mit dem Lift zur Aussichtsterrasse auf dem Kirchturm hinaufzufahren. Hier liegt einem die ganze Stadt zu Füßen, bei klarer Sicht reicht der Blick bis zum 30 km entfernten Berg Sobótka.

Ägidienkirche und Erzdiözesanmuseum

Museum: pl. Katedralny 16, www.muzeum.ar chidiecezja.wroc.pl, Di–So 9–15 Uhr, 10 zł
Gegenüber der Kathedrale steht die spätromanische, 1218 erbaute **Ägidienkirche** 16 (Kościół Św. Idziego), das älteste erhaltene Bauwerk von Breslau. Durch einen Bogen ist sie mit dem **Erzdiözesanmuseum** 17 (Muzeum Archidiecezjalnego) verbunden, in dem man viele jener Schätze bewundern kann, die aus der Kathedrale ausgelagert wurden, z. B. eine Sandsteinfigur Johannes des Täufers von 1170, kostbare Silberaltäre, Skulpturen und Messgewänder. Im Priesterseminar nebenan werden junge Männer zu Geistlichen ausgebildet.

Botanischer Garten und Naturhistorisches Museum 18

Garten: ul. Sienkiewicza 23, www.ogrodbota niczny.wroclaw.pl, tgl. von 9 Uhr bis zur Dämmerung, 15 zł; Museum: ul. Sienkiewicza 21, www.muzeum-przyrodnicze.uni.wroc.pl, Di–Fr 9–15, Sa, So 10–16 Uhr, 14 zł
Im Schatten der Kirchen und Klöster liegt der **Botanische Garten** (Ogród Botaniczny) mit einem Teich und malerischen Brücken, Aquarien, Palmen und Kakteen. Gleich nebenan zeigt das **Naturhistorische Museum** (Muzeum Przyrodnicze) sehenswerte Schmetterlings- und Pflanzensammlungen, außerdem kann man Skelette vom Blauwal bis zum Riesenhirsch sowie eine Kollektion von Korallentieren und Schnecken bestaunen.

Rund um den Słowacki-Park

Über die **Lessingbrücke** (Most Pokoju) geht es auf die linke Oderseite zurück, wo man ins Grün des **Słowacki-Parks** (Park Juliusza Słowackiego) eintaucht. Hier locken mehrere Museen.

BRESLAU KRIMINALISTISCH

In der Hauptstadt Niederschlesiens können Sie auf den Spuren von Dieben, Totschlägern und Triebtätern wandeln und dabei eine Menge über das historische Breslau erfahren. Inspektor Mock, ein zwischen Akribie und Alkohol schwankender Charakter, ist in der deutschen Zwischenkriegszeit dem Verbrechen auf der Spur. Sein Erfinder, der Altphilologe Marek Krajewski, hat Kultstatus in Polen, mehrere seiner Bücher wurden ins Deutsche übersetzt. **Auf den Spuren von Eberhard Mock** heißen die Rundgänge, die über die Touristeninfo gebucht oder auf eigene Faust durchgeführt werden können (www.visitwroclaw.eu/de/auf-den-spuren-von-eberhard-mock).

Nationalmuseum [19]

pl. Powstańców Warszawy 5, www.mnwr.art.pl, Di–Fr 10–17, Sa, So 10.30–18 Uhr, 20 zł, kostenlos bei Vorlage des Tickets für das Panorama Racławicka (s. rechts)

In einem gewaltigen Neorenaissancebau am Oderufer, früher Sitz der preußischen Provinzregierung, befindet sich das **Nationalmuseum** (Muzeum Narodowe). Seine reiche Kunstsammlung umfasst insbesondere schlesische Werke aus Mittelalter und Barock. Die geschnitzten Altäre der Spätgotik bestechen durch den Realismus der Figurendarstellung, die Verwendung von Blattgold und kräftige Farben. Ausdrucksstarke Mimik und Gebärdensprache der Heiligen enthüllen ein zerrissenes Innenleben und lassen den Betrachter an ihrem persönlichen Drama teilnehmen. Ganz anders wirken die Figuren des Barock: In ihren heiter-beschwingten Bewegungen äußern sich in erster Linie sinnliche Lust und diesseitige Lebensfreude. Mehr Innerlichkeit zeigen die Gemälde des schlesischen Rembrandt, Michael Willmann (1630–1706), dessen subtile Farbpalette und psychologisch einfühlsame Figurendarstellung an den niederländischen Meister denken lassen.

Panorama von Racławice [20]

ul. Purkyniego 11, www.panoramaraclawicka.pl, tgl. 8–19.30 Uhr, im Winter kürzer, 30 zł

Vorbei an der malerischen **Gondelbucht** (Zatoka Gondolowa) gelangt man zum **Panorama von Racławice** (Panorama Racławicka). Eigens für ein monumentales Rundgemälde von 114 m Länge wurde 1984 eine Rotunde errichtet. Eine dunkle Rampe führt in Spiralen ins obere Stockwerk, wo man einen gedämpft erleuchteten Kuppelraum betritt. Suggestiv wird der Besucher in die Szenen einer Schlacht einbezogen: Die Plattform ist durch einen Lehmgraben von dem ringsum verlaufenden Gemälde getrennt, verdorrte Bäume, umgestürzte Planwagen und andere für das Kriegsgeschehen typische Requisiten schaffen die Illusion von Räumlichkeit. Man sieht aufmarschierende Soldaten, axtschwingende Bauern und junge, die Gefallenen beweinende Frauen. Schnittige Kosaken durchbohren ihren Gegner mit Lanzen, dutzendweise sterben junge Männer im Kanonenfeuer. Schließlich schält sich der Sieger heraus: Gegen die ungestüme Kraft der polnischen Bauernwehr hilft keine noch so ausgeklügelte Taktik, der russische General wird abgeführt. Das Gemälde von Wojciech Kossak und Jan Styka entstand 1894 in Erinnerung an die Schlacht von Racławice 100 Jahre zuvor, als die Polen unter Tadeusz Kościuszko einen letzten Sieg gegen die Russen errangen, bevor ihr Land für lange Zeit seine Souveränität verlor.

Post- und Architekturmuseum

Postmuseum: ul. Krasińskiego 1, www.muzeum.wroclaw.pl, Di–So 10–16 Uhr, 10 zł; Architekturmuseum: ul. Bernardyńska 5, www.ma.wroc.pl, Di–So 10–18 Uhr, 10 zł

Südlich des Stadtparks befindet sich das **Museum für Post- und Fernmeldewesen** [21] (Muzeum Poczty i Telekomunikacji). Im Gebäude des früheren deutschen Postscheckamts aus dem Jahr 1929, einem der ersten Wolkenkratzer Breslaus, wird alles ausgestellt, was mit der polnischen Post in ihrer langen Geschichte von 1558 bis heute zusammenhängt: Fotos, Postkarten, Telefon- und Telegrammapparate, Computer, Radio- und Fernsehempfänger.

Schräg gegenüber, im ehemaligen Kloster der Bernhardiner, präsentiert das nicht weniger faszinierende **Architekturmuseum** 22 (Muzeum Architektury) Ausstellungen zur Baukunst vom Mittelalter bis zur Moderne.

Adalbertkirche 23

plac Dominikański 2, www.wroclaw.domini kanie.pl
Wo heute die **Adalbertkirche** (Kościół Św. Wojciecha) steht, wurde 1112 das erste gemauerte Gottesbaus Breslaus errichtet. Nach dessen Zerstörung durch die Tataren ließ man in der zweiten Hälfte des 15. Jh. die heutige Kirche bauen. Als kunsthistorisches Juwel gilt die barocke Czeslaus-Kapelle mit einem marmornen Sarkophag, der die Gebeine des Heiligen birgt.

Maria-Magdalena-Kirche 24

ul. Szewska 10, www.katedramm.pl, tgl. 10–19 Uhr
Schon von Weitem sehen Sie die eindrucksvolle, in Backsteingotik erbaute **Maria-Magdalena-Kirche** (Kościół Św. Marii Magdaleny). Ihr mit Tier- und Fabelwesen geschmücktes romanisches (Seiten-) Portal aus dem 11. Jh. stammt von einer abgerissenen Klosterkirche. Berühmt ist sie auch für die ›Hexenbrücke‹, die sich zwischen den beiden stumpfen Türmen spannt und grandiose Tiefblicke erlaubt. Im Inneren der Kirche lohnt ein Blick auf die von anmutigen Engeln getragene Renaissancekanzel und das Grabmal des Breslauer Syndikus Adam Caspar von Arzat.

Freiheitsplatz

Einst der Exerzierplatz, heute das kulturelle Aushängeschild der Stadt: Breslaus weiter **Freiheitsplatz** (pl. Wolności) hat eine steile Karriere hinter sich.

Oper und Dorotheenkirche

Die Ostseite des Platzes beherrscht Breslaus **Oper** 25 (Opera), die zwischen 1837 und 1841 nach Plänen des Architekten Carl Ferdinand Langhans als klassizistischer Tempel entstand. Nebenan steht das neobarocke **Monopol**, das älteste Hotel der Stadt aus dem Jahr 1892. Pablo Picasso hat hier gewohnt und seine Friedenstaube gemalt, Marlene Dietrich schrieb sich ins Gästebuch ein. Das Hotel verschweigt nicht, dass auch Adolf Hitler hier nächtigte, als er in Breslau eine Rede hielt. Vom Café auf der Dachterrasse blicken Sie auf die gewaltige, 1352 eingeweihte **Dorotheenkirche** 26 (Kościół Św. Doroty). Mit einer Länge von 83 m ist sie die längste aller Kirchen in Breslau und besticht im Inneren durch ihre Größe und Helligkeit. 1524 wurde hier die Reformation in Schlesien eingeläutet.

Nationales Musikforum 27

pl. Wolności 1, www.nfm.wroclaw.pl, Theaterkasse Mo–Fr 11–18, Sa 15–20.30 Uhr, So 2 Std. vor dem Konzert
Die Westseite des Platzes wird vom monumentalen, 110 Mio. Euro teuren **Neuen Musikforum** (Narodowe Forum Muzyki) eingenommen. Mit seiner durch quergelegte Glasstreifen aufgelockerten Holzfassade erinnert es von außen an ein riesiges Streichinstrument, während der Konzertsaal mit schwarzem Corian-Stein und weißen Balkonen an ein Klavier denken lässt und goldfarbene Verblendungen Blechinstrumente zitieren.

Theatermuseum 28

pl. Wolności 7-A, www.muzeum.miejskie. wroclaw.pl, Mi–Sa 10–17, So 10–18 Uhr, Ausstellungen 20–40 zł
Neben dem Musikforum nimmt sich der Südflügel des ehemaligen Königsschlosses geradezu zierlich aus. Der Arkadenbau beherbergt das Henryk Tomaszewski gewidmete **Theatermuseum** (Muzeum Teatru) – Polens großer Pantomime (1919–2001) hat 45 Jahre lang Breslaus Bühnen aufgemischt. Von typischen Theatergeräuschen begleitet, spazieren Sie durch theatralische Wunderwelten und besuchen ein Fotoatelier. Großartige Plakate, ent-

Breslau – eine deutsche Stadt?

Einen so kompletten Bevölkerungsaustausch hat es in der Geschichte selten gegeben: 1945 mussten die Deutschen die Stadt für immer verlassen. An ihrer Stelle kamen Polen, die ihre Heimat im Osten verloren hatten. Für mehr als ein halbes Jahrhundert war es tabu, an die deutsche Vergangenheit Breslaus zu erinnern.

In der ersten Hälfte des 20. Jh. war Breslau eine deutsche Stadt mit 630 000 Einwohnern. Bis Herbst 1944 blieben ihnen Bombenangriffe erspart. Am 15. Februar 1945, zu einem Zeitpunkt also, da Breslau bereits von allen Seiten durch sowjetische Truppen eingekreist war, wurde die Stadt zur Festung erklärt. Man riss ganze Häuserzeilen ab, um den Abwehrkampf besser organisieren zu können. »Bis zum letzten Blutstropfen«, so Gauleiter Karl Hanke, sollte Breslau verteidigt werden. Im Stadtteil Scheitnig wurde rasch noch ein Flughafen gebaut, damit die Parteiführer ausfliegen konnten. Als die Einheiten der Roten Armee nach mehrmonatiger Belagerung am 6. Mai 1945 einrückten, waren 70 % der historischen Bausubstanz Breslaus zerstört.

Zwei Jahre später waren fast alle Deutschen aus Breslau vertrieben. Nun lebten hier vorwiegend Polen, die ihrerseits ihre Heimat hatten aufgeben müssen. Einer von ihnen ist Herr Jacek, heute Direktor eines großen Hotels. Er stammt aus einem Dorf im ehemaligen polnischen Osten, das nun zu Weißrussland gehört. Doch die Mehrzahl der Neu-Breslauer, erinnert er sich, kam aus Lemberg. Sämtliche Institutionen dieser heute ukrainischen Stadt wurden in die niederschlesische Metropole ›ausgelagert‹: die Universität, das Theater, die Oper und auch das Ossolineum, die berühmte Verlagsanstalt. Spannend ist, was Herr Jacek über seine Begegnung mit deutscher Kultur zu sagen hat. »Wenn wir in der Erde buddelten, fanden wir Silberbesteck mit schnörkeligen Initialen, Manschettenknöpfe und ledergebundene Fotoalben. Es kam mir vor, als lebte ich in einer Geisterstadt. Ausgebrannte Backsteinkirchen, vom Sockel gestürzte Denkmäler, gesprengte Brücken – und immer wieder diese Reste einer fremden Sprache: auf Fassaden, Straßenschildern und sogar auf den Kanaldeckeln. So wuchs man auf in einem Land, das als Heimat nicht taugen wollte – übermächtig waren die Erinnerungen an die Menschen, die hier früher gelebt hatten. Wir waren uns nicht sicher, ob die Deutschen eines Tages zurückkehren und uns aus den Wohnungen vertreiben würden. Es war ein Leben auf Raten, jederzeit konnte uns eine neue Grenzkorrektur zum Exodus zwingen.« Kofferpsychose nannte man das Syndrom, sich im Provisorium einzurichten: Die Menschen saßen auf gepackten Koffern und vermochten keine Wurzeln zu schlagen.

Daran änderte auch nicht, dass die Sozialistische Volksrepublik alles tat, um das Deutsche vergessen zu machen. Sie richtete ein Ministerium für Polens wiedergewonnene Westgebiete ein – mit der Begründung, die Region habe im Mittelalter unter den Piasten schon einmal zu Polen gehört und sei nun endgültig heimgeholt worden. Um dieser Doktrin Nachdruck zu verleihen, ordnete man eine Zwangspolonisierung an: Deutsche Ortsnamen wurden durch polnische ersetzt, Denkmäler und Friedhöfe geschleift, der Gebrauch des Deutschen war in der Öffentlichkeit verboten. Und auch in Deutschland geriet Breslau fast in Vergessenheit, einzig die Vertriebenenverbände rührten die Werbetrommel für ihre Brüder und Schwestern im Osten. Ganz nach dem Motto ›Schlesien bleibt unser‹ spielten sie bei ihren Pfingsttreffen alte Volksweisen und ließen junge Mädchen in Tracht und Spitzenbluse auftanzen – eine kalkulierte Choreografie vermeintlicher Unschuld. Mit den Vertriebenen freilich wollte kaum jemand etwas zu tun haben, sahen sie die Deutschen doch stets als Opfer und nicht als Täter, die durch ihren Angriffskrieg den territorialen Verlust ausgelöst hatten.

In Breslaus Elisabethkirche steht's gold auf schwarz geschrieben: Die Deutschen waren hier

1950 erkannte die Deutsche Demokratische Republik Polens Westgrenze an, doch die Bundesrepublik hatte damit keine Eile. Erst 20 Jahre später vollzog sie einen ersten Schritt zur Normalisierung der gegenseitigen Beziehungen, und weitere 20 Jahre mussten vergehen, bevor sich die Regierung der Bundesrepublik bereit erklärte, die deutsch-polnische Grenze völkerrechtlich anzuerkennen. Herr Jacek betont, wie wichtig dieser diplomatische Schritt für das Bewusstsein der Breslauer war. »Erst als die Deutschen 1991 auf ihren früheren Besitz im Osten offiziell verzichteten, konnten wir uns wieder ohne Angst bewegen. Wir waren kein Provisorium mehr.«

Heute sind die Zeiten passé, da man sich fragte: Darf ich ›Breslau‹ sagen oder stehe ich dann im Verdacht, ein Ewiggestriger zu sein? In Tourismusbroschüren wird in der deutschen Version schlicht ›Breslau‹ verwendet. Die Stadt präsentiert sich selbstbewusst und scheut sich nicht mehr, das ›fremde‹ Kulturerbe hervorzukehren. Forsch macht man sich ans Studium der Geschichte, sucht kulturelle Spuren der früheren Zugehörigkeit zu Polen, Habsburg, Böhmen und Preußen. So werden auch viele Deutsche wiederentdeckt. Für den antifaschistischen Widerstandskämpfer Dietrich Bonhoeffer wurde vor der Elisabethkirche ein Denkmal errichtet. Die Statue des Dichters Friedrich Schiller ist auf ihren angestammten Platz im Scheitniger Park zurückgekehrt. An den Dichter Karl von Holtei erinnert eine Aufschrift in der ehemaligen Büttnerstraße (ul. Rzeźnicza). Viele Deutsche sind auch in der Kleinen Galerie der großen Breslauer im Alten Rathaus präsent, u. a. der Physiker Max Born, der Schriftsteller Gerhart Hauptmann, der Sozialdemokrat Ferdinand Lassalle und der Maler Adolph von Menzel. Der Philosophin Edith Stein ist das Edith-Stein-Haus in der ulica Nowowiejska 38 gewidmet, ein deutsch-polnisches Begegnungszentrum (www.edytastein.org.pl). Auf dem pl. Solny 4 wurde das Oppenheimer Haus, einst in Besitz einer deutsch-jüdischen Bankiersfamilie, gleichfalls zu einem Begegnungszentrum umgebaut (www.openheim.org, Mo–Fr 10–18 Uhr, 5 zł). Als Anerkennung und zum Dank verlieh die deutsche Regierung 2017 den hoch dotierten Deutschen Nationalpreis an Breslaus Oberbürgermeister Rafał Dutkiewicz. Dieser habe sich um das europäische Profil seiner Stadt und um die deutsch-polnischen Beziehungen verdient gemacht und die unterschiedlichen Facetten der Stadtgeschichte zu einer eigenen, weltoffenen Identität entwickelt.

Breslau

worfen für Breslaus Bühnen, begleiten Sie ins Obergeschoss, wo in einem großen Spiegelsaal jede Menge Selfies gemacht werden können. In den angrenzenden Räumen wird Tomaszewskis Passion für Spielzeug vorgestellt: Puppenhäuser, Teddybären, Marionetten aus allen Kulturen – öffnen Sie die Schatztruhen!

Königsschloss und Historisches Museum 29

ul. Kazimierza Wielkiego 35, www.muzeum. miejskie.wroclaw.pl, Di–Sa 10–17, So 10–18 Uhr, Ausstellungen 10–40 zł

1719 wurde der Barockpalast errichtet, 31 Jahre später erwarb ihn König Friedrich II. und machte ihn zur Residenz der preußischen Hohenzollern. 1813 verfasste hier Friedrich Wilhelm III. seinen »Aufruf an mein Volk« und bat um Unterstützung für den Kampf gegen Napoleon. Heute beherbergt das Königsschloss das **Historische Museum** (Muzeum Historyczne), das durch Tausende Jahre Breslau führt – von der Bronzezeit bis zur Gegenwart eine lebendige Zeitreise, flankiert von einer imposanten Galerie Breslauer Maler. Spannend sind auch Original-Interieurs, die in den Alltag von anno dazumal führen. Schauen Sie mal in die Apotheke aus dem 19. Jh.

Vier-Tempel-Viertel

Ein Unikum in Polen: Knapp südlich der Altstadt gibt es dicht beieinander Gotteshäuser von vier Konfessionen. Bis 1945 waren es drei: Rund um die Synagoge lebten viele Juden, daneben gab es eine evangelische und eine katholische Kirche. Nach dem Krieg brachten die aus Polens Ostgebieten umgesiedelten Bürger den orthodoxen Glauben mit und machten diese Ecke der Stadt noch bunter. Das **Vier-Tempel-Viertel** (Dzielnica Czterech Świątyń) ist einigen Breslauern auch als ›Toleranzviertel‹ oder ›Viertel der gegenseitigen Achtung‹ bekannt. Die jungen Leute, die es heute hierherzieht, pflegen nicht immer religiöse Gefühle: Niepolda, Pokoy und Neon Side heißen die Passagen, in denen nachts der Bär steppt – ein beliebtes Szene- und Ausgehviertel!

Evangelische und katholische Kirchen

Die ehemalige Hofkirche ist heute die **Evangelisch-Augsburgische Kirche** 30 (Kościół Ewangelicko-Augsburski) und Sitz des lutherischen Breslauer Bistums. In schönem Barock präsentiert sich die katholische **Kirche des hl. Antonius** 31 (Kościół Św. Antoniego) in der angrenzenden gleichnamigen Straße.

Synagoge zum weißen Storch 32

ul. Włodkowica 7, www.wroclaw.jewish. org.pl, Mo–Do 10–17, Fr 10–16, So 11–16 Uhr, Eintritt frei

Zwischen den Straßen Św. Antoniego (Nr. 6) und Włodkowica (Nr. 5) versteckt sich die **Synagoge zum weißen Storch** (Synagoga Pod Białym Bocianem), ein klassizistischer Bau, 1829 nach Plänen von Carl Ferdinand Langhans entworfen. Bis 1941 fanden hier Gottesdienste statt, dann noch einmal von 1945 bis 1968. Heute informiert im prachtvoll renovierten Inneren eine **Ausstellung** über die Geschichte der schlesischen Juden. Die Bente-Kahan-Stiftung organisiert Konzerte, Ausstellungen und Workshops. Im stimmungsvollen, von einer großen Kastanie beschatteten Synagogenhof ist immer etwas los – die Terrassenlokale sind bestens besucht.

Kathedrale der Polnischen Orthodoxen Kirche 33

Weiter nördlich, in der Św. Mikołaja, befindet sich die **Kathedrale der Polnischen Orthodoxen Kirche** (Katedra Polskiego Autokefalicznego Kościoła Prawosławnego). Dabei handelt es sich um die frühere Barbarakirche, ein gotisches Bauwerk aus dem 14. Jh., das ab 1874 von Protestanten genutzt und 1945 den Orthodoxen zugesprochen wurde.

Museum für Militaria und Museum für Archäologie 34

ul. Cieszyńskiego 9, www.muzeum.miejskie. wroclaw.pl, beide Museen Mi–Sa 10–17, So 10–18 Uhr, Eintritt frei

Von der Kathedrale ist es nicht mehr weit zum **Arsenal** (Arsenał Mjejski), dem letzten Zeugnis mittelalterlicher Wehrbauten in Breslau. Es beherbergt zwei Museen: Waffen und Kriegsgerät werden im **Museum für Militaria** (Muzeum Militariów) ausgestellt, Exponate von regionalen Ausgrabungen, Kultfiguren, Keramik und Münzen im **Museum für Archäologie** (Muzeum Archeologiczne).

Östlich des Zentrums

Scheitniger Park 35

Wer ins Grüne will, fährt in den **Scheitniger Park** (Park Szczytnicki), 1,5 km nordöstlich der Altstadt. Schattige Alleen führen durch eine sanft gewellte Landschaft mit vielen alten Bäumen. Besonders attraktiv ist der **Japanische Garten** (Ogród Japoński), ein Relikt der Weltausstellung von 1913, zur Jahrtausendwende aufwendig saniert. Eine Pagodenbrücke verbindet zwei Seen, meditative Steingärten sind von symmetrischen Hecken eingefasst.

Jahrhunderthalle 36

ul. Wystawowa 1, www.halastulecia.pl, im Sommer tgl. 10–18, Fr, Sa 9–19, im Winter 9–17 Uhr, 1. Mo im Monat geschl., ab 12 zł, Anfahrt mit Tram 1, 2 oder 10 bis Haltestelle Hala Stulecia

Südwestlich vom Scheitniger Park befindet sich ein Meisterwerk der Moderne: die 1913 von Max Berg anlässlich der Hundertjahrfeier der Völkerschlacht von Leipzig entworfene **Jahrhunderthalle** (Hala Stulecia). Ihre 42 m hohe, frei schwebende Kuppel aus Stahl und Beton war damals die größte dieser Art weltweit. Lange fürchteten Besucher, sie würde über ihnen zusammenbrechen, doch als einer der wenigen Bauten Breslaus hat die Halle sogar die beiden Weltkriege unbeschadet überstanden. Die ›Tortenschachtel‹ fasst 10 000 Zuschauer und ist ideal für Großveranstaltungen wie Messen, Polittreffen, Konzerte und Mega-Opern. Seit 2006 ist sie UNESCO-Weltkulturerbe.

Schon das Café lässt staunen, wie mag es erst in den Ausstellungsräumen des Vier-Kuppel-Pavillons aussehen?

Im angeschlossenen **Entdeckungszentrum** (Centrum Poznawcze) lernen Sie interaktiv die spannende Geschichte der Jahrhunderthalle kennen. Die raffinierte Konstruktion der Kuppel wird mithilfe einer virtuosen Lichtschau in Szene gesetzt.

Den repräsentativen Rahmen der Halle bildet eine 750 m lange, im Halbkreis angelegte, efeuumrankte **Pergola.** Sie spannt sich um eine große Wasserfläche, deren Clou 300 bewegliche Düsen sind. Die ›Geysire‹ der **Fontanna** spucken bis zu 40 m hoch aus, können aber auch eine 700 m² große Wasserwand erschaffen, auf die Filme projiziert werden. Das Wasserspiel passt sich der jeweils gespielten Musik an, die von Wagner bis Daft Punk reicht. Abends kommen weitere Lichteffekte hinzu – ein faszinierendes Spektakel!

Iglica (›Nadel‹) heißt eine Stahlskulptur vor der Westseite der Halle, die – nach oben schmaler werdend – 96 m hoch aufragt. Wer an ihrem Fuß steht, glaubt eine startende Rakete vor sich zu haben. Die Nadel entstand 1948 als Erinnerung an den Weltfriedenskongress der Intellektuellen und die parallel stattfindende Ausstellung der wiedergewonnenen Gebiete (gemeint waren Polens neue West-Territorien). Alle, die international Rang und Namen hatten, waren dem Ruf der Regierung gefolgt: Pablo Picasso, Bertolt Brecht, Jorge Amado, Irene Juliot-Curie, Anna Seghers …

Vier-Kuppel-Pavillon 37

ul. Wystawowa 1, www.mnwr.art.pl, Di–Do 10–17, Fr, Sa 10–19, So 10–18 Uhr, im Winter 1 Std. kürzer, 20 zł, kostenlos bei Vorlage des Tickets für das Panorama Racławicka (s. S. 104)

Zum Ensemble der Jahrhunderthalle gehört der **Vier-Kuppel-Pavillon** (Pawilion Czterych Kopuł), ein grandioser Bau mit einer großartigen Ausstellung! Das 1912 von dem Avantgardisten Hans Poelzig entworfene Gebäude ist vom Boden bis zur Decke in Weiß getaucht, über verglaste Decken flutet natürliches Licht in die Säle. In diesem klaren, hellen Ambiente kommen die Werke Polens wichtigster Künstler des 20. und 21. Jh. bestens zur Geltung – sie sind so geschickt in Szene gesetzt, dass der Besuch äußerst inspirierend wirkt. Der Bogen spannt sich von den Formisten und Koloristen der Zwischenkriegszeit über den Sozialistischen Realismus und die alptraumhaften Kriegserinnerungen bis zu den Experimenten der Gegenwart. Anschließend können Sie im Café eines riesigen Lichthofs die Eindrücke Revue passieren lassen.

Zoo 38

ul. Wróblewskiego 1–5, www.zoo.wroclaw.pl, April–Aug. Mo–Fr 9–18, Sa, So 9–19 Uhr, Sept.–März kürzer, letzter Einlass 1 Std. vor Schließung, 51 zł, Anfahrt mit Tram 1, 2, 4 und 10 bis Haltestelle Hala Stulecia oder per Boot ab Sandinsel (Przystań Kardynalski) zum Hintereingang des Zoos (Brama Japońska)

Der Breslauer **Zoo** wurde 1865 gegründet und ist mit etwa 14 000 Tieren und 1100 Arten einer der größten des Landes. Es gibt hier Gorillas und Schimpansen, Löwen und Kängurus, Polar- und Braunbären, Wisente und Giraffen. Highlight ist das große **Afrykarium,** bestehend aus mehreren Aquarien, die die unterschiedlichen Wasserwelten des Schwarzen Kontinents vorstellen: Sie erleben das Korallenriff des Roten Meeres mit seiner Fischvielfalt, den Kongo-Regenwald mit Krokodilen, die Skelettküste mit Afrikanischen Pinguinen und Seelöwen sowie den Mosambique-Kanal, in dem Haie über Ihren Kopf hinweggleiten.

Hydropolis 39

ul. Na Grobli 19–21, www.hydropolis.pl, Mo–Fr 9–18, Sa, So 10–20 Uhr, letzter Einlass 1 Std. vor Schließung, 27 zł, mit englischsprachigen Texten

Schon von Weitem sieht man den neugotischen **Wasserturm** (Wodnik), der für Breslaus Wasserversorgung große Bedeutung hat. Ihm zu Füßen tauchen Sie im **Hydropolis** in eine spektakuläre Unterwelt ab, in der die Farbe Blau dominiert und als Hintergrundmusik ein Tröpfeln, Gurgeln und Wellenrauschen zu hören ist. Die Reise beginnt in einem dunklen ovalen Saal: Auf einer Wasserfläche spiegelt sich unsere Erdkugel, auf die gewölbten Wände ringsum wird ein Film projiziert, der sich mit dem Ursprung der Erde und der Entstehung von Wasser beschäftigt. Weiter geht es in die

Tiefsee und zu den Bewohnern der Ozeane, gefolgt von einem schönen Intermezzo: Sie legen sich auf eine geheimnisvoll leuchtende Liege und erleben Auf- und Untergang des Mondes an einem einsamen Strand … Doch schon im nächsten Saal ist Schluss mit der Träumerei. Hier wird man darüber belehrt, dass der Mensch zum größten Teil aus Wasser besteht und in Religion und Kunst schon immer auf dessen reinigende Wirkung setzte. Freilich haben die Menschen stets auch versucht, sich die Meere untertan zu machen, indem sie Schiffe und U-Boote erfanden, alle Ozeane querten und in ihre Tiefe vorstießen. Als kompliziert erweist sich das städtische Wassermanagement. Sie erfahren, dass die Stadt über 2000 km unterirdischer Wasserrohre versorgt wird, und erleben Breslaus dramatisches Hochwasser von 1997. Mithilfe von Ton- und 3-D-Bildcollagen werden Sie in Schneegestöber und Sturm katapultiert – auch dies Wasserphänomene! Nur eines fehlt in dieser faszinierenden Wasserwelt: Hinweise auf die Verschmutzung der Gewässer, die Übersäuerung der Meere, das Aussterben vieler Wasserlebewesen …

Südlich des Zentrums

Depot der Erinnerung 40

ul. Grabiszyńska 184, www.zajezdnia.org, Di–Do 10–17, Fr, Sa 10–18 Uhr, 10 zł, Texte in englischer Sprache, Anfahrt mit Tram 4, 5, 11 oder 14

Wo früher die Stadtbusse parkten, erzählt das **Depot der Erinnerung** (Centrum Historii Zajezdnia) nun mithilfe geschickt inszenierter historischer Fotos, Videos und O-Tönen Breslaus Geschichte von 1945 bis 2016. Diese setzt in der Stunde Null ein, als es in Breslau kaum mehr Deutsche gab, dafür Zehntausende von Menschen, die aus den an die Sowjetunion gefallenen Grenzregionen Polens stammten. Sie waren es, die die Stadt wieder aufbauten und zu dem machten, was sie heute ist. Sozialismus und Solidarität, Streiks und Kriegsrecht leiten über zur Gegenwart. Spaß macht ein Besuch im angeschlossenen Museumslokal, das aus der Sozialistischen Volksrepublik ins Heute verpflanzt scheint.

Sky Tower 41

pl. Powstańców Śląskich 95, Anfahrt mit Tram 7 und 20 bis Haltestelle Wielka, www.galeria.skytower.pl, Mo–Sa 9–20.30, So 10–19.30 Uhr, Auffahrt Turm 18 zł (alle 30 Min., Tickets: Eingang ul. Gwiaździsta)

Der 212 m hohe **Sky Tower** ist Polens höchstes Bauwerk und prägt Breslaus Skyline. Auf 50 Stockwerken beherbergt er Läden und Lokale, vor dem Einkaufszentrum befindet sich eine Skulptur von Salvador Dalí. Highlight des Sky Tower ist die **Aussichtsplattform** im 49. Stock, von der Sie an klaren Tagen bis zur Schneekoppe blicken können (Aufenthaltsdauer 15 Min.).

Jüdischer Friedhof 42

ul. Ślężna 37/39, www.muzeum.miejskie.wroclaw.pl, April–Okt. 9–18, Nov.–März 9–16 Uhr, 15 zł

Noch weiter südlich liegt der 1856 angelegte **Jüdische Friedhof** (Cmentarz Żydowski), ein durch hohe Mauern abgeschirmtes ›Museum der Grabmalkunst‹. Der Friedhof wirkt wie ein romantischer Park, es herrscht eine melancholische Stimmung. Im Schatten hoher Bäume stehen Grabsteine mit deutschen und hebräischen Inschriften. Maurisch anmutende Kapellen mit geometrischen Ornamenten erinnern an die sephardische Herkunft zahlreicher jüdischer Familien, reiche Kaufmannsgeschlechter schufen sich monumentale Grüfte mit auf Säulen ruhenden Baldachinen. Immer wieder tauchen die gleichen Namen auf: Cohn und Bloch, Friedländer und Schlesinger, Stein und Mendelssohn.

Viele Breslauer Juden erlangten Berühmtheit. Der Physiker Max Born wurde mit dem Nobelpreis ausgezeichnet, ebenso der Chemiker Fritz Haber – die Namen der Familienangehörigen sind auf Ruhestätten vermerkt. Und man sieht den Grabstein des Vaters der Philosophin Edith Stein, der Sozialreformerin Frederike Kempner, Tante des Theaterkritikers Alfred Kerr, und natürlich den von Ferdinand Lassalle, Gründer des Allgemeinen Deutschen Arbeitervereins. Mehr über die Breslauer Juden erfährt man in einer kleinen **Ausstellung** am Friedhofseingang.

Breslau

Infos

Touristenbüro: Rynek 14, Tel. 71 344 31 11, www.wroclaw-info.pl, tgl. 9–20 Uhr, in der Nebensaison kürzer. Engagiert geführt. Veranstaltungstipps, Buchung von Stadtführern, Verkauf der Rabattkarte (Tourist Card) etc.

Kulturinformation OKiS: Rynek-Ratusz 24, Tel. 71 342 22 91, Facebook: OKiS Wroclaw, Mo–Fr 9–17 Uhr. Infostelle an der Ostseite der Tuchhallen.

Übernachten

Futuristisch – **Double Tree by Hilton** 1 : ul. Podwale 84, Tel. 71 777 00 00, www.wroclaw.doubletree.com. Das Hotel befindet sich im OVO, dem Breslauer ›Ei‹, einem Gebäude mit strahlend weißer, glatter Schale und runden Formen am Rand des Słowacki-Parks. Wie das Äußere, so auch das Innere – die Räume gleißend-hell, anstelle von Bildern flimmernde Screens mit künstlerischen Videoclips. 189 Zimmer mit superbequemen Kingsize-Betten, dazu ein fantastisches Frühstücksbüfett, das auch im grünen Innenhof eingenommen werden kann. Nach dem Sightseeing bietet ein Spa mit Pool und Saunen Entspannung. Zum Rynek laufen Sie nur wenige Minuten. DZ ab 130 €.

Mit Kirchenblick – **Qubus** 2 : ul. Św. Marii Magdaleny 2, Tel. 71 341 08 98, www.qubushotel.com. Hotel der gleichnamigen Kette gegenüber der Maria-Magdalena-Kirche, 100 m östl. vom Rynek. Die Standardzimmer könnten angesichts des Preises behaglicher sein, luxuriös sind nur die Turmsuiten. Von den meisten der 83 Zimmer schaut man auf die Maßwerkfenster und das romanische Portal der Kirche. Hallenbad, Sauna, rund um die Uhr bewachter Parkplatz. DZ ab 125 €.

Fein renoviert – **Art** 3 : ul. Kiełbaśnicza 20, Tel. 71 342 42 49, www.arthotel.pl. Stilvolles Hotel in einem Renaissancepalais aus dem 16. Jh., nur wenige Schritte vom Rynek entfernt. 77 Zimmer, geräumig und gepflegt, teilweise mit Blick auf die Elisabethkirche. Großes Lob gebührt der Küche – das Frühstück ist sehr gut und die Karte beinhaltet viele regionale Gerichte. Hoteleigene Tiefgarage. DZ ab 110 €.

Zentrale Lage – **Sofitel Wrocław** 4 : ul. Św. Mikołaja 67, Tel. 71 358 83 00, https://sofitel.accorhotels.com. Komforthotel, eine Gehminute vom Rynek entfernt. Avantgarde-Architektur kontrastiert mit der Gotik der gegenüberliegenden Elisabethkirche. Die Gebäudeflügel gruppieren sich um ein Atrium aus Glas und Stahl, in den Räumen herrschen dagegen warme Naturtöne vor, das Design ist klar und elegant. Mit gutem Frühstücksbüfett, Wellnesscenter und kostenpflichtiger Tiefgarage. DZ ab 110 €.

Im Grünen – **Park Plaza** 5 : ul. Drobnera 11–13, Tel. 71 320 84 00, www.hotelepark.pl. In der gläsernen Fassade des Hotels spiegeln sich Eichen und Buchen. Es empfiehlt sich, ein Zimmer zur Flussseite zu wählen, denn von dort ist der Ausblick am besten – über grüne Inseln schaut man von den gotischen Domtürmen bis zur barocken Prachtfassade der Universität. Das Frühstücksbüfett genießt man mit Blick auf den Fluss, abends gibt es auf der Terrasse oft Jazz. DZ ab 85 €.

Jugendherberge – **Tumski** 6 : Wyspa Słodowa 10, Tel. 71 322 60 99, www.hotel-tumski.com.pl. Backpacker-Hostel am Fluss, angeschlossen ans gleichnamige Hotel. Die Herberge ist in Module aufgeteilt, jedes besteht aus zwei Zimmern mit Bad. Zur Wahl stehen 2er-, 4er-, 6er- und 10er-Zimmer. 6–15 € pro Pers.

Camping AZS – **AWF** 7 : al. Paderewskiego 35, Tel. 71 348 46 51, www.camping.azs.awf.wroc.pl, Mai–Okt. Einfache Anlage 4 km östl. der Altstadt auf einem Wiesengelände des Scheitniger Parks nahe dem Olympiastadion. Es werden auch preiswerte Hütten vermietet. Guter Straßenbahnanschluss. Ab 7 € pro Pers.

Essen & Trinken

Vornehm altpolnisch – **JaDka** 1 : ul. Rzeźnicza 24/25, Tel. 71 343 64 61, www.jadka.pl, Mo–Sa 18–23, So bis 22 Uhr. Die Warschauer Top-Köchin Magda Gessler, jedem polnischen Gourmet ein Begriff, eröffnete auch in Breslau ein Restaurant. Unter backsteinernen Gewölben und an Tischen mit gestärktem Leinen genießt man bei Kerzenlicht altpolnische Küche, z. B. Kalbskotelettes in Pesto auf Tomatenmus, Wild- und Fischgerichte, aber auch Teigtaschen. Hauptgerichte ab 12 €.

Am Wasser – **Przystań** 2 : ul. Księcia Witolda 2, Tel. 71 789 69 09, www.przystan.wroc.pl, tgl. 11–23 Uhr. Modernes Terrassenlokal am Flussufer mit Blick auf die Universität, besonders schön bei Sonnenuntergang. Gut zubereitete Salate und Fischgerichte. Hauptgerichte ab 10 €.

An der Synagoge – **La Maddalena** 3 : ul. Włodkowica 9, Tel. 71 782 60 90, www.lamaddalena.pl, Mo 17–22, Di–So ab 12 Uhr. Elegantes, in ruhigen Farben gehaltenes Restaurant, in dem man gern länger bleibt, um z. B. das viergängige Degustationsmenü zu probieren. Frische Zutaten, fantasievolle Zubereitung und feine Deko machen das Fusion-Essen zum Erlebnis. In der warmen Jahreszeit hat die überdachte Terrasse mit Blick auf die Synagoge geöffnet. Hauptgerichte ab 8 €.

Bauernschmaus am Salzmarkt – **Chłopskie Jadło** 4 : pl. Solny 18, Tel. 72 510 01 19, www.chlopskiejadlo.pl. Traditionelle polnische Küche in Folk-Ambiente. Hauptgerichte ab 6 €.

Der Inspektor lässt grüßen – **Wrocławska Gastropub** 5 : ul. Szewska 59/60, Tel. 71 305 12 28, www.wroclawska.com.pl. Dank der Krimis von Marek Krajewski (s. S. 104) wissen die Polen, wie die deutschen Breslauer kochten: Leidenschaftlich gern isst Inspektor Mock ›Schlesisches Himmelreich‹ und ›Hering Hekel‹, ›Schlesische Rolle‹ und in Breslauer Bier marinierten Schweinebraten … Im Gastropub sind all diese Gerichte zu haben! Das Ambiente unter barocken Gewölben ist entschlackt, freundlich und hell. Und auch auf der Straßenterrasse sitzt man gern! Hauptgerichte ab 6 €.

Touristisch – **Piwnica Świdnicka** 1 : Rynek-Ratusz 1. In der vorigen Auflage schrieb ich noch: »Der Schweidnitzer Keller unter dem Alten Rathaus profitiert von seiner ruhmreichen Vergangenheit, der Service leidet darunter.« Inzwischen ist das Restaurant, das seit 1273 fast ohne Unterbrechung in Betrieb war, geschlossen. Bleibt zu hoffen, dass man nach Abschluss der Renovierung des Fürstensaals und der acht zugehörigen Kellerräume bald wieder hier einkehren und lustvoll speisen kann – auch in der gobelingeschmückten ›Höhle‹, wo einst die zum Tode Verurteilten auf die Vollstreckung ihrer Strafe warteten.

Stylish – **Etno Café Barbara** 6 : ul. Świdnicka 8–B, Tel. 792 009 731, www.facebook.com/barbarakultura, Mo–Sa 8–20, So 9–21 Uhr. Hier gibt es eine kleine Kunstbibliothek, hier bekommt man wichtige Kulturinfos, Einladungen zu Workshops und Lesungen. Zum Kaffee kann man Karottenkuchen, pikante Quiches und Salate bestellen.

Trendy – **Central Café** 7 : ul. Św. Antoniego 10, Tel. 71 794 96 23, www.centralcafe.pl, Mo–Fr 7–21, Sa 9–21, So 9–16 Uhr. Kleines Lokal im jüdischen Viertel, hier ist alles frisch zubereitet und in bester Qualität – Bagels in vielen Varianten, Pancakes und Kuchen, dazu Kaffeespezialitäten oder auch Tee. Freundliche Bedienung.

Einkaufen

Märkte – **Markthalle** 1 (Hala Targowa): ul. Piaskowa 15. Neugotischer Bau am Ufer der Oder mit einem großen Angebot an Obst und Gemüse. **Blumenmarkt** 2 (Targ Kwiatowy): pl. Solny. Von früh bis spät werden auf dem Salzmarkt Schnitt- und Topfblumen verkauft.

Kunsthandwerk – **Galeria Sztuki Naiwnej i Ludowa** 3 : Kiełbaśnicza 31. Hübsche Galerie naiver Kunst in einer kleinen Straße westl. vom Rynek mit Holzschnitzereien, Glasmalerei und Keramik.

Bücher – **Empik** 4 : Rynek 50. Große Auswahl an Büchern, Karten, Presseerzeugnissen und CDs. **Tajne Komplety** 5 : Przejście Garncarskie 2. Schönster Buchladen der Stadt in einer Gasse der ehemaligen Tuchhallen mitten auf dem Rynek (Marktplatz). Sie können hier Stunden verbringen, Kaffee trinken und spannende, auch englische Bücher entdecken. **Antykwariat A. Jaworskiego** 6 : ul. Kuźnicza 43/44. Vorwiegend polnische, aber auch viele deutsche Buchtitel.

Abends & Nachts

Vor allem im Sommer sind die Kneipen am Marktplatz (Rynek) sehr beliebt, von dort spaziert man weiter zu den Schlachtbänken (ul. Stare Jatki, nahe Hotel Art) oder zum Salzmarkt (pl. Solny). Und auch südwestlich des Rings, im Vier-Tempel-Viertel, geht die Post ab …

Cocktailbars – **Casa de la Música** 1 : Rynek-Ratusz 11, www.casadelamusica.pl, open

Breslau

Über sieben Brücken musst du gehen ... Wenn das nicht reichen sollte: Breslau hat über 100 davon auf Lager

end. *Fiesta o muerte* (›Party oder Tod‹) – unter diesem Motto wird am Rynek gefeiert. Serviert werden Mojito und andere leckere Drinks, zu den kubanischen Rhythmen darf getanzt werden. **Incognito** 2 : pl. Solny 11, www.kokta jlbar.com. Tolles Ambiente, aber nicht leicht zu finden: hinein ins Fastfood-Lokal, dann links!

Clubbing – **Neon Side** 3 : ul. Ruska 46-C. Hier könnte der Trip durch die vielen Nightclubs in der Pasaż Niepolda (Zugang ul. Ruska 51) beginnen!

Mega-Events – **Jahrhunderthalle** 36 (Hala Ludowa): ul. Wróblewskiego s/n. Opern, Rock- und Popkonzerte (s. S. 109). **Nationales Musikforum** 27 (Narodowe Forum Muzyki): pl. Wolności 1, www.nfm.wroclaw.pl (s. S. 105).

Philharmonie 4 (Filharmonia): ul. Piłsudskiego 19, www.nfm.wroclaw.pl. **Oper** 25 (Opera): ul. Świdnicka 35, www.opera.wroclaw.pl (s. S. 105).

Aktiv

Stadttouren – **Free Walking Tours** 1 : Treffpunkt für die Führungen ist am Fredro-Denkmal vor dem Alten Rathaus, www.freewal kingtour.com. Gratis-Touren durch die Altstadt (meist 10 und 13.30 Uhr), auf jüdischen Spuren (14 Uhr) und zum Thema Zweiter Weltkrieg (14 Uhr) mit bestens ausgebildeten Guides, die Englisch bzw. Deutsch sprechen. Am Ende werden sie sich über einen Obolus freuen.

Adressen

dzielnica4wyznan.info.pl. Kostenpunkt etwa 40 zł/Tag. Günstiger Anlaufpunkt, da die wenigen Räder beim Touristenbüro am Rynek (s. S. 112) schnell ausgeliehen sind. Alternativ gibt es vielerorts das System **Nextbike:** anmelden, ein paar Złoty per Kreditkarte überweisen, Code erhalten, losfahren! Bedienungsanleitung: www.nextbike.pl/de.

Termine

Jazz Odra Festival (April, www.jazznadodra.pl): Seit über 50 Jahren treffen sich in Breslau die besten polnischen Jazzmusiker.
Musica Electronica Nova (Mai, www.nfm.wroclaw.pl): Experimentelle Musik aus aller Welt im Nationalen Musikforum.
Simcha (Juni, www.simcha.art.pl): Jüdisches Kulturfestival.
Nowe Horizonty (Juli/Aug., www.nowehoryzonty.pl): Ambitioniertes Filmfestival.
Wratislavia Cantans (Sept.): s. Tipp S. 96.
Dialogue Festival (Okt., www.dialogfestival.pl): Traditionsreiches Theatertreffen auf Breslaus Bühnen.
Jazztopad (Nov., www.nfm.wroclaw.pl/jazztopad): Hochkarätiger europäischer Jazz im Nationalen Musikforum.

Verkehr

Flüge: Der moderne, internationale Flughafen Copernicus, www.airport.wroclaw.pl, liegt in Breslau-Strachowice 14 km westlich des Zentrums. Transfer ins Zentrum zum Hauptbahnhof mit Bus 106 (ca. 30 Min.).
Züge/Busse: Etwa alle 2 Std. fahren Züge nach Jelenia Góra und Kłodzko, Krakau und Posen sowie via Łódź nach Warschau. Mit Bussen gelangt man nach Trzebnica, Sobótka und Świdnica. Der Hauptbahnhof Wrocław Główny liegt an der ul. Piłsudskiego, der moderne Busbahnhof befindet sich unter dem Einkaufszentrum Wroclavia an der ul. Sucha. Von beiden Bahnhöfen sind es zu Fuß in die Altstadt ca. 20 Min.
Fortbewegung in der Stadt: Fast alle wichtigen Sehenswürdigkeiten liegen innerhalb der Altstadt und sind zu Fuß erreichbar. Busse und Trams erschließen die Vororte, Infos unter http://komunikacja.iwroclaw.pl.

Bootstrips – **Żegluga Pasażerska Wrocław** **2**: Przystań Kardynalska, Bulwar Piotra Włostowica, Tel. 609 200 867, www.statekpasazerski.pl. Von der Haltestelle an der Sandinsel Piasek starten ab 10 Uhr alle 30–60 Min. Ausflugsboote zum Zoo (ohne Infos!). Die Fahrt dauert ca. 50 Min. und kostet hin und zurück 20 zł. Am Wochenende gibt es Abendtörns für 25 zł.
Bootsverleih – **Zatoka Gondoli** **3**: ul. Jana Ewangelisty Purkyniego 9, Tel. 79 112 28 58, www.gondole.eu/bootsverleich (sic!). In der Nähe des Nationalmuseums können Sie Doppelkajaks und Ruderboote ausleihen (14 bzw. 30 zł/Std.). Den Ausweis nicht vergessen!
Radverleih – **Rent A Bike – Bike-Café** **4**: ul. Św. Antoniego 8, Tel. 71 346 15 34, www.

Die Umgebung von Breslau

Auf der A-4 Richtung Westen kommen Sie schnell in die Fürstenstadt Legnica, nördlich von Breslau liegen zwei der ältesten und schönsten Zisterzienserklöster Niederschlesiens. In Richtung Süden erreichen Sie Schloss Fürstenstein, nicht weit davon entfernt die Friedenskirche von Świdnica und der ehemalige Moltke-Gutshof in Krzyżowa, heute eine deutsch-polnische Begegnungsstätte.

Westlich und nördlich von Breslau

Karte: S. 122

Legnica ▶ 1, E 15

Nähert man sich der mit 110 000 Einwohnern drittgrößten Stadt Niederschlesiens, **Legnica 1** (Liegnitz), möchte man sie weiträumig umfahren: Fabrikschlote ragen in den Himmel, in monotonen Vororten leben Tausende, die in den Kupferhütten beschäftigt sind. Doch es lohnt sich, in die verkehrsberuhigte Altstadt vorzudringen. Rund um den Marktplatz erinnern viele Barockbauten an die Vergangenheit, als Legnica Hauptstadt eines unabhängigen Fürstentums war (1248–1645).

Kirche St. Peter und Paul

Der lang gestreckte Marktplatz (Rynek) wird von den 80 m hohen Türmen der ehemals evangelischen **Kirche St. Peter und Paul** (Kościół Św. Piotra i Pawła) beherrscht, die zu den schönsten Gotteshäusern Schlesiens zählt. Sie stammt von 1340, erhielt ihr heutiges Aussehen im Stil der Neugotik jedoch erst im 19. Jh. An den Außenfassaden finden sich Grabsteine mit deutschen und lateinischen Inschriften. Ein Meisterwerk gotischer Steinmetzarbeit ist das Hauptportal an der Westseite, das eine lächelnde Madonna zeigt. Hinter ihr prangt in verschnörkelten Lettern Luthers Ausspruch von 1521, dass er seine ketzerischen Thesen nicht widerrufen werde: »Hier stehe ich, ich kann nicht anderz, Gott helfe mir, Amen.« Ein weiteres Kleinod gotischer Kunst ziert die Nordseite: im Giebel des Portals eine ausdrucksstarke Darstellung der Anbetung der drei Könige. Das wertvollste Kunstwerk im Kircheninneren ist ein romanischer Taufkessel, ein Bronzeguss vom Ende des 13. Jh., dazu die reich geschmückte Kanzel von 1588 und der große Barockaltar von 1767.

Rund ums Alte Rathaus

Vom **Neptunbrunnen** (Fontanna Nepomucena, 1731) blickt man hinüber zur weit ausladenden Freitreppe des **Alten Rathauses** (Stary Ratusz). Das angrenzende, 1842 nach florentinischem Vorbild erbaute **Theater** (Teatr) ist umgeben von den sogenannten **Heringsbuden** (Kramy śledziowe), acht verzierten Laubenhäusern, in denen im 16. Jh. Fisch aus der Katzbach (Kaczawa) verkauft wurde. Aus der gleichen Zeit stammt das **Haus zum Wachtelkorb** (Nr. 38), eine ehemalige Kaufmannsresidenz, deren Fassade mit Sgraffiti aus den Äsop'schen Fabeln bemalt ist.

Ritterakademie

ul. Ojców Zbigniewa i Michała s/n

Vom alten **Fischweib-Brunnen** aus dem Jahr 1412 schaut man hinüber zu einem prachtvollen Barockgebäude an der Nordwestecke des Rings, der früheren **Ritterakademie** (Akademia Rycerska) von 1735. Der vierflügelige Bau ist um einen Innenhof angelegt. Das Portal führt in eine breite Diele, von dort aus gelangt man über eine Paradetreppe in die oberen Etagen. Heute ist hier eine Abteilung des Kup-

Westlich und nördlich von Breslau

fermuseums (s. unten) untergebracht, das über die frühere Eliteschule des Adels und die Geschichte des Gebäudes berichtet. Interessant ist ein maßstabsgetreues Modell (1 : 100), das die verschiedenen Bauphasen veranschaulicht.

Kupfermuseum

ul. Partyzantów, Ecke ul. Rycerska, http:// muzeum-miedzi.art.pl, Di–Fr 10–17, Sa 11–17 Uhr, 10 zł

Im ehemaligen barocken Palais der Äbte von Leubus informiert das **Kupfermuseum** (Muzeum Miedzi) über all das, was mit Abbau und Verarbeitung dieses für die Stadt so wichtigen Metalls zu tun hat. Platz ist auch für Kunst und Kunsthandwerk der Region. Im großen Innenhof zeigt ein **Lapidarium** Kapitelle, Säulen und Reliefs – Fundstücke aus der gegen Ende des Zweiten Weltkriegs zerbombten Stadt.

Kirche des hl. Johannes des Täufers

ul. Ojców Zbigniewa i Michała s/n, www.face book.com/Franciszkanie.Legnica, tgl. 9–19 Uhr

Nur ein Katzensprung ist es vom Kupfermuseum zur früheren Jesuitenkirche, der heutigen **Kirche des hl. Johannes des Täufers** (Kościół Farny Św. Jana Chrzciciela). Diese entstand zwischen 1714 und 1727 anstelle der älteren gotischen Grabkirche der Liegnitzer Piasten und gehört zu den wichtigsten Werken des europäischen Barocks. Ihr Highlight ist das **Piasten-Mausoleum,** eine Stiftung der Herzogin Luise von Anhalt Dessau: Die Wände sind durch Pilaster gegliedert, die Malereien dazwischen stellen Szenen aus dem Leben der schlesischen, hier beigesetzten Piastenfürsten dar. Dazwischen stehen in Arkadenhöhe lebensgroße Figuren im betont modischen Kostüm: Fürst Christian, der letzte schlesische Piast, Fürstin Luise sowie deren Sohn Georg Wilhelm und Tochter Charlotte ›beim letzten Gespräch‹ – 1675 erlosch die Dynastie.

Neben der Kirche befindet sich das ehemalige **Jesuitenkolleg,** das heute von Franziskanern bewohnt wird. Bemerkenswert ist das Treppenhaus mit prächtigen Stukkaturen und Skulpturen.

Ein pastellfarbener Barockrahmen setzt eines der schönsten Gotteshäuser ganz Schlesiens in Szene: die Kirche St. Peter und Paul in Legnica

Tipp

SCHLAFEN MIT STIL

Von den 1950er- bis zu den 1990er-Jahren war das südlich der Altstadt gelegene Villenviertel **Tarninów** sowjetischer Sperrbezirk: Hier wohnten hohe Militärs aus Moskau, denn damals war Legnica Polens größter Standort der Roten Armee. Eine besonders schöne Villa, 1926 für einen Fabrikanten erbaut, diente den Generälen als Gästehaus. Logieren kann man hier nach wie vor, und zwar besser denn je – die **Kopcza Rezydencja** (s. rechts) wurde saniert und ist nun ein kleines, feines Hotel.

Schloss

Am Nordrand der Altstadt steht die im frühen 13. Jh. errichtete Piastenresidenz. Das **Schloss** (Zamek Piastowski w Legnicy), eine große Anlage mit drei Türmen, Wehrmauer und Kapelle, wurde im 16. Jh. im Stil der Renaissance modernisiert und im 19. Jh. von Karl Friedrich Schinkel neoklassizistisch erneuert. Heute befindet sich darin eine Abteilung der Universität, doch können die Fundamente einer spätromanischen Kapelle (Kapliczka Zamkowa) besichtigt werden. Im Sommer empfiehlt sich der Aufstieg zum Aussichtsturm (Wieża Św. Jadwigi i Św. Piotra) – gratis!

Kirche der Allerheiligsten Jungfrau Maria

Folgen Sie der Ulica Zamkowa, kommen Sie zu Legnicas ältestem Gotteshaus, der **Kirche der Allerheiligsten Jungfrau Maria** (Kościól Najświetszej Marii Panny) aus dem 14. Jh. Sie wurde im 19. Jh. von Karl Friedrich Schinkel neugotisch umgestaltet und wird heute von religiösen Minderheiten genutzt, so von der orthodoxen und der evangelisch-augsburgischen Gemeinde. Einen Blick lohnen die Buntglasfenster, die wichtige Ereignisse aus Schlesiens Geschichte darstellen. Eines davon zeigt, wie Heinrich II. in die Schlacht zieht (s. S. 119).

Infos
Im Internet: www.portal.legnica.eu

Übernachten
Sehr gutes Frühstück – **Qubus:** ul. Skarbowa 2, Tel. 76 866 21 00, www.qubushotel.com. Neunstöckiges Viersternehotel in Bahnhofsnähe mit weitläufiger Lobby und geräumigen Komfortzimmern. Wer oben wohnt, genießt einen prächtigen Ausblick. Mit Radverleih, Sauna und Fitnesscenter. DZ ab 100 €.

Mit Spa – **Gwarna:** ul. Złotoryska 30, Tel. 76 745 00 00, www.hotelgwarna.pl. Viersternehotel über den Dächern von Legnica, direkt an der Einkaufsstraße, aber ruhig. Indoorpool mit Feucht- und Trockensauna sowie Salzgrotte, Sonnenterrasse, Panorama-Restaurant, gesichertes Parkhaus. DZ ab 75 €.

Klein, aber fein – **Kopcza Rezydencja:** ul. Okrzei 18, Tel. 601 358 183, www.rezydencja-hotel.pl. Zehn Zimmer in einer prächtigen alten Villa mit viel Geschichte (s. links). Mit Restaurant. DZ ab 70 €

Essen & Trinken
Der Name ist Programm – **Tradycja:** Rynek 9, Tel. 76 852 35 33, www.tradycja.legnica.pl. Das gemütliche, mit viel Holz und Kristalllüstern eingerichtete Lokal am Marktplatz serviert polnische Klassiker und dazu regionales Bier. Hauptgerichte ab 5 €.

Einkaufen
Einkaufszentrum – **Galeria Piastów:** ul. NMP 9, www.galeriapiastow.pl, tgl. 9.30–20 Uhr. 100 Läden und Lokale in einem historisierenden Großbau gleich zu Beginn der in die Altstadt führenden Fußgängerstraße.

Verkehr
Züge/Busse: Gute Zugverbindungen nach Breslau und Dresden. Der Bahnhof liegt nordöstl. der Altstadt. Nahezu stdl. fahren Busse nach Legnickie Pole.

Westlich und nördlich von Breslau

Legnickie Pole ▶ 1, F 15

In einer weiten Ebene etwa 11 km südöstlich von Legnica liegt der kleine Ort **Legnickie Pole** 2 (Wahlstatt), der nur deshalb in die Geschichtsbücher einging, weil hier eine der bedeutendsten Schlachten Europas ausgetragen wurde.

Museum der Liegnitzer Schlacht
pl. Henryka Pobożnego 3, www.muzeummiedzi.art.pl, Di–So 11–17 Uhr, 10 zł
Am 9. April 1241 stellte sich der Piastenherzog Heinrich II. – auch Heinrich der Fromme genannt – mit einem 10 000 Mann starken Heer den Mongolen entgegen. Heinrich fiel bei den Kämpfen und wurde enthauptet. Nur weil er am linken Fuß sechs Zehen hatte, konnte ihn Hedwig, seine Mutter, identifizieren.

An der Stelle, an der sie ihn fand, wurde eine Kirche errichtet, in der sich heute das **Museum der Liegnitzer Schlacht** (Muzeum Bitwy Legnickie) befindet. Hier wird die Schlacht als ›Aufeinanderprallen zweier Welten‹, das der Asiaten und der Europäer, gedeutet. Damals war das Mongolenreich das weltweit größte Imperium, reichte von Russland über China bis Korea und sollte – so der Wunsch der mongolischen Generäle – auch Europa umfassen. Scheinbar mühelos nahmen die berittenen Krieger der Goldenen Horde Kiew, Krakau und Breslau ein, schlugen in Legnickie Pole ein mächtiges Heer und wenige Tage später (!) ein weiteres in Ungarn. Dass auf ihre militärischen Siege keine Kolonialisierung folgte, hat womöglich mit dem Tod eines Sohnes von Dschingis Khan zu tun, der die Mongolen zum Rückzug bewog. Doch bis weit ins 15. Jh. hinein unternahmen sie immer wieder verheerende Vorstöße nach Ost- und Mitteleuropa.

Im Museum wird man auf Deutsch (und sogar auf Mongolisch!) mittels Multimedia-Stationen mit dem Mongolensturm und seiner Legendenbildung bekannt gemacht. Eine große Leinwand zeigt den Verlauf der Schlacht im Detail, ein farbgewaltiges Bleiglasfenster im Chorraum den Tod Heinrichs II., ein Werk von Stanisław Wyspiański.

Benediktinerabtei
Schräg gegenüber dem Museum entstand im 18. Jh. eine riesige Benediktinerabtei (Opactwo Benedyktynów), errichtet von Kilian Ignaz Dientzenhofer, dem Prager Meister barocker Baukunst. Die der hl. Hedwig geweihte, barocke **Klosterkirche** besticht durch einen lichtdurchfluteten Innenraum, in dem dank vieler runder Formen alles zu vibrieren scheint. Auf einem Fresko schwingen Mongolen rauchquellende Drachenköpfe – einer Chronik zufolge setzten die Kämpfer eine geheimnisvolle ätzende Substanz ein, die den Gegner vollständig lähmte. Im Hintergrund ist der aufgespießte Kopf Heinrichs II. zu sehen … Übrigens soll nach der Mutter nun auch der Sohn heiliggesprochen werden – das ›Seligsprechungsverfahren‹ ist eingeläutet!

Termine
Mongolensturm (2. April-Wochenende): Die Vergangenheit erwacht zum Leben, Tausende von Rittern zu Fuß und hoch zu Ross stellen sich den Angreifern entgegen. Die Schlacht endet mit einem Bier- und Bratwurstgelage, der Waffenstillstand hält bis zum nächsten Jahr.

Verkehr
Busse: Ca. alle 60 Min. nach Legnica.

Złotoryja ▶ 1, E 15

Beim Stadtfest Ende Mai ist im schmucken **Złotoryja** 3 (Goldberg) 20 km südwestlich von Legnica die Hölle los. Goldwäscher ziehen in mittelalterlichem Kostüm über den Marktplatz und stellen sich dann der Polnischen Meisterschaft im Goldwaschen. Ihre Aufgabe ist es, die zuvor versteckten Flitter möglichst schnell aus dem Sand zu sieben. Mit dem Fest wird die glorreiche Vergangenheit der Stadt zelebriert.

Seit hier im Mittelalter Gold entdeckt wurde, riss der Strom der Schatzsucher nicht ab. Immer tiefere Stollen mussten in die Hänge gegraben werden, um Abbaukammern zu erschließen. Karren von Sand wurden an die Erdoberfläche geschleppt, wo dieser gesiebt und gewaschen wurde. Heute dient das frühere

Die Umgebung von Breslau

Gefängnis, ein hohes Giebelhaus an der Wehrmauer, als **Goldmuseum** (Muzeum Złota). Darin wird die Geschichte des örtlichen Bergbaus erläutert, man sieht Nuggets aus allen Kontinenten sowie Medaillen und Pokale, die bei Wettkämpfen im In- und Ausland gewonnen wurden (ul. Zaułek 2, www.villagreta.pl/muzeum-zlota-zlotoryi, Mo geschl., 5 zł).

Bolesławiec ▶ 1, D 15

Seit 600 Jahren wird **Bolesławiec** 4 (Bunzlau) die Stadt des guten Tons genannt: Dieser ist in der Umgebung reichlich vorhanden und so robust, dass er sich auch für hohe Brenntemperaturen eignet – die hier produzierten Gefäße sind extrem hart und feuerfest. Erst wurde Bunzlauer Braungeschirr hergestellt, später sattelte man auf dekorative Buntglasur um. Heutiges Markenzeichen sind cremefarbene Grundierungen mit einem vielfach variierten kobaltblauen Muster aus Ringen, Punkten, Pfauenaugen und stilisierten Blümchen. Die Ware wird in die ganze Welt exportiert und sorgt bei Töpfern und Kaufleuten für Wohlstand. Dieser spiegelt sich in einem großen Marktplatz mit schmucken Bürgerhäusern und einem Rathaus im Renaissancestil.

Keramikmusum

ul. Mickiewicza 13, www.muzeum.boleslawiec.net, Di–Sa 10–16, So 11–16 Uhr, 8 zł
Fast alle Sehenswürdigkeiten der Stadt drehen sich um Keramik. Die besten Stücke werden im **Keramikmuseum** (Muzeum Ceramiki) ausgestellt, das in einem Haus aus dem 15. Jh. zwischen Wehrmauer und Bastei untergebracht ist. Eine Ausstellung zeigt Tonwaren bis 1945, die ältesten sind noch braun glasiert und dickbäuchig. Die 1897 eingerichtete Keramikfachschule sorgte für einen qualitativen Sprung ›ins Blaue‹. Eine zweite Schau stellt die Entwicklung nach 1946 dar: Polens Kunsthandwerkerverband Cepelia griff deutsche Traditionen auf, entwickelte sie weiter und integrierte polnisch-volkstümliche Blumenmotive auf dem Geschirr.

Infos
Im Internet: www.boleslawiec.pl

Übernachten, Essen
Landleben – **The Blue Beetroot:** Łaziska 50, Tel. 75 736 44 20, www.bluebeetroot.com. Im Dorf Łaziska 5 km südöstlich der Stadt vermieten Barbara und John aus Großbritannien in einer ehemaligen Fachwerkscheune schlicht-schöne Zimmer. Im Restaurant, das im einstigen Stall untergebracht ist, servieren sie deftige Landküche. DZ ab 76 €, Dreigängemenü 12 €.
Boutiquehotel – **Ambasada:** ul. Komuny Paryskiej 34, Tel. 75 612 65 43, www.hotelambasadaboleslawiec.com. Palastartiges Haus aus dem 19. Jh., ca. 100 m vom Markt entfernt, aufwendig saniert und im Stil der guten alten Zeit schön eingerichtet. Im gemütlichen Kellerlokal Pariser Kommune gibt's zum Essen oft Livemusik – am liebsten französische Chansons. DZ ab 60 €.

Einkaufen
Keramik – Die unverwüstliche Ware kauft man günstig im Fabrikladen der **Manufaktura,** ul. Gdańska 30 (s. S. 121). Ein **Outlet** befindet sich in der ul. Zgorzelecka 22-A, eine **Galerie der Unikate** in der ul. Kościuszki 24-B.

Termine
Święto Ceramiki (Aug., www.swietoceramiki.pl): Internationale Bildhauer und Töpfer stellen öffentlich Skulpturen und Tongefäße her. Es folgen ein Fest mit viel Musik von

---

Boberviadukt

In Bolesławiec donnert der Zug Dresden-Breslau über Schlesiens längsten Viadukt. Die fast 500 m lange, 1848 im römischen Stil errichtete Natursteinbrücke thront auf massiven Pfeilern über dem Bobertal. Zur Jahrtausendwende wurde sie aufwendig restauriert und trägt im Polnischen seitdem den Namen **Most Milenijny** (›1000-Jahr-Brücke‹). Abends wird sie so prachtvoll beleuchtet, dass sie wie eine gigantische Skulptur erscheint.

Westlich und nördlich von Breslau

Aktiv

KERAMIK SELBST MACHEN

Infos
Ort: Bolesławiec (s. S. 120)
Dauer: 2 Std. bis 3 Tage
Kosten: zweistündige Workshops, 9 Uhr, nach Anmeldung, 65 zł inkl. Besichtigung

Infos: Manufaktura w Bolesławcu, ul. Gdańska 30, Tel. 75 732 20 62, www.ceramicznaprzygoda.pl, www.polish-pottery.com.pl, Besichtigung 7–14 Uhr nach vorheriger Anmeldung, 15 zł

Die Manufaktur versteht sich als lebendiges Museum für Keramik – sie verkauft nicht nur ihre Ware, sondern stellt die besten Stücke (alles Unikate!) aus und lässt Besucher am Herstellungsprozess teilhaben bzw. in Workshops sogar mitwirken. Schon eine Stippvisite reicht aus, um zu erfahren, wie aufwendig die Herstellung abläuft: Zunächst wird die Tonmasse vorbereitet, dann zu Gefäßen geformt. Diese werden bei 800 °C gebrannt und nach Abkühlung mit Pinsel bzw. Stempelchen von Hand verziert, gern auch mit Glasur überzogen. Im Anschluss wandern die fertig dekorierten Tonwaren ein weiteres Mal in den Ofen, nun bei einer Temperatur von 1250 °C.

Für welchen Workshop wollen Sie sich entscheiden? Es werden Kurse von zwei Stunden angeboten, doch das Vergnügen kann bis auf drei Tage ausgedehnt werden. In dem 2-stündigen Workshop lernen Sie, auf bereits vorhandenen Gefäßen Bunzlauer Stempelmuster anzubringen, im 4-stündigen Workshop werden Ihnen weitere Dekorationstechniken beigebracht. Wählen Sie den Dreitages-Workshop, beteiligen Sie sich Schritt für Schritt am gesamten Herstellungsprozess. Die selbst geschaffenen Gefäße werden nach dem Brennen an die Heimatadresse geschickt, die dafür entstehenden Kosten sind vom Gewicht abhängig.

Die Umgebung von Breslau

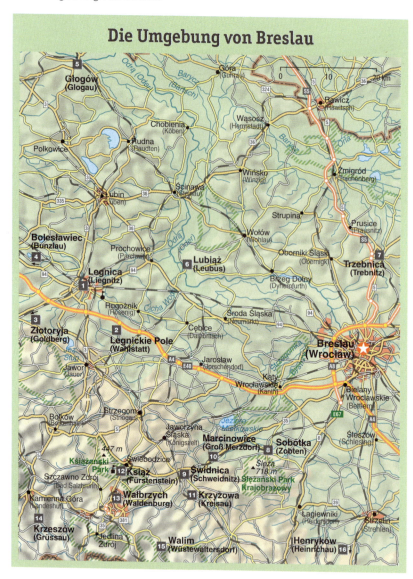

Ethno bis Rock, Keramik-Workshops und ein Kunsthandwerkermarkt.

Verkehr

Züge/Busse: Regelmäßige Verbindungen via Legnica nach Breslau und Zgorzelec.

Głogów ▶ 1, E 13

Auferstanden aus Ruinen, doch erst 50 Jahre nach dem Krieg … Zur Jahrtausendwende wurde mit der Restaurierung der alten Häuser von **Głogów** 5 (Glogau, 75 000 Einw.) begon-

Westlich und nördlich von Breslau

nen, aber nicht originalgetreu wie etwa in Warschau, sondern in einem historisierenden, eklektizistischen Stil. Mittelalterlich anmutende Giebelhäuser säumen die steingepflasterten Straßen, an den Fassaden grüßen Türmchen, Erker und Balkone. Ihre Buntheit und Verspieltheit kontrastiert mit den ›lebendigen‹ Ruinen, die als Mahnmal erhalten bleiben.

Kein Museum, nicht einmal eine Plakette erinnert an den Schriftsteller Arnold Zweig, einen berühmten, aber ›unbequemen‹ Sohn Glogaus. Er wurde 1887 geboren und hat seiner Heimat ein literarisches Zeugnis gesetzt. Schon als Kind staunte er über diese Stadt »mit ihren hellen Jesuitenkirchen aus dem Barock und dem gotischen Dom jenseits des Flusses, der, aus Ziegeln aufgeführt, uns durch seine Strebepfeiler und Bögen fesselte und der ein Altarbild von Lukas Cranach enthielt, von dessen Reiz wir nichts verstanden«. Zweig erlebte die Heimatstadt als Jugendparadies, aber auch als Festung. Deutschland war ins Konzert der großen Nationen eingetreten, übte sich in Aggressivität nach außen wie auch gegen wachsende Opposition nach innen. Glogau, so Zweig, wimmelte nur so von Soldaten – nach seiner Meinung »der natürliche Ausdruck des preußischen Staates, dessen Wachstum durch Krieg und wieder Krieg uns in der Geschichtsstunde als der natürliche Prozess geschildert wurde, mit welchem ein Staat seine Wege macht«.

Rund um den Marktplatz

Wieder aufgebaut wurde das **Rathaus** (Ratusz), dessen 80 m hoher Turm glanzvoll erstrahlt. An der Ostseite des Marktplatzes (Rynek) harrt das **Theater** (Teatr) seiner Restaurierung, danach soll es den Namen des 1616 in Glogau geborenen Barockdichters Andreas Gryphius tragen. Die **Fronleichnamskirche** (Kościół Bożego Ciała) der Jesuiten aus dem Jahr 1715, die mit ihrem barocken Doppelturm die Südostseite des Platzes ziert, erstrahlt schon wieder in neuem Glanz. Angrenzend befindet sich das frühere **Jesuitenkolleg**. Südlich des Rings erhebt sich die monumentale Ruine der **Nikolauskirche** (Kościół Św. Mikołaja), ein Backsteinbau anno 1311.

Piastenschloss

www.muzeum.glogow.pl, Mi–So 10–17 Uhr, 6 zł

Über die Ulica Pionerska, vorbei an den erhaltenen mittelalterlichen Befestigungsanlagen, erreicht man das wieder aufgebaute **Piastenschloss** (Zamek Książąt Piastowskich) am Oderufer. Das hier untergebrachte **Museum für Archäologie und Geschichte** (Muzeum Archeologiczne i Historyczne) veranschaulicht die Entwicklung Glogaus von der Frühgeschichte bis zur Gegenwart. Im Garten des Barockschlosses stand einst der Hungerturm, »in welchem Gefangene zu Tode gebracht wurden dadurch, dass man ihnen immer weniger Brot durch eine Öffnung im Deckengewölbe herunterließ«, wie sich der Autor Arnold Zweig (s. links) entsann.

Unweit des Schlosses wurden Reste der romanischen **St.-Peter-und-Paul-Kirche** (Kościół Św. Piotra i Pawła) gesichert, Glogaus älteste Kirche von 1258.

Dom

Eine schmiedeeiserne Brücke führt ans nördliche Oderufer in die Domvorstadt. Dort steht der **Dom** (Katedra), eine dreischiffige gotische Hallenkirche aus dem 15. Jh., in die romanische Bauelemente integriert wurden. Beim Brand 1945 blieb nur der 1842 errichtete Turm unzerstört. Von der einstigen Einrichtung hat sich nichts erhalten, die von Lucas Cranach gemalte »Madonna mit Kind« gilt als verschollen …

Infos

Im Internet: *www.glogow.pl/turystyka*

Übernachten

Freundlich – **Qubus:** pl. Konstytucji 3-go Maja 1, Tel. 76 833 61 00, www.qubushotel.com. Hotel mit hilfsbereitem Personal und gutem Frühstück, die Altstadt ist zu Fuß in wenigen Minuten zu erreichen. DZ ab 95 €.

Essen & Trinken

Im Ratskeller – **Pod Starym Głogiem:** Rynek 10, Tel. 76 726 33 99, www.restauracja-ratusz.pl. Seit dem 16. Jh. wird in den Gewölben unterm Rathaus geschmaust und gezecht. Auch heute noch bieten sie einen stilvollen Rahmen für gehobene polnische Küche mit internationalen Einsprengseln: Lachs- und Thun-Carpaccio, Rindertartar und flambierte Geflügelleber, Huhn, Gans und Ente. Hauptgerichte ab 5 €.

Verkehr
Züge/Busse: Regelmäßig nach Breslau und Legnica. Bahnhof 1 km nördl. der Altstadt.

Lubiąż ▶ 1, F 15

Um 1175 holte Schlesiens Herzog Heinrich I. Zisterziensermönche ins Land. Sie galten als besonders tüchtig, ihre Losung hieß *Ora et labora* (›Bete und arbeite‹). Der Herzog schenkte ihnen große Ländereien, im Gegenzug machten sie sich daran, die fruchtbare, aber dünn besiedelte Region zu ›zivilisieren‹. Die Zisterzienser rodeten die Wälder und machten das Land urbar. Dabei brachten sie nicht nur neuartiges technisches Gerät nach Schlesien, sondern auch die sogenannte Dreifelderwirtschaft, die mit ihrer Abfolge von Sommer-, Wintersaat und Brache den Boden schonte und für gute Ernten sorgte. Ihren ersten Sitz gründeten sie in **Lubiąż** 6 (Leubus).

Zisterzienserkloster
www.fundacjalubiaz.org.pl, April–Sept. tgl. 9–18, Okt.–März 10–15 Uhr, 15 zł
Hoch thront das **Zisterzienserkloster** (Opactwo Cysterskie w Lubiążu) über der Oder, ein Bilderbuchmotiv wie aus längst vergangener Zeit. Zwei schlanke Türme überragen die 223 m lange schlossartige Fassade, die sich im Wasser spiegelt. Seine heutige Gestalt erhielt das Kloster im 17. Jh., als der Orden es zum mächtigsten in Europa ausbaute – nicht einmal das spanische El Escorial war größer. Bald beherbergte die Anlage mehr als 1000 Mönchsklausen, dazu Fest- und Versammlungssäle. Michael Willmann, der schlesische Rembrandt (1630–1706), stellte sich für mehr als 20 Jahre in den

Nur 700 m misst der Gipfel des Zobten, aber die Aussicht auf die polnische Tiefebene kann sich – an klaren Tagen – sehen lassen

Dienst des Ordens und malte die Klosterkirche mit Fresken aus. Bei Restaurierungsarbeiten in der Krypta wurde unter vielen anderen auch sein mumifizierter Körper entdeckt – das trockene Mikroklima der Gruft hatte die Verwesung verlangsamt. Derzeit wird die Klosteranlage restauriert, fertiggestellt sind der Abts- und der Fürstensaal mit Fresken und Stuckarbeiten, die Bibliothek und das Sommerrefektorium.

Trzebnica ▶ 1, H 14/15

Das ca. 24 km nördlich von Breslau gelegene **Trzebnica** 7 (Trebnitz) darf sich rühmen, Schlesiens erstes Frauenkloster zu besitzen. 1201 ließ Hedwig von Andechs, Gattin des schlesischen Herzogs Heinrich I. (s. S. 124), hier eine Abtei errichten und Zisterzienserinnen aus ihrer Bamberger Heimat kommen. In einer Chronik aus dem 13. Jh. heißt es über die Stifterin: »Wenn sie ihrem Mann auch nach dem Gesetz unterworfen war, so wurde sie ihm doch Führerin auf der Bahn der Tugend und Frömmigkeit.« Hedwig gründete mehrere Kirchen und Klöster und starb 1243, nachdem sie kurz zuvor ihren Sohn Heinrich II. in der Schlacht gegen die Mongolen verloren hatte (s. S. 119). 24 Jahre später wurde sie heiliggesprochen – die Kirche dankte ihr für die tatkräftige Unterstützung bei der Missionierung des Ostens.

Und noch heute, über 800 Jahre nach ihrer Heiligsprechung, steht die Schutzpatronin Schlesiens hoch im Kurs: Tausende frommer Christen pilgern an ihrem Namenstag, dem 16. Oktober, zu ihrem Grab und erhoffen sich Befreiung von Sorgen und Nöten. Die Heilige ruht an prominenter Stelle unter einem von Säulen gestützten Baldachin, an ihrer Seite halten Nonnen die Totenwache. Effektvoll kontrastiert der schwarze Marmor des Schreins mit den in Weiß oder Gold gehaltenen Frauenskulpturen. Die Kirche wurde ›verschönt‹: Als zu streng und asketisch galt der gotische Bau, Schmuck und Gold taten not, um ihm den gewünschten Glanz zu verleihen (www.boromeuszki.pl, Kirche tgl. 7–18, Kloster Mo–Sa 9, 10, 14, 15, So 14 Uhr, Führungen nur auf Polnisch).

Südlich von Breslau

Karte: S. 122

Der Weg ins Sudetenvorland und zu einem der Wahrzeichen Schlesiens, dem ›heiligen Berg‹ Zobten (Ślęża), führt von Breslau südwärts. Leider ist die anmutige Landschaft großflächig durch Ferien- und Wochenendhäuser verschandelt, erst bei Sobótka wird's schöner.

Sobótka und der Zobten
▶ 1, G 16

Seinen Namen hat **Sobótka** 8 (Zobten) vom slawischen Wort *sobota* (›Samstag‹) – dies ist der Tag, an dem hier seit 1148 Markt abgehalten wird. Von seiner Bedeutung als Handelsstadt zeugt die wuchtige, ursprünglich romanische **Jakobskirche** (Kościół Farny Św. Jakuba). Westlich davon erhebt sich die **Annakirche** (Kościół Św. Anny), die auf romanischen Fundamenten ruht. Noch älter ist die neben dem Gotteshaus postierte, einem Pilz ähnelnde Kultplastik. Sie wurde von Angehörigen eines Stammes geschaffen, der hier vom 5. Jh. v. Chr. bis zum 11. Jh. n. Chr. angesiedelt war und dem das kleine **Museum der Slensanen** (Muzeum Ślężańskie) gewidmet ist. Es zeigt Skelette, Werkzeug und Schmuck, die auf dem Ślęża gefunden wurden und dafür sprechen, dass sich hier eine bronzezeitliche Kultstätte befand (ul. Św. Jakuba 18, www.muzeum.sobotka.pl, Mo, Di geschl., 4 zł).

Wie ein Koloss ragt der **Zobten** (Ślęża) aus der schlesischen Tiefebene. Vom Museum aus folgt man der Ulica Św. Jakuba 300 m südwärts und biegt dann in die Ulica Żymierskiego ein, die man wenig später auf einer aufwärts führenden Straße verlässt. Nach 1 km ist die Herberge **Schronisko pod Wieżycą** erreicht, wo der gelb markierte, einstündige Weg zum Zobten seinen Ausgang nimmt. Auf dem 718 m hohen Gipfel kann man sich in der **Zobtenbaude** (Dom Turysty) stärken, von einem Turm bietet sich bei gutem Wetter ein prachtvolles Panorama, das von Breslau über das Riesengebirge bis zum Glatzer Bergland reicht.

Die Umgebung von Breslau

SCHWEIDNITZER PRALINEN

Aus einer kleinen deutschen Chocolaterie von 1927 wurde die große **Świdnicka Manufaktury Czokolady**, die heute ganz Polen mit Luxuspralinen beliefert. Diese sind von Hand gemacht und frei von Konservierungsstoffen, kommen in originellen Geschmacksrichtungen wie Orange, roter Pfeffer, schwarze Johannisbeere und Schimmelkäse daher. Die Deko freut das Auge – auf dass Ihnen das Wasser im Mund zusammenläuft (ul. Parkowa 6, Facebook: chocoffee, tgl. 9–18 Uhr)!

Świdnica ▶ 1, F 16

Das geschäftige, 65 000 Einwohner zählende **Świdnica** 9 (Schweidnitz) wurde im Zweiten Weltkrieg nicht zerstört – der mittelalterliche Kern blieb erhalten. Von 1290 bis 1392 war Świdnica Sitz eines mächtigen Piastenfürstentums und galt zeitweilig als die nach Breslau wichtigste Stadt Schlesiens. Das berühmte Schweidnitzer Bier wurde nach Prag, Buda und Krakau exportiert, im Gegenzug kamen ungarischer Wein, russische Pelze und flämisches Tuch nach Polen.

Museum des früheren Kaufmannsstandes
Rynek 37, www.muzeum-kupiectwa.pl, Di–So 11–17 Uhr, 6 zł
Mittelpunkt der Stadt ist der von barocken Bürgerhäusern gesäumte Marktplatz (Rynek). Das **Rathaus** (Ratusz) aus dem frühen 18. Jh. beherbergt das **Museum des früheren Kaufmannsstandes** (Muzeum Dawnego Kupiectwa), in dem alte Waagen und die Nachbildung eines Kolonialwarenladens zu sehen sind.

Stanislaus-und-Wenzel-Kathedrale
Östlich des Rings erhebt sich die spätgotische **Stanislaus-und-Wenzel-Kathedrale** (Katedra Św. Stanisława i. Św. Wacława) mit schlankem, 103 m aufragendem Turm – er ist weithin sichtbar. Auch innen vermag die Kirche zu beeindrucken: Werfen Sie einen Blick auf den geschnitzten Altar im Südschiff, der Marias Tod ausdrucksstark in Szene setzt! Er ist von Veit Stoß' Altar in der Krakauer Marienkirche inspiriert und wurde vermutlich 1492 von einem Schüler des Meisters geschaffen.

Friedenskirche zur hl. Dreifaltigkeit
pl. Pokoju 6, www.kosciolpokoju.pl, Mo–Sa 9–18, So 12–18 Uhr (März–Nov. nach Voranmeldung), 12 zł, mit Barockcafé
Zehn Gehminuten nördlich des Rings befindet sich die evangelische **Friedenskirche zur hl. Dreifaltigkeit** (Kościół Pokoju), die auf der Liste des UNESCO-Weltkulturerbes steht. Ihre Gestaltung spiegelt die damaligen politischen Verhältnisse wider: Nach dem Dreißigjährigen Krieg (1648) billigte das katholische Habsburg den protestantischen Schlesiern drei Friedenskirchen zu: in Glogau, Jauer und Schweidnitz. Dieses Zugeständnis war an harte Auflagen geknüpft: Das Gotteshaus musste außerhalb der Stadtmauern stehen, und da es nur aus billigem Holz und Lehm erbaut sein durfte, war es feindlichen Angriffen ungeschützt ausgesetzt. So präsentiert sich die Kirche – zumindest von außen – in schlicht-rustikalem Fachwerk. Innen freilich sieht sie ganz anders aus: In dem riesigen, durch zweigeschossige Emporen gegliederten Raum wurde nichts ausgelassen, um Reichtum zu dokumentieren – fast jede freie Fläche ist bemalt oder verziert. Die Epitaphien sind in bewegtem Barock gestaltet, der Hochaltar glänzt in strahlendem Gold.

Übernachten
Polnisch-portugiesisch – **Fado:** ul. M. Konopnickiej 6, Tel. 74 666 63 70, www.hotelfado.eu. Ein aus Portugal zurückgekehrter Pole betreibt dieses freundliche, mit 25 Zimmern angenehm kleine Altstadthotel, das mit Indoorpool und

Sauna, Fado-Abenden und einem mediterranen Restaurant punktet. DZ ab 70 €.

Essen & Trinken
Im Ratskeller – **Ratuszowa:** Rynek 37, Tel. 74 640 41 06, www.piwnicaratuszowa.pl. Steigen Sie ins Verlies hinab, wo Backsteingewölbe den passenden Rahmen für traditionelle polnische Küche bieten. Hauptgerichte ab 6 €.

Termine
Bachfestival (Juli/Aug., www.bach.pl): In der Friedenskirche und anderen historischen Gebäuden spielen internationale Ensembles – nicht nur – Bach-Musik.

Verkehr
Züge/Busse: Eine Zugstrecke verläuft von Breslau über Sobótka, Świdnica und Wałbrzych nach Jelenia Góra. Von Świdnica aus kommt man mit Bus 12 mehrmals tgl. nach Krzyżowa, Bus 31 fährt alle 20 Min. nach Wałbrzych und hält nahe Schloss Książ (von der Haltestelle 15 Min. zu Fuß durch den Waldpark). Direkt zum Schloss kommt man mit Stadtbus 8 ab dem Bahnhof Wałbrzych Miasto.

Krzyżowa ▶ 1, F 16

Kaum einer würde vermuten, dass sich ausgerechnet in diesem verschlafenen Weiler 9 km südöstlich von Świdnica eine europäische Begegnungsstätte befindet. Den Mittelpunkt des Dorfes **Krzyżowa** 11 (Kreisau) bildet das frühere Gut der Familie von Moltke, wo Helmuth James von Moltke im Zweiten Weltkrieg den Kreisauer Kreis gründete (s. Thema S. 129).

Gut Moltke
Das 1984 unter Denkmalschutz gestellte Gut beeindruckt allein schon durch seine Größe: Elf ein- bis dreigeschossige Gebäude bilden ein unregelmäßiges Viereck mit ca. 100 x 200 m. Für Besucher täglich geöffnet ist das **Schloss** mit Ausstellungsräumen zum Thema Widerstand gegen den Nationalsozialismus. Zunächst aber wird man im Treppenhaus mit zwei originalen Fresken aus der Zeit seines ersten Besitzers, des Feldmarschalls Helmuth von Moltke, konfrontiert. Ein Bild stellt die Plünderung Lübecks durch napoleonische Soldaten 1807 dar, das andere den Einmarsch der deutschen Armee in Paris am 1. März 1871. Wer Glück hat, kann im Schlosssaal, der noch mit dem alten Kachelofen und Stilmöbeln aus dem Biedermeier ausgestattet ist, dem Konzert eines Jugendensembles lauschen.

Berghaus
Über eine Allee gelangt man zum **Berghaus** (Dom na Wzgórzu), wo sich die Familie Moltke am liebsten aufhielt: eine kleine Villa auf einer Anhöhe mit weitem Blick auf sanft geschwungene Felder und Wiesen, im Hintergrund die silberne Silhouette des Eulengebirges. Hier erinnert ein Gedenkraum an den Kreisauer Kreis. Die zugehörige Bibliothek ist auf Literatur zum Widerstand im Dritten Reich spezialisiert und steht allen Interessierten offen.

PALASTHOTEL MIT VERWUNSCHENEM GARTEN

In **Marcinowice** 10 (▶ 1, F 16), etwa 10 km nordöstlich von Świdnica, wurde eine barocke Parkresidenz in ein Hotel verwandelt. Der **Pałac Kraskòw** steht unter der Leitung eines österreichischen Kunsthändlers und verfügt über vier luxuriöse Apartments und neun Zimmer, ausgestattet mit Stuckdecken und Kristalllüstern. Über ausladende Freitreppen gelangt man in die Bibliothek, den Speise- und den Kaminsaal, vorbei an alten Gemälden. Die Räume im Nebengebäude und in der Palastmühle sind auch schön, aber etwas einfacher eingerichtet (Kraskòw 12, Tel. 74 858 51 01, www.dobro kraskow.com, Facebook: Hotel Pałac Kraskòw, DZ ab 110 €).

Die Umgebung von Breslau

Infos, Übernachten

Internationale Jugendbegegnungsstätte Kreisau (Międzynarodowy Dom Spotkań Młodzieży): Krzyżowa 7, Tel. 74 850 03 00, www.krzyzowa.org.pl/de. Das Gut hat 24 komfortable Gästezimmer Im ›Speicher‹ sowie weitere 75 schlichtere Zimmer im ehemaligen Stall und im Gärtnerhaus. Auch Individualreisende können hier absteigen, die Preise sind auf Anfrage zu erfahren.

Książ ▶ 1, F 16

ul. Piastów Śląskich 1, www.ksiaz.walbrzych. pl, April–Okt. Mo–Fr 9–17, Sa, So bis 18, Nov.–März Mo–Fr 10–15, Sa, So bis 16 Uhr, letzter Einlass 1 Std. vor Schließung, Eintritt ohne Führung 35 zł inkl. Terrassen und Palmenhaus; Zusatzkosten für Führung und Gestüt, downloadbar als App WOW Poland für iOS und Android

In **Książ** 12 (Fürstenstein), gut 16 km westlich von Świdnica, erhebt sich auf einem steilen Felsvorsprung inmitten eines dichten, von tiefen Schluchten durchzogenen Waldes **Schloss Fürstenstein** (Zamek Książ). Erbaut wurde es Ende des 13. Jh., um einen wichtigen Handelsweg von Böhmen nach Schlesien zu sichern. Ein Chronist nannte es deshalb Clavis ad Silesiam (›Schlüssel zu Schlesien‹). Das Märchenschloss wirkt wie aus einem Guss und entstand doch im Laufe vieler Jahrhunderte. Der mittlere Abschnitt stammt aus der Renaissance, die östlichen Schlossflügel sind barock. So viele Säle und Räume gibt es hier (mehr als 400!), dass Sie Tage bräuchten, um alles zu sehen …

Geschichte

Von 1509 bis 1939 war Schloss Fürstenstein im Besitz der Grafen von Hochberg, die sich seit 1847 auch mit dem Fürstentitel von Pless schmücken durften. Die letzten Besitzer, Hans Heinrich XV. und seine englische Frau Olivia Cornwallis West, machten es zu einem Treffpunkt des europäischen Hochadels, auch Winston Churchill war hier zu Gast. Nach der Emigration des Fürstenpaars im Zweiten Weltkrieg ließ Schlesiens NSDAP-Gauleiter das Bauwerk 1941 beschlagnahmen und als mögliches Stabshauptquartier für Hitler vorbereiten. In den Wirren der Nachkriegszeit wurde das Schloss mehrfach geplündert. Ein halbstaatliches polnisches Komitee kümmerte sich ab 1962 um die Restaurierung und die Wiederbeschaffung der Inneneinrichtung.

Schloss

Heutige Besucher spazieren durch den Maximilianssaal mit reich verziertem Plafond, den Rosa, Grünen, Goldenen und Weißen Saal … Das Schloss erlebt immer wieder Überraschungen: So kehrten 2015 nach 70 Jahren 38 Gemälde von Stephan Kessler (18. Jh.) an ihren Stammsitz zurück – die nationalsozialistische Führung hatte sie auslagern lassen. Nun schmücken wieder ehrwürdige Porträts von Piasten und Premysliden die Wände. Spannend ist auch die Unterwelt des Schlosses, wo ein 1 km langer Stollen, der wohl als Führerbunker dienen sollte, besichtigt werden kann. Zur Anlage gehört ein ca. 300 ha großer Park, der im Spätfrühling in ein Meer blühender Azaleen und Rhododendren getaucht ist.

Staatliches Hengstgestüt

www.stadoksiaz.pl, tgl. 10–17 Uhr

Lohnenswert ist auch ein Spaziergang zum benachbarten **Staatlichen Hengstgestüt** (Stado Ogierów Skarbu Państwo Książ). Der Fachwerkbau ist rings um einen quadratischen Hof angelegt, in dem die Pferde zugeritten werden. Auch auf den Koppeln ringsum kann man die edlen Tiere beobachten, mehrmals monatlich finden Springturniere statt.

Palmenhaus

ul. Wrocławska 158, Öffnungszeiten wie Schloss Fürstenstein

Südlich der Schlosszufahrt, fast schon in Wałbrzych, kann ein 2000 m^2 großes **Palmenhaus** (Palmiarnia) besichtigt werden. 1910 ließ es Familie Pless inmitten gestalteter Gärten errichten. Hier gedeihen 250 verschiedene Pflanzen warmer Klimazonen, darunter Zitrusbäume vom Mittelmeer, Kakteen aus Mexiko, Kiefern aus Australien. Eine besondere Attraktion ist die Sammlung asiatischer Bonsai-Bäumchen.

Begegnungsstätte auf Gut Moltke

Wie kaum ein anderer Ort in Schlesien symbolisiert der Gutshof Moltke die deutsch-polnische Verständigung: Hier traf sich der Kreisauer Kreis, eine Widerstandsgruppe gegen Hitler, deren Ziel es war, eines Tages ein freies, vereintes Europa zu erschaffen.

Helmuth James von Moltke wurde 1907 auf dem Gut in Krzyżowa (Kreisau, s. S. 127) geboren. Er war ein Urgroßneffe des Feldmarschalls Helmuth von Moltke, dessen Siege in der Schlacht gegen Österreich (1866 Königgrätz) und Frankreich (1870 Sedan) die Gründung des Deutschen Reiches ermöglichten und dem preußischen König Wilhelm I. den Weg zum deutschen Kaiserthron ebneten. Seine Mutter entstammte einer aus Schottland eingewanderten Familie des Obersten Richters der Südafrikanischen Union.

Helmuth James studierte in Breslau, Berlin und Wien und kehrte 22-jährig nach Kreisau zurück, um die Gutsverwaltung zu übernehmen. Das Dorf war damals eine Pilgerstätte von Anhängern des preußischen Heroismus und Großmachtstrebens. Nach dem Tod des Vaters 1939 erbte Helmuth James den Hof, noch im gleichen Jahr begann er seine Arbeit als Spezialist für internationales Recht im Berliner Oberkommando der Wehrmacht.

Militaristisches und nazistisches Denken waren dem jungen Moltke allerdings fremd. 1941 begann er – gemeinsam mit Vertretern aus unterschiedlichen politischen Lagern – Pläne für ein demokratisches Deutschland zu schmieden. Mit Peter Graf Yorck von Wartenburg, Mitglied der Ostabteilung des Wehrwirtschaftsamtes, initiierte er den Kreisauer Kreis, zu dessen geistigem Führer er wurde. ›Mitverschwörer‹ waren u. a. der Jesuitenpater Alfred Delp, der sozialdemokratische Politiker Julius Leber und der Pädagoge Adolf Reichwein. Drei größere Arbeitstreffen fanden im Berghaus oberhalb des Gutshofs statt. Im Januar 1944 wurde Moltke verhaftet, nach dem fehlgeschlagenen Hitler-Attentat vom 20. Juli 1944 verurteilt und hingerichtet.

Die Vision von einem in Frieden vereinten Europa fand auch nach dem Krieg Anhänger. Ostdeutsche Bürgerrechtler und Mitglieder der Aktion Sühnezeichen interessierten sich für die Ideen der Widerstandsgruppe und fassten 1988 den Plan, Kreisau zu einem Ort der Begegnung zwischen Ost und West zu machen. Dafür setzte sich auch Freya von Moltke ein, die in die USA emigrierte Witwe des Gründers des Kreisauer Kreises: »Wie gut, dass Kreisau heute polnisch ist. Das nimmt es doch sofort heraus aus einer möglichen deutschen Enge und macht es von vornherein zu einem europäischen Ort!« Der Krakauer Jesuitenpater Adam Żak vermittelte Kontakte zum Klub der katholischen Intelligenz in Breslau, der sich für die Idee eines internationalen Zentrums begeisterte. Frucht der Kontakte war 1989 die Gründung der Stiftung für Europäische Verständigung. Die verfallenen Gebäude wurden für 15 Mio. € von Grund auf saniert, das Geld dafür kam von der Stiftung für deutsch-polnische Zusammenarbeit. Im Jahr 1998 wurde es offiziell eingeweiht.

Übernachten, Essen
Schlafen im Schloss – **Zamek Książ:** ul. Piastów Śląskich 1, Tel. 74 664 38 90, www.ksiaz.walbrzych.pl/de/turystyka/hotel. 25 teils einfache, teils komfortable Zimmer in den Hofgebäuden von Schloss Fürstenstein. DZ ab 70 €.

Verkehr
Züge/Busse: s. Świdnica

Wałbrzych und Szczawno Zdrój ▶ 1, F 16

Noch vor Kurzem galt **Wałbrzych** 13 (Waldenburg), die mit 150 000 Einwohnern zweitgrößte Stadt Niederschlesiens, als ein dahinsiechendes Industriezentrum, das sich kilometerweit längs der Hauptstraße und der Eisenbahnlinie erstreckte. Die stillgelegten Fördertürme der Kohlegruben standen in schroffem Gegensatz zur Berglandschaft, viele Häuser waren rußgeschwärzt. Doch dank EU-Geldern hat die Verwandlung des hässlichen Entleins begonnen: So baute man das Areal des alten Bergwerks zu einem Themenpark um, die Evangelisch-Augsburgische Kirche sowie die Bürgerhäuser und Arkaden rings um den Marktplatz (Rynek) wurden saniert. Eine Verschönerung erfuhr auch der 5 km nordwestlich gelegene Vorort **Szczawno Zdrój** (Bad Salzbrunn) mit seiner prachtvollen Bäderarchitektur im Kurhaus, der Trinkhalle und dem Theater.

Regionalmuseum
ul. 1 Maja 9, www.muzeum.walbrzych.pl, tgl. 10–16 Uhr, 15 zł

Im **Regionalmuseum** (Muzeum Okręgowe) wird eine riesige Porzellansammlung ausgestellt, nicht wenige Stücke stammen aus traditionsreichen Waldenburger Manufakturen. Außerdem wird die Geschichte des Waldenburger Berglands durch Stiche, Postkarten und historische Fotos illustriert.

Altes Bergwerk
ul. Wysockiego 28, www.starakopalnia.pl, tgl. mit 100-minütiger Führung 10–18 Uhr (letzter Einlass 16 Uhr), 25 zł

226 Jahre lang wurde in der Hütte Julia Kohle ans Tageslicht geholt, 1996 kam das Aus. Doch knapp 20 Jahre später durfte das **Alte Bergwerk** (Stara Kopalnia) wieder auferstehen, nun allerdings als hochmodernes **Wissenschafts- und Kunstzentrum** (Centrum Nauki i Sztuki). Darin werden die Geschichte des Bergwerks, die schweren Arbeits- und Lebensbedingungen der *hutniks* und die Umweltverschmutzung dokumentiert. Ein 900 m langer Abstecher ins Kohlebergwerk vermittelt, wie es ›unten‹ ausgesehen hat. Andere Gebäude wurden zweckentfremdet: Im ehemaligen Kesselhaus gibt es zeitgenössische Kunst, die einstigen Waschräume beherbergen ein Kulturzentrum.

Infos
Im Internet: www.um.walbrzych.pl

Übernachten
Im Alten Bergwerk – **Pokoje Gościnne Stara Kopalnia:** ul. Wysockiego 29, Tel. 74 667 09 82, www.starakopalnia.pl. Freundlich-funktionale, gepflegte Gästezimmer auf dem Gelände der musealen Zeche. DZ ab 45 €.

Krzeszów ▶ 1, E 17

Krzeszów 14 (Grüßau) besitzt nicht die größte, aber die malerischste aller **Zisterzienserabteien** Polens. 1242, ein Jahr nach der Schlacht gegen die Mongolen, wurde sie gegründet, 1426 von den tschechischen Hussiten niedergebrannt. Da die Mönche das Bildnis der wundertätigen Maria rechtzeitig versteckt hatten, blieb es unversehrt. Das Kloster wurde wiederaufgebaut und avancierte zu einer Kultstätte für deutsche Katholiken. Barock präsentiert sich die doppeltürmige **Marienkirche,** deren vom Boden bis zur Decke ausgemalter Innenraum vor Dynamik zu schwingen scheint.

Auch in Krzeszów hat Michael Willmann (s. S. 124) seine Handschrift hinterlassen: Die in der benachbarten **Josephskirche** ausgestellten 50 Gemälde, die vom Leben des hl. Joseph erzählen, gehören zu seinen großartigsten Werken (www.opactwo.eu, tgl. 9–18, Nov.–April 9–15 Uhr, 10 zł).

Südlich von Breslau

Walim ▶ 1, F 17

Eine Hinterlassenschaft aus deutscher Zeit findet man auch beim Ort **Walim** 15 (Wüstewaltersdorf): die **Unterirdische Stadt** (Podziemne Miasto). Ab 1943 hoben hier täglich 28 000 Zwangsarbeiter Stollen aus und befestigten sie mit Beton – ein Zehntel der gesamten deutschen Betonproduktion war damals für diesen Ort bestimmt. Einen Teil der Anlage, in dem vermutlich eine Rüstungsfabrik untergebracht werden sollte, kann man im Rahmen einer gut einstündigen Führung besichtigen. Es geht durch saalartige Gänge, die bis zu 12 m hoch und bis zu 110 m lang sind. Ausstellungen zu den Themen ›Hitlers Hauptquartier in Europa‹ und ›Rüstungsindustrie im Dritten Reich‹ versuchen Licht ins Dunkel der ›Walimer Löcher‹ zu bringen. Der Startpunkt zu dieser Tour befindet sich im Dorf **Rzeczka** am Fuß des Berges Osówka (www.osowka.pl, April–Sept. tgl. 10–17, Okt.–März tgl. 10–15 Uhr, ab 21 zł, Einlass zu jeder vollen Stunde, aufgrund der Temperaturen von 6–8 °C bitte warm anziehen).

In Walims **Museum der unterirdischen Stollen** (Muzeum Sztolni Walimskich) erfährt man mehr über Hitlers ›Projekt Riese‹ (ul. 3 Maja 26, Tel. 74 845 73 00, www.sztolnie.pl, Mo–Fr 9–17, Sa, So 9–18 Uhr, 20 zł).

Henryków ▶ 1, G 17

50 km östlich von Walim liegt in **Henryków** 16 (Heinrichau) ein weiteres sehenswertes **Zisterzienserkloster,** 1227 von Heinrich I. gestiftet und auch nach ihm benannt. Von der Durchgangsstraße führt eine Gasse zum Portal, das Einlass in einen weiten Hof gewährt. Hinter einer Dreifaltigkeitssäule streben die Türme des Bischofspalastes in die Höhe, überragt von einer Barockkirche. Zu ihren Schätzen gehören ausdrucksstarke Heiligenfiguren und illusionistische Fresken, ins Chorgestühl sind Szenen aus dem Leben Jesu geschnitzt. Den Hauptaltar schmückt »Gottes Geburt«, ein Gemälde von Michael Willmann (www.henrykow.eu, Juli, Aug. tgl. 10–16, Sept.–Juni tgl. 10–15 Uhr zu jeder vollen Stunde, 10 zł).

Vor diesem Hintergrund in Krzeszóws Marienkirche scheinen selbst fest verankerte Engel zu schweben

Kapitel 2

Riesengebirge und Glatzer Bergland

Wer Bergnatur liebt, fährt in Polens südliche Regionen. Wälder, von Wildbächen durchrauscht, werden von baumlosen, aussichtsreichen Graten überragt. Sudeten heißt der Gebirgszug, der von Schlesien über 330 km bis zum Oderdurchbruch reicht. Aufgrund politischer Konnotationen (Sudetenland) ist der Name aus der Mode geraten, man spricht lieber von seinen einzelnen Bestandteilen: Iser- und Riesengebirge sowie Glatzer Bergland.

Ganz im Westen liegt das Isergebirge, das bis zu einer Höhe von gut 1100 m reicht und sich aufgrund spärlicher Besiedlung seinen urwüchsigen Charakter bewahrt hat. Vom Kurort Świeradów Zdrój bieten sich Wald- und Kammtouren für Biker und Hiker an, im Winter kommen die Skifans.

Der Pass Neue Welt bei Jakuszyce markiert die Trennlinie zum Riesengebirge, das an der Schneekoppe (1602 m) seinen höchsten Punkt erreicht. Wegen der dramatischen Landschaft wird das Riesengebirge seit der Romantik als Sehnsuchtsland vermarktet. Ferienhauptorte sind Szklarska Poręba und Karpacz – beides keine Schmuckstücke, aber beliebt bei Aktivurlaubern, die von hier aus die Bergwelt erobern.

Dem Riesengebirge vorgelagert ist das idyllische Hirschberger Tal mit Europas größter Schlossdichte – der Antrag auf Auszeichnung als Weltkulturerbe ist gestellt. Seinen Namen hat das Tal von Jelenia Góra (›Hirschberg‹), dem schmucken Provinzstädtchen. Weiter im Osten liegt das Glatzer Bergland. Heile Natur überwiegt: Ein Kranz von Gebirgen umgibt Kurorte wie Polanica, Duszniki und Kudowa Zdrój.

Wie ein gestrandetes Ufo mutet das Besucherzentrum
auf der Schneekoppe an – winters wie sommers

Auf einen Blick: Riesengebirge und Glatzer Bergland

Sehenswert

Jelenia Góra: Mit ihren schönen Promenaden und Plätzen bewahrt die Altstadt provinziellen Charme (s. S. 136).

Iser- und Riesengebirge: Rübezahls Reich präsentiert sich als urwüchsige, rauherbe Landschaft mit Hochmooren und Schneegruben – und als absolut großartiges Wanderrevier (s. S. 150).

Jagniątków: Ein Traum ist Haus Wiesenstein, in dem der Literaturnobelpreisträger Gerhart Hauptmann sein Leben verbrachte (s. S. 161).

Kirche Wang: Die norwegische Holzkirche in Karpacz ist das originellste Bauwerk im Riesengebirge (s. S. 166).

Schöne Routen

Durchs Hirschberger Tal: Im Vorland des Riesengebirges fahren Sie durch das schlesische Elysium mit vielen Schlössern (s. S. 143).

Straße der 100 Kurven: Die Landstraße 387 führt vom Kurbad Kudowa Zdrój in den Wallfahrtsort Wambierzyce und erschließt das Heuscheuergebirge (s. S. 180).

Meine Tipps

Stilvoll wohnen im Pałac Pakoszów: In dem Barockschlösschen, das sich einst ein Leinenbaron bauen ließ, ist Historisches und Modernes wunderbar vereint (s. S. 149).

Mineralwasser trinken in Świeradów Zdrój: In der 80 m langen Wandelhalle des Kurhauses schmeckt's doppelt gut (s. S. 151).

Besuch im Märchenschloss Zamek Czocha: Burg mit Geistern und geheimen Gängen (s. S. 153).

Chopin-Festival in Duszniki Zdrój: Kurortflair des Fin de Siècle gepaart mit virtuoser Musik (s. S. 177).

Schädelkapelle in Kudowa Zdrój: Die Wände sind mit den Gebeinen Tausender Gefallener ›tapeziert‹ (s. S. 178).

Aktiv

Fünf-Schlösser-Radtour im Hirschberger Tal: Von Jelenia Góra aus erkunden Sie das Vorland des Riesengebirges und legen in Palästen eine Pause ein (s. S. 140).

Wanderung von der Heufuderbaude ins Tal: Vom Iserkamm steigen Sie durch Fichtenwald nach Świeradow Zdroj hinab (s. S. 152).

Naturlehrpfad zum Zackelfall: Von Szklarska Poręba geht es auf einem markierten Weg zum Wasserfall (s. S. 160).

Wanderung um Szklarska Poręba – Wälder, Wiesen, Wasserfälle: In stetem Auf und Ab, vorbei an Eulensteinen, Rübezahls Grab und Künstlerhäusern (s. S. 162).

Wanderung rund ums Kirchlein Wang: Erkunden Sie Karpaczs oberen Ortsteil und genießen Sie weite Bergblicke (s. S. 168).

Wanderung zur Schneekoppe: Vorbei an Teichen, Hochmooren und Findlingen geht es zum pyramidenförmigen Kultberg des Riesengebirges (s. S. 170).

Alles im Fluss – Gondel- und Schlauchboottour: Kłodzko erkunden Sie im Stechkahn, von Bardo aus geht's im Schlauchboot den Fluss hinab (s. S. 175).

Wanderungen zum Wölfel, auf den Spitzigen Berg und zum Schneeberg: Im letzten Zipfel des Glatzer Landes erwarten Sie mehrere Überraschungen (s. S. 184).

Jelenia Góra und das Hirschberger Tal

Der deutsche Name deutet es an: Hirschberg ist eine Stadt nahe Wald und Berg. Durch Leinenverkauf sind ihre Kaufleute reich geworden, was sich bis heute an der Architektur ablesen lässt. Vor den Stadttoren liegt das Hirschberger Tal, das Weltkulturerbe werden will. Hier schuf sich der preußische Adel Sommerfrischen, die in romantische Hotels verwandelt wurden.

Jelenia Góra ▶ 1, D 16

Cityplan: S. 139, **Karte:** S. 143
Die knapp 100 000 Einwohner zählende Stadt **Jelenia Góra** 1 (Hirschberg) liegt in einem lang gestreckten, vom Bober durchflossenen Tal, etwa 20 km vom Riesengebirgskamm entfernt. Sehr schön ist die Altstadt, die sich etwas Wohlig-Provinzielles bewahren konnte. Die Industrieanlagen liegen einige Kilometer entfernt, umweltschützende Maßnahmen sorgten dafür, dass die hohen Schadstoffwerte in Wasser und Luft auf ein erträgliches Maß zurückgeschraubt wurden.

Jelenia Góra wurde 1108 von Bolesław III. Schiefmund (poln. Bolesław Krzywousty) gegründet und profitierte schon bald von der Lage an der Handelsstraße von Breslau nach Prag. Mit der Herstellung von Tuch und Webwaren begann die Blütezeit der Stadt, im 16. Jh. war das Hirschberger Leinen in ganz Europa begehrt. Der sagenhafte Reichtum der sogenannten Schleierherren (s. S. 138) spiegelt sich bis heute in ungewöhnlich schönen Kirchen und schmucken Bürgerhäusern.

Rathausplatz

Das Prachtstück der Stadt ist der **Rathausplatz** (pl. Ratuszowy), ein malerisches Ensemble von barocken Bürgerhäusern und Laubengängen, mit Cafés und Restaurants, Läden und Kunstgalerien. Seit seiner Restaurierung präsentiert er sich frisch und farbenfroh. In seiner Mitte erhebt sich das 1749 erbaute **Rathaus** 1 (Ratusz), das erste nach der Eroberung Schlesiens durch Preußen errichtete öffentliche Gebäude, das um 1910 mit den benachbarten Siebenhäusern zu einer Einheit verschmolz. Der Springbrunnen ist mit einer Statue des Meeresgottes Neptun geschmückt, Symbol für den im 18. Jh. erstarkten Überseehandel mit Leinen.

Einen Blick lohnt die etwas versteckt liegende **BWA-Galerie** 2, die auf zwei Etagen ausschließlich Zeitgenössisches zeigt, am liebsten Skurriles und Provozierendes (pl. Ratuszowy, Ecke ul. Długa 1, http://galeria-bwa.karkonosze.com, Mo–Fr 9–17, Sa 10–16 Uhr, 6 zł).

Schräg geht es auch auf dem Platz im Juli zu, wenn Straßentheater aus aller Welt zu Gast sind und das provinzielle Ambiente für einige Wochen verscheuchen – dann kommt Stimmung auf und die Gassen der Altstadt verwandeln sich in eine große Bühne.

Erasmus- und Pankratiuskirche 3

www.bazylika.jgora.pl
Im Nordosten des Rings (Rynek) erhebt sich in einem stillen, schattigen Winkel die spätgotische **Erasmus- und Pankratiuskirche** (Kościół Parafialny Św. Erazma i Pankracego). Außen ist sie mit ausdrucksstarken mittelalterlichen Reliefs verziert, innen besticht sie durch einen 22 m hohen barocken Hochaltar mit Figuren des Bildhauers Thomas Weißfeldt.

Annakirche [4]

Wo heute die **Annakirche** (Kościół Św. Anny) steht, befand sich einst der Schildauer Torturm, den alle Bürger passieren mussten, die von Süden in die Stadt kamen. Noch heute spannt sich ein malerischer Bogen zwischen Bürgerhäusern und Kirche, auf ihm prangt das Stadtwappen.

Orthodoxe Gemeindekirche [5]

www.jeleniagora.cerkiew.pl

Vorbei an Hotel Jelonek (Kleiner Hirsch), einem hübschen Haus mit Sonnenuhr aus dem Jahr 1736, folgt man der kopfsteingepflasterten Fußgängerstraße und erreicht nach wenigen Minuten die **Orthodoxe Gemeindekirche** (Prawosławny Kościół Parafialny). Ist sie geöffnet, sollte man unbedingt einen Blick hineinwerfen, denn ihren Altarraum zieren Bilder von Jerzy Nowosielski, einem der wichtigsten Maler Polens des 20. Jh. Mit ihrer intensiven Farbigkeit und formalen Strenge knüpfen sie an den Stil mittelalerlicher Ikonen an.

Kirche zum heiligen Kreuz [6]

www.kosciolgarnizonowy.pl, Mo–Do 10–16, Fr 12–16, Sa 10–16 Uhr, 4 zł

Ein Stück weiter befindet sich das größte und prachtvollste Gotteshaus der Stadt, die **Kirche zum heiligen Kreuz** (Kościół Garnizonowy Parafia Św. Krzyża). Sie wurde 1717 errichtet, eine von insgesamt sechs Gnadenkirchen, die die schlesischen Protestanten dem Habsburger Kaiser abtrotzten. Seit 1945 wird sie von Katholiken genutzt.

Ihr Äußeres imitiert die barocke Stockholmer Katharinenkirche, innen scheint sie einem Traum entsprungen: Die Gewölbe sind so bemalt, dass man den Eindruck gewinnt, die Architektur setze sich fort bis in den Himmel – herumfliegende Engel und Heilige verstärken

Als hätten sie sich verabredet ... und auch ihr Outfit abgesprochen – die Bürgerhäuser auf dem Rathausplatz von Jelenia Góra füllen das Wörtchen ›Harmonie‹ mit Bedeutung

dieses Gefühl der ›Entgrenzung‹. Grandios ist auch der goldene Hauptaltar, hinter dem eine riesige, nicht minder vergoldete Orgel steht. Zum überwältigenden Erscheinungsbild tragen die weit ausladenden zweistöckigen Emporen bei, die mit Szenen aus dem Alten und Neuen Testament bemalt sind. Über 4000 Personen finden in der Kirche Platz – das war fast die gesamte damalige Stadtbevölkerung.

Zum Abschluss schön anzuschauen ist der angrenzende **Park**. Der ehemalige Friedhof umgibt die Kirche wie eine Oase. Entlang der in einem weiten Halbkreis angelegten Umfriedungsmauer entdeckt man 18 barocke Gruftkapellen der Schleierherren, so nannte man die Mitglieder der 1658 entstandenen Hirschberger Kauffmanns-Societät. Schleier und Leinwaren exportierten sie nach Europa und von dort weiter in die britischen, spanischen und portugiesischen Kolonien in Amerika, Afrika und Asien. Die prunkvollen Gruftkapellen zeugen von ihrem Einfluss und Ruhm.

Riesengebirgsmuseum 7

ul. Jana Matejki 28, www.muzeumkarkonoskie. pl, Di–So 9–17 Uhr, 10 zł

Im **Riesengebirgsmuseum** (Muzeum Karkonoskie) südöstlich der Altstadt wird alles vor- und ausgestellt, was für die Region Bedeutung hat. Das Highlight ist Polens größte Kunstglassammlung (s. Thema S. 148). Die Exponate zeigen, wie sehr Glas die künstlerische Fantasie beflügelt und welch unterschiedliche Formen es annehmen kann – neben dem klobigen Humpen steht das schlanke Champagnerglas, neben dem ›Scherzgefäß‹ der filigrane Brautkelch. Es fehlt auch nicht die volkstümliche Glasmalerei mit ihren bunten Farben und naiv-witzigen Darstellungen. Außerdem zeigt das Museum Gemälde und Skulpturen schlesischer Meister, stellt die Geschichte Hirschbergs seit der Steinzeit vor und geht auf die Herstellung von Leinen ein. In einem Nebengebäude werden die Lebenswelten von Gebirgsbauern und reichen Patriziern einander gegenüberge-

Jelenia Góra

Sehenswert
1. Rathaus
2. BWA-Galerie
3. Erasmus- und Pankratiuskirche
4. Annakirche
5. Orthodoxe Gemeindekirche
6. Kirche zum heiligen Kreuz
7. Riesengebirgsmuseum

Übernachten
1. Mercure Jelenia Góra
2. Baron
3. Fenix
4. Auto-Camping Park Nr. 130

Essen & Trinken
1. Cytronowy Pieprz
2. Lord Lounge
3. I Love Pizza
4. Mazurkowa Chata
5. Kukuta Café
6. Cukiernia Bristolka

Einkaufen
1. Nowy Rynek

Abends & Nachts
1. Klub Kwadrat
2. Teatr im. C. K. Norwida
3. Filharmonia Dolnośląska

Aktiv
1. Aeroklub Jeleniogórski

---

stellt. Multimedial aufbereitet sind historische Fotos und Filme, Karten und Postkarten.

Infos

Touristenbüro: pl. Ratuszowy 6/7, Tel. 519 509 343, www.turystyka.jeleniagora.pl, Juni–Sept. tgl. 10–18, im Sommer bis 20 Uhr.
Touristisches Café am Burgturm: ul. Jasna, Ecke Podwale 1, Tel. 792 210 844, www.cafeturystyczna.pl, Mo–Fr 10–18, Sa 10–16 Uhr. In ihrem Mini-Café mit tollem Riesengebirgsfoto bietet Sylwia Neumann viele Infos und ausgefallene regionale Souvenirs. Der Burgturm nebenan ist ein Überbleibsel der Wehrmauern – steigen Sie gut 120 Stufen hinauf und werfen Sie einen Blick auf die Altstadt!

Übernachten

Modern und gepflegt – **Mercure Jelenia Góra 1** : ul. Sudecka 63, Tel. 75 754 91 48, www.mercure.com. Großer Hotelkomplex mit 188 Zimmern, Hallenbad und Sauna, von vielen Zimmern aus bietet sich eine Aussicht aufs Gebirge. 1 km südöstl. der Stadt an der Straße nach Karpacz. DZ ab 60 €.

Nur wenige Schritte zum Ring – **Baron 2** : ul. Grodzka 4, Tel. 75 752 33 51, www.hotelbaron.pl. Wenn ich in Jelenia Góra bin, komme ich am liebsten hierher – ein kleines Komforthotel in einem restaurierten Haus mit 16 großen, gemütlichen Zimmern und einem üppigen Frühstücksbüfett im gemütlichen Salon. Bei schönem Wetter setzt man sich auch gern auf die vordere Terrasse. Freundliches und hilfsbereites Personal, sicherer Parkplatz gleich gegenüber. DZ ab 55 €.

Gegenüber dem Bahnhof – **Fenix 3** : ul. 1 Maja 88, Tel. 75 641 66 00. Restaurierte Villa anno 1886 mit 36 Zimmern. Nach einem anstrengenden Tag entspannt man sich in der Sauna, leider hört man manchmal vorbeifahrende Züge. Das Auto kann man gut hinter dem Hotel abstellen. DZ ab 50 €.

Camping – **Auto-Camping Park Nr. 130 4** : ul. Sudecka 42, Tel. 75 752 45 25, www.camping.karkonosz.pl. Herberge südöstl. der Stadt mit einfachen Zimmern. Der angeschlossene, teilweise schattige Zeltplatz ist ganzjährig geöffnet. Herbergszimmer für 2 Pers. ab 30 €.

Essen & Trinken

Informell & fein – **Cytronowy Pieprz 1** : ul. Szkolna 1, Tel. 535 498 581, https://cytrynowypieprz.business.site, tgl. 12–21 Uhr. In Trattoria-Ambiente wird Ausgefallenes serviert – Marcin Moss, der gut Deutsch spricht, bereitet in der offenen Küche Panciotti mit Jakobsmuschel- und Krabbenfarce zu, danach vielleicht ein Saltimbocca (mit Parmaschinken und Salbei umwickeltes Truthahnfilet in Weißweinsoße) oder Schweinelendchen auf Steinpilzragout mit Backkartoffeln … Auch die üppigen Salate und Pastagerichte schmecken! Alles ist mit essbaren Blumen auf ausgefallenem Ge-

Jelenia Góra und das Hirschberger Tal

FÜNF-SCHLÖSSER-RADTOUR IM HIRSCHBERGER TAL

Tour-Infos
Start: Hauptbahnhof in Jelenia Góra
Länge: 31 km
Dauer: 3 Std.
Schwierigkeitsgrad: Das Gelände ist bucklig, hin und wieder muss man kräftig in die Pedale treten. Insgesamt sind 200 Höhenmeter zu bewältigen.
Radverleih: Der Verleiher befindet sich in Szklarska Poręba (s. S. 162), aber die Räder werden nach Jelenia Góra geliefert.

Auf dieser Radtour haben Sie das Riesengebirgspanorama fast immer vor Augen – und da die Strecke relativ kurz ist, auch ausreichend Zeit, die Schlösser anzuschauen.
Vom **Hauptbahnhof** in Jelenia Góra folgen Sie der Ulica Krakowska ostwärts und queren die südliche Umgehungsstraße (al. Solidarności). An einer Kreuzung mit Bahngleisen halten Sie sich rechts und radeln auf der Ulica Łomnicka stadtauswärts, vorbei am Sportflughafen. Kurz darauf kommen Sie zu **Schloss Łomnica** (s. S. 144), einem großen Ensemble mit Gutshaus, Vorwerk und Park. Fahren Sie anschließend ein paar Meter zurück und folgen an der Kreuzung dem Wegweiser zum prachtvollen **Schloss Wojanów** (s. S. 144), das malerisch am Bober liegt. Auch weiterhin folgen Sie dem Flüsschen, queren es auf einer Stahlholzbrücke und erreichen **Schloss Bobrów** (Boberstein). Noch als Ruine strahlt es mit seinem von ›Minaretten‹ flankierten Turm großen Zauber aus.
Landschaftlich wird es jetzt besonders schön, weil Sie ins Gebiet der **Falkenberge** (Sokole Góry) kommen. Parallel zum Fluss windet sich die Straße durch eine grüne, romantische Schlucht. Hinter **Trzcińsko** (Rohrlach) biegen Sie rechts ab in die Ulica Janowicka, die über den Pass zwischen **Kreuzberg** (Krzyżna Góra) und **Johnsberg** (Jańska Góra) führt. Konditionsstarke können zum gut 600 m hohen **Kreuzberg** hinaufradeln – nahe dem Gipfel befindet sich die historische Schweizerhütte (Szwajcarka, s. S. 145).
Nächster Stopp ist das **Schloss Karpniki** (Fischbach, s. S. 144), das Sie nur betreten können, wenn Sie im Café etwas konsumieren! Über **Krogulec** geht es dann durch eine malerische Wald- und Wiesenlandschaft stetig bergauf nach **Bukowiec** (Buchwald, s. S. 145). Lohnenswert ist die Erkundung des großen Landschaftsparks – eine Wegeübersicht befindet sich neben dem Schloss. Hinter der Künstlerscheune (Studnia Artystyczna) verlassen Sie die Ulica Robotnicza nach rechts

Richtung Fischzuchtteiche, passieren eine künstliche Klosterruine und folgen der Piste am Waldrand entlang (roter Radweg GSS) bis zum **Schloss Mysłakowice** (Erdmannsdorf, s. S. 146). Hinter der örtlichen Kirche startet ein Rad- und Wanderweg, der Sie über die Ulica Sudecka nach **Jelenia Góra** zurückbringt.

schirr arrangiert. Mit großer Terrasse neben einem duftenden Gemüse- und Obststand fast am Rathausplatz. Hauptgerichte ab 8 €.

Entspannt in bester Lage – **Lord Lounge 2**: pl. Ratuszowy 39–46, Tel. 570 581 896, www.restauracjalord.pl. Hier sitzt man so bequem, dass man gern stundenlang verweilen möchte. Schwarz-rote Töne sorgen fürs Wohlgefühl, Kristalllüster für Eleganz. Auf vorgewärmten Platten werden hausgemachte Suppen serviert, es folgen mit einem Überraschungseffekt Rindfleisch-Carpaccio und Tortellaci del bosco (Riesen-Tortellini mit Waldpilzfarce), zartestes Schweinelendchen auf gedünstetem Gemüse und als Dessert Schoko-Fondant mit hausgemachtem Basilikumeis. Alles köstlich! Im Sommer mit großer Terrasse auf dem Rathausplatz. Hauptgerichte ab 7 €.

Beliebter Italiener – **I Love Pizza 3**: ul. Podwale 17-A, Ecke ul. Pijarska, www.facebook.com/ilovepizzajg, Tel. 731 765 807, tgl. 13–21 Uhr. Gleich neben dem Parkplatz befindet sich das kleine Lokal mit Pizza aus dem Holzofen – dünn und gut belegt, nicht zu knusprig. Dazu gibt's Bier oder Wein, gut schmeckt auch der Früchtetee! Hauptgerichte ab 5 €.

Rustikal im Grünen – **Mazurkowa Chata 4**: ul. Sudecka 72, Tel. 782 250 000, www.mazurkowachata.pl, tgl. 10–22 Uhr. An der Straße 367 Richtung Łomnica. Die Speisekarte wurde hier erfreulicherweise ins Deutsche übersetzt. Es gibt v. a. polnische Gerichte, sehr schmackhafte Pieroggen, aber auch Suppen, Koteletts und Gulasch. Man kann auf der Außenterrasse Platz nehmen und, während sich die Kinder auf dem Spielplatz vergnügen, vielleicht noch einen Wodka trinken. Der Hund darf auch dabei sein! Hauptgerichte ab 5 €.

Alternativ – **Kukuta Café 5**: ul. Nowowiejska 27, Tel. 794 383 343, www.facebook.com/kukutucafe, tgl. 11–19 Uhr. Ein sympathisches Café, in das sich Touristen nur selten verirren! Lecker schmeckt die hausgemachte Quiche, aber auch die Eierpfannkuchen und Pieroggen haben ihre Liebhaber, nicht zu vergessen die Salate, oft angereichert mit Huhn, Mango und Avocado. Hauptgerichte ab 4 €.

Gutes Kaffeehaus – **Cukiernia Bristolka 6**: ul. 1 Maja 16/18, Tel. 75 767 62 97, www.bristolka.pl, Mo–Sa 8–19 Uhr. Tolle Krapfen, Apfel- und Käsekuchen oder auch Tiramisu, Schokoladen- und Pistazientorte. Je nach Wetterlage kann man heiße Schokolade oder Eiskaffee bestellen – beides sehr gut!

Einkaufen

Einkaufszentrum – **Nowy Rynek 1**: Das schicke Einkaufszentrum am Nordwestrand der Altstadt bietet von Mode bis Elektronik alles, was das Herz begehrt, dazu viel Gastronomie.

Abends & Nachts

Tanzen & mehr – **Klub Kwadrat 1**: ul. Bankowa 28. Beliebter Klub im Kulturzentrum (Jeleniogórskie Centrum Kultury), hier relaxt man in Lounge-Ambiente bei guter Musik. Fr, Sa ab 21 Uhr gibt es DJ-Sessions, manchmal auch Livemusik.

Theater – **Teatr im. C. K. Norwida 2**: al. Wojska Polskiego 38, www.teatrnorwida.pl.

Konzerte – **Filharmonia Dolnośląska 3**: ul. Piłsudskiego 60, www.filharmonia.jgora.pl.

Aktiv

Rundflüge – **Aeroklub Jeleniogórski 1**: Lotnisko, Ecke ul. Łomnicka, Tel. 75 752 60 20, www.aeroklub.jgora.pl. Am östl. der Stadt gelegenen Sportflughafen kann man Flüge mit Motor- und Segelfliegern buchen.

Termine

Internationales Straßentheaterfestival (Juli): Clowns und Ensembles aus aller Welt spielen auf dem Ring.

Trödel- und Antiquitätenmarkt (Sept.): Meist am letzten Septemberwochenende bewundert man am Ring Oldtimer, Antiquitäten, Drucke, historische Postkarten, viel Glas und Porzellan.
Krokus Jazz Festival (Okt.): Drei Tage lang verzaubern Jazzmusiker die Innenstadt.

Verkehr

Züge/Busse: Vom Hauptbahnhof 1 km östl. der Altstadt gibt es tgl. Zugverbindungen nach Görlitz (2 Std.) und mit dem schnellen Pendolino via Breslau (2 Std.) nach Warschau (5 Std.). Vom Busbahnhof nordöstl. der Altstadt, hinter dem Einkaufszentrum Nowy Rynek, kommt man etwa stdl. nach Szklarska Poręba und Karpacz (www.pks.jgora.pl). Cieplice erreicht man mit den Stadtbussen 9, 14 oder 17, Agnetendorf mit Bus 15.

Cieplice ▶ 1, D 16

Karte: S. 143

In **Cieplice** 2 (Bad Warmbrunn), heute eine Vorstadt von Jelenia Góra, gab sich einst der Adel die Klinke in die Hand. Dank EU-Geldern hat die Altstadt viel von ihrem verflossenen Glanz zurückgewonnen und präsentiert sich wie in ihrer ›goldenen Zeit‹. Seinen Namen verdankt Cieplice (›Warmbad‹) den im 12. Jh. entdeckten warmen, schwefelhaltigen Quellen. Laut Legende hatten Jäger etwas Seltsames beobachtet: Ein Hirsch mit einer schweren Schussverletzung wälzte sich im Wasser und sprang kurz darauf frisch und munter davon. Sobald der Herzog von diesem Wunder vernahm, ließ er an der besagten Quelle eine Kapelle errichten, woraufhin Kranke aus der ganzen Region herbeiströmten, die sich hier Linderung ihrer Leiden versprachen.

Schaffgotsch-Palais und Erlöserkirche

Palais: pl. Piastowski 27; Kirche: pl. Piastowski 18, www.cieplice.luteranie.pl

Die Grafenfamilie Schaffgotsch, Eigentümerin des Hirschberger Tals, verlegte im 19. Jh. ihren Stammsitz nach Bad Warmbrunn. Auf dem ehemaligen Schlossplatz, dem heute verkehrsberuhigten **Plac Piastowski**, steht das restaurierte, barock-klassizistische **Schaffgotsch-Palais** (Pałac Schaffgotschów), in dem die Technische Universität von Breslau ihren Sitz hat.

In Sichtweite befindet sich die evangelische **Erlöserkirche** (Kościół Zbawiciela), innen wunderbar hell, mit üppigem Barockaltar, einem vom schlesischen Rembrandt Michael Willmann gemalten Bild (»Mariä Himmelfahrt«) und Kristallleuchtern aus der Josephinenhütte (s. Thema S. 148). Auf der grandiosen Orgel werden im Juli und August jeden Samstag Konzerte gegeben.

Johanneskirche und Zisterzienserkloster

Kirche: www.cieplice-pijarzy.pl; Museum: Cieplicka 11-A, www.muzeum-cieplice.pl, Di–Fr 9–18, Sa, So 9–17 Uhr, 5 zł

Am westlichen Ende des Platzes steht die katholische **Johanneskirche** (Kościół Św. Jan Chrzciciel), die einst zum benachbarten Zisterzienserkloster gehörte. Außen schlicht, beherbergt sie im barocken Inneren wahre Schätze: ein weiteres Altarbild von Michael Willmann und – gleichfalls aus seiner Werkstatt – ausdrucksstarke Apostel an den Pfeilern des Hauptschiffs.

Das ehemalige, im 17. Jh. erbaute **Zisterzienserkloster** ist eine Sehenswürdigkeit ersten Ranges. Bei seiner Restaurierung wurden prächtige Malereien entdeckt, die Episoden aus dem Leben des hl. Bernhard zeigen. Sie wurden zum Anlass genommen, ein virtuelles **Museum der Barockmalerei** (Muzeum Cieplice) einzurichten. Auf die Wände werden 20 raumfüllende Bildserien barocker Malerei aus Niederschlesien projiziert. Eine zweite Abteilung stellt multimedial die Natur und Geschichte des Riesengebirges vor – von Geologie über Flora und Fauna bis zur Entwicklung des Kurorts und der Rolle, die dabei die Schaffgott'sche Familie spielte. Reale Stücke ergänzen die Präsentation: Kostbare und weniger kostbare Steine, eine Sammlung aufgespießter Schmetterlinge, 6000 ausgestopfte Vögel und viele Säugetiere, Hirschgeweihe in allen Größen und ›Geheimnisse der Pilze‹.

Kurpark

Bei einem Spaziergang durch den südlich an den Platz angrenzenden **Kurpark** (Park Zdrojowy) kommt man an klassizistischen Pavillons und an einem Theater vorbei. Jenseits der Terme (s. unten) liegt der **Norwegische Park** (Park Norweski), der seinen Namen von einem 1880 im norwegischen Wikingerstil erbauten Blockhaus hat – einer exakten Kopie des Osloer Kultrestaurants Frognerseteren. Begrenzt wird die Grünanlage von einem Hochwasserdamm, von dem aus sich an klaren Tagen ein weites Riesengebirgspanorama eröffnet.

Aktiv

Aquapark – **Terme Cieplickie:** Park Zdrojowy, www.termycieplickie.pl, tgl. 6–23 Uhr, Preise je nach Uhrzeit und Dauer. Warmes Quellwasser aus der Tiefe speist alle Pools – außer einem Sportbecken gibt es zwei Thermalbecken mit Hydromassagen, die mit Open-Air-Pools verbunden sind. So kann man selbst bei kühlen Temperaturen draußen schwimmen. Kinder vergnügen sich in Gaudi-Pools mit Rutsche und ›Wildwasser‹. Breit ist auch das Therapieangebot: Sie haben die Wahl zwischen Moorbädern, klassischen Massagen, Kinesiotherapie und vielem mehr. Infos zu Kuren unter www.uzdrowisko-cieplice.pl/de.

Hirschberger Tal

▶ 1, D/E 16

Karte: oben

Der Aufstieg des **Hirschberger Tals** (Dolina Jeleniogórska) zum schlesischen Elysium begann 1822 in Fischbach (Karpniki). Prinz Wilhelm von Hohenzollern erwarb hier ein Renaissanceschloss und ließ es neugotisch aufpolieren. An diesem Ort verbrachte er mit seiner Familie – fernab vom Berliner Hof – einen großen Teil des Jahres. Auch sein Bruder, König Wilhelm III., war von der Gegend begeistert und erwarb 1832 das benachbarte Schloss Erdmannsdorf (Mysłakowice). Zugleich kaufte er für seine Tochter Luise Schloss Schildau (Wojanów) – durch einen Landschaftspark waren die Schlösser miteinander verbunden. Da die Hohenzollern mit dem Hochadel in ganz Europa verschwägert und versippt waren, riss der Strom blaublütiger Besucher nicht ab. In ihrem Tross kamen berühmte Künstler, Musiker und Wissenschaftler.

In Fischbach geschah es, dass Prinz Friedrich Wilhelm, der spätere Kaiser Wilhelm I., und die polnische Prinzessin Elisa Radziwiłł vom nahen Schloss Ruhberg (Ciszyca, heute privat) in Liebe füreinander entbrannten.

Jelenia Góra und das Hirschberger Tal

Doch die Liaison wurde von seinen Eltern nicht gutgeheißen, woraufhin der Sohn brav entsagte und Elisa fünf Jahre später an gebrochenem Herzen starb – so jedenfalls will es die Legende. 1938 wurde die »Preußische Liebesgeschichte« unter Anleitung von Propagandaminister Goebbels an Originalschauplätzen, auch in Fischbach, verfilmt und lief in vielen deutschen Kinos. Bald wurde allerdings bekannt, dass – der verheiratete – Goebbels mit der tschechischen Hauptdarstellerin Lída Baarová eine Affäre hatte. Um sein Renommee zu retten, zog er den Film aus dem Verkehr. Erst nach dem Krieg kam der Streifen als »Liebeslegende« neu in die Kinos.

Starten Sie in Jelenia Góra, bietet sich folgende Tour an, die Sie durch den schönsten Teil des Hirschberger Tals führt.

Łomnica 3

ul. Karpnicka 3, Łomnica Dolna,
Tel. 75 713 04 60, www.palac-lomnica.pl/de,
Museumsschloss: tgl. 10–18, im Sommer bis
19 Uhr, Eintritt 6 €; Oster- und Adventsmarkt,
Erntedankfest und Leinenfest

Blickfang im Dorf **Łomnica** (Lomnitz) ist das gleichnamige **Barockschloss** (Zamek Łomnica) mit Witwenschlösschen und Gutshof. Carl Gustav Ernst von Küster, ein preußischer Diplomat, kaufte das Anwesen 1835. Bis 1945 blieb es im Besitz der Familie und wurde dann enteignet. In den 1990er-Jahren erwarben die Nachkommen Elisabeth und Ulrich von Küster das Rittergut. Das Schloss kann besichtigt werden, im Anschluss läuft ein kurzer Film, in dem das bis 1945 ›friedliche Tal‹ vorgestellt wird. Wer danach Lust auf Bewegung hat, spaziert durch den 9 ha großen Park. Er erstreckt sich bis zum Ufer des Bober, der sich in vielen Windungen durch die Wiesenlandschaft zieht. Ein Gasthaus lädt zur Einkehr und ein großer Laden zum Shoppen von Leinen-, Schloss- und Gutsprodukten ein, die Scharen von Busgruppen anlocken.

Übernachten, Essen

Mit Gut – **Zamek Łomnica:** s. oben. 23 Zi. und Apartments, DZ ab 70 €.

Wojanów 4

2 km östlich von Łomnica liegt am Ufer des Bober **Schloss Wojanów** (Pałac Wojanów), das mit seinen vier Rundtürmen geradewegs einem Märchen entsprungen sein könnte. Der 1607 erbaute Barockpalast beherbergt heute ein Wellness- und Konferenzhotel, aber Gucken ist erlaubt. Zusammen mit den Wirtschaftsgebäuden wirkt das Anwesen fast wie ein kleines Dorf. Schön ist das Gartenrestaurant mit einer Terrasse über dem Fluss, von der sich ein herrlicher Blick ins Grüne bietet. Aus der Zeit, da die Tochter von König Friedrich Wilhelm III., Prinzessin Luise, die Besitzerin war, stammt der 15 ha große, vom Hofgärtner Lenné angelegte Park – ein guter Ort für einen Spaziergang.

Von Wojanów führen zwei Wege zum nächsten Schloss nach Karpniki: Schöner ist der längere, der durchs wilde Bobertal und dann durch die buckeligen Falkenberge führt.

Übernachten, Essen

Über dem Bober – **Pałac Wojanów:** Wojanów 9, Tel. 75 754 53 00, www.palac-wojanow.pl. 92 Zi., DZ ab 100 €.

Karpniki 5

Das intimste **Schloss** des Hirschberger Tals steht auf einer Insel, umgeben von einem Wassergraben und Fischteichen. Diesen verdankt es seinen Namen **Karpniki** alias Fischbach. 1160 von Tempelrittern gegründet, gehörte es diversen Adelsfamilien, bis es 1822 an die Hohenzollern und 1851 ans Haus Hessen fiel. Lebensgroße Originalporträts der beiden letzten deutschen Kaiser schmücken die Bibliothek – man ist etwas verwundert, denn das Schloss gehört nun einem Polen. Herr Jacek Masior hat die historische Einrichtung so genau wie möglich rekonstruiert, sodass man sich in die Vergangenheit zurückversetzt fühlen darf: Bleiglasfenster, Wandmalereien aus Mittelalter und Renaissance, neugotische Kristalllüster … Allerdings lässt sich diese Pracht nur bestaunen, wenn man hier nächtigt oder dem Lokal einen Besuch abstattet, das auch für Nichtgäste offensteht (s. S. 145).

Hirschberger Tal

Sinfonie in Blau: Um diese Pracht in Karpniki zu erleben, muss man sich im Hotel einquartieren

Von Karpniki aus lassen sich herrliche Wandertouren unternehmen, z. B. nordostwärts auf den aussichtsreichen **Krzyżna Góra** (Kreuzberg) mit Rast auf der Schweizerhütte (Szwajcarka, www.schronisko-szwajcarka.pl).

Übernachten, Essen

Hideaway – **Zamek Karpniki:** ul. Łąkowa 1, Tel. 75 712 21 40, www.schlossfischbach.de. Hier brauchen Sie nicht zu frieren: Eine Besonderheit ist das Thermalwasser, das aus 2000 m Tiefe hochgepumpt wird und das Schlossgebäude beheizt. Exquisit ist die Küche, die mit Zutaten aus dem eigenen Garten angereichert wird. Probieren Sie die mit Lammfarce gefüllten Piroggen oder Kalbfleisch mit wildem grünem Spargel – ein Genuss! Bei schönem Wetter können Sie im pittoresken Innenhof speisen. Und nutzen Sie das kostenlose Wellnessangebot und den Fitnessraum! 20 Zi., DZ ab 85 €.

Bukowiec 6

Über eine malerische Landstraße geht es von Schloss Karpniki 4 km in südlicher Richtung am Fuß der bewaldeten, markanten **Falkenberge** (Sokole) entlang nach **Bukowiec** (Buchwald). Von verflossenem Wohlstand künden zwei Kirchen, ein stattliches Fachwerkhaus sowie ein (restauriertes) Kinderheim – so steht's auf Deutsch geschrieben. Schloss Buchwald, einstiger Mittelpunkt des Dorfes, gehörte der Familie von Reden und dient heute als Verwaltungssitz der Riesengebirgsgemeinden.

Eine vor dem Schloss postierte Tafel informiert über die Größe des dazugehörigen **Landschaftsparks:** 10 ha! Es gibt neun Teiche, künstliche Klosterruinen, einen Aussichtsturm sowie einen tempelartigen Teepavillon (Pawilion Herbaciarni), von dem aus Sie bis zur Schneekoppe schauen.

Übernachten, Essen

Im Grünen – **Ap. Noclegi w Bukowcu:** ul. Robotnicza 9, Tel. 695 936 648, www.bukowiec.dolinapalacow.pl. In der ›Künstlerscheune‹ (Stodoła Artystyczna) können Sie gemütlich Kaffee trinken, im ehemaligen Wirtschaftshaus auch übernachten. 6 Ap. ab 40 €.

Jelenia Góra und das Hirschberger Tal

Mysłakowice 7

König Friedrich Wilhelm III. residierte im Schloss von **Mysłakowice** (Zillertal-Erdmannsdorf), das er sich von seinem Hofarchitekten Karl Friedrich Schinkel im neugotischen Stil umgestalten ließ. Zur illustren Gästeschar zählten u. a. der russische Zar und der König der Niederlande. Heute dient das **Schloss** (Pałac Mysłakowice) als Schule, doch darf man einen kurzen Blick hineinwerfen und die Geschichtstafeln studieren. Zugang besteht auch zum Turm, der den Blick freigibt auf den von Peter Joseph Lenné gestalteten 13 ha großen Park – er soll mit finanzieller Unterstützung der EU in alter Schönheit wiederhergestellt werden.

In gebührender Entfernung zum Schloss entstand ein Tirolerdorf. 1837 schenkte der König das Land protestantischen Glaubensflüchtlingen, die aus dem Tiroler Zillertal vertrieben worden waren. Noch heute säumen behäbige Höfe mit Holzbalkon und schindelgedecktem Satteldach die Landstraße. Mit Spenden aus Österreich wurde eines der Häuser in das **Museum der Tiroler Kultur** (Dom Tyrolski) verwandelt – auf einem Balkon prangt (auf Deutsch) der Spruch: »Gott segne den Koenig Friedrich Wilhelm III.« (ul. Starowiejska 14, wegen Renovierung derzeit geschlossen).

Miłków 8

Anschließend könnte man ein Stück Richtung Süden fahren, wo in **Miłków** (Arnsdorf) die Breslauer Brauerei Spiż den ehemaligen Gutshof der Grafen von Matuschka übernommen hat. Das **Schloss** (Pałac Miłków) ist nett anzuschauen, doch dabei sollte man es nicht bewenden lassen. Probieren Sie im Restaurant das naturtrübe Bier, am besten zu einem deftigen polnischen Essen. Für Übernachtungswillige stehen komfortable Zimmer zur Verfügung (s. unten).

Übernachten, Essen

Mit Brauerei – **Pałac Miłków:** ul. Wiejska 218, Tel. 75 761 03 17, www.palac.spiz.pl. 16 Zi., DZ ab 75 €.

So viele Eroberungsversuche überstanden und dann von einem Unwetter dahingerafft … Das Schicksal der Burg Chojnik macht mitleidig

Hirschberger Tal

Staniszów 9

In **Staniszów** (Stonsdorf), wo früher die Prinzen Reuß den Stonsdorfer Kräuterlikör herstellen ließen, kann man sich gleichfalls ein Schlückchen gönnen – und sich auch einquartieren. Das **Schloss** (Pałac Staniszów) und die Parkanlage hat der Touristikfachmann Wacław Dzida wiederherstellen lassen, wobei er authentischen Charme in die Gegenwart herübergerettet hat. Ein ehemaliger Stonsdorfer, der zu Besuch war, geriet ins Schwärmen: »Der Gartensaal mit anschließender Terrasse, die Rosenbeete, der Springbrunnen, die Teiche und Felsen – das alles ist fast unverändert.« Selbstverständlich wird im Schloss auch der aus Waldheidelbeeren und Gebirgskräutern hergestellte Stonsdorfer ausgeschenkt. Allerdings wird er aus Norderstedt bei Hamburg importiert – dorthin war nach dem Krieg die Produktion ausgelagert worden. Und weil Herr Dzida ein umtriebiger Mann ist, experimentiert er mit eigenen Magenbittern: Probieren Sie mal Staniszów Orygynalna!

Im unteren Ortsteil **Staniszów Dolny** (Niederstonsdorf) befindet sich der ehemalige **Wasserpalast** (Pałac na Wodzie) aus dem Jahr 1786, der allerdings mit Plastikstuck historisches Ambiente nur vorgaukelt. Sein Pluspunkt sind mit Mineralwasser gespeiste Thermalbäder drinnen und im Freien.

Übernachten, Essen

Zwei in einem Ort – **Pałac Staniszów:** Staniszów 100, Tel. 75 755 84 45, www.palacstaniszow.pl, 15 Zi., DZ ab 100 €. **Pałac na Wodzie:** Staniszów 23, Tel. 75 755 70 31, www.palacnawodzie.pl, 52 Zi., DZ ab 110 €.

Sobieszów 10

Burg: ul. Chałubińskiego 23, www.chojnik.pl, Di–So 10–16, Juli/Aug bis 18 Uhr, 8 zł

Sobieszów (Hermsdorf) wird zumeist nur aufgesucht, um von hier aus zur Burg Chojnik (Kynast) auf dem gleichnamigen Berg zu wandern, doch das hübsche Dorf hat bald selbst eine Attraktion. Das hier beheimatete **Schaffgott'sche Schloss** war die Schaltzentrale einer Dynastie, der bis 1945 fast das ganze Riesengebirge samt Vorland gehörte – von hier aus wurde der gewaltige Grundbesitz verwaltet. Aktuell baut man das barocke Gebäude zum prunkvollen Sitz der Nationalparkverwaltung um. Wieder also wird das gesamte Riesengebirge von diesem Ort aus gemanagt – doch diesmal nicht im Interesse eines Privatiers, sondern im Interesse der Allgemeinheit. Zugleich entsteht ein **Museum,** in dem ab 2020 mit modernsten multimedialen Mitteln die Natur des Riesengebirges vorgestellt werden soll.

Schon von unten sieht man den grauen Felszacken, auf dem die **Burg Chojnik** (Zamek Chojnik) thront. Ringsum dichter Buchenwald, aus dem hin und wieder Gestein hervorblitzt. Die Burg wurde im 14. Jh. vom Schweidnitzer Fürsten Bolko II. gegründet und kurze Zeit später Stammsitz der Familie Schaffgotsch. Während der Hussitenkriege wurde sie von Raubrittern beherrscht, doch nach neuerlichen Befestigungen erwies sie sich als uneinnehmbares Bollwerk. Selbst den Schweden gelang es während des Dreißigjährigen Krieges nicht, die Burg zu erobern. Was Krieger nicht schafften, gelang der Natur: Bei einem Sommergewitter im August 1675 wurde das Bauwerk von einem Blitz getroffen und brannte aus – es wurde nie erneuert. Heute ist die Ruine eine Touristenattraktion. Im Gemäuer ist ein Lokal untergebracht, eine Herberge bietet müden Wanderern Quartier. Als spannend erweist sich der Streifzug durch die romantische Ruinenlandschaft. Bergfried und Wehrmauern sind noch erhalten, ebenso Kapellenerker, Verlies und steinerner Pranger. Gern wird die Geschichte von Kunigunde, der stolzen Burgbesitzerin, erzählt. Jeden Ritter, der um ihre Hand anhielt, forderte sie auf, die Burg auf der Mauer zu umreiten. Alle stürzten ab – bis auf einen. Der blickte Kunigunde streng in die Augen und erklärte ihr, er wolle keine Frau, die über Leichen geht. Das verletzte die schöne Kunigunde so sehr, dass sie selbst in den Abgrund sprang …

Die Burg ist nur zu Fuß auf steilen Wegen erreichbar. Ein schwarz markierter Pfad windet sich vom **Naturkundemuseum** (Muzeum Przyrodnicze) am südlichen Ortsrand den Hang hinauf und führt durchs ›Räuberloch‹,

Geblasen und geschliffen – Glas aus der Juliahütte

Seit Jahrhunderten wird im Riesengebirge Glas hergestellt: Quarzsand, das körnige Ausgangsmaterial, ist reichlich vorhanden, preiswerten Brennstoff lieferten die Wälder. Das technische Know-how brachten Fachkräfte von der venezianischen Insel Murano mit. Dem Glas verdankt Szklarska Poręba seine Existenz, sein polnischer Name ist dem polnischen Wort *szkło* (›Glas‹) entlehnt.

Selbst die Tatsache, dass sich der Ort über so viele Kilometer erstreckt, hat mit der Glasherstellung zu tun: Kaum war eine Quarzsandgrube erschöpft und der Wald ringsum abgeholzt, zogen die Glasbläser ein Stück weiter, um eine neue Siedlung zu gründen. Obwohl Glas seit dem Mittelalter in Szklarska hergestellt wird, erreichte es internationale Berühmtheit erst im 19. Jh., als die hiesigen Großgrundbesitzer, die allmächtigen Grafen Schaffgotsch, die Josephinenhütte gründeten. Deren Kristall- und Bleiglas war so hochwertig, dass es bis heute bei Antiquitätenauktionen höchste Preise erzielt. Die Juliahütte (s. S. 149) sieht sich als Nachfolgerin von Josephine.

365 Tage im Jahr, rund um die Uhr, sind die Öfen bei Julia in Betrieb, denn zu viel Aufwand wäre es, sie jeden Tag neu auf 1200 °C hochzufahren – jene Temperatur, bei der Quarzsand zu schmelzen beginnt. Rund um die Uhr sind auch die Glasbläser aktiv. Mit einer sogenannten Flöte, einem langen Rohr, blasen sie in die zähflüssige Masse. Der eingepustete Sauerstoff bläht den geschmolzenen Quarz auf, ganz so, als handele es sich um einen Luftballon. Viel Erfahrung braucht es, um die Schmelzmasse in die gewünschte Form zu bringen, die mit Eisenwerkzeugen von außen weiter bearbeitet werden kann. Langsam abgekühlt, erstarrt das Gebilde zu dem, was wir Glas nennen: ein Objekt mit transparenter Wand, die im Licht geheimnisvoll schimmert. Werden dem Quarzsand Pigmente beigemischt, leuchtet das Glas in vielen Farben. Oft sind die Gefäße zusätzlich mit Motiven verziert, z. B. einem Bilderbogen der Städte und Landschaften Schlesiens – graviert in zerbrechliches Kristall.

Bei einem Besuch der 150-Personen-Manufaktur kann man die aufwendige Herstellung miterleben. Erst sieht man die Glasbläser, die – im Sommer wie im Winter – vor dem heißen Ofen stehen und mithilfe ihrer Lungenkraft wunderschöne Formen kreieren. Dann geht es zu jenen, die die Glasformen weiter bearbeiten: Die Gefäße werden mit einem Liniennetz überzogen, damit der Graveur den Schliff an die richtige Stelle setzt. Als besonders kostbar gelten jene Objekte, an denen Hunderte höchst präziser Schnitte vorgenommen wurden. Wer es liebt, ein schweres Glasobjekt in Händen zu halten, das sich bei Lichteinfall in allen Regenbogenfarben bricht, der kauft handwerklich hergestelltes Glas. So steckt Queen Elizabeth ihre Zahnbürste in einen Kristallbecher aus der Juliahütte, ihr Enkel Prinz William hat seine Hochzeitsgäste auf Kristallgeschirr aus der Manufaktur bewirten lassen … Heute wird in der Glashütte nicht mehr nur der traditionelle Geschmack bedient, man setzt vielmehr auf modernes Design: Metropolitan, Kultige Formen und Polnischer Tisch heißen die neuen, strengeren Linien, die eher jüngeren Leuten gefallen.

eine kleine, zerklüftete Felsschlucht (Gehzeit 1 Std.). Oder man wählt den roten Weg, der sich am Nordhang entlangwindet und gleichfalls am Gipfelplateau endet (Gehzeit 30 Min.).

Piechowice 11

An der Straße von Jelenia Góra nach Szklarska Poręba liegt **Piechowice** (Petersdorf) mit einer sehenswerten Glashütte und einem Barockschloss, das ins erste Fünfsternehotel der Region verwandelt wurde – ein guter Ausgangspunkt für Wanderungen ins Iser- und Riesengebirge.

Juliahütte

ul. Żymierskiego 73, Tel. 75 761 24 13, www. hutajulia.com, Mo–Fr 9–18, Sa, So 9–17 Uhr, 20 zł inkl. 40-minütiger Fabrikführung auf Englisch bzw. Deutsch

Piechowice hat eine lange Tradition in der Glasproduktion (s. Thema S. 148), seit 1866 ist der Ort mit der Herstellung von zunächst Bleiglas, später Kristall verbunden. Die **Juliahütte** (Huta Julia) kann besichtigt werden, in einem angeschlossenen Laden werden die Produkte direkt verkauft. Sehr zu empfehlen ist ein Besuch in dem trendigen Café, wo der hausgemachte Kuchen bestens schmeckt!

Schloss Pakoszów

ul. Zamkowa 3, Pakoszów-Piechowice, Tel. 75 769 37 17, www.palac-pakoszow.pl, Besichtigung Sa, So 14 Uhr oder nach telefonischer Voranmeldung, 3 € inkl. Film

Kein Adeliger, sondern ein Kaufmann aus Hirschberg war es, der sich 1725 **Schloss Pakoszów** (Pałac Pakoszów, Wernersdorf) errichten ließ. Direkt neben seiner repräsentativen Residenz betrieb er eine Leinenmanufaktur.

Nähert man sich dem Anwesen, so ist man erst einmal erstaunt: Statt eines offenen romantischen Parks begrüßen einen weitläufige, von Mauern eingefasste Rasenflächen. Auf ihnen wurden einst lange Bahnen von Leinen zum Trocknen ausgerollt. Bei der Besichtigung des Schlosses erfahren Sie, wie arbeitsintensiv die Herstellung von Leinen war: Erst wurde Flachs angebaut, dann zu Faden versponnen und zu Stoff verwebt. Um ihn zu veredeln, wurde er in einer heißen Seifenlauge gewaschen, alsdann getrocknet, um unter fließendem Wasser nochmals gewaschen zu werden. Schlesisches Leinen wurde bis nach Übersee verkauft, woran das große barocke Deckengemälde im Festsaal erinnert: In Leinenbahnen gewickelte Putten (im Hintergrund das Schloss) leiten über zu einer Weltkugel, hinter der ein kleiner Mohr mit Stoffballen hantiert – ein Hinweis darauf, dass mit afrikanischen Sklaven auch schlesisches Leinen nach Amerika gelangte; ein bärtiger Mann trägt ein Segelschiff Huckepack, während ihm ein Engel Anker und Kreuz reicht – Sinnbild für die Mühsal des Handelsgeschäfts, das sich gern mit göttlichem Glanz schmückte. Auf der Führung sehen Sie außerdem das Kachelstübchen anno 1770, das vom Boden bis zur Decke mit 1000 handbemalten Kacheln in Delfter Blau geschmückt ist, eine jede erzählt eine andere Geschichte.

Das Schloss ist auch ein wunderbarer Ort, um Urlaub zu machen! Hagen und Ingrid Hartmann, die Nachfahren der ursprünglichen Schlossbesitzer, haben hier das erste Fünfsternehotel der Region etabliert (s. unten).

Übernachten, Essen

Etwas Besonderes – **Pałac Pakoszów:** s. links. Ungewöhnlich ist nicht nur der Komfort, sondern auch der Stil des Hauses. Architekt Christoph Jan Schmidt hat im Schloss Historisches mit Modernem verbunden, Barock kontrastiert mit Minimalismus, Sandstein mit Glas – eine gelungene Symbiose! Hotelgäste finden eine fantastische Bibliothek mit einer Fülle deutschsprachiger Schlesien-Titel, ein feines Restaurant und ein informelles Terrassencafé. Entspannung bietet ein Indoorpool mit Sauna, der sich mit Panoramafenstern zu Wiesen und Wäldern öffnet. Und hinter dem Haus liegt ein 18 ha großer Park mit mehreren Teichen, der erkundet werden will. 19 Zi., DZ ab 100 €.

Aktiv

Mit Glas arbeiten – **Huta Julia:** s. links. Nach Voranmeldung kann man an einstündigen Workshops in Glasbläserei, -gravur und -malerei teilnehmen.

✤ Iser- und Riesengebirge

Mit seinen Gebirgsseen, Schneegruben und windgepeitschten Kämmen hat das Riesengebirge einen wilden Charakter. Wer hier Urlaub macht, träumt noch lange von skurrilen Felsformen und zerborstenem Gestein, von umgestürzten Fichten, Zwergsträuchern und dicken Moospolstern, dem Geruch von Kräutern und Pilzen.

In abgeschwächter Form gilt das auch für das angrenzende **Isergebirge** (Góry Izerskie). Obwohl sein höchster Gipfel, die Wysoka Kopa, nur 1126 m misst, überwiegt auch hier ein rauer Charakter. Außerdem wartet die Region mit einer Besonderheit auf: Da die bergige Gegend um Świeradów Zdrój, den Hauptort des Isergebirges, nur schwach besiedelt ist, erlaubt der hiesige Nachthimmel eine hervorragende Sternenbeobachtung – so darf sich das Dreiländereck mit dem Prädikat ›Erste Starlight Destination Polens‹ schmücken.

In den Höhenlagen des **Riesengebirges** (Karkonosze) ist es selbst im Sommer kühl und windig, die jährliche Durchschnittstemperatur auf dem Hauptkamm beträgt 0,1 °C. Fast 200 Tage im Jahr ist die 1602 m hohe Schneekoppe vereist, der erste Schnee fällt im September, der letzte im Mai. Dauerfrost bis hinab zur Baumgrenze auf etwa 1200 m sorgt dafür, dass es aussieht wie in der arktischen Kältesteppe – auf Granit, Glimmerschiefer und Gneis wachsen Flechten, Moose und Gräser. Dramatisch wirken auch die steilwandigen, jäh abstürzenden Gletscherkare und die in Kessel eingelagerten Seen, die ›Augen von Rübezahl‹. Weiter unten breitet sich dichter Fichtenwald aus, aus dem bizarre, bis zu 30 m hohe Felsen aufragen. Frühere Bewohner gaben ihnen Namen wie Sonnenblume, Pilger und Falke. In flachen Felsplatten haben sich ›Schalen‹ gebildet, die sich nach Regen mit Wasser füllen.

Der Hauptkamm von Iser- und Riesengebirge bildet den natürlichen Wall zwischen zwei nicht immer befreundeten Nachbarn. Gen Norden fällt das Gebirge steil in Richtung Schlesien ab, gen Süden eher sanft zu Böhmen. Der 1959 geschaffene **Nationalpark Riesengebirge** (Karkonoski Park Narodowy) ist seit 1992 ein Biosphärenreservat der UNESCO. Dieses schließt die Waldgebiete oberhalb von Szklarska Poręba und Karpacz ebenso ein wie die weiter unten gelegenen Wasserfälle und den Berg Chojnik. Kaum noch sichtbar sind die Spuren des Waldsterbens, das in den 1980er-Jahren seinen Höhepunkt hatte: Dank Stilllegung vieler Industrien und Wiederaufforstung haben sich die Wälder erholt.

Das Wegenetz ist vorbildlich ausgebaut und um Kost und Logis braucht man sich selbst auf den Gipfeln nicht zu sorgen: In sogenannten Bauden, aus Holz gezimmerten, urigen und preiswerten Herbergen, werden Wanderer und Skifahrer gut versorgt. Vor allem Szklarska Poręba und Karpacz warten mit vielen Hotels, Pensionen und Restaurants auf.

Świeradów Zdrój und Umgebung ▶ 1, C 15/16

Świeradów Zdrój (Bad Flinsberg), der erste Kurort hinter der deutsch-polnischen Grenze, gefällt mit seiner Lage: Über mehrere Terrassen breitet er sich oberhalb des Flüsschens Queis (Kwisa) aus. Hinter ihm ragt der bewaldete Iserkamm auf, vor ihm – gleichfalls dicht bewaldet – der Zackenkamm. Nach Świeradów kommt man nicht nur zur Kur, sondern auch zum Wandern, Rad- und Skifahren. Noch hat es sich nicht herumgesprochen, dass es

Świeradów Zdrój und Umgebung

sich hier schöner und ruhiger urlauben lässt als in den benachbarten Ferienorten Szklarska Poręba und Karpacz.

Seitdem EU-Gelder fließen, kann sich auch die Architektur sehen lassen. Die Hauptstraße (ul. Zdrojowa) wurde zum *deptak* umgestaltet, was im Polnischen Flaniermeile heißt – kopfsteingepflastert, mit vielen Blumen und nostalgischen Laternen. Verspielte Villen aus deutscher Zeit mit Erkern, Türmchen und Fachwerk wurden restauriert.

Kurhaus

Kurhaus: ul. 3 Maja 1, tgl. 8–19 Uhr; Museum: Di–Fr 11–17, Sa, So 11–18 Uhr, 10 zł, nur Turm 4 zł
Die Flaniermeile mündet in den romantischen **Kurpark** (Park Zdrojowy) mit alten Bäumen – an zwei Brunnen können Sie gratis Mineralwasser schöpfen. Mittendrin steht das schlossartige **Kurhaus** (Dom Zdrojowy) anno 1899, umgeben von weitläufigen, begrünten Terrassen. Gleich hinter dem Haupteingang befindet sich zur Rechten der **Ausschank** (Pijalnia), wo Sie zu einem symbolischen Preis das leicht säuerliche, radonhaltige Mineralwasser probieren können. Tipp: Mit dem Becher in der Hand spazieren Sie durch die 80 m lange, ganz aus Lärchenholz gezimmerte **Wandelhalle** – eine wahre Augenweide! In die Balken wurden Ornamente von geometrisch bis floral geschnitzt, auch die originalen Bleiglasfenster zeigen bukolische Motive.

Wollen Sie mehr über die Heiltradition erfahren, so steigen Sie ins unterirdische **Kurmuseum** (Muzeum Zdrojowy) hinab, das just dort entstand, wo das Mineralwasser an die Oberfläche tritt. Auch der Besuch des 48 m hohen **Kurhausturms** ist möglich, von dem sich ein herrliches 360-Grad-Panorama aufs Isergebirge bietet. Die noch tickenden alten Turmuhren geben die Kulisse für eine kleine Bildergalerie ab.

Försterei

ul. Piłsudskiego, Ecke 11 Listopada 1, Zutritt Garten frei, Chata Drwala nur für Gruppen nach tel. Voranmeldung unter Tel. 75 781 63 33

Holzbaukunst in Perfektion: die Wandelhalle im Kurhaus von Świeradów Zdrój

Iser- und Riesengebirge

WANDERUNG VON DER HEUFUDERBAUDE INS TAL

Tour-Infos
Start: Talstation der Seilbahn in Świeradów Zdrój (s. S. 155)
Ziel: Kurpark von Świeradów Zdrój
Länge: 4,2 km
Dauer: 2 Std. inkl. Seilbahnfahrt
Schwierigkeitsgrad: Die Tour ist leicht, führt auf rot markiertem Weg stetig bergab.
Übernachtung und Essen: Heufuderbaude (Schronisko na Stogu Izerskim), Tel. 75 752 21 10, www.schroniskonastoguizerskim.pl, 20 Zi., Bett ab 9 €, Hauptgerichte ab 5 €.

Erst schwebt man mit der Seilbahn auf fast 1100 m hinauf, dann geht es mit grandiosem Weitblick mehr als 400 Höhenmeter hinab. Zuletzt läuft man gemütlich durch rauschenden Fichtenwald. Eine ideale Einstiegstour!
Von der **Talstation** der Seilbahn schweben Sie mit der Gondel in 10 Min. über die Baumwipfel gemütlich hinauf zur **Bergstation.** Zur Rechten liegt die altertümliche **Heufuderbaude,** wir aber halten uns auf der Asphaltpiste links, um nach wenigen Schritten links in den rot markierten Wanderweg einzuschwenken. Dieser beschreibt kurz darauf eine Rechtskurve und führt dann schnurstracks steil den Berg hinab, flankiert von jungen Fichten und Blaubeerbüschen. Die Welt, so scheint es, liegt Ihnen zu Füßen, weit schauen Sie ins wellige Gebirgsvorland.
Nach 1,2 km (ca. 30 Min.) mündet der Weg an einem **Unterstand** in eine Asphaltpiste. Geradeaus könnten wir auf einem steilen Pfad direkt nach Świeradów Zdrój zurücklaufen (30 Min.), wir aber halten uns rechts und bummeln die Piste hinab. Nach 10 Min. – vor einer Linkskurve – verlassen wir die Piste auf einem rot markierten Pfad nach links (Wegweiser: ›Świeradów Zdrój 2,4 km‹) und laufen in lichten Wald hinein. An einem Rinnsal vorbei geht's in 5 Min. zurück zur Asphaltpiste, der wir bergab folgen. Wo diese nach 600 m eine leichte Linkskurve beschreibt, schwenken wir nach rechts in einen rot markierten Wurzelpfad. Über eine **Holzbrücke** erreichen wir wieder die Asphaltpiste und halten uns links. Am **Hotel Czeska** vorbei führt sie uns in gut 10 Min. durch Wald in den **Kurpark** von Świeradów Zdrój.

Świeradów Zdrój und Umgebung

Die restaurierte **Försterei** (Izery Trzech Żywiołów, Nadleśnictwo) unterhalb des Stadtzentrums gefällt mit einem Garten, in dem ein Hochmoor des Isergebirges ›nachgebaut‹ wurde. In einem originalen Holzfällerhaus, der **Chata Drwala,** wird nicht nur das alte Handwerk beleuchtet. Multimedial sind 16 übers Gebirge verstreute Versuchsstationen abrufbar, die Daten zum Wetter vermitteln. Mittels Teleskopen kann man den Nacht- und Taghimmel beobachten.

Wandertouren in die Umgebung

Klassischer Startpunkt für Wandertouren ist der 1107 m hohe **Heufuder** (Stog Izerski), allein die Anfahrt mit der Seilbahn (s. S. 155) ein Erlebnis – über die Wipfel der Tannen schauen Sie weit ins Vorland des Iser- und Riesengebirges. Oben wird der Blick noch getoppt. Von der Bergstation sind es wenige Schritte zur historischen **Heufuderbaude** (s. S. 152), in der gute Hausmannskost serviert wird. Hier haben Wanderer mehrere Optionen.

Der rot markierte Weg führt ostwärts ins Tal nach Świeradów Zdrój (s. S. 150) oder in Gegenrichtung über die Hochebene **Polana Izerska** (Kammhäuser) und die **Wysoka Kopa** (Hinterberg) in 4,45 Std. nach Szklarska Poręba. Von dort fahren in der Saison Busse zurück nach Świeradów Zdrój.

Der grün markierte Weg zieht sich westwärts auf den 1123 m hohen **Smrek** (Tafelfichte), von dort ins **Czerniawa-Tal** (1 Std.) und weiter nach Świeradów Zdrój (2,5 Std.). Grün markiert ist auch der im Zentrum von Świeradów Zdrój (ul. Zdrojowa) startende Naturlehrpfad auf den 595 m hohen **Zajęcznik** (Hasenberg, 1,5 Std.).

Der blau markierte Weg führt auf einer Piste von der alten Zugstation in 2 Std. auf den 828 m hohen **Sępia Góra.** Er verdankt seinen Namen ›Großer Geierstein‹ einer Gruppe weißer Felsen auf dem Gipfel, die aussehen wie von Geiern abgenagte Riesenknochen.

Czerniawa Zdrój

Wassermühle: ul. Lwówecka 5, Di–Sa 10–16 Uhr, Eintritt frei; Bildungszentrum: ul. Rolnicza 7, Di–Sa 10–16 Uhr, Eintritt frei

Im 5 km westlich gelegenen Vorort **Czerniawa Zdrój** (Bad Schwarzbach) wurde eine **Wassermühle** (Czarci Młyn) von 1890 außen und innen prachtvoll restauriert. Sie ist noch immer in Betrieb und beherbergt ein **Brotmuseum,** das vom Mahlen des Getreides mithilfe von Wasserkraft bis zum Backen im originalen Ofen alles Wichtige über unser Grundnahrungsmittel erzählt.

Ein paar Schritte weiter informiert das moderne **Bildungszentrum Iserwiese** (Centrum Edukacyjnego Izerska Łąka) über die Natur des Isergebirges. Sie schauen ins Innere eines echten Bienenstocks, erfahren an Multimedia-Stationen viel über Geologie, Flora und Fauna und können durch Teleskope den Tag- und Nachthimmel betrachten.

Czocha

Sucha, Tel. 75 721 15 53, www.zamekczocha.com, 20 zł, Führung nur auf Polnisch, aber es gibt deutsche Broschüren

Gleichfalls an der Queis, 14 km nördlich von Świeradów Zdrój, liegt die mittelalterliche Trutz- und Märchenburg **Czocha** (Zamek Tschocha). Majestätisch thront sie auf einer von Wasser umspülten Felskuppe, gleich daneben breitet sich ein See aus. Im 19. Jh. ließ sie der Direktor der Dresdener Zigarettenfabrik standesgemäß aufpolieren, nach 1945 war sie ein Hotel der polnischen Armee. Heute kann hier jedermann übernachten, aber auch Tagesgäste sind willkommen. Sie besichtigen die zweistöckige Ritterhalle, besteigen den Turm, erkunden das Kerkerverlies und erleben nachts womöglich noch die Geisteraufführung der Weißen Dame … Wer länger bleibt, treibt Wassersport ›hinterm Haus‹, leiht sich ein Rad oder wandert längs der Queis …

Infos

Im Internet: www.swieradowzdroj.pl
Reisebüro Leopold: ul. Zdrojowa 18, Tel. 75 781 62 83, www.leopold-trans.pl. Das engagiert geführte Familienunternehmen bietet günstige Ausflüge an, u. a. zur Burg Czocha, nach Jelenia Góra, ins Hirschberger Tal und zur Juliahütte.

An Sommertagen ein beliebter Treffpunkt: der Froschbrunnen am Kurpark von Świeradów Zdrój

Übernachten

Anspruchsvoll – **Buczyński Medical-Spa:** ul. Prusa 2, Tel. 75 781 19 00, www.hotelbuczynski.pl/de. Eine gute Adresse für alle, die eine Unterkunft mit geschultem Personal suchen und keinen großen Wert auf Intimität legen. Das Hotel hat 43 Zimmer, ein modernes Spa und eine finnische Sauna, Massagen gegen Gebühr. Gutes Frühstücksbüfett, die Zeit fürs Abendessen ist mit 90 Min. leider etwas knapp bemessen – um 19 Uhr wird abgeräumt. DZ ab 90 €.

Im Geisterschloss – **Zamek Czocha:** s. S. 153. 45 Zi., DZ ab 45 €.

Essen & Trinken

Von rustikal bis schick – Auf dem Iserkamm gibt es mehrere **Bauden** (schlesisch für Berghütten), die Wanderern und Ausflüglern polnische Hausmannskost servieren. Viele **Hotels** im Ort bieten zudem Halbpension, die auch Nichtgäste nutzen können. Ein beliebtes Ausflugslokal ist die **Chata Izerska,** in der Forelle gegrillt, gebraten und geräuchert serviert wird. Uriges Ambiente einer Blockhütte, aussichtsreiche Terrasse (ul. Zakopiańska 18, Tel. 75 781 67 38, Hauptgerichte ab 5 €).

Einkaufen

Naturkosmetik & mehr – **Hala Spacerowa:** ul. 3 Maja 1. In der Wandelhalle des Kurhauses gibt es ein paar nette Geschäfte, z. B. einen Gesundheitsladen (Sklep Zdrowie) mit Naturkosmetik, Kräutern und Bio-Ölen, Tees und Salzen.

Aktiv

Brot backen – In der Wassermühle von Czerniawa Zdrój (s. S. 153) werden 1 x wöchentl., meist dienstags, Workshops im Brotbacken angeboten.

Baden – **Aquapark:** ul. Kościuszki 1, www.interferie.pl, tgl. 9–20 Uhr, 35 zł. Man muss kein Hotelgast sein, um den ans Hotel Interferie Malachit angeschlossenen Aquapark zu nutzen, u. a. mit Hallenbad inkl. Hydromassagen, Ponton-Rutschbahn, Wasserschaukel, Jacuzzi-Sole-Becken und mehreren Saunen.

Szklarska Poręba

▶ 1, D 16

Der neben Karpacz beliebteste Ferienort im Riesengebirge liegt am Fuße des Reifträgers (Szrenica). Über mehrere Kilometer erstreckt sich **Szklarska Poręba** (Schreiberhau) durch ein malerisches Flusstal und wird in Unter-, Mittel- und Oberschreiberhau unterteilt (Szklarska Poręba Dolna, Szklarska Poręba Średnia, Szklarska Poręba Górna). Seine Geschichte reicht bis ins Mittelalter zurück, als sich hier dank großer Quarzlagerstätten die Glasindustrie etablierte (s. Thema S. 148). Später entwickelte sich Schreiberhau zu einer beliebten Sommerfrische von Künstlern, Schriftstellern und Wissenschaftlern, und bis 1945 war es mondäner winterlicher Treffpunkt der Berliner Schickeria. Heute kommen Besucher aller Schichten, im Sommer Wanderer und Biker, im Winter Skifahrer und Snowboarder.

Wellness & Kuren – Das radonhaltige Wasser wird für Trinkkuren und Solebäder genutzt, daneben gibt es viele Anwendungen von traditionell bis trendy – Moorbäder, Massagen, Ganzkörper-Zucker-Peeling etc. Viele Hotels bieten Pauschalpakete und haben eigene, meist sogar deutschsprachige Ärzte. Wer sich lieber dem Kurbetrieb anvertraut, bucht unter www.uzdrowisko-swieradow.pl.

Mountainbiken – Die Seilbahnstation (s. unten) verleiht Mountainbikes, die mit einem Personenticket gratis auf den Iserkamm befördert werden können. Von dort geht's im rasanten Downhill zu Tal! 12 Strecken dies- und jenseits der Grenze wurden markiert.

Wandern – s. S. 153. Vor Ort bekommt man die Karte ›Riesengebirge – Isergebirge‹ im Maßstab 1 : 40 000, auf der alle Touren und Herbergen eingetragen sind.

Wintersport – Das Skigebiet auf dem Heufuder (s. S. 152) verfügt über insgesamt 2,5 km Pisten mit einer Durchschnittsneigung von 19 %. Bei Schneemangel wird mit Kanonen nachgeholfen. Die Pisten sind beleuchtet, sodass man bis in den Abend hinein Ski fahren kann. An die Seilbahnstation ist eine Ski- und Snowboardschule sowie ein Skiverleih angeschlossen. Wer lieber Langlauf betreibt, kann von der Bergstation einer gespurten, 17 km langen Loipe (›Piastenlauf‹) bis Jakuszyce folgen.

Termine

Johannisnacht (Noc Kupałów, um 23. Juni): In der Wassermühle im Vorort Czerniawa Zdrój treten Musikgruppen auf, es gibt Workshops und Sportevents.

Verkehr

Busse: Świeradów Zdrój und seine ›Vororte‹ sind durch Gratis-Busse (!) erschlossen. In den Nachbarort Szklarska Poręba fahren im Juli/Aug. gleichfalls Gratis-Busse, in der restlichen Zeit nur am Wochenende. Häufig sind die Verbindungen nach Jelenia Góra.

Seilbahn: Stog Izerski, ul. Zdródlana 7, Tel. 75 781 70 18, www.skisun.pl, tgl. 9–16 Uhr, hin und zurück 35 zł. Mit Polens modernster Seilbahn geht es ganzjährig in gut 10 Min. auf den Heufuder.

Carl-und-Gerhart-Hauptmann-Haus

ul. 11 Listopada 23, www.muzeumdomhauptmannow.pl, Di–So 9–17, im Winter bis 16 Uhr, 10 zł

Zu den berühmtesten Dauergästen gehörten die Brüder Carl und Gerhart Hauptmann, die Schreiberhau 1890 bei einer Wanderung durchs Riesengebirge für sich entdeckten. Carl Hauptmann verfasste in seinem Schreiberhäusel das »Rübezahlbuch« und war so verliebt in diesen Ort, dass er bis zu seinem Tod 1921 dort blieb. Gerhart, der berühme Bruder, wohnte bis 1898 in dem Haus und zog dann um ins benachbarte Agnetendorf (Jagniątków). Die Stiftung für deutsch-polnische Zusammenarbeit ließ den Wohnsitz der beiden Brüder restaurieren und richtete darin ein **Museum** (Dom Gerharta i Carla Hauptmanna) ein. Alles, was für die Region wichtig ist, wird dort vorgestellt: die Legende um Rübezahl, die Glaskunst und die Werke der Hauptmann-Brüder. Ein Raum ist dem Maler Wlastimil Hofman gewidmet (s. S. 163). Der Künstler aus Prag (1881–1970) studierte in Krakau und Paris und verbrachte die letzten 23 Jahre seines Lebens in Szklarska

Legenden von Rübezahl

In der wilden, unberechenbaren Natur des Riesengebirges sahen die Bewohner das Walten eines geheimnisvollen Geistes: Mal erschien er ihnen als Teufel, dann wieder als Retter in der Not. Von seinen Taten künden zahlreiche Geschichten, die bis heute erzählt werden. Bei Wanderungen stoßen Sie gleich mehrfach auf Rübezahls ›Grab‹, Museen erzählen von seinen Abenteuern …

Auf der ältesten, 1561 von Martin Helwig herausgegebenen Schlesienkarte taucht ›Rübenzal‹ zum ersten Mal auf: Halb Teufel, halb Hirsch steht er da inmitten buckliger Berge. Er bleckt seine Zunge, als wolle er die Menschen verhöhnen, und wedelt erregt mit dem Schweif – der Pferdefuß weist ihn als Teufel aus. Das riesige Geweih trägt er stolz wie eine Krone, in seinen Pranken hält er einen Wanderstab.

Im Laufe der Jahre hat Rübezahl sein Aussehen verändert und menschliche Züge angenommen, dabei aber stets die Gewalten der Natur verkörpert. Sprach man von ihm, so mischte sich der Rede vor allem Ehrfurcht, aber auch Bewunderung bei. Und gäbe es nicht Fernsehen und Internet in jeder noch so abgelegenen Kneipe, würden Geschichten wie diese gewiss noch heute erzählt:

»Erinnert ihr euch«, fragt ein Alter mit verrußtem Gesicht, »wie Rübezahl dem Hirschberger Gerichtsherrn ein Schnäppchen schlug«? Wissend nicken die Männer und hören doch begierig zu. »Der feine Herr, der sich seine Perücke täglich pudern ließ und es liebte, harte Strafen zu verhängen, verurteilte einen Dieb wegen einer Bagatelle zum Tod. Schnurstracks ward dieser zum Galgen geführt. Er trug die Schlinge schon um den Hals, da sauste Rübezahl aus den Lüften herab, befreite den armen Kerl und ließ an seiner Stelle einen Strohballen hängen. Doch damit nicht genug: Er lud den Dieb zu Speis und Trank in den Ratskeller ein!«

Die Geschichte hat den Männern gefallen, sie wollen eine zweite hören, die vom Schneider Siebenhaar. Das lässt sich der Alte nicht zweimal sagen – er setzt an mit bedächtiger Stimme: »Ein guter Gesell hatte sich in den Bergen verirrt und wusste nicht mehr ein noch aus. In seiner Not besann er sich des legendären Rübezahl. Lautstark rief er seinen Namen, worauf der Riese tatsächlich herbeigeeilt kam. ›Begleite mich durch den Orkan‹, bot dieser an, ›so will ich dich auf den rechten Weg zurückführen.‹ Was blieb dem Schneider anderes übrig, als sich dem Deibel zu fügen? Und er sauste mit ihm über Stock und Stein, bis er schließlich auf einer Kegelbahn landete, denn das Kegeln war Rübezahls Lieblingsbeschäftigung. Erst im Morgengrauen wanderte der Schneider zurück, müde und zerzaust, aber gut gelaunt. Und wie er da staunte, als er in seiner Stube den Rucksack zu leeren begann: Statt des hölzernen Kegels, den er zur Erinnerung an Rübezahl mitgenommen, lag nun ein wahrhaftiger Goldkegel vor ihm! Schon wenig später verkaufte der Schneider das kostbare Ding und richtete sich in Warmbrunn eine Werkstatt ein. Und wenn er nicht gestorben ist, lebt er dort noch heute als reicher Mann.«

Rübezahl war gutmütig, aber er konnte auch grausam sein. Kräutersammler, die es gewagt hatten, in seinen Teufelsgarten am Brunnenberg einzudringen, schleuderte er, ohne mit der Wimper zu zucken, in den Abgrund. Und Schatzsucher aus dem fernen Venedig strafte er, indem er das Gold in ihrem Rucksack in wertlosen Stein verwandelte. Gern trieb er auch sein grausames

Mal gut, mal böse – Rübezahl machte es den Riesengebirglern wahrlich nicht leicht

Spiel mit Rittern, die im winterlichen Wald ihrer Jagdlust frönten: Mit einem vor seinen Schlitten gespannten Wildschwein sauste er über den zugefrorenen See und johlte so laut, dass sie vor Schreck erstarrten. Was Rübezahl freilich überhaupt nicht mochte, war Überheblichkeit. Ein junges Adelsfräulein, das es gewagt hatte, ein Gespräch mit dem Berggeist auszuschlagen, verzauberte er in eine Quelle. Seitdem rinnen ihre kühlen Tränen zu Tal, speisen Bäche und Flüsse und münden schließlich ins Meer …

Woher Rübezahl stammt und wie er zu seinem sonderbaren Namen kam, weiß man nicht. »Das Geheimnis um Rübezahl ist alt wie die moosigen, grün spiegelnden Felsen, die von den feuchten Gebirgsschluchten hängen, alt wie die Bergquellen selber«, schrieb Carl Hauptmann (1858–1921) in einem ausschließlich Rübezahl gewidmeten Buch. Der Herrscher des Waldes, darauf kann man sich einigen, hat im ›Niemandsland‹ gelebt, irgendwo zwischen Schneekoppe und Stadt. Im 17. Jh. wurde er *Virunculus montanus* (›Bergmännlein‹) tituliert, eher Kobold als Kraftprotz. Später hieß er *Daemon montanus* (›Bergdämon‹) oder schlicht *Spektrus* (›Geist‹). In Oberschlesien, wo sich deutsche und polnische Kultur mischten, wurde er Rzepiór genannt: Darin enthalten ist das deutsche Wort ›Rübezahl‹ und das polnische *upiór* (›Vampir‹). Polen nannten ihn aber auch Rybecal, Skarbnik und Liczyrzepa. In ihren Sagen erscheint er als grau gewandeter Mönch, dessen Saitenspiel die Erde erschüttert, als edles Wildpferd und sogar als hässlicher, verwunschener Frosch.

Poręba. Bekannt machten ihn exotische Darstellungen des polnischen Dorflebens und Bildnisse trauriger Kinder. Übrigens lohnt auch der 4,5 ha große **Park** (Ogród Ducha Gór) einen Besuch, er ist durch markierte Pfade erschlossen.

Riesengebirgszentrum und Mineralienmuseum
Riesengebirgszentrum: ul. Okrzei 28, www.kpnmab.pl/karkonoskie-centrum-edukacji-ekologicznej, Di–So 9–16 Uhr, Eintritt frei; Mineralienmuseum: ul. Kilińskiego 20, www.sokolowski-muzea.pl, tgl. 10–18 Uhr, 12 zł

Die Natur des Riesengebirges wird in zwei Museen vorgestellt. Im **Riesengebirgszentrum** (Karkonoskie Centrum Edukacji Ekologicznej) an der Seilbahnstation erhalten Besucher eine didaktisch tadellose, multimediale Einführung in Geologie, Flora und Fauna der Region.

Gleichfalls im oberen Teil der Stadt befindet sich in einer verspielten Holzvilla das private **Mineralienmuseum** (Muzeum Mineralogiczne). In altertümlichen Vitrinen sind Achate, Amethyste und Quarzkristalle ausgestellt. Zur Sammlung gehören auch ein Gibeon-Meteorit und ein Riesendiamant aus Südafrika sowie das Ei eines Dinosauriers.

Park Esplanada
ul. Pstrowskiego 5-A, Tel. 75 742 87 17, http://parkesplanada.com, tgl. 11–21 Uhr

Im waldartigen **Park Esplanada** (Rodzinny Park Rozrywki Esplanada) hoch über dem Städtchen sollen alle glücklich werden: Kinder auf dem Turm der Emotionen und in einer Geisterbahn, die in vielen Slalomkurven durch den Wald rauscht, die Eltern im Terrassencafé hoch über den Tannen mit weitem Blick aufs Riesengebirge.

Wandertouren in die Umgebung
In Stadtnähe befinden sich zwei Naturschauspiele, die sich gut mit leichten Wanderungen verbinden lassen. Im unteren Teil des Ortes, 400 m vor der Mündung des Kochels in

Gut zu Fuß sollte man sein, wenn man bis ans untere Ende des Zackelfalls vordringen will

Szklarska Poręba

den Zacken, liegt der **Kochelfall** (Wodospad Szklarki, s. S. 163), und 2 km südwestlich der Stadt beginnt ein Naturlehrpfad zum **Zackelfall** (Wodospad Kamieńczyka, s. S. 160).

Viele Trekkingtouren lassen sich oberhalb der Waldgrenze vom **Szrenica** (Reifträger) aus unternehmen, zu dem ein Sessellift hinaufführt. Der Kamm ist mit Sumpf- und Torfmoor bedeckt, windgepeitschte Zwergkiefern neigen sich zu Boden. Im späten Frühjahr breitet sich ein weiß-gelber Blütenteppich aus. Natürlich gibt es auf dem Szrenica auch die Möglichkeit zu übernachten oder seinen Hunger zu stillen – die im Alpenstil errichtete **Reifträgerbaude** (Schronisko Szrenica) bietet Kost und Logis (s. rechts). Vom Reifträger genießt man eine fantastische Aussicht auf die Bergwelt und das Hirschberger Tal. Auf dem rot markierten Weg erreicht man von hier über die **Duży Kocioł** (Große Schneegrube) und die **Mały Kocioł** (Kleine Schneegrube) in ca. 7 Std. die **Schneekoppe** (Śnieżka). An der **Hampelbaude** (Schronisko Strzecha Akademicka) ist man wahrscheinlich so erschöpft, dass man sich für eine Nacht dort einquartiert. Zurück geht es mit der auf S. 170 beschriebenen Tour nach Karpacz und von dort mit dem Bus nach Szklarska Poręba.

Infos

Touristenbüro: ul. Jedności Narodowej 1-A, Tel. 75 754 77 40, www.szklarskaporeba.pl, Mo–Fr 8–17, Sa, So 9–17 Uhr. Mit deutschsprachigem Personal, freundlich-zuvorkommender Service.

Übernachten

Neu und ruhig – **Willa Odkrywców:** ul. Okrzei 25, Tel. 75 744 55 77, www.willaodkrywcow.pl/de. Das Haus liegt nur 250 m vom Skilift Szrenica entfernt, für die Verbesserung der Straße wird die Stadtverwaltung hoffentlich bald sorgen. Sie können Farben wählen: In den in Rottönen gehaltenen Zimmern des 2. Stocks haben Sie den besten Blick, Gelb verweist auf den 1. Stock, Grün aufs Erdgeschoss. Die Bäder sind mit einer Fußbodenheizung ausgestattet, die Trockensauna kann tgl. 1 Std. lang kostenlos benutzt werden. DZ ab 80 €.

Mit Blick aufs Gebirge – **Villa Mountain View Apartamenty 9 & 14:** ul. Dworcowa 1-B, nur online buchbar (z.B. über booking.com). Über 40 m² große, saubere Apartments mit gut ausgestatteter Küchenzeile und zwei Balkons, Kinderspielplatz, WLAN und Parkplätze gratis. Bus- und Zugbahnhof sind zu Fuß in wenigen Minuten erreichbar. Ap. ab 55 €.

Mit sehr gutem Frühstück – **Pension Rezydenz:** ul. Narciarska 6, Tel. 75 717 26 95, www.rezydenz.pl. Die Pension nahe dem Sessellift auf den Reifträger ist aufgrund ihrer Bemalung von Kopf bis Fuß kaum zu übersehen. Sie wird von Manfred und Bogumila Breuer engagiert geführt. Die Gäste teilen sich Frühstücksraum mit Terrasse, Kaminzimmer und Garten, sodass sich genügend Gelegenheit bietet, einander kennenzulernen. Größter Pluspunkt ist das täglich wechselnde, üppige Frühstück, dem man anmerkt, dass hier ein Profikoch am Werk ist. Noch schöner: Die Gäste werden ermuntert, sich belegte Brote für ihre Ausflüge mitzunehmen. 15 einfache Zimmer, abgeschlossener Parkplatz. DZ ab 40 €.

Etwas außerhalb – **Willa Gwiazda:** ul. Rataja 1, Tel. 695 605 006, www.willagwiazda.pl. Die Villa liegt 3 km nordöstl. des Busbahnhofs, doch wenn Sie mit dem Auto unterwegs sind, werden Sie die Wahl nicht bereuen. Krzysztof und Grażyna vermieten sechs gepflegte, komfortable Apartments mit Berg- oder Gartenblick, Balkon oder Terrasse, die Küche wird gemeinsam genutzt. Das größte Apartment ist 100 (!) m² groß, hat zwei Schlafzimmer und einen Kamin-Wohnraum. Der Besitzer ist Taxifahrer, sodass auch günstige Ausflugsfahrten möglich sind. Apartment ab 30 €.

In der Reifträgerbaude – **Schronisko Szrenica:** Tel. 880 910 902, www.halaszrenicka.pl. Altertümliche Holzbaude auf dem Gipfel des 1375 m hohen Reifträgers (Szrenica). 17 funktionale Ein- bis Sechsbettzimmer, in der Kantine bekommt man den ganzen Tag über Gerichte. 12 € pro Pers.

Essen & Trinken

Das Gastroangebot ist in Szklarska insgesamt nicht toll, hier drei akzeptable Adressen in der Innenstadt.

Iser- und Riesengebirge

NATURLEHRPFAD ZUM ZACKELFALL

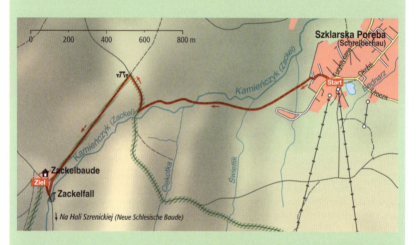

Tour-Infos
Start: Talstation des Sessellifts in Szklarska Poręba (s. S. 161)
Länge: ca. 4 km
Dauer: 1,5 Std. hin und zurück

Schwierigkeitsgrad: leichte Tour auf markierten Wegen, im Schlussabschnitt etwas steil
Kost & Logis: Zackelbaude (Schronisko Kamieńczyk, Tel. 75 752 60 85, www.schronisko kamienczyk.pl, 7 Zimmer, Bett ab ab 12 €

Kurz ist die Tour, lockend das Ziel: Über mehrere Steilstufen ergießt sich das Wasser des **Zackelfalls** (Wodospad Kamieńczyk) 27 m in einen Kessel und bahnt sich seinen Weg in eine dunkle, verwitterte Klamm. Unterwegs erläutern Schautafeln, teilweise auch auf Deutsch, Flora, Fauna und Umweltschutz. Oberhalb des Wasserfalls bietet die aussichtsreiche Zackelbaude Stärkung und Unterkunft.

Von der **Sesselliftstation** folgen wir den Wegweisern ›Wodospad Kamieńczyk‹ und biegen sogleich rechts in ein Sträßchen ein, das in den Wald führt. Im Nu schält sich der schwarz markierte Weg heraus, der nahe dem Zackelbach verläuft, sein Rauschen ist fortwährend zu hören. Wir queren den Bach über eine Brücke und kommen nach insgesamt 15 Min. zu einer Gabelung, an der wir rechts wieder Richtung ›Wodospad Kamieńczyk‹ einschwenken (links geht es zur Hütte Pod Łabskiem Szczytem). Nach 2 Min. gelangen wir zu einer markanten Kreuzung mit **Holzbuden** und biegen links ab in Richtung ›Wodospad‹. Steil geht es nun auf einem breiten, mit groben Steinen gepflasterten Weg hinauf. Nach 15 Min. verlassen wir den Hauptweg nach links auf einem

Pfad, entrichten am **Holzhäuschen** (sofern es besetzt ist) eine geringe Eintrittsgebühr und steigen erst über Stein-, dann über Eisentreppen in die dunkle Klamm hinab. Um sie begehbar zu machen, wurde ein schmaler Eisenparcours eingerichtet, der in wenigen Minuten zum Fuß des **Zackelfalls** führt. Herrlich kühl ist es hier und gern würde man sich in die Fluten seines Beckens stürzen … Zurück auf dem Hauptweg, kommt man bald zur **Zackelbaude** (Schronisko Kamieńczyk) mit doppelter Aussicht: zum einen auf den Wasserfall (diesmal von oben), zum andern auf das von grünen Hängen flankierte Kamienna-Tal.

Guter Italiener – **Alfredo:** ul. 1 Maja 15, Tel. 516 577 227, www.alfredo.com.pl, tgl. 11–22 Uhr. Beliebtes Lokal – gut belegte Pizzas, Pasta mit Meeresfrüchten, Fischsuppe, Rinder-Carpaccio etc. Hauptgerichte ab 7 €.

Knapp über dem Fluss – **Młyn Św. Łukasza** (Lukasmühle): ul. 1 Maja 16, Tel. 75 713 93 34, www.mlynlukasza.pl, tgl. 11–22 Uhr. Die Lukasmühle, ein Fachwerkhaus im Zentrum von Szklarska Poręba, war einst Treffpunkt der deutschen Künstlerkolonie. Kartoffelpuffer mit Pilzen und Knödel mit Gulasch werden immer gern bestellt. Gerichte vom Grill ab 5 €.

Süßes ist Trumpf – **Cukiernia Sowa:** ul. 1 Maja 9. Nach der Wanderung kommt man hier gern vorbei und vernascht die hausgemachten Kalorienbomben in modernem Ambiente.

Einkaufen

Mineralien & Kunsthandwerk – **Muzeum Ziemi Juna:** ul. Jeleniogórska 9, www.muzeum ziemi.neostrada.pl. Das ›Museum der Erde‹ an der Durchgangsstraße entpuppt sich als Verkaufsgalerie mit einem großen Angebot an Bunzlauer Keramik, mundgeblasenem Glas und Mineralien aus aller Welt.

Aktiv

Radfahren – Rings um den Ort wurden 12 attraktive Rundtouren von insgesamt 300 km Länge markiert, sowohl leicht zu befahrende Forststraßen ohne große Höhenunterschiede als auch Off-Road-Pisten für erfahrene Mountainbiker (www.rowerowakraina.com). Eine Radkarte erhält man gratis im Touristenbüro.

Wandern – Vor Ort erhältlich ist die Karte ›Riesengebirge – Isergebirge‹ im Maßstab 1 : 40 000, auf der alle Touren und Herbergen eingetragen sind.

Wintersport – Neun Lifte rund um den Szrenica wurden erneuert, die Abfahrtspisten auf insgesamt 17 km erweitert, die Skipiste Puchatek mit Flutlicht ausgestattet. Für Langläufer: 100 km gespurte Loipen gibt es bei Jakuszyce (Jakobsthal) an der Grenze zu Tschechien.

Termine

Piasten-Skilanglauf (März, www.bieg-pias tow.pl): Internationales Langlaufrennen über 50 km im Vorort Jakuszyce.

Bike-Festival (Aug., www.bikeaction.pl): Zum traditionsreichen Treffen reisen Biker aus halb Europa an. Höhepunkt ist der Radmarathon durch den Nationalpark (40 oder 75 km). Allabendlich gibt's Shows und Partys!

Verkehr

Züge: Mehrmals tgl. via Jelenia Góra nach Breslau und mit der Iserbahn (Kolejka Izerska) durch grandiose Landschaft zu Polens höchstgelegenem Bahnhof Polana Jakuszycka (von hier können Sie ins Tal wandern bzw. radeln) oder weiter in die tschechischen Orte Harrachov und Korenov. Infos: www.kwszp.info.

Busse: Gratis-Busse ins 16 km entfernte Świeradów Zdrój (Juli/Aug. tgl., sonst nur Sa, So).

Sessellift: Kolej-Linowa Sudety, ul. Urocza, www.sudetylift.com.pl, ganzjährig 9–16 Uhr, 39 zł. Von Szklarska Poręba schwebt ein Sessellift in zwei Etappen auf den 1362 m hohen Szrenica (Reifträger).

Jagniątków ▶ 1, D 16

Ein paar Kilometer östlich von Szklarska Poręba liegt in **Jagniątków** (Agnetendorf) das **Haus Wiesenstein.** Der Schriftsteller Gerhart

Iser- und Riesengebirge

WANDERUNG UM SZKLARSKA PORĘBA – WÄLDER, WIESEN, WASSERFÄLLE

Tour-Infos
Start: Restaurant Lukasmühle (Młyn Św. Łukasza, s. S. 161) in Szklarska Poręba
Länge: 7 km
Dauer: 2,5 Std.

Schwierigkeitsgrad: leichte Tour auf markierten Wegen (erst blau, dann schwarz).
Kost & Logis: Kochelfallbaude (Schronisko Kochanówka), Tel. 781 02 41 59, www.kochanowka.com.pl, 3 Zimmer, Bett 12–15 €

Die Runde führt in stetem Auf und Ab um das Flusstal des **Zacken** (Kamienna). Erst geht es durch das locker besiedelte Oberschreiberhau, vorbei an ›Eulensteinen‹ und Rübezahls ›Grab‹. Am Ufer der Szklarka führt die Tour dann zu einem Wasserfall, zuletzt längs eines Wildbachs in den Ort zurück. En passant kommen Sie an Künstlerhäusern vorbei.
Von der **Lukasmühle** (Młyn Św. Łukasza) im Ortszentrum gehen wir auf der Ulica 1 Maja zur Ulica Jedności Narodowej, queren diese und steigen auf einem kopfsteingepflasterten Weg hinauf zum **Park Esplanada** (s. S. 158). Oben halten wir uns halbrechts und folgen der blauen Markierung abwärts, rasch mündet der Weg in eine Asphaltpiste. Wir folgen ihr links hinauf und genießen ein weites Panorama. Nach ca. 7 Min. biegen wir links in die Ulica Franciszkańska ein und halten uns an ihrem Ende – vor uns eine neoromanische **Kirche** – rechts aufwärts Richtung Wald (blaue Markierung). 5 Min. später kommen wir zu den **Eulensteinen** (Sowie Skały), einer markanten Felsfestung, die man auch erklettern kann.

Jagniątków

Vor den Eulensteinen halten wir uns halblinks und laufen durch Wald in etwa 10 Min. zu einer Piste hinab, die uns links zu einer Straße bringt. Dieser folgen wir 250 m abwärts und biegen vor einer Rechtskurve links in den blau markierten Pfad ab. Nacheinander queren wir drei Bächlein der **Böhmischen Furt** (Czeska Struga). Wir treten aus dem Wald heraus und stoßen auf eine Asphaltpiste, der wir nach links folgen. Wo sie wenig später eine Linkskurve beschreibt, wandern wir geradeaus in den Wald hinein. An der nächsten Gabelung geht es links hinauf zu einer Piste und auf dieser rechts an einzeln stehenden Häusern vorbei. Eines davon, die Nr. 14, ist das **Haus von Wlastimil Hofman** (Dom Wlastimila Hofmana), wo der Maler von 1947 bis 1970 arbeitete. Ist die Tür geöffnet, kann man eintreten und seine Bilder betrachten. Ein paar Schritte weiter, im Haus Nr. 9, hat sich ein weiterer Künstler einquartiert: In seinem Garten stehen Skulpturen von Tieren, menschlichen Gesichtern und Gnomen. Der Weg schwenkt an seinem Haus halbrechts ein und führt in den Wald.

Achten Sie auf den dezenten Wegweiser zum Złoty Widok, dem **Goldenen Ausblick.** Der kurze Abstecher ist es wert: Von hier schaut man über bewaldete Täler auf den gegenüberliegenden Riesengebirgskamm vom Reifträger (Szrenica) bis zur Großen Sturmhaube (Śmielec). Ein geländergesicherter Pfad bringt uns zum Hauptweg zurück, der durch schönen Hochwald zu **Rübezahls Grab** (Grób Karkonosza) führt – ein erstaunlich bescheidener Fels für diese Sagengestalt! 5 Min. später ist eine Gabelung erreicht, an der wir den blauen Weg verlassen und dem Wegweiser „Wodospad Szklarki 20 Min." rechts hinab zur Straße folgen.

Wir halten uns links, queren die Straße am Zebrastreifen und laufen rechts – an Verkaufsbuden vorbei – zur Brücke über den wilden Zacken (Kamienna). An einem **Holzhäuschen** wird eine geringe Eintrittsgebühr entrichtet, kurz darauf eine zweite Brücke gequert, diesmal über den Kochel (Szklarka). Auf dem schwarz markierten Weg geht es nun durch Buchenwald und immer am Flüsschen entlang zur **Kochelfallbaude** (Schronisko Kochanówka) und zum **Kochelfall** (Wodospad Szklarki). In einer malerischen Schlucht stürzt sich das Wasser mit ungestümer Kraft 13 m in einem Felstrichter – ein schönes Schauspiel!

Über einen Treppenweg geht es hinauf, dann auf federndem Boden in leichtem Auf und Ab am Fluss entlang. Nach ca. 10 Min. schwenkt der schwarz markierte Weg rechts ein und führt aus dem Wald hinaus zur **Wallonischen Hütte** (Huta Walońska), einem Gutshaus, in dem Halbedelsteine, Schnitzarbeiten und andere Souvenirs verkauft werden. Wenige Minuten später mündet die Piste in die Ulica Kołłątaja, der wir hinab folgen, um dann links in die Ulica 1 Maja einzubiegen. Wir verlassen die Straße vor der nächsten Linkskurve auf einem rechts abzweigenden schmalen Pfad, der sogleich links einschwenkt. Er verläuft hoch über dem Fluss, dessen Rauschen – und leider auch der Autolärm vom Tal – uns begleitet. Nach 15 Min. mündet der Weg in die Ulica Prusa, die uns ins Ortszentrum bei der Lukasmühle zurückbringt.

Hauptmann lebte darin von 1901 bis zu seinem Tod 1946. Dann zogen Kinder aus dem schlesischen Kohlenpott ein – 50 Jahre diente es ihnen als Landschulheim. Nach der Jahrtausendwende wurde im früheren Domizil des Autors das **Gerhart-Hauptmann-Haus** (Dom Gerharta Hauptmanna) eingerichtet. Man betritt es durch die Paradieshalle, in der die 1922 von Johannes von Avenarius gemalten Fresken in voller Pracht leuchten. In der Ausstellung erhält man Einblick ins Œuvre des Autors, der 1912 mit dem Literaturnobelpreis ausgezeichnet wurde. Man sieht ihn auf gemalten und modellierten Porträts – auch eines von dem nationalsozialistischen Starbildhauer Arno Breker ist darunter.

Hinweise auf Hauptmanns Begeisterung für den Ersten Weltkrieg waren beim letzten Besuch nicht zu entdecken, dieser Aspekt mag späteren Ausstellungen vorbehalten bleiben. Aber man wird an viele seiner Dramen erinnert: »Die Weber«, »Fuhrmann Hen-

Sehnsuchtsland am Fuß der Schneekoppe

Das Riesengebirge inspiriert Maler zu geheimnisvollen Bildern, Schriftsteller zu Poesie und Prosa von romantisch bis realistisch. Goethe schwärmte vom Sonnenaufgang an der hohen Schneekoppe, Kleist schrieb seine »Hymne an die Sonne« ins Gästebuch der Gipfelbaude. Im frühen 20. Jh. etablierte sich im Riesengebirge eine Künstlerkolonie unterschiedlicher Charaktere.

» Oben, mitten im tiefen Blau, blendendes Weiß, noch von dem Überwurf her, den sie im Winter getragen, unten duftiges Violett der Wälder, weiter bergab grünglänzendes Gold der Täler.« So schwärmte der Schriftsteller E. T. A. Hoffmann 1819 beim Anblick der aufgehenden Sonne im Riesengebirge. Er war in Bad Warmbrunn (heute Cieplice) zur Kur, schlürfte Mineralwasser und unternahm ausgedehnte Spaziergänge durch den Kurpark. Hoffmann, mit seinem Hang zum Fantastischen, wollte hier einmal Rübezahl begegnet sein, der den Autor als »drolliges Männlein« und Gesell mit »saurem Gesicht« angesprochen, jedes weitere Gespräch aber grob mit »Halts Maul« abgewürgt habe.

Ein paar Jahre zuvor hatte Caspar David Friedrich eine lange Wanderung durchs Riesengebirge unternommen. Er stieg durch Moore und Steinhalden, überquerte die mit schütterem Knieholz bedeckten Hänge. Sein Ziel war stets der Kamm, wo das Auge an keine Grenze mehr stößt. Unter ihm staffelten sich die Berge, tief schnitten sich die Schluchten ins Massiv. Ringsum sah er erstarrtes Gestein, aber auch Bilder flüchtiger Bewegung: Nebelfetzen, die den Hang emporkriechen, Regenschauer, die über den Hang fliegen, und gleißende Lichtstrahlen. Was er beobachtete, hielt er in Bleistiftskizzen und Farbnotizen fest – der Grundstock für 15 Gemälde, die zum archetypischen Bildnis wilder Einsamkeit geworden sind. »Morgen im Riesengebirge« heißt das berühmteste dieser Gemälde.

Fantastisches erlebte auch Theodor Fontane. In der Erzählung »Quitt« aus dem Jahr 1888 verarbeitete er die Geschichte vom Förster Frey, der bei Wolfshau (Wilcza Poręba) von einem Wilderer angeschossen wurde und im Wald verblutete. Bei einem seiner letzten Besuche in Schreiberhau (Szklarska Poręba) traf Fontane auf seinen Schriftstellerkollegen Gerhart Hauptmann. Spöttisch merkte er an, Hauptmann laufe bequem »in Samtrock und Ballonmütze durchs Haus«, wo er sich ein ›Arbeitsgefängnis‹ habe nachbauen lassen, um möglichst realistisch Szenen seines Werks »Die Weber« schildern zu können. Dies ist Hauptmann grandios gelungen: Das Drama über den Aufstand der schlesischen Heimarbeiter/-innen gegen die Einführung moderner Webmaschinen trug ihm den Literaturnobelpreis ein.

Das Schreiberhäusel (s. S. 155) in Schreiberhau, in dem sich Hauptmann in die Weltliteratur einschrieb, hatte er zusammen mit seinem gleichfalls literarisch aktiven Bruder Carl erworben. Und bald formierte sich um das Gespann eine lockere Künstlerkolonie. Zu Besuch kamen kreative Köpfe der damaligen Kulturszene, darunter die Schriftsteller Alfred Kerr, Max-Hermann Neiße und Hermann Stehr, der Soziologe und Wirtschaftswissenschaftler Werner Sombart sowie die Komponistin und Pianistin Anna Teichmüller … Der Maler Otto Mueller, gleichfalls ein Freund Gerhart Hauptmanns und einer der wichtigsten Expressionisten, lebte zehn Jahre im Hirschberger Tal, wo er vor einer angedeuteten Gebirgskulisse melancholische Frauenakte in erdigen Farben malte.

Paradieshalle nannte Gerhart Hauptmann den Eingangsbereich von Haus Wiesenstein, das ihn zu kreativen Höhenflügen inspirierte

Künstler und Literaten trafen sich gern im Lokal Lukasmühle (s. S. 161) in Schreiberhau. Die Künstlergilde St. Lukas umfasste konservative Neoromantiker ebenso wie Avantgardisten. Während Erstere – wie etwa Hermann Stehr – mit der Machtergreifung der Nationalsozialisten als Vertreter der ›neuen deutschen Kunst‹ gefeiert wurden, erhielten Letztere Schreib- bzw. Ausstellungsverbot. Juden, missliebige Politiker und Widerständler mussten um Leib und Leben fürchten.

Der Schriftsteller, Radiomoderator und Herausgeber der »Neuen Bücherschau« Gerhart Pohl war Besitzer eines Hauses in Krummhübel (Karpacz), bot den Antifaschisten Unterschlupf und half ihnen bei ihrer Flucht ins nahe Tschechien. Bald hieß sein Haus die Fluchtburg – ein Name, den er 1955 als Titel für einen Roman übernahm, in dem er schildert, was in seinem Haus während der Kriegsjahre geschah. Pohl zu Ehren wurde 2011 an der Fluchtburg eine Gedenktafel angebracht, das kleine Holzhaus soll bald als Museum öffnen. Nur schade, dass die im Riesengebirge entstandenen Gemälde in alle Welt verstreut sind …

schel« und »Hanneles Himmelfahrt« – sie alle schöpfen aus der Atmosphäre des Riesengebirges und sind teilweise in schlesischem Dialekt geschrieben. Ein Dokumentarfilm zeigt die Überführung des toten Hauptmann nach Hiddensee (1945).

Das Haus ist heute nicht nur ein Autorenmuseum, sondern dient zugleich als deutsch-polnische Begegnungsstätte. Hier finden Konzerte, Lesungen und Kongresse statt, auch ein Literaturcafé gibt es (ul. Michałowicka 32, www.muzeum-dgh.pl, Di–So 9–17 Uhr, Okt.–April 1 Std. kürzer, 9 zł).

Karpacz ▶ 1, D 16

Karpacz (Krummhübel), ein Ferienort mit 5000 Einwohnern, zieht sich über 6 km längs der Hauptstraße, die sich in Serpentinen von **Karpacz Dolny** (Unterstadt) über den Verkehrsknotenpunkt **Biały Jar** bis zum 820 m hohen Pass von **Karpacz Górny** (Brückenberg) hinaufwindet – beidseits der Straße eine nicht abreißende Kette von Läden und Lokalen, Imbissstuben und Souvenirshops, Pensionen und Hotels. In deutscher Sprache wird für Privatzimmer geworben, manchmal liest man auch die polnische Variante *Pokoje do wynajęcia*. Immerhin wurde der zentrale Teil der Hauptstraße (ul. Konstytucji 3 Maja) verkehrsberuhigt, sodass man keine Autos um sich hat. Abseits davon aber findet man noch das Karpacz von einst: Häuser mit holzgeschnitzten Balkonen, die grandiose Ausblicke freigeben – auf die Silhouette des Riesengebirges mit der Schneekoppe, auf Flüsschen, die munter talwärts rauschen, auf Wiesen und Weiden.

Kirche Wang

www.wang.com.pl, Mo–Sa 9–18, So 11.30–18 Uhr, 10 zł

Hauptattraktion von Karpacz ist die **Kirche Wang** (Kościółek Wang), ein norwegisches Baudenkmal aus dem 12. Jh., das sich auf dem höchsten Punkt der Stadt (885 m) befindet.

Einwanderer aus Norwegen: die Stabkirche Wang in Karpacz

Geflügelte Drachen, ineinander verflochtene Schlangen und stilisierte Elche erinnern an nordische Sagen, die schindelgedeckten und mit Ornamenten verzierten Satteldächer sind ein Wink aus ferner Wikingerzeit. Es wirkt fast wie ein Wunder, dass ein so zerbrechlicher Holzbau so lange schadlos überstanden hat. Doch noch mehr wundert man sich darüber, wie die Kirche aus Norwegen ins Riesengebirge gelangt ist …

Das für den Abriss bestimmte Objekt stand einst an einem See in Südnorwegen. 1841 wurde es von dem Maler Johann Christian Dahl, einem Freund Caspar David Friedrichs, erworben. Er wusste um die Einmaligkeit dieser mittelalterlichen Holzkirchen und wollte wenigstens dieses Exemplar retten. Doch seine Hoffnung, sie in Christiana, dem damaligen Oslo, aufstellen zu können, erfüllte sich nicht. In seiner Not wandte sich Dahl an König Friedrich Wilhelm IV., der sich für den Vorschlag, sie zu kaufen, um sie nahe seiner Sommerresidenz im Hirschberger Tal aufzustellen, sogleich begeistert haben soll. Die Überführung gestaltete sich abenteuerlich: Der Demontage folgte eine fast einjährige Reise durch Gebirge und quer über die Ostsee, von Swinemünde nach Stettin und weiter nach Berlin, von dort über Flüsse und Kanäle, schließlich auf schmalen Bergstraßen ins Riesengebirge hinauf. Am 28. Juli 1844 konnte in Brückenberg (Karpacz Górny) die neue Ortskirche eingeweiht werden. Sie ist die einzige von 30 heute noch erhaltenen Stabkirchen außerhalb Norwegens. Neben ihr wurde ein steinerner Glockenturm errichtet, damit – so wollte es der König – die Gottesbotschaft auch in den Bergen gehört werden könne.

Einen Blick lohnt auch der kleine **Friedhof** hinter der Kirche, auf dem in den letzten Jahren der Theatermann Henryk Tomaszewski (s. rechts) und der Dichter Tadeusz Różewicz beigesetzt wurden – auf dem Grabmal des Letzteren steht geschrieben: »Dichter ist jener, der fortgeht, und jener, der nicht fortgehen kann«.

Spielzeugmuseum

ul. Kolejowa 3, www.muzeumzabawek.pl, Di–So 10–16.30 Uhr, 12 zł

Die Museen von Karpacz haben einen starken Regionalbezug, so auch das **Spielzeugmuseum** (Muzeum Zabawek), das im ehemaligen Bahnhof in der Unterstadt beheimatet ist. Hier sind all jene Puppen und Marionetten ausgestellt, die der bekannte, mit Karpacz verbundene Breslauer Theatermann Henryk Tomaszewski (s. S. 105) im Laufe seines Lebens gesammelt hat. Mit keinem Wort jedoch wird an die Kinderbuchautorin Else Ury (1877–1943) erinnert, die gleichfalls viel Zeit in Krummhübel verbrachte. Die deutsch-jüdische Bestsellerautorin, die junge Leser/-innen mit »Nesthäkchen« in eine heile Welt entführt hat, wurde in Auschwitz ermordet. Immerhin hängt an ihrem Haus in der Ulica Konstitucji 3 Maja 80 – heute eine Pension – ein Schild mit der Aufschrift ›Dom Nesthäkchen‹.

Sport- und Touristikmuseum

ul. Kopernika 2, www.muzeumsportu.org, Di–So 10–17 Uhr, 8 zł

Das so trocken betitelte **Sport- und Touristikmuseum** (Muzeum Sportu i Turystyki) ist in einem Berghaus untergebracht und erzählt lebendig von Karpacz. Da erfährt man einiges über die Wallonen, Schatzsucher aus Süd- und Westeuropa, die hier im 16. Jh. nach Blei- und Silbererz sowie nach Gold gruben. Etwas später kamen die Kräutersammler, zumeist Religionsflüchtlinge aus Böhmen, die als ›Laboranten‹ den weit entfernten Arzt und Apotheker ersetzten; ihre Heilmittel fanden selbst noch in Breslau und Liegnitz reißenden Absatz. Mit der Erfindung synthetisch hergestellter Arznei Ende des 19. Jh. wurden die Naturheilmittel verdrängt und 1843 mit dem Gesetz zur Medizinalpfuscherei verboten. Vorgestellt wird im Museum auch die Entwicklung der Glasbläserei, der Textilindustrie und des Tourismus in der Region.

Museum ›Geheimnisse des Riesengebirges‹

ul. Mickiewicza 1-A, www.karkonoskie tajemnice.pl, tgl. 10–18 Uhr, 19 zł

Mit starken Anleihen bei Fantasy & Co. versetzt das **Museum ›Geheimnisse des Riesengebirges‹** (Muzeum Karkonoskie Tajemnice) seine Besucher ins unterirdische Reich des Berggeists. Begleitet von Sound- und Videoeffekten

Iser- und Riesengebirge

WANDERUNG RUND UMS KIRCHLEIN WANG

Tour-Infos

Start: Bushaltestelle in Biały Jar, ul. Konstytucji, zwischen Karpacz Dolny und Karpacz Górny
Länge: 6 km
Dauer: 1,45 Std.

Schwierigkeitsgrad: Kurztour auf markierten, breiten Wegen, nur anfangs steil
Hinweis: Wer sich den anfänglichen Steilaufstieg sparen will, startet die Tour unterhalb der Kirche Wang (Parkplätze).

Von der **Bushaltestelle** in Biały Jar geht es auf der blau markierten Fußgängerstraße Ulica Linowa steil aufwärts. Sie stößt auf die Ulica Karkonoska, die wir sogleich links auf der gleichfalls steilen, Fußgängern vorbehaltenen Ulica Pusta verlassen. Wo diese wieder auf die Ulica Karkonoska stößt, schwenken wir rechts ein – gut ist von hier das im Bergstil erbaute Hotel Gołębiewski zu sehen. Ca. 2 Min. später verlassen wir den Asphalt nach links auf der kopfsteingepflasterten Fußgängerstraße Saneczkowa, die weite Ausblicke über das Tal eröffnet. Außer Puste kommen wir erneut zur Ulica Karkonoska, die uns bergauf zum ausgeschilderten Wang-Abzweig bringt. Auf der Ulica Nad Śnieżką erreichen wir in 5 Min. die **Kirche Wang,** ein Kleinod der Holzarchitektur (s. S. 166).

Wir wenden uns nun dem Nationalpark zu, entrichten am **Holzhäuschen** die symbolische Eintrittsgebühr und steigen auf einem breiten, steingepflasterten Weg in den Wald hinauf. 10 Min. später ist eine Gabelung erreicht. Hier verlassen wir den Hauptweg nach rechts und folgen dem schwarzen Richtungspfeil nach Borowice. Auf federndem Boden geht es nun gemächlich durch Wald hinab. Nach 5 Min. wird eine Piste gequert, nach weiteren 5 Min. mündet unser Weg auf einer Lichtung mit Teich in einen breiten Querweg. Wir ignorieren den Linksabzweig Richtung Zbiornik und wählen den Forstweg, der rechts abgeht (Droga Chomontowa). Nach wenigen Minuten ragt zur Linken ein **Felssporn** auf, ein aussichtsreicher Platz! In der Folge lassen wir uns auf der Piste knapp 20 Min. durch Wald hinabtreiben, folgen dann der Ulica Karkonoska nach rechts zur vom Hinweg bekannten Ulica Saneczkowa. Wo diese in die Hauptstraße mündet, halten wir uns rechts, schwenken in die Ulica Pusta ein und stehen wenig später wieder am Startpunkt.

erfährt man, wie Rübezahl zu seinem Namen kam, wie man sich den Stein der Weisen beschafft und dergleichen mehr. Das Museum befindet sich in einer Betonbox am westlichen Ende der verkehrsberuhigten Ulica Konstytucji 3 Maja, leicht zu erkennen an einer Riesen-Rübezahl-Skulptur.

Ein Geheimnis ganz anderer Art ist die Gravitationsanomalie auf der Ulica Strazacka, in der Nähe des Wasserfalls Dziki am südlichen Ortsrand. Fahren Sie auf der Brücke über den Bach Łomnica stadteinwärts, können Sie's prüfen: Motor ausstellen und Gangschaltung auf Leerlauf – was geschieht? Das Auto rollt den Berg hinauf … Nur eine optische Täuschung?

Infozentrum des Nationalparks Riesengebirge

ul. Leśna 9 (Zugang z. B. von der Flanierstraße Konstytucji 3 Maja über die ul. Wolna), www.cikpn.kpnmab.pl, Mi–So 9–16, Nov., Dez. bis 15 Uhr, Eintritt frei

Weit oben am Hang führt das **Infozentrum des Nationalparks Riesengebirge** (Centrum Informacyjne Karkonoskiego Parku Narodowego) anschaulich in die Natur der Region ein. In einem typischen Holzhaus wurde aus Granit, Gneis und kristallinem Sandstein ein begehbares Bodenmosaik geschaffen, das eine geologische Karte repräsentiert. Zehn interaktive Modelle simulieren typische Gesteinsformen und deren Entstehung, auch Mineral- und Halbedelsteine – von Quarz bis Saphir – werden vorgestellt. Nicht zu kurz kommt das Organische: Im Laborantenhaus erfahren Sie viel über Heilkräuter und jene Männer und Frauen, die sie sammelten, verarbeiteten und als Heilmittel verabreichten. Spannend ist der Kräutergarten, in dem mehr als 100 Gebirgskräuter in einer nachgestellten Umgebung wachsen – im Tal und in der alpinen Zone, im Wald und auf der Wiese.

Infos

Touristenbüro: ul. Konstytucji 3 Maja 25, Tel. 75 761 86 05, www.karpacz.pl, tgl. 9–17 Uhr.
Reisebüro Karpacz: ul. Konstytucji 3 Maja 52, Tel. 75 761 95 47, www.btkarpacz.com.pl, Mo–Fr 9–17, Sa 9–14 Uhr.

Übernachten

Selbst in der Hochsaison ist es nicht schwer, eine Unterkunft zu finden. Außer Hotels und Pensionen gibt es Privatzimmer, Berghütten, Jugendherbergen und Zeltplätze.

Ideal für Familien – **Gołębiewski:** ul. Karkonoska 14, Tel. 75 767 07 41, www.golebiewski.pl/karpacz. Sehr gute Lage in der Oberstadt Karpacz Górny. Von außen mag man denken, ›was für ein gewaltiger Kasten‹, doch wer hier wohnt, genießt einen prächtigen Ausblick auf die Berge. Und dafür, dass das Hotel 878 Zimmer hat, klappt die Organisation sehr gut, selbst beim Frühstücks- und Abendbüfett gibt es kaum lange Schlangen. Die Auswahl an Gerichten ist groß, doch man sollte nicht zu spät kommen. Sämtliche Zimmer haben ein Sofa, einen Schreibtisch und einen Balkon. Mit dem Aquapark Tropicana (s. S. 172) verfügt das Gołębiewski über eine hervorragende Wasserlandschaft (für Hotelgäste frei), Kinder sind ganz versessen darauf. DZ ab 150 €.

Ab vom Schuss – **Artus:** ul. Wilcza 9, Tel. 75 761 63 46, www.hotelartus.pl. 2 km vom Zentrum entfernt, deshalb sehr ruhig, sieht man einmal vom Kinderlärm während der Ferien ab. Langeweile kommt hier auch bei schlechtem Wetter nicht auf, denn außer Schwimmbad (mit Kinderrutschen), Spa, Jacuzzi und Sauna gibt es Bowling und Squash, Tennis, ein Spielzimmer und einen Nightclub mit Disco. DZ ab 130 €.

Ruhig – **Relaks:** ul. Obrońców Pokoju 4, Tel. 75 648 06 50, www.hotel-relaks.pl/de. Ein freundliches, sauberes und komfortables Hotel, ca. 15 Gehmin. oberhalb des ›rummligen‹ Zen-

Iser- und Riesengebirge

WANDERUNG ZUR SCHNEEKOPPE

Tour-Infos

Start: Busstation in Biały Jar, ul. Konstytucji, zwischen Karpacz Dolny und Karpacz Górny
Ziel: Kirche Wang, von hier auf Piste 150 m zur Bushaltestelle in der ul. Karkonoska
Länge: ca.13 km
Dauer: 5 Std.
Höhenunterschied: ca. 900 m im Aufstieg, 770 m im Abstieg
Schwierigkeitsgrad: Die Wege sind markiert und gut ausgebaut. Auf einen langen und steilen Aufstieg, der anstrengend ist und gute Kondition erfordert, folgt ein bequemer Abstieg.
Variante: Wer 530 m Aufstieg sparen will, fährt mit der neuen modernen Seilbahn in 8 Min. auf die Kleine Koppe (Kopa) und startet die Tour dort.
Infos & Webcams: www.sniezka.karpacz.pl

Die Tour macht mit den schönsten Landschaften des Riesengebirges vertraut. Durch dichten Wald geht es zur 1602 m hohen Schneekoppe (Śnieżka) hinauf, dann vorbei an rauen Hochmooren und einem kristallklaren Bergsee wieder hinab ins Tal. Unterwegs stärkt man sich in hölzernen, schindelgedeckten Bauden, am Ende der Tour empfiehlt sich ein Besuch der norwegischen Stabkirche Wang.

Von der **Bushaltestelle** in Biały Jar folgen wir der gelb markierten Strecke und queren die Ulica Olimpijska nahe der Seilbahnstation. Der Weg führt in dichten Mischwald und wird zunehmend steiler. In 1280 m Höhe, bereits oberhalb der Baumgrenze, liegt die **Hampelbaude** (Schronisko Strzecha Akademicka). Der behäbige Holzbau schmiegt sich an die Bergflanken, weit reicht der Blick über Täler und Höhen.

Auf dem gelb markierten Weg geht es weiter bergauf, jetzt in östlicher Richtung. Er mündet in den schwarz markierten **Schlesierweg** (Śląska Droga), der sich in einer weiten Kehre aufwärts windet. Nach Passieren der Seilbahnstation an der **Kleinen Koppe** (Kopa, 2 Std.) schwenkt er auf Südkurs und führt in 15 Min. zum **Schlesierhaus** (Śląski Dom) in 1420 m Höhe.

Zwei Wege stehen jetzt zur Wahl – wir nehmen den rot markierten ›Zickzackweg‹, der uns steil hinauf zur **Schneekoppe** (Śnieżka, 2,45 Std.) bringt. (Hinweis: Wem der Zickzackweg zu steil erscheint, der wählt den Droga Jubileuszowa, den **Jubiläumsweg,** im Nordhang!) Bei gutem Wetter genießt man von der Schneekoppe einen herrlichen Weitblick über die polnische und tschechische Seite des Riesengebirges. Gen Norden fällt die Koppe jäh in den Melzergrund ab, gen Süden in den düster-zerklüfteten Riesengrund. Auf dem Gipfelplateau steht die hölzerne **Laurentiuskapelle** (Kaplica Św. Wawrzyńca) aus dem Jahr 1681. Eine futuristisch anmutende Baude dient als Wetterstation, im unteren Bereich wurden eine Imbissstube und acht Betten für Wanderer eingerichtet.

Der Rückweg verläuft anfangs über den vom Aufstieg bekannten Weg. Diesmal aber bleiben wir am Schlesierhaus (Śląski Dom) auf Westkurs und folgen der blau markierten Piste über ein Hochmoor mit schwarzen Tümpeln und kniehohem Gras. Bald schwenkt sie auf Nord und führt steil zur bereits bekannten Hampelbaude hinab (3,45 Std.). An deren Westfassade setzt sich die Piste fort. Es folgt der schönste Abschnitt der Tour. Wir steigen hinab zum **Kleinen Teich** (Mały Staw), eine spiegelglatte Scheibe inmitten steil aufragender Kesselwände, am Ufer die **Kleine Teichbaude** (Samotnia) mit hölzernem Glockenturm und ineinander verschachtelten Satteldächern.

Nach einer Stärkung geht's weiter. Vorbei an Enzianfeldern kommen wir zum **Jagdhaus St. Leonard** (Domek Myśliwski), einem gemütlichen Lokal mit Katze und Kamin, dann nach weiteren 15 Min. zu einem Rastplatz mit Wegkreuzung. Wir wählen den rechts abgehenden blau markierten Weg und erreichen auf Kopfsteinpflaster die **Kirche Wang** im Ortsteil Karpacz Górny (5 Std.).

trums. Ein guter Startpunkt für Wanderungen, danach relaxen im Spa des Hotels! DZ ab 90 €.

Im Alpinstil – **Kondradówka:** ul. Nad Łomnicą 20-C, Tel. 75 761 81 73, www.konradowka.pl/de. Die Pension, die viel Stammpublikum hat, liegt unterhalb der Hauptstraße fast schon am Fluss. Die Zimmer sind geräumig mit Blick auf Wald oder Berge, einige haben auch Balkon oder Terrasse. Schöner Indoorpool, aber kein Planschbecken für Kinder! DZ ab 80 €.

Bayern lässt grüßen – **Przystanek Bavaria:** ul. Sarnia 2, Tel. 75 722 05 05, www.przystanek-bavaria.pl. Die Brüder Stanek haben als Skilehrer in Bayern gelebt, von wo sie die Idee zur Alpenarchitektur mit Blumenrabatten, geschnitzten Holzbalkonen und Fensterornamenten mitbrachten. Hinter der rustikalen Fassade verbergen sich moderne Zimmer und Apartments, ein Frühstücksraum mit Kamin, Dampf- und Trockensauna sowie ein Jacuzzi. Angeschlossen ist eine günstige Skischule. DZ ab 65 €.

Bergbaude – **Schronisko Strzecha Akademicka** (Hampelbaude): ul. Na Śnieżkę 18, Tel. 75 753 52 75, www.strzechaakademicka.pl. Die Herberge liegt hoch oben in den Bergen und kann mit Lift erreicht werden. Es gibt 2er-, 4er- und Vielbettzimmer, für Bettwäsche und Heizung wird extra gezahlt. Max. 10 € pro Pers.

Essen & Trinken

Entlang der Hauptstraße sind gute Restaurants rar, hier dominieren Imbissbuden mit Fastfood. Die meisten Urlauber speisen in ihren Hotels.

Gemütlich – **Kolorowa:** ul. Konstytucji 3 Maja 58, Tel. 75 761 95 03, Facebook: Kolorowa Karpacz, tgl. 11–22 Uhr. Das Lokal mit seinem Küchenchef Wojciech Piasecki wurde im Gourmetführer Gault & Millau mit einer Haube bedacht: tolle Piroggen, aber auch Kartoffelpuffer, Pizza und Salate. Hauptgerichte ab 7 €.

Rustikal – **U Ducha Gór:** ul. Olimpijska 6, Tel. 75 761 85 63, www.karpatka.com.pl, tgl. 11–21 Uhr. Das stimmungsvolles Lokal befindet sich im oberen Ortsteil, 400 m vom Sessellift entfernt. Es ist ganz aus Holz errichtet, jedes noch so kleine Detail wurde von Hand gearbeitet: knarrende Dielen, Baumstämme als Raumteiler und offene Dachstühle. ›Beim Berggeist‹ (U Ducha Gór) wird originale Musik aus dem Riesengebirge gespielt, am Wochenende tritt eine Goralen-Band in Aktion. Es gibt typisch polnische Kost, z.B. Bigos, Wildschweinbraten und mit Trockenpflaumen gefüllte Speckroulade. Ein Gläschen milder Żołądkowa-Wodka rundet die Mahlzeit ab. Hauptgerichte ab 7 €.

Iser- und Riesengebirge

Einkaufen

Regionales – **Skarbiec Ducha Gór:** ul. Konstytucji Maja 25, Facebook: Skarbiec Ducha Gor. Zu den ›Schätzen des Berggeists‹ gehören Marmeladen und Säfte, Leinenhemden, Brottücher und Servietten aus Regina Rosas Manufaktur Salon Lniany, naive Holz- und Tonfiguren, handgemachte Postkarten mit gepressten Blumen in limitierter Auflage etc.

Abends & Nachts

Disco – Die beliebteste Disco öffnet tgl. um 22 Uhr im **Hotel Gołębiewski** (s. S. 169).

Aktiv

Baden – **Aquapark Tropikana:** im Hotel Gołębiewski, www.golebiewski.pl/karpacz/tropikana, tgl. 8–21 Uhr, 36 zł für 1,5 Std. Weitläufige Anlage mit mehreren beheizten Becken drinnen und draußen, dazu ein halbes Dutzend großer Whirlpools, Riesenrutsche für Kinder, Saunen von trocken bis feucht und Salzgrotte – dies alles mit Blick aufs Riesengebirge.

Radfahren – Landschaftlich reizvoll ist vor allem die Strecke via Jagniątków nach Szklarska Poręba. Größere Hotels vermieten Räder auch an Nichtgäste.

Rodeln – **Rynna saneczkowa Kolorowa:** ul. Parkowa s/n, www.kolorowa.pl. Die 1 km lange Rodelbahn liegt mitten im Stadtteil Karpacz Dolny und ist ganzjährig in Betrieb.

Wandern – Markierte Wege führen auf die Schneekoppe (s. S. 170). Wenig begangen sind die am Infozentrum des Nationalparks startenden Naturlehrpfade: Der Kräuterpfad (3,5 km, leicht) führt in acht Stationen zu typischen Pflanzen der Region, der Geologische Pfad (17 km, mittelschwer) in den östlichen Teil des Nationalparks mit 14 besonders eindrucksvollen Gesteinsformationen. Broschüren sind im Infozentrum (s. S. 169) erhältlich.

Wintersport – Die per Seilbahn erreichbare Kleine Koppe (Mała Kopa) ist das größte Skigebiet von Karpacz. Acht Pisten aller Schwierigkeitsgrade, auch für Snowboarder, stehen zur Wahl, notfalls können die Hänge künstlich beschneit werden. Infos: www.karpaczskiarena.pl.

Wildwest spielen – **Western City:** Ściegny, Tel. 075 761 95 60, www.western.com.pl, Di–Fr 10–16, Sa, So 10–17 Uhr, ab 22 zł. Ein ehemaliger Bergführer hat sich einen Jugendtraum verwirklicht und eine Westernstadt errichtet. Während die Eltern im Saloon ein Bier schlürfen, spielen die Kids auf staubigen Straßen Wildwest und reiten auf einem mechanischen Stier.

Verkehr

Busse: Entlang der Strecke nach Jelenia Góra gibt es zahlreiche Haltestellen; der Bus startet in der Oberstadt und fährt etwa alle 30 Min. via Kowary oder Cieplice. Gute Verbindungen auch nach Breslau.

Stadtverkehr: Tagsüber verkehrt eine elektrische Bimmelbahn zwischen dem oberen und dem unteren Ortsteil.

Seilbahn: Kolej Linowa na Kopę, ul. Turystyczna 4, www.karpaczskiarena.pl, ganzjährig 9–16.30 Uhr, 55 zł hin und zurück. In 8 Min. geht es zur 530 m höher gelegenen Kleinen Koppe (Mała Kopa) auf 1375 m.

Kowary ▶ 1, E 16

6 km nordöstlich von Karpacz liegt **Kowary** (Schmiedeberg), dessen deutscher Name seine Geschichte kurz und bündig auf den Punkt bringt: Aus Erz und Magnetit wurden hier Kriegswaffen geschmiedet, die hiesigen Hammerwerke waren in ganz Europa bekannt. Als nach 600 Jahren die Vorräte erschöpft waren, wurde Uranerz entdeckt. Die Nationalsozialisten brauchten es für ihr Atombombenprogramm, nach ihrem Fall übernahm ein polnisch-sowjetisches Joint Venture die Regie. Als auch das Uranerz ausgegangen war, rückte das Radon ins Visier. Nun ging es allerdings nicht mehr um Nutzung für die Kriegsindustrie, sondern für die Medizin. Bis heute in Betrieb ist eines von weltweit fünf Radon-Inhalatorien, wo Allergiker und Kreislaufkranke – in eine warme Decke gewickelt – täglich eine Stunde lang die heilsame, schwach radioaktive Luft einatmen.

Der **Stollen** ist auf einer Länge von 1,2 km im Rahmen einer Führung zugänglich (Sztolnie Kowary Centrum Jelenia Struga, ul. Podgórze 55, Tel. 75 752 84 58, www.jeleniastruga.pl, im Sommer tgl. 10–17 Uhr, im Winter 1 Std. kürzer, 26 zł, mit Komforthotel und Restaurant).

Kowarys weitere Attraktion ist ein **Miniaturpark,** in dem niederschlesische Denkmäler maßstabsgetreu in 25facher Verkleinerung zu sehen sind: Schlösser, Kirchen und ganze Stadtensembles (ul. Zamkowa 9, www.park-miniatur.com, tgl. 9–18 Uhr, 26 zł).

Aktiv

Paragliding – Der klassische Einstieg an Polens Top Spot ist der Pass Kowarska, der Startplatz befindet sich 600 m nördl. auf dem Rudnik-Gipfel (853 m). Gelandet wird auf den von oben sichtbaren Kowary-Wiesen.

Wer es erst einmal hinauf geschafft hat, darf von der Schneekoppe aus einen gigantischen Ausblick genießen – vor allem frühmorgens

Glatzer Bergland

Wie ein Keil ragt die Region in tschechisches Land, wird im Osten vom Glatzer Schneegebirge und im Westen vom Heuscheuergebirge begrenzt. Im kesselartigen Tal breiten sich Getreide- und Gemüsefelder aus, die Hänge sind mit Almenwiesen und dichtem Mischwald bedeckt. Gleich vier ›Gesundbrunnen‹ sprudeln an die Oberfläche – traditionsreiche Kurorte verdanken ihnen ihre Existenz.

Kłodzko ▶ 1, G 18

Karte: S. 180
Eingangstor zum Kessel ist **Kłodzko** 1 (Glatz), die ca. 32 000 Einwohner zählende Hauptstadt des Glatzer Landes. 981 wurde sie von dem böhmischen Fürsten Slawnik als Grenzfestung gegen die Nachbarn im Norden gegründet. Im Schutz der Burg ließen sich Handwerker und Kaufleute nieder, der Nord-Süd-Handel verschaffte ihnen eine sichere Lebensgrundlage. Heute präsentiert sich das terrassenförmig an den Hang gebaute Kłodzko als malerisches Städtchen. Steile, kopfsteingepflasterte Gassen winden sich den Berg hinauf, aus dem Dachgewirr ragen schlanke Türme empor.

Rund um den Marktplatz

Auf dem Marktplatz (Rynek) prangt das neugotische **Rathaus** (Ratusz) mit Löwenbrunnen und Mariensäule. Ringsum reihen sich Bürgerhäuser mit Reliefs, die vom ehemaligen Reichtum der Kaufleute zeugen.

Eine Gasse führt südostwärts zur **Gotischen Brücke** (Most Goticki alias Most Św. Jana) hinab, die sich über den Mühlengraben spannt und mit ihren melancholischen Heiligenfiguren als Miniaturausgabe der Prager Karlsbrücke erscheint. Sie führt hinüber zur **Sandinsel**, die von der strahlend hellen **Franziskanerkirche** (Kościół i klasztor Franciszkanów) beherrscht wird.

Die **Marienkirche** (Kościół NMP) südwestlich des Rynek stiftete 1362 der Prager Bischof Ernestus von Pardubitz. Von dem ursprünglich gotischen Bau ist kaum noch etwas sichtbar – das Netzgewölbe ist mit Blumenornamenten und Engelsfiguren reich geschmückt, die vergoldeten Seitenaltäre und Skulpturennischen schwelgen in der Pracht des Barock.

In Sichtweite der Kirche befindet sich das ehemalige Jesuitenkolleg mit dem **Museum des Glatzer Landes** (Muzeum Ziemi Kłodzkiej), das über dessen wechselvolle Geschichte informiert. Auch eine große Uhrensammlung wird gezeigt (ul. Łukasiewicza 4, www.muzeum.klodzko.pl, Di–Fr 10–17, Sa, So 11–17 Uhr, 14 zł).

Unterirdischer Jahrtausendweg

ul. Zawiszy Czarnego 3, www.podziemia.klodzko.pl, Mai–Okt. tgl. 9–18, Nov.–April 10–15 Uhr, 14 zł

Hauptattraktion von Kłodzko ist der **Unterirdische Jahrtausendweg** (Podziemna Trasa Turystyczna), der durch die Unterwelt der Stadt führt. Gleich neben der Marienkirche geht es hinab (warm anziehen!). Im Mittelalter dienten die Keller als Lagerräume für kostbare Waren. Gut 10 Min. braucht man für die 600 m lange Strecke, die die Atmosphäre des 16. bis 18. Jh. heraufbeschwört: Aus dem Off hört man Marktgeschrei, Stimmen aus einer Gastwirtschaft und Musik. Lebensgroße Figuren stellen Alltagsszenen nach, wie sie sich in einer Bäckerei, einer Wechselstube oder einem Munitionslager abgespielt haben könnten. Knapp unterhalb der Festungsburg erblickt man wieder das Tageslicht.

Kłodzko

ALLES IM FLUSS – GONDEL- UND SCHLAUCHBOOTTOUR

Tour-Infos
Start: Kłodzko bzw. Bardo (s. unten)
Dauer: ca. 30 Min. für die Stocherkahntour, ca. 2–3,5 Std. für den Raftingtrip
Infos: Ski-Raft, Tel. 72 530 03 03, www.ski-raft.de. Die Gondeltour startet an der Anlegestelle unterhalb der Gotischen Brücke von Kłodzko (tgl. 1. April–30. Sept., ab 6 zł pro Pers.). Für den Raftingtrip findet man sich an der Anlegestelle in Bardo ein (April–Okt., ab 40 zł pro Pers. inkl. Shuttle, Ausrüstung und Guide, mind. 4 Pers., am Wochenende und im Juli/Aug. ist eine vorherige Reservierung empfehlenswert). In Bardo auch Kajak- und Kanuverleih.

Durchaus vergleichbar mit der venezianischen Gondel: der polnische Stocherkahn. In **Kłodzko** **1** besteht die Möglichkeit, ein solches Wasserfahrzeug einmal zu testen. Sie bewegen sich mithilfe eines großen Stabs vorwärts, den Sie bis zum Grund des flachen Mühlenkanals (Kanal Młynówka) schieben, um sich kraftvoll abzustoßen. Erst geht es flussaufwärts, vorbei an der Sandinsel und den alten Stadtmauern, dann bis zum Wasserwerk am Zusammenfluss von Mühlenkanal und Glatzer Neiße (Nysa Kłodzka). Hier heißt es umkehren …

In **Bardo** **2** (Wartha), 9 km nordöstlich von Kłodzko, erwartet Sie ein größeres Abenteuer. Zunächst bringt Sie ein Shuttlebus zur Anlegestelle in Ławica, wo Sie ein großes Gummiboot für sechs Personen besteigen. Nun geht es auf der Glatzer Neiße (Nysa Kłodzka) flussabwärts, wobei Sie kräftig paddeln. Aber vergessen Sie nicht, die Landschaft anzuschauen: ein eindrucksvolles Felsmassiv, Wälder und Wiesen bis hin nach Bardo, wo der Ausflug begann. Danach können Sie sich an der Anlegestelle eine gegrillte Forelle mit Knoblauchbutter schmecken lassen!

Festungsburg
ul. Grodzisko 1, www.twierdza.klodzko.pl, tgl. 9–18, Nov.–April bis 15 Uhr, ab 18 zł (ober- und unterirdisch)

In ihrer heutigen Gestalt geht die **Festungsburg** (Twierdza Kłodzka) auf das Jahr 1742 zurück, König Friedrich der Große ließ sie zu Zwecken der Grenzsicherung ausbauen. Schlafsaal, Kantine und Offizierskasino sowie Kasematten wurden rekonstruiert, sodass man sich ein Bild vom Alltag preußischer Soldaten machen kann. Von dem insgesamt 40 km langen Tunnelsystem unter der Burg ist auch hier 1 km freigegeben: In gebückter Haltung bewegt man sich durch feucht-kalte, schwach erleuchtete Stollen. Wer's lichter mag, spaziert zur Aussichtsterrasse auf der hohen Bastion und genießt einen weiten Blick über die Stadt und das Glatzer Land.

Infos
Touristenbüro: ul. Czeska 24, Tel. 74 865 46 89, www.klodzko.pl, tgl. 9–18, im Winter bis 15 Uhr.

Übernachten
Mit Liebe zum Detail – **Pałac Kamieniec:** Kamieniec 47, Tel. 74 869 20 45, www.palackamieniec.pl. 14 km westl. von Kłodzko, einsam gelegenes Landschloss mit 10 Zimmern und Apartments, gepflegtem Park und ungewöhnlich freundlichem Personal. Jeden Tag

ABSTIEG IN DIE UNTERWELT

Auch 10 km östlich von Kłodzko kann man die Unterwelt erkunden. Beim Besuch der ehemaligen **Goldgrube** in **Złoty Stok** 3 besichtigt man den Gertrud-Stollen, fährt mit einer unterirdischen Schmalspurbahn, macht sich im Gang des Todes auf die Suche nach Gnomen und Gespenstern und erlebt einen unterirdischen Wasserfall (ul. Złota 7, Tel. 74 817 55 08, www.kopalniazlota.pl/de, Mai–Okt. tgl. 9–18, Nov.–März bis 17 Uhr, 25 zł inkl. Führung).

---

wird das Hotel mit frischen Blumen dekoriert. Das Frühstück ist hervorragend, den ganzen Tag über kann man sich mit Kaffee und Tee versorgen. Es ist so ruhig und das Ambiente so wohltuend, dass man gar keine Lust hat, das Hotel zu verlassen, um das Glatzer Land zu erkunden. DZ ab 85 €.

Essen & Trinken
Stilvoll – **W Ratuszu:** pl. Chrobrego 3, Tel. 604 561 278, www.wratuszu.pl, tgl. 10–21 Uhr. Im Rathaus am Glatzer Marktplatz wird vorwiegend polnische Küche serviert, im Sommer öffnet eine Terrasse. Hauptgerichte ab 6 €.

Termine
Tage der Glatzer Festung (Dni Twierdzy Kłodzkiej, Aug.): Hunderte preußischer und französischer ›Soldaten‹ inszenieren eine Schlacht, bevor am Abend das Kriegsbeil begraben und ein großes Fest ausgerichtet wird.

Verkehr
Züge/Busse: Vom zentral gelegenen Bahnhof Kłodzko Miasto, pl. Jedności 1, starten Züge nach Kudowa Zdrój, Bystrzyca Kłodzka und Breslau; mit dem Bus kommt man von hier nach Paczków, Nysa und Opole. Fernzüge nach Opole und Krakau fahren vom 2 km nördlich gelegenen Bahnhof Kłodzko Główne.

Westlich von Kłodzko

Karte: S. 180

Polanica Zdrój ▶ 1, F 18

Der Kurort **Polanica Zdrój** 4 (Bad Altheide) 11 km westlich von Kłodzko erstreckt sich längs einer gewundenen, bewaldeten Schlucht. An ihrem Ausgang liegt ein Park mit klassizistischer **Kurhalle,** in der ein Mineralwasser sprudelt, das unter dem Namen Staropolanka im ganzen Land als Gütesiegel für Gesundheit gilt. Am Kurhaus startet die beschauliche Flaniermeile Zdrojowa, die parallel zu einem wild schäumenden Bach verläuft. Mehrere Brücken spannen sich über das Wasser, am Ufer stehen Fachwerk- und Sezessionsvillen.

Infos
Im Internet: www.polanica.pl

Übernachten
Luxuriös – **Hotel SPA Dr. Irena Eris:** ul. Dębowa 19-B, Tel. 74 662 40 00, www.drirenaeris spa.pl. Dies ist schon das dritte Wellnesshotel, das Polens Schönheitsbotschafterin eröffnet hat – und auch hier bleiben keine Wünsche offen. Alles in dieser Unterkunft mit 85 Zimmern auf fünf Etagen scheint perfekt, das Frühstück ist reichhaltig, außer dem hervorragenden Spabereich und einem Kosmetikinstitut mit 20 (!) Behandlungsräumen gibt es ein Fitness- und Cardiozentrum. Man kann auch Tennis und Squash spielen. DZ ab 150 €.

Essen & Trinken
Gutbürgerlich – **Zdrojowa:** ul. Parkowa 2, Tel. 74 868 02 57, tgl. 10–22 Uhr. Restaurant in der Kurhalle am Park, im Sommer mit Terrassencafé. Serviert wird traditionelle polnische Kost, abends erleben Sie Unterhaltungsmusik live. Hauptgerichte ab 5 €.

Schick – **Café Tomik**: im Hotel SPA Dr. Irena Eris (s. oben). Eine feine Adresse für Kaffee und Kuchen; für ein Glas Wein am Abend müssen Sie allerdings tiefer in die Tasche greifen.

Verkehr
Züge/Busse: Gute Anschlüsse nach Kłodzko und in die übrigen Kurorte.

Duszniki Zdrój ▶ 1, F 18

Duszniki Zdrój 5 (Bad Reinerz) liegt im Schatten fast 1000 m hoher Berge. Der Marktplatz ist von Barock- und Renaissancehäusern gesäumt, nahebei erhebt sich wuchtig die **Peter-und-Paul-Kirche** (Kościół pw. Św. Piotra i Pawła) mit einer kuriosen Kanzel in Form eines Walrachens. 2 km sind es vom schmucken Stadtkern zu den Trink- und Badeeinrichtungen des Kurorts, dessen bekanntester Gast Fryderyk Chopin war (s. Thema S. 381).

Hauptattraktion des Ortes ist eine mehrgeschossige, barocke Wassermühle, die ein **Papiermuseum** (Muzeum Papiernictwa) beherbergt. Hier wird nach alter Handwerkstradition blütenweißes Büttenpapier geschöpft. Eine Ausstellung dokumentiert die Geschichte des geduldigen Mediums. Wer selber Hand anlegen möchte, kann an Workshops teilnehmen (ul. Kłodzka 42, www.muzpap.pl, Mai–Aug. Mo–Sa 9–18, So 9–15 Uhr, Sept., Okt. 1 Std. kürzer, Nov.–April Di–So 9–15 Uhr, 12–20 zł).

Infos
Touristenbüro: Rynek 9 (Kurtheater), Tel. 74 866 94 13, www.dusznikizdroj.com.pl, tgl.10–16 Uhr. Die App ›CityWalk‹ mit Wanderwegen und Eventkalender ist für Android und iOS gratis herunterzuladen.

Übernachten
Stilvoll – **Fryderyk**: ul. Wojska Polskiego 10, Tel. 74 866 04 88, www.fryderyk.com.pl. Komforthotel in einem restaurierten Schlösschen, der ehemaligen Villa Schmidt, 150 m vom Kurpark. 20 angenehm eingerichtete Zimmer, die Atmosphäre ist freundlich, die Küche gut. Auch Jacuzzi, Dampf- und Trockensauna gibt es. DZ ab 60 €.

Einkaufen
Papier – **Papiermuseum**: s. links. Hier erhält man Aquarell-, Zeichen- und Druckpapier allererster Güte, auf Wunsch mit eigenem Wasserzeichen oder Blumenornamenten etc.

Verkehr
Züge/Busse: Mehrmals tgl. Verbindungen nach Kłodzko und Kudowa. Vorteil des Busses: Man startet im Ortskern!

Kudowa Zdrój ▶ 1, E 18

Wer Kur- und Aktivurlaub verbinden will, wählt **Kudowa Zdrój** 6 (Bad Kudowa), das Sprungbrett in den Nationalpark Heuscheuergebirge (s. S. 180). Einst war Kudowa als Deutschlands

CHOPIN INTIM

1826, als Duszniki Zdrój noch Bad Reinerz hieß, kam der als musikalischer Wunderknabe gefeierte Fryderyk Chopin aus Warschau hierher, um sein Lungenleiden zu kurieren. Der 16-Jährige spöttelte über die »miese Blasmusik des Kurorchesters« und die »Maskerade der Kurgäste«, ließ sich gleichwohl überreden, ein paar Benefizkonzerte zu geben. An diese Tradition knüpft die Stadt an, die dem polnischen Komponisten das renommierte **Duszniki International Chopin Piano Festival** gewidmet hat: Internationale Klaviervirtuosen spielen Anfang August seine Stücke im beschaulich-kleinen Gutshaus von Chopin (www.festival.pl/en). Dass im gleichen Jahr und am selben Ort der damals ebenfalls 16-jährige Felix Mendelssohn-Bartholdy die Ouvertüre zum »Sommernachtstraum« schrieb, bleibt in den Broschüren der Stadt unerwähnt …

Glatzer Bergland

Skurriles Gedenken an die Toten: die ›Gebeintapete‹ in der Schädelkapelle von Kudowa Zdrój

erstes Herzbad bekannt. Nachdem man 1850 im Tal einen Sauerbrunnen entdeckt hatte, entstanden Badehäuser, Trinkhallen und Kurhotels, eingebettet in einen weitläufigen Park. Noch heute vermittelt die Architektur die Noblesse jener Jahre, als sich Hoch- und Geldadel in Kudowa ein Stelldichein gaben. Schön ist vor allem der **Kurpark**, wo alte und exotische Bäume wachsen. Über eine Palmenallee kommt man zur **Kurhalle**, in der stark eisenhaltiger Sauersprudel ausgeschenkt wird. In der Konzertmuschel wird oft klassische Musik gespielt.

Museen im Stadtzentrum

Handwerksmuseum: Nr. 37, www.dawne_rze miosla.republika.pl, Di–Sa 10–18 Uhr, 10 zł; Mineralienmuseum: Nr. 41, www.sokolowskimine rals.com.pl, tgl. 10–18 Uhr, 10 zł; Spielzeugmuseum: Nr. 46, http://muzeum-zabawek.pl, tgl. 10–17, Mai–Sept. bis 18 Uhr, 14 zł

An der zentralen Ulica Zdrojowa liegen dicht beieinander drei private Museen. Im **Museum des alten Handwerks** (Dawne Rzemiosła) wird Gerät gezeigt, das einst Schmiede, Schneider, Böttcher und Zimmerleute benutzten. Das **Mineralienmuseum** (Muzeum Minerałów) stellt Halbedelsteine aus dem Glatzer Bergland aus und das **Spielzeugmuseum** (Muzeum Zabawek) lässt mit Teddybär, Puppen und Marionetten Kindheit anno dazumal aufleben.

Schädelkapelle

ul. Kościuszki 8, in der Saison 9.30–13, 14–17.30 Uhr, www.czermna.pl, 8 zł

Der Ortsteil **Czermna** (Tscherbeney), nördlich des Kurparks von Kudowa, wartet mit einem Kuriosum auf: In der **Schädelkapelle** (Kaplica Czaszek) sind Wände und Decken mit etwa 3000 menschlichen Knochen und Schädeln dekoriert. Wer noch mehr sehen will, lässt sich von einer der Nonnen den Zugang zur Unterwelt öffnen, wo weitere rund 21 000 Köpfe gestapelt sind. Einer der in der Vitrine ausgestellten Schädel ist der von Vačlav Tomášek, jenem ominösen Gemeindepriester, der 1776 auf die Idee kam, gemeinsam mit seinem Totengräber, dem gleichfalls exponierten Józef Langer, die bizarre Sammlung zu starten. Material war in der Region reichlich vorhanden: Massengräber aus den Hussiten- und den Schlesischen Kriegen, aus dem Siebenjährigen Krieg sowie von diversen Cholera-Epidemien. Priester und Totengräber exhumierten die Toten, säuberten und konservierten sie. Sie begriffen ihre Arbeit keinesfalls als Leichenfledderei, sondern als posthume Würdigung in einem Sanktuarium der Stille. Auch die Nachkommen wollten Gutes tun: Zur Jahrtausendwende enthüllten sie neben der Kapelle ein dreisprachiges Monument (polnisch, tschechisch, deutsch), »den Kriegsopfern zum Gedenken, den Lebenden zur Warnung, 1914«.

Freilichtmuseum Pstrążna
ul. Pstrążna 14, www.kudowa.pl/pl/atrakcje/skansen, Di–So 9.30–17 Uhr, 7 zł
Im dörflichen Vorort **Pstrążna** (Straussdörfel) stehen auf einem Hügel Holzhäuser mit Glockenturm und Gasthaus – Teil eines **Freilichtmuseums** (Skansen Pstrążna), das die untergegangene Sudetenarchitektur zeigt. Im Sommer kann man jeden zweiten Sonntag erleben, wie Brot gebacken wird. Und werfen Sie auch einen Blick in die **Dorfkirche** in der Ulica Kościuszki 101, wo der Schnitzer František nicht nur die Orgel, sondern auch eine schöne bewegliche Krippe *(szopka)* gestaltet hat.

Infos
Touristenbüro: ul. Zdrojowa 44, Tel. 74 866 13 87, www.kudowa.pl, So geschl.
Im Internet: www.pol-kart.pl/ceny-bilety-wstepu. Attraktionen in Kudowa und Umgebung.

Übernachten
Villa im ruhigen Wald – **Szwajcarka:** ul. Lubelska 6, Tel. 516 090 132, www.szwajcarka kudowa.pl. Das beliebte Hotel verfügt über zehn mit Holzmöbeln eingerichtete Zimmer, eine Gemeinschaftslounge und eine überdachte Veranda. Nur 15 Min. läuft man ins Zentrum. DZ ab 65 €.

Essen & Trinken
In der alten Mühle – **W Starym Młynie:** ul. Fredry 10, Tel. 74 866 36 01, www.wstarymmlynie.com.pl, Di–So 14–22 Uhr. Karpfen und Forelle frisch aus dem Teich, Spanferkel vom Spieß und vieles mehr – in der gemütlichen ›alten Mühle‹ macht es Spaß zu speisen! Hauptgerichte ab 7 €.

Aktiv
Wandern – Im Kurpark startet ein Wanderweg über Czermna und Pstrążna zu den **Błedne Skały** (Wilde Löcher, 2,45 Std. einfach, grüne Route). Ein weiterer Weg führt über die **Wzgórza Lewinskie** (Lewiner Berge) nach Duszniki Zdrój, von wo Sie mit dem Bus zurückfahren können (3,45 Std., rote Route). Am kürzesten ist die Strecke ins **Zielona Dolina** (Grünes Tal) mit einer Marienkapelle (1,20 Std., blaue Route).
Wasserpark – **Aquapark Wodny Świat:** ul. Moniuszki 21, www.basenkudowa.pl, tgl. 10–20 Uhr, je nach Wochentag 1 Std. 14–17 zł. Große und kleine Becken, Whirlpools und ein künstlicher Fluss mit Geysir – alles chlorfrei und mit dem ortseigenen Mineralwasser Solanka gefüllt.

Bohemia – mein Schicksal
Viele jüdische Gäste hatte Bad Kudowa in habsburgischer und deutscher Zeit. Davon erzählt der Schriftsteller Jan Koplowitz (1909–2001) in seinem autobiografischen Roman »Bohemia – mein Schicksal«. Die Verfilmung des Stoffes unter dem Titel »Hotel Polan und seine Gäste« gewann in Venedig einen Goldenen Löwen. Unschwer lässt sich in dem im Buch beschriebenen Hotel das Logierhaus Austria alias Fremdenheim Salomon erkennen, das Koplowitz' Eltern gehörte. In seinem Werk schildert der Autor, wie er als 16-Jähriger den Streik der Kurangestellten unterstützte, wofür er von seinen Eltern hart bestraft wurde. Koplowitz war Redakteur der »Breslauer Arbeiterzeitung« und Mitarbeiter der Agitprop-Gruppe Roter Knüppel. 1939 floh er nach Großbritannien und kehrte 1945 nach (Ost-)Deutschland zurück.

Glatzer Bergland

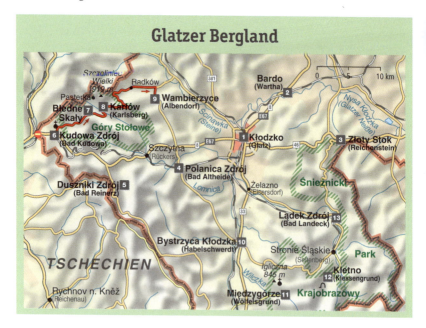

Termine
Moniuszko-Festival (Ende Aug., www.festiwal moniuszkowski.pl): Auftritte in der Konzertmuschel huldigen Polens Nationalkomponisten.

Verkehr
Züge/Busse: Der Bahnhof liegt 2 km außerhalb im Süden der Stadt. Ab der Ortsmitte gute Busverbindungen nach Kłodzko und Breslau.

Góry Stołowe ▶ 1, F 18

Von Kudowa Zdrój führt die **Straße der 100 Kurven** (Nr. 387) in die Wälder des **Heuscheuergebirges** (Góry Stołowe), das den Glatzer Talkessel nach Nordwesten hin begrenzt. Seit 1993 ist das Gebiet als Nationalpark (Park Narodowy Gór Stołowych) geschützt. Der polnische Name heißt übersetzt ›Tafelberge‹ – eine korrekte Bezeichnung für dieses Sandsteinmassiv.

Błędne Skały 7
Bevor es zum Hauptgipfel, der Großen Heuscheuer, hinaufgeht, empfiehlt sich 7 km hinter Kudowa Zdrój ein Abstecher ins Felslabyrinth **Błędne Skały**. Die schmale Einbahnstraße, die alle 15 Min. für jeweils eine Richtung geöffnet wird, endet nach 3,5 km an einem Parkplatz. Von dort erschließt ein markierter Weg eine ›versteinerte Stadt‹ mit mehreren Hundert bizarr geformten Sandsteinquadern (Rundweg ca. 4 Std.).

Karłów 8
11 km nordöstlich von Kudowa Zdrój ist der Weiler **Karłów** (Karlsberg) erreicht. Hier geht es über 682 Stufen in 30 Min. zur **Großen Heuscheuer** (Szczeliniec Wielki) hinauf, mit 919 m die höchste Erhebung des Gebirgsmassivs. Eine Hütte sorgt fürs leibliche Wohl, sodass man sich frisch gestärkt an eine kleine Rundwanderung machen kann.

Zunächst folgt man einem markierten Pfad rund ums Plateau, vorbei an einer Gedenktafel, die an Goethes Besuch anno 1790 erinnert. Der Weg schwenkt landeinwärts und führt in eine geheimnisvoll zerklüftete Felslandschaft. Hier haben im Lauf von Jahrtausenden Wasser und Wind aus dem weichen Sandstein fantastische Formen modelliert: Tiere, Türme und Märchengestalten, denen viele Felsformationen ihren Namen verdanken. Erst geht's durch ›Teufels Küche‹, dann durch die ›Hölle‹ und das ›Fegefeuer‹, schließlich zum ›Himmel‹, wo man den Blick auf den Glatzer Talkessel genießt. Nach etwa 1 Std. ist die Hütte wieder erreicht, von wo man nach Karłów hinabsteigt (insges. 2 Std.).

Infos
Im Internet: www.pngs.com.pl

Wambierzyce 9
Am nördlichen Rand des Nationalparks liegt **Wambierzyce** (Albendorf). Hier thront über einer monumentalen, weit ausladenden Freitreppe die barocke **Wallfahrtskirche Mariä Heimsuchung** (Matki Bożej Wambierzyckiej Królowej Rodzin) mit fantastischer, 50 m breiter Fassade. Einer Legende zufolge hat im Jahr 1208 an ebendieser Stelle ein blinder Bauer vor einer Madonnenfigur gebetet – zum Dank hat sie ihm das Augenlicht wiedergegeben. Die 28 cm kleine Statue verbirgt sich in üppigen Hochaltar, darüber wölbt sich eine Kuppel mit illusionistischen Malereien.

Östlich der Kirche wurden 79 Kapellen, Grotten und Torbögen errichtet, die die Kreuzwegstationen repräsentieren. Zu Mariä Himmelfahrt am 15. August werden sie von Tausenden von Pilgern belagert, die jede einzelne Station abschreiten, bevor sie sich kniend und Gebete murmelnd zur Kirche vorarbeiten. Hier befindet sich auch eine riesige, bewegliche Krippe. Christi Geburt wird anhand 800 kleiner, aus Lindenholz geschnitzter und obendrein beweglicher Figuren dargestellt.

Infos
Im Internet: http://wambierzyce.pl

Aktiv
Radfahren – Eine landschaftlich attraktive Rundtour (grün markiert und 28 km lang) führt von Karłów über Pasterka und längs der Schlucht Nad Urwiskiem wieder zurück.

Verkehr
Busse: Gute Anbindung von Karłów an Polanica Zdrój und Kłodzko.

Südlich von Kłodzko

Karte: S. 180

Bystrzyca Kłodzka ▶ 1, F/G 18
Die auf einem Hügel über der Glatzer Neiße thronende Stadt **Bystrzyca Kłodzka** 10 (Habelschwerdt, 11 000 Einw.) ist terrassenförmig angelegt. Häuser drängen sich dicht aneinander, aus dem Dächergewirr ragen Basteien und Türme. Der Marktplatz wartet mit einem Rathaus im Renaissancestil und einer schönen Mariensäule auf, die **Kirche des Erzengels St. Michael** (Kościół Św. Michała Archanioła) aus dem 13. Jh. ist das älteste Gotteshaus der Region.

Noch mehr Besucher zieht es in die ehemalige, von Karl Schinkel entworfene evangelische Kirche, in der heute ein **Zündholzmuseum** (Muzeum Filumenistyczne) zu einem Gang durch die Geschichte des Feuers einlädt. Die Palette reicht von Steinen, die beim Zusammenschlagen Funken sprühen, bis zu wunderbaren Feuerzeugen und Zigarrenanzündern. Komplettiert wird die Sammlung durch 500 000 (!) Streichholzschachteln mit unterschiedlichen Etiketten aus den letzten Jahrhunderten. Im Museum kann man auch das Ticket für eine kleine unterirdische Route erwerben (Mały Rynek 1, www.muzeum-filumenistyczne.pl, Di–Sa 8–16, So 10–15 Uhr, Juli/Aug. 1 Std. länger, 9 zł).

Infos
Im Internet: www.turystyka.bystrzyckaklodzka.pl

Verkehr
Busse: Gute Verbindungen mit allen Kurorten der Region, Abfahrt 200 m nördl. der Pfarrkirche von Bystrzyca Kłodzka.

Züge: Mehrmals tgl. nach Kłodzko, der Bahnhof liegt östl. der Altstadt.

Kletno ▶ 1, G 19
Von Międzygórze (s. S. 184) gelangt man über einsame Waldstraßen ins 7 km entfernte **Kletno** 12 (Klessengrund), Ausgangspunkt für einen Besuch von Polens wohl schönster Tropfsteinhöhle. Die **Bärenhöhle** (Jaskinia

Die Plankenwege in den Błędne Skały dienen nicht nur dem guten Vorankommen, sondern auch der Orientierung – Verlaufen ausgeschlossen

Glatzer Bergland

WANDERUNGEN ZUM WÖLFEL, AUF DEN SPITZIGEN BERG UND ZUM SCHNEEBERG

Tour-Infos
Start: Międzygórze (ca. 16 km südöstlich von Bystrzyca Kłodzka)
Länge: Wölfelsfall 1 km, Igliczna 4,2 km, Schneeberg 13,2 km, jeweils hin und zurück
Dauer: Wölfelsfall ca. 0,5 Std., Igliczna 2 Std., Schneeberg ca. 6 Std., jeweils hin und zurück
Hinweis: Bequeme Sport- bzw. Wanderschuhe sowie warme Jacke mitnehmen!

In **Międzygórze** 11 (Wölfelsgrund), einem Ferienort mit Häusern im Schweizer und Tiroler Stil, beginnen Wege zu Wasserfällen und Wallfahrtskirchen oder auch auf den Schneeberg an der polnisch-tschechischen Grenze.

Am Westende des Ortes geht es auf einem markierten Weg zum **Wölfelsfall** (Wodospad Wilczki), Schlesiens höchstem Wasserfall. Von 27 m hohen Felsstufen ergießt sich der Wölfel (Wilczka) mitten im Wald in eine enge Klamm. Von einer Brücke schaut man ins schäumende Nass, Wege zu beiden Seiten des Flusses bieten unterschiedliche Ausblicke auf das Naturschauspiel. Der Wölfelsfall zählt zu den größten natürlichen Wasserfällen in den Sudeten.

Nordwestlich des Dorfes erhebt sich der 845 m hohe **Spitzige Berg** (Igliczna), der von der barocken Wallfahrtskirche Maria Schnee gekrönt wird. Für den Aufstieg auf dem rot, gelb oder grün markierten Weg benötigt man 1 Std. Wer den gelben Weg wählt, kann auf halber Strecke einen Märchengarten besuchen, in dem aus Holz Szenen aus polnischen Legenden nachgestellt sind (Ogród Bajek, 10–18 Uhr).

Der 1425 m hohe **Schneeberg** (Śnieżnik) ragt südöstlich von Międzygórze auf und kann im Rahmen einer dreistündigen Tour bestiegen werden. Vorbei an der Holzkirche und den letzten Häusern des Dorfes kommt man längs des Wölfelbachs zu einer Kreuzung, wo man dem rot markierten, steil ansteigenden Weg folgt. Nach 20 Min. ist das Schlimmste überstanden, der Weg wird bequemer. Nach gut 2 Std. empfiehlt sich in der 1871 erbauten Berghütte **Na Śnieżniku** eine Rast bei einfacher Kost. 30 Min. später ist der kahle Gipfel des Schneebergs erreicht, höchster Punkt eines 10 km langen Hochplateaus, das als europäische Wasserscheide wirkt. Alle Bäche, die auf tschechischer Seite entspringen, fließen zum Schwarzen Meer, auf polnischer Seite münden die Flüsse über die Oder in die Ostsee und über die Elbe in die Nordsee. Bei gutem Wetter reicht der Blick bis zur Schneekoppe im Riesengebirge.

Südlich von Kłodzko

Niedźwiedzia) ist vom bewachten Parkplatz aus in 20 Min. zu Fuß bzw. mit Kutsche oder Elektroauto erreichbar. Sie wurde erst 1966 entdeckt und verdankt ihren Namen den hier gefundenen, aus der letzten Eiszeit stammenden Bärenknochen. Von den insgesamt 4,5 km langen, bei 6 °C feucht-kalten Stollen sind ca. 400 m zur Besichtigung freigegeben. Erst geht es in die Bärenhalle, einen Übergangssaal, der die Außen- vor der kühleren Höhlenwelt schützt. Hier sind Skelette und Modelle jener Tiere zu sehen, die in der Höhle gefunden wurden. Vorbei am ›Abgrund‹, über den Sie in die tieferen, nicht begehbaren Teile der Höhle schauen, gelangen Sie zur Fledermauskammer, in der die lichtscheuen Wesen überwintern. Auf die lebendigen folgen die toten Tiere: In der Löwenhalle wurde der Schädel eines prähistorischen Löwen gefunden, der allerdings keine Mähne hatte. Knochen von weiteren Tieren, die vor 2,5 Mio. bis 10 000 Jahren hier lebten, sind in den folgenden Kammern ausgestellt – den Friedhöfen der Pleistozän-Tiere, auch das Skelett eines Bären ist darunter. Durch den Korridor der erstarrten Becken, deren Kalkgrund an Blumenmuster erinnert, kommen Sie zum Stollen der Stalaktiten, es folgen die Große Kaskade, ein etwa 8 m hohes Tropfsteingebilde, und der Palastsaal, wo sich Stalaktiten und Stalagmiten zu gewundenen Säulen verbinden. Die bizarren Formen erinnern an Menschen- und Tiergestalten, die aus einem Märchen stammen könnten. Die Natur setzt das fantastische Werk fort: Noch immer tröpfelt Wasser, dessen mitgeführter Kalk der Stoff ist, aus dem Tropfsteine entstehen. Vorbei am Skelett eines Bärenbabys, das hier vor 13 000 Jahren in die Tiefe fiel, kommen wir zur Höhle des primitiven Menschen, in der vielleicht unsere Vorahnen lebten (Tel. 74 814 12 50, www.jaskinianiedzwiedzia.pl, Di–So 9–16.40 Uhr, Sept.–April Mo, Do geschl., für die 45-minütige Tour in Gruppen von max. 15 Pers. ist eine Reservierung obligatorisch, 32 zł pro Pers.).

Lądek Zdrój ▶ 1, G 18

Am Ostrand des Glatzer Kessels, am Fuß des Glatzer Schneegebirges (Masyw Śnieżnika), liegt in ca. 450 m Höhe **Lądek Zdrój** 13 (Bad Landeck), einer der ältesten Kurorte Europas. Seit dem 14. Jh. kamen Könige, Fürsten und Bischöfe aus ganz Europa, um sich hier kurieren zu lassen. Der Ort mit seinen knapp 10 000 Einwohnern ist zweigeteilt.

Rund um den quadratischen restaurierten **Markt** gruppieren sich gut erhaltene, mit Kaufmannswappen versehene Barock- und Renaissancebauten. Haus Nr. 4 ziert ein Merkurstab, Symbol des Handels, darüber prangt das Auge der Vorsehung, das Glück verheißt. Haus Nr. 8 mit Kessel und Schleife erinnert daran, dass der Besitzer ein Bierbrauer war.

Über eine steinerne Brücke spaziert man vom Markt zum eigentlichen Kurort hinüber, der vor scharfen Winden durch Bergriegel geschützt ist. Schmuckstück ist das ehemalige Marienbad, die heutige **Naturheilanstalt Wojciech**, ein neobarocker Palast, unter dessen imposanten Kuppel sich ein türkisches, mit Marmor verkleidetes Bad befindet.

Nach dem Bad empfiehlt sich ein Schluck des schwefligen, radiumhaltigen Wassers in der Trinkhalle im Obergeschoss. Derart gestärkt ist man fit für einen Spaziergang durch den labyrinthisch angelegten **Botanischen Garten** oder man trifft sich zu Kaffee, Kuchen und Eis im **Café Albrechtshalle**.

Infos
Internet: www.ladek.pl

Übernachten
Auf Fels gebaut – **Zamek na Skale:** Trzebieszowice 151, Tel. 74 865 20 00, www.zamek naskale.com.pl. Das Schloss aus dem 16. Jh. in bester Lage wurde 2006 restauriert, heute könnten einige Zimmer und Bäder erneut eine Auffrischung vertragen. Der Park lädt zu schönen Spaziergängen ein. Abends sorgt eine ukrainische Musikgruppe für gute Unterhaltung. DZ ab 80 €.

Verkehr
Züge: Spärliche Verbindungen, der Bahnhof liegt 1 km westl. der Stadt.
Busse: Guter Service von und nach Kłodzko und Bystrzyca Kłodzka. Zusteigen kann man in beiden Stadtteilen.

Kapitel 3

Oppelner Land und Oberschlesien

Wer mit Auto oder Zug durch Polens Süden reist, macht zwischen Breslau und Krakau nur selten Station – es sei denn, seine Vorfahren kommen aus der Gegend. Tatsächlich bietet das Oppelner Land wenig Spektakuläres, dafür eine Fülle angenehmer Überraschungen. Sanft gewellt ist die Gegend, über bucklige Hügel steigt sie zu den Ausläufern der Sudeten an. Goldene Farben künden von der polnischen Kornkammer, gelb leuchten sommerliche Raps- und Sonnenblumenfelder. Man kommt durch verschlafene Dörfer, alles geht seinen geordneten, unaufgeregten Gang. Eine Ausnahme macht die Provinzhauptstadt Opole, die dank ihrer vielen Studenten recht quirlig wirkt.

Weiter östlich liegt Oberschlesien, Polens Ruhrpott. Nach der Schließung vieler Zechen tut sich hier einiges: Die Stadtzentren werden saniert, statt Schwerindustrie wird Hightech angesiedelt, 45 Hochschulen sorgen für den technisch-naturwissenschaftlichen Nachwuchs. Radikal ist das Facelifting der Provinzhauptstadt Katowice, die sich vom grauen Moloch zur schicken City entwickelt und sich ein 250 Mio. Euro teures Kulturviertel verpasst hat.

Knapp eine Autostunde südlich von Katowice beginnt das ›grüne Oberschlesien‹, das bis zu den 1725 m hohen Schlesischen Beskiden reicht. Schönster Ort auf dem Weg dorthin ist Pszczyna mit einem prachtvollen Schloss. Eine Autostunde nördlich von Katowice liegt Częstochowa, Polens größter Wallfahrtsort, in dem sich alles um die Schwarze Madonna dreht. Halleluja!

Drinnen oder draußen? Im Foyer von Katowices
Konzerthalle NOSPR verschwimmen die Grenzen

Auf einen Blick: Oppelner Land und Oberschlesien

Sehenswert

Brzeg: Ein prachtvolles Schloss-Kirchen-Ensemble schlummert in einer ehemaligen Residenzstadt (s. S. 194).

 Katowice: Schlesiens Hauptstadt hat sich von einem Industriemoloch in eine schicke Metropole verwandelt und bietet Überraschungen über und unter der Erde (s. S. 202)

Tarnowskie Góry: Bergwerk reloaded – jetzt Weltkulturerbe (s. S. 215).

Częstochowa: Polens wichtigster Wallfahrtsort ist der Schwarzen Madonna geweiht (s. S. 216).

Schöne Routen

Ins ländliche Oppelner Land: Ab Opole auf der Straße 46 ins beschauliche Nysa, dann an Seen vorbei nach Otmuchów und Paczków. Auf Nebenstraßen geht es mit einem Abstecher übers Märchenschloss Moszna – am schönsten Ende Mai zur Azaleenblüte! – nach Głogówek und zum Annaberg (s. S. 196).

Ins ländliche Oberschlesien: Von Katowice auf der Beskidenstraße 86 via Tychy nach Pszczyna und über Bielsko-Biała nach Żywiec in den Schlesischen Beskiden (s. S. 221).

Meine Tipps

Wallfahrt zum Annaberg: Zum Namenstag der hl. Anna am 26. Juli treffen Pilger aus ganz Schlesien ein (s. S. 200).

Konzerte im NOSPR von Katowice: Architektur, Avantgarde, Akustik – hier ist alles ein Erlebnis (s. S. 203).

Katowices Monopol: Im traditionsreichen Hotel paart sich Art déco mit Beton, Backstein und Glas (s. S. 207).

Rawa Festival: Blues vom Feinsten in Katowices ›fliegender Untertasse‹ (s. S. 211).

Pszczyna: Idyllisches Oberschlesien mit Schloss, Park und Wisent-Gehege (s. S. 221).

Fragil anzusehen, historisch ein Schwergewicht: der Sendeturm Gleiwitz

Mit dem Rad nach Nikiszowiec: Gut wohnen sollten die Arbeiter des Nikischschachts und erhielten im 19. Jh. eine Mustersiedlung aus Backstein. Heute wird diese mit Museen und Galerien revitalisiert. Da es sich um ein recht großes Areal handelt, ist das Rad für die Erkundung ideal (s. S. 210).

Oppelner Land

Opole, auf halber Strecke zwischen Breslau und Krakau, ist der Benjamin unter den polnischen Provinzhauptstädten. Der Alltag verläuft sehr geruhsam, Polen und Angehörige der deutschen Minderheit basteln an der Verschönerung von Stadt und Region. Sehenswert in der Umgebung sind historische Residenz- und Bischofsstädte sowie restaurierte Schlösser.

Opole ▶ 1, K 17

Cityplan: S. 193, **Karte:** S. 198
Die Provinzhauptstadt **Opole** 1 (Oppeln) zählt 128 000 Einwohner. Sie erstreckt sich zu beiden Seiten der Oder und längs ihrer Seitenarme, wirkt freundlich und sympathisch. Die Industrieanlagen, vor allem Zementwerke und Maschinenbau, sind in die Randbezirke verbannt, das fruchtbare Umland wird landwirtschaftlich genutzt.

Geschichte
Archäologische Funde lassen darauf schließen, dass der slawische Stamm der Opolanen bereits um die Mitte des 9. Jh. im Norden Oberschlesiens lebte und die zu Opole gehörende Oderinsel Pasieka zu seinem Stammsitz erkor. Als sich gut 300 Jahre später deutsche Siedler hier niederließen, vermischten sie sich mit den einheimischen Slawen und beförderten Handel und Handwerk. Die Existenz einer deutschrechtlich begründeten Stadt ist für 1217 belegt.

Wie alle schlesischen Städte hat Opole mehrmals seine Besitzer gewechselt. Es gehörte zu Polen und Böhmen, Habsburg, Ungarn und Preußen. Nach dem Ersten Weltkrieg wurde es Hauptstadt der neu geschaffenen Provinz Oberschlesien, verlor diesen Rang aber bei der erneuten Vereinigung Schlesiens 1938. Nachdem es im Zweiten Weltkrieg zu 60 % zerstört worden war, fiel es an Polen, doch im Unterschied zu Niederschlesien durfte ein beträchtlicher Teil der Deutschen hier wohnen bleiben.

Am Marktplatz
Der weitläufige kopfsteingepflasterte **Marktplatz** (Rynek) bildet das Herz der Stadt. In den Bars und Cafés treffen sich Bewohner und Besucher, in lauen Sommernächten spielen Musikgruppen auf. Vielfarbige Bürgerhäuser reihen sich aneinander, verspielte Giebel, runde Erker und Fensterschmuck versprühen barocke Leichtigkeit. Im Haus Nr. 37 lebten bis 1532 die schlesischen Herzöge, weshalb es bis heute Piastenhaus genannt wird.

Klassisch streng – und nicht ganz passend zum Ensemble der Bürgerhäuser – erscheint das wuchtige **Rathaus** 1 (Ratusz) in der Mitte des Platzes. Entstanden ist es 1824, in den Jahren 1934 bis 1936 wurde es nach dem Vorbild des Florentiner Palazzo Vecchio erneuert.

Ein paar Schritte südwestlich des Rings erhebt sich die **Franziskanerkirche** 2 (Kościól Franciszkanów) aus dem 14. Jh. Schauen Sie in die vom rechten Seitenschiff abzweigende Kapelle (Kaplica Piastów), in der vier Oppelner Piasten unter einem Sternengewölbe ruhen. Auf ihren Sarkophagen sind sie in Lebensgröße und voller Montur dargestellt, ein paar Tierfiguren halten ewige Wache. Das schöne Triptychon im Hintergrund wirkt mittelalterlich, wurde aber 1958 gemalt.

Regionalmuseum und Marienkirche
Museum: ul. Św. Wojciecha 13, www.muzeum.opole.pl, Di–Do 9–16, Fr–So 12–18 Uhr, 10 zł
Im ehemaligen Jesuitenkolleg nordöstlich des Rings können Sie das attraktive **Regionalmuseum** 3 (Muzeum Śląska Opolskie-

go) besuchen. Der Bogen spannt sich von Mammutknochen aus der Steinzeit über Modelle mittelalterlicher Wehrsiedlungen bis zu Oppelner Trachten und Gemälden polnischer Maler. Werfen Sie auch einen Blick in die originale Klosterapotheke und ins benachbarte, im Stil des 19. Jh. eingerichtete Bürgerhaus.

Neben dem Regionalmuseum steigt man über eine monumentale Freitreppe zur **Marienkirche** 4 (Kosciól Marii Panny) hinauf, der früheren ›Kirche auf dem Hügel‹. Wahrscheinlich hat an dieser Stelle das erste Gotteshaus der Stadt gestanden, eine 984 erbaute Holzkapelle.

Noch eine Etage höher, hinter der Marienkirche, befindet sich das moderne Opole mit Universität, Einkaufszentrum **Solaris** 1 und dem Theater, davor der **Plac Św. Jana Pawła II** mit Wasserspielen und viel Grün.

Kathedrale zum heiligen Kreuz 5

Auf der Straße der Oppelner Fürsten, der Ulica Książat Opolskich, gelangt man in wenigen Minuten vom Rynek zur **Kathedrale zum Heiligen Kreuz** (Kosciól Katedralny Św. Krzyża). Der mittelalterliche Backsteinbau aus dem 15. Jh. mit seinen schlanken, 73 m aufragenden Türmen hat viel von seiner gotischen Ausstattung eingebüßt, unzerstört blieb nur das Portal mit den Wappen der Oppelner Piasten.

In der Kapelle zur Rechten findet man noch eines der einstmals 26 gotischen Triptychen, in dem auf rotem Marmor gemeißelten Grabmal ruht Jan II. Dobry (›der Gute‹), der letzte slawische Piastenfürst (1532). Gleichfalls im rechten Seitenschiff entdeckt man ein Marienbild, das 1470 auf ein Lindenbrett gemalt wurde. Nach seinem Sieg über die Türken 1683 bei Wien stiftete König Jan III. Sobieski der Figur ein Silbergewand, Papst Johannes Paul II. setzte ihr eine Krone auf.

Diözesanmuseum 6

ul. B. Kominka 1-A, www.muzeum.diecezja. opole.pl, Di, Do 10–12, 14–17, Mi 9–12, 14–16, 1. So im Monat 14–17 Uhr, 12 zł

Im nördlich gelegenen **Diözesanmuseum** (Muzeum Diecezjalne) kann man wertvolle Schnitzereien und Gemälde, Hand- und Druck-

Die Fingernägel sollten nicht angeknabbert werden, nur die Minitörtchen – die gibt es in köstlichen Varianten im Café Dolce Far Niente

schriften betrachten, die allesamt aus schlesischen Künstlerwerkstätten stammen. Highlights sind ein Kruzifix von 1480 aus der Schule Tilman Riemenschneiders und eine 1507 geschaffene, von Veit Stoß inspirierte Pietà.

Platz des hl. Sebastian 7

Ganz in der Nähe von Museum und Kathedrale lohnt der **Platz des hl. Sebastian** (Plac Św. Sebastiana) mit Bäumen und aus dem Boden schießenden Wasserfontänen einen Besuch. Dies ist der neue, chillige Mittelpunkt der Stadt. Hierher kommen die Opolaner gern mit ihren Kindern, denen das nasse Element gut gefällt.

Insel Pascheke

Piastenturm: www.wiezapiastowska.pl, Mo–Fr 9–17, Sa, So 11–16 Uhr, 10 zł

Arg hoch gegriffen ist es – und dennoch: Auf der **Insel Pascheke** (Wyspa Pasieka) kann man ahnen, warum die Stadt als Schlesisches Venedig vermarktet wird. Neben pastellfarbenen Bürgerhäusern stehen am Ufer mittelalterliche Speicher, im Hintergrund ragen backsteinerne Türme auf.

Rechts erhebt sich der walzenförmige **Piastenturm** 8 (Wieża Piastowska), einziges Relikt der mittelalterlichen Burg, in der vom 13. bis 16. Jh. die schlesischen Fürsten residierten. Vom Turm hat man eine weite Aussicht über die Stadt, in westlicher Richtung sieht man das **Freilichttheater** 9 (Amfiteatr), in dessen Bau Fragmente des ehemaligen Piastenschlosses eingefügt sind. Hier findet seit 1963 im Mai bzw. Juni Polens populäres Festival des polnischen Liedes (s. S. 194) statt. In der restlichen Sommerzeit werden tagsüber Joga- und Meditationssessions, Zumba- und Tango-Workshops, abends Open-Air-Kino und Konzerte von Oper bis Chillout veranstaltet. In die Anlage integriert ist einer der besten Musikclubs Polens, das **Narodowe Centrum Polskiej Piosenki** (s. S. 194).

Freiheitsplatz und Bahnhof

Über die ehemalige **Pfennigbrücke** (Zielony Most) geht es nun wieder auf die andere Flussseite zum **Freiheitsplatz** (pl. Wolności). Hier prangt ein großes **Heldendenkmal** 10 (Pomnik), das eine geflügelte Amazone auf dem Rücken eines Wisents zeigt. Gewidmet ist es den Helden des Kampfes um die Freiheit des Oppelner Schlesiens, also jenen polnischen Aufständischen, die sich nach dem Ersten Weltkrieg – erfolglos – dafür einsetzten, dass Oppeln polnisch werden möge. Erst nach dem Zweiten Weltkrieg war es so weit …

Hinter dem Denkmal wurde die **Philharmonie** 1 ins Grüne gesetzt, die mit der gleichfalls neuen, von einer Glasfassade ummantelten **Bibliothek** 11 bestens harmoniert.

Opole

Sehenswert
1. Rathaus
2. Franziskanerkirche
3. Regionalmuseum
4. Marienkirche
5. Kathedrale zum heiligen Kreuz
6. Diözesanmuseum
7. Platz des hl. Sebastian
8. Piastenturm
9. Freilichttheater
10. Heldendenkmal
11. Bibliothek
12. Bahnhof
13. Zoologischer Garten
14. Museum des Oppelner Dorfes

Übernachten
1. Mercure Opole
2. DeSilva Premium Opole
3. Piast

Essen & Trinken
1. Starka
2. Maska
3. Grabówka
4. Dolce Far Niente

Einkaufen
1. Solaris

Abends & Nachts
1. Filharmonia Opolska

Vom Freiheitsplatz aus führt die breite Fußgängerstraße Krakowska zum schönen **Bahnhof** 12 (Dworzec), der um 1900 im Stil der Neorenaissance erbaut wurde.

Zoologischer Garten 13

ul. Spacerowa 10, Wyspa Bolko, www.zoo.opole.pl, tgl. 10–18 Uhr, im Winter kürzer, 22 zł

Schön zum Erholen ist der 83 ha große Park auf der **Insel Bolko** im Süden der Stadt. Hier wurde 1934 ein **Zoologischer Garten** (Ogród Zoologiczny) angelegt, in dem über 100 Tierarten leben, u. a. Affen, Pinguine und Giraffen, Pandabären, Antilopen und Schneepanther.

Museum des Oppelner Dorfes 14

ul. Wrocławska 174, www.muzeumwsiopolskiej.pl, Mo 10–15, Di–Fr 10–17, Sa, So 10–18 Uhr, im Winter kürzer, 12 zł

Wer sich für traditionelle Architektur interessiert, macht einen Ausflug zum Freilichtmuseum in den 6 km westlich gelegenen Ortsteil Bierkowice. Im **Museum des Oppelner Dorfes** (Muzeum wsi Opolskiej) wurde eine authentische Ortschaft rekonstruiert. Etwa 50 alte Bauernhütten, Mühlen und Werkstätten erinnern an das Landleben im 18. und 19. Jh. Die Häuser sind um eine der für diese Region typischen Schrotholzkirchen gruppiert, auffallend sind ihre kleinen Fenster und die weit heruntergezogenen Schindeldächer. Gleich neben dem Eingang wird in einer Schänke aus dem Jahr 1858 gute Hausmannskost aufgetischt.

Infos

Touristenbüro MIT: Rynek 23, Tel. 77 451 19 87, www.opole.pl, Mo–Fr 9–18, Sa 9–17 Uhr, im Winter kürzer.
Touristenbüro CIT: ul. Żeromskiego 3, Tel. 77 441 25 22, www.visitopolskie.pl, Mo–Fr 9–18, Sa 9–17 Uhr, im Winter kürzer.

Übernachten

Gegenüber vom Bahnhof – **Mercure Opole** 1 : ul. Krakowska 57/59, Tel. 77 451 81 00, www.mercure.com. Das Hotel mit seinen 102 Zimmern liegt gleichfalls nur wenige Gehminuten von der Altstadt entfernt und bietet einen in jeder Hinsicht guten Standard, aufgrund der günstigen Preise nach wie vor zu empfehlen. Der Parkplatz ist gebührenpflichtig. DZ ab 120 €.

Am Fluss – **DeSilva Premium Opole** 2 : ul. Leona Powolnego 10, Tel. 77 540 70 00, www.desilva.pl. Modernes Hotel, zum Bahnhof und zum Stadtzentrum läuft man jeweils ca. 5 Min. Gutes polnisches Frühstück. Preise stark variierend, DZ meist um die 80 €.

Auf der Insel Pascheke – **Piast** 3 : ul. Piastowska 1, Tel. 77 454 97 10, www.hotel-piast.opole.pl. Hotel in einem historischen Gebäude aus dem 19. Jh. nahe dem Mühlgraben, das Stadtzentrum erreicht man zu Fuß in 5 Min. 25 komfortable Zimmer, die zur Rückseite sind ruhiger und verfügen über den schöneren Ausblick. Geringe Parkplatzgebühr. DZ ab 70 €.

Oppelner Land

Tipp

SILESAURUS OPOLENSIS

225 Mio. Jahre zählen die Knochen des Silesaurus Opolensis, die in einer Tongrube in **Krasiejów** 2 (▶ 1, K/L 17) ca. 20 km östlich von Opole gefunden wurden. Damit ist dieser Dinosaurier mit dem patriotischen Namen ›Schlesischer Opolane‹ einer der ältesten seiner Art – und mit 1,40 m Höhe wohl auch einer der kleinsten. Im Jura Park des Ortes wurden längs einer Strecke von 1,5 km rund 200 seiner großen Verwandten in Originalgröße rekonstruiert – wahre Monstertiere bis zu 20 m Höhe, geschaffen nach neuesten wissenschaftlichen Erkenntnissen von Paläo-Bildhauern. Ein prähistorisches Ozeanarium veranschaulicht, wie die gleichfalls ausgestorbenen Meeressaurier lebten (ul. 1 Maja 10, www.juraparkkrasiejow.pl, Mo-Fr 10-19, Sa, So 9-20 Uhr, 50-70 zł).

Essen & Trinken

Rund um den Marktplatz gibt es eine Fülle von Cafés, kleinen Lokalen und Weinstuben.

Am Oderufer – **Starka** 1 : ul. Ostrówek 19, Tel. 77 453 12 14, www.restauracjastarka.pl. *Starka* heißt auf Schlesisch ›Oma‹ – und bei ihr gibt es traditionelle, deftige Küche. Diese genießen Sie in einem historischen, rustikal eingerichteten Haus am Fluss, am besten auf der Terrasse über dem dahinziehenden Wasser. Suppen ab 4 €.

Auf dem Marktplatz – **Maska** 2 : Rynek 4-6, Tel. 77 453 92 67, www.pubmaska.pl, tgl. 11-24 Uhr. Ein Restaurant mit typisch polnischen Gerichten, vormittags auch einem bayerischen Frühstück. Ein hübscher Pub befindet sich gleich nebenan – Polens Kult-Theatermann Jerzy Grotowski hat einst in diesen Räumen geprobt! Hauptgerichte ab 6 €.

Crêpes über alles – **Grabówka** 3 : ul. Mozarta 2, www.grabowkanalesniki.pl, Mo-Fr 10-20, Sa, So 11-19 Uhr. Leckere Crêpes in allen Varianten auf einer grünen Terrasse an der Pfennigbrücke. Ab 3 €.

Der Name ist Programm – **Dolce Far Niente** 4 : Rynek 11-A, Mo-Sa 8-21, So 10-20 Uhr. Das kleine, schwarz gestylte Bistro-Café am Marktplatz serviert den vielleicht besten Kaffee der Stadt. Es gibt gute Frühstücksgedecke, Croissants und Kuchen, Salat und Kanapees.

Einkaufen

Einkaufszentrum – **Solaris** 1 : pl. Kopernika 16, www.solariscenter.pl.

Abends & Nachts

Musikclub – **Narodowe Centrum Polskiej Piosenki (NCPP)** 9 : ul. Piastowska 14-A, Tel. 501 958 255, www.ncpp.opole.pl. Das ans Freilichttheater angeschlossene ›Zentrum des polnischen Liedes‹ ist in der kühlen Jahreszeit einer der besten Musikclubs Polens.

Philharmonie – **Filharmonia Opolska** 1 : ul. Krakowska 24, Tel. 77 442 32 70, www.filharmonia.opole.pl.

Termine

Festival des polnischen Liedes (Mai/Juni, www.festiwalopole.com): Aufgrund politischen Drucks ist die Zukunft des Festivals ungewiss.

Weihnachtsmarkt (Dez.): An den drei Wochenenden vor Heiligabend auf dem Rynek.

Verkehr

Züge/Busse: Mit dem Zug gute Verbindungen nach Breslau, Częstochowa, Katowice und Krakau. Nach Nysa und Kłodzko kommt man besser mit dem Bus. Bahnhof und Busstation befinden sich 1 km südl. der Altstadt.

Brzeg ▶ 1, J 16

Karte: S. 198

Auf halber Strecke zwischen Breslau und Opole liegt **Brzeg** 3 (Brieg), eine der ältesten Städte Schlesiens mit etwa 36 000 Einwohnern – nicht zu verwechseln mit dem gleichfalls an der Oder, aber nordwestlich von Breslau gelegenen Brzeg Dolny!

Von 1311 bis 1675 war es die Hauptstadt eines eigenständigen Fürstentums, woran schöne Bauwerke der Gotik und Renaissance erinnern. 1675 fiel Brzeg ans Haus Habsburg, das barocke Akzente setzte. Heute ist es ein etwas verschlafenes Städtchen, das man gut auf der Durchreise ›mitnehmen‹ kann.

Rund ums Piastenschloss

Schloss und Museum: pl. Zamkowy 1, www.zamek.brzeg.pl, Di–So 10–17 Uhr, 14 zł

Ein Meisterwerk der Renaissance am Nordwestrand der Altstadt ist das **Piastenschloss** (Zamek Piastowski). Die Einfahrt wird von den fast lebensgroßen Figuren des Bauherrn Georg II. und seiner Frau Barbara geschmückt, über ihnen prangen die Büsten polnischer Könige und Piastenherzöge – eine in Stein gemeißelte Ahnengalerie. Hinter dem Tor öffnet sich ein eleganter dreigeschossiger Arkadenhof, mit dessen Fertigstellung der italienische Architekt Francesco Pario von 1541 bis 1560 beschäftigt war. An jedem 8. Februar erinnert ein Konzert mit bekannten Solisten daran, dass an just diesem Tag im Jahr 1843 Franz Liszt im Schloss für die Adelsgesellschaft musizierte.

Im Ost- und Südflügel des Schlosses ist das **Piastenmuseum** (Muzeum Piastów Śląskich) untergebracht, das schlesische Kunst vom 15. bis 18. Jh. vorstellt, darunter Grabmäler von Herrschern, kostbare Gemälde und Skulpturen.

Wichtigstes Bauwerk aus gotischer Zeit ist die **Schlosskirche** (Kościół Zamkowy) links neben dem Torbau. Sie geht auf das Jahr 1369 zurück und wurde nach dem Zweiten Weltkrieg originalgetreu rekonstruiert. Schräg gegenüber erhebt sich die barocke, doppeltürmige **Heiligkreuzkirche** (Kościół Św. Krzyża). Wie es sich für ein Gotteshaus der Jesuiten gehört, wird das katholische Glaubensbekenntnis pompös in Szene gesetzt. Das gesamte Gewölbe ist mit illusionistischen Fresken bemalt, die die Herrlichkeit des Heiligen Kreuzes und des Neuen Testaments verkünden.

Von der Terrasse des **Hotels Arte** (s. rechts) können Sie das schöne Ensemble länger auf sich wirken lassen. Oder Sie spazieren durch den Park hinter dem Schloss, der sich bis zur Oder hinabsenkt. Am Fluss werden Boote verliehen, mit denen Sie die große Oderinsel umpaddeln können.

Altstadt

Rathaus: sofern keine Sitzung stattfindet, Mo–Fr 9–13, Sa, So 14–15 Uhr

Bei einem Spaziergang durch die Altstadt stoßen Sie auf weitere Bauwerke, deren Größe und Schönheit überraschen. Das im Renaissancestil erbaute **Rathaus** (Ratusz) im Zentrum des Rings gefällt mit Kreuzgängen und einem behelmten Turm, von dem sich ein weiter Blick über die Stadt bietet. Im Rathaus befindet sich eine **Kunstgalerie** mit angeschlossener Touristeninformation, oft werden auch Konzerte gegeben – zu Ehren des 1927 in der Stadt geborenen Star-Dirigenten Kurt Masur.

Ein Bummel auf der Fußgängerstraße Długa bringt Sie zur **Nikolaikirche** (Kościół Św. Mikołaja), einem gotischen Monumentalbau aus dem 14. Jh. Vor allem innen beeindruckt er mit einem 30 m hohen, durch schlanke Säulen gegliederten Hauptschiff – ein überwältigendes Raumerlebnis!

Info

Touristeninfo: Ratusz, Rynek s/n, Tel. 77 416 00 40, www.brzeg.pl, Di–Sa 9–17 Uhr.

Übernachten, Essen

Neben dem Schloss – **Arte:** pl. Zamkowy 8, Tel. 77 424 02 90, www.hotelarte.pl. Ideale Lage, klein und stilvoll. Frühstück und Abendessen – beides ist zu empfehlen. Auch Nicht-Hotelgäste genießen das polnische Essen auf der Terrasse mit Blick auf Schloss und Kirche. DZ ab 60 €, Hauptgerichte ab 7 €.

Essen & Trinken

Im Ratskeller – **Ratuszowa:** Rynek, Tel. 77 416 52 67, www.restauracjaratuszowa.com, Mo–Sa 12–22, So 14–20 Uhr. Schlesische Gerichte, u. a. Rote-Rüben-Suppe und gebackener Zander, dazu trinkt man das lokale Bier. Im Sommer gibt es eine Außenterrasse. Hauptgerichte ab 7 €.

Oppelner Land

Einkaufen
Einkaufszentrum – **Galeria Brzeg:** ul. Wrocławska 5, www.galeriabrzeg.pl, Mo–Sa 10–20, So 10–18 Uhr. Mit Supermarkt und Boutiquen.

Verkehr
Züge/Busse: Nach Breslau, Opole und Krakau kommt man leicht mit dem Zug, in die Orte abseits der West-Ost-Bahnlinie besser mit dem Bus. Bahnhof und Busstation liegen 1 km südl. der Altstadt.

Nysa und Umgebung

Nysa ▶ 1, H 18

Karte: S. 198
50 km südlich von Brzeg liegt **Nysa** 4 (Neiße), das mit seinem etwas halbherzig restaurierten Ortskern nur noch eine Ahnung von einstiger Größe vermittelt. Allerdings soll die Altstadt nun zur Fußgängerzone werden, eingefasst von Alleen und Spazierwegen.

Bedeutend war Nysa im 16. und 17. Jh., als die katholischen Bischöfe aus dem protestantischen Breslau hierher flüchteten und eine Hochburg der Gegenreformation begründeten. Das ›schlesische Rom‹ wurde zur Kaderschmiede des geistlichen Nachwuchses, außer dem Breslauer Priesterseminar etablierte sich das Jesuitengymnasium Carolinum. Unter preußischer Herrschaft wurden die Bischöfe entmachtet, die Stadt zur Grenzfestung ausgebaut.

Am Marktplatz
Am weiten Marktplatz stehen historische Giebelhäuser neben Wohnblocks, Schmuckstücke der Gotik und der Renaissance kontrastieren mit architektonischer Tristesse. Im Norden erhebt sich die gotische **Jakobskirche** (Kościół Św. Jakuba), ein gewaltiger Backsteinbau mit 20 Kapellen und freistehendem Glockenturm. In seinem Inneren ist der Jakobsschatz (Skarb Św. Jakuba) zu bestaunen. Spektakulär ausgestellt hinter Glas sind Kelche, Kerzenhalter und Kultschalen, geschaffen von lokalen Gold- und Silberschmieden für hohe Kirchenherren. Nach 1945 galten die Stücke als verschollen, erst 2003 hat man sie bei Restaurierungsarbeiten wiederentdeckt.

Westlich der Jakobskirche steht der **Schöne Brunnen** (Piękna Studnia) aus dem Jahr 1686 mit einem schmiedeeisernen, wie ein Bienenkorb geformten Gehäuse. Geschaffen hat ihn der Zeugwärter Wilhelm Helleweg – wie man sieht, ein Meister seines Fachs: Archaische Figuren sind zu einem fantastischen Ensemble verschmolzen.

Geistliches Viertel
Stadtmuseum: ul. Biskupa Jarosława 11, www.muzeum.nysa.pl, Di–So 10–15 Uhr, 12 zł
Südöstlich der Jakobskirche beginnt das Geistliche Viertel. Das restaurierte **Bischofspalais** (Pałac Biskupi), erbaut in den Jahren 1660 bis 1729, birgt das **Stadtmuseum** (Muzeum Miejskie), in dem anhand von Fotos, Stichen und Modellbauten vor Augen geführt wird, was der Stadt durch die Zerstörung im Zweiten Weltkrieg verloren ging. Daneben werden Kunst und Kunsthandwerk aus Schlesien ausgestellt.

Vorbei am **Bischofshof** (Dwór Biskupów) kommt man zu der von Jesuiten errichteten, doppeltürmigen **Mariä-Himmelfahrt-Kirche** (Kościół Wniebowzięcia Matki Boskiej) und dem herrschaftlichen Jesuitenkolleg **Carolinum**, heute ein Gymnasium. Ein Prachtwerk des Barock ist die **Peter-und-Paul-Kirche** (Kościół Św. Piotra i Pawła), die zwischen 1720 und 1728 entstand – vergessen Sie nicht, einen Blick in ihren ›schwingenden‹ Innenraum zu werfen!

Gemeindefriedhof
Literaturfreunde pilgern zum **Gemeindefriedhof** (Cmentarz Komunalny), wo Joseph von Eichendorff (1788–1857), der in Nysa seine letzten beiden Lebensjahre verbrachte, gemeinsam mit seiner Frau Luise begraben liegt. Eine Büste wurde ihm zu Ehren aufgestellt. Über seine Wahlheimat schrieb der Dichter: »Die Gegend von Neisse ist wahrhaft paradiesisch, und gerade auf dem schönsten Punkte, mit dem Blick auf das hohe Gebirge, habe ich mit den Meinigen meinen Sommeraufenthalt aufgeschlagen.«

Deutsche Minderheit

Schlesien ist eine Grenzregion, gehörte mal dem einen, mal dem anderen Staat. Nationalisten auf deutscher wie auf polnischer Seite agitierten für ihre jeweilige Sache und entfachten eine erbitterte Feindschaft, die im Zweiten Weltkrieg ihren Höhepunkt erreichte. Seit der Wende 1990 und mehr noch seit Polens Eintritt in die EU 2004 hat sich die Situation normalisiert.

Die Geschichte Schlesiens ist kompliziert. Oft änderte sich seine staatliche Zugehörigkeit, etliche Orte mussten allein von 1918 bis 1945 viermal umsatteln: Vor 1918 waren sie preußisch-deutsch, danach polnisch, 1939 wurden sie ›heimgeholt ins Reich‹, 1945 Polen zugeschlagen. Da verwundert es nicht, dass die Menschen den Staat als etwas Provisorisches begriffen und Schwierigkeiten hatten, sich mit ihm zu identifizieren. Stattdessen fühlten sie sich allein ihrer Heimatregion zugehörig, der Landschaft und den Menschen, mit denen sie aufgewachsen waren. Und je nach Situation aktivierten sie ihre eine oder andere Seite: In polnischer Zeit sprachen sie Polnisch, in deutscher Zeit holten sie ihr Stammbuch heraus und erinnerten sich des Deutschen.

»Immer wenn ich polnische Kinder kommen sah, flüchtete ich zusammen mit meinem Bruder in die Ruinen«, erinnert sich Dorota, die 1945 acht Jahre alt war. »Erwischten sie uns, gab es Prügel, begleitet von höhnischen Heil-Hitler-Rufen.« Das Mädchen setzte alles daran, so schnell wie möglich lupenreines Polnisch zu lernen – niemand sollte sie als Deutsche identifizieren können. Dorota gehört zu jenen Deutschen, die nach dem Zweiten Weltkrieg Polen nicht verlassen mussten. Die sozialistische Regierung hatte sie als Autochthone eingestuft: Menschen polnischen Ursprungs, die im Laufe der Geschichte zwangsgermanisiert worden waren. Nun ›durften‹ sie in den polnischen Staat zurückkehren und erhielten volle Bürgerrechte. Assimilation hieß das Gebot der Stunde, das Deutsche wanderte in die Privatsphäre ab, aus der kleinen Dorothea wurde Dorota.

Die Überraschung war groß, als die deutsche Minderheit in Polen nach der Wende 1990 aus der Versenkung auftauchte und allerorten Soziokulturelle Gesellschaften der Deutschen gründete. Mit dem deutsch-polnischen Kooperationsvertrag wurde festgeschrieben: Die Angehörigen der deutschen Minderheit haben Anspruch auf eine Ausbildung in ihrer Muttersprache, können auf Ämtern Formulare in Deutsch ausfüllen und dürfen – unabhängig von der 5-%-Klausel – Abgeordnete ins polnische Parlament entsenden. Binnen kurzer Zeit erwarb über eine halbe Million hier lebender Menschen neben der polnischen die deutsche Staatsbürgerschaft, was sie berechtigt, Arbeit in Deutschland aufzunehmen und ggf. dort Sozialhilfe zu empfangen. Bei Kommunalwahlen gelang es ihnen, die Bürgermeister zahlreicher Gemeinden zu stellen, und bei der Verwaltungsreform 1999 setzten sie durch, dass das Oppelner Land als eigenständige Provinz anerkannt wurde.

»Unser Schwabenland«, so witzeln manche Polen und reiben sich noch immer die Augen, wenn sie die polnisch-deutschen Ortsschilder und die gepflegten Dörfer sehen. Die Region profitiert von EU-Geldern, die besonders reichlich nach Oppeln zu fließen scheinen …

Oppelner Land

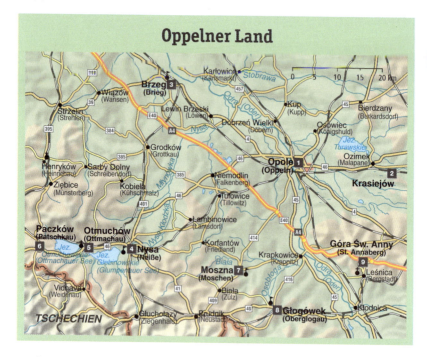

Infos
Touristenbüro: ul. Piastowska 19 (Bastion Św. Jadwigi), Tel. 77 433 49 71, www.informacja-turystyczna.nysa.pl, tgl. 8–16 Uhr.

Verkehr
Züge/Busse: Von Nysa kommt man mit dem Zug nach Opole und Brzeg. Für Fahrten nach Otmuchów und Paczków ist der Bus günstiger. Tgl. auch mehrere Busse nach Kłodzko.

Otmuchów ▶ 1, H 18

Karte: s. oben
Paradiesisch wirken einige Flecken westlich von Nysa. Das gut 10 km entfernte **Otmuchów** 5 (Ottmachau) grenzt an zwei Stauseen und liegt am Fuß des **Reichensteiner Gebirges** (Góry Złote). Über 500 Jahre gehörte das Städtchen den Breslauer Bischöfen, im Zweiten Weltkrieg blieb es unzerstört.

Auf dem Marktplatz steht ein Renaissance-Rathaus anno 1575, von hier geht es hinauf zur überraschend großen **Pfarrkirche** (Kościół Farny), die mit drei Altargemälden von Michael Willmann sowie Fresken von Karl Dankwart ausgeschmückt ist. Noch weiter bergauf steht die **Bischofsburg,** die u. a. dem Philosophen Wilhelm von Humboldt, Bruder des Naturwissenschaftlers Alexander, gehörte. In den ersten Stock führen ›Pferdetreppen‹ (Kónskie schody), über die man direkt in die Burg reiten konnte. Vom Wehrturm aus bietet sich ein fantastischer Blick auf die umliegende Seenlandschaft. Essen kann man in der Burg auch, und wer keinen Wert auf Komfort legt, bekommt vielleicht Lust, hier oben zu übernachten.

Übernachten, Essen
Günstig in der Burg – **Zamek Otmuchów:** ul. Zamkowa 4, Tel. 77 431 51 48, www.zamek.otmuchow.pl. Das Hotel ist ein guter Ausgangspunkt zur Erkundung der Region. Es gibt 33 Zimmer, alle einfach, aber mit eigenem Bad. Hat man Glück, bekommt man eines mit schönen Holzbalkendecken. Polnische Haus-

mannskost gibt's im gutbürgerlichen Restaurant Zamkowa. DZ ab 40 €.

Aktiv

Baden und Wassersport – Westlich von Otmuchów liegt der gleichnamige Stausee mit attraktiven Stränden am Süd- (Ściborz) und Nordufer (Sarnowice). Hier kann man auch Tret- und Paddelboote ausleihen.

Paczków ▶ 1, G 18

Karte: S. 198
16 km westlich von Otmuchów folgt das mit 8000 Einwohnern nur wenig größere **Paczków** 6 (Patschkau). Es ist von einer 1,3 km langen, mittelalterlichen Wehrmauer eingefasst, von der 19 Türme in die Höhe schießen. Nur drei Tore gewähren Einlass: das **Glatzer Tor** (Brama Kłodzka) im Südwesten, das **Frankensteiner Tor** (Brama Ząbkowicka) im Nordwesten und das **Neißer Tor** (Brama Nyska) im Süden.

Im Mittelpunkt der Stadt liegt der große **Marktplatz** (Rynek) mit Bürgerhäusern und Rathaus. Eine Gasse führt zur zinnenbewehrten riesigen **Pfarrkirche** (Kościół Farny) hinauf. Eine andere Gasse (ul. Wojska Polskiego) geleitet zum ehemaligen **Henkershaus** (Dom Kata). Es beherbergt die Touristeninformation, im ersten Stock wird die Geschichte des ›polnischen Carcassonne‹ vorgestellt (gemeint ist Paczków) und in der zweiten Etage bürgerliche Wohnkultur anno dazumal.

Infos

Touristenbüro: ul. Wojska Polskiego 23, Paczków, Tel. 77 541 86 61, www.paczkow.pl, Mo–Fr 9–17, Sa, So 10–16 Uhr.

Moszna ▶ 1, J 18

Karte: S. 198
Schlossbesichtigung tgl. 10–17 Uhr, 12 zł
Knapp 40 km in östliche Richtung sind es von Nysa nach **Moszna** 7 (Moschen) mit seinem Schloss, das einen Abstecher wert ist – verziert mit Erkern, Zinnen und zahlreichen Türmen, drumherum ein riesiger Landschaftspark im englischen Stil mit Teichen und jahrhundertealten Eichen. Wenn im Frühsommer die Azaleen blühen, sieht er aus wie ein leuchtend rotes Meer. Das ursprünglich barocke Schloss wurde auf Wunsch des Industriellen Hubert von Tiele-Winckler 1896 umgestaltet. Er ließ sich dabei, wie man spöttelte, vom Traum eines Zuckerbäckers inspirieren. In sozialistischer Zeit diente der eklektizistische Bau als psychosomatisches Therapiezentrum, heute ist es ein Hotel mit Restaurant und **Museum**. Sie können im Park spazieren, das Café im Kaminsaal besuchen und im Rokokosaal polnische Küche probieren. Im Rahmen einer Führung werden auch die Gemäldegalerie, das Herrenkabinett und einige weitere der insgesamt 360 Räume besichtigt.

Übernachten, Essen

Günstig & feudal – **Zamek Moszna:** ul. Zamkowa 1, Tel. 77 466 96 79, www.moszna-zamek.pl. Zur Wahl stehen einfache Touristenzimmer ohne eigenes Bad sowie Komfortzimmer und luxuriöse, mit Antiquitäten eingerichtete Apartments. Im kleinen Spa mit Sauna wird eine ›biologische Erneuerung‹ versprochen. Auch schlesisch speisen können Sie: Im Rokokosaal bzw. auf der Terrasse werden Sauermehlsuppe *(żurek)*, Rinderroulade mit Rotkohl und Klößchen *(rolada śląska)* und Schweinshaxe *(pieczenia ze schabu)* serviert. Auch wer nur auf Kaffee und Kuchen vorbeikommt, ist willkommen. DZ 50–70 €, Gerichte ab 4 €.

Głogówek ▶ 1, J/K 18

Karte: S. 198
Auf der Weiterfahrt Richtung Osten lohnt ein Stopp in **Głogówek** 8 (Oberglogau) ca. 15 km südlich von Moszna. Die Kleinstadt am rechten Ufer des Hotzenplotz (Osobłoga) hat mit ca. 25 % einen besonders hohen deutschstämmigen Bevölkerungsanteil und ist offiziell zweisprachig.

Sehenswert sind das **Rathaus** (Ratusz) mit seinem schönen Renaissancegiebel, die ba-

Oppelner Land

rockisierte **Pfarrkirche St. Bartholomäus** (Kolegiata Św. Bartłomieja) sowie die **Franziskanerkirche** (Sanktuarium Matki Bożej Loretańskiej), in deren Hauptschiff sich ein vollkommen selbstständiger Baukörper, das Loretohaus, verbirgt.

Im Norden der Altstadt steht das **Renaissanceschloss** (Zamek) der Grafen von Oppersdorff. Eine Gedenktafel erinnert daran, dass Ludwig van Beethoven 1806 hier zu Gast war und dem Schlossbesitzer seine 4. Sinfonie in B-Dur widmete – alljährlich wird dem Komponisten zu Ehren ein Festival ausgetragen.

Im **Regionalmuseum** (Muzeum Głogówek) im mittelalterlichen Wachturm (Baszta) wird Ethnografisches gezeigt. Von der Aussichtsplattform eröffnet sich ein weiter Blick über die Stadt (ul. Słowackiego 1, www.muzeum.glogowek.pl, Mo–Fr 8–16 Uhr).

Termine
Schlesisches Beethoven-Festival (Okt., www.muzeum.glogowek.pl): In historischen Räumen der Stadt werden Werke des Komponisten gespielt.

Annaberg ▶ 1, K 18

Karte: S. 198
Umdröhnt vom Lärm der nahen Autobahn erhebt sich der 410 m hohe **Annaberg** 9 (Góra Świętej Anny), seit dem 15. Jh. ein beliebtes Pilgerziel. Die Holzskulptur mit der wundertätigen Heiligen wurde in einer einfachen Kapelle aufbewahrt und 1673 in die neue, barocke **Annakirche** (Kościół Św. Anny) überführt. Dort kann sie noch heute bewundert werden. Sie steht im Hochaltar und ist in ein prachtvolles Gewand gehüllt. Dargestellt als Anna Selbdritt, trägt sie auf dem rechten Arm das Jesuskind, auf dem linken Maria. Anna, die Großmutter Jesu, gilt als Schutzheilige nicht nur sämtlicher Mütter, sondern auch der Kaufleute und Bergarbeiter. Am 26. Juli, ihrem Namenstag, lockt sie Tausende auf den nach ihr benannten Berg. Bevor die Pilger den Gipfel erreichen, legen sie an jeder einzelnen der 41 über den Berg verstreuten Kreuzwegkapellen eine Pause ein.

> **Räuber Hotzenplotz**
> So heißt der Held mehrerer Kinderbücher, die in den 1960er-Jahren Bestseller waren. Er ist verschlagen und unverschämt, Dieb von Großmutters Kaffeemühle und Geiselnehmer von Kasperl und Seppel. Sein Erfinder, der Autor Otfried Preußler (1923–2013), entstammt dem böhmischen Teil der Region und war fasziniert vom gleichnamigen Fluss: Der Hotzenplotz, bekannte er, habe ihm all die unglaublichen Geschichten eingeflüstert, die er dann nur noch niederschreiben musste …

*Wer büßen will, muss leiden – zumindest ein paar Treppenstufen lang:
Steil geht's hinauf zur Pilgerkirche auf dem Annaberg*

Der Annaberg ist freilich auch ein politisches Symbol. Nachdem bei einem Plebiszit 60 % der Oberschlesier für den Verbleib in Deutschland gestimmt hatten, kam es hier am 21. Mai 1921 zu schweren Gefechten. Dem Deutschen Selbstschutz und dem Deutschen Freiwilligenverband gelang es, die zahlenmäßig stärkeren polnischen Verbände zu besiegen. Fortan galt den Deutschen der Berg als Zeichen ihrer Überlegenheit. 1934 schlugen sie ein Amphitheater in den Fels, vier Jahre später weihten sie ein Ehrendenkmal ein, »Symbol für die deutsche Wiedergeburt von 1933 und die Befreiung von den Fesseln von Versailles«. Heute steht neben dem Theater ein von dem polnischen Bildhauer Xawer Dunikowski (1875–1964) errichtetes Ehrenmal, das an die gefallenen polnischen Kämpfer erinnert.

Polnische Veteranen pilgern alljährlich auf den Annaberg, der ihnen als identitätsstiftender Grundpfeiler der polnischen Nation gilt. Der Kampf um Oberschlesien, so ihre Botschaft, war nicht vergebens, die Geschichte hat Polen recht gegeben. Das **Museum der Aufständischen** (Muzeum Czynu Powstańczego) zeigt Plakate, Fotos, Dokumente und Banner aus der Zeit der schlesischen Aufstände und des Plebiszits (www.muzeum.opole.pl, Di–Fr 9–16, Sa, So 10–17 Uhr, 6 zł).

Oberschlesien

Sightseeing in Oberschlesien? Noch vor nicht allzu langer Zeit galt die Region als schmutzigstes Industriegebiet Europas und Ballungsraum gesichtsloser Städte. Heute ist hier nichts mehr wie zuvor. Viele Zechen mussten schließen, was von Teilen der Bevölkerung als ökologische Erlösung gefeiert wird. Statt Kohle produzieren die Bergwerke nun Kultur, werden revitalisiert als Museen und Industriedenkmäler.

 Katowice ▶ 1, M 19

Cityplan: S. 207, **Karte:** S. 213

Schlesiens Hauptstadt ist angesagt! In wenigen Jahren wurde aus dem grauen Industriemoloch **Katowice** (Kattowitz) eine schicke Metropole, der mit modernem Styling neues Selbstbewusstsein eingeflößt wurde. Auf dem Areal eines verrottenden Bergwerks entstand ein unterirdisches Großmuseum, das auf neuartige Weise Oberschlesiens Geschichte erzählt. 250 Mio. € wurden für das neue Kulturviertel lockergemacht, das damit Polens teuerstes Bauprojekt ist. Doch auch in der Altstadt hat sich viel getan: Gründerzeit- und Jugendstilhäuser wurden aufpoliert, die Straßen zu Fußgängerpromenaden umgestaltet. Gesichtslose Plätze verwandelten sich in chillige Piazzas, in denen die Kattowitzer lustvoll entspannen. Anstelle von Brachflächen breiten sich nun attraktive Parks aus, in denen geskatet, geradelt und gepicknickt wird. Die rund 300 000 Bewohner ›Katos‹ fühlen sich sichtbar wohl in ihrer neuen Haut und nutzen die Aufbruchsstimmung zu neuen Initiativen kultureller, künstlerischer und kulinarischer Art.

Rund um den Bahnhof

Wer mit dem Zug anreist, steigt am erneuerten **Hauptbahnhof** 1 aus, der mit der schicken **Galeria Katowicka** eine Einheit bildet. Das Einkaufszentrum war der erste Meilenstein zur Rundumerneuerung der Stadt und ist so konzipiert, dass es mit der historischen Architektur verschmilzt – das Resultat kann sich sehen lassen!

Anschließend finden sich Besucher auf der **Ulica 3 Maja** wieder, die mit ihren Gründerzeit- und Jugendstilhäusern gleichfalls einen guten Eindruck macht.

Altstadt

Östlich des Bahnhofs liegt die im 19. Jh. entstandene **Altstadt,** heute Katowices Ausgehviertel. An breiten, verkehrsberuhigten Straßen reihen sich nette Terrassenlokale aneinander, die von vielen Studenten bevölkert werden. Hauptachse der Altstadt ist die **Ulica Mariacka,** die geradewegs auf die helle **Marienkirche** 2 (Kościół Mariacki, 1870) zuläuft – ihr hoher, neugotischer Turm ist schon von Weitem sichtbar.

Neustadt

Rund um den Marktplatz

Gern betritt man den ehemaligen Marktplatz (Rynek). Kaum noch vorstellbar, dass er jahrzehntelang nichts weiter als ein zugiger Verkehrskreisel war. Heute ist die weite Fläche durch Baumgruppen und Bänke, Glaspavillons und Terrassencafés gegliedert. In einem eleganten Halbkreis fließt ein Wasserlauf, gesäumt von Palmen und Chillout-Liegen – im Sommer der Lieblingsplatz vieler Einwohner. Ringsum ragen repräsentative Bauten auf, so das **Rathaus** 3 (Ratusz) mit Glasfassade,

Katowice

gegenüber das modernistische Handelshaus Zenit und die große Touristeninformation. Zwischen die Zeitgenossen schieben sich Paläste von anno dazumal wie das **Schlesische Theater** 4 (Teatr Śląski) aus dem Jahr 1909 und das ehemalige **Grand Hotel** 5 mit roter Fassade, Kuppeln und Schaugiebel. Eine Dependance des **Schlesischen Museums** zeigt hier wechselnde Fotoausstellungen.

Aleja Korfantego

Am Marktplatz nimmt die breite, nach dem Anführer der Schlesischen Aufstände benannte **Aleja Korfantego** ihren Ausgang. Sie entstand in den 1970er-Jahren, als der aus Katowice stammende Regierungschef Edward Gierek die Stadt zum Aushängeschild des ›neuen Polen‹ erkor. Alles sollte weit, modern und großzügig sein. Heute wirkt die Moderne von einst etwas angegraut, doch lange wird es nicht mehr dauern, bis auch sie aufpoliert ist.

In der Nr. 6 zeigt die **BWA-Galerie** 6 zeitgenössische Kunst (www.bwa.katowice.pl, Di–So 10–18 Uhr, 6 zł). Gegenüber erinnert das **Denkmal der schlesischen Aufständischen** 7 (Pomnik Powstańców Śląskich) mit drei gewaltigen Flügelgestalten an die deutsch-polnischen Kämpfe von 1919 bis 1921. Kurz darauf ist der **Rondo Sztuki** (›Kunstkreisel‹) erreicht, der den Beginn des Kulturviertels markiert.

Kulturviertel

Spodek und MCK

Spodek: al. Korfantego 35, www.spodek katowice.pl
Jenseits des Rondo Sztuki ist die fliegende Untertasse **Spodek** 8 gelandet. In dem futuristischen, ufoähnlichen Bau finden Großkonzerte und Sportevents statt. Vor allem beim Internationalen Rawa Blues Festival platzt die Halle aus allen Nähten, dann kommen Fans aus ganz Polen in die Stadt. Verbunden ist Spodek mit dem Kongresszentrum **MCK** 9, einem geduckten Gebäude mit begehbarem, begrüntem Dach. Spodek und MCK bieten einer Kleinstadt Platz – bis zu 25 000 Personen können hier gleichzeitig feiern.

NOSPR 10

pl. Wojciecha Kilara 1, www.nospr.org.pl
Eine Gangway führt hinüber zum **NOSPR,** einem monumentalen Bau des polnischen Architekten Tomasz Konior. Er wirkt puristisch-modern und greift doch lokale Traditionen auf: Die Ziegelfassade, durch knallrot eingefasste Fenster rhythmisiert, zitiert die sogenannten *familoki*, die Arbeiterhäuser Oberschlesiens. Der mit viel Holz gestaltete Innenraum wirkt dagegen wie ein begehbares Streichinstrument, wobei die Zuschauer rings um die Bühne sitzen. Und die Akustik gilt – dank des japanischen Tonstudios Yasuhisa Toyota – als eine der besten in Europa. Im NOSPR hat das renommierte Nationale Rundfunkorchester seinen Sitz (s. unten).

Rings um die Konzerthalle wurden Spazierwege und Wasserspiele angelegt, die zu einer Pause einladen. Verlieren Sie sich im Heckenlabyrinth, das auf dem maßstabgetreu-

KONZERTE IM NOSPR

Aus Katowice stammen Komponisten wie Wojciech Kilar (1932–2013) und Henryk M. Górecki (1933–2010). Ersterer wurde mit Filmmusik weltberühmt, u. a. gab er Coppolas Streifen »Dracula« das nötige geheimnisvolle Timbre. Auch Górecki hat Pop-Status: Seine »Symphonie der Klagelieder« wurde mehr als 1 Mio. Mal verkauft und schaffte es in die britischen und nordamerikanischen Charts. Den darin verwendeten, gebetsmühlenhaft wiederholten Text entdeckte Górecki an der Wand einer Gefängniszelle, in die minimalistisch-serielle Musik wob er schlesische Volkslieder ein. Die Stücke beider Komponisten werden häufig in der Konzerthalle **NOSPR** gespielt (s. oben).

Oberschlesien

Als würden sie aus dem Rasen wachsen: die Glaskuben des Schlesischen Museums in Katowice

en Grundriss beruht, den Katowice in der Zwischenkriegszeit hatte!

Schlesisches Museum 11
ul. T. Dobrowolskiego 1, www.muzeumslaskie.pl, Di–So 10–20 Uhr, Eintritt 27 zł, Di frei, Rundgang mind. 2 Std., Beschriftungen auch auf Deutsch, mit Bistro-Café und Restaurant Moodro im ehemaligen Maschinenraum; Dependance in der al. Korfantego 3, zurzeit geschl.

Wo einst eine Kohlegrube war, steht jetzt das **Schlesische Museum** (Muzeum Śląskie). Bis 1999, also volle 176 Jahre, wurde hier Kohle ans Tageslicht geholt. Sichtbares Zeichen der einstigen Kopalnia Katowice ist ein 45 m hoher Stahlturm, von dessen **Aussichtsplattform** man die ganze Stadt überblickt. Ihm zu Füßen stehen auf Grünflächen kubenförmige Bauten, überzogen mit einer Haut aus Glas, in das Eisblumen eingraviert sind. Größer kann der Kontrast zwischen Vergangenheit und Gegenwart kaum sein – hier Schwere und Stahl, dort Leichtigkeit und Eleganz. Das äußere Bild steht programmatisch für das Museum, das den historischen Ort nutzt, um eine neue Geschichte zu beginnen. Hier können Sie locker einen vollen Tag verbringen.

Kunst vom Mittelalter bis zur Moderne
Wie einst die Bergarbeiter begeben Sie sich unter Tage, vier Geschosse tief. Allerdings nicht in eine düstere Grube, sondern in helle, luftige Säle, die durch weiße Rampen miteinander verbunden sind. Auf Ebene zwei bis vier erleben Sie Kunst vom Mittelalter bis zur Moderne. In der Abteilung 1800 bis 1945 lernen Sie

Katowice

scher Sakralkunst aus nicht mehr existierenden oberschlesischen Kirchen.

Geschichte der Industrialisierung

Mit in die Grube ziehenden Arbeitern, die lebensgroß auf eine Leinwand projiziert werden, startet die Zeitreise. Spektakulär ist die multimediale Präsentation mit O-Tönen und begehbaren historischen Interieurs, die die Stimmung der jeweiligen Epoche aufleben lassen. Man sieht viel in der Ausstellung, doch welches Wissen wird vermittelt? Sie erleben die Geburtsstunde der schlesischen Industrialisierung in einem Rokokopalast, in dem eine Adelsgesellschaft vor einem auf Plexiglas projizierten Modell der ersten Dampfmaschine steht. Doch wo sind die Techniker, die sie entwarfen? Und wo die Arbeiter, die sie in Gang hielten? Und warum verdankte Oberschlesien just dieser Maschine seinen kometenhaften Aufstieg zu Europas Stahlschmiede? Diese Fragen bleiben unbeantwortet ...

Kultur- und Regionalgeschichte

Irritierend ist auch die Darstellung der Volksabstimmung von 1920, die über die nationale Zugehörigkeit der Region entscheiden sollte. 60 % votierten für den Verbleib bei Deutschland, 40 % für den Anschluss an Polen. Damit freilich wollte sich die polnische Regierung nicht abfinden. Sie setzte sich über das demokratische Votum hinweg und griff militärisch ein, initiierte drei Aufstände, die Oberschlesien in polnischen Besitz brachten. Kommentiert wird dies mit folgendem Satz: »Die Volksabstimmung fand zwar statt, trotzdem gab es einen langen Weg, um die Frage des Grenzverlaufs in Oberschlesien zu lösen« (sic!). Der Gang durch die Geschichte setzt sich fort: Auf Oberschlesiens ›Heimkehr ins Reich‹ folgt die ›Aussiedlung‹ vieler Deutscher. Schließlich der Sozialismus und dessen Zerfall, begleitet von Demonstrationen der Gewerkschaft Solidarität ...

Theater-Laboratorium

Polens Landschaften und Mythen kennen. Der Bogen spannt sich von Józef Chełmońskis dynamisch-naturalistischer »Rückkehr vom Ball« (1879) bis zur expressionistisch-verfremdeten »Hütte in Chorzów« (1935) von Eugeniusz Arct.

Weiter geht es zur Kunst nach 1945, die von Kriegserfahrungen geprägt ist. Besonders eindrucksvoll ist Tadeusz Kantors Installation »Porträt der Mutter«, deren Gesicht auf mehrere Säcke projiziert ist. Verstören wollen auch Magdalena Abakanowiczs kopflose, aus Jute-Textilien gestalteten Riesenmenschen. Eine Galerie der nicht professionellen Kunst schließt sich an: Oberschlesische Autodidakten, oft Bergarbeiter, schildern Schlesiens Welt von bunt bis brutal. Auf Ebene vier können Sie den Kunstrundgang fortsetzen: Ins Dunkel getaucht sind Meisterwerke goti-

Wer genug von dieser Form der Geschichtsdarstellung hat, kann sich die Dauerausstellung Theater-Laboratorium anschauen. Sie

Katowice

Sehenswert
1. Hauptbahnhof
2. Marienkirche
3. Rathaus
4. Schlesisches Theater
5. Grand Hotel
6. BWA-Galerie
7. Denkmal der schlesischen Aufständischen
8. Spodek
9. MCK
10. NOSPR
11. Schlesisches Museum
12. Museum der Stadtgeschichte
13. Christuskathedrale
14. Erzbischöfliches Museum
15. Jüdischer Friedhof

Übernachten
1. Hotel Monopol
2. Diament Plaza Katowice
3. Novotel Katowice

Essen & Trinken
1. Tatiana
2. Złoty Osioł
3. Café Chopin

Abends & Nachts
1. Pijalnia Wódki
2. Pub Kato
3. 27th Floor

Aktiv
1. City by Bike

---

zeigt die Entwicklung von Kostüm, Bühnenbild und Theater von der Antike bis zur Gegenwart in Europa – großartig illustriert!

Im Süden der Stadt

Museum der Stadtgeschichte 12
ul. Szafranka 9, www.mhk.katowice.pl, Di, Do 10–15, Mi, Fr 10–17.30, Sa 10–16, So 11–15 Uhr, 10 zł
Südlich der Bahnlinie befindet sich das **Museum der Stadtgeschichte** (Muzeum Historii Katowic) in einem stattlichen Haus von 1909. Auf drei Etagen veranschaulicht es die Entwicklung Katowices vom mittelalterlichen Dorf zum Industriezentrum. Originalgetreue Interieurs zeigen, wie wohlhabende Kattowitzer einst lebten.

Christuskathedrale und Erzbischöfliches Museum
Kathedrale: ul. Plebiscytowa 49-A; Museum: ul. Wita Stwosza 16, www.muzeum.archidiecezjakatowicka.com.pl, Di–Do 14–18, Sa 11–15 Uhr, Eintritt frei, Spende erbeten
Weiter südlich ragt eines der mächtigsten Sakralgebäude des Landes auf, das ausgerechnet in der ›gottlosen‹ sozialistischen Zeit (1955) fertiggestellt wurde. Die klassizistische, mit Sandstein verkleidete **Christuskathedrale** 13 (Katedra im. Chrystusa) ist 101 m lang, 50 m breit und 64 m hoch. Wie es sich für die Kirche einer Industriestadt gehört, krönt den Hauptaltar die aus Kohle gemeißelte Schutzpatronin der Bergleute. Ein noch stärkerer Hingucker ist die mit einem Mosaik aus 1 Mio. goldfarbener Steinchen ausgekleidete Sakramentskapelle, ein Geschenk Kardinal Ratzingers, des späteren deutschen Papstes. Das angeschlossene **Erzbischöfliche Museum** 14 (Muzeum Archidiecejzalne) birgt sakrale Schätze aus vier Jahrhunderten, eine Fülle von Gemälden und Skulpturen aus schlesischen Kirchen.

Jüdischer Friedhof 15
ul. Kozielska 16, So–Fr 8–17 Uhr
Verlässt man den Hauptbahnhof über die südwestwärts abzweigende Mikołowska, kommt man zum 1869 angelegten **Jüdischen Friedhof** (Cmentarz Żydowski nad Osiekiem). Im Schatten alter Bäume stehen mehrere Hundert teilweise gut erhaltene Grabsteine, dazwischen wächst Gras. Die Inschriften spiegeln die Geschichte der Stadt: Waren sie bis 1921 auf Hebräisch oder Deutsch abgefasst, so sieht man auf späteren Grabmalen nur mehr hebräische und polnische Beschriftungen.

Infos
Touristenbüro: Rynek 13, Tel. 32 259 38 08, www.katowice.eu, April–Sept. tgl. 9–19, Okt.–März Mo–Sa 9–17, So bis 13 Uhr.

Übernachten
Edel – **Hotel Monopol** 1 **:** ul. Dworcowa 5, Tel. 32 782 82 82, www.monopolkatowice.hotel.

com.pl. 1903 im eklektizistischen Stil erbaut, war dieses Hotel nahe dem Bahnhof eines der herausragenden Häuser jener Epoche. Zum 100. Jahrestag wurde es glanzvoll wiedereröffnet. Wohin man schaut, sieht man edle Materialien – Leder und Fell, orientalische Seidenteppiche, Eichenparkett, handgearbeitete Möbel aus Walnussholz. Im glasüberdachten Atrium, in dem das Frühstück eingenommen wird, kontrastieren nackter Beton, Ziegelstein und Stahl mit Orchideen und gestärktem Leinen. Clou des Hauses sind die vielen Schwarz-Weiß-Fotografien von Wojciech Wilczyk, die abgewrackte oberschlesische Industriearchitektur zeigen – Tristesse pur, die daran erinnert, wie es in den Vororten meist noch aussieht! Es lohnt sich, im Hotel vorbeizuschauen, auch wenn man nicht darin wohnt, z. B. um das günstige Mittagsmenü für 12 € zu genießen. 114 Zi., DZ ab 140 €.

Ruhig und zentral – **Diament Plaza Katowice** 2 : ul. Dworcowa 9, Tel. 32 253 90 41, www.hotelediament.pl. Gutes Mittelklassehotel, zu Fuß 5 Min. vom Rynek entfernt und gleich neben dem legendären Monopol gelegen. 43 Zi., DZ ab 60 €.

Der Schein trügt – **Novotel Katowice** 3 : al. Roździeńskiego 16, Tel. 32 200 44 44, www.novotel.com. Man staunt darüber, dass es sich in einem so gewaltigen Hotelkasten doch sehr angenehm und preiswert wohnen lässt. Die Zimmer sind groß, das Frühstück reichhaltig, WLAN gratis und das Preis-Leistungs-Verhältnis bestens. DZ ab 55 €.

Essen & Trinken

Es gibt viele gute Ausgehadressen für jeden Geldbeutel, sowohl in der Altstadt als auch in den Shoppingmalls.

Nicht nur slawisch – **Tatiana** 1 : ul. Staromiejska 5, Tel. 32 203 74 13, www.restauracjatatiana.pl, tgl. 13–23 Uhr. Originelles Lokal in der Fußgängerstraße, das mit Holzdielen und -möbeln sowie Installationen aus Baumstümpfen und Weidenzweigen ein ›urslawisches‹ Ambiente schafft. Die Küche gibt sich pragmatisch – außer litauischer Kaltschale, russischem Ei und polnischer Roggenmehlsuppe *(żurek)* gibt es beliebte italienische Klassiker. Im Sommer mit Terrasse. Hauptgerichte ab 6 €.

Vegetarisch-alternativ – **Złoty Osioł** 2 : ul. Mariacka 1 (Eingang von der Seite), Tel. 32 253 01 13, www.wegebar.com, Mo–Sa 10–22, So 12–22 Uhr. Historisches Ambiente kontrastiert mit bunt-psychodelischen Farben und Mustern. In der Vitrine stapeln sich Veggie-Gerichte, die Sie sich im Selfservice-System aussuchen. Sehr beliebt! Hauptgerichte ab 5 €.

Evergreen – **Café Chopin** 3 : ul. Dyrekcyjna 6, Tel. 32 253 77 55, So geschl. Kleines Café in der Fußgängerzone mit gutem, selbst geröstetem Kaffee, frisch gepressten Obstsäften und hausgemachtem Kuchen. Eine chillige Dependance befindet sich am Marktplatz (Rynek).

Abends & Nachts

Kneipenstraße – In der verkehrsberuhigten Altstadtstraße Mariacka steppt der Bär: Von der **Pijalnia Wódki** 1 (›Wodkastube‹, Nr. 8) über den **Pub Kato** 2 (Nr. 13) bis zum Musikclub gibt es eine Fülle spannender Locations.

Panoramablick – **27th Floor** 3 : ul. Uniwersytecka 13, www.27thfloor.pl, Bar Mo–Fr ab 18, Sa, So ab 16 Uhr. In der schicken Hotelbar genießt man zu professionell gemixten Cocktails den Blick übers Lichtermeer von Katowice.

Aktiv

Stadttouren & Ausflüge – **Katowice Tours:** www.katowice-tours.com. Die Agentur bietet deutschsprachige Stadttouren an, aber auch Ausflüge z. B. nach Auschwitz und zur Brauerei Tychy.

Radverleih – **City by Bike** 1 : Rynek 13, www.citybybike.pl.

Termine

Street Art AiR (ganzjährig, www.katowicestreetart.pl): ›Artists in Residence‹ beleben die Stadt mit Open-Air-Events.

Tauron New Music Festival (Juni/Juli, www.festiwalnowamuzyka.pl): Alternative Elektromusik, Jazz und Tanzrhythmen im postindustriellen Ambiente des Schlesischen Museums.

Off Festival (Aug., www.off-festival.pl): Dank guter Kontakte des Bandleaders der Gruppe Myslowitz kommen Stars wie Iggy Pop nach Katowice.

Katowice – das polnische Chicago

Spodek – die ›fliegende Untertasse‹

Im Jahr 1922 kam Kattowitz zu Polen – kurz zuvor war es noch die wichtigste Industriestadt im Deutschen Reich. Die neue Warschauer Zentralregierung wollte Kattowitz auch symbolisch in Besitz nehmen, demonstrierte deshalb mit kühnen modernen Bauten, dass sich Polen auf dem Weg in ein neues Zeitalter befand.

Das Alte wurde verworfen, denn es stand nicht nur für das ›Deutsche‹, sondern auch für eine bürgerliche Betulichkeit, die man hinter sich lassen wollte. Wozu Erker, Nischen und Türmchen, Skulpturen an der Fassade und Wetterfähnchen? Sie taugten zu nichts, also fort damit! Stilistisch wurde radikal mit der Tradition gebrochen – Neobarock, Neorenaissance und Jugendstil waren out. »Ornament ist Verbrechen«, hieß es fortan, und mit dem Stararchitekten Le Corbusier wurden die Losungen ausgegeben: »form follows function« (›die Form folgt der Funktion‹) und »less is more« (›weniger ist mehr‹). Fortschrittsglaube und Liebe zur Technik, besonders zu Nautik und Luftfahrttechnik, spiegelten sich in geschwungenen, gerundeten und gekrümmten Fassaden. Bullaugenfenster und Terrassen mit Chromgeländer, wie sie an Deck von Schiffen zu finden sind, ließen an Ozeandampfer denken. Stromlinienformen sollten an Flugzeuge erinnern, die damals noch ein Novum waren.

Doch nicht nur die Form war revolutionär, auch das Material war es: Stahl und Eisen, im Industrierevier reichlich vorhanden, dienten als Rückgrat für Polens erste Wolkenkratzer. Darin wurden geräumige, helle Wohnungen geschaffen, in denen große Fenster, Gas- und Elektroheizung Standard waren. Aufzüge – damals noch ein Novum – garantierten, dass die Bewohner schnell in die oberen Etagen gelangten. Auf den Dächern wurden großzügige Solarien eingerichtet – Licht, Luft und Sonne standen im schmutzigen Industrierevier hoch im Kurs. Auch nachts sollte Licht in Katowice scheinen, darum war die Stadt bald schon die am besten beleuchtete im Land. So schnell entwickelte sich Katowice, dass man von ihm bald als dem ›polnischen Chicago‹ sprach.

Im Sozialismus knüpfte man an die Kattowitzer Moderne an: Vom Rynek bis zum Spodek ist die schnurgerade Magistrale der Stadt, die Aleja Korfantego, von Großbauten im Geist Le Corbusiers gesäumt – das Handelshaus Zenit mit Schachbrettmuster-Fassade, das Mega-Wohnhaus Agata, davor die BWA-Galerie mit flirrender Glas- und Relieffassade sowie eine ›fliegende Untertasse‹ …

Die 25 interessantesten Gebäude der Stadt – vom Privathaus über eine Bibliothek und den öffentlichen Kindergarten bis zur Kathedrale – werden in einer Broschüre vorgestellt, die Sie gratis und auf Deutsch in der Touristeninformation erhalten. Die Vorkriegsbauten befinden sich überwiegend im Süden, die Nachkriegsbauten im Norden der Stadt (www.moderna.katowice.eu).

Oberschlesien

MIT DEM RAD NACH NIKISZOWIEC

Tour-Infos
Startpunkt: Bike-Station vor dem Touristenbüro in Katowice (s. S. 207)
Länge: 20 km hin und zurück
Dauer: 1,5 Std.
Schwierigkeitsgrad: leicht

Das 8 km südöstlich des Zentrums gelegene Viertel **Nikiszowiec** entstand 1914 als Gartensiedlung für Bergarbeiter der Grube Giesche – heute gilt es als herausragendes Beispiel der Industriearchitektur. National Geographic Traveller kürte das denkmalgeschützte Ensemble gar zu einem der sieben neuen Weltwunder! Auch wenn dieses Prädikat etwas hoch gegriffen scheint, ist doch ein Ausflug nach Nikiszowiec eine Zeitreise in eine andere Epoche.
Am Rynek in Katowice startet ein rot asphaltierter Radweg, der über die schnurgerade Aleja Korfantego nordwärts führt. Nach 200 m geht es rechts ab auf die Ulica Moniuszki quer durchs **Universitätsviertel**. An der Wirtschaftsfakultät (Uniwersytet Ekonomiczny) schwenken Sie nach rechts, unterqueren die Bahngleise und gelangen ins **Naherholungsgebiet Drei Teiche** (Trzech Stawów). Sie radeln ca. 500 m am Ostufer des ersten Sees entlang (ul. Trzech Stawców), unterqueren die Straße 86 und folgen dem Weg geradeaus, der in die Ulica Kolonia Amandy mündet. Auf dieser geht es rechts weiter, auch nachdem die Straße ihren Namen in Transportowców ändert. Wir passieren das Nordufer des **Teiches Staw Upadowy** und erreichen die Ulica Szopienicka. Direkt gegenüber befindet sich das ehemalige Zechen- und Badehaus eines Bergwerks von 1918. Unter einem Stahlgewölbe vermittelt die **Wilson-Schacht Galerie** (Galeria Szyb Wilson), mit 2500 m² Polens größte Privatgalerie, Einblick in die zeitgenössische Kunstszene. Spannend ist der Kontrast zwischen Kunst und Industriearchitektur, zwischen verrückten Installationen open air

und postindustrieller Tristesse hinterm Bau. Jeden Sommer findet hier ein Festival Naiver Kunst statt, das ganze Jahr über gibt es Happenings und Performances (ul. Oswobodzenia 1, www.szybwilson.org, tgl. 9–19 Uhr, Eintritt frei).
Anschließend radeln Sie auf der Ulica Szopienicka südwärts. Hinter der **Giesche-Kohlegrube** (Kopalnia Wieczorek), erkennbar an ihren Fördertürmen, biegen Sie links in die Ulica Krawczyka ein und befinden sich sogleich im Zentrum von Nikiszowiec, einer roten Welt aus Backstein. Hier schufen die Architekten Emil und Georg Zillmann dreistöckige Häuser, die im Karree um riesige, grüne Innenhöfe gebaut sind. Neun dieser – miteinander verbundenen – Blöcke reihen sich aneinander. Die Fassaden sind durch runde oder rechteckige Erker aufgelockert, Klinkermuster und knallrot abgesetzte Fensternischen setzen Akzente.
Am **Marktplatz** (pl. Wyzwolenia) schwenken Sie links in die Ulica Rymarksa ein, wo in einer ehemaligen Wäschemangel eine Außenstelle des **Museums der Stadtgeschichte** (Muzeum Historii Katowic) Kunst der Janowska-Gruppe zeigt. Dies war ein Zusammenschluss naiver Maler, von denen nicht wenige als Bergmann arbeiteten (ul. Rymarska 4, www.mhk.katowice.pl, Di, Do 10–15, Mi–Fr 10–17, Sa 10–16, So 11–15 Uhr, 10 zł). Mächtigstes Bauwerk im Viertel ist die backsteinerne **Annenkirche** (Parafia Św. Anny w Katowicach) aus dem Jahr 1927, die mit Kuppeln und Türmen, halb gotisch, halb barock gestaltet, wie ein gestrandetes Schiff wirkt.
Über die Ulica Górniczego Dorobku geht es nun durchs Grüne zurück ins Naherholungsgebiet Drei Teiche. Am Ostufer der Gewässer halten Sie sich nordwärts, bis Sie wieder im Zentrum von Katowice angelangt sind.

Rawa Blues Festival (Okt., www.rawablues.com): Im Spodek geben sich internationale Größen ein Stelldichein.

Verkehr

Flüge: Der internationale Flughafen liegt 32 km nördl. in Pyrzowice (www.katowice-airport.com). Busanschluss nach Kattowitz und Krakau (www.matuszek.com.pl).
Züge: Am zentral gelegenen Bahnhof starten Züge nach Krakau, Warschau, Opole und Breslau. Leicht erreichbar ist auch Pszczyna.
Busse: Der Busbahnhof für den Nahverkehr befindet sich unterhalb des Zugbahnhofs. Überlandbusse starten meist an der ul. Piotra Skargi, 800 m nördl. des Bahnhofs.

Gliwice ▶ 1, M 19

Karte: S. 213
Jeder kennt **Gliwice** 1 (Gleiwitz), auch wenn er noch nie in der Stadt war. Am 31. August 1939 täuschten SS-Männer, verkleidet als polnische Soldaten, einen Überfall auf den Sender Gleiwitz vor und gaben der deutschen Regierung damit einen Vorwand zum Zurückschießen: Der Zweite Weltkrieg begann.

Nach 1945, als Gleiwitz polnisch wurde, erhielt es eine Technische Universität und avancierte zu – nach Warschau – Polens wichtigstem Zentrum technischer Intelligenz. Die Schwerindustrie, die die Stadt groß gemacht hatte, wurde weiter angekurbelt, denn mit ihrer Hilfe wollte die Volksrepublik stark werden. Heute, nach der Wende und dem Zechensterben, sucht man Wege aus der Krise. Viele der 185 000 Einwohner haben Arbeit bei den Hightech-Unternehmen und bei Opel gefunden. Für Besucher ist die Altstadt interessant, vielleicht auch die Eisengießerei in ›New Gliwice‹ und die historische Radiostation.

Altstadt
Städtisches Museum: ul. Pod Murami 2, www.muzeum.gliwice.pl, Di–Mi 9–15, Do, Fr 10–16, Sa, So 11–16 Uhr, 15 zł; Kathedrale: ul. Jana Pawła 5, www.katedra.gliwice.pl
Zentrum der Altstadt ist der von schmucken Giebel- und Arkadenhäusern gesäumte **Marktplatz** (Rynek). In seiner Mitte steht das heute als Galerie genutzte **Alte Rathaus**

Tipp: INDUSTRIADA

Sightseeing einmal anders: statt Schlösser, Kirchen und Paläste postindustrielle Berg-, Hütten- und Kraftwerke. Viele von ihnen – insgesamt 35 im ganzen Revier – sind für Besucher hervorragend aufbereitet und für Autofahrer als **Route der Industriedenkmäler** (www.zabytkitechniki.pl) erschlossen. Eine Karte erhalten Sie in der Touristeninformation von Katowice (s. S. 207). Wer es einrichten kann, kommt am zweiten Samstag im Juni, wenn die **Industriada** stattfindet: ein großartiges Festival, an dem von früh bis spät Konzerte und Kunstausstellungen, Shows, Happenings und Workshops an historischen Industriestandorten stattfinden – Busse und Trams zu den Locations in ganz Oberschlesien sind dann gratis (www.industriada.pl).

(Stary Ratusz), davor der **Neptunbrunnen,** der den auf einem Delfin reitenden Meeresgott mit Dreizack zeigt.

Nordwestlich des Rings ragen die Türme der gotischen **Allerheiligenkirche** (Kościół Wszystkich Świętych) auf, im Süden des Platzes befindet sich das 1588 erbaute **Piastenschloss** (Zamek Piastowski), heute Sitz des **Städtischen Museums** (Muzeum w Gliwicach). Mit einer Fülle von Ausstellungsstücken wird hier die Geschichte der Region von der Bronzezeit bis zur Gegenwart beleuchtet. Gut sind die Wendepunkte ›der Stadt vieler Kulturen‹ herausgearbeitet: Hussitenkrieg, Dreißigjähriger Krieg, Schlesische Kriege und Zweiter Weltkrieg. Immer war damit auch ein Wechsel der Herrschaft verbunden – von tschechisch (bis 1526) über habsburgisch (bis 1740) und preußisch-deutsch (bis 1945) bis polnisch (ab 1945).

Ebenfalls im Süden der Altstadt liegt die neugotische **Kathedrale** (Katedra). Wird auf Plakaten ein Orgelkonzert angekündigt, sollten Sie die Chance nutzen. Die Rieger-Mucker-Orgel hat einen imposanten Klang!

Villa Caro und Chopin-Park
Villa Caro: ul. Dolnych Wałów 8-A, Di–Mi 9–15, Do–Fr 10–16, Sa, So 11–16 Uhr, 8 zł; Chopin-Park: Di–Fr 9–18, Sa, So 10–18 Uhr

Eine Dependance des Städtischen Museums befindet sich in der nordöstlich des Rings gelegenen **Villa Caro** (Willa Caro). Oskar Caro, Shareholder der im 19. Jh. so bedeutenden Oberschlesischen Eisenindustrie AG, ließ sich eine fantastische Villa im Stil der Neorenaissance erbauen – mit viel Stuck, Kassettendecken und Intarsienböden. Heute gibt sie den Rahmen für großbürgerliche Wohnkultur anno dazumal. In krassem Kontrast dazu stehen die Ausstellungen polnischer Pionierfotografen sowie die Volkskunst aus Schlesien.

Auf der Hauptstraße von Gliwice, der 2 km langen **Zwycięstwa-Allee,** spaziert man nun in Richtung des neu gestalteten Bahnhofs. Die Straße wird von Gründerzeithäusern gesäumt, die – üppig mit Erkern und Türmchen geschmückt – vom Wohlstand des Bürgertums erzählen. Auch das Neue Rathaus befindet sich an der Zwycięstwa, davor der **Brunnen der tanzenden Faune:** Drei diabolisch lächelnde Wesen neigen sich zueinander, als seien sie in eine Verschwörung verstrickt.

Kurz vor Erreichen des Bahnhofs lohnt der **Chopin-Park** (Park Chopina) einen Abstecher. In Polens größtem **Palmenhaus** (Palmiarnia) wachsen über 7000 exotische Pflanzen, darunter Orchideen, Zitronenbäume und Kakteen.

Sender Gleiwitz
ul. Tarnogórska 129, www.muzeum.gliwice.pl, Di–Fr 10–16, Sa, So 11–16 Uhr, 5 zł, Anfahrt mit Bus vom pl. Piastów gegenüber Bahnhof u. a. mit Nr. 57, 59, 60

Auch der **Sender Gleiwitz** (Radiostacja Gliwice) kann besucht werden. 1935 errichtete die deutsche Regierung den mit 111 m höchsten Holzturm Europas – er strahlte Sendungen von Radio Breslau für alle Deutschen jenseits der (nahen) Grenze aus. So hervorragend war die Übertragungsleistung, dass das Programm sogar in Nordamerika empfangen werden konnte!

Am 31. August 1939 war die Station Teil des Unternehmens Tannenberg, einer Reihe fingierter Grenzprovokationen, die den deutschen Einmarsch in Polen rechtfertigen sollten. Mit einem SS-Mann an der Spitze drangen sieben in polnische Uniformen gekleidete Männer in den Sender ein, darunter verurteilte Verbrecher, denen Hafterlass in Aussicht gestellt worden war. Sie überwältigten das deutsche Personal und sandten auf Polnisch die Worte in die Welt: »Achtung! Hier spricht Gleiwitz. Der Sender befindet sich in polnischer Hand …« Anschließend wurden die ›polnischen Soldaten‹ von der SS getötet – erst nach dem Krieg, bei den Nürnberger Prozessen, kam ihre wahre Identität ans Licht. Heute dient der Turm als **Museum** und erinnert am historischen, original erhaltenen Ort an den Angriff auf den Sender 1939 und die Geschichte des Rundfunks.

Gedenkstätte für die Juden Oberschlesiens

ul. Księcia Józefa Poniatowskiego 14, nördl. des Hauptbahnhofs, http://muzeum.gliwice.pl, Di–Fr 10–16, Sa 11–17, So 10–15 Uhr, 1 zł

Die ehemalige Bethalle am Jüdischen Friedhof, 1903 von dem Wiener Architekten Max Fleischer entworfen, wurde restauriert und beheimatet nun die **Gedenkstätte für die Juden Oberschlesiens** (Dom Pamięci Żydów Górnośląskich). Dokumentiert wird deren Geschichte von ihrer Ankunft im Mittelalter bis zur Gegenwart. Zugleich dient der Ort als Zentrum des Dialogs für eine Stadt vieler Kulturen. Anschließend bietet sich ein Spaziergang über den **Jüdischen Friedhof** (Zabytkowy Cmentarz Żydowy) an.

New Gliwice

ul. Bojkowska 37, www.muzeum.gliwice.pl, Di–Fr 10–15, Sa, So 11–16 Uhr, 1 zł

Die Mine ist tot, es lebe die Mine! Die abgewrackte Industriearchitektur der ehemaligen Gleiwitzer Kohlegrube (1901–2000)

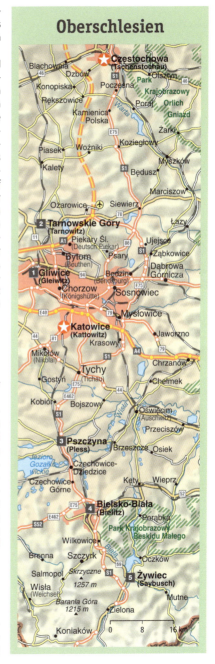

2 km östlich des Zentrums wurde in ein schickes Business and Education Centre verwandelt. Mittendrin liegt die ehemalige Königliche Erzgießerei, wo mit der **Abteilung für Kunstguss** (Oddział Odlewnictwa Artystycznego) eines der modernsten Multimedia-Museen Schlesiens entstand. Nicht nur die technischen Produktionsprozesse beeindrucken, auch die ausgestellten, im 19. und 20. Jh. gegossenen Meisterwerke.

Infos

Touristenbüro: ul. Dolnych Wałów 3, Tel. 32 231 38 55, www.pelniakultury.pl, Di–Sa 10–18 Uhr. In der Filiale im Kino Amok erhalten Sie Infos zu Kulturevents, können Tickets kaufen und Audio-Guides ausleihen.

Übernachten

Komfortabel – **Qubus:** ul. Dworcowa 27, Tel. 71 782 87 65, www.qubushotel.com. Das Dreisternehotel bietet 89 Zimmer mit Sat-TV, das Frühstücksbüfett ist ausgezeichnet, der Service freundlich. Nur wenige Schritte von der Altstadt entfernt. DZ ab 95 €.

Bürgerhaus – **Royal.** ul. Matejki 10, Tel. 32 400 00 00, www.hotelroyal.com.pl. Hier werden viele Gäste von Opel Polska einquartiert. Das Hotel nahe dem Marktplatz bietet 35 geräumige Zimmer, teilweise haben die Bäder einen Whirlpool. Sauna und Fitnessclub. DZ ab 80 €.

Traditionsreich – **Diament Plaza:** ul. Zwycięstwa 30, Tel. 32 721 70 90, www.hotelediament.pl. Hotel an der doch recht lauten Hauptstraße mit 67 Zimmern. Erweitert um eine Filiale in Nr. 42. DZ ab 65 €.

Essen & Trinken

Klassischer Italiener – **Trattoria Castello**, ul. Wiejska 16-B, Tel. 32 333 10 11, www.trattoriacastello.pl, tgl. 12–22 Uhr. Wer mit dem Auto unterwegs ist, könnte sich über dieses Lokal in der Nähe der Opelwerke freuen. Ein schmuck restaurierter Speicher aus dem 17. Jh. lädt ein zu einem romantischen Abendessen mit schönen Vorspeisen, Pizza und Pasta. 2 km

Der fingierte Angriff auf den hölzernen Radioturm von Gleiwitz diente Hitler am 31. August 1939 als Vorwand, um Polen anzugreifen

nordwestl. vom Rynek, erreichbar über die ul. Kozielska. Hauptgerichte ab 6 €.

Viel Regionales – **Dobra Kasza Nasza:** Rynek 3, Tel. 531 629 685, www.dobrakaszanasza.pl, tgl. 12–22, Fr, Sa bis 23 Uhr. Im beliebtesten Lokal am Marktplatz bekommen Sie interessante Gerichte aus Buchweizen, alle frisch zubereitet und preiswert. Dazu gibt es eine große Auswahl an Biersorten. Hauptgerichte ab 5 €.

Verkehr

Züge/Busse: Gute Verbindungen nach Krakau, Opole und Breslau. Bahnhof und Busstation liegen 1,5 km östl. der Altstadt.

Tarnowskie Góry
▶ 1, M 18

Karte: S. 213

27 km nordwestlich von Katowice wurde 2017 ein Bergwerk aus dem 18. Jh. Weltkulturerbe der UNESCO. Die nach Preußens König benannte Friedrichsgrube in **Tarnowskie Góry** 2 (Tarnowitz) war eines der ersten und größten Bergwerke Europas, ein Meilenstein auf dem Weg der Industrialisierung. Aus immer tieferen Erdschichten förderte man Erz, Silber und Blei. Zehntausende Bergarbeiter wurden hier verschlissen, während die Industriellen von Reden, Donnersmarck und Pless, die ›Zinnkönige‹ und ›Erzbarone‹, zu Deutschlands reichsten Bürgern aufrückten. Heute sind die Orte der Maschinen zu Schaubergwerken mutiert, die durchwandert und sogar mit dem Boot befahren werden können. Das Weltkulturerbe gehört zur mehr als 40 Objekte umfassenden **Route der Industriedenkmäler** (s. S. 212), mit der Besucher in die wirtschaftliche Vergangenheit Schlesiens entführt werden sollen.

Städtisches Museum

Rynek 1, Di–Fr 10–16, Sa 10–15, So 12–17 Uhr, www.muzeumtg.pl, 8 zł

Vier Fünftel der Sehenswürdigkeiten von Tarnowskie liegen unter der Erde, doch führt der Weg zunächst zum oberirdischen historischen **Marktplatz** (Rynek) mit Rathaus und Arkadenhäusern. Eines davon beherbergt das **Städtische Museum** (Muzeum w Tarnowskich Górach), in dem die Geschichte des Bergbaus erzählt wird. Eine Tafel erinnert an den Besuch Goethes, der 1790 vorbeikam, um sich die hier zwei Jahre zuvor aufgestellte erste Dampfmaschine anzuschauen. Mit folgenden Worten trug er sich ins Goldene Buch der Stadt ein: »An die Knappschaft der Friedrichsgrube bei Tarnowitz: Fern von gebildeten Menschen, am Ende des Reiches, wer hilft euch Schätze finden und sie glücklich zu bringen ans Licht? Nur Verstand und Redlichkeit helfen, es führen die beiden Schlüssel zu jeglichem Schatz, welchen die Erde verwahrt.«

Silberbergwerk

ul. Szczęść Boże 81, www.kopalniasrebra.pl/de, Sept.–Juni tgl. 10–15, Juli–Aug. Mo–Fr 10–16, Sa, So 9–17 Uhr, 90-minütige Führung auf Deutsch (mind. 4 Pers.) 55 zł pro Pers. (s. Infos S. 216), Temperatur 10 °C, bequeme Schuhe anziehen!

Gut 2 km südlich des Stadtzentrums wurde ein kleiner Teil des **Silberbergwerks** (Kopalnia Zabytkowa) für Besucher zugänglich gemacht, die hier ein eindrucksvolles Bild von der Unterwelt vermittelt bekommen. Man steigt durch den sogenannten Engelsschacht 40 m unter die Erde und durchwandert dann auf einer Strecke von fast 1,8 km den Silber-, Viper- und Glückaufstollen. Unterwegs wird man 300 m per Boot durch einen Wasserstollen gelotst. Zurück an der Erdoberfläche geht es in ein Multimedia-Museum, das in die Geschichte des Erzabbaus einweiht und im Freien historische Dampfmaschinen und Loks zeigt.

Stollen der Schwarzen Forelle

ul. Śniadeckiego 1, Repty, www.kopalniasrebra.pl/de, im Sommer tgl. 10–17, sonst Sa, So 10–16 Uhr, Führungen auf Deutsch ab 30 zł (s. Infos S. 216), Temperatur im Stollen 10 °C

4 km westlich des Schaubergwerks können Sie durch den Ewaschacht noch einmal in die Tiefe steigen und auf einem der vielen einst angelegten Kanäle eine 600 m lange Bootspartie unternehmen, die durch mehrere Schleusen führt. Der **Stollen der Schwarzen Forelle**

(Sztolnia Czarnego Pstrąga) ist höher als diejenigen des Silberbergwerks und nährt, da er sich im stillen Wasser spiegelt, die Illusion, man schwebe über einem Abgrund. Senkrechte Spalten in den Wänden, ehemalige Schießöffnungen, sorgen für ein weiteres geheimnisvolles Element. Seinen schönen Namen verdankt der Stollen den Fischen, die im Schummerlicht der Karbidlampen schwarz glänzen. Und manchmal flattert eine Fledermaus über Ihren Kopf hinweg … Nach der Bootsfahrt steigen Sie durch den Silvesterschacht wieder an die Oberfläche und werden zum Ausgangspunkt am Ewaschacht zurückgebracht.

Schloss Alt-Tarnowitz
ul. Pyskowica 39, www.fundacjakompleksamkowy.pl, Di–Fr 9–16, Sa, So 10–16 Uhr, 15 zł
1,5 km nördlich vom Stollen der Schwarzen Forelle – am Rand des Landschaftsparks, der über dem Bergwerk angelegt wurde – kann das aufwendig restaurierte Renaissanceschloss der Adelsfamilie Henckel von Donnersmarck besichtigt werden. Der Innenhof des **Schlosses Alt-Tarnowitz** (Zamek Tarnowice Stare) mit Kreuzgang ist eine Augenweide und auch das hier untergebrachte **Kunst- und Gewerbemuseum** gefällt (Centrum Sztuki i Rzemiosła). Gezeigt werden dekorative Bronzeapplikationen, wie sie einst an Möbeln, Türen und Fenstern angebracht wurden – der Rohstoff hierzu kam aus der Grube.

Infos
Reservierung Bergwerksbesuch: ul. Gliwicka 2, Tel. 32 285 49 96, bort@kopalniasrebra.pl, Mo–Fr 9–16.30 Uhr.

Übernachten
In der Scheune des Schlosses – **Hotel na Podzamczu:** ul. Pyskowica 39, Tel. 32 384 74 17, www.hotelnapodzamczu.pl. Viersternehotel auf dem Schlossgelände mit 36 Zimmern. Stilmöbel erinnern an eine verflossene Adelsepoche. DZ ab 65 €.

Essen & Trinken
Im Stall des Schlosses – **Godpoda u Wrochema:** ul. Pyskowica 39, Tel. 32 384 55 50, www.gospodauwrochema.pl, tgl. ab 12 Uhr. Unter wunderschönen Backsteingewölben werden altpolnische Speisen serviert. Wie wäre es mit Teigtaschen, gefüllt mit Gänsefleisch, mit Eisbein auf Sauerkraut oder mit Rindfleisch-Medaillons auf Steinpilzen? Im Sommer mit Terrasse vor einem kleinen Zoo. Hauptgerichte ab 8 €.

Verkehr
Busse: Anfahrt ab Bahnhof Tarnowskie Góry zum Silberschaubergwerk (Haltestelle Kopalnia Zabytkowa) mit Bus 151, 734 und 735, zum Stollen der Schwarzen Forelle (Haltestelle Ośrodek Rehabilitacji) mit Bus 1, 153, 614 oder 780.

Częstochowa
▶ 1, N 16

Karte: S. 213
Dass in dem 230 000 Einwohner zählenden **Częstochowa** (Tschenstochau) viel Industrie angesiedelt ist, interessiert kaum einen Besucher. Die meisten treibt es sogleich zum Paulinerkloster auf dem Lichten Berg (Jasna Góra), wo sich das wichtigste Pilgerziel Polens befindet: das Bildnis der Schwarzen Madonna.

Die Schwarze Madonna

Worin besteht die magische Kraft dieses 122 x 82 cm kleinen Bildes? Es zeigt ein dunkles Frauenantlitz, das von zwei Narben verunstaltet ist. Skepsis spricht aus dem Blick, kein Lächeln umspielt den Mund. Es scheint, als wolle die Frau ihr Geheimnis nicht preisgeben. Abweisend schaut sie auf die Betrachter hinab.

Heilende Kräfte
Vermutlich ist das Bild 1384 in einer italienischen Malerwerkstatt entstanden und kurz danach in die Hände des Piastenfürsten Władysław von Oppeln gelangt. Dieser schenkte es dem Paulinerorden im Kloster Jasna Góra, das er zwei Jahre zuvor selbst gestiftet hatte. Die Mönche sprachen dem Bild heilende Kräfte zu, was zahlreiche Gläubige anlockte, die sich von

Częstochowa

der ›Begegnung‹ mit der Madonna Hilfe, oft auch Rettung versprachen. Dazu gesellte sich ein reger Handel mit Ablassbriefen – gegen Zahlung einer Spende wurde Besuchern die Befreiung von Sünden und der Eintritt ins Himmelreich in Aussicht gestellt. Bei den Hussiten, den Befreiungstheologen des frühen 15. Jh., stieß dies auf harsche Kritik. Sie verachteten die Bigotterie der Pauliner, ihr Zorn entlud sich in militanten Aktionen. Bei einem Überfall auf das Kloster 1430 wurde das Bild der Madonna beschädigt. Doch schon kurze Zeit später hatte man es wieder restauriert – damit das böse Tun der Bilderstürmer nie vergessen werde, beließ man zwei Schrammen im Gesicht der Maria und färbte sie rot ein.

In Gefahr und größter Not

Das **Kloster Jasna Góra** (Klasztor Jasna Góra) etablierte sich als das wichtigste Mariensanktuarium in Polen. Selbst Könige kamen hierher, spendeten Gold und spekulierten damit auf göttlichen Segen. Dank der großzügigen Gaben konnte das Kloster schrittweise zu einer mächtigen Festung ausgebaut werden.

Als 1655 schwedische Truppen Jasna Góra belagerten, erwies sich die Anlage als uneinnehmbar. Schnell war überall im Land die Rede vom Wunder von Tschenstochau. Maria, so ließ die Kirchenleitung verlauten, habe interveniert und die Geschosse auf die Angreifer zurückgelenkt. Fortan war die Jungfrau nicht nur fürs Jenseits, sondern auch für das Diesseits zuständig, neben die geistliche trat eine politische Funktion. Wann immer die Nation in Not war, bat man um den Beistand der Schwarzen Madonna. Im Bemühen, patriotische Gefühle zu mobilisieren, erhob der Klerus die magische Figur 1717 in den Rang einer ›Königin‹ – 200 000 Gläubige huldigten ihr bei den Krönungsfeierlichkeiten. In der Zeit der Teilungen avancierte sie gar zur Repräsentantin der ›Exilregierung‹.

Auf ins letzte Gefecht

Rund 300 Jahre nach ihrer Krönung, im Jahr 1956, betraute sie Kardinal Stefan Wyszyński mit einer neuen politischen Mission: Sie sollte mithelfen, den Sozialismus zu stürzen.

Der Geistliche schickte die Madonna auf eine zehnjährige Reise durchs Land, bis zur Jahrtausendfeier des polnischen Staates machte sie in jeder Pfarrei Station. Mal mehr, mal weniger verschlüsselt verkündete sie den Untergang des gottlosen Reiches und den baldigen Anbruch neuer Freiheit. Als 1978 ein Pole zum Papst gewählt wurde, werteten dies die Bischöfe als Werk der Allerheiligsten Mutter, der Jungfrau von Tschenstochau und Königin Polens.

Die durch das göttliche Walten angespornten Kleriker witterten Morgenluft und machten das Kloster zum Ziel neuer, als ›Wallfahrt‹ getarnter Demonstrationen. Auch die Kraft der streikenden Arbeiter stieg mit jedem Mariengebet. Eine Kopie der Madonna schmückte das Werkstor der Danziger Lenin-Werft, viele Arbeiter trugen Marias Konterfei am Revers. Rückendeckung erhielten sie vom polnischen Papst, der ein großes ›M‹ in seinem Wappen trug und nicht müde wurde, Maria als seine beste politische Ratgeberin zu preisen. Der Führer der Solidarność, der Elektriker Lech Wałęsa, wusste gleichfalls, wem er zu Dank verpflichtet war. Als ihm 1983 der Friedensnobelpreis zuerkannt wurde, stiftete er ihn sogleich der Gottesmutter von Tschenstochau.

Rundgang

ul. A. Kordeckiego 2, www.jci.jasnagora.pl, Klostergelände und Kirche: tgl. 5–21.30 Uhr; Kapelle der Muttergottes: tgl. 6–12, 15–19.15, 21–21.15 Uhr; 600-Jahr-Museum, Zeughaus und Schatzkammer tgl. 9–17, Nov.–Febr. 9–16 Uhr; Kirchturm: im Sommer tgl. 8–16 Uhr; das Infozentrum bietet Rundgänge auch auf Deutsch an: Okt.–April tgl. 8.30–17 Uhr; Eintritt frei, Spenden erbeten

Lebensader der Stadt ist die schnurgerade, 2 km lange **Allee der Allerheiligen Jungfrau Maria** (al. Najświetszej Marii Panny), kurz NMP genannt. Sie führt direkt auf den **Lichten Berg** (Jasna Góra) hinauf, der von einem schlanken, 106 m hohen Kirchturm gekrönt wird. Am Fuße des Klosters steht eine **Mariensäule,** an der Berge von Blumen niedergelegt werden. Dem Menschenstrom folgend, erreicht man das **Denkmal von Kardinal Wyszyński,** der

Oberschlesien

in gebeugter Haltung vor dem Kloster verharrt. Vier Tore, alle aus dem 17. und 18. Jh., weisen den Weg zur Madonna. Das erste und prachtvollste ist das Lubomirtor, es folgen das Tor der siegreichen, dann das der schmerzensreichen Mutter Gottes. Nach dem Jagiellonentor gelangt man in einen Hof mit Kirche und **Paulinerkloster.**

Ältester Teil der Anlage ist die in schummriges Licht getauchte **Kapelle der Muttergottes von Tschenstochau** (Kaplica Matki Boskiej Częstochowskiej). Das Bild der Schwarzen Madonna liegt meist unter einem Silbergewand verborgen und wird nur zu festgelegten Uhrzeiten enthüllt. An den Wänden hängen Tausende von Weihgaben: Korallen- und Bernsteinketten, Abzeichen und Medaillons, Krücken und Prothesen. Weniger Gedränge herrscht in der südlich angrenzenden **Basilika** mit freskengeschmücktem Gewölbe und barocken Skulpturen. Nördlich schließt sich der **Rittersaal** (Sala Rycerska) an. Auf neun Wandgemälden sind entscheidende Momente der Klostergeschichte fixiert, darunter der Hussitensturm 1430 und die schwedische Belagerung 1655. Erinnert wird auch an den Literaturnobelpreisträger Henryk Sienkiewicz, der in seinem Roman »Die Sintflut« (1884–86) die Verteidigung des Klosters beschrieb.

Weitere Gemälde zur Kirchengeschichte, liturgisches Gerät und die Urkunde von Wałęsas Friedensnobelpreis findet man im 1982 gegründeten **600-Jahr-Museum** (Muzeum Sześćsetlecia). In dem mit polnischem Adler geschmückten **Zeughaus** (Arsenał) werden Waffen und Banner, türkische Kriegsbeute und Marschallstab ausgestellt, der Historienmaler Matejko ist mit zwei monumentalen Schlachtszenen vertreten. Sehenswert ist auch die **Schatzkammer** (Skarbiec), wo kostbare, von Königen und reichen Pilgern gestiftete Gaben aufbewahrt werden: Gold- und Silberschmuck, Meißener Porzellan, Rosenkränze und Messgewänder.

Der Aufstieg auf Polens höchsten **Kirchturm** (Wieża) beschließt den Besuch. Von der 106 m hohen Spitze genießt man einen fantastischen Rundblick auf die Stadt, in der Ferne sieht man die Berge des Krakau-Tschenstochauer Jura.

Infos

Touristenbüro: al. NMP 65, Tel. 34 368 22 50, www.info.czestochowa.pl, Mo–Sa 9–17 Uhr. Wer nach dem Besuch der Schwarzen Madonna noch nicht erschöpft ist, erhält hier Infos u. a. zu einem Erzdiözesanmuseum, dem Münz- und Medaillenmuseum Johannes Paul II., dem Park der sakralen Miniaturen und einem Streichholzmuseum.

Übernachten

In einer Brauerei – **Browar Czenstochovia:** ul. Korczaka 14, Tel. 34 365 19 35, www.czenstochovia.pl. Im Nordwesten der Stadt, ca.

Częstochowa

So bedeutend ist Częstochowa, dass Papst Franziskus 2016 eigens anreiste, um im Kloster eine Messe zur 1050-Jahr-Feier der Christianisierung Polens zu halten

20 Gehmin. vom Kloster entfernt, betreibt eine Mikrobrauerei ein kleines, schickes Dreisternehotel samt hervorragendem Restaurant. DZ ab 60 €.

Bestlage – **Mercure Częstochowa Centrum:** ul. Ks. Popiełuszki 2, Tel. 34 324 70 01, www.mercure.com. Siebenstöckiges Dreisternehotel mit 102 Zimmern am Fuß des Klosterhügels. Gutes Frühstücksbüfett. DZ ab 56 €.

Nah am Kloster – **Camping Oleńka Nr. 76:** ul. Oleńki 22/30, Tel. 34 360 60 66, ganzjährig geöffnet. Die im Grünen westlich des Klosters gelegene Anlage mit 480 Plätzen bietet auch Unterkunft in 20 Campinghütten.

Essen & Trinken

Kultig – **Browar Czenstochovia:** im gleichnamigen Hotel (s. S. 218), tgl. 12–22 Uhr. In dem Lokal mit rustikal-modernem Backstein-Interieur gibt es Craft Beer aus eigener Produktion, dazu passend deftige Küche, z. B. Sauermehlsuppe aus Buttermolke, Eisbein in Biersoße, mariniertes Gänsefilet mit Dill-Püree, flambierter Apfel in Biersoße. Hauptgerichte ab 8 €.

Im Alten Rathaus – **Pod Ratuszem:** al. NMP 45, Tel. 516 032 037, www.restauracjapodratuszem.eu. Helle, unverputzte Natursteingewölbe aus jurassischem Kalk bilden den Rahmen für

Die Madonna-Tour

An hohen Marienfeiertagen erlebt man in Tschenstochau die katholische Version der Love Parade. Zehn-, oft sogar Hunderttausende begeisterter Polen strömen zum Paulinerkloster auf dem Berg Jasna Góra, um vor dem Bildnis der Schwarzen Madonna in die Knie zu gehen. Jung und Alt sind in Ekstase vereint, leidenschaftlich und zu Tränen gerührt.

Das Wanderpaket ist geschnürt, die Teilnahmegebühr entrichtet. Zum dritten Mal ist Urszula mit von der Partie, hat sich für diese Tour extra zwei Wochen Urlaub genommen. Vor ihr liegen einsame Straßen und staubige Feldwege – 220 km gilt es zurückzulegen, von Warschau quer durch die mittelpolnische Tiefebene. Die junge Frau ist jedoch nicht auf einem Selbsterfahrungstrip und nimmt auch an keinem Sportwettbewerb teil. Sie ist auf dem Weg zur Schwarzen Madonna, der Mutter Gottes von Tschenstochau, der sie in diesem Jahr eine Silberkette schenken will, »als Dank für die Genesung meines Vaters«. Urszula wandert nicht alleine, mit von der Partie sind allein aus Warschau 25 000 Menschen, aus anderen Landesteilen kommen mehr als 200 000 dazu. Die längste Strecke, 620 km, müssen die Gläubigen aus Świnoujście, einem Kurort auf dem polnischen Teil von Usedom, zurücklegen.

Bei der Anmeldung zur Pilgerreise haben sämtliche Teilnehmer eine Art Keuschheitsgelübde abgelegt. Sie mussten versprechen, während der Wallfahrt auf Sex und Süßigkeiten, Alkohol und Drogen zu verzichten. Doch wer jetzt glaubt, die Madonna-Tour sei eine todernste Angelegenheit, macht sich ein falsches Bild. Denn während der langen Märsche spielt sich zwischen den Pilgern einiges ab – sie vertiefen sich in lange Gespräche, essen zusammen am Wegesrand, schlafen im Nachtlager einer Dorfpfarrei. Und genau dies ist es, was den Reiz einer Wallfahrt ausmacht: Man erlebt Gemeinschaft und Pfadfinderromantik, probt für kurze Zeit den Ausstieg aus der Normalität.

Als Urszula in Tschenstochau eintrifft, ist sie glücklich und erschöpft, körperlich allerdings erstaunlich fit: Die Blasen an den Füßen wurden unterwegs gut verarztet, den Rucksack konnte sie abgeben – die Organisatoren hatten für den Gepäcktransport gesorgt. Erwartungsvoll reiht sie sich in den Menschenstrom ein, der sich den Lichten Berg hinaufwälzt. Je näher das Ziel, desto langsamer der Schritt. Viele Gläubige bewegen sich auf den Knien vorwärts, die Arme zu einem Kreuz ausgebreitet, versunken im Gebet. Aus Lautsprechern ertönen geistliche Gesänge, fliegende Händler bieten Hotdogs an, dazu Rosenkränze in allen Farben, Heiligenbilder und Plastikteufelchen. Um 10 Uhr hat Urszula die Mariensäule passiert und am späten Nachmittag ist es so weit: Sie steht vor der Madonna, die mild, aber irgendwie auch gleichgültig über sie hinwegschaut – von meditativer Versenkung keine Spur, zu laut ist das tausendfache Gemurmel und Geraune …

Hochbetrieb herrscht in Tschenstochau am 15. August, dem Tag Mariä Himmelfahrt. An den übrigen Marienfesttagen kommen ›nur‹ 50 000 bis 100 000 Gläubige – so am 3. Mai, dem Tag ihrer Krönung, am 26. August, dem Fest der Gottesmutter, am 8. September, ihrem Geburtstag, und am 8. Dezember, dem Tag ihrer Empfängnis.

gute Regionalküche, z. B. Entenfilet mit roten Beeren *(kaczka)*. Hauptgerichte ab 4 €.

Abends & Nachts
Klassik – **Filharmonia:** ul. Wilsona 16, Tel. 34 342 42 30, www.filharmonia.com.pl. In dem schicken Bau finden jede Woche Konzerte statt.

Termine
Gaude Mater (Mai, www.gaudemater.pl): Festival religiöser Musik.

Verkehr
Züge/Busse: Gute Verbindungen nach Katowice, Krakau, Łódź und Warschau. Vom Bahnhof am Südende des Boulevards NMP erreicht man in 20 Min. die Kultstätte.

Pszczyna und Umgebung ▶ 1, M 20

Karte: S. 213

Das Städtchen **Pszczyna** 3 (Pless) ca. 35 km südlich von Katowice zählt zu den schönsten Ausflugszielen Oberschlesiens. Nahe dem von Kirchen und alten Bürgerhäusern gesäumten Marktplatz steht ein neobarockes Schloss, das Graf Heinrich X. von Hochberg-Fürstenstein 1846 erwarb und das sich heute mit dem Gütesiegel Europäisches Kulturerbe schmückt.

Schloss
ul. Brama Wybrańców 1, www.zamek-pszczyna.pl, Mo 11–14, Di–Fr 9–16, Sa, So 10–16 Uhr, Hauptausstellung 20 zł, Zuzahlung für jede weitere Attraktion

Letzter Schlossherr war Herzog Johann Heinrich XV. von Hochberg (1861–1938), Besitzer von Ländereien, die vom oberschlesischen Pless bis zum niederschlesischen Fürstenstein reichten – er war Deutschlands reichster Fürst. Mit seiner englischen Frau Daisy hielt er Hof in beiden Residenzen, ging mit Kaiser Wilhelm II. und Kronprinz Friedrich Wilhelm zur Jagd, verlustierte sich mit Winston Churchill und anderen Vertretern der britischen High Society. Als Pless 1920 Polen zugeschlagen wurde, nahm die Familie von Hochberg aus Furcht vor Verlust ihrer einträglichen Ländereien die polnische Staatsbürgerschaft an. Nach dem Tod Heinrich von Hochbergs 1938 blieb seine Familie in dem ein Jahr später wieder deutsch gewordenen Schloss, bis 1945 die Rote Armee einrückte.

Heute kann man **Schloss Pless** (Zamek Pszczyna), da es im Krieg bis auf Teile der Inneneinrichtung unzerstört blieb, im Originalzustand besichtigen. Das **Schlossmuseum** (Muzeum Zamkowe) gibt Einblick in die adelige Wohnkultur des 19. und frühen 20. Jh. Prachtstück ist der zweistöckige, aufgrund der Lichtreflexe unglaublich weit wirkende Spiegelsaal. Originalgetreu rekonstruiert wurde auch das Kabinett im Erdgeschoss, das Kaiser Wilhelm II. im Ersten Weltkrieg als Hauptquartier diente. Hier entschied er mit seinen Generälen Hindenburg und Ludendorff über den Einsatz von Mensch und Material. Und während aufgrund ihrer Beschlüsse Millionen Menschen an der Front ihr Leben verloren, verlustierte sich die Herren bei der Jagd ... Auch einer weiteren Persönlichkeit wird gedacht: In Erinnerung an den Komponisten Georg Philipp Telemann, der hier von 1704 bis 1708 Hofkapellmeister war, werden allmonatlich Konzerte mit barocker Musik veranstaltet.

Außerhalb des Schlosses setzen sich die Sehenswürdigkeiten fort. Besuchen Sie die wahrhaft fürstlichen **Pferdeställe**, die **Waffenkammer** und die **Wassermühle,** in der wechselnde Kunstausstellungen stattfinden.

Park und Wisent-Gehege
Wisent-Gehege: www.zubry.pszczyna.pl, April–Sept. tgl. 9–19, Sept.–März bis 16 Uhr

An das Schloss grenzt ein 84 ha großer Park, der nordwärts in die Plesser Wälder, das einstige Jagdgebiet des Herzogs, übergeht. Sanft gewellte Rasenflächen sind von Wasserläufen durchzogen, über die sich zierliche Brücken spannen. Rieseneichen säumen die Alleen, einige Linden sollen über 300 Jahre alt sein. Im **Wisent-Gehege** (Zagroda Żubrów, s. Thema S. 28) können Sie die zotteligen Riesen beim Wiederkäuen beobachten. Auch Hirsche und Rehe, Mufflons und Wildschweine sind zu

Oberschlesien

sehen. Stärken können Sie sich in der auf alt gemachten Wisent-Schänke (Karczma Żubr).

Freilichtmuseum
Park Dworcowy, www.skansen.pszczyna.pl, tgl. 9–17 Uhr, 12 zł
Wer die alte Adelskultur mit der untergegangenen dörflichen Welt vergleichen möchte, besucht das **Freilichtmuseum** (Skansen) in der Nähe des Bahnhofs. Die Gebäude, typische Holzhäuser und Scheunen, sind mit Geräten aus früherer Zeit ausgestattet, eine alte Wassermühle wurde in ein Gasthaus umgewandelt.

Kobiór-Promnice
Im Umkreis von Pszczyna gibt es noch heute große Wälder, die sogenannte grüne Lunge des Industrierevieres. Man erzählt sich, Kaiser Wilhelm II. sei gern in das 11 km nördlich gelegene **Kobiór-Promnice** (Kobier-Promnitz) gereist, wo die Grafen von Hochberg-Fürstenstein ein Jagdschloss unterhielten. Heute ist das 1861 erbaute Palais ein Hotel, das im Inneren originalgetreu rekonstruiert wurde.

Infos
Touristenbüro: ul. Brama Wybrańców 1, Tel. 32 212 99 99, www.pszczyna.info.pl.

Aktiv
Golf – **Golf Club Pszczyna:** ul. Sznelowiec 30, Tel. 32 326 58 58, www.golfpszczyna.pl. Die 9-Loch-Anlage grenzt an den Park des Fürsten von Pless und das Wisent-Gehege.

Verkehr
Züge/Busse: Etwa stdl. fahren Züge nach Katowice, seltener nach Bielsko-Biała und Żywiec. Mit dem Bus kommt man 2 x tgl. über Oświęcim nach Krakau. Bahnhof und Busstation befinden sich im Osten der Stadt.

Bielsko-Biała ▶ 1, M 20

Karte: S. 213
Der Name **Bielsko-Biała** 4 (Bielitz-Biala) ist untrennbar mit der Textilindustrie verknüpft. Schon im 16. Jh. wurden hier Stoffe gewebt, später entstand ein Zentrum der Wollverarbeitung. Heute ist allerdings ein Autokonzern der wichtigste Arbeitgeber. Die Stadt entwickelte sich aus zwei einstmals miteinander konkurrierenden, durch den Fluss Biała getrennten Orten und zählt heute gut 170 000 Einwohner.

Bielsko, der auf einem Hügel thronende ältere Teil, war östlichster deutscher Vorposten und blieb auch nach Eingliederung ins polnische Königreich eine deutsche Sprachinsel. Später gehörte es zum Fürstentum Teschen und war die einzige protestantische Stadt im Reich der Doppelmonarchie. Alle Sehenswürdigkeiten stehen dicht beieinander.

Am **Marktplatz** (Rynek) stehen Bürgerhäuser aus dem 17. bis 19. Jh., südwärts geht es zur hoch aufschießenden **Nikolauskathedrale** (Katedra Pw. Św. Mikołaja) am gleichnamigen Platz (pl. Św. Mikołaja 16).

Das **Sułkowski-Schloss** (Zamek książąt Sułkowskich) mit seinem charakteristischen Zinnenturm birgt Ausstellungen zur Geschichte der Stadt und seiner Handwerkstradition, eine Gemäldegalerie schließt sich an (ul. Wzgórze 16, www.muzeum.bielsko.pl, Di–Sa 9–15, So 10–18 Uhr, 15 zł). Separat Eintritt zahlen müssen Sie auch für die nahe gelegenen, zur selben Zeit geöffneten Museumsfilialen: die **Alte Fabrik** (Stara Fabryka), die sich der Industrie der letzten 200 Jahre widmet (ul. Żwirki i Wigury 8, 12 zł), und das **Weberhaus** (Dom Dkacza) mit seiner originalgetreu eingerichteten Werkstatt aus dem 19. Jh. (ul. Sobieskiego 51, 10 zł).

Wer Zeit hat, unternimmt einen Abstecher ins Viertel **Biała** auf der gegenüberliegenden Flussseite. Das im Stil der Neorenaissance errichtete **Rathaus** (Ratusz) ist auch Sitz der Touristeninformation. In östlicher Richtung erhebt sich die katholische **Pfarrkirche** (Kościół Farny), ein zwischen 1760 und 1769 entstandener Barockbau. Im Inneren beeindruckt er durch eine gewaltige Orgel sowie die vergoldete Kanzel mit einer volkstümlichen Darstellung des Meeres.

Infos
Touristenbüro: pl. Ratuszowy 4, Tel. 33 819 00 50, www.it.bielsko.pl, Mo–Fr 8–18, Sa 8–16 Uhr.

Übernachten

Dezentral – Parkhotel Vienna: ul. Bystrzańska 48, Tel. 33 496 62 00, www.vienna.pl. Das Viersternehotel liegt 4 km südlich der Altstadt und bietet 112 komfortable Zimmer mit AC, außerdem Sauna und Fitness. DZ ab 70 €.

Essen & Trinken

Rings um den Marktplatz finden Sie viele Terrassenlokale von traditionell bis trendy.

Klein, aber gemütlich – **Barometr Coffee & Bar:** Rynek 24, Tel. 515 37 58 08, Facebook: Barometr Coffee and Bar, tgl. 8–23 Uhr. Im hübsch dekorierten Café am Marktplatz trifft man sich zum Plausch mit seinen Freunden. Die Sofas sind bequem, im Hintergrund erklingt angenehm leise Musik, meist sanfter Jazz. Es gibt Kuchen unter Verwendung biologischer, veganer Zutaten, sehr guten Espresso und Cappuccino.

Aktiv

Ausflug zum Szyndzielnia – Mit der Seilbahn (s. unten) gelangt man in 10 Min. zum Vorgipfel der Szyndzielnia. Von hier ist es nicht weit zur PTTK-Herberge auf 1001 m, der Gipfel liegt noch einmal 27 m höher. Wanderwege führen u. a. nach Szczyrk, Polens zweitgrößtem Wintersportort. Weitere Aktivitäten in Gipfellage: eine ganzjährig betriebene Rodelbahn sowie ein Seil- und Kletterpark.

Verkehr

Züge/Busse: Gute Anbindung an Katowice und Krakau, Cieszyn und Żywiec. Bahnhof und Busstation befinden sich im Norden der Stadt.
Seilbahn: Vom Stadtteil Olszówka, al. Armii Krajowej, fährt eine Seilbahn auf die Szyndzielna (tgl. 10–17.30 Uhr, www.kolej-szyndzielna.pl, 10 Min.).

Żywiec ▶ 1, N 21

Karte: S. 213
Die Stadt **Żywiec** 5 (Saybusch) 20 km südöstlich von Bielsko-Biała ist vor allem für ihr gutes Bier und Polens größtes **Biermuseum** bekannt (s. Thema S. 224). Wassersportler treffen sich am **Saybuscher See** (Żywieckie Jaziorio), Wanderer starten zu Tagesmärschen in die **Saybuscher Beskiden** (Beskid Żywiecki).

Bevor man zu einem Ausflug in die Natur aufbricht, lohnt sich ein Bummel über den Ring zu der im 15. Jh. entstandenen **Pfarrkirche** (Kościół Farny) und von dort zum Schloss der Familie Komorowski mit einem Arkadenhof und dem **Stadtmuseum** (Muzeum Miasta, ul. Zamkowa 1, www.muzeum-zywiec.pl, tgl. 10–16 Uhr, 18 zł). Ans gegenüberliegende einstige Jagdpalais grenzt ein 25 ha großer Park mit breiten Alleen und Wasserkanälen. Hier wurde ein **Miniaturpark** eingerichtet, der die wichtigsten Bauten der Region im Kleinen zeigt.

Infos
Im Internet: www.zywiec.pl

Essen & Trinken

Sympathisch – **Pierogarnia Bracka:** ul. Myśliwska 34, Tel. 504 613 265, Do–So 12–20 Uhr. Um gut zu essen, fährt man in den 18 km entfernten Nachbarort Szczyrk. Von den vielen Lokalen längs der Hauptstraße genießt das mit alten Fotos geschmückte Bracka den besten Ruf. Sie werden verwöhnt mit üppigen Portionen polnischer Regionalkost – Knödeln mit Käse oder Fleisch, Pilzen und Kraut, vielleicht auch mit Beeren und Sahne. Dazu gibt es (auch tschechisches) Bier und Musik von Vinyl. Und was Sie nicht verputzen können, lassen Sie sich einpacken. Hauptgerichte ab 5 €.

Aktiv

Wandern – Markierte Wege führen von Żywiec auf den ›Hexenberg‹ Babia Góra (1725 m).
Wintersport – Skifahrer beginnen sich für die Hänge rund um Żywiec zu interessieren, doch die Springer zieht es nach Szczyrk, vor allem aber nach Wisła. Auf der dortigen 8 Mio. € teuren, nach dem Skisprungidol Adam Małysz benannten Großschanze trainieren alle, die in seine Fußstapfen treten wollen.

Verkehr

Busse: Gute Verbindungen im Lokalverkehr, aber auch nach Bielsko-Biała und Katowice.

800 Jahre Bier

Hätten Sie's gedacht? Nicht der Konsum von Wodka steht beim Nachbarn hoch in Kurs, sondern der von Bier. Durchschnittlich trinkt ein Pole 98 l Bier pro Jahr, fast so viel wie ein Deutscher. Liegt's vielleicht daran, dass auf polnischem Boden uralte Brauereien stehen? Einige können Sie besuchen.

Im schlesischen Lwówek Śląski (Löwenberg) wird seit 1209 gebraut, womit sich das Städtchen zu den ersten Bierproduzenten in Europa zählen darf. Gut 100 km weiter östlich, im Alten Rathaus von Breslau, befindet sich die älteste Bierstube des Kontinents: Seit 1273 geht im Schweidnitzer Keller (Piwnica Świdnicka, s. S. 113) Hopfensaft über den Tresen. Im Neuen Rathaus nebenan ist man selber aktiv und braut in Hochglanz-Kupferkesseln naturtrübes Bier Marke Spiż (Rynek 2, www.spiz.pl). Breslaus Tradition hält auch Browar Sto Mostów, die ›Brauerei der 100 Brücken‹ aufrecht. Im hauseigenen Pub können Sie Craft Beer kosten – klassisches Pils, Dunkelweizen und Roggenbier Marke WRCLW (ul. Jana Długosza 2, www.100mostow.pl).

Seit Jahren drängen Brauerei-Multis auf den polnischen Markt. Die einstige Fürstliche Brauerei Tyskie im oberschlesischen Tychy (Tichau), ca. 20 km südlich von Kattowitz, ist seit 1629 im Geschäft – nun hat sie sich der japanische Konzern Asahi unter den Nagel gerissen. Hinter neugotischen Fassaden verbirgt sich modernste Technik, die es erlaubt, 800 Mio. Liter pro Jahr zu produzieren. Das Tyskie gehört zu Polens beliebtesten Bieren und wird in alle Welt exportiert. Sie können das historische Brauerei besichtigen und erfahren dabei eine Menge über die Tradition des Brauens. Kleingruppen, die sich weniger für Geschichte als für Geschmack interessieren, buchen einen Workshop beim Cervesario, dem Bier-Fachmann (Muzeum Tyskich Browarów Książęcych, ul. Katowicka 9, Tychy, Tel. 32 327 84 30, www.tyskiebrowarium.pl/de, 2-stündige deutschsprachige Touren nach vorheriger Anmeldung, 20 zł).

Noch öfter als auf Tyskie werden Sie in Polen auf Żywiec stoßen – das Logo eines fetzigen Tanzpaars im Folkkostüm ist allgegenwärtig, prangt auf Sonnenschirmen, Gläsern und Bierdeckeln. Seinen Namen verdankt das Bier jener Stadt, die 1448 das herzögliche Braupriveleg erwarb. Heute gehört die einstige Saynbuscher Brauerei dem niederländischen Multi Heineken. Und der lässt es sich nicht nehmen, in Żywiec (s. S. 223) mit Polens größtem Biermuseum aufzutrumpfen: Im Saal der drei Elemente lernen Sie die Zutaten kennen, aus denen Bier gezaubert wird: Getreide, Wasser und Hefe. Dann begeben Sie sich auf eine Zeitreise nach Saybusch – so hieß Żywiec im 19. Jh., als es zu Habsburg gehörte. Sie betreten eine Gastwirtschaft anno dazumal, einen Kolonialwarenladen und eine Böttcherwerkstatt, wo Fässer zur Bierlagerung gezimmert wurden. Durch 18 Säle führt die Tour, die die gesamte Brauereigeschichte umfasst (Żywiec Muzeum Browaru, ul. Browarna 88, Tel. 22 100 42 80, www.muzeumbrowaru.pl, Di–So 10–18 Uhr, 90-minütige deutschsprachige Tour inkl. Degustation 30 zł).

Zu Żywiec ergo Heineken gehört auch die Traditionsbrauerei in der polnisch-tschechischen Doppelstadt Cieszyn (Teschen) knapp 40 km westlich von Bielsko-Biała (s. S. 222). Sie begann 1846 als Erzherzögliche Brauerei Karl Ludwigs, des späteren Königs von Österreich, und beeindruckt mit ihrer schlossartigen Architektur. Nur zwei Biere werden hergestellt, dunkles Porter und Brackie-Pils, so bleibt genügend Raum für das Lebendige Museum der Brauerei. Es führt Sie ein in die Geschichte des Teschener Biers – vom Mittelalter bis zur Gegenwart. Im Septem-

Polen ist Biertrinkerland und das heimische Żywiec in aller Munde – keiner schmeckt's, dass die Brauerei inzwischen einem holländischen Konzern gehört

ber wird Bracka Jesień organisiert, ein Bierfest, zu dem Besucher von beiden Seiten der Grenze kommen (ul. Dojazdowa 2, Tel. 33 851 64 02, www.browarcieszyn.pl, Führungen im Sommer Sa 12, 14, 16, So 14 Uhr).

Dritter Big Player in Polen ist der schwedische Konzern Carlsberg, der in Okocim östlich von Krakau eine Traditionsbrauerei (1847) übernahm. Er fabriziert, wie einst der Pionier, helles Lagerbier in bayerischer Tradition. Leider kann die Brauerei (www.browarokocim.pl) noch nicht besichtigt werden.

Polnische Biertrinker wollen nicht nur internationalen Standardgeschmack, sondern suchen ungewöhnlichere Gaumenerlebnisse. Im Trend liegen naturtrübe, nicht pasteurisierte Biere, die nach traditioneller Rezeptur ohne den Einsatz von Enzymen heranreifen. In Kazimierz, dem jüdischen Viertel von Krakau, können Sie beispielsweise Biere der Marke Großer Bär kosten, die aus einer Mikrobrauerei in den Waldkarpaten stammen: Im goldenen Herbst, wenn die Buchenwälder gelb glühen, kommt Indian Summer Pale Ale auf den Markt; im Winter, wenn die Nächte lang werden, wird dunkles rauchiges Belgian Dark Ale produziert (Ursa Maior, pl. Wolnica 10, www.ursamaior.pl/krakow/craft-beer).

Kapitel 4

Krakau und Hohe Tatra

In Polens ehemaliger Hauptstadt bleibt man meist länger als geplant – sie ist verträumt, selbstverliebt und dem Genuss zugetan. Hier vereinen sich italienische Renaissance-Architektur, habsburgische Lebensart und polnische Sinnlichkeit. Eine Burg hoch über der Weichsel und hochkarätige Museen bergen Schätze aus 1000 Jahren, es gibt mehr als 100 Kirchen und Klöster und noch mehr originelle Restaurants. Die einst jüdischen Viertel Kazimierz und Podgórze erzählen davon, dass Krakau auch eine Hauptstadt der Juden war.

Wer es schafft, sich von Krakau loszueisen, besucht das Salzbergwerk Wieliczka, das Vernichtungslager Auschwitz und die katholische Kultstätte Kalwaria Zebrzydowska – alle drei Ziele sind UNESCO-Weltkulturerbe. Doch es gibt mehr zu entdecken, denn vielfältig sind die Landschaften um Krakau.

Im Norden liegt das Jura-Hochland, wo aus Waldgrün weiß verwitterte Felsriesen aufragen. Der schönste Teil des Jura, mit Adelssitzen und Burgen, ist als Ojców-Nationalpark geschützt. Südlich von Krakau schwingt sich die Hohe Tatra bis zu Höhen von 2500 m auf. Auf dem Weg dorthin lohnt sich ein Stopp im Pieniny-Nationalpark, wo Sie auf einem Floß das Durchbruchstal des Dunajec entlangschippern – der Flößer ist Gorale, ein Bergbewohner, der alle tückischen Stellen und Schnellen kennt. An die Pieniny schließt sich das Poprad-Tal an, gleichfalls mit schäumendem Fluss und viel Wald sowie dem Kult-Kurort Krynica. Übrigens gehören Pieniny und Tatra bereits zum Karpatenbogen, der weit Richtung Osten führt – dieser wird in Kapitel fünf beschrieben.

Gehen Sie in Krakau mal auf dem Flohmarkt an der Hala Targowa stöbern, da lassen sich noch wahre Raritäten finden

Auf einen Blick: Krakau und Hohe Tatra

Sehenswert

⭐ **Krakau:** Eine lebendige Altstadt mit Burgberg, mehr als 100 Kirchen und hochkarätige Museen, dazu ein ehemals jüdisches Viertel mit Synagogen, Klezmer- und Szenelokalen – in Kazimierz wird jeden Abend fetzige Musik gespielt (s. S. 230).

⭐ **Wieliczka:** Unter Tage – ein Labyrinth mit Sälen und Kapellen aus weißem Gold (s. S. 260).

⭐ **Oświęcim:** Das Lager Auschwitz, in dem ca. 1,5 Mio. Menschen ermordet wurden, ist heute eine Gedenkstätte (s. S. 266).

🍀 **Hohe Tatra:** Schroffe Gipfel, saftige Almen – im kleinsten Hochgebirge der Welt ist immer Hochsaison (s. S. 272).

Schöne Routen

Von der Hohen Tatra in die Pieniny: Von Zakopane geht es ostwärts am Niedzica-See entlang nach Szczawnica am Rand des Pieniny-Nationalparks und weiter bis Nowy Sącz (s. S. 286).

Von Krynica nach Nowy Sącz: Die Kurorte im Poprad-Tal sind durch eine Straße miteinander verbunden, parallel dazu verläuft die schönste Eisenbahnstrecke Polens (s. S. 291).

Meine Tipps

Blick von der Marienkirche: Im Sommer kann man auf den Glockenturm der Krakauer Marienkirche steigen und dem Trompeter über die Schulter schauen (s. S. 232).

Konzert im Słowacki-Theater: Schwelgen in Goldstuck, Plüsch und rotem Samt bei Klassik, Oper und Chansons (s. S. 241).

Glas-Workshop: Seit 1902 entstehen in der Krakauer Manufaktur fantastische Glasobjekte. Legen Sie selbst Hand an (s. S. 245)!

Jazz in Kellerkneipen: In den Kellerlabyrinthen unter den Häusern der Krakauer Altstadt wird wild geswingt, Freestyler und Traditionalisten halten sich die Waage (s. S. 257).

Bootsfahrt auf der Weichsel: Im Sommer geht's mit dem Ausflugsschiff von Krakau zur Benediktinerabtei Tyniec, wo sich ein Uferspaziergang anbietet (s. S. 258).

Von Zakopane aus führen viele Wanderwege in die Hohe Tatra, einer der schönsten zum Bergsee Morskie Oko

Wanderungen zu Höhlen & Schloss: Im kleinen Ojców-Nationalpark hat man die Qual der Wahl, ganz sicherlich aber ist für jeden etwas dabei (s. S. 270).

Wanderung zur Kalatówki-Alm: Vorbei an Bächen und Wasserfällen geht es sanft die Berge hinauf – eine perfekte Tour für ›Einsteiger‹ (s. S. 278).

Floßfahrt auf dem Dunajec: Tief hat sich der Fluss in die Pieniny eingekerbt. Am intensivsten ist das Landschaftserlebnis vom Wasser aus (s. S. 288).

 Krakau

Krakau ist schön, lebensdurstig und reich: eine Stadt mit 1000-jähriger Tradition, die im Zweiten Weltkrieg nahezu unzerstört blieb. So konnte sie sich das Antlitz jener glanzvollen Epoche bewahren, als sie über ein mächtiges Reich herrschte. Neben Warschau ist Krakau kultureller Dreh- und Angelpunkt des Landes mit einer der ältesten Universitäten Europas.

Das 750 000 Einwohner zählende **Krakau** (Kraków) ist die heimliche Hauptstadt des Landes. Dank ihres architektonischen Reichtums, ihrer vielen Bauwerke aus Gotik, Renaissance und Barock war Krakau eine der ersten Städte Europas, die von der UNESCO 1978 zum Weltkulturerbe erklärt wurden. Wie ein Magnet zieht sie kreative Köpfe an, die sich von der ›Stadt der sprechenden Steine‹ inspirieren lassen. Dass Krakau auch eine Hochburg des Klerus ist, merkt man an den vielen Kirchen, Klöstern und dem Kult um den polnischen Papst.

Orientierung

Kernstück der verkehrsberuhigten Altstadt ist der weitläufige **Hauptmarkt** (Rynek Główny). Von ihm gehen schachbrettartig kleine Straßen aus, die durch einen fast 4 km langen **Parkgürtel** (Planty) umschlossen werden. Dieser entstand, nachdem weite Teile der mittelalterlichen Befestigungsanlagen abgetragen worden waren. Erhalten blieb im Norden die Festung **Barbakane**, an der der sogenannte **Königsweg** startet. Er durchschneidet die Altstadt von Norden nach Süden – Regenten hielten hier Einzug und schritten zur Residenz auf dem **Wawel**. An diesen schließt sich im Südosten **Kazimierz** an, das einstige jüdische Wohnviertel mit restaurierten Synagogen und Szenelokalen. Auf der anderen Seite der Weichsel liegt **Podgórze**, das ›Viertel unter dem Berg‹, das gleichfalls mit wichtigen Sehenswürdigkeiten aufwartet: Cricoteca und MOCAK, Platz der Ghettohelden und Oskar-Schindler-Fabrik.

Hauptmarkt

Cityplan: S. 235

Alle Wege führen zum **Hauptmarkt** (Rynek Główny), dem pulsierenden Herzen der Stadt. Mit einer Fläche von 40 000 m^2 ist er einer der größten Plätze Europas. Hierher kommt man, um zu sehen und gesehen zu werden, zu flirten und zu flanieren. Bis in die Nacht hinein herrscht ein fast südländisches Treiben. Ringsum reihen sich prachtvolle Adels- und Bürgerpaläste mit Innenhöfen – vielerorts können Sie eintreten und sich überraschen lassen!

Tuchhallen [1]

Tuchhallen und Museum: www.podziemiarynku.pl, Mo 10–20, Di 10–16, Mi–So 10–22, im Winter bis 20 Uhr, 5 €, Tickets erhalten Sie im Visitor Services Centre an der Westseite der Tuchhallen, Tel. 12 426 50 60, www.muzeumkrakowa.pl; Galerie: www.mnk.pl, Di–Fr 9–17, Sa 10–18, So 10–16 Uhr, 20 zł

Die lang gestreckten **Tuchhallen** (Sukiennice) teilen den Platz in zwei Hälften. Wie kein anderes Bauwerk verkörpern sie das goldene Zeitalter Krakaus, eine gelungene Synthese westlicher und östlicher Kultur. Italienische Renaissance spiegelt sich in der Fassade und in den Arkaden, orientalischer Einfluss in der Attika mit ihren geschwungenen Ornamenten und goldenen Türmchen. Reizvoll sind die bizarren Skulpturen: merkwürdige Gesichter, einige höhnisch lächelnd, andere in Schmerz erstarrt oder als Monster maskiert.

Als Alfred Döblin die Tuchhallen betrat, war er fasziniert. »In dem langen Gewölbe brennen wie Laternen im Keller rote Glühlampen, eine doppelte Reihe, und zeigen die Finsternis, verscheuchen sie nicht. Die Finsternis ist das Licht, die Lampen sind rote Schatten. In diesen roten Schatten sitzen an den Wänden die Händler und haben ihre Stände mit Koffern, Körben, Spielsachen vollgepackt.« Was der Autor 1924 beschrieb, wirkt heute geordneter, doch die geheimnisvolle Atmosphäre ist geblieben. Schmiedeeiserne Laternen verströmen schummriges Licht, das in den holzgeschnitzten Krambuden widerscheint. Verkauft wird Kunsthandwerk aus ganz Polen – Bernsteinschmuck und Trachtenaccessoires, rustikale Keramik und feine Spitze, Schafswollpullover und Ledertaschen. Zu beiden Seiten der Tuchhallen gibt es Cafés, in einem von ihnen, dem legendären Noworolski (s. S. 254), hat Lenin gern gesessen. Dort machte er sich im roten Saal Gedanken über Staat und Revolution …

Unter den Tuchhallen erfahren Sie, dass Krakau ein zweites, ein geheimes Leben hat: Die gesamte Altstadt ist mehrgeschossig unterkellert. **Rynek Underground** (Podziemia Rynku) heißt das große Museum, das spektakulär Krakaus Geschichte inszeniert. Auf Dampfschleier projizierte Filmaufnahmen, O-Töne aus dem Off und archäologische Fundstücke unter Plexiglas führen Sie ins Mittelalter zurück. Durch eine Glasscheibe erhaschen Sie einen Blick nach oben, wo zwischen dem Wasser eines Springbrunnens die Türme der Marienkirche erkennbar sind.

Doch auch hoch hinaus kann es in den Tuchhallen gehen. Im Obergeschoss befindet sich die **Galerie der polnischen Malerei und Bildhauerkunst** (Galeria Sztuki Polskiej XIX Wieku), die einen Einblick in die Kunst des 19. Jh. vermittelt. Damals gab es keinen polnischen Staat und es war Aufgabe der Künstler, die Vaterlandsliebe wachzuhalten. Nationalmaler Jan Matejko ist mit einem gigantischen Historienbild vertreten. Die »Preußische Huldigung« (1882) feiert den Kniefall des deutschen Hochmeisters vor dem polnischen König. Silbern und golden glitzern die Gewänder, doch im Vordergrund sieht man schon Stańczyk, den nachdenklichen Hofnarren, der auf düstere Tage verweist. Eine ähnliche Botschaft ist dem Gemälde »Kościuszko bei Racławice« abzulesen: Der Moment des Sieges ist in Melancholie getaucht, der kommende Niedergang

Legal in den Untergrund abtauchen, in Krakau kein Problem: Vom Ring geht es abwärts zu einem großartigen Museum, das auf beeindruckende Weise die Geschichte der Stadt vermittelt

vorgezeichnet. Großartig ist der Ausblick von der Terrasse, wo Ihnen der Marktplatz zu Füßen liegt – bei einer Tasse Kaffee können Sie ihn länger genießen.

Rathausturm und Historisches Museum

Rathausturm: Rynek 1, www.muzeumkrakowa.pl, März–Okt. Mo 10.30–14, Di–So 10.30–18, Nov.–Febr. Mo 11–14, Di–Sa 11–17 Uhr, 10 zł; Museum: Rynek 35, www.muzeumkrakowa.pl, Di–So 10–17.30 Uhr, 12 zł

Der gotische **Rathausturm** 2 (Wieża Ratuszowa) ist 70 m hoch, mit Maskaronen aus dem 14. Jh. und einer Barockhaube verziert. Er ist das Relikt des alten Rathauses, das der Bürgermeister 1820 abreißen ließ, weil es die grandiose Weite des Rynek beeinträchtigte. Die Ausstellung im Turm widmet sich der Stadtgeschichte, bedeutend spannender ist der Ausblick. Mehr über die Stadt erfahren Sie im **Historischen Museum** 3 (Muzeum Historyczne Miasta Krakowa) des Krzysztofory-Palais.

MCK, Goethe-Institut und Adalbertkirche

In der Nr. 25 verbirgt sich hinter einer eher unscheinbaren Fassade die **Galerie des Internationalen Kulturzentrums (MCK)** 4 (Galeria Międzynarodowego Centrum Kultury). Mit einem gläsernen Lift fährt man in den zweiten Stock, wo in großzügigen Räumen europäische Klassiker vorgestellt werden. Ein paar Schritte weiter, in der Nr. 20, befindet sich in einem Palais mit elegantem Arkadenhof das **Goethe-Intitut** 5. Von der Bibliothek im ersten Stock genießen Sie einen ungewöhnlichen Blick auf den Platz! Über die Tuchhallen schwenkt der Blick rechts hinüber zur winzigen **Adalbertkirche** 6 (Kościół Św. Wojciecha), dem ältesten erhaltenen Gotteshaus Krakaus. Schauen Sie auch mal hinter die Fassade von Rynek 13, wo Sie eine schicke Einkaufspassage erwartet, die **Pasaż Rynek 13** 2.

Adam-Mickiewicz-Denkmal 7

Junge Krakauer treffen sich gern beim Adaś (›Adamchen‹), wie das **Adam-Mickiewicz-Denkmal** (Pomnik Adam Mickiewicza) liebevoll genannt wird. Der Herr in wallendem Gewand steht so hoch auf seinem Sockel, dass man ihn kaum wahrnimmt, umso präsenter sind die dem Dichter zu Füßen postierten Allegorien von Poesie und Wissenschaft, Tapferkeit und Vaterland. Kinder machen sich ein Vergnügen daraus, auf ihren Schoß zu klettern und zwischen den pathetisch erhobenen Armen herumzuturnen. Wahrscheinlich gibt es keinen Polen, der den romantischen Nationaldichter (1798–1855) nicht kennt. Seine Literatur »trägt die Züge polnischer Landschaft und Geschichte, sie erscheint mit den Trompetenschreien des sterbenden polnischen Aufstands, den Wanderwegen des Flüchtlings quer durch das sich verdunkelnde Europa, dem gewitterhaften Wechselspiel von höchster politischer Vernunft und Zukunftsschwärmerei« (Stephan Hermlin). Das Werk von Adam Mickiewicz, allen voran das Epos »Pan Tadeusz« (1834), hat in den Zeiten der Teilung mehr zur Wahrung der polnischen Identität beigetragen als jeder politische Appell und wurde genutzt als wichtiges Mittel im Kampf um die Unabhängigkeit.

In der Nähe des Denkmals sind Blumenstände postiert: Vom Vergissmeinnicht bis zur blutroten Rose kann man alles kaufen, was Polinnen gefällt.

Marienkirche 8

pl. Mariacki 5, www.mariacki.com, Mo–Sa 11.30–18, So 14–18 Uhr, 10 zł; Aufstieg Marienturm, max. 10 Pers., alle 30 Min. Di–Sa 9–17.30, So 13.10–17.30 Uhr, 15 zł, Aufstieg Glockenturm Di–Fr 10–14 Uhr, 15 zł

Die **Marienkirche** (Kościół Mariacki), das größte Gotteshaus der Stadt, wurde im frühen 13. Jh. von reichen Krakauer Bürgern gestiftet, aber erst Ende des 15. Jh. fertiggestellt. Sie will sich nicht so recht in die Symmetrie des Marktplatzes fügen – zu seiner Längsachse stellt sie sich quer.

Wichtigstes Kunstwerk der dreischiffigen, mit Heiligenfiguren ausgemalten Kirche ist der 13 x 11 m große **Hauptaltar.** Von 1477 bis 1489 hat der Nürnberger Bildhauer Veit Stoß an ihm geschnitzt, aus Lindenholz ein meisterhaftes Panoptikum des Mittelalters geschaffen. Sind die Altarflügel geschlossen, sieht man zwölf Szenen aus dem Leben Christi in farbigem Relief. Werden sie mittags geöffnet, erblickt man 200 Figuren, einige über 2 m groß und so plastisch, dass man glaubt, die Modelle leibhaftig vor sich zu haben. Der geöffnete Schrein zeigt auf den sechs Seitentafeln links die Verkündigung, Christi Geburt und die Anbetung der Heiligen Drei Könige, rechts Auferstehung, Himmelfahrt und Pfingstwunder. Die zentrale Szene stellt Maria dar, wie sie zu Boden sinkt und stirbt – umringt von trauernden, verzweifelten Aposteln. In einem Altar des rechten Seitenschiffs findet sich ein weiteres Werk von Veit Stoß: eine in Stein gemeißelte Christusfigur.

Vom Marienturm erklingt zu jeder vollen Stunde die Hejnał-Melodie (s. Thema S. 242). Im Sommer bietet sich Gelegenheit, den Trompeter in der Turmspitze zu besuchen. Steile Stein- und Holztreppen führen zur Spitze hinauf, von wo sich ein spektakulärer Blick über den Marktplatz eröffnet.

Königsweg

Cityplan: S. 235

Barbakane und Florianstor

www.muzeumkrakowa.pl, tgl. 10.30–18 Uhr, Nov.–März geschl., 9 zł

Die Ende des 15. Jh. errichtete **Barbakane** 9 , ein massiver Rundbau von 24 m Durchmesser, war das Herzstück der Befestigungsanlagen, die bis vor 200 Jahren die gesamte Altstadt umfassten. In seine 3 m dicken Ziegelmauern sind 130 Schießscharten eingelassen, sieben Wachtürme mit spitzen Helmen verleihen ihm ein imposantes Gepräge.

Gleichfalls erhalten blieb das angrenzende **Florianstor** 10 (Brama Floriańska), durch das einst die polnischen Regenten und ihre Gefolgsleute die Stadt betraten. Sie zogen über die Floriansgasse zum Hauptmarkt hinab, von dort weiter über die Burg- und Kanonikergasse zur königlichen Residenz im Wawel. **Königsweg** (Droga Królewska) ist auch heute noch die Bezeichnung für diese Strecke.

Floriansgasse

Jan-Matejki-Haus: ul. Floriańska 41, www.mnk.pl, Di–Fr 9–16, Sa 10–18, So 10–16 Uhr, 10 zł; Pharmaziemuseum: ul. Floriańska 25, www.muzeumfarmacji.pl, Di 12–18.30, Mi–So 9.30–15 Uhr, 14 zł

Heute ist die **Floriansgasse** (ul. Floriańska) keine Glanzstraße mehr – ironisch sprechen Krakauer vom Königsweg des Kapitalismus, denn die Invasion von McDonald's & Co. bekommt dieser traditionsreichen Straße nicht gut. Zum Glück nicht modernisiert wurde das **Café Jama Michalika** 11 (Kawiarnia Jama Michalika) im Haus Nr. 45, wo man abtaucht in die Kulturlandschaft Krakaus um 1900. Michalik war ein Meister als Konditor, und die oft mittellosen Studenten der Kunstakademie, die auf die tollen Tortenstücke nicht verzichten wollten, bezahlten mit Bildern und Skulpturen. Nicht zufällig heißt das Café Jama (»Höhle«). Der Raum wird nur durch gedämpftes Licht erhellt, das durch die rot und ockerfarben bemalten Fenster dringt. Die Jugendstillampen sind so dezent eingestellt, dass man andere Gäste lediglich als Schemen wahrnimmt. Die Speisekarte lässt sich nur mit Mühe entziffern, Gespräche werden leise, fast flüsternd geführt …

In der Floriansgasse haben sich auch zwei Museen erhalten. Im **Jan-Matejki-Haus** 12 (Dom Jana Matejki), wo der gleichnamige Maler lebte, wird seiner mit kleinformatigen Bildern gedacht. Das **Apothekenmuseum** 13 (Muzeum Farmacji) erinnert an die Zeit, als sich die Apotheker halb als Alchimisten, halb als Laboranten betätigten.

Über den Hauptmarkt zum Pavillon Wyspiański

Über den stillen **Marienplatz** (pl. Mariacki) kommt man zum Hauptmarkt (s. S. 230). In der lebhaften **Burggasse** (ul. Grodzka) setzt sich der Königsweg fort. Bürgerhäuser mit prächtigen Portalen werden heute als Hotels, Restaurants und Läden genutzt. Am **Allerheiligenplatz** (pl. Wszystkich Świętych) wird eine Verkehrsstraße gekreuzt. Beiderseits erblickt man gotische Gotteshäuser, rechts die Franziskaner-, links die Dominikanerkirche. Dazwischen lohnt ein Blick in den **Pavillon Wys-**

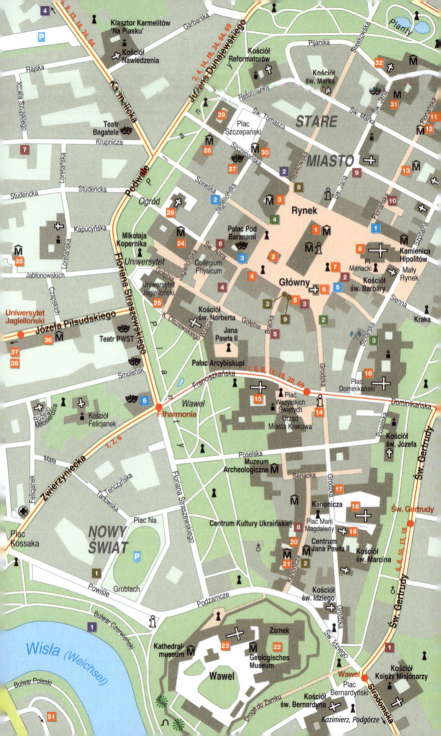

Krakau

Sehenswert

1. Tuchhallen
2. Rathausturm
3. Historisches Museum
4. MCK
5. Goethe-Institut
6. Adalbertkirche
7. Adam-Mickiewicz-Denkmal
8. Marienkirche
9. Barbakane
10. Florianstor
11. Café Jama Michalika
12. Jan-Matejki-Haus
13. Apothekenmuseum
14. Pavillon Wyspiański
15. Franziskanerkirche
16. Dominikanerkirche
17. Collegium Iuridicum
18. Peter-und-Paul-Kirche
19. Andreaskirche
20. Palast des Bischofs Erasmus Ciołek
21. Erzbischöfliches Museum
22. Königsschloss
23. Kathedrale
24. Collegium Maius
25. Collegium Novum
26. Annakirche
27. Altes Theater
28. BWA-Galerie
29. Kunstpalast
30. Szołayski-Haus
31. Czartoryski-Museum
32. Piaristenkirche
33. Słowacki-Theater
34. Heiligkreuzkirche
35. Europeum
36. Czapski-Palais
37. Nationalmuseum
38. Buntglasmuseum
39. – 50. s. Karte S. 247
51. Mangghha
52. s. Karte S. 247

Fortsetzung S. 236

Krakau

Übernachten
1. Sheraton
2. Copernicus
3. Wentzl
4. Indigo
5. Pollera
6. Wit Stwosz
7. Warszawski
8. La Fontaine
9. Cracow Hostel
10. Clepardia
11. – 12. s. Karte S. 247

Essen & Trinken
1. Pod Baranem
2. Szara
3. Da Pietro
4. Aqua e Vino
5. C. K. Dezerter
6. Chimera
7. Meho
8. Bon Ami Cafe & Pastry
9. Loch Camelot
10. Pożegnanie z Afryką
11. – 17. s. Karte S. 247

Einkaufen
1. Galeria Krakowska
2. Pasaż Rynek 13
3. Galeria Plakatu
4. Wawel
5. Rynek Kleparski
6. – 7. s. Karte S. 247

Abends & Nachts
1. Jazz Club U Muniaka
2. Piec'Art Acoustic Jazz Club
3. Harris Piano Jazz Bar
4. Movida
5. Pod Jaszczuraml
6. Filharmonia
7. Opera
8. – 9. s. Karte S. 247

Aktiv
1. Tramwaj Wodni/ Statkiem Legenda
2. Cruising Krakow
3. s. Karte S. 247
4. Krakow Valley Golf & Country Club

---

piański 14 mit einer Touristeninformation hinter einer originellen, beweglichen Ziegelfassade. Benannt ist der Bau nach Stanisław Wyspiański, der riesige Buntglasfenster schuf: Drei davon sind in die Fassade eingelassen.

Franziskanerkirche 15

Mehr von Wyspiański sehen Sie in der benachbarten **Franziskanerkirche** (Kościół Franciszkanów). Ihr Inneres ist in geheimnisvolles Licht getaucht – mit jedem Sonnenstrahl scheint es neu zu erglühen. Berauscht notierte Döblin: »Was diese wogenden Farbgüsse bedeuten, weiß ich nicht, diese Schwarzgüsse, umwallt von Güssen und Flüssen des Blau, durchzogen von Grün, durchströmt von Gelb und Gold. Ob das Menschen sind? Manchmal glaube ich märchenhafte Augen zu sehen, lange Haare … Und rechts die brennendste aller Farben, die ich je gesehen habe, ein helles Gelb, ein satanisches Rotgelbbraun, eine Farbe brennender als Feuerrot, eben jetzt geboren aus der Vermählung des lebendigen Lichtes, der einfallenden Sonne mit den schlummernden Farbgüssen.« Übrigens stammen auch die bunten Blumen- und Steinornamente an Decke und Wand von Wyspiański. Über die **Mater-Dolorosa-Kapelle** gelangt man in den Kreuzgang des 1255 gegründeten, mit Porträts von Krakauer Bischöfen geschmückten **Franziskanerklosters** (Klasztor Franciszkanów).

Dominikanerkirche und Collegium Iuridicum

Eine ganz andere Wirkung entfaltet die **Dominikanerkirche** 16 (Kościół Dominikanów), die 1850 durch ein Feuer zerstört und im neugotischen Stil wiederaufgebaut wurde. Nur Kreuzgänge und Seitenkapellen blieben erhalten. Aus der Werkstatt von Veit Stoß stammt die Grabplatte für den italienischen Gelehrten Filippo Buonacorsi (gest. 1496), eingemauert in die Sakristei neben dem Eingang.

Seit 1403 büffeln Jurastudenten im **Collegium Iuridicum** 17. In dem wunderschönen, von Arkaden gesäumten Innenhof findet sich ein bronzenes Riesenhaupt des in Krakau geborenen Künstlers Igor Mitoraj (ul. Grodzka 53).

Peter-und-Paul-Kirche 18

Zwölf Apostel weisen den Weg in die **Peter-und-Paul-Kirche** (Kościół Św. Piotra i Pawła), Krakaus erstes barockes Gotteshaus, das zwischen 1596 und 1619 nach dem Vorbild der Jesuitenkirche Il Gesú in Rom erbaut wurde. Hell ist der auf dem Grundriss eines Kreuzes errichtete Innenraum, die Decke wird von mächtigen Säulen gestützt.

Über der Vierung wölbt sich eine Kuppel, unter der ein Foucaultsches Pendel hängt. An einem Tag der Woche (Do 10, 11 und 12 Uhr) bekommt man hier demonstriert, dass die Erde ein beweglicher Planet ist. Von der hohen Kuppel wird ein 46,5 m langes Seil herabgelassen, an dem eine 25 kg schwere Kugel hängt. Anfangs bewegt sich das in Schwingung versetzte Pendel geradlinig, doch im Laufe der Zeit ändert es seine Richtung und beschreibt eine Rosettenbahn. Geschuldet ist dies der Corioliskraft, einer durch die Erdrotation bewirkten, von Physikern so bezeichneten ablenkenden Kraft.

In der Krypta des Presbyteriums ruhen die Gebeine des gefürchteten Piotr Skarga, Jesuitenpriester und Hofprediger von König Zygmunt III. Den katholischen Gläubigen schleuderte er visionäre Drohungen entgegen: »Ihr alle werdet mit eurem Haus und eurem Kräftemark unter der Faust des Feindes stöhnen, denen unterworfen, die euch hassen ... und ihr, die ihr über andere Völker geherrscht habt, werdet sein wie eine verwaiste Witwe und werdet euren Feinden zum Hohngelächter und verächtlichen Ärgernis werden.«

Andreaskirche [19]

Barocke Prachtentfaltung setzt sich in der 1079 erbauten **Andreaskirche** (Kościół Św. Andrzeja) fort. Die schlichte romanische Fassade aus unbehauenem Stein verbirgt Stuck- und Skulpturarbeiten von Baldassare Fontana sowie üppige Malereien von Karol Dankwart. Erstaunlicherweise hat die Kirche den Angriff der Mongolen überstanden – an der Westseite zeugen Schießscharten von ihrem wehrhaften Charakter. In der Schatzkammer befinden sich mittelalterliche Krippenfiguren und ein wertvolles Madonnenbild aus dem 12. Jh.

Kanonikergasse

Bischofspalast: ul. Kanonicza 17, www.mnk.pl, Di–Fr 9–16, Sa 10–18, So 10–16 Uhr, 10 zł; Museum: ul. Kanonicza 19–21, www.archimuze um.pl, zzt. geschl.

Parallel zur Burggasse (ul. Grodzka) verläuft die schönste Straße Krakaus, die **Kanonikergasse** (ul. Kanonicza). In einem leicht geschwungenen Bogen strebt sie dem Wawelhügel zu, ist gesäumt von pastellfarbenen Palästen und mittelalterlichen Backsteinhäusern. Ihren Namen verdankt sie den Kanonikern der Krakauer Kathedrale, die im 14. Jh. in dieser Gasse residierten. Und da der hohe Klerus noch heute besonderen Gefallen an dieser Straße findet, ist dafür gesorgt, dass greller Kommerz hier keine Chance hat. Öffnen sich die Barockportale, betritt man arkadengesäumte Innenhöfe und blühende Gärten – nirgendwo präsentiert sich Krakau friedlicher und ländlicher.

Im Haus Nr. 1 grüßt die Inquisition, wie eine Inschrift auf dem Portal stolz verkündet. Die Nr. 17 verweist auf den **Palast des Bischofs Erasmus Ciołek** [20] (Pałac Biskupa Erazma Ciołka), in dem heute eine hochkarätige Sammlung sakraler Kunst untergebracht ist. Zu einem der kostbarsten Stücke gehört die »Schöne Madonna aus Krużlowa« von 1410, die fast so kindlich wirkt wie der kleine Jesus, den sie auf ihrem Arm trägt.

Nebenan, wo Bischof Karol Wojtyła in den 1960er-Jahren residierte, befindet sich ein **Erzbischöfliches Museum** [21] (Muzeum Archidiecezjalne), in dem sich die Ausstellung sakraler Kunst fortsetzt. Polnische Besucher zieht es vor allem in den Raum, den ›Karolchen‹ bewohnte. Zum Inventar gehören die Kardinalsroben, Familienfotos und persönliche Gegenstände.

Wawel

Cityplan: S. 235
Der Besuch des Wawel-Plateaus und der Kathedrale ist frei, für die übrigen Sehenswürdigkeiten werden Tickets für je 10–27 zł mit vorgegebenen Besuchszeiten verkauft – die Ticketzahl ist limitiert, deshalb 1–3 Tage im Voraus reservieren bei: Infozentrum & Kasse (Biuro Obsługi Turystów), Tel. 12 422 16 97, www.wawel.krakow.pl, tgl. 9–19 Uhr; Wawel-Plateau: tgl. 6–19.30 Uhr

Was für die Briten der Buckingham Palace, ist für die Polen der Wawel. Imposant erhebt er sich am Ufer der Weichsel, seit Anbeginn der polnischen Geschichte ein Zentrum weltlicher und geistlicher Macht. Wie kein anderes Bauwerk bezeugt er polnische Größe, von hier regierten Monarchen über 500 Jahre das Land. Den meisten Polen gilt er als ›heilig‹ – wer nicht wenigstens einmal im Leben zum Wawel pilgert, verliert den Anspruch, ein echter Pole zu sein.

Die meisten Besucher kommen von der Altstadt und wählen den Aufstieg über die Nordseite. Eine steile Straße führt den Berg hinauf, schon von fern grüßt hoch zu Ross und mit erhobenem Arm Nationalheld Kościuszko. 1794 hatte er ein Bauernheer mobilisiert und von Krakau aus den Widerstand gegen die drohende Teilung Polens geplant. Zwar bestand keine Aussicht auf Erfolg, doch diese Logik zählt in Polen nicht. Wer sich den Mächtigen entgegenstellt, ist ein Held – und darum durften auch die sterblichen Überreste Kościuszkos 1819 in den Wawel überführt werden.

Um die Orientierung auf dem **Wawel-Plateau** zu erleichtern: Im Nordosten erhebt sich das Königsschloss, im Nordwesten die Kathedrale. Im Süden befinden sich das Infozentrum und die Kasse, seitlich versetzt davon die Aussichtsterrassen und die Cafés.

Wer nach der Besichtigung nicht auf dem bekannten Weg in die Altstadt zurückkehren möchte, steigt an der Südseite des Wawel an einem viereckigen Turm zur Ulica Bernardyńska hinab und erreicht von dort die Schiffsanlegestelle am Weichselufer. Im Sommer kann man von hier aus mit Barkassen einen Kurztrip zum Kloster der Norbertanerinnen oder mit Ausflugsschiffen eine dreistündige Tour zur Benediktinerabtei in Tyniec unternehmen.

Königsschloss 22

Schloss mit Privatgemächern, Repräsentationssälen und Orientalischer Kunst: Di–Fr 9.30–17, Sa, So 10–17 Uhr; Schatz- und Waffenkammer, Verschollener Wawel: Mo 9.30–13, Di–Fr 9.30–17, Sa, So 10–17 Uhr

Das **Königsschloss** (Zamek Królewski) ist das Herzstück des Wawel. Schon im 11. Jh. hatte Bolesław I. hier eine Residenz bauen lassen. Kazimierz III. verwandelte sie in eine gotische Burg, die Zygmunt I. Stary zu einem repräsentativen Schloss im Stil der Renaissance umgestalten ließ. Der Innenhof ist von dreistöckigen Arkadengängen umgeben, die Fassade mit Fresken geschmückt. Ein Gang durch das Schloss ist eine Zeitreise durch Polens Geschichte.

In den oberen Stockwerken befinden sich die **Privatgemächer** (Komnaty Królewksie) des Königs und die **Repräsentationssäle,** angefüllt mit italienischen Renaissance- und Manierismusmöbeln, Figuren aus der Meißener Porzellanmanufaktur und polnischen Gemälden. Besonders eindrucksvoll ist die Sammlung von 136 großen Wandteppichen *(arrasy),* die im frühen 16. Jh. von König Zygmunt II. August in Auftrag gegeben und in den Werkstätten von Arras und Brüssel geknüpft wurden. Über den **Rittersaal** (Sala Rycerska), mit einem Fries von Hans Dürer, Bruder des berühmteren Albrecht,

Mit der prächtigen Kulisse des Wawel im Hintergrund spielt es sich doppelt so gut – selbst im Winter

gelangt man in den **Audienzsaal** (Sala Poselska), wo der König seine Gäste empfing. Sie mussten vor dem Thron in die Knie gehen und es sich gefallen lassen, von oben gemustert zu werden: Von der Decke starren holzgeschnitzte Köpfe herab, Vertreter aller Stände der polnischen Gesellschaft. Leider blieben nur 30 der ursprünglich 194 Köpfe erhalten.

Im Erdgeschoss befindet sich die **Schatzkammer** (Skarbiec), in der die erhaltenen Herrscherinsignien aufbewahrt werden. Dazu gehören das legendäre Krönungsschwert, Schmuck und golddurchwirkte Gewänder. Die **Waffenkammer** (Zbrojownia) beherbergt Henkerbeile, Hieb- und Stichwaffen. Die verblichenen Fahnen deutscher Ordensritter wurden 1410 in der Schlacht bei Grunwald erbeutet. Trophäen von der Schlacht bei Wien 1683 zeigt die Ausstellung **Orientalische Kunst.** Wer sehen möchte, wie der Burghügel früher aussah, besucht die Ausstellung **Verschollener Wawel** (Wawel Zaginiony) mit Modellen aus verschiedenen Epochen.

Kathedrale 23

Mo–Sa 9–16.30, So 12.30–16.30 Uhr, das Kathedralmuseum bleibt So geschlossen

Die **Kathedrale** (Katedra), in der sich die Könige bis 1734 krönen und bestatten ließen, vereint alle Stile von der Gotik bis zum Jugendstil. Ein Kranz von Kapellen schmiegt sich um den mächtigen, dreischiffigen Baukörper.

Als Perle der Renaissance wird die **Sigismundkapelle** (Kaplica Zygmuntowska) gerühmt, ein Werk von Bartolomeo Berrecci aus den Jahren 1517–33. Über das linke Seitenschiff steigt man in die **Krypta** hinab, wo neben Königen bedeutende Persönlichkeiten beigesetzt sind, z. B. die Militärführer Tadeusz Kościuszko und Józef Piłsudski, außerdem der 2010 beim Flugzeugabsturz bei Smolensk umgekommene Präsident Lech Kaczyński mit Gattin Maria. In der Krypta der Dichter ruhen Adam Mickiewicz und Juliusz Słowacki.

Über die Sakristei geht es hinauf zum **Sigismundturm** (Wieża Zygmuntowska) mit Polens größter, 11 t schwerer Glocke. Es heißt, wer sie berühre, dem werde ein Wunsch erfüllt. Ihr Klang ist 50 km weit zu hören – fast ebenso weit reicht bei gutem Wetter der Blick.

Universitätsviertel

Cityplan: S. 235

Der Jagiellonenkönig Władysław II. erfüllte im Jahr 1400 das testamentarische Vermächtnis seiner Frau, Königin Jadwiga, und erhob die Hochschule, die schon 1364 mit drei Fakultäten gegründet worden war, in den Rang einer vollberechtigten Universität. Dies waren seine Worte: »Wir, Władysław, König von Polen und Großfürst von Litauen, sehen, wie Paris durch ein gelehrtes Collegium erstrahlt und an Würde gewinnt, wie Bologna und Padua erstarken und sich schmücken, wie Prag erleuchtet und sich erhebt und wie Oxford klar und fruchtbringend wird. Wir haben nämlich deshalb die Herrschaft über das Königreich Polen angetreten und die Krone erhalten, um sie mit dem Glanz gelehrter Männer zu erleuchten, um mit ihren Wissenschaften den Schatten von Unzulänglichkeiten zu beseitigen und es anderen Ländern gleichzutun.«

Collegium Maius [24]

Collegium Maius mit Museum: ul. Jagiellońska 15, Tel. 12 663 13 07, www.maius.uj.edu.pl, Innenhof ganztägig, Besichtigung der Innenräume nur im Rahmen einer im Voraus zu reservierenden 45-minütigen Führung, Mo, Mi, Fr 10–14.20, Di, Do 10–17.20, Sa 10–13.30 Uhr, 16 zł

Zentrum der Universität wurde das **Collegium Maius**, ein zweistöckiges, vom König erworbenes Bürgerhaus. Bald kamen Studenten aus allen Ländern Europas, studierten Philosophie und Theologie, Medizin und Astronomie. Der freie Diskurs, durch den Humanismus gefördert, wurde gegen Ende des 16. Jh. mit der Gegenreformation erstickt. Eine Neubelebung erfuhr er kurioserweise erst wieder unter österreichischer Herrschaft, als ab 1866 die Krakauer Universität – neben Lemberg – die einzige auf polnischem Boden zugelassene Bildungsstätte war. Deutsche Besatzer blieben den Polen in keiner guten Erinnerung. Am 6. November 1939 startete Generalgouverneur Hans Frank, dem Polen als »Wandalengau« galt, die Sonderaktion Krakau: Der Lehrbetrieb an Schulen und Hochschulen wurde eingestellt, 144 Professoren und Dozenten bei der Eröffnung des akademischen Jahres festgenommen und in Konzentrationslager deportiert.

Heute beherbergt das Collegium Maius ein **Universitätsmuseum** (Muzeum Uniwersytetu Jagiellońskiego), in dem man die wechselvolle Geschichte der Alma Mater Revue passieren lassen kann. Dabei lernt man auch die schöne Aula kennen, die für offizielle Feiern genutzt wird, und den Speisesaal, dessen Wände von Porträts zahlreicher Fürsten und Gelehrten geschmückt sind. Berühmtester Student war Nikolaus Kopernikus (ab 1491), der auf mehreren Bildern und Stichen abgebildet ist. Im Museum sind die astronomischen Instrumente aufgebaut, mit denen er – vermutlich – gearbeitet hat. Sehenswert ist auch der Globus aus dem Jahr 1510, auf dem zum ersten Mal der amerikanische Kontinent eingezeichnet ist.

Collegium Novum [25]

Etwa 100 000 junge Menschen studieren in Krakau, rund die Hälfte an der Jagiellonenuniversität. Wichtige Gebäude befinden sich in der Ulica Gołębia. Das neugotische, 1887 entstandene **Collegium Novum** ist Sitz des Rektorats und wirkt vergleichsweise streng. In der hiesigen Aula wird das Semester eröffnet und die Doktorwürde verliehen. Porträts von Professoren sieht man in Hülle und Fülle, dazu Gemälde, die mit der Universität etwas zu tun haben.

Annakirche 26

Die **Annakirche** (Kościół Św. Anny), ein prachtvoller Barockbau mit Doppelturmfassade, wurde in den Jahren 1689 bis 1703 nach einem Entwurf des Hofarchitekten Tylman van Gameren errichtet, gestiftet hat sie König Jan III. Sobieski. Den einschiffigen Innenraum schmücken Stuckdekorationen von Baldassare Fontana. Die bunten Fresken der Kuppel vermitteln den Eindruck, die Kirche sei weit zum Himmel geöffnet.

Szczepański-Platz

Cityplan: S. 235
BWA-Galerie: Nr. 3-A, http://bunkier.art.pl, Di–So 11–19 Uhr, 12 zł; Kunstpalast: Nr. 4, Facebook: @palacsztuki, Mo–Fr 8.30–18, Sa, So 10–18 Uhr, 10 zł; Szołayski-Haus: Nr. 9, www.mnk.pl, Di–Fr 9–17, Sa 10–18, So bis 16 Uhr, meist 14 zł

Kultur konzentriert sich um den Szczepański-Platz (pl. Szczepański). Das **Alte Theater** 27 (Stary Teatr) mit seiner schönen Art-déco-Fassade haben alle großen Regisseure bespielt, darunter Jerzy Grotowski, Tadeusz Kantor und Andrzej Wajda. Modern und provokativ gibt sich die **BWA-Galerie** 28 (Bunkier Sztuki), eher traditionell der **Kunstpalast** 29 (Pałac Sztuki).

Im großen **Szołayski-Haus** 30 (Kamienica Szołayskich) wird auf mehreren Stockwerken Kunst des Jungen Polen ausgestellt, einer Avantgarde-Bewegung zu Beginn des 20. Jh. Viele Besucher kommen freilich nicht wegen der Kultur auf den Platz, sondern um sich an seinem Wasserspiel zu erfrischen.

Planty

Cityplan: S. 235

Czartoryski-Museum und Piaristenkirche

Museum: ul. Św. Jana 19, www.muzeum-czartoryskich.krakow.pl, wegen Renovierung derzeit geschl., Wiedereröffnung 2020

Der Parkgürtel **Planty** umschließt die Altstadt wie ein Zauberring. An seinem Rand liegen einige der wichtigsten Institutionen des Landes, so das **Czartoryski-Museum** 31 (Muzeum Czartoryskich), benannt nach dem berühmten Adelsgeschlecht, das im Laufe von Jahrhunderten eine reiche Sammlung zusammentrug. Dazu gehören ägyptische Mumien und barocke Skulpturen, Kunsthandwerk von Meißener Porzellan bis Murano-Glas, Gemälde von Lucas Cranach und Rembrandt sowie als Highlight Leonardo da Vincis »Dame mit dem Hermelin« (s. S. 244).

Der Czartoryski-Palast ist durch einen Hochgang mit der **Piaristenkirche** 32 (Kościół Pijarów) verbunden, deren Decke mit fantastischen illusionistischen Deckenmalereien beeindruckt. Nach dem dazugehörigen Kloster ist die Ulica Pijarska benannt, die sich längs der **Stadtmauer** mit einigen noch verbliebenen Basteien erstreckt. Vorbei am **Arsenal,** das um 1550 errichtet wurde, kommt man zum Florianstor (s. S. 233), dazwischen sieht man zahlreiche Hobbykünstler, die sich mit dem Verkauf ihrer Werke ein Zubrot verdienen.

Słowacki-Theater und Heiligkreuzkirche

Mit einer Bastei brechen die Stadtmauern ab, vor uns liegt das nach einem romantischen Dichter benannte **Słowacki-Theater** 33 (Teatr Juliusza Słowackiego). Erbaut wurde es als Miniaturausgabe der Pariser Oper (1893). In dreistöckigen Logen und unter einer goldverzierten Kuppel erlebt man Ballett, Oper und Operette. Im Schatten des Theaters steht die um 1300 erbaute **Heiligkreuzkirche** 34 (Kościół Św. Krzyża), deren Fächergewölbe auf einem einzigen Pfeiler ruht – ein Meisterwerk gotischer Baumeister.

Neue Welt

Cityplan: S. 235
Neue Welt (Nowy Świat), so heißt das Viertel westlich der Planty, das im 19. Jh. angelegt wurde. Hier liegen viele Universitätsgebäude, aber auch kleinere und größere Museen, sodass es zu Krakaus neuem Kulturquartier avanciert.

Lust an Legenden

In Krakau liebt man es, Geschichte in Geschichten zu kleiden. An die ersten Jahrhunderte der Stadt knüpfen sich Mythen, die in Polen jeder kennt, zumal sie Jahr für Jahr neu inszeniert werden.

So versammeln sich in der Johannisnacht am 22. Juni viele junge Frauen am Fuß des Wawelbergs – just dort, wo die Weichsel eine Kurve beschreibt. Gemäß einem alten slawischen Brauch lassen sie unter dem Schein lodernder Fackeln Blumenkränze ins Wasser gleiten. Damit erinnern sie an Prinzessin Wanda, die lieber in die Fluten stieg als mit einem ungeliebten Mann zusammenzuleben. Die auf dem Wasser treibenden Kränze sind ein stiller Gruß an jene ferne Ahnin, deren Seele für immer an den Strom gekettet ist.

Von der Weichsel gibt es nicht nur Dunkles zu berichten. Wanda ist in ihren Fluten gestorben, doch Krak, ihrem Vater, gelang es, mit dem Wasser der Weichsel die Stadt von einem Fluch zu befreien. So geschehen im 7. Jh., als ein feuerspeiender Drache nahe dem Wawel sein Unwesen trieb. Er tötete nicht nur Schafe und Ziegen, sondern machte auch Jagd auf Frauen, die in die Nähe des Flusses kamen. Männer, die sich ihm mit Pfeil und Bogen in den Weg stellten, wurden von seinem Feuerstrahl erfasst und verbrannten bei lebendigem Leib. Ins offene Messer wollte Krak nicht laufen. Klugheit, so seine Devise, siegt über bestialische Kraft. Also ließ er sich ein totes Schaf bringen, weidete es aus und füllte es mit Pech und Schwefel. Als sich der Drache auf das fette Tier stürzte und es gierig verschlang, rumorte es alsbald in seinen Gedärmen und er wurde von einem höllischen Durst geplagt. Mit letzter Kraft schleppte er sich zur Weichsel und trank ohne Unterlass – so viel, dass sein Körper mit einem lauten Knall zerbarst und von den Fluten fortgespült wurde. Das Volk aber hatte Grund zu jubeln. Die Stadt wurde nach Krak benannt und ihm zu Ehren ein riesiger Hügel aufgeschüttet.

Warum die beiden Türme der Marienkirche mit 69 und 81 m unterschiedlich hoch sind und nur der höhere eine vergoldete Krone trägt, erklären die Krakauer so: Zwei Brüder, heißt es, seien mit dem Turmbau beauftragt gewesen. Als der ältere seinen Turm fertiggestellt und golden geschmückt hatte, bekam er Angst, der jüngere könne sich als der bessere Künstler erweisen und einen höheren und schöneren Turm schaffen. Wie vom Teufel besessen griff er zum Messer und stach seinen Bruder nieder. Danach wurde er von Reue gequält und stürzte sich in die Tiefe. Seit jenem dramatischen Tag hängt das todbringende Messer im Durchgang der Tuchhallen, vielen Dieben soll damit schon die Hand abgeschnitten worden sein.

Von Niedertracht berichtet eine weitere Geschichte: Ende des 13. Jh. kämpfte der Krakauer Herzog Henryk IV. um Polens Thron. Mit tatkräftiger Unterstützung des Papstes sei – so dachte er – sein Anspruch leichter durchsetzbar. Die zur Bestechung des Vatikans nötige Geldsumme wollte er sich von einer Hexe leihen, die vor den Toren der Stadt in Zwierzyniec lebte. Diese erklärte sich dazu bereit, verlangte jedoch für all das Gold, das sie ihm geben sollte, ein Pfand: Seine treuesten Ritter würden in Tauben verwandelt werden und erst dann wieder Menschengestalt annehmen, wenn der Herrscher erfolgreich von seiner Mission zurückgekehrt sei. Herzog Henryk stimmte freudig zu und verließ das Haus der Hexe mit seinen Rittern. Kaum war der Zug an der Marienkirche angelangt, verwandelten sich die starken Männer in graue Tauben, die aufgeregt zur Turmspitze hinaufflatterten. Dort kratzten sie mit ihren Krallen am mürben Gestein: Es fiel herunter und ward in Gold verwandelt. Jetzt konnte Henryk seine Reise antre-

Bei den Tauben handelt es sich eigentlich um verzauberte Ritter, die ungleichen Türme von Krakaus Marienkirche sind das Resultat eines Brudermordes – Sightseeing mit dem richtigen Reiseführer kann außerordentlich spannend sein

ten. Doch auf dem Weg nach Rom verprasste der Herzog das gesamte Vermögen. Mit Mühe gelangte er zur Heiligen Stadt, um dort als armer Wicht zu sterben. Seine Ritter warteten vergebens auf die Rückkehr ihres Herrn: Sie waren zu einem Leben als Tauben verdammt, sollten nie wieder unter die Menschen zurückkehren. Weil die Krakauer um die wahre Identität der Tauben wissen, umsorgen sie diese liebevoll – bis zum heutigen Tag.

Gleich mehrere Geschichten ranken sich um den Mongoleneinfall anno 1241. Ein Stadtwächter sollte die Bürger vom Turm der Marienkirche aus mit einem Trompetensignal *(hejnał)* warnen, sofern Gefahren wie eine Feuersbrunst oder ein feindlicher Angriff drohten. Als sich die Tataren näherten, setzte er zu den vereinbarten Tönen an, doch noch während er blies, wurde er von einem Pfeil getroffen und sank tot zu Boden. Bis heute erklingt zu jeder vollen Stunde von ebenjener Kirche das inzwischen berühmte Krakauer Hejnał – nach den ersten fünf Tönen bricht es dramatisch ab.

Weniger tragisch endete der Versuch eines Krakauer Fischers, seine Stadt zu retten. Lajkonik, so sein Name, tötete im Vorort Zwierzyniec den Khan der Mongolen, warf sich das orientalische Gewand des Gegners über und führte die feindlichen Truppen bei ihrem Einzug in die Stadt in die Irre. Als diese bemerkten, dass sie in eine Falle liefen, verließen sie Krakau fluchtartig und zogen weiter Richtung Westen. Das »Schauspiel des Lajkonik« wird jedes Jahr eine Woche nach Fronleichnam wiederholt – und wer vom Stab des Reiters berührt wird, darf auf zukünftiges Glück hoffen.

Dame mit Hermelin

Auf Polens wertvollstem Gemälde ist Cecilia Gallerani, eine Geliebte des Herzogs Ludovico Sforza, mit einem possierlichen Tier im Arm dargestellt. Leonardo da Vinci, der Maler, schrieb in sein Tagebuch: »Der Hermelin lässt sich eher vom Jäger fangen, als dass er in eine schmutzige Höhle fährt, und all dies nur, weil er seine Lieblichkeit nicht beflecken will.« Wie der Hermelin wirkt die junge Frau rein und unschuldig, doch scheint sie gefangen wie das Tier, das sie in den Händen trägt: Ihr Blick fixiert einen Fluchtpunkt weit außerhalb des Bildes … Sofern sie nicht auf Reisen ist, kann die »Dame mit Hermelin« im **Nationalmuseum** (s. unten) bewundert werden, doch soll sie bald wieder in ihr angestammtes Haus, das **Czartoryski-Museum** (s. S. 241), zurückkehren.

Europeum und Czapski-Palais

Europeum: pl. Sikorskiego 6; Czapskich: ul. Piłsudskiego 12; beide: www.mnk.pl, Di–Fr 9–16, Sa 10–18, So 10–16 Uhr, beide je 10 zł

Das **Europeum** 35 zeigt in einem historischen Backsteinspeicher Kunst vom Mittelalter bis zur Moderne. Im aufwendig renovierten **Czapski-Palais** 36 (Muzeum Czapskich) werden kostbare Münzen ausgestellt, im dazugehörigen Gartenhaus expressive Gemälde des Künstlers Józef Czapski (1896–1993).

Nationalmuseum 37

al. 3 Maja 1, www.mnk.pl, Di–Fr 9–17, Sa 10–18, So 10–16 Uhr, 10–50 zł

Monumental im Stil der neuen Sachlichkeit ist das **Nationalmuseum** (Muzeum Narodowe/Gmach Główny), das auf drei Geschossen unterschiedliche Ausstellungen präsentiert. In der Galerie der polnischen Malerei und Bildhauerei des 20. Jh. werden die wichtigsten Vertreter der polnischen Avantgarde vorgestellt. Die Galerie des Kunsthandwerks führt durch die polnische Kultur- und Geschmacksgeschichte. Reichlich patriotisch eingefärbt ist die Galerie der Waffen und Farben Polens.

Buntglasmuseum 38

al. Krasińskiego 23, Tel. 512 937 979, www.muzeumwitrazu.pl, Di–Sa 12–17 Uhr, 1-stündige englischsprachige Führungen zu jeder vollen Stunde, 35 zł

Seit 1902 werden gegenüber dem Nationalmuseum im **Buntglasmuseum** (Muzeum Witrażu) Kunstwerke geschaffen, die erst im Sonnenlicht ihre volle Schönheit entfalten. Beim Rundgang durch die Werkstätten bekommt man erklärt, wie Glas geschnitten und mit Blei verzahnt wird. Anschließend geht es ins Maleratelier, wo die Künstler mit Glaspuder Tiefe und Perspektive in ihre Werke zaubern. Nach jeder Farbschicht wird die Glasplatte neu gebrannt. Zuletzt besuchen Sie das hauseigene Museum, in dem farbgewaltige Glasfenster polnischer Künstler der letzten 100 Jahre hängen. Nach der Theorie die Praxis: Wollen Sie selber Hand anlegen, buchen Sie einen Workshop, bei dem Sie Ihr eigenes Glasobjekt erschaffen (s. S. 245)!

Kazimierz

Cityplan: S. 247

Einst eine eigenständige, überwiegend von Juden bewohnte Stadt, ist **Kazimierz** heute ein eingemeindetes Viertel 15 Gehminuten von der Altstadt entfernt: Hier gibt es nicht nur restaurierte Synagogen, sondern auch schräge Bistros, Cafés und Restaurants. In einigen wird der Geist der Vorkriegszeit heraufbeschworen. Sie heißen Ariel (s. S. 255) und Klezmer Hois (s. S. 253) und bieten ›jüdisches‹ Ambiente: dunkle Interieurs mit gepolsterten Stühlen, siebenarmigen Kerzenleuchtern und Tischen mit Spitzendeckchen.

Zwei Wege führen von der Altstadt ins jüdische Viertel: einer vom Wawel über die Straßen Stradomska und Krakowska, ein zweiter über die Ulica Starowiślna.

Freiheitsplatz

Museum: pl. Wolnica 1, www.etnomuzeum.eu, Di–So 10–19 Uhr, 13 zł

Am **Freiheitsplatz** (pl. Wolnica) hatte das christliche Kazimierz seinen Mittelpunkt und

Marktplatz. Seit 1414 befindet sich hier das Rathaus, das im 16. Jh. erweitert und mit einer Arkadenattika bekrönt wurde. Heute beherbergt es das **Ethnografische Museum** 39 (Muzeum Etnograficzne), in dem Kunsthandwerk, Trachten und Weihnachtskrippen ausgestellt werden.

An der Nordostecke des Platzes erhebt sich die gotische, innen barockisierte **Fronleichnamskirche** 40 (Kościół Bożego Ciała). Sie war das stolze Gegenstück zur Marienkirche und ist noch heute mit den besten Werken der Krakauer Schnitzkunst geschmückt.

Rund um den Neuen Platz

Über die Ulica Bożego Ciała und die szenige Ulica Józefa kommt man ins jüdische Viertel mit seinen kleinen, nach dem Alten Testament benannten Gassen. Ein Stopp lohnt am **Neuen Platz** (pl. Nowy), einst der weltliche Mittelpunkt der Krakauer Juden. Nach wie vor werden an kleinen, wackeligen Ständen Obst und Gemüse verkauft, zwischen Holzkisten spielen Kinder mit Hunden, werktags findet ein **Flohmarkt** (s. S. 257) statt. In den Rundbau in der Platzmitte, die **Hala Targowa** 6 (s. S. 257), in der früher koscheres Geflügel geschlachtet wurde, sind Lebensmittelhändler und Imbissbuden eingezogen, deren *zapiekankas* (überbackene Baguettes) reißenden Absatz finden. Die Bürgerhäuser ringsum wurden aufgehübscht und beherbergen Szenelokale wie das düstere **Alchemia** 8 (s. S. 258) und das mit alten Nähmaschinen ausstaffierte **Singer** 9 (s. S. 258).

Im ehemaligen Gebetshaus B'nei Emuna an der Südwestecke des Platzes organisiert das **Zentrum für jüdische Kultur** 41 (Centrum Kultury Żydowskiej) Vorträge, Ausstellungen und Filme zu Fragen des Judentums (ul. Meiselsa 17, www.judaica.pl, Mo–Fr 10–18, Sa, So bis 14 Uhr, Eintritt frei).

Einen Blick lohnt die **Kupa-Synagoge** 42 (Synagoga Kupa) nördlich des Platzes, die, 1648 erbaut, später mit Ansichten von Städten aus dem Heiligen Land dekoriert wurde (ul. Miodowa 27, So–Do 9.30–18, Fr 9–16 Uhr, 6 zł).

Die **Tempel-Synagoge** 43 (Synagoga Tempel) wirkt mit ihrer umlaufenden, mit Goldornamenten geschmückten Galerie wie ein Theater. Sie wurde 1862 von progressiven, assimilierten Juden gestiftet – zum Ärger der Orthodoxen fand der Gottesdienst nicht nur in hebräischer, sondern auch in polnischer und deutscher Sprache statt (ul. Miodowa, Ecke ul. Podbrzezie, So–Do 10–18, Fr 10–16 Uhr, 10 zł).

Der Name der Isaakgasse (ul. Jakuba) verbindet sich mit Izaak Jakubowicza, einem reichen Juden, der 1644 mit Erlaubnis des Wasa-Königs Władysław IV. die barocke **Isaak-Synagoge** 44 (Synagoga Izaaka) errichten ließ. Im lichtdurchfluteten Raum erklingt an mehreren Abenden der Woche Klezmer-Musik (ul. Jakuba 25, Ecke ul. Kupa 18, So–Do 9–20, Fr 9–14.30 Uhr, 10 zł).

Nur einen Steinwurf entfernt erhebt sich die **Hohe Synagoge** 45 (Synagoga Wysoka). 1563 wurde sie nach dem Vorbild des gleichnamigen Prager Gotteshauses errichtet. Ihr Name rührt daher, dass sich der Gebetssaal ›hoch oben‹ im ersten Stock befand. Im Erdgeschoss bietet heute der Buchladen Austeria eine große Auswahl an Judaica (ul. Jozefa 38, www.austeria.pl, Mo–Do 9.30–18, Fr–So bis 19 Uhr, Ausstellungen 12 zł).

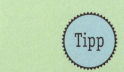

Tipp

GLAS GESTALTEN

In Krakau findet man fantastische Bleiglasfenster, die vielen Räumen Farbe verleihen – und ein außergewöhnliches Museum, in dem man solche Kunstwerke nicht nur bestaunen, sondern selbst herstellen kann. Das gegenüber dem Nationalmuseum gelegene **Buntglasmuseum** (s. S. 244) bietet nach Voranmeldung 2- bis 8-stündige **Workshops** an, auch für nur 1 Pers. (180–1200 zł).

Alte Synagoge 46

ul. Szeroka 24, www.muzeumkrakowa.pl, Mo 10–14, Di–So 9–17, Nov.–März bis 16 Uhr, 11 zł
Mittelpunkt des jüdischen Lebens war die **Breite Straße** (ul. Szeroka), eigentlich ein lang gestreckter Platz mit Mikwe, Friedhof und vier Synagogen. Die Vielzahl der Bethäuser ist der steingewordene Beweis für das jüdische Gebot, jeder Mensch müsse durch religiöse Einkehr zur Vervollkommnung der Welt beitragen. Noch der ärmste jüdische Handwerker fand täglich einige Minuten Zeit, eine Shtibl zu besuchen und das mosaische Gesetz, die Thora, zu studieren.

Mächtigster Bau am Neuen Platz ist die um 1500 errichtete **Alte Synagoge** (Stara Synagoga), von den Juden liebevoll Altershul genannt. Sie war mehr als nur ein Gotteshaus: Hier heiratete man und nahm Abschied von den Verstorbenen, hier traf sich der Gemeindevorstand zu Sitzungen. Der festungsartige Charakter gibt Aufschluss über das Gefühl der Bedrohung, das die Juden empfanden. Heute befindet sich in dem Haus das **Museum der jüdischen Kultur und Geschichte** (Muzeum Historyczne Miasta). Die hohe Halle ist von einem Rippengewölbe überspannt, in der Mitte des Raums steht eine schmiedeeiserne Bima, von der der Rabbi die Thora verlas. Gemäß jüdischer Tradition ist der Betraum weitgehend leer, keine überflüssigen Dinge lenken ab von der Zwiesprache mit Gott. Nur an der in Richtung Jerusalem weisenden Ostwand steht ein Schrein, der Aron ha'Kodesch, in dem die Thorarollen aufbewahrt werden. Texttafeln geben Auskunft über Riten und den Gebrauch religiöser Gegenstände, zu sehen sind aber auch Gemälde und Grafiken jüdischer Künstler. Im zweiten Stock wird das Leben der Krakauer Juden während der deutschen Besatzungszeit dokumentiert.

Popper-Synagoge 47

ul. Szeroka 16, www.austeria.pl, Mo–Do 10–18, Fr–So 10–19 Uhr, Eintritt wird nur für Ausstellungen erhoben
Romantisch ist der Innenhof der **Popper-Synagoge** (Synagoga Poppera), 1620 von dem gleichnamigen jüdischen Kaufmann gestiftet. Im Buchladen Austeria (s. auch Hohe Synagoge S. 245) versorgt man sich mit Judaica, im ersten Stock befindet sich ein Ausstellungsraum.

Remuh-Synagoge 48

ul. Szeroka 40, So–Do 9–18, Fr 9–16 Uhr, 10 zł
An der gegenüberliegenden Straßenseite befindet sich die im Stil der Renaissance erbaute und noch heute für den Sabbat-Gottesdienst genutzte **Remuh-Synagoge** (Synagoga Remuh). Sie wurde 1553 von dem Kaufmann Israel Isserles Auerbach finanziert und nach seinem hier lehrenden Sohn benannt – orthodoxe Juden verehren ihn als einen der größten Propheten seit Moses. Beigesetzt ist er auf dem angrenzenden **Alten jüdischen Friedhof** (Stary Cmentarz Żydowski), auf wundersame Weise hat sein Grab der Gewalt der

Kazimierz

Sehenswert
- 1 – 38 s. Karte S. 235
- 39 Ethnografisches Museum
- 40 Fronleichnamskirche
- 41 Zentrum für jüdische Kultur
- 42 Kupa-Synagoge
- 43 Tempel-Synagoge
- 44 Isaak-Synagoge
- 45 Hohe Synagoge
- 46 Alte Synagoge
- 47 Popper-Synagoge
- 48 Remuh-Synagoge
- 49 Neuer jüdischer Friedhof
- 50 Galizisch-Jüdisches Museum
- 51 s. Karte S. 235
- 52 Podgórze

Übernachten
- 1 – 10 s. Karte S. 235
- 11 Eden
- 12 Klezmer Hois

Essen & Trinken
- 1 – 10 s. Karte S. 235
- 11 Ariel
- 12 Trezo
- 13 Szara Kazimierz
- 14 Chłopskie Jadło
- 15 Mleczarnia
- 16 Zazie Bistro
- 17 Orzo People Music Nature

Einkaufen
- 1 – 5 s. Karte S. 235
- 6 Hala Targowa
- 7 Pchli Targ

Abends & Nachts
- 1 – 7 s. Karte S. 235
- 8 Alchemia
- 9 Singer

Aktiv
- 1 – 2 s. Karte S. 235
- 3 Dwa Kola
- 4 s. Karte S. 235

---

deutschen Besatzer widerstanden. Diese haben fast alle Steintafeln aus der Erde gerissen und damit Straßen und Gehsteige gepflastert. Später wurden die Tafeln zu einer 20 m langen ›Klagemauer‹ zusammengestellt.

Neuer jüdischer Friedhof 49
ul. Miodowa 55, So–Fr 8–18 Uhr, im Winter kürzer

Der Remuh-Friedhof wurde 1799 geschlossen, ein neuer Todesacker entstand zehn Gehminuten nordöstlich davon. Dieser **Neue jüdische Friedhof** (Nowy Cmentarz Żydowski) blieb von den Nationalsozialisten verschont. Unter Bäumen liegen – neben vereinzelten frischen Gräbern – die alten Krakauer Rabbis und Professoren, auch Künstler wie Maurycy Gottlieb, dessen Bilder in der Alten Synagoge hängen.

Galizisch-Jüdisches Museum 50
ul. Dajwor 18, www.galiciajewishmuseum.org, tgl. 10–18 Uhr, 16 zł

In einer Parallelstraße der Szeroka wurde eine ehemalige backsteinerne Möbelfabrik in das **Galizisch-Jüdische Museum** (Żydowskie Muzeum Galicja) verwandelt. Eine Vielzahl von Fotos hält die Erinnerung an jüdisches Leben wach. Man sieht lange vergessene Friedhöfe, verfallene Synagogen und Bethäuser sowie Aufnahmen vom Festival der Jüdischen Kultur. Dazu gibt es ein großartiges Buchangebot, einen Laden mit koscherer, d. h. vom Rabbi abgesegneter Kost und ein kleines Café. An mehreren Abenden der Woche erklingt Livemusik, man kann an Jiddisch-Kursen, Vorträgen und Workshops teilnehmen.

Südliches Weichselufer

Manggha 51

Cityplan: S. 235
ul. Konopnickiej 26, www.manggha.pl, Di–So 10–18 Uhr, 30 zł

Einer Welle gleich stemmt sich das moderne Glasgebäude des **Japanischen Zentrums für Kunst und Technologie** ›Manggha‹ (Centrum Sztuki i Techniki Japońskiej ›Manggha‹) am südlichen Weichselufer dem Wawel entgegen. Feliks Jasieński – Manggha war sein Pseudonym – sammelte um 1900 mit Leidenschaft Kunst aus dem Fernen Osten. Vieles davon können Sie hier anschauen, auch Filmvorführungen und Vorträge finden häufig statt.

Das Krakau der Juden

Abgesehen von der Prager Josephstadt finden sich nirgendwo in Europa so viele jüdische Sehenswürdigkeiten auf engem Raum vereint wie im Krakauer Stadtteil Kazimierz. Während der deutschen Besatzungszeit wurde die jüdische Gemeinde vernichtet, heute gibt es erste Anzeichen eines Neuanfangs.

Kazimierz wurde 1335 von König Kazimierz III. vor den Toren Krakaus als eigenständige Stadt gegründet. Sie erhielt Befestigungsmauern, Kirchen und ein eigenes Rathaus. Christen und Juden lebten in Frieden miteinander. Erst ab dem frühen 15. Jh. kam es, vor allem in der Nachbarstadt Krakau, verstärkt zu Konflikten. Christen missgönnten den Juden ihren wirtschaftlichen Erfolg und gaben ihnen immer öfter die Schuld an Schicksalsschlägen – mochten dies ausbrechende Epidemien sein, Mordtaten oder Brände.

Offizielle Kirchenvertreter sorgten im Stadtrat für die Durchsetzung antijüdischer Beschlüsse, beispielsweise wurde es den Juden 1485 untersagt, ihren Lebensunterhalt mit Handel zu bestreiten. Ziel der militanten Christen war es, die Juden ganz aus Krakau zu vertreiben. Als es 1494 nach einem Brand in der Altstadt zu antijüdischen Ausschreitungen kam, gab der König dem Druck der Christen nach und ordnete die Zwangsumsiedlung aller Juden in das jüdische Viertel von Kazimierz an. Dort wohnten sie rund um die Breite Straße (ul. Szeroka) und waren fortan von den ›reinen Seelen‹ der Christen durch eine Mauer getrennt.

Zwar lebten die Juden in einem Ghetto, doch durften sie ihre Religion frei ausüben, besaßen ihre eigenen Synagogen, Schulen und Friedhöfe. Auch waren sie, da sie dem Schutz des Königs unterstanden, der städtischen Gerichtsbarkeit entzogen. Viele Juden, die vor den Pogromen in Westeuropa, vor allem aus Spanien, Böhmen und Deutschland flohen, nutzten dieses Privileg und fanden in Kazimierz eine neue Heimat. Binnen weniger Jahrzehnte entwickelte sich die Stadt zu einem der wichtigsten Zentren jüdischer Kultur in Europa. Hier wirkten so bedeutende Gelehrte wie Jakob Pollak (um 1460–1530), Vater der wissenschaftlichen Talmud-Methodik, und Moses Isserles (1525–72), Verfasser eines bis heute gültigen jüdischen Gesetzeskodex.

Nach den Kriegen um die Mitte des 17. Jh. erlebte die jüdische Gemeinschaft eine Zeit des Niedergangs, der erst im frühen 19. Jh. gebremst werden konnte. Unter der Herrschaft der Habsburger riss man die Mauern ein und schaffte den Sonderstatus von Kazimierz ab. Nachdem es Juden ab 1815 gestattet war, sich in ganz Krakau niederzulassen, zogen die Wohlhabenden in die besseren Stadtbezirke. Im jüdischen Viertel von Kazimierz wohnten fortan nur die Ärmsten der Armen sowie die Orthodoxen, die sich ein Leben fernab der Synagogen nicht vorstellen konnten.

Vor dem Zweiten Weltkrieg lebten in Krakau rund 69 000 Juden, fast ein Viertel der Gesamtbevölkerung. Mit dem Einmarsch der Deutschen im September 1939 begann ihre systematische Entrechtung. Sie wurden im Stadtteil Podgórze zusammengepfercht, der von hohen Mauern umgeben und am 20. März 1941 von der Außenwelt abgeriegelt wurde. Drei Monate später fanden die ersten Erschießungen und Deportationen statt. Nach der ›Auflösung‹ des Ghettos am 14. März 1943 verfrachtete man die Überlebenden ins Arbeitslager von Płaszów, wo ein letztes Mal selektiert wurde: Kinder, Alte und Schwache kamen nach Auschwitz-Birkenau, die

»Wer nur ein einziges Leben rettet, rettet die ganze Welt« – nach diesem Talmud-Spruch handelte das NSDAP-Mitglied Oskar Schindler und bewahrte 1200 Juden vor dem Tod. Das Museum in seiner alten Emaillefabrik ist diesem mutigen Mann gewidmet

Arbeitsfähigen wurden in die angrenzenden Rüstungsbetriebe und die Emailfarbenfabrik von Oskar Schindler (s. S. 251) geschickt.

Jener Oskar Schindler war es, den Steven Spielberg 50 Jahre später zum positiven Helden seines Films über das Krakauer Ghetto machte. Mit den Touristen, die sehen wollten, wo der Film »Schindlers Liste« gedreht worden war, begannen sich die Immobilienspekulanten für diesen Teil Krakaus zu interessieren. Häuser wurden restauriert, die nun Hotels, ›jüdische‹ Restaurants und Cafés beherbergen. Es entstanden Museen, die an die jüdische Geschichte erinnern, so Schindlers Fabrik (s. S. 251) und die Cricoteka (s. S. 250). In großer Zahl zog es auch Studenten und Künstler nach Kazimierz und Podgórze, wo die Mieten trotz des Preisauftriebs nicht so hoch waren wie in der Altstadt. Szenelokale und alternative Kultureinrichtungen folgten. Ende Juni findet alljährlich das Festival der Jüdischen Kultur statt, zu dem Besucher aus der ganzen Welt anreisen. Es gibt ein Zentrum für jüdische Kultur und spannende Buchläden.

Man vermutet, dass die jüdische Gemeinde Krakaus heute nur mehr 500 bis 700 Mitglieder zählt. Sie organisiert Tage der offenen Tür, Konzerte und Workshops (www.krakow.jewish.org.pl).

Podgórze 52

Cityplan: S. 247

Auf der Kazimierz (s. S. 244) gegenüberliegenden Weichselseite liegt **Podgórze,** das ›Viertel unterm Berg‹ mit der Schindler-Fabrik und Museen für moderne Kunst und Theater. Wenn Sie von Kazimierz nach Podgórze weiterlaufen wollen, empfiehlt sich die Fußgängerbrücke **Klatka Bernatka,** die mit Krakaus Flussidyll bekannt macht: Am Ufer liegen Gastroschiffe vertäut, Flaneure spazieren oder radeln auf der kilometerlangen Weichselpromenade. Parallel zur Fußgängerbrücke führt die von Autos und Trams befahrene Brücke Most Powstańców Śląskich nach Podgórze.

Cricoteka

ul. Nadwiślańska 2-4, www.cricoteka.pl, Di–So 11–19 Uhr, Ausstellungen 15 zł

Blickfang am südlichen Weichselufer ist ein ehemaliges Pumpwerk, das von einem riesigen kupfernen Pulttisch ummantelt ist – eine architektonische Hommage an das Kultstück »Die tote Klasse« des Theaterregisseurs Tadeusz Kantor (1915–90), der die Schauspieler an Schultischen platzierte. Sein Werk war eine christlich-jüdische Melange, durchdrungen von polnischer Tragik und slawischer Melancholie. In dem ihm gewidmeten **Museum** (Muzeum Tadeusza Kantora) sind Installationen, darunter von der »Toten Klasse«, Videoaufnahmen und Memorabilien zu sehen. Wechselausstellungen zeigen Performances zeitgenössischer Künstler, denen Kantor bis heute ein Vorbild ist. In Anlehnung an das von Kantor in Krakau gegründete Teatr Cricot 2 wird das Museum Crikoteka genannt.

Platz der Ghettohelden

Museum: pl. Bohaterów Getta 18, www.muzeumkrakowa.pl, Mo 10–14, Di–So 9–17 Uhr, jeden 2. Di im Monat geschl., 11 zł

Nahe dem Fluss erinnert der **Platz der Ghettohelden** (pl. Bohaterów Getta) daran, dass nicht Kazimierz, sondern Podgórze im März 1941

Zumindest architektonisch geht's in der Cricoteka drunter und drüber …

Südliches Weichselufer

von den deutschen Besatzern zum jüdischen Wohnbezirk bestimmt wurde. Die Straßen zwischen Weichsel und Krakus-Hügel wurden von einer Mauer mit Stacheldraht eingefasst, anschließend alle Juden Krakaus in dieses Ghetto zwangsumgesiedelt. Vier bewachte Tore führten auf die ›arische‹ Seite. Wer sie unerlaubt passierte, hatte mit der Todesstrafe zu rechnen. Viele Juden mussten in den am Rand des Ghettos eingerichteten Fabriken Zwangsarbeit leisten, eine davon war Schindlers Fabrik. Immer wieder gab es ›Räumungsaktionen‹, bei denen Tausende Juden in Konzentrationslager deportiert, Hunderte vor Ort erschossen wurden. Die letzte fand am 13. März 1943, bei der sogenannten Auflösung des Ghettos statt. Eine Installation auf der großen, zugigen Fläche erinnert daran, dass hier viele Juden auf ihre Deportation warten mussten: 70 wie zufällig hingestellte Bronzestühle wirken verwaist, im Abendlicht gespenstisch …

Ein Haus an der Südseite des Platzes, die ehemalige **Apotheke zum Adler** (Apteka Pod Orłem), beherbergt ein kleines **Ghettomuseum**. Darin wird anhand von Fotografien und Skizzen das Leben der Juden unter deutscher Besatzung veranschaulicht. Das Museum entstand auf Anregung des damaligen Apothekers Pankiewicz, dem es als einzigem Nichtjuden gestattet war, im Ghetto zu bleiben: Durch den Verkauf von Medikamenten sollte eine minimale medizinische Versorgung aufrechterhalten und so die Arbeitsfähigkeit der Internierten gesichert werden.

Schindlers Fabrik und MOCAK

Schindlers Fabrik: ul. Lipowa 4, www.muzeum krakowa.pl, Mo 10–16, Di–So 10–20 Uhr (Nov.– März 2 Std. kürzer), 21 zł, Tickets bitte vor dem Besuch reservieren; MOCAK: ul. Lipowa 4, www. mocak.pl, Di–So 11–19 Uhr, 14 zł

Vom Platz der Ghettohelden gelangt man über die Ulica Kącik zur Ulica Lipowa, wo sich die ehemalige Emaillefabrik des NSDAP-Mitglieds Oskar Schindler befand. Er hatte sie nach dem Einmarsch deutscher Truppen gegründet und dank billiger jüdischer Zwangsarbeit binnen weniger Jahre in ein profitables Unternehmen verwandelt. Später setzte er alles daran, ›seinen‹ 1200 Juden das Leben zu retten, indem er ihren kriegsnotwendigen Arbeitseinsatz begründen konnte. Zuletzt ließ er sie ins gleichfalls deutsch besetzte Mähren bringen, wo er eine weitere Fabrik besaß. Die Geretteten sorgten nach 1945 dafür, dass Schindler ein normales Leben führen konnte: erst in Argentinien, ab 1957 in Deutschland. Nach seinem Tod 1974 wurde er in Jerusalem begraben. Heute ist **Schindlers Fabrik** (Fabryka Schindlera) ein Museum. Mit Dokufilmen, Archivfotos und O-Tönen versetzt es Besucher in die Zeit des okkupierten Krakau, zeigt den Alltag der Bewohner und das Schicksal der Juden.

Im weitläufigen Nebengebäude, der ehemaligen Fabrikhalle, befindet sich das Museum für zeitgenössische Kunst **MOCAK** mit oft provokativen Wechselausstellungen.

Zentrum für Glas und Keramik

ul. Lipowa 3, Tel. 12 423 67 90, www.lipowa3.pl, Mo–Fr 10–18, Sa bis 16 Uhr, Glasbläserschau zu jeder vollen Stunde, letzter Auftritt 16.30 bzw. Sa 12.30 Uhr, 18 zł, geführte Touren auf Englisch nach Voranmeldung 60 zł

Gegenüber von Schindlers Fabrik befindet sich das **Zentrum für Glas und Keramik** (Centrum Szkła i Ceramiki), wo seit 1931 das Rohmaterial für die berühmte Krakauer Glaskunst entsteht – weltweit bekannt für kühnes Design, experimentelle Farben und Texturen. Besonders produktiv war die Glashütte in sozialistischer Zeit, damals arbeiteten hier 500 Bläser. Ein großes, attraktives **Museum** zeigt die besten Werke jener Zeit. In der modernen Hütte nebenan sind Sie dabei, wenn aus Sand und Pigment bei über 1000 °C mit bloßer Lungenkraft praktische und fantastische Objekte geschaffen werden.

Infos

Touristenbüros: Pavillon Wyspiański, pl. Wszystkich Świętych 2, Tel. 12 616 18 86, www. krakow.pl, tgl. 9–17 Uhr. Krakaus größtes Touristenbüro. Weitere Infostellen im Zentrum auf dem Rynek (Tuchhallen und Rathausturm), in der ul. Św. Jana 2 (Kulturinfo) sowie im Sommer in den Planty am Słowacki-Theater. In Kazimierz gibt es eine Filiale in der ul. Józefa 7, Tel. 12 422 04 71, Mo–Fr 9–17 Uhr. Alle Büros

Krakau

verkaufen die Krakauer Touristenkarte (www.krakowcard.com), die die Nutzung der städtischen Verkehrsmittel sowie freien Eintritt in 40 Museen und Sehenswürdigkeiten erlaubt.

Übernachten
... im Zentrum:
In der Altstadt gibt es eine Vielzahl auch kleinerer komfortabler Hotels, oft im direkten Umkreis des Marktplatzes.

An der Weichsel – **Sheraton** 1: ul. Powiśle 7, Tel. 12 662 10 00, www.sheraton.com/krakow. Fünfsternehotel am Fuß des Wawel mit 233 Zimmern. Mit seiner Fassade aus Backstein und Glas fügt es sich gut in die Umgebung ein. Die Zimmer gruppieren sich rings um ein lichtdurchflutetes Atrium, in dem das Frühstücksbüfett serviert wird. Besten Blick bieten die zur Weichsel hin ausgerichteten Superior-Zimmer vom 2. Stock aufwärts. Im Untergeschoss befinden sich ein kleiner Pool, die Sauna und der Fitnessraum sowie die Tiefgarage. DZ ab 250 €.

In der Kanonikergasse – **Copernicus** 2: ul. Kanonicza 16, Tel. 12 424 34 00, www.copernicus.hotel.com.pl. In der schönsten Straße Krakaus, am Fuß des Wawel, wurde ein gotisches Palais in ein Luxushotel verwandelt. Alle 29 Zimmer haben Holzdecken und Dielen und sind mit schweren Podestbetten und handgewebten Teppichen ausgestattet – man fühlt sich fast ins Mittelalter zurückversetzt. Aus jener Zeit stammen auch die original erhaltenen Fresken. Im Kellergewölbe befinden sich Sauna und Pool, vom Café im obersten Stock (nur für Hotelgäste!) blickt man auf das Krakauer Dächermeer und den Wawel. DZ ab 220 €.

Mit Blick auf den Rynek – **Wentzl** 3: Rynek Główny 19, Tel. 12 430 26 64, www.wentzl.pl. Das noble Hotel liegt direkt am Markt im Cellaris-Haus, einem Palais aus dem 15. Jh., und knüpft in Stil und Einrichtung an verflossene Zeiten an. Es hat 18 Zimmer – buchen Sie eines mit Blick auf Tuchhallen und Marienkirche! Das vorzügliche Frühstücksbüfett wird im gleichnamigen Restaurant serviert. DZ ab 160 €.

In der einstigen Kunstakademie – **Indigo** 4: ul. Św. Filipa 18, Tel. 12 300 30 30, www.ihg.com. Tolle Lage vor den Toren der Altstadt, historische Architektur und ein Design, das von den zahlreichen Künstlern inspiriert ist, die in der 1836 erbauten Kunstakademie ihr Handwerk erlernten. Viele Details erzählen ihre Geschichte: nostalgische Kacheln und blanke Backsteinwände, schmiedeeiserne Gitter und Krakauer Nippes-Skulpturen in der Kunstbibliothek. Auch viele der 56 Zimmer lassen die Handschrift von Künstlern erkennen. Als Kontrast dazu erleben Sie Minimal Design in Mobiliar, Glaslift und Technik. Exquisites Frühstücksbüfett und Bistro mit Blick auf den Markt von Kleparz. Sauna und Fitnessraum befinden sich im Untergeschoss. DZ ab 150 €.

Mit schönem Glasfenster – **Pollera** 5: ul. Szpitalna 30, Tel. 12 422 10 44, www.pollera.com.pl. In der Habsburger Zeit war dies eines der beliebtesten Hotels. Von einigen der 42 Zimmer hat man einen schönen Blick auf das Słowacki-Theater. Die Glasfenster im Treppenaufgang stammen von dem polnischen Maler Stanisław Wyspiański. Das Frühstück ist leider etwas enttäuschend. DZ ab 100 €.

In Kirchenbesitz – **Wit Stwosz** 6: ul. Mikołajska 28, Tel. 12 429 60 26, www.hotel-witstwosz-krakow.hotel-ds.com. Das schmucke, nach dem Künstler Veit Stoß benannte Hotel liegt an einer ruhigen Straße zwischen Grüngürtel und Rynek und hat 17 unterschiedlich gestaltete Zimmer. DZ ab 90 €.

Am Eingang zur Altstadt – **Warszawski** 7: ul. Pawia 6, Tel. 12 424 21 00, www.hotelwarszawski.pl/de. Ein sehr sympathisches Hotel unweit des Bahnhofs, nur 5 Min. läuft man zum Rynek. In allen 40 Zimmern (Standard, Komfort und Premium) erwarten Sie weich gepolsterte Böden und schöne Marmorbäder, wahlweise in Schwarz, Weiß und Rot, mit verspiegelter Decke. Das Frühstücksbüfett wird im Kellercafé eingenommen, WLAN ist gratis und das Ambiente rundum freundlich. DZ ab 75 €.

B & B – **La Fontaine** 8: ul. Sławkowska 1, Tel. 12 422 65 64, www.bblafontaine.com. Bed & Breakfast mit 15 Zimmern im Herzen der Altstadt, angeschlossen ans gleichnamige französische Restaurant. Die Dachzimmer mit abgeschrägten Wänden sind zum ruhigen Innenhof hin ausgerichtet. Gäste teilen sich einen Gemeinschaftsraum, in dem jedes Zimmer eine private Sitzecke hat. So genießt

Adressen

Krakaus alternative Kneipenszene spielt sich überwiegend in Kazimierz ab, rund um den Neuen und den Breiten Platz reiht sich ein Lokal ans andere

man Intimität und kann die übrigen Gäste dennoch kennenlernen. Es gibt eine Gemeinschaftsküche, das Büfett-Frühstück wird im Restaurant eingenommen. DZ ab 65 €.

Für Backpacker – **Cracow Hostel** 9 : Rynek Główny 18, Tel. 12 429 11 06, www.cracowhostel.com. Saubere 2er- bis 18er-Zimmer, freskengeschmückter Aufenthaltsraum mit Blick auf die Marienkirche, Kaffee und Tee gratis, Wasch- und Internetservice, Radverleih – und in unübertroffener Lage. 10–20 € pro Pers.

Camping – **Clepardia** 10 : ul. Pachońskiego 28-A, Tel. 12 415 96 72, www.clepardia.com.pl, geöffnet Mai–Sept. Teils bewaldeter Platz 4 km nördl. der Altstadt mit guten Sanitäranlagen. Auch Holzbungalows mit Bad können gemietet werden. Anfahrt über die ul. Opolska, auf Ausschilderung ›Domki Kempingowe‹ achten! Bungalow ab 30 € für 2 Pers.

… in Kazimierz:

Koscher – **Eden** 11 : ul. Ciemna 15, Tel. 12 430 65 65. Das Hotel liegt in einer von Erlen gesäumten Gasse und wird von dem Amerikaner Allen Haberberg und seiner polnischen Frau Jolanta geführt. Die 27 Zimmer sind mit Holzmöbeln behaglich eingerichtet und weisen ins Grüne, im Fernsehen gibt es deutsche Programme. Die Hotelgänge sind mit Bildern jüdischer Künstler geschmückt, die an jeder Tür angebrachten Mezuza-Stäbchen sollen dem Gast Glück bringen. Es gibt einen Sommer- und einen Wintergarten, im mittelalterlichen Kellergewölbe einen beliebten Pub. Als einziges Hotel in Polen darf sich das Eden ›koscher‹ nennen: Es verfügt nicht nur über eine Mikwe, in der sich Juden vom Schmutz des Alltags reinigen können, um ›sauber‹ vor Gottes Antlitz zu treten, sondern auch über eine vom Rabbi abgesegnete Küche. DZ ab 75 €.

Nostalgia – **Klezmer Hois** 12 : ul. Szeroka 6, Tel. 12 411 12 45, www.klezmer.pl. Hotel am Hauptplatz, eingerichtet mit Antiquitäten und Orientteppichen. Die Zimmer im 1. Stock sind riesig, am schönsten Nr. 19 und 14 mit Blick auf den Platz. Nur halb so groß fallen die Dachzimmer aus. Wer hellhörig ist, sollte die Zimmer zur

Krakau

Starowiślna meiden. Alle Räume haben Sat-TV, zum Ambiente der Zimmer passen bestens die Kanäle mit Jazzmusik. DZ ab 70 €.

Essen & Trinken
... im Zentrum:
Gaumenfreuden – **Pod Baranem** 1 : ul. Św. Gertrudy 21, Tel. 12 429 40 22, www.podbaranem.com, tgl. 12–22 Uhr. Etwas dunkel ist's im Lokal, dafür umso gemütlicher. Die Küche ist anspruchsvoll, nichts für Leute, die nur großen Hunger haben. Ob Hering oder Steinpilzsuppe, Wildschwein oder Rehrückenfilet – alles ist wunderbar zubereitet! Hauptgerichte ab 10 €.

Mit schöner Terrasse – **Szara** 2 : Rynek Główny 6, Tel. 12 421 66 69, www.szara.pl. Das Restaurant befindet sich in einem Haus, das König Kazimierz III. für seine jüdische Geliebte Szara bauen ließ. Man sitzt unter original gotischen Gewölben oder draußen. Der Koch bereitet eine ausgezeichnete Fischsuppe zu, anschließend könnten Sie Lachs mit Spargel probieren. Aber auch das Rinderfilet schmeckt hier wunderbar! Service und Präsentation sehr gut. Hauptgerichte ab 10 €.

Tief unten im Keller – **Da Pietro** 3 : Rynek Główny 19, Tel. 12 422 32 79, www.dapietro.pl. Gespeist wird in den mittelalterlichen Kellergewölben unter dem Wentzl. Der Pizzateig ist dünn und knusprig, ausgezeichnet schmecken Carpaccio aus Rinderfilet und Vitello tonnato aus Kalbfleisch. Aber vielleicht mögen Sie lieber Melanzane alla siciliana, mit Käse überbackene Auberginen? Zum Abschluss könnte es locker-leichtes Tiramisú geben. Reiche Auswahl vorwiegend italienischer Weine, freundlicher Service. Hauptgerichte ab 9 €.

Nicht nur für Filmfans – **Aqua e Vino** 4 : ul. Wiślna 5/10, Tel. 12 421 25 67, www.aquaevino.pl. Ein Foto von Marcello Mastroianni weist den Weg ins Kellergewölbe, wo weitere Starporträts aus der großen Zeit des italienischen Kinos an der Wand hängen: Sophia Loren mit weit geöffnetem Mund, ein Spaghetti verschlingender Toto, Claudia Cardinale mit Weinglas. Frische Zutaten werden schonend zubereitet, auf dass ihr Eigengeschmack gut zur Geltung komme – Carpaccio von Lachs oder Rind, schwarze Spaghetti mit Meeresfrüchten und zum Abschluss feine hausgemachte Desserts. Hauptgerichte ab 7 €.

Schöne alte Zeit – **C. K. Dezerter** 5 : ul. Bracka 6, Tel. 12 422 79 31, Facebook: CK Dezerter. Was Schwejk für Tschechien, ist Dezerter für Polen. Das Lokal belebt den Mythos und bietet die dazu passende Küche aus dem Habsburgischen Reich: Salate à la Erzherzog Maximilian, Schweinerücken Sarajevo, Pute nach Pilsener Art und ungarisches Gulasch Bogrács. Hauptgerichte ab 6 €.

Vegetarisch – **Chimera** 6 : ul. Św. Anny 3, Tel. 12 292 12 12, www.chimera.com.pl, tgl. 9.30–22 Uhr. Eines der beliebtesten Lokale im Zentrum, denn alle Salate sind knackig frisch, überwiegend vegetarisch und können aus einer Vitrine selbst zusammengestellt werden. Je nach Wunsch werden vier bis sechs Kostproben auf einem Teller kombiniert – es reicht, mit dem Finger auf das Gewünschte zu zeigen. Oft gibt es auch andere Leckereien wie Gemüsecrêpes und Tortilla, dazu trinkt man frisch gepresste Säfte. Im Sommer isst man im efeuumrankten Innenhof (tolles Ambiente!), im Winter im stimmungsvollen, nicht ganz so preiswerten Museumskeller. Hauptgerichte ab 4 €.

Gut versteckt – **Meho** 7 : ul. Krupnicza 26, www.mnk.pl/oddzial/dom-jozefa-mehoffera, Di–So 10–16 Uhr. Hinter dem Haus des Jugendstilkünstlers Józef Mehoffer verbirgt sich eine Oase der Ruhe: ein hübsches Gartencafé, in dem man (noch) den Touristenmassen entfliehen kann.

Für alle, die das Süße lieben – **Bon Ami Cafe & Pastry** 8 : ul. Kanonicza 11. Ein sympathisches kleines Café auf dem Weg zum Wawel, an drei Tischen kann man draußen sitzen. Es gibt gute hausgemachte Torten und Nachspeisen.

Auch Lenin fand's schön – **Noworolski** 1 : Rynek Główny 1, Sukiennice, Tel. 12 422 47 71, www.noworolski.com.pl. Klassisches Café im Wiener Stil an der Ostseite der Tuchhallen. Herrliche Art-déco-Säle in Rot-, Grün- und Brauntönen sowie eine Terrasse unter Arkaden mit Blick auf die Marienkirche. Vor mehr als 100 Jahren machte sich Lenin im Noworolski Gedanken über Staat und Revolution, heute trifft sich hier das gediegene Bürgertum.

Adressen

Malerischer Winkel – Loch Camelot 9 **:** ul. Św. Tomasza 17, Tel. 12 421 01 23, www.loch camelot.art.pl. In der ›Ecke des Ungläubigen Thomas‹ *(zaułek niewierniego Tomasza)* mischen sich Vertreter der Krakauer Kultur mit Jungakademikern und Touristen – ein Café für Bohemiens! Wer drinnen sitzt, entdeckt an den Wänden naive Bilder von Nikifor (s. S. 57). Freitagabends gibt's im Keller eine musikalisch-literarische Soirée.

Schummrig – Café Jama Michalika 11 **:** ul. Floriańska 45, Tel. 12 422 15 61, www.jama michalika.pl. Traditionsreiches, museal anmutendes Café mit exzentrischen Wandbildern und Glasmalereien. Kein Besucher sollte versäumen, es sich anzuschauen – nur schade, dass das Niveau der Küche eher bescheiden ist.

Für Kaffeetrinker – Pożegnanie z Afryką 10 **:** ul. Św. Tomasza 21, www.pozegnanie.com. Der Kaffee wird in kleinen Porzellankännchen serviert, die Palette umfasst über 30 Sorten und reicht vom starken nicaraguanischen Maragogipo bis zum schonenden Kawa z Ialkami aus leicht gerösteten Latinosorten. Man sitzt auf Hockern, die mit Kaffeesäcken überspannt sind, und lässt sich von historischen Fotos in jene Zeit zurückversetzen, als das Kaffeetrinken salonfähig wurde.

… in Kazimierz:

Verblasster Klassiker – Ariel 11 **:** ul. Szeroka 17/18, Tel. 12 421 79 20, www.ariel-krakow.pl. Das Lokal in Haus Nr. 17 erinnert mit seinen Antiquitäten und Ölgemälden ans frühe 20. Jh. Viele Besucher bestellen das Pascha-Eis mit Feigen und Nüssen – angeblich war Prinz Charles davon sehr begeistert. Nebenan, im Haus Nr. 18, ist v. a. der hintere Raum zu empfehlen, wo man unter den Porträts bärtiger Rabbis Klassiker der jüdischen Küche probieren kann. Allerdings hält die Qualität oft nicht mehr mit den Preisen mit. Etwas steril wirkt der Kellerraum, in den die abendlichen Klezmer-Konzerte in der Regel verlegt werden – dort finden mehr Touristen Platz … Hauptgerichte ab 7 €.

Ein kulinarischer Genuss – Trezo 12 **:** ul. Miodowa 33, Tel. 12 374 50 00, www.trezo.pl. Elegantes Bistro-Design, raumtiefe Panoramafenster und hohe Decken – das Lokal bietet eine willkommene Abwechslung in der jüdisch inspirierten Gastroszene von Kazimierz. Joanna und Andrzej, die weit gereisten Besitzer, servieren eine fantasievoll variierte polnische Küche, dazu mediterrane Klassiker. Die Portionen sind sehr schön angerichtet, der Service perfekt. Vorneweg gibt's einen Gruß aus der Küche und zwischendurch hausgemachten Pflaumenschnaps. Abends wird oft tolle Livemusik geboten, dann unbedingt reservieren! Hauptgerichte ab 6 €.

Mit günstigem Mittagsmenü – Szara Kazimierz 13 **:** ul. Szeroka 39, Tel. 12 429 12 19, www.szarakazimierz.pl. Das Restaurant neben der Remuh-Synagoge bietet Bistro-Ambiente mit Thonetstühlen und Marmortischen, an den Wänden hängen Fotos von Bohemiens, dazu erklingen leise Chansons. Von 12 bis 16 Uhr genießt man das schön zubereitete Mittagsmenü, doch auch danach kann man hier sehr gut speisen – vorneweg gibt es hausgemachte Bagels mit Bio-Olivenöl und Fleur de Sel, danach könnte man marinierten Hering oder Lachstartar bestellen, Szara-Salat mit Avocado und Garnelen oder Zander auf Spinat. Angenehm sitzt man auch im luftigen Sommergarten. Hauptgerichte ab 6 €.

Stimmungsvoll – Klezmer Hois 12 **:** ul. Szeroka 6, Tel. 12 411 12 45, www.klezmer.pl. Plüschige Samtsofas, auf dem Tisch gehäkelte Deckchen, schummriges Licht und dunkle Gemälde – so mag es einst in der guten Stube wohlhabender Juden ausgesehen haben. Lecker schmecken hier süßsaure Jankiel-Suppe, Purim-Hähnchen und galizischer Gulasch. Im Keller befand sich früher das jüdische Badehaus. Abends Klezmer-Konzerte (s. S. 258)! Hauptgerichte ab 5 €.

Rustikal – Chłopskie Jadło 14 **:** ul. Św. Agnieszki 1, Tel. 12 421 85 20, www.chlopskiejadlo. pl. Auf dem Weg vom Wawel nach Kazimierz bekommen Sie deftige und kalorienreiche polnische Landküche. Die Gerichte werden stilecht auf bäuerliche Art serviert. Es gibt erfrischende Buttermilch, Salzdillgurken, Möhren, Rüben und Kraut, besonders lecker sind die Waldpilze in Sahne und die Piroggen. Und Fleisch gibt's bis jenseits der Sättigungsgrenze … Die Dependancen in der ul. Św. Jana 3 und in der ul. Grodzka 9 haben in letzter Zeit stark nachgelassen. Hauptgerichte ab 5 €.

Krakau

Szenetreff – **Mleczarnia** 15: ul. Meiselsa 20, www.mle.pl/krakow, tgl. 10–2 Uhr. Im Sommer sitzt man im Garten unter Obstbäumen, genießt Kleinigkeiten, auch Kaffee und Kuchen. Im Winter nimmt man drinnen Platz, in einem Raum aus alten Zeiten, bei romantischem Kerzenschein. Gerichte ab 4 €.

Ein Genuss – **Zazie Bistro** 16: ul. Józefa 34, Ecke Jakuba, Tel. 500 410 829, www.zaziebistro.pl, Mo 17–23, Di–So 12–23 Uhr. Das Kellerlokal überrascht mit französisch inspirierten Gerichten, hübsch präsentiert und zu günstigem Preis. Unbedingt reservieren! Hauptgerichte ab 9 €.

… in Podgórze:

Tolles Interieur – **Orzo People Music Nature** 17: ul. Lipowa 4-A, Tel. 12 257 10 42, www.orzo.pl, tgl. 9–24, Fr, Sa bis 1 Uhr. Eine ehemalige Werkhalle wurde in eine luftige, dunkel gestyle und mit Grünpflanzen aufgepeppte Resto-Bar verwandelt. Ungezwungenes Ambiente, auch viele Studenten kommen hierher, serviert werden rasch zubereitete Pizzas, Pasta- und Fleischgerichte, beliebt ist das Rindersteak. Groß ist die Auswahl an Bieren, Wodka-Varianten und Likören. Preiswertes Frühstück bis 12 Uhr, dann Mittagsgerichte ab 5 €.

Einkaufen

… im Zentrum:

Einkaufszentrum – **Galeria Krakowska** 1: ul. Pawia 5, www.galeria-krakowska.pl, Mo–Sa 9–22, So 10–21 Uhr. Zu allen Tageszeiten tobt hier das Leben. Die moderne Shoppingmall hat viele kleine Läden und Boutiquen geschluckt, die früher ihren festen Platz in der Altstadt hatten. Boutiquen von Armani bis Zara zeigen an, wie sehr sich die Westmode durchgesetzt hat. Ansonsten finden Sie Geschäfte aller Art, den großen Empik-Buchladen, Cafés und Bistros, einen Supermarkt und ein Mega-Kino.

Fein und elegant – **Pasaż Rynek 13** 2: Rynek Główny 13, Mo–Sa 11–21, So 11–17 Uhr. Edelpassage am Rynek mit italienischer und

Vom MOCAK, dem Museum für zeitgenössische Kunst, sind es nur wenige Schritte zum Industrial, dem Restaurant für extravagantes Essen – selber anschauen!

Adressen

französischer Mode, einem Feinkostladen und einem Bistro.

Kunsthandwerk – **Tuchhallen** 1 : Rynek Główny 1, tgl. 9–18 Uhr, oft auch länger. In den Tuchhallen (Sukiennice), einem 100 m langen, schummrig beleuchteten Basargewölbe, findet man Bunzlauer Keramik, baltischen Bernsteinschmuck, handgestrickte Tatra-Pullover, naive Holzskulpturen und vieles mehr.

Polnische Plakatkunst – **Galeria Plakatu** 3 : ul. Stolarska 8–10, http://cracowpostergallery.com, Mo–Fr 12–17, Sa 11–14 Uhr. In der Plakatgalerie entdeckt man Klassiker der Grafikkunst – auch in Form von Postkarten – aus den Bereichen Literatur, Theater, Film und Propaganda.

Süßigkeiten – **Wawel** 4 : Rynek Główny 33, www.wawel.com.pl, tgl. 10–19 Uhr. Gehen Sie nicht an diesem schmalen Laden vorbei – hier gibt's Pralinen bester Qualität!

Markt – **Rynek Kleparski** 5 : pl. Targowy, Stary Kleparz, www.starykleparz.com, tgl. 7–14 Uhr. In Kleparz, knapp nördlich der Altstadt, findet ein sympathischer Bauernmarkt statt. Hier bekommen Sie geräucherte Krakauer im Naturdarm, Dillgurken aus dem Fass, Waldpilze und -beeren. Zu den Rohmilchkäsespezialitäten aus der Tatra gehören der geräucherte Oscypek und der im Fass geschlagene Bryndza. Auch Körbe aus Weidenzweigen werden angeboten.

… in Kazimierz:

Bücher – **Galicja** 50 : s. S. 247. Der Buchladen des Galizisch-Jüdischen Museums bietet ein spannendes Sortiment – wissenschaftliche Publikationen, Belletristik und Kunst, teilweise auch auf Deutsch. **Hohe Synagoge** 45 : s. S. 245. Viele Judaica. **Zentrum für jüdische Kultur** 41 : s. S. 245. Insbesondere antiquarische Judaica.

Markthalle – **Hala Targowa** 6 : pl. Nowy, www.placnowy.pl, tgl. 7–14.30 Uhr. Hier können Fleisch und Lebensmittel gekauft werden, um die Halle gruppieren sich Stände mit Obst und Gemüse sowie Imbissbuden.

Flohmarkt – **Pchli Targ** 7 : pl. Nowy, Mo–Sa 9–18 Uhr. Neben der Hala Targowa (s. oben) werden historische Fotos, Postkarten und Militaria, oft auch Kleidung ausgebreitet. Viel los ist vor allem samstags.

Abends & Nachts

Krakau ist eine Stadt für Nachtschwärmer. Viele Bars befinden sich in Kellergewölben und bleiben bis weit nach Mitternacht geöffnet. Wer wissen will, welche Veranstaltungen geboten werden, besucht die sehr gute Kulturinformation in der ul. Św. Jana 2, www.karnet.krakow.pl.

… im Zentrum:

Jazz & mehr – **Jazz Club U Muniaka** 1 : ul. Floriańska 3, www.jazzumuniaka.club. Der traditionsreiche Krakauer Jazzclub wurde von dem aus der Zusammenarbeit mit Don Cherry bekannten Saxofonisten Janusz Muniak gegründet. Livekonzerte finden zumeist Do–Sa ab 21.30 Uhr statt. **Piec'Art Acoustic Jazz Club** 2 : ul. Szewska 12, www.piecart.pl. An den Tagen, an denen im U Muniaka nichts los ist, können Sie hier fündig werden. **Harris Piano Jazz Bar** 3 : Rynek Główny 28, www.harris.krakow.pl. Intimer Keller-Pub mit Jam Sessions, Jazz & Blues, Funk & Soul. Eintritt meist kostenlos.

Cocktailbar – **Movida** 4 : ul. Mikołajska 9, www.movida-bar.pl, tgl. 16–1 Uhr. Ein Ambiente, wie man es auch aus Prag oder New York kennt – unter Bildern von Filmstars drängt sich ein internationales Publikum an einer langen Bar und labt sich an Sex on the Beach und anderen Cocktails.

Studentischer Club – **Pod Jaszczurami** 5 : Rynek Główny 8, www.podjaszczurami.pl. Seit vielen Jahren ist der ›Eidechsen-Pub‹ ein beliebter Treff der Krakauer Studis. Das Bier ist hier noch preiswert zu haben, außerdem gibt's politische Debatten, Vorträge und Musikveranstaltungen. Am Wochenende wird getanzt.

Klassikkonzerte und Oper – **Filharmonia** 6 : ul. Zwierzyniecka 1, Tel. 12 422 94 77, www.filharmonia.krakow.pl. Das Krakauer Orchester blickt auf berühmte Dirigenten wie Kubelik und Kondrashin, Neumann und Penderecki zurück. **Opera** 7 : ul. Lubicz 48, Tel. 12 296 62 00, www.opera.krakow.pl. Modern und farbenfroh – die neue Spielstätte der Krakauer Oper.

… in Kazimierz:

In der Ulica Szeroka wetteifern mehrere Café-Bars um die Gunst der Touristen. Bei Studenten

KONZERTE MIT JÜDISCHER MUSIK

Rasch sind im **Klezmer Hois** 12 (s. S. 253) die besten Plätze belegt: Man sitzt auf Samtsofas, der Schein der Kerzenleuchter fällt auf eingedunkelte Gemälde. Darauf sind bärtige Juden zu sehen, tief über einen Thoratext gebeugt. So mag es in der guten Stube eines jüdischen Kaufmanns um 1900 ausgesehen haben, wohlig und behaglich. Vier Musiker spielen auf, den schwarzen Filzhut tief in die Stirn gezogen. Sie entlocken ihren Instrumenten erste temperamentvolle Töne, dann folgt ein Klezmer-Blues, und schon bald wird man vom Strom ihrer Musik mitgerissen. Erinnerungen werden geweckt an die Bilder von Marc Chagall und die versunkene Welt des Stetl, an Gassen und windschiefe Häuser, stürzende Engel, brennende Leuchter. Das Klezmer Hois ist nur eines von mehreren Lokalen in Kazimierz, die zu Konzerten einladen. Jüdische Musik von allen Kontinenten erklingt beim **Festival der Jüdischen Kultur** (s. S. 259), das jeden Sommer in Kazimierz stattfindet. Es will die Erinnerung an die ostjüdischen Kultur aufleben lassen: »… nicht nur die an ihren Kampf und ihren Tod, wie in Warschau und Auschwitz, sondern auch an ihr Leben, an die Werte, die einst ihr Leben bestimmt hatten, ihre Innenwelt und ihre unwiederholbare Kultur. Und Krakau war einer jener Orte, wo dieses Leben am reichsten, am schönsten, am vielfältigsten gewesen war – und wo die meisten Spuren davon erhalten blieben« (Henryk Halkowski). Es kommen Shlomo Bar aus Israel, der in seinen Gesang saharische Beduinenelemente und fernöstliche Musik integriert, die Gruppe Strashmaqam, die jüdische und moslemische Musik aus dem Orient vereint, oder der Moskauer Chor der Großen Synagoge, der hebräischen Gesang mit russischer Folklore verwebt. Mit dem Auftritt der Klezmatics heißt es endgültig: Abschied nehmen von der Melancholie. Zu den jazz- und rockartigen Rhythmen von der Lower Eastside wird das Tanzbein geschwungen, das Fest klingt aus im Freudenrausch.

und Künstlern sind die Lokale im Umkreis des Neuen Platzes (pl. Nowy) am beliebtesten.
Café-Bars – **Alchemia** 8 : ul. Estery 5, www.alchemia.com.pl. Auf den Tischen wird heute nur noch selten getanzt, doch die Stimmung in der düster-dunklen, von Künstlern gestalteten Café-Bar am Marktplatz ist stets ausgelassen. ›Hölle‹ und ›Fegefeuer‹ heißen die beiden Hauptsäle, die mit Steinen der Katharinenkirche gepflastert sind. **Singer** 9 : ul. Estery 20. Gemütlich, mit weichen Polstersesseln und zu Tischen umfunktionierten Nähmaschinen. Leise Melodien werden gespielt, meist Filmmusik und Jazz im Stil von Billie Holiday.

Aktiv
Stadttouren & mehr – **Free Walking Tour** 8 : Tel. 513 875 814, www.freewalkingtour.com. Meist Do, Sa, So 10 und 14 Uhr starten an der Marienkirche 2-stündige kostenlose Rundgänge mit Erläuterungen auf Deutsch oder Englisch. **Galizisch-Jüdisches Museum** 50 : s. S. 247. Von hier aus werden Rundgänge ›Auf den Spuren von Schindlers Liste‹, Fahrten nach Auschwitz und andere Touren organisiert.
Bootstouren – **Tramwaj Wodni** 1 : Bulwar Czerwieński, www.tramwajwodny.net.pl. Von Mai bis Sept. ist die ›Wasserstraßenbahn‹ in Betrieb. Von der Anlegestelle unterhalb des Ho-

Adressen

tels Sheraton geht es westwärts zum Benediktinerkloster Tyniec (1,5 Std.) oder ostwärts zur Galeria Kazimierz (25 Min.). **Statkiem Legenda** 1 : www.statek-krakow.pl. Auch die Weichselrundfahrten mit der ›Legenda‹ starten am Bulwar Czerwieński. Die Touren sind abhängig von Witterung und Passagieraufkommen.

Radfahren – **Cruising Krakow** 2 : ul. Sławkowska 6-A, Tel. 514 556 017, www.cruisingkrakow.com. Die Agentur verleiht und repariert Räder und organisiert Touren. Besonders schön fährt es sich längs der Weichsel zum Benediktinerkloster von Tyniec. **Dwa Kola** 3 : ul. Jozefa 5, Tel. 12 421 57 85, www.dwakola.internetdsl.pl. Verleihstelle in Kazimierz mit gut gewarteten Rädern (12–14 €/Tag plus Kaution).

Kutschfahrten – Halb- und einstündige Touren starten an der Nordseite des Rynek und kosten 40 bzw. 60 €. Meist ohne Kommentierung.

Golf spielen – **Krakow Valley Golf & Country Club** 4 : Paczółtowice 54, Tel. 12 258 85 00, www.golf.krakow.pl. Attraktive 18+9-Loch-Anlage bei Krzeszowice, ca. 20 km westl. von Krakau, Driving Range, 2 Putting Greens, Golfakademie und Golfschule für Kinder, Konferenzzentrum und Reitstall.

Termine

Weitere Infos: www.krakowfestival.com.
Misteria Paschalia (Ostern, www.misteriapaschalia.com): Klassik in historischen Räumen.
Filmfestival (Ende Mai, www.cracowfilmfestival.pl): Polens traditionsreichstes!
Lajkonik-Umzug (Juni): Der Mongolenschreck auf dem Marktplatz.
Johannisnachtfeier (23. Juni, www.wianki.krakow.pl): Am Weichselufer.
Festival der Jüdischen Kultur (Juni/Juli, www.jewishfestival.pl): Konzerte, Filme und Workshops.
Internationales Festival der Straßentheater (Juli, www.teatrkto.pl).
Sacrum Profanum (Sept., www.sacrumprofanum.com): Renommierte Musiker spielen in Kirchen und Stahlwerken.
Bajit Chadasz (Sept./Okt.): Monat der Begegnung mit jüdischer Kultur.
Jazz zu Allerseelen (Ende Okt., www.krakow skieziaduszkijazzowe.dt.pl).

Verkehr

Flüge: Der Flughafen Kraków-Balice, www.krakowairport.pl/en, liegt 17 km westl. der Stadt, hat eine Touristeninfo und eine Wechselstube (schlechter Kurs!). Alle 30 Min. (4–24 Uhr) fährt ein Zug zum Hauptbahnhof, außerdem fahren stündlich Bus 208 und Nachtbus 902 zum Busbahnhof Dworzec Głowny Wschod, der mit dem Hauptbahnhof durch einen Tunnel verbunden ist. Fahrpläne: www.jakdojade.pl.

Züge/Busse: Viele Verbindungen nach Oświęcim und Zakopane, werktags per Bus auch nach Ojców und Pieskowa Skała. Bahnhof und Busstation befinden sich am Nordostrand der Altstadt, via Tunnel gelangt man ins Einkaufszentrum Galeria Krakowska und von dort weiter zum Bahnhofsvorplatz. Durch eine Unterführung kommt man in den Grüngürtel (Planty), der die Altstadt umschließt, und erreicht nach 10 Min. den Rynek.

Stadtbus und Straßenbahn: Fast alle wichtigen Sehenswürdigkeiten liegen in der verkehrsberuhigten Altstadt und sind nur zu Fuß erreichbar. Den Bus werden Sie wohl nur als Alternative zum Zug für die Fahrt zwischen Bahnhof und Flughafen nutzen, die Straßenbahn brauchen Sie zum Umfahren der Altstadt und für die Fahrt nach Kazimierz (christliches Kazimierz: ab Altstadt mit Straßenbahn 6, 8, 10 und 13, Haltestelle pl. Wolnica; jüdisches Kazimierz: ab Altstadt mit Straßenbahn 3 und 24, Haltestelle Miodowa, pl. Bohaterów Getta). Straßenbahnen haben ein- oder zweistellige, Busse dreistellige Nummern. Einzeltickets und Zeitkarten kaufen Sie an Kiosken und Automaten mit der Aufschrift MPK, die Touristenkarte (s. S. 252) im Touristenbüro. Das Preissystem ist gestaffelt, mit einem 20-Min.-Ticket kommt man von der Altstadt z. B. nach Kazimierz, mit dem 40-Min.-Ticket bis Nowa Huta. Fahrkarten sind nach dem Einsteigen sofort zu entwerten.

Radio Taxi: Tel. 12 191 91

Mit dem eigenen Auto: In der Altstadt besteht zumeist Fahrverbot. Jenseits der Planty ist Fahren zwar erlaubt, doch die Parkgebühren sind hoch. Tickets gibt es beim Parkwächter, im Kiosk oder im Automaten. Öffentliche Parkplätze sind abrufbar unter www.mi.krakow.pl/en/car-parks-krakow.

Die Umgebung von Krakau

Vor Krakaus Toren liegt das Salzbergwerk Wieliczka, eine wunderbare Welt unter Tage. Höhlen erwarten Sie im Ojców-Nationalpark, einer kleinen, malerischen Karstlandschaft. Katholische Kultorte sind Kalwaria Zebrzydowska und Wadowice – nicht nur für Wallfahrer interessant! Eine Tagestour führt nach Oświęcim, zum ehemaligen Konzentrationslager Auschwitz.

 Wieliczka ▶ 1, P 20

Karte: S. 262

In der Kleinstadt **Wieliczka** 14 km südöstlich von Krakau geht man ›unter Tage‹: Hier befindet sich eines der größten und ältesten Salzbergwerke der Welt, ein unterirdisches Labyrinth, das von der UNESCO zum Weltkulturerbe erklärt wurde. Über 1 Mio. Besucher begeben sich jedes Jahr in die Tiefe, um eine in Salz verzauberte Welt zu bestaunen. Sie wandern durch düstere, durch Holzbalken abgestützte Stollen, folgen zwei bis drei Stunden einer Route, die sie weit in die Geschichte zurückführt. Vor 20 Mio. Jahren war die Region von einem flachen, salzigen Meer bedeckt, das später austrocknete. Doch das Salz blieb nicht an der Oberfläche, sondern wurde durch tektonische Bewegungen tief in den Boden gerammt. Erst um 1280 begaben sich ›Bergleute‹ in die Tiefe, um Salz zu schlagen, das dann von Pferden durch kilometerlange Schächte zum Seilaufzug geschleppt wurde.

Kingas Ring, Königs Schatz

Laut Legende war es die ungarische Prinzessin Kunigunde (poln. Kinga), die das Salz von Wieliczka entdeckt hat. Aus Anlass ihrer Hochzeit mit einem polnischen Fürsten warf sie einen Brillantring in eine Schlucht beim heutigen Wieliczka und prophezeite, dort, wo man ihn wiederfinde, sei ein Schatz versteckt. Und sie hatte recht: Beim Hinabsteigen fand man kristallenes, weiß glänzendes ›Gold‹. Salz war im Mittelalter so kostbar, dass es auf den Märkten fast den Preis von Edelmetall erzielte. Da überrascht es nicht, dass sich der polnische König rasch die gewaltigen unterirdischen Salzblöcke aneignete. Schon bald stammte ein Drittel aller Staatseinnahmen aus dem Verkauf des weißen Goldes. 6 km lange Stollen wurden bis zu einer Tiefe von 327 m in die Erde getrieben, es entstanden 2040 Kammern mit einer Gesamtlänge von über 200 km.

Heute wird hier kaum noch Salz abgebaut, dafür ein Teil des Bergwerks als Sanatorium genutzt – es befindet sich in 211 m Tiefe. Asthmakranke, darunter viele Kinder, werden täglich hinuntergefahren, um für einige Stunden die stark salzhaltige Luft zu inhalieren.

Salzbergwerk

pl. Kościuszki 10, Tel. 12 278 73 02, www.salzbergwerkwieliczka.de, April–Okt. tgl. 7.30–19.30, Nov.–März 8–17 Uhr, geschl. Neujahr, Ostern, 1. Nov., 4., 24.–26., 31. Dez., ab 89 zł; Besuch nur in Begleitung eines Führers, deutschsprachige Touren im Sommer mehrmals tgl. (s. Website); Ticketkauf am besten online bzw. über die Bergwerk-Infostelle in Krakau: ul. Wiślna 12-A; warm anziehen, die Temperatur beträgt 15 °C; Weglänge 3,5 km, insgesamt ca. 800 Stufen, der Besuch ist für Gehbehinderte und zu Klaustrophobie neigende Menschen nicht geeignet

Besucher des **Salzbergwerks** (Kopalnia Soli) müssen zunächst 65 m bzw. 380 Stufen zur ersten Ebene der Unterwelt hinabsteigen. Was folgt, ist eine Odyssee durch eine Vielzahl von Gängen, Abbauschächten und Kammern, vorbei an spiegelglatten Seen und finsteren Abgründen. Erkundet werden drei von insgesamt neun unterirdischen Ebenen, das entspricht etwa 1 % der Unterwelt. Bis zu einer Tiefe von 135 m geht es hinunter. Unterwegs macht Sie der Führer mit zahllosen ›guten Geistern‹ bekannt, die die Bergleute ins Salz meißelten, auf dass sie ihnen in der Dunkelheit Trost spendeten: Zwerge und koboldhafte Schatzmeister, liebliche Engel und Heiligenfiguren. In der **Verbrannten Kammer** stellten sie ihren tristen Alltag dar: Ausgemergelte Arbeiter kriechen am Boden entlang und halten einen Stab in die Höhe. Da sich beim Salzabbau hochexplosives Methangas an der Schachtdecke sammelte, musste es regelmäßig mit einem Glimmstock ›ausgebrannt‹ werden. Diese Arbeit war lebensgefährlich – nur wer sich dicht am Boden hielt, blieb vom angezündeten Gas verschont. Eine Chronik aus dem 17. Jh. belegt, dass jährlich 10 % der Arbeiter bei Gasexplosionen ihr Leben verloren. »Trotz tausender Gefahren«, steht geschrieben, »kommt der Bergmann jeden Tag unerschrocken in sein grausames Grab.«

In der Düsternis der Unterwelt haben sich Bergarbeiter in 100 m Tiefe die **Kapelle der Seligen Kinga** (Kaplica Błogosławionej Kingi) geschaffen. Sie beeindruckt nicht nur durch ihre Größe von 54 x 18 x 12 m, sondern auch durch die fantasievollen, aus Salz gehauenen Reliefs, ihre Skulpturen und Altäre. 32 Jahre, von 1895 bis 1927, brauchten die Arbeiter, um das Werk zu vollenden, heute finden hier Jazz- und Klassikkonzerte statt. Irgendwann freilich, so wird befürchtet, könnten die Kunstwerke glatt sein wie die Wand – menschlicher Atem zersetzt die Salzkristalle und lässt sie schmelzen.

Nach zwei Stunden endet die Tour am unterirdischen Restaurant. Hier können Sie entscheiden, ob Sie im schnellen Mini-Lift zum Ausgang zurück oder das sehenswerte **Unterirdische Museum** (1 Std.) besuchen wollen. Dort sind weitere 1,5 km zurückzulegen, dieses Mal begleitet von Kunst aus weißem Gold und zum Abschluss ein Saal mit blitzenden Salzkristallen.

Verkehr

Züge: Der Zug verkehrt von 5 bis 23 Uhr etwa alle 30 Min. zwischen dem Krakauer Haupt-

In Wieliczka ist alles versalzen – selbst die Kapelle der Seligen Kinga

Die Umgebung von Krakau

bahnhof und Wieliczka (Ausstieg Rynek Kopalnia, 20 Min.). Von dort sind es wenige Gehminuten zum Bergwerk.
Busse: Ab Krakau mit Bus 304 von der ul. Kurniki (Westausgang Galeria Krakowska) zur Haltestelle Wieliczka Kopalnia Soli.
Mit dem eigenen Auto: Ab Krakau über die ul. Wieliczka ostwärts, dann weiter auf der E 4 (15 Min.).

Kalwaria Zebrzydowska
▶ 1, O 20

Karte: s. oben
Kalwaria Zebrzydowska 1, der ›Kalvarienberg des Herrn Zebrzydowski‹, liegt 37 km südwestlich von Krakau und ist einer der wichtigsten Marienwallfahrtsorte Polens – über 1 Mio. Pilger kommen jedes Jahr. Der Ort schmiegt sich in eine anmutig gewellte, bewaldete Berglandschaft, sodass auch Nichtgläubige dem Besuch etwas abgewinnen können. Mittelpunkt des Städtchens ist das barocke **Bernhardinerkloster** (Klasztor Bernardynów) mit der **Kirche der Engelsmutter Gottes** (Bazylika Matki Boskiej Anielskiej), das gebieterisch auf einem Hügel thront. Hier startet ein 6 km langer Kreuzweg durch einen Wald voller Kapellen – insgesamt 42 Stück! Das Ensemble aus Kloster, Kirche und Kalvarienberg wurde 2001 zum UNESCO-Weltkulturerbe ernannt.

Die Krakauer Magnaten Mikołaj und Jan Zebrzydowski waren es, die Anfang des 17. Jh. die Anlage bauen ließen. Statt eine beschwerliche Pilgerreise ins Heilige Land anzutreten, sollten die Gläubigen just hier eine genaue Replik des Kreuzwegs, eine Art Neu-Jerusalem vorfinden. Realistisch inszeniert sind auch die **Passionsspiele**, die seit 1608 (!) in der Osterwoche von Laiendarstellern aufgeführt werden: Am Palmsonntag hält Jesus seinen Einzug auf einem Esel, am Mittwoch wird der Verrat des Judas inszeniert. Das letzte Abendmahl wird am Gründonnerstag zelebriert, die Kreuzigung Jesu am Karfreitag vollstreckt.

Ein zweites wichtiges Fest findet im Sommer statt. Am 13. August wird Maria zu Grabe getragen, drei Tage darauf ihre Himmelfahrt gefeiert. Eine farbenprächtige Prozession startet an der Basilika, an jeder der 42 Kreuzwegkapellen knien die Teilnehmer zum Gebet nieder.

Kloster-Kirchen-Ensemble

ul. Bernardyńska 46, Tel. 33 876 63 04, www. kalwaria.eu, tgl. 7–19 Uhr, Eintritt frei, eine deutschsprachige Führung muss vier Tage im Voraus reserviert werden; im Pilgerhaus (Dom Pielgrzyma) kann man übernachten

Das Kloster ist ringsum von Wehrmauern eingefasst, eine große Freitreppe führt hinauf zu der mit Fresken und Blattgold üppigst ausgestatteten Kirche. Die meisten Pilger steuern geradewegs eine Kapelle links vom Hauptaltar an, wo sie vor dem Gnadenbildnis Marias niederknien. Seit sie 1641 Tränen aus Blut vergoss, werden ihr allerlei Wunder zugesprochen …

Auch auf päpstlichen Spuren kann man in der Klosteranlage wandeln: Karol Wojtyła war hier oft zu Gast und ist als Papst mehrfach zurückgekehrt. Auf dem Klostergelände sorgt ein Restaurant fürs leibliche Wohl, im Pilgerhaus veranschaulicht ein originalgetreuer, EU-finanzierter Nachbau von Neu-Jerusalem im Maßstab 1 : 50 000 die Größe der Anlage.

Südlich des Klosters starten markierte ›Wege der Gottesmutter und Jesu‹ hinauf zum Getsemane-Ölberg. Sie führen an Kapellen vorbei, die von Gotik bis Art nouveau teilweise originell gestaltet sind. Die Steigungen haben es in sich, deshalb ist gutes Schuhwerk erforderlich!

Verkehr

Züge: s. Wadowice S. 266, allerdings 15 km früher aussteigen.

Wadowice ▶ 1, O 20

Karte: S. 262

In **Wadowice 2**, 14 km westlich von Kalvaria und 50 km südwestlich von Krakau, steht alles im Zeichen des polnischen Papstes Johannes Paul II., der hier 1920 das Licht der Welt erblickte. Straßen und Plätze sind nach ihm benannt, die Pfarrkirche birgt seine Reliquien, und sein Geburtshaus ist – was die multimediale Machart angeht – eines der besten Museen im Land. Selbst Lokale profitieren vom Papstkult und leben von den ›päpstlichen Cremeschnitte‹, seinem Lieblingskuchen. Kein Wunder also, dass das 20 000 Einwohner zählende Städtchen heute ein herausgeputztes Pilgerziel ist. Wer nun freilich glaubt, Wadowice sei ein konservatives erzkatholisches Pflaster, irrt. Mit 57 % der Stimmen wurde 2014 Mateusz Klinowski, ein Atheist und überzeugter Linker, zum Bürgermeister gewählt. Doch sein Versuch, auch nur eine Flüchtlingsfamilie in Wadowice aufzunehmen, provozierte Hasstiraden, auf Facebook wurde er mit Morddrohungen überschüttet. Immerhin hat er sich bis 2018 im Amt gehalten.

Marktplatz

Auf dem **Marktplatz** (pl. Jana Pawła II) sind ins Granitpflaster Tafeln all jener Orte eingelassen, die Karol Józef Wojtyła – so sein bürgerlicher Name – als Papst besucht hat. Eine überlebensgroße Figur, eine von Tausenden in Polen, zeigt ihn freundlich grüßend im wallenden Gewand.

Blickfang des Platzes ist die prachtvolle barocke **Basilika** (Bazylika) aus dem Jahr 1726, in der der Papst alias Lolek (›Karolchen‹) getauft wurde und seine Erstkommunion empfing. Ans südwestliche Kirchenschiff wurde die Päpstliche Kapelle angebaut. Sie hängt voller Votivgaben, weil sich hier eine Reliquie von Johannes Paul II. befindet: eine Ampulle mit einem Tropfen päpstlichen Blutes (www.bazylika.wadowice.pl).

Museum Johannes Paul II.

ul. Kościelna 7, Kasse: pl. Jana Pawła II 5, www. domjp2.pl, Mai–Sept. tgl. 8.30–17.30, April, Okt. bis 16.30, Nov.–März bis 14.30 Uhr, letzter Einlass 90 Min. vor Schließung, mit deutschsprachiger Führung (vorher beantragen, Tel. 33 823 35 65) 30 zł

Gleich neben der Basilika befindet sich das Haus, in dem der spätere Papst geboren wurde. Mit 5 Mio. € wurde es prunkvoll renoviert und beherbergt nun das **Museum Johannes Paul II.** (Muzeum Jana Pawła II), das Karols Biografie nachzeichnet. In eindrucksvollen Ton-, Foto- und Filmcollagen wird er als polnischer Held gefeiert. Dabei war er doch, so wird vermittelt, ein Mensch wie du und ich. Als Kind war Karol begeistert vom Wallfahrtsort Kalwaria, es lockten ihn die Berge der Tatra, jene ›Goralen-Hochburg‹, die er als Wanderer und Skifahrer auch später immer wieder besuchte. Das

Auf den Spuren des polnischen Papstes

Kurz nach seinem Tod im Jahr 2005 wurde er heiliggesprochen – für viele Polen war Papst Johannes Paul II. allerdings schon zu Lebzeiten ein Heiliger. Alle Stationen seines Wirkens sind heute Kultorte – der Papst ist tot, es lebe der Papst!

Im Sommer 2002 kam Papst Johannes Paul II. alias Karol Wojtyła zum letzten Mal nach Krakau, wo ihm ein triumphaler Empfang bereitet wurde. Über 1,5 Mio. Menschen nahmen an der Heiligen Messe teil, die er in Erinnerung an seine Zeit als Krakauer Erzbischof zelebrierte. Der Auftritt auf der Błonia-Wiese war ein Abschiedsbesuch – hier sprach ein kranker und gebrechlicher, vom Alter gezeichneter Mann.

In Wadowice (s. S. 263), einem kleinen Ort südwestlich von Krakau, wuchs er auf. Als Jugendlicher verbrachte er viel Zeit in den Bergen. Er wanderte durch die Täler der Hohen Tatra, erst zusammen mit seinem Vater, später meist allein. Mit 18 zog er nach Krakau und nahm das Studium der Polonistik auf, musste es aber bereits ein Jahr später nach dem Einmarsch der Deutschen abbrechen. Während der Besatzungszeit widmete er sich dem Theologiestudium, verfasste religiöse Gedichte und übte sich in Schauspielkunst.

Nach Kriegsende wurde er Pfarrvikar und las in der Krypta unter der Wawelkathedrale seine erste Messe. 1958 zum Bischof ernannt, zog er in die Kanonikergasse (ul. Kanonicza 19–21), wo er heute im Erzbischöflichen Museum geehrt wird. Als Krakauer Metropolit (1963) verlegte er seine Residenz in den Bischofspalast und wurde vier Jahre später Kardinal.

1978 war die oberste Sprosse der Erfolgsleiter erklommen: Zum ersten Mal in der Geschichte wurde in Rom ein Pole zum Papst gewählt. Die Ernennung löste in seinem Heimatland einen Sturm der Begeisterung aus. Mit einem polnischen Papst an der Spitze sah das ›Volk der Helden und Märtyrer‹ Licht am Ende des Tunnels – eines nicht mehr fernen Tages, dessen war man gewiss, würde Polen als freie Nation wiedergeboren.

Von Anbeginn war der Papst nicht bereit, der Moderne einen ›Preisnachlass‹ zu gewähren. Er setzte nicht auf rationale theologische Argumente, sondern auf die archaische Kraft kirchlicher Dogmen, auf Tradition und Autorität. Wer wie der Theologe Hans Küng die These von der Unfehlbarkeit des Papstes infrage stellte, wurde umgehend seines Amtes enthoben.

Wichtigstes Anliegen war dem Papst der Kampf gegen das ›Reich des Bösen‹ auf Erden. Darum suchte er schon früh das Gespräch mit Vertretern der politischen Protestbewegung. Neue Allianzen bildeten sich heraus: Im Westen staunte man nicht schlecht, als sich der Elektriker Lech Wałęsa, Führer der 1980 gegründeten Gewerkschaft Solidarność, das Antlitz der Jungfrau Maria ans Revers steckte. »Ohne die Kirche«, so sein Bekenntnis, »könnte nichts geschehen, mich selbst würde es nicht geben, und ich wäre nicht, was ich bin.«

Viele Politiker des Westens erkannten die Nützlichkeit von Papst Johannes Paul II. für das angepeilte Ziel, den sozialistischen Ostblock zu destabilisieren. Der amerikanische Außenminister Alexander Haig war voll des Lobes für die päpstlichen Informationen: Diese seien in jeder Hinsicht besser und aktueller als die seines Geheimdienstes. Am 13. Dezember 1981 wurde in Polen das Kriegsrecht ausgerufen, um die aufkeimende Demokratiebewegung zu zerschlagen.

Wenn es in Wadowice um ›Devotionalien‹ von Papst Johannes Paul II. geht, gibt es nichts, was es nicht gibt …

Noch am gleichen Tag rief US-Präsident Ronald Reagan den Papst an, um seinen Rat zu erbitten. Dieser plädierte für die Strategie des subversiven Kampfes.

Die aktive Unterstützung der Gewerkschaft bei der Loslösung von der Sowjetunion wurde bei einem Treffen sechs Monate später beschlossen. In der Solidarność sah man das geeignete Instrument, Polen aus dem sozialistischen Staatenverbund herauszuhebeln. Tausende von Telex- und Faxgeräten, Druckmaschinen und Fotokopierern wurden über kirchliche Kanäle ins Land geschleust, die Propagandasendungen von Radio Free Europe, Voice of America und Radio Liberty vervielfacht. Zugleich wies der Papst Kardinal Józef Glemp an, die Botschaft des passiven Widerstands von allen Kanzeln Polens zu verkünden.

Die vatikanisch-nordamerikanische Zusammenarbeit setzte sich fort: 1984 sandte der Papst den Erzbischof Pio Laghi ins kalifornische Santa Barbara, um den Präsidenten der Vereinigten Staaten davon zu überzeugen, dass die gegen Polen verhängten Wirtschaftssanktionen kontraproduktiv seien: Sie ermöglichten es der polnischen Regierung, die Versorgungsschwierigkeiten vor Ort dem westlichen Ausland anzulasten. Tags darauf wurde die Handelsblockade gelockert – und die polnische Regierung geriet in Legitimationszwang. Fazit der Zeitschrift »Time«: Durch seine tatkräftige Unterstützung habe der Papst entscheidend zum Sturz des Sozialismus in Osteuropa beigetragen.

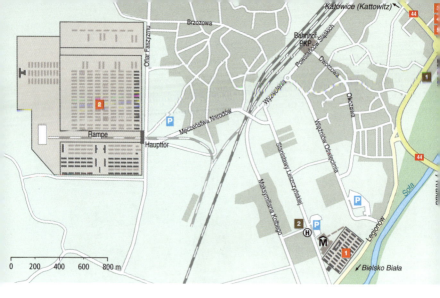

Museum will zeigen, wie er aufwuchs. Wir erleben ihn als Studenten, Schauspieler und Dichter, Zwangsarbeiter im Steinbruch, Kaplan, Bischof und Kardinal. Als Papst engagierte er sich für die Versöhnung mit den Juden. Der letzte Museumssaal – mit roten Messgewändern, auf die Tauben projiziert sind – führt zum Innenhof, wo sich ein Holzpuppentheater auf Knopfdruck in Bewegung setzt und das frühere Wadowice in Erinnerung ruft.

Infos
Touristenbüro: ul. Kościelna 4, www.it.wadowice.pl, Mo–Fr 9–18, Sa, So 10–16 Uhr.

Essen & Trinken
Karols Lieblingskuchen – An jeder Ecke erhalten Sie die päpstlichen Cremeschnitten *(kremówki papieski),* ein kalorienreiches Blätterteigstück mit Vanillefüllung.

Aktiv
Wandern – In einer bei der Touristeninformation erhältlichen Gratis-Broschüre sind alle Lieblingswege des Papstes aufgeführt.

Verkehr
Züge: Direktverbindung nach Krakau-Płaszów, dort umsteigen zum Hauptbahnhof.

✪ Oświęcim ▶ 1, N 19/20

Karte: S. 262 und oben

Auschwitz heißt heute **Oświęcim**, eine Kleinstadt 75 km westlich von Krakau mit restauriertem Marktplatz und Rathaus, Kirchen und Klöstern. Kaum ein Besucher will sie sehen, alle zieht es ins 2,5 km südlich gelegene, größte ehemalige deutsche Konzentrations- und Vernichtungslager **Auschwitz**. Hier wie im angrenzenden Birkenau wurden zwischen Juni 1940 und Januar 1945 zwischen 1,1 und 1,5 Mio. Menschen vergast oder erschossen, anschließend verbrannt – an keinem anderen Ort auf der Welt wurde jemals eine derartige Todesmaschinerie betrieben. Opfer waren vorwiegend europäische Juden, aber auch Sinti und Roma, sowjetische Kriegsgefangene, Homosexuelle, politische Häftlinge und Anhänger religiöser Gruppen. Als die sowjetische Armee am 27. Januar 1945 bis Auschwitz vorstieß, konnte sie 7000 Gefangene befreien: abgemagerte, entkräftete Menschen, die der Hölle entronnen schienen. Die Fotos und Filme, die die Soldaten von ihnen machten, gehören zu den erschütterndsten Dokumenten. 1947 wurde beschlossen, das ehemalige Lager als Gedenkort zu erhalten, seitdem firmiert es als Staatliches Museum Auschwitz.

Oświęcim

Sehenswert
1. Staatliches Museum Auschwitz (Auschwitz I)
2. Birkenau (Auschwitz II)
3. Chevra-Lomdei-Mishnayot-Synagoge
4. Jüdisches Zentrum
5. Verein der Roma

Übernachten
1. Międzynarodowy Dom Spotkań Młodzieży
2. Olecki

Staatliches Museum Auschwitz (Auschwitz I) 1

ul. S. Leszczyńskiej 11, Tel. 33 844 81 00, www.auschwitz.org, April–Sept. tgl. 7.30–18, März, Okt. bis 17, Feb. bis 16, Jan., Nov. bis 15, Dez. bis 14 Uhr, letzter Einlass 1,5 Std. vor Schließung; vom 1. April bis 31. Okt. müssen Sie Ihren Besuch online auf www.visit.auschwitz.org anmelden, um an einer geführten, deutsch- bzw. englischsprachigen Tour (3,5 Std., 60 zł) teilzunehmen, nur vor 10 und nach 16 Uhr kann man das Lager kostenlos auf eigene Faust besichtigen; der sehenswerte 20-minütige Dokufilm, den sowjetische Soldaten nach Befreiung des Lagers drehten, kostet zusätzlich 6 zł; es gibt ein Fastfood-Lokal und ein Restaurant

Besucher des **Staatlichen Museums Auschwitz** (Państwowe Muzeum w Oświęcimiu) passieren wie einst die Gefangenen das Tor mit der Aufschrift ›Arbeit macht frei‹. Dass die Freiheit ein Synonym für Tod war, wussten die Häftlinge nicht. Die 28 Backsteinblöcke, in denen auf engstem Raum 18 000 Menschen lebten, stehen noch heute in Reih und Glied, Infotafeln, Fotos und Pläne erläutern die Funktion der einzelnen Orte. So erfahren Sie in Block 4 und 5, wie das Lager entstand und der Alltag der Gefangenen aussah. Alle Neuankömmlinge wurden fotografisch erfasst und registriert, ihr Sterbedatum ergänzte man später säuberlich. Was sie am Leib trugen, wurde ihnen abgenommen: Schuhe und Kleider, Brillen und Prothesen. Unzählige Koffer sind hier gestapelt, ebenso Kinderspielzeug. Gleichfalls erhalten sind 7 t Haare, die den zum Tod Verurteilten vor dem Gang in die Gaskammer abrasiert wurden – sie sollten als Füllmaterial für Matratzen dienen. Nach ihrer Ermordung wurde den Gefangenen das Zahngold herausgebrochen und für die Schatzkammer des Deutschen Reiches eingeschmolzen.

Erschütternd ist der Besuch von Block 11, in dem gefoltert wurde. Im Keller befinden sich Stehbunker und Hungerzellen, wo bis zu vier Gefangene auf knapp 1 m^2 tagelang im Stehen ausharren mussten. Die Häftlinge wurden Opfer medizinischer Experimente, die ersten Versuche mit dem tödlichen Gas Zyklon B haben hier stattgefunden. An der sogenannten Schwarzen Wand wurden mehrere Tausend Häftlinge durch Genickschuss getötet. Ihre Leichen sowie die der an Erschöpfung, Unterernährung und Krankheit Gestorbenen endeten im Krematorium Nr. 1, das im Juli 1943 durch ein größeres im Stammlager II ersetzt wurde.

Birkenau (Auschwitz II) 2

Kostenlose Shuttlebusse fahren von Auschwitz I ins 3 km entfernte Birkenau

Ab 1942 führte eine Bahnlinie direkt ins **Vernichtungslager Birkenau.** Durch seine schiere Größe ist der industrielle Charakter der Tötungsmaschinerie dort noch stärker spürbar. Auf 175 ha standen 300 Baracken für bis zu 100 000 Zwangsarbeiter sowie mehrere Krematorien auf einem von elektrischem Stacheldraht eingezäunten Gelände. Sie passieren die Rampe, an der bis Frühjahr 1944 die aus ganz Europa eintreffenden Häftlinge selektiert wurden. Ärzte der SS fällten die Entscheidung, welche Juden sogleich vergast werden sollten und welche für den Arbeitseinsatz in den Industrieanlagen der IG Farben (Bayer, Hoechst und BASF) infrage kamen. Das Buna-Werk befand sich 7 km vom Stammlager entfernt, nahebei wurde das Arbeitslager Monowitz (Auschwitz III) errichtet, das größte von insgesamt 39 Auschwitz-Außenkommandos.

In Auschwitz II haben die Deutschen bei ihrem Rückzug die meisten Bauten gesprengt

– das Ausmaß ihres Verbrechens sollte verschleiert werden. Doch vermitteln an den Fundamenten angebrachte historische Bilder, Luftfotos und Pläne einen Eindruck davon, wie es hier ausgesehen haben mag. Erhalten blieb das Haupttor, ein großes Gebäude mit Turm und Tor, durch dessen Mitte Bahngleise ins Lager führten. Im Turm, der eine weite Aussicht eröffnet, bekommen Sie eine Vorstellung von der Größe des Lagers. Sie betreten die sogenannten Duschräume, in denen alle, die zur Zwangsarbeit bestimmt waren, desinfiziert wurden, und sehen den originalen Wagen, der die Asche der verbrannten Menschen abtransportierte – nebenan befanden sich die Krematorien IV und V, heute Ruinen.

Den Zwangsarbeitern wurde eine Überlebensdauer von durchschnittlich neun Monaten zuerkannt: »Die Gefangenen«, so der amerikanische Autor Joseph Borkin, »wurden regelrecht zu Tode gearbeitet.« Beim Kriegsverbrecherprozess gegen die IG Farben kam zutage, dass das Unternehmen nicht nur in die Ausbeutung billiger Arbeitskräfte verwickelt war, sondern auch am Prozess ihrer Ermordung eifrig verdiente. Ebenso wie die Deutsche Gesellschaft für Schädlingsbekämpfung, die Degesch, war die IG Farben am Vertrieb des Todesgases Zyklon B beteiligt.

Altstadt

Wer sehen möchte, wie der Alltag der mehrheitlich jüdischen Bewohner der Stadt vor 1939 aussah, begibt sich zur restaurierten **Chevra-Lomdei-Mishnayot-Synagoge** (Synagoge der Brüderschaft der Mishna-Studierenden). Historische Fotos zeigen bürgerliche Familien im Sonntagsstaat, zu besonderem Anlass aufgenommene Porträts von Männern, Frauen und Kindern – welch ein Kontrast zu jenen Erfassungsbildern, die man zuvor im Stammlager sah.

Nebenan befinden sich das **Jüdische Zentrum** 4 (Auschwitz Jewish Center), das Ausstellungen und Vorträge organisiert, sowie ein **Judaica-Buchladen** und ein Café mit aussichtsreicher Dachterrasse (ul. Berka Joselewicza 5, www.stowarzyszenie.romowie.net, Mo–Fr 9.30–15 Uhr, Eintritt frei).

Wenige Gehminuten südlich vom Marktplatz (Rynek) präsentiert der **Verein der Roma** 5 (Romowie Historia-Kultura) in einer attraktiven Ausstellung mit historischen Fotos und Bildern den Ursprung ihrer Kultur, ihre Wanderungsbewegungen durch Europa sowie den »von den Deutschen und ihren Verbündeten« gegen sie geführten Vernichtungskrieg (pl. Skarbka 3, Tel. 33 844 70 02, www.ajcf.pl, tgl. außer Sa 10–18, Okt.–März 10–16 Uhr, 10 zł).

Übernachten

Haus mit Seele – **Międzynarodowy Dom Spotkań Młodzieży** (Internationale Jugendbegegnungsstätte) 1 : ul. Legionów 11, Tel. 33 843 21 07, www.mdsm.pl. Von der deutschen Regierung eingerichtetes Haus mit

Keine Bildunterschrift vermag auszudrücken, was sich in Auschwitz einst abgespielt hat …

2er- und 4er-Zimmern, 800 m östl. des Bahnhofs und 1,7 km nordöstl. des Auschwitz-Museums, es kann auch gezeltet werden. 37 Zi., DZ 69 €.

Am Museum – **Olecki** 2 : ul. S. Leszczyńkiej 12, Tel. 33 847 50 00, www.hotelolecki.pl. Hier schlafen und essen Sie komfortabel, DZ ab 50 €.

Verkehr
Züge: Stdl. Verbindungen von Krakau zum Hauptbahnhof von Oświęcim (1,45 Std.), von wo Sie mit den Lokalbussen 24 und 29 zum 2 km entfernten Museum Auschwitz-Birkenau gelangen (Tickets am Kiosk).
Busse: Vom Krakauer Busbahnhof fahren tgl. über 50 (Klein-)Busse nach Oświęcim (ca. 1,5 Std.). Um nicht am 2 km entfernten Bahnhof zu landen, achten Sie darauf, dass der gewählte Bus an der Haltestelle ›Muzeum‹ hält!

Nationalpark Ojców
▶ 1, O 19

Karte: S. 262
www.ojcowskiparknarodowy.pl
Wenn Sie der Stadt ins Grüne entfliehen wollen, ist der 25 km nordwestlich von Krakau gelegene **Nationalpark Ojców** (Ojcowski Park Narodowy) die erste Wahl. Das kleine, aber schöne Schutzgebiet, eine typische Karstlandschaft, erstreckt sich über 14 km längs des tief eingeschnittenen Prądnik-Tals und bildet den letzten

WANDERUNGEN ZU HÖHLEN & SCHLOSS

Tour-Infos
Start: Ojców (s. S. 271)
Länge/Dauer: Höhlentour ca. 6 km/2,5 Std., Schlosstour 14 km/3–4 Std. (hin und zurück)
Öffnungszeiten: Däumlingshöhle www.grotalokietka.pl, tgl. von 9 Uhr bis zur Dämmerung, 12 zł, Besichtigungszeit 30 Min.; Dunkle Höhle Mai–Okt. tgl. 10–16 Uhr, 9 zł, 20 Min.; Schloss Pieskowa Skała, www.pieskowaskala.pl, Di–Do 9–17, Fr 9–13, Sa, So 10–18 Uhr, im Winter kürzer, letzter Zugang 1 Std. vor Schließung, ab 11 zł

In **Ojców** müssen Sie sich entscheiden, ob Sie den südlichen oder den nördlichen Teil des Nationalparks erkunden wollen: Im Süden liegen schöne Höhlen, im Norden ein restauriertes Renaissanceschloss.
Südwärts zu den Höhlen: Ab Ojców erreicht man auf dem schwarz markierten Weg in 30 Min. die **Däumlingshöhle** (Jaskinia Łokietka), die nach König Władysław Łokietek benannt ist. Sie erstreckt sich über 250 m und besteht aus zwei großen und einer kleinen Kammer, in der sich der künftige König Polens um 1300 vor seinen Widersachern versteckt hielt. Ein Stück weiter auf der Straße (grüne Markierung) kommt man zur **Dunklen Höhle** (Jaskinia Ciemna), die im Schein von Fackeln erkundet wird. Eindrucksvoll ist eine große Kammer mit Stalagmiten und Stalaktiten, die – wie man dank archäologischer Funde weiß – schon vor 120 000 Jahren bewohnt war. Die kleine Ausstellung ›Familie des Neandertalers‹ erinnert daran. Auf dem grün gekennzeichneten Waldweg gelangen Sie wenig später zur **Wallburg** auf dem Okopy-Berg (Góra Okopy) und steigen dann zur Straße nahe den grauen Felsriesen des **Krakauer Tores** (Brama Krakowska) hinab. Nach einem kurzen Fußmarsch auf der wenig befahrenen Straße hat man den Ausgangspunkt Ojców wieder erreicht.
Nordwärts zum Schloss: 3 km nördlich von Ojców passiert man auf dem roten Wanderweg erst die **Mühle Boronia** (Boroniówka osada młynarska), dann den Weiler **Grodzisko** mit einer hoch

über dem Flussbett thronenden Kirche. Im Ort lebten ab 1262 Nonnen des Klarissenordens zurückgezogen mit ihrer Priorin, der später heiliggesprochenen Salomea. Als sie 1320 nach Krakau umzogen, verödete die Klosteranlage, wurde aber im 17. Jh. wiederentdeckt. Heute sieht man hier eine **Barockkirche,** in deren Schatten sich drei Grotten befinden – 50 Stufen führen zur **Einsiedelei der Salomea** (Pustelnia Bł. Salomei na Grodzisku) hinauf. Die nach weiteren 4 km am Wegesrand aufragende **Herkuleskeule** (Maczuga Herkulesa), ein weißer, 18 m hoher Fels, kündigt eines der schönsten Baudenkmäler der Region an: das von Felsen eingerahmte und renovierte **Schloss Pieskowa Skała** (Pleskenstein). 1573 wurde es im Renaissancestil für die Magnatenfamilie Szafraniec erbaut. Eine Zugbrücke führt in den trapezförmigen, von dreistöckigen Kreuzgängen flankierten Innenhof. Von dort gelangt man in die Museumsräume, in denen europäische und englische Kunst vom 14. bis 19. Jh. ausgestellt ist. Einen Blick lohnt auch die Schlosskapelle (Kaplica Św. Michała Archanioła), dann geht es auf gleichem Weg nach Ojców zurück.

Ausläufer einer 30 km breiten Hochebene, die sich bis Częstochowa (Tschenstochau) spannt. Sie ist mit Wiesen und Wald bedeckt, aus dem gleißend helle, von Wasser und Wind bizarr geformte Kalkfelsen aufragen. Die unterirdische Wühlarbeit des Regenwassers führte zur Ausbildung von Höhlen.

Mitte des 14. Jh. nutzte König Kazimierz III. die Hochebene als natürlichen Schutzwall und befestigte sie mit Burgen. Während der Schwedenkriege 300 Jahre später wurden die meisten zerstört, sodass heute fast nur noch Ruinen erhalten sind. Weithin sichtbar thronen sie wie riesige Nester auf dem schroffen Fels – wohl auch deshalb hat man ihnen den romantischen Namen Adlerhorste verliehen.

Ojców 3

Naturkundemuseum: Pod Łokietkem, www.ojcowianin.pl/przed_wycieczka.html, Mo–Sa 9–16, Juli/Aug. bis 17 Uhr, mit 3-D-Film 14 zł; Burg: tgl. 10–16.45 Uhr, 4 zł

Bester Ausgangspunkt für Wandertouren ist der Mini-Kurort **Ojców** in der Mitte des Nationalparks mit attraktiven Holzhäusern. Im ehemaligen Kurhaus Zum Däumling vermittelt ein **Naturkundemuseum** (Muzeum Przyrodnicze) Infos zu Geologie, Flora und Fauna.

Über dem Dorf erheben sich die Ruinen einer von Kazimierz III. im 14. Jh. errichteten **Burg** (Zamek), von der man eine weite Aussicht über das Tal genießt. Ein Modell im Torturm zeigt, wie die Festung zu ihrer Glanzzeit ausgesehen hat. 100 m nördlich der Burg steht die hölzerne **Kapelle auf dem Wasser** (Kaplica na Wodzie) aus dem Jahr 1901, die außen einem alten Badehaus und innen einer Bauernhütte nachempfunden ist.

Essen & Trinken

In der ›alten Villa‹ – **Stara Willa:** Pieskowa Skała 6, 7 km nordwestl. von Ojców nahe dem Schloss Pieskowa Skała (s. oben), Tel. 509 803 729, www.starawilla.pl, Di–So 11–18 Uhr. Gute Hausmannskost, z. B. Erbsensuppe, mit Gulasch gefüllte Kartoffelpuffer und Kräuterforelle. Terrasse. Hauptgerichte ab 5 €.

Im Schloss – **Herbowa:** Pieskowa Skała (s. oben), Tel. 12 389 60 04, Facebook: Herbowa, Di–Do 9–17, Fr 9–13, Sa, So 10–18 Uhr. Schöner Platz zum Entspannen im Innenhof oder auf der aussichtsreichen Terrasse.

Aktiv

Wandern – Auf der Karte ›Ojcowski Park Narodwoy‹ im Maßstab 1 : 20 000 sind alle Wanderwege des Nationalparks eingetragen.

Verkehr

Busse: In Krakau fahren Busse vom bahnhofsnahen Open-Air-Markt Nowy Kleparz bzw. der ul. Worcella mehrmals tgl. nach Ojców, Pieskowa Skała, Olkusz und Ogrodzieniec. Fahrplan: www.busy-krk.pl/en/ojcow-kra.

Mit dem eigenen Auto: Auf Straße 794 fahren Sie von Krakau nordwärts nach Ojców. Kostenpflichtige Parkplätze an der dortigen Burg und am Schloss Pieskowa Skała.

✹ Hohe Tatra

Die Hohe Tatra, das höchste Gebirge zwischen Alpen und Kaukasus, beeindruckt mit zerklüfteten Graten und Gletscherseen, den Hauptkamm bedeckt ewiges Eis. Im Sommer erklimmt man auf markierten Wegen die Gipfel, im Winter stehen gut gewartete Pisten und Loipen bereit. Auf saftig grünen Almen weiden Schafe, aus deren Milch ein EU-prämierter Käse gewonnen wird.

Südlich von Krakau geht die sanft gewellte Hügellandschaft der Podhale unvermittelt in schroff-steilwandige Berge über. Wie eine unbezwingbare, den Horizont versperrende Festungsmauer riegeln sie das Land nach Süden hin ab. Der Rysy ist mit 2499 m der höchste Berg auf polnischer Seite, noch weiter nach oben geht's in der Slowakei mit dem Gerlach (2655 m) und der Łomnica (2632 m).

Erstrecken sich über das Vorland ausgedehnte Buchen- und Tannenwälder, so schließt sich ab etwa 1200 m ein dichter Gürtel von Fichten an, in dem Hirsch und Fuchs, Wolf und Bär Unterschlupf finden. Gämsen und Murmeltiere erblickt man mit etwas Glück in höheren, mit Zwergkiefern bestandenen Regionen. Oberhalb der Baumgrenze liegen Gletscherseen, deren größter den Namen ›Meeresauge‹ (Morskie Oko) trägt – viele Schriftsteller inspirierte er zu fantastischen Geschichten.

Der zum Nationalpark erklärte polnische Teil der Tatra, der **Tatrzański Park Narodowy**, hat einen Umfang von 212 km². Bester Ausgangspunkt zu seiner Erkundung ist die Kleinstadt Zakopane 100 km südlich von Krakau am Fuß des Gebirges. Wer es ruhiger mag, kann sich in Dörfern der Umgebung einquartieren, so in Chochołów, Bukowina oder Biała Tatrzańska.

Zakopane ▶ 2, P 22

Cityplan: S. 277, **Karte:** S. 283
Zakopane 1, bis vor 160 Jahren ein einsames Bergdorf, ist heute eine trubelige kleine Stadt mit 30 000 Einwohnern und sehr viel mehr Besuchern. Sie liegt auf 840 m in einem weiten Talbecken. Vor kaltem Nordwind wird sie durch den Bergrücken des Gubałówka geschützt, im Süden durch die Felsgipfel der Tatra.

›Entdeckt‹ wurde Zakopane in der zweiten Hälfte des 19. Jh. durch Künstler und Intellektuelle, die sich hier ein Leben im Einklang mit der Natur erträumten. Mit der Gründung der Tatra-Gesellschaft 1873 wurde die Zeit des Wandertourismus eingeläutet. Man erschloss die Region verkehrstechnisch, eine Eisenbahnlinie führte von Krakau bis Zakopane. Mit dem Aufstieg zum Kurort 1886 entstanden Sanatorien und Pensionen, etwas später hielt auch der Wintertourismus Einzug. 1929 fanden in Zakopane die Nordischen Skiweltmeisterschaften statt. Nach dem Bau der Seilbahn auf den Kasprowy Wierch 1936 wurden die Alpinen Skiweltmeisterschaften (1939) hier ausgetragen.

Im Zentrum

Lebensader der Stadt ist die Fußgänger- und Flaniermeile **Krupówki**. Ein nie versiegender Menschenstrom ergießt sich über die 1 km lange Straße. Schulklassen sind – vor allem im Frühjahr – dutzendfach vertreten, dazu Wanderer und all jene, für die das Wochenende in Zakopane einfach dazugehört. Goralen mit ihren bunt bestickten Wollhosen warten vor ihren Pferdekutschen auf Kundschaft, ältere Frauen verkaufen auf dem Gehweg die hiesige Spezialität, mild geräucherten *oscypek* (s. S. 273). Abends vergnügt man sich bei Musik und Tanz der Goralen in einem der gemütlichen Gasthäuser.

Zakopane

An der Krupówki

Tatra-Museum: ul. Krupówki 10, www.mu zeumtatrzanskie.pl, Mi–Sa 9–17, So 9–15 Uhr, Juli, Aug. auch Di geöffnet, 7 zł

Die Krupówki ist eine lebendige Straße, aber eine Schönheit ist sie nicht. Terrassencafés, Fastfood-Ketten und Souvenirshops reihen sich aneinander, dazu das Postamt, Banken und Reisebüros. Nur wenige der alten Häuser im Zakopane-Stil blieben erhalten. Eines von ihnen ist das **Tatra-Museum** 1 (Muzeum Tatrzańskie), das in die Ethnografie und Geschichte der Podhale-Region einführt. Es zeigt Trachten und Kunsthandwerk sowie Nachbildungen typischer Goralen-Katen, das Obergeschoss ist der Geologie, Flora und Fauna gewidmet. Im benachbarten Haus, 1903 gleichfalls im Zakopane-Stil erbaut, befindet sich der Sitz der Polnischen Gesellschaft für Touristik und Landeskunde (PTTK).

Läuft man die Krupówki weiter bergab, passiert man zur Rechten die neoromanische, im Jahr 1896 fertiggestellte **Neue Gemeindekirche** 2 (Nowy Kościół Parafialny). Von außen wirkt sie unscheinbar, doch die Rosenkranzkapelle im linken Seitenschiff beeindruckt mit ihrer folkloristischen Gestaltung.

Alte Dorfkirche und Alter Friedhof

Am nordwestlichen Ende der Krupówki beginnt die hübsche Ulica Kościeliska, die von einigen alten Gebäuden im Zakopane-Stil flankiert ist (z. B. Nr. 56 und 66). Den Anfang macht die schlichte, 1847 ganz aus Holz erbaute **Alte Dorfkirche** 3 (Stary Kościół Parafialny) – sie ist der Schwarzen Madonna geweiht. Durch die kleinen Fenster fällt schummriges Licht auf Holzaltäre und Skulpturen, es riecht nach frischen Blumen und Kerzen.

Östlich der Kirche führt ein Weg auf den **Alten Friedhof** 4 (Stary Cmentarz), der wie eine Skulpturengalerie goralischer Kunst anmutet. Die Gräber sind mit geschnitzten und gemeißelten Figuren verziert, teilweise auch mit schmiedeeisernen Kreuzen und Glasmalerei. Hier liegt u. a. der berühmte Architekt Stanisław Witkiewicz begraben, der den Zakopane-Stil prägte (s. rechts).

Tipp

OSCYPEK PROBIEREN!

Sieht aus wie ein geschnitztes Stück Holz, ist aber essbar: Der Oscypek, ein Käse mit EU-Herkunftsbezeichnung, wird zwischen Mai und September aus der Rohmilch des Polnischen Bergschafs hergestellt. Gleich nach dem Melken bringt man die Milch mit Lab zum Gerinnen, schöpft die Molke ab und formt sie von Hand zu Kugeln. Diese werden in eine Zylinderform gepresst, deren Ornamente sich auf der Rinde des Käses abzeichnen. Anschließend badet der Käse in einer Salzlake, wird an der Luft getrocknet und erhält nach tagelangem Räuchern über Holzkohle seine charakteristische Bernsteinfarbe und seinen herzhaften Geschmack. Am besten mundet der Oscypek, wenn er hauchdünn aufgeschnitten wird. Wollen Sie nicht gleich ein 600-g-Stück kaufen, so wählen Sie ein Mini-Probierstück – das allerdings schmeckt bedeutend salziger!

Villa Koliba 5

Museum des Zakopane-Stils: ul. Kościeliska 18, Mi–Sa 9–17, So bis 15 Uhr, 7 zł; Ausstellung ›Inspiracje‹: Droga do Rojów 6, Mi–Sa 9–17, So 9–15 Uhr, 6 zł

Zu den baulichen Schmuckstücken der Stadt gehören außer den Goralen-Häusern auch einige um die Jahrhundertwende entstandene Jugendstilvillen. Entworfen hat sie der aus Warschau stammende Stanisław Witkiewicz (1851–1915). Er kam 1890 nach Zakopane, um sich von einem Lungenleiden zu erholen, und verliebte sich so sehr in die Bergwelt der Tatra, dass er bis zu seinem Lebensende nicht mehr nach Warschau zurückkehrte. Als Architekt entdeckte er eine Fülle möglicher Aufgaben. Gestützt auf die regionale Holzbauweise

Die Goralen, ein geschickter Menschenschlag

Vom natürlichen Kunstsinn der Goralen zeugen noch heute ihre spitzgiebeligen, aus Bohlen erbauten und mit Balkonen verzierten Häuser. Die Innenräume sind mit Holzmöbeln ausgestattet, geschnitzte Skulpturen verstecken sich in Erkern und Ecken. An den Wänden hängen bemalte Glasbilder, oft naive Darstellungen von wilden Räubern.

» In ganzen Scharen sah ich sie aus der Kirche kommen. Männer hoch wie die Tannen, ungewöhnlich mächtige Exemplare, manche von einer wilden Räuberschönheit. ... Sie tragen sonderbare enge weiße Hosen, vorn unter den Leisten mit Ornamenten geschmückt. Auf dem Kopf flache Deckelhüte, schöne bestickte Lederjacken hängen ihnen über den Schultern. Ein geschickter Menschenschlag mit natürlichem Kunstsinn. Sie sprechen polnisches Platt, haben ihre besonderen Sitten, sehen manchmal wie Indianer aus.«

Auch heute noch gibt es sie, die von Alfred Döblin 1924 so eindrucksvoll beschriebenen ›Bergbewohner‹ (*góra* = ›Berg‹). Sie tragen ihre Tracht nicht bloß aus Liebe zur Folklore, sondern als Ausdruck bewusster Traditionspflege – auf regionalen Festen und Hochzeiten, zum Kirchenbesuch und beim sonntäglichen Familientreff. Kein Gorale – und sei er noch so arm – wird auf die Anschaffung dieser Kluft verzichten.

Ihre Vorfahren waren im 16. Jh. als Nomaden und Jäger aus dem Balkan gekommen und hatten sich in den unbewohnten Tälern der Karpaten niedergelassen. Über 100 Jahre lebten sie in fast völliger Abgeschiedenheit. Der Goralen-Mythos wurde im frühen 17. Jh. geboren, als sie in Auseinandersetzungen mit der polnischen Staatsmacht verstrickt waren und sich den Ruf erwarben, bis zum Letzten für den Erhalt ihrer Unabhängigkeit zu kämpfen. Bei Gefahr, so hieß es, zogen sie sich von den Almen in die undurchdringlichen Wälder zurück und lockten die Verfolger in Gebirgsspalten, aus denen es kein Entkommen gab.

Ihre Taten sind bis heute lebendig, eingegangen in Literatur und bildende Kunst. Einem Goralen ist es gar gelungen, in die Annalen der Geschichte einzugehen: Er hieß Janosik, war klug und ungemein stark. Man erzählt sich, er sei als Knabe mit glühender Kohle gefoltert worden, Wut und Hass hätten daraufhin seine Kraft ins Unermessliche gesteigert. Als Kopf einer Räuberbande durchstreifte Janosik die Wälder, um das ihm und seinem Stamm zugefügte Leid zu rächen.

Er überfiel die Handelskarawanen der Reichen und schenkte die Beute den Bedürftigen. Ausgestattet war Janosik mit einer ›fliegenden‹ Axt und einem Kettenhemd, an dem die Kugeln der Häscher zerschellten. Und hätte ihn nicht seine Geliebte verraten, so wäre der polnische Robin Hood gewiss aufgestiegen zum König der Tatra, hätte für alle Zeiten aufgeräumt mit Leibeigenschaft und herrschaftlicher Willkür.

Am 16. März 1713 wurde Janosik der Gerichtsbarkeit von Liptowo überstellt. Bis zuletzt weigerte er sich, seine Kameraden zu verraten. An einem zwischen seine Rippen getriebenen Haken wurde der Räuberhauptmann aufgehängt und starb eines qualvollen Todes. Doch sein Ruhm lebt fort, auch noch im 21. Jh.: Eine zwölfteilige, in den 1970er-Jahren aus dem Polnischen ins Deutsche übertragene Fernsehserie feiert ihn als »Janosik – Held der Berge«. Immer mal wieder wird sie auch im deutschen Fernsehen gezeigt …

Schöner wohnen – dieses Lebensgefühl wurde ganz offensichtlich bereits von den Goralen aus der Taufe gehoben

Über viele Jahre gelang es den Goralen, ihre Eigenart zu bewahren. Erfolgreich wehrten sie sich gegen eine Assimilierung an die ›Menschen vom flachen Land‹. Sie kultivierten ihren Heldenmythos und ihren Stolz, verquickt mit rassistischem Dünkel. Genau dies freilich machte in den Jahren deutscher Ostexpansion viele von ihnen anfällig für nationalsozialistische Ideologie.

Deutsche Anthropologen waren von dem ›kraftvollen Menschenschlag‹ der Goralen so beeindruckt, dass sie dessen arischen Ursprung nachzuweisen suchten und das angeblich blutsverwandte Volk mit Vorrechten gegenüber den übrigen Polen ausstatteten. Kurzzeitig wurde gar die Gründung eines separaten Goralen-Staates erwogen – eine Episode im geostrategischen Planspiel der Nazis.

Auf Festen kommt die einstige Wildheit der Bergbewohner noch zum Vorschein. Eindrucksvoll ist der kriegerische Räubertanz, bei dem verwegen dreinschauende Männer das Beil schwingen und über flackerndes Feuer springen. Aber es gibt auch sanftere Töne, Geige und Violoncello zaubern Melodien voller Sehnsucht hervor, der Gesang kündet von der Einsamkeit der Hirten und der Kargheit der Berge. Musikwissenschaftler erfanden die Bezeichnung ›Goralen-Tonleiter‹, um diese Klänge besser charakterisieren zu können: mit übermäßiger Quart und kleiner Septime, wie in der Musik eines zurückgezogen lebenden Volkes. Auch der Goralen-Dialekt erinnert an Vergangenes – viele altpolnische Formen haben sich darin nebst slowakischen und balkanischen Elementen erhalten.

und unter Einbeziehung der landschaftlichen Gegebenheiten schuf er eine neue Architekturrichtung, den Zakopane-Stil. Zu seinen ersten Häusern zählt die **Villa Koliba** kurz hinter der Brücke über das ›Stille Wasser‹ (Cicha Woda). Das Gebäude wurde 1893 entworfen und beherbergt das **Museum des Zakopane-Stils** (Muzeum Stylu Zakopiańskiego). Zu sehen sind Kunst, Kunsthandwerk und Alltagsgegenstände sowie historische Fotos der Stadt. In einem schönen Holzhaus ein Stück weiter setzt sich die Ausstellung unter dem Titel ›Inspiracje‹ fort.

Villa Atma 6

ul. Kasprusie 19, www.mnk.pl, Di–So 10–17 Uhr, 10 zł

In einer Seitenstraße der Kościeliska entdeckt man die **Villa Atma** aus dem Jahr 1905, in der sich das Gedenkhaus für Zakopanes berühmtesten Bewohner, den Komponisten Karol Szymanowski (1882–1937), befindet. Der Name der Villa leitet sich aus dem Sanskrit ab: *Atma* bedeutet ›Seele‹ – wer dieses Haus besuchte, sollte innere Ruhe und Gelassenheit finden. Szymanowski lebte hier von 1930 bis 1935, schuf an diesem Ort Symphonien und Opern, Streichquartette, Chorwerke und Lieder. Vielen Musikbegeisterten gilt er als bedeutendster polnischer Komponist nach Chopin. Bei den alljährlich im Juli stattfindenden Tagen der Szymanowski-Musik kann man einige seiner Werke kennenlernen. Im **Museum Karol Szymanowski** (Muzeum Karola Szymanowskiego) werden persönliche Gegenstände des Musikers ausgestellt, aber auch Tatra-Gemälde von Mitgliedern der Künstlergruppe ›Junges Polen‹ (s. S. 54). Übrigens lohnt es sich, hier abends vorbeizugehen, wenn die Fassade kunstvoll beleuchtet ist.

Hasior-Galerie 7

ul. Jagiellońska 18-C, Mi–Sa 11–18, So 9–15 Uhr, 7 zł

Wer sich mehr für moderne Kunst interessiert, besucht die **Hasior-Galerie** (Galeria Władysława Hasiora) in Flussnähe südlich des Bahnhofs. Der international bekannte Władysław Hasior (1928–2000) hat in seinem Ate-

Zakopane

Sehenswert
1. Tatra-Museum
2. Neue Gemeindekirche
3. Alte Dorfkirche
4. Alter Friedhof
5. Villa Koliba
6. Villa Atma
7. Hasior-Galerie
8. Witkacy-Theater
9. Kasprowicz-Museum
10. Apostel-Johannes-Kirche
11. Tatra-Nationalparkmuseum
12. Villa Pod Jedlami
13. Jaszczurówka-Kapelle

Übernachten
1. Belvedere
2. Tatra Chalet
3. Logos
4. Willa Helan
5. Kalatówki
6. Camping Ustup

Essen & Trinken
1. Karczma Sabała
2. Gazdowo Kuźnia
3. Obrochtówka
4. STRH Café & Gallery

Einkaufen
1. Vormittagsmarkt

Abends & Nachts
1. Le Scandale Zakopane

lier Weggeworfenes zu witzigen, surrealen Skulpturen arrangiert, wobei er sich von polnischer Volkskunst, Tradition und religiöser Symbolik inspirieren ließ.

Witkacy-Theater 8
ul. Chramcówki 1, www.witkacy.pl
Schräg geht es gleichfalls im **Witkacy-Theater** (Teatr Witkaciego) zu. Benannt wurde es nach Stanisław Ignacy Witkiewicz, doch nicht der Schöpfer des Zakopane-Stils ist hier gemeint, sondern dessen gleichnamiger Sohn (1855–1939). Um von seinem Vater unterscheidbar zu sein, gab er sich den Beinamen Witkacy. Inzwischen ist Witkiewicz junior der Berühmtere, wird als Begründer der polnischen Avantgarde und multimediales Universaltalent gefeiert. Das von seinen Ideen inspirierte Theater, untergebracht in einem ehemaligen Sanatorium, ist mit Antiquitäten eingerichtet und strahlt eine magisch-dunkle Atmosphäre aus.

Außerhalb des Zentrums

Im Ortsteil Harenda an der Straße nach Nowy Targ befindet sich das **Kasprowicz-Museum** 9 (Muzeum Jana Kasprowicza). Der bekannte polnische Schriftsteller (1860–1926) verbrachte in diesem Haus die letzten Jahre seines Lebens. Er entstammte der Aufbruchsgeneration des Fin de Siècle und kämpfte für ein unabhängiges Polen. Später zog er sich resigniert in die Bergwelt der Tatra zurück und suchte die Aussöhnung mit Gott im Geist Franz von Assisi (Harenda, www.harenda.com.pl, Di–Do 9–16 Uhr, 10 zł).

Nahe dem ihm gewidmeten Museum befindet sich die Grabstätte Kasprowiczas sowie die **Apostel-Johannes-Kirche** 10 (Kościół Św. Jana Apostola) mit Fresken aus dem 17. Jh.

Vor einem Ausflug in die Berge sollte man dem **Tatra-Nationalparkmuseum** 11 (Muzeum TPN) einen Besuch abstatten, das auf die Flora und Fauna des Parks einstimmt. Es befindet sich im Gebäude der Nationalparkdirektion (TPN) nahe dem Kreisverkehr (ul. Chałubińskiego 42-A, Eintritt frei).

Östlich davon liegen zwei wunderbare Häuser im Zakopane-Stil. Die **Villa Pod Jedlami** 12 (›Unter den Tannen‹) an der Koziniec 1 ließ Witkiewicz 1897 erbauen: ein Holzbau mit großzügigen Veranden und Balkonen, die Fassade mit Ornamenten geschmückt. Einflüsse der Goralen-Kunst verrät auch die elf Jahre später entstandene **Jaszczurówka-Kapelle** 13 (Kaplica w Jaszczurówcze) weiter östlich an der Straße nach Morskie Oko. In der Kapelle sind fast alle Gegenstände aus Fichtenholz hergestellt, selbst der Lüster ist eine Schnitzarbeit. Die Glasmalereien stellen die Kreuzwegstationen Jesu Christi dar (tgl. 10–17 Uhr).

Infos
Touristenbüro CIT: ul. Kościuszki 17, Tel. 18 201 22 11, www.zakopane.pl, Mo–Sa 9–17 Uhr.

Hohe Tatra

WANDERUNG ZUR KALATÓWKI-ALM

Tour-Infos
Start: Villa Atma in Zakopane (s. S. 276)
Ziel: Bushaltestelle in Kuźnice (s. S. 282)
Länge: 7,5 km
Dauer: 3 Std.
Höhenunterschied: ca. 500 m im Aufstieg und 310 m im Abstieg
Schwierigkeitsgrad: leichte Tour auf markierten Wegen
Kost & Logis: Kalatówki-Alm (Schronisko na Kalatówkach), Droga Brata Alberta, Tel. 18 206 36 44, www.kalatowki.com.pl. Es gibt 44 rustikal eingerichtete Zimmer für 1–5 Pers., alle mit Zentralheizung und Etagendusche. Café, Restaurant, Tischtennis und Sauna. DZ ab 35 €.

Die ideale Einstiegswanderung für spätere Gipfeltouren: ein malerischer Weg hinauf in die Berge, vorbei an Bächen und Wasserfällen. Zwischenstation ist die Herberge auf der Kalatówki-Alm, wo man Lust bekommt, eine Nacht zu bleiben.

Von der **Villa Atma** in Zakopane spaziert man am Fluss in südlicher Richtung stadtauswärts und erreicht nach einer halben Stunde den Eingang zum **Nationalpark Hohe Tatra** (Tatrzański Park Narodowy). Das Tal ist nach dem Fluss Biały Potok benannt, dessen Boden an vielen Stellen weiß *(biały)* schimmert. Auf einem bequemen, gelb markierten Pfad geht es den Bach entlang, immer wieder werden kleine Holzbrücken überquert. Vor einem Mini-Wasserfall wendet sich der Weg nach rechts und steigt 10 Min. steil an. Nach einer Passage durch dichte Buchen- und Tannenwälder biegt man links ein in den schwarz markierten **Weg am oberen Waldgürtel** (Ścieżka nad Reglami, 1,5 Std.). Er kommt aus westlicher Richtung, verknüpft die Mittellagen zahlreicher Täler miteinander und führt geradewegs zur 1313 m hoch gelegenen **Kalatówki-Alm** mit Aussicht auf die zum Kasprowy Wierch hinaufführenden Seilbahn (2,5 Std.).

Nach wohlverdienter Pause geht es auf einem bequemen ausgeschilderten Weg (Droga Św. Alberta) nun Richtung Kuźnice. Auf halber Strecke passiert man die **Einsiedelei des heiligen Bruders Albert** (Pustelnia Św. Brata Alberta), 1891 im Zakopane-Stil erbaut. Der Zielpunkt **Kuźnice** (3 Std.), an dem viele weitere Touren einmünden, ist verkehrstechnisch gut gelegen. Mit Bus, Taxi oder Droschke geht es ins 3 km entfernte Zentrum von Zakopane zurück.

Regionales Touristenbüro MSIT: ul. Kościeliska 7, Tel. 18 201 20 04, www.visitmalopolska.pl, Mo–Sa 9–17 Uhr.

Übernachten

Ein Hauch Belle Époque – **Belvedere** 1 : ul. Droga do Białego 3, Tel. 18 202 12 00, www.belvederehotel.pl. Resort- und Spahotel 10 Gehmin. vom Zentrum entfernt an der Grenze zum Nationalpark. 175 Zimmer, Billard- und Leseraum, Wiener Café und drei Restaurants, eines mit Blick auf die Berge. Entspannen kann man im 25 m langen Hallenbad oder in der türkischen Sauna mit Whirlpool. Rad-, Ski- und Snowboardverleih. DZ ab 100 €.

Abseits vom Trubel – **Tatra Chalet** 2 : ul. Bogdańskiego 5, Tel. 18 200 01 75, Facebook: Tatra Chalet Zakopane. Das Hotel liegt 2 km südöstlich des Zentrums, nahe am Strążyska-Tal und wunderbar ruhig. Es hat nur sieben Zimmer (mit Blick auf Berge und Wald), die Betten sind bequem, das Frühstück reichhaltig polnisch. Und nach Ihrem Ausflug können Sie im Whirlpool und in der Sauna entspannen. Sehr freundlicher Service! DZ ab 75 €.

Mit Sonnenterrasse – **Logos** 3 : ul. Grunwaldzka 10, Tel. 18 26 370 20, www.logos-zakopane.pl. Das Hotel liegt ruhig und doch zentral, der Lärm der 300 m entfernten ul. Krupówki drängt nicht heran. Schön ist das Café auf der Dachterrasse, der Blick aufs Gebirge verlockt zu Ausflügen. DZ ab 70 €.

Im Zakopane-Stil – **Willa Helan** 4 : ul. Stara Pardałówka 6, Tel. 18 201 99 11, www.helan-zakopane.pl. Rustikales, kleines Hotel ca. 25 Gehmin. vom Zentrum entfernt. Nur schade, dass die Wände etwas hellhörig sind. Eine Bushaltestelle gibt's in der Nähe, der Parkplatz ist gratis. DZ ab 55 €.

Bergherberge – **Kalatówki** 5 : s. S. 278.

Camping – **Ustup** 6 : ul. Ustup 5-B, 5 km nordöstlich des Zentrums am Fluss, Tel. 667 47 77 91, Mai–Sept. geöffnet. Campinghäuschen und saubere sanitäre Anlagen, freundliche Leitung, Geschäfte in der Nähe. 30 €.

Essen & Trinken

An der Flaniermeile – **Karczma Sabała** 1 : ul. Krupówki 11, Tel. 18 201 50 93, www.sabala.zakopane.pl, tgl. 11–24 Uhr. Ein typisches Goralen-Gasthaus mit offener Feuerstelle, regionalen Spezialitäten wie Lammhaxe, Forelle auf Zimmer geräuchert, Hirschpfeffer mit Gulasch und Livemusik. Hauptgerichte ab 5 €.

›Sternschmiede‹ – **Gazdowo Kuźnia** 2 : Krupówki 1, Tel. 18 201 72 01, www.gazdowokuznia.pl, tgl. 11–23 Uhr. Das Lokal mit dem poetischen Namen befindet sich am unteren Ende der Flaniermeile. Regionalspezialitäten und polnische Klassiker, preiswertes Mittagsmenü. Salate 7 €.

Traditionsreich – **Obrochtówka** 3 : ul. Kraszewskiego 10-A, Tel. 18 206 39 87, www.obrochtowka-zakopane.pl. Ein weiteres Lokal, in dem es nicht steif zugeht – liebevoll geschmückt mit traditionellem Kunsthandwerk und Glasmalerei, gespeist wird bei Kerzenschein. Hauptgerichte ab 6 €.

Cool – **STRH Café & Gallery** 4 : ul. Krupówki 4-A, Tel. 18 200 18 98, www.facebook.com/strhcafeandgallery, Mo–Sa 9–22 Uhr. Hübsches Café an der Hauptstraße mit Chillout-Musik, diversen Kaffeevariationen und leckerem Kuchen, aber auch Desserts, Sandwiches und Salaten. Oft gibt es kleine Fotoausstellungen. Von der Terrasse im 3. Stock genießt man einen Blick auf die Tatra.

Einkaufen

Typisches aus der Region – In der ul. Krupówki und an ihrem Nordwestende auf dem **Vormit-**

Die Verbindung des ›Meeresauges‹ zum Ozean sei dahingestellt, schön ist der Bergsee allemal, will aber erwandert werden

tagsmarkt 1 gibt es Stände mit Goralen-Lederschuhen, handgestrickten Wollpullovern, Rucksäcken, Schafsfellen etc. Mal probieren sollte man den hiesigen Schafskäse *(osypek)*.

Abends & Nachts
Cool – **Le Scandale Zakopane** 1 : ul. Zaruskiego 5, Facebook: Le Scandale Zakopane. Stilvoll eingerichteter Pub mit guter Musik (Disco Fr, Sa), die Preise sind für polnische Verhältnisse etwas überhöht.

Aktiv
Wandern – Auf der Karte ›Tatrzański Park Narodowy‹ (1 : 25 000) sind alle Wege im Nationalpark eingetragen. Gute Routenbeschreibungen finden sich in einem Buch des Bergverlags Rother. Für Wanderer gibt es mehrere zumeist einfache Bergunterkünfte, eine Übersicht erhält man im Touristenbüro.

Termine
Europa- und Weltpokal im Skispringen (Jan., Febr.): Höhepunkte der Skisaison.
Tage der Szymanowski-Musik (Juli): Klassikkonzerte in der Villa Atma.
Internationales Festival der Bergfolklore (Aug.): Das wichtigste kulturelle Ereignis der Tatra-Region.

Verkehr
Züge/Busse: Zugbahnhof und Busstation liegen 1 km nordöstl. des Stadtzentrums. Bummelzüge verbinden Zakopane mit Krakau via Nowy Targ (3 Std.!). Busse sind etwas schneller und verkehren häufiger. Private Minibusse starten gegenüber der Busstation und steuern in den Sommerferien touristische Nahziele an. In Richtung Pieniny bewegt sich ab September kaum etwas, sodass man längere Umwege in Kauf nehmen bzw. aufs Taxi ausweichen muss.
Standseilbahn: Die Talstation befindet sich in nordwestlicher Verlängerung der ul. Krupówki am Ausgang des Marktplatzes. Von hier geht es hinauf auf den Gubałówka (Facebook: PKL Gubalowka, 1. Mai–30. Sept. 9–20 Uhr, im Winter kürzer, ab 22 zł hin und zurück)
Seilbahn: Die Talstation für die Seilbahn auf den Kasprowy Wierch befindet sich knapp 6 km südöstlich im Ortsteil Kuźnice (www.pkl.pl/kasprowy-wierch, Mai, Juni 7.30–18, Juli, Aug. 7–21, Sept. Mai 8–18 Uhr, 109 zł hin und zurück; um Schlangestehen zu vermeiden, empfiehlt sich der Ticketkauf online).

Ausflüge ins Gebirge
▶ 2, O/P 22/23

Karte: S. 283
Für die hier vorgestellten Ziele sollte man jeweils einen ganzen Tag einplanen. Gut verbinden lassen sich die Dolina Kościeliska und die Dolina Chochołowska.

Gubałówka 2
Der 1123 m hohe **Gubałówka** vor Zakopanes Haustür ist per Standseilbahn (s. links) in wenigen Minuten erreichbar. Vom Gipfel bietet sich ein prächtiger Ausblick südwärts auf die Bergkette der Tatra, nordwärts über die Podhale-Region bis zu den Saybuscher Beskiden. Da der Gubałówka so leicht erreichbar ist, verwandelt er sich zur Ferienzeit in eine Ballermeile mit Bierhallen und Fastfood-Ständen. Wer das Naturerlebnis sucht, ist gut beraten, sich rasch auf einen der markierten Wanderwege zu begeben, die hier beginnen: Westwärts am Kamm entlang geht es vorbei an der Sesselliftstation **Butorowy Wierch** nach **Witów** (2 Std.) und **Chochołów** (4 Std., s. S. 284), ostwärts nach **Poronin** am Fluss Biały Dunajec, wo Lenin einst wohnte (2 Std.). Von allen genannten Orten kann man leicht mit dem Bus nach Zakopane zurückfahren.

Kasprowy Wierch 3
Ein Tag auf dem 1985 m hohen Kasprowy Wierch gehört zu den Höhepunkten eines Tatra-Urlaubs. Vom Ortsteil **Kuźnice** führt eine Seilbahn (s. links) in zwei Etappen 4 km zum **Kasprowy Wierch** hinauf. Auf der 12-minütigen Fahrt wird ein Höhenunterschied von 900 m bewältigt. Läuft man von der Bergstation (mit sterilem Café) ein paar Schritte zum Kamm hinauf, bietet sich ein unübertroffenes

Ausflüge ins Gebirge

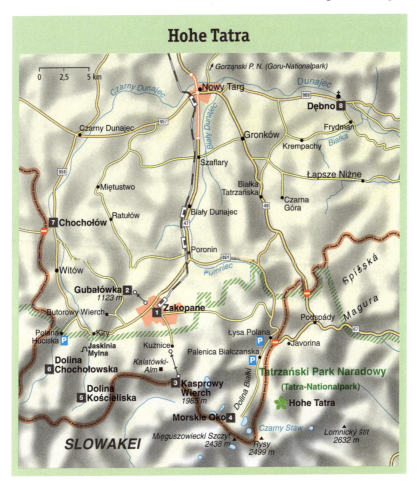

Gebirgspanorama: Gen Süden fällt der Blick auf die slowakische Seite mit ihren einsamen, bis Ende Mai schneebedeckten Hochtälern, gen Norden schaut man über waldreiches Terrain in den Talkessel von Zakopane.

Bei guter Wetterlage kann man mithilfe der Wanderkarte ›Tatrzański Park Narodowy‹ zu herrlichen Touren aufbrechen. Eine atemberaubende Strecke (rot markiert) führt südostwärts am Kamm entlang. Wer sich nicht zu viel zumuten möchte, verlässt den Kammweg nach wenigen Minuten auf einem gelb markierten, links abzweigenden Pfad und geht zur gemütlichen Herberge **Hala Gąsienicowa** hinab (1,5 Std.). Noch einmal die gleiche Zeit benötigt man für die blau markierte Schlussstrecke nach Kuźnice (3 Std.).

Morskie Oko 4

Der Bergsee **Morskie Oko** (›Meeresauge‹) ist das beliebteste Ausflugsziel der östlichen Tatra. Da sich in dem Gewässer viele Forellen verbergen, wird es von Einheimischen auch ›Fischauge‹ genannt. Der See liegt auf 1393 m in einem großen Talkessel, ist 51 m tief und der Legende nach mit dem Mittelmeer verbunden … An seinem Rand schimmert er smaragdgrün, zur Mitte hin dunkel, fast schwarz. Eine faszinierende Hochgebirgslandschaft umgibt den Morskie Oko: Geradeaus sieht man den Mięguszowiecki Szczyt (2438 m), rechts davon den Mnich (›Mönchberg‹) mit seinen bestechenden Zacken. Linker Hand steigt das Gebirge zum Rysy an, dem mit 2499 m höchsten Gipfel der polnischen Tatra. Wer den See in Ruhe erleben will, umrundet ihn auf einem an der **Meeraughütte** (Schronisko nad Morskim Okiem) beginnenden, rot markierten Weg (1,5 Std.).

Verkehr

Busse: Vom Bahnhof in Zakopane fahren PKS- und Privatbusse in 50 Min. zur Alm Palenica Białczańska. Vom dortigen Parkplatz sind es 9 km (3 Std.) zu Fuß immer leicht bergauf zum See. Wem das zu anstrengend ist, der wählt – je nach Jahreszeit – Pferdekutsche bzw. -schlitten und hat nach einer 1-stündigen Fahrt nur noch 1 km zu laufen.

Dolina Kościeliska 5

Dies ist das abwechslungsreichste Tal der Westlichen Tatra! Mit dem Auto oder Bus fährt man zum 920 m hoch gelegenen Dorf **Kiry**, wo eine Piste in die **Dolina Kościeliska** beginnt. Goralen bieten Kutschendienste an, doch die meisten Touristen gehen lieber zu Fuß. Je höher es hinaufgeht, desto enger wird das Tal, am Felstor **Brama Kraszewskiego** ragen über 100 m hohe Gebirgswände auf. Am Ausgang der Schlucht, wo der für Kutschen zugängliche Weg endet, leuchten im Frühjahr die saftig-grünen Wiesen der **Polana Pisana** (1,15 Std.). An ihrem Südrand teilen sich die Wege. Auf dem Hauptweg geht es hinauf zur **Ornak-Alm** (Schronisko Ornak, 1108 m, 1,45 Std.), links und rechts führen Wege zur **Drachenlochhöhle** (Smocza Jama) bzw. zur 1 km langen, labyrinthartigen **Irrhöhle** (Jaskinia Mylna).

Dolina Chochołowska 6

Gleichfalls attraktiv ist das sich westwärts anschließende Tal. Per Auto oder Bus kommt man bis zum Parkplatz **Polana Huciska** (982 m), die weitere Strecke bleibt den Kutschen vorbehalten. Die **Dolina Chochołowska** ist mit dem Kościeliska-Tal durch mehrere Wege verbunden, z. B. durch den schwarz markierten ›Weg am oberen Waldgürtel‹ (Ścieżka nad Reglami) oder den gelben, zur Ornak-Alm führenden Weg. Die komfortable **Chochołowska-Alm** (Schronisko Chochołowska, 1,15 Std.) liegt auf 1150 m Höhe an der Westseite der gleichnamigen Lichtung, einer großen Wiese mit einer kleinen Holzkirche und Sennhütten.

Chochołów 7

Museum: www.muzeumtatrzanskie.pl, Mi–So 10–14 Uhr, 6 zł

Am Eingang zum Tal, 19 km südwestlich von Zakopane, liegt das Dorf **Chochołów**, in dem der traditionelle Baustil der Goralen präsent ist. Dutzende alter, aus Holz errichteter Bauernhäuser säumen die Straße und verleihen dem Ort musealen Charakter. Haus Nr. 24 wurde aus einer einzigen mächtigen Fichte gezim-

MÄRCHENHAFTE HOLZARCHITEKTUR

Sie erinnern an eine versunkene bäuerliche Welt: Holzhäuser aus Bohlen mit geschnitzten Fensterrahmen und Türen, winzige Kirchen mit gewelltem Walmdach, Schindeln und Türmchen. Im restlichen Europa sind solcherlei Bauten fast überall verschwunden, sind abgebrannt oder wurden abgerissen. Im Südosten Polens aber haben sich viele erhalten. 252 Prachtexemplare – Speicher und Kapellen, Guts- und Gasthöfe – sind auf der **Route der Holzarchitektur** (Szlak Architektury Drewnane, www.drewniana.malopolska.pl) vereint, fünf wurden zum UNESCO-Weltkulturerbe erklärt, u. a. die Holzkirche von Dębno (s. S. 285).

Ausflüge ins Gebirge

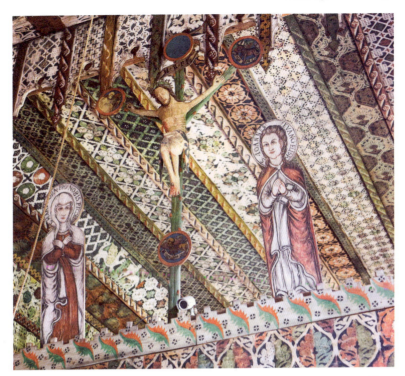

Beim Anblick des Innenraums der Holzkirche von Dębno kommt man ins Grübeln – in welcher Art von Ekstase mag der Künstler dieses Farbenfeuerwerk auf die Wände gebracht haben?

mert! Und auch das **Museum des Aufstandes** (Muzeum Powstania) ist in einem Holzhaus untergebracht. Es erinnert an das Jahr 1846, als die Goralen gegen ihre Grundherren rebellierten und Dutzende von Adligen in den Tod schickten. Der Bauernaufstand wurde blutig niedergeschlagen, die Leibeigenschaft jedoch zwei Jahre später aufgehoben. Fortan war es den Bauern freigestellt, ihren Unterhalt auch außerhalb der Landesgrenzen zu verdienen. Die Kunde raschen Gelderwerbs in Amerika zog viele Goralen nach Übersee.

Dębno 8
Kirche: ul. Kościelna 42, www.debno.jdm.host, Mo–Fr 9–12, 14–17, Sa 9–12 Uhr
Eine der originellsten polnischen Kirchen, zugleich UNESCO-Weltkulturerbe, befindet sich in **Dębno,** ca. 33 km nordöstlich von Zakopane. Im Mittelalter lag der Ort an einer wichtigen Handelsroute. Seine Bürger, durch den Weiterverkauf exotischer Waren zu Wohlstand gelangt, bauten um 1490 ein Gotteshaus ganz aus Lärchenholz, das bis heute keinerlei Schaden genommen hat. Die schlichte Gestalt der **Erzengel-Michael-Kirche** (Kościółek Św. Michała Archa Nioła) lässt nicht ahnen, welcher Reichtum an Formen und Farben sich im Inneren des Gotteshauses verbirgt. Ihre Wände sind mit Tier- und Pflanzenmotiven übersät – subtile spätgotische Malerei, die nichts von ihrer Ausdruckskraft eingebüßt hat. Volkstümliche Schnitzereien harmonieren mit dem romantischen Ambiente der Kirche, entführen in eine Welt naiven Glaubens.

Pieniny

Das Gebirge ist klein, aber spektakulär: Aus einer grünen Ebene erheben sich die ›Drei Kronen‹, graue Kalkzacken, die bis zu 982 m aufragen. Zu Füßen des Gebirgskamms fließt der Dunajec, auf dem man Polens schönste Bootspartie unternehmen kann. Weitere Attraktionen der Region sind uralte Holzkirchen, hübsche Kurorte und eine Burg hoch überm See.

Die **Pieniny** (Pieninen) liegen nordöstlich der Hohen Tatra und bestehen aus drei langen Gebirgszügen, deren Zentrum als Nationalpark geschützt ist. Der **Pieniński Park Narodowy** reicht bis in die Slowakei hinein und erstreckt sich auf polnischer Seite von Czorsztyn bis Szczawnica. Buchen- und Tannenwälder kontrastieren mit weißem Kalksteinfels, im Unterholz tummeln sich Wildschwein und Biber, Hirsch und Luchs.

Wer die Pieniny bereist, findet Quartier in der Kleinstadt Krościenko, im Kurort Szczawnica oder im Schloss von Niedzica. All diese Orte liegen am Ufer des Dunajec und sind ideale Startpunkte für Wandertouren ins Gebirge. Die beste Karte, ›Pieniński Park Narodowy‹ im Maßstab 1 : 22 500, bekommt man

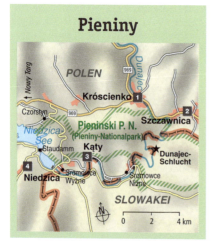

in der Regel vor Ort. Großartig ist auch die 12 km lange Floßfahrt durch den Canyon des wilden Dunajec, der das Gebirge durchschneidet – für viele Urlauber einer der Höhepunkte ihrer Polenreise.

Krościenko ▶ 2, Q 22

Karte: s. unten
Der 5000-Seelen-Ort **Krościenko** 1 liegt am Fuß der nördlichen Pieniny. Seine einzige Attraktion ist der Marktplatz mit einer um 1400 erbauten **Pfarrkirche,** in der sich Gotik- und Renaissancemalereien erhielten. Doch tut der Mangel an Sehenswürdigkeiten Krościenkos Beliebtheit keinen Abbruch. Vor allem Jugendliche kommen in Scharen, um von hier ins Gebirge aufzubrechen.

Wanderung zu den Drei Kronen
Die klassische Tour von Krościenko führt auf den 982 m hohen **Drei-Kronen-Berg** (Trzy Korony). Zunächst geht es auf dem gelb markierten Weg zum **Szopka-Pass** (Przełęcz Szopka) hinauf, dann auf dem blau ausgezeichneten Pfad zum 982 m hohen Gipfel. Für den Aufstieg (2,5 Std.) wird man mit einem atemberaubenden Panorama bis zu den Zacken der 35 km entfernten Hohen Tatra belohnt.

Wer nicht auf dem gleichen Weg zurückgehen will, wandert auf dem anspruchsvollen, gleichfalls blau markierten **Falkensteig** (Sokola Perć) weiter. Dieser verläuft ausgesetzt am Grat entlang, doch ist er an gefährlichen Stellen durch Geländer gesichert. Immer wieder

Szczawnica

In der Pijalnia von Szczawnica trinkt man gern sein Wässerchen – alkoholfrei wohlgemerkt …

eröffnen sich fantastische Tiefblicke auf den Dunajec, bevor man den 747 m hohen **Sokolica** (4 Std.) erreicht. Hier wählt man den grünen Weg nach Krościenko (Gesamtzeit 5,5 Std.) oder den blauen nach Szczawnica Niżna (s. S. 289). Mit einem der in den Sommermonaten häufig verkehrenden Busse kommt man nach Krościenko zurück.

Übernachten

Für Selbstverpfleger – **Dom Daleko od Domu:** ul. Kościuszki 5, www.domdalekooddomu.pl. Bei Dorota, ›weit von zu Hause‹ (so der Name), ist gute Erholung garantiert. Das Haus liegt ruhig am nordwestlichen Ortsrand, Sie blicken auf Garten und Berglandschaft, Ihre Küche ist bestens ausgestattet! Apartment ab 50 €.

Verkehr

Busse: Alle 20–30 Min. nach Szczawnica, 4 x tgl. nach Kąty (nahe Sromowce Niżne) sowie mehrere Busse tgl. nach Nowy Sącz, Nowy Targ und Zakopane. Die zentrale Bushaltestelle befindet sich am Marktplatz (Rynek).

Szczawnica ▶ 2, Q 22

Karte: S. 286

Der 7000 Einwohner zählende Kurort **Szczawnica** 2 am Ostrand des Nationalparks ist meist Endpunkt der Dunajec-Floßfahrt (s. S. 288). 1834 hatte die aus Ungarn eingewanderte Adelsfamilie Szalay das malerisch gelegene Dorf gekauft, um einen Treffpunkt für Aristokraten, Künstler und Intellektuelle zu schaffen. Dank seiner alkalischen Quellwasser, der sogenannten *szawy* (›Säuerlinge‹), entwickelte es sich schnell zu einem beliebten Naturheilzentrum. Heute ist Szczawnica wieder in privatem Besitz – zu Beginn des neuen Jahrtausends erhielten die Erben der letzten Eigentümer den Kurort zurück. Und da an Geld offenbar kein Mangel herrscht, lassen sie

Pieniny

FLOSSFAHRT AUF DEM DUNAJEC

Tour-Infos
Start: Kąty (12 km südwestl. von Szczawnica)
Ziel: Szczawnica bzw. Krościenko
Länge: 18 bzw. 23 km
Dauer: je nach Wasserstand 2,15 bzw. 2,45 Std.
Infos: Kąty Przystań Flisacka, Sromowce Niżne, Tel. 18 262 97 21, www.mt7.eu, April tgl. 9–16, Mai–Okt. 8.30–17, Sept. 8.30–16, Okt. 9–14 Uhr, 57 zł (Kinder bis 10 Jahre 31 zł); im Juli und Aug. möglichst vor 10.30 bzw. nach 14 Uhr kommen, um das Schlangestehen zu vermeiden, Ticketkauf online spart gleichfalls Zeit! Wer Rücktransport wünscht, zahlt einen Aufschlag von ca. 10 zł.
Anfahrt: Kąty ist von Krościenko und Szczawnica aus per Bus zu erreichen. Die Haltestelle befindet sich 500 m oberhalb der Bootsanlegestelle.

Von erfahrenen Goralen, den Bergbewohnern, geführt, gleitet ein mit Tannenzweigen ausgelegtes Floß auf dem polnisch-slowakischen Grenzfluss durch eine dramatische Gebirgsszenerie: Sie müssen nichts anderes tun, als die vorbeiziehende Landschaft zu genießen!
Kąty 3 , 2 km östlich von Sromowce Wyżne bzw. 4 km westlich von Sromowce Niżne, ist der Startpunkt für die Floßfahrt durch das Durchbruchstal des **Dunajec** – eine wunderbare Art, die Bergkette der Pieninen kennenzulernen. Sobald sich zehn Interessenten eingefunden haben

(und das geht schnell), kann die abenteuerliche Reise nach Szczawnica (18 km), in der Hochsaison auch bis Krościenko (23 km), beginnen. Das aus fünf ausgehöhlten Baumstämmen bestehende Floß wird von zwei in traditioneller Pieninen-Tracht gekleideten Goralen gesteuert, geschickt umschiffen sie die Stromschnellen und gefährlich aufschießenden Fluten. Auf einer Strecke von 9 km hat der Fluss ein Gefälle von 65 m, doch dazwischen gibt es auch ruhige Abschnitte. Bald passieren Sie das **Rote Kloster** (Červeny Kláštor) auf slowakischer Seite, dann die steil aufragenden Kalksteinfelsen der polnischen **Drei Kronen** (Trzy Korony). An einigen Stellen, so am **Räubersprungfelsen** (Janosikowy Skok), scheinen die Ufer fast zusammenzuwachsen. Hier, so erzählt man sich noch heute, gelang es dem Räuberhauptmann Janosik vor 300 Jahren, den Dunajec zu überspringen und so seinen Verfolgern zu entkommen. Wo der Fluss wieder breiter wird, liegt das Ziel: **Szczawnica** bzw. **Krościenko.**

ihn herausputzen – Trinkhalle und Theater, Hotels und Gästehäuser, Cafés und Restaurants erstrahlen wie neu, in schönem Schweizer Stil.

Die Stadt erstreckt sich über 4 km entlang der Hauptstraße Ulica Główna und wird in zwei Ortsteile geschieden: einen unteren, **Szczawnica Niżna**, und einen oberen, **Szczawnica Wyżna**. Schöner ist die Oberstadt, wo sich auch die Kureinrichtungen befinden und viele Holzvillen mit reizvollen Vorbauten und Veranden stehen.

Szczawnica Wyżna

Pieninen-Museum: ul. Łemkowska 37, www.muzeum.sacz.pl, Di–So 10–15.30, Mai–Okt. bis 17.30 Uhr, 6 zł

Mittelpunkt der Oberstadt ist der **Dietl-Platz** (pl. Dietla) mit einer **Trinkhalle** (Pijalnia Wód), dem Terrassencafé Helenka und dem **Pieninen-Museum** (Muzeum Pienińskie). Noch ein Stück weiter oben stehen im Kurpark das aus Lärchenholz erbaute **Kurtheater** (Dworek Gościnny) und das neoklassizistische **Inhalatorium.** Folgt man der Hauptstraße ostwärts, kommt man über eine kleine ›Kapellenallee‹ zur **Pfarrkirche** (Kościół Farny) von 1892.

Im oberen Ortsteil startet auch der Sessellift (s. S. 290) auf den 722 m hohen **Palenica,** von dem aus man in 15 Min. zu Fuß den aussichtsreichen **Szafranówka** (742 m) erreicht. Anschließend können Sie vom Gipfel auf einer ganzjährig geöffneten **Rodelbahn** zu Tal sausen (Zjeżdżalnia grawitacyjna, 8 zł).

Wanderung auf den Sokolica

Der anstrengende Aufstieg beginnt in der Unterstadt Szczawnica Niżna. Vom Parkplatz am Dunajec folgt man der Asphaltpiste zur Anlegestelle, wo eine Mini-Fähre zum anderen Ufer übersetzt. Dort startet ein blau markierter Weg, der steil auf den 747 m hohen, mit windgebeugten Krüppelkiefern bewachsenen **Sokolica** führt (1,5 Std.). Die Tour lässt sich auf insgesamt 5 Std. ausdehnen, indem man über den Falkensteig zum **Drei-Kronen-Berg** (Trzy Korony) weiterwandert und von dort nach Krościenko absteigt (s. S. 286).

Infos

Im Internet: www.uzdrowiskoszczawnica.pl

Übernachten

Kleines Juwel – **Modrzewie Park:** Park Gorny 2, Tel. 18 540 04 04, www.mparkhotel.pl/de. Feudale Villa inmitten eines Parks mit absoluter Ruhe, außergewöhnlichem Design, einem wunderbaren Frühstück und einem noch köstlicheren Abendessen. Nach der Wanderung finden Sie Entspannung im Pool, in der Sauna oder im Dampfbad. 17 Zi., DZ ab 145 €.

Sehr einfach – **Szalay I & II:** ul. Jana Wiktora 12/16, Tel. 18 262 20 83, www.szalay.pl. Zwei Gästehäuser in Hanglage, 25 bescheiden ausgestattete Zimmer, doch freundliches Ambiente. DZ ab 30 €.

Aktiv

Wassersport – In der ul. Główna 37 werden Tret-und Ruderboote sowie Kanus verliehen.

Radfahren – Lokale Bike-Stationen an der Hauptstraße bieten die Möglichkeit, das Rad in Szczawnica anzumieten und im Sromowce Niżne (s. S. 288) abzugeben – hier können Sie das Floß besteigen und sich nach Szczawnica zurückschippern lassen.

Verkehr
Busse: Vom Zentrum häufige Verbindungen nach Krościenko und Kąty (nahe Sromowce Niżne), Jaworki, Nowy Targ und Nowy Sącz.
Sessellift: Von Szczawnica Wyżna auf den Palenica (www.pkl.pl/palenica/palenica.html, Mai–Sept. 9–19, Okt.–April 9–16 Uhr).

Niedzica ▶ 2, Q 22

Karte: S. 286
Zwischen den Pieninen und den Ostausläufern der Tatra erstreckt sich zu beiden Seiten der polnisch-slowakischen Grenze die hügelige Spisz-Region, ein ›historischer Sonderfall‹. Bis 1920 gehörte das Gebiet zu Ungarn und war vorwiegend von Slowaken besiedelt. Die polnisch-ungarische Grenze verlief entlang der Flüsse Białka und Dunajec sowie dem mittleren Lauf des Poprad. Nebst anderen Burgen sollte **Niedzica** 4 die Nordgrenze des ungarischen Königreichs sichern. Sie liegt auf einem Felsvorsprung über dem Dunajec 2 km nordöstlich des gleichnamigen Ortes und wurde zu Beginn des 14. Jh. erstmals erwähnt. Bis 1945 blieb sie im Besitz ungarischer Adelsfamilien, wurde anschließend verstaatlicht und dem Krakauer Kunsthistorikerverein zur Nutzung überlassen. Seit 1963 beherbergt die **Burg Niedzica** (Zamek Niedzicki) ein **Museum** (Muzeum Zamek Niedzicki) mit historischen Interieurs und ethnografischen Sammlungen, auch Übernachtung ist möglich (www.zamek-w-niedzicy.pl, 1. Mai–30. Sept. tgl. 9–18.30, 1. Okt.–30. April Di–So 9–15.30 Uhr, 1-stündige Führung 19 zł).

Entgegen allen ökologischen Warnungen wurde 1997 unterhalb der Burg ein Staudamm gebaut, das Naturparadies zu beiden Ufern des Dunajec zu Grabe getragen. 10 ha flussnahen Waldes mussten dafür geopfert werden, verschwunden sind Straußfarne und viele der seltenen Grauerlen. Der neu geschaffene See, etwa 1 km breit und 10 km lang, entwickelte sich zu einem Treffpunkt für Wassersportler. An seinem Nordufer, gegenüber von Niedzica, erhebt sich das polnische Pendant zur einstmals ungarischen Festung. Die **Burg Czorsztyn** (Zamek Czorsztyn) entstand im 14. Jh. auf Wunsch von Kazimierz III. Seitdem sie 1790 durch einen Blitzschlag zerstört wurde, thront sie als malerische Ruine auf dem Fels (www.zamek-w-czorsztynie.pl, Mo geschl.).

Übernachten, Essen
In der Burg – **Zamek Niedzicki:** ul. Zamkowa 2, Reservierung Mo–Fr 9–16 Uhr, Tel. 18 262 94 89, www.shs.pl (s. links). Sind alle 13 Zimmer in der Burg belegt, wird man in einem weniger malerisch gelegenen, 200 m entfernten Haus untergebracht. Mahlzeiten nach Vorbestellung, bewachter Parkplatz. DZ ab 60 €.

Verkehr
Busse: Von der Burg Niedzica mehrmals tgl. nach Nowy Targ.

SCHLAFEN MIT GEISTERN

›Vorsicht Geister‹ signalisiert ein Schild vor dem Aufstieg zur **Burg Niedzica** (Zamek Niedzicki). Ist am Nachmittag der Besucherstrom verebbt, hat man diesen Ort fast für sich allein – vielleicht besteht dann die Chance, auf Gespenster zu treffen … Der kleine, mit groben Steinen gepflasterte Innenhof, die umlaufenden Galerien, die schweren, in geheimnisvolle Gemächer führenden Holztüren – sie bilden ein Bollwerk gegen die Welt der Moderne, sind der Alltäglichkeit entrückt (s. rechts).

Poprad-Tal

Die Pieniny gehen in die vom Poprad durchflossenen Sandezer Beskiden über. Der wilde Fluss schlängelt sich durch eine einsame Wald- und Wiesenlandschaft. An seinem Ufer entstanden mehrere Kurorte, darunter das traditionsreiche Krynica. Die ländliche Umgebung gibt bereits einen Vorgeschmack auf östliche Kultur: In den Dörfern entdeckt man ›verwunschene‹ Holzkirchen mit zierlichen Kuppeln und zwiebelartigen Türmen.

Krynica ▶ 2, R 22

Dank seiner Holzvillen, der Badehäuser und Trinkhallen aus dem 19. Jh. hat sich der Kurort **Krynica** nostalgischen Charme bewahrt. Er zählt 12 000 Einwohner und liegt attraktiv in einem Bergkessel.

Am Deptak
Das gesellige Leben konzentriert sich wie vor 100 Jahren auf den **Deptak,** eine Flanierpromenade längs eines Nebenflusses des Poprad. Hier trifft man sich zum Plausch, Künstler stellen ihre Werke aus und auch viele der Kureinrichtungen liegen hier. In der **Neuen Trinkhalle** (Nowa Pijalnia) nippen Kurgäste zu jeder Tageszeit an ihrer Schnabeltasse. Besonders beliebt ist der eisenhaltige Zuber, der zwar weniger gut als viele andere der insgesamt 21 Mineralquellen schmeckt, dafür aber offenkundig heilkräftiger ist. Mit seiner Hilfe genest man von Krankheiten der Gallen- und Verdauungswege, der Leber und des Stoffwechsels. Józefwasser wird zur Linderung von Anämie verwandt, Diabetiker bevorzugen das Janwasser, da es den Zuckergehalt im Blut vermindert. Für den guten Nachgeschmack sorgen die Cafés in der **Alten Kurhalle** und an der Promenade.

Nikifor-Museum
Bulwary Dietla 19, www.muzeum.sacz.pl, Di–Sa 10–13, 14–17, So 10–15 Uhr, 12 zł
Eine schöne Holzvilla beherbergt das **Nikifor-Museum** (Muzeum Nikifora), in dem der aus Krynica stammende, bekannteste naive Maler Polens vorgestellt wird (s. S. 57). Zu sehen sind nicht nur rund 100 seiner Werke, sondern auch Fotografien von Nikifor selbst und dem Kurort in den 1950er- und 1960er-Jahren sowie einige seiner wenigen Habseligkeiten.

Infos
Im Internet: www.krynica-zdroj.pl

Übernachten
Vier Sterne – **Mercure Krynica Zdrój Resort & Spa:** ul. Leśna 1, Tel. 18 477 75 00, www.mercurekrynica.pl. Hotel abseits vom trubeligen Ortskern (10 Min. zu Fuß) mit 100 hübschen, sauberen Zimmern mit Balkon, sehr gutem Frühstück und einem perfekten Pool- und Spabereich. Besuchen Sie auch die schöne Weinbar ›Les Grandes Vins‹. DZ ab 130 €.
Gute alte Zeit – **Witoldówka:** ul. Bulwary Dietla 10, Tel. 18 471 55 77, www.witoldowka-krynica.pl. Gästehaus mit 36 Zimmern, ruhig und zentral in einer der schönsten Villen von Krynica nahe dem Deptak. Alle Zimmer mit Bad und Sat-TV. DZ ab 70 €.

Termine
Jan-Kiepura-Festival (Aug., www.kiepurafestival.pl): Opern- und Operettenfestival in Erinnerung an den gleichnamigen Opernstar, der lange Zeit in Krynica lebte.

Verkehr
Züge: Herrlich ist die Zugstrecke über Muszyna nach Nowy Sącz. 4–6 x tgl. fahren Züge

Poprad-Tal

weiter nach Tarnów, nur 2 x tgl. nach Krakau. Der Bahnhof liegt am Südausgang der Stadt.
Busse: Verbindungen nach Mochnaczka und Tylicz, Berest, Polany und Kamianna
Standseilbahn: Von der Promenade auf den Parkowa (Deptak 18, www.pkl.pl, tgl. 10–18.30 Uhr, im Winter kürzer).

Ausflüge von Krynica

Sandezer Beskiden ▶ 2, R 22

Krynica ist ein idealer Ausgangspunkt zur Erkundung der **Sandezer Beskiden** (Beskid Sądecki), deren Gipfel zwar nur bis 700 m aufragen, doch dafür dicht bewaldet sind. Bester Wegbegleiter ist die Karte ›Beskid Sądecki‹ im Maßstab 1 : 75 000, auf der die markierten Wanderwege eingetragen sind.

Die klassische Tour führt in knapp 3 Std. auf den aussichtsreichen, 1114 m hohen **Jaworzyna.** Wer es bequem mag, fährt vom Tal Czarny Potok (Anfahrt ab Krynica 5 km) mit der 2,2 km langen Gondelbahn auf den Gipfel hinauf. In nur sieben Minuten wird ein Höhenunterschied von über 450 m bewältigt!

Direkt in Krynica, am Nordende der Promenade, geht es mit einer Standseilbahn (s. oben) etwa halbstündlich auf den 741 m hohen **Parkowa.** Nach knapp fünf Minuten ist die Bergstation erreicht, wo es ein schönes Café mit Blick aufs Tal gibt.

Holzkirchen ▶ 2, R/S 21/22

In der Gegend um Krynica haben Angehörige der Lemken im 17. und 18. Jh. eine Reihe orthodoxer Holzkirchen erbaut, die man im Rahmen einer Tagestour mit Auto oder Linienbus kennenlernen kann.

Aus dem Jahr 1787 stammt die Kirche in **Mochnaczka Niżna** 600 m in Richtung Tylicz (▶ 2, R/S 22), den Schlüssel bekommt man bei den Nonnen im Nachbarhaus. Vorerst nur im Juli und August kann man die Uniertenkirche von **Tylicz** (▶ 2, R/S 22) besuchen (www.parafiatylicz.pl). Das älteste und schönste Exemplar dieser Region wurde 1643 erbaut und steht in **Powroźnik** (▶ 2, R 22, Mo–Sa 18, So 11 Uhr). Weitere sehenswerte Holzkirchen befinden sich an der Straße Richtung Grybów in **Berest** (▶ 2, R 22) und **Polany** (▶ 2, R 21).

Kamianna ▶ 2, R 21

Haus des Imkers: Kamianna 29, Tel. 18 474 16 77, http://pzp.biz.pl

18 km nördlich von Krynica liegt inmitten von Wäldern **Kamianna,** Polens Zentrum für Bienenzucht. Henryk Ostach, ab 1960 Pfarrer in dem ehemaligen Lemkendorf, ließ Bienenstöcke aufbauen und unterrichtete die Bewohner in der Kunst der Imkerei. Auch engagierte er sich für den Bau eines Sanatoriums, in dem mithilfe von Imkerpräparaten geriatrische Krankheiten geheilt werden. Jeweils im Frühjahr und Herbst findet eine Honigmesse statt, die all das

Stary Sącz

Erst posthum hat es der Künstler Nikifor zu einem netten Häuslein gebracht – in dem nach ihm benannten Museum in Krynica sind an die 100 seiner naiven Werke zu sehen

zeigt, was sich aus Bienenprodukten herstellen lässt. In einem **Freilichtmuseum** sind skulpturenähnliche Bienenhäuser zu sehen, den leckeren Honig probiert man im **Haus des Imkers** (Dom Pszczelarza). Und auch die **Holzkirche** mit ihren zwiebelförmigen Türmen lohnt einen Besuch – ein orthodoxes Gotteshaus, das jetzt von Katholiken genutzt wird.

Stary Sącz ▶ 2, Q/R 21

Das historische, 10 000 Einwohner zählende **Stary Sącz** liegt am Zusammenfluss von Poprad und Dunajec. Die meisten Töchter werden hier nach Herzogin Kinga (Kunigunde) benannt: Ihr Mann, Herzog Bolesław V., hatte seiner Angetrauten 1257 das gesamte Sandezer Land als Geschenk überlassen, woraufhin sie nach seinem Tod 1273 Stary Sącz gründete und sieben Jahre später ein Kloster stiftete, dessen Abtissin sie wurde. Wundersame Kräfte sprach man ihr zu. So habe sie, als die Mongolen in die Stadt einfielen, mit ihrem Fuß Spuren in den Fels gepresst, auf dass die Nonnen den Fluchtweg ins sichere Versteck fänden. Und gab es während des Sommers Mangel an Wasser, so habe sie es verstanden, den Fluss auf geheimnisvolle Weise in die Nähe des Klosters zu lenken. Schon bald seien daher rund um das Kloster größere Ansiedlungen entstanden, deren Bürger zu Wohlstand gelangten.

Am Marktplatz

Museum: Rynek 6, www.muzeum.stary.sacz.pl, Di–Sa 10–15, So 10–13 Uhr, Juli, Aug. 2 Std. länger, 8 zł

In Stary Sącz spürt man noch die Atmosphäre vergangener Zeiten – ganz besonders am kopfsteingepflasterten **Marktplatz** (Rynek). Er ist von kleinen historischen Bauten gesäumt und von Bäumen beschattet. Im **Haus auf den Gruben** (Dom na Dołkach) aus dem 17. Jh. zeigt das **Regionalmuseum** (Muzeum Regionalne) ein buntes Sammelsurium von Töpferwaren, Stickereien, Waffen, Münzen und Uhren.

Klarissinnenkloster

pl. Św. Kingi 1, www.klaryski.stary.sacz.pl, Mo Schatzkammer geschl.

Das von Kinga gestiftete **Klarissinnenkloster** ist von einer mächtigen Mauer mit Schießscharten eingefasst. Im Päpstlichen Saal wird jenes Gewand ausgestellt, das Johannes Paul II. trug, als er Kinga 1999 heiligsprach – eine der vielen Landsleute, die er in diesen Rang beförderte. In der 1372 erbauten **Klosterkirche** (Kościół Klarysek) sind kostbare Kunstwerke zu sehen, so die prächtig geschnitzte Kanzel von 1671, die Stuckaltäre Baldassare Fontanas aus dem Jahr 1699 und die Kinga-Kapelle mit einer Figur der Heiligen von 1470.

Verkehr

Züge/Busse: Der Bahnhof befindet sich 1,5 km östl. des Stadtkerns, die Busstation direkt am Rynek. Nach Nowy Sącz und Szczawnica kommt man leicht mit dem Bus, nach Krynica ist die Zugfahrt schöner.

Nowy Sącz ▶ 2, R 21

›Neu‹ (*nowy*) heißt es in Abgrenzung zur 10 km südöstlich gelegenen ›alten‹ (*stary*) Stadt – doch was sind schon 19 Jahre. 1292 wurde **Nowy Sącz** vom böhmischen König Wacła II. gegründet und erlebte dank seiner günstigen Lage am Kreuzpunkt von Handelsstraßen einen schnellen Aufschwung. Und auch heute noch hat es deutlich die Nase vorn, ist das wirtschaftliche und kulturelle Zentrum der Region. Mit 84 000 Einwohnern leben hier etwa zehn Mal so viele Menschen wie in Stary Sącz.

Rund um den Marktplatz

Das Leben spielt sich vorrangig auf dem **Marktplatz** (Rynek) ab. Dieser hat einen Umriss von 160 x 120 m und ist damit einer der größten Plätze in Polen. Er wird von restaurierten Jugendstilhäusern gesäumt, in seiner Mitte prunkt das mächtige **Rathaus**. In den Seitenstraßen mischt sich habsburgischer Historismus mit Gotik, Renaissance und Barock. Älteste Kirche der Stadt ist die **Margarethenkirche** (Kościół Św. Małgorzaty) östlich des Rynek. Sie stammt aus dem 17. Jh., das Christusbild am Altar ist 200 Jahre älter.

An die Kirche schließt sich südlich das **Gotische Haus** (Dom Gotycki) mit einem sehenswerten **Stadtmuseum** (Muzeum Okręgowe) an. Ausgestellt werden Ikonen, sakrale Kunst und Holzschnitzerei vom 14. bis zum 19. Jh. (ul. Lwowska 3, www.muzeum.sacz.pl, Di–So 10–17 Uhr, 8 zł). In der neogotischen **Kasimirkirche** (Kościół Św. Kazimierza) schuf der Künstler Władysław Hasior 14 Kreuzwegstationen, die Art-nouveau-Wandmalereien stammen von Jan Bukowski.

Ethnografischer Park und Galizisches Stetl

Ethnografischer Park: ul. Długoszowskiego 83-B, 12 zł; Galizisches Stetl: ul. Lwowska 226, 8 zł; beide: www.muzeum.sacz.pl, Di–So 10–18, im Winter Mo–Fr 9–15 Uhr

Gut 3 km südöstlich der Stadt wird in einem **Ethnografischen Park** (Sądecki Park Etnograficzny) die ländliche Architektur der Vorkarpaten präsentiert. Einige der über 50 Häuser und Kirchen darf man auch von innen anschauen.

Von hier können Sie zum komplett neu aufgebauten **Galizischen Stetl** (Miasteczko Galicyjskie) spazieren, einem Freilichtmuseum, das jene vermeintlich gute alte Zeit im 19. Jh. in Erinnerung ruft, als dieser Teil Polens von Habsburg besetzt war. Charakteristisch für das Stetl war ein hoher jüdischer

Bevölkerungsanteil, der oft bei 50 % lag. Am kopfsteingepflasterten Marktplatz stehen das Rathaus sowie Bürgerhäuser mit Arkaden, darin untergebracht sind u. a. die Post und eine Apotheke, eine Barbierstube, ein Uhrmacher, ein Kolonialwarenladen, eine Töpferei und eine Kunstgalerie. Selbst eine Feuerwehrstation mitsamt altem Lösch-Vehikel und Pumpen fehlt nicht! Im ganz aus Holz erbauten ›jüdischen‹ Gasthaus wird Regionalküche serviert und im Kaiserlichen Café Pischinger Torte. Und damit das Stetl auch bewohnt wird, können Sie darin Ihr Haupt betten!

Infos
Touristenbüro: ul. Szwedzka 2, Tel. 18 444 24 22, www.ziemiasadecka.info, Mo–Sa 9–17 Uhr.

Übernachten
Nahe dem Bahnhof – **Beskid:** ul. Limanowskiego 1, Tel. 18 440 40 00, www.hotelbeskid.pl. Dreisternehotel 2,5 km südl. der Altstadt mit 80 Zimmern und frischer Fassade, doch es fehlt ein bisschen das besondere Ambiente. DZ ab 65 €.
Gemütlich im Stetl – **Pokoje Galicyjskie:** ul. Lwowska 226, Tel. 18 441 63 90, www.miasteczkogalicyjskie.pl. Im Freilichtmuseum leben Sie wie im 19. Jh., aber mit modernem Dreisternekomfort – über dem ganz aus Holz erbauten Gasthaus, der Gospoda Galicyjska, stehen sechs Doppelzimmer bereit, im ›Rathaus‹ werden zehn weitere Zimmer und Apartments angeboten. DZ ab 60 €.
Mit tollem Frühstück – **Piano:** ul. Szurmiaka 25, Tel. 18 447 03 62, www.piano-nowysacz.pl. Saubere kleine Unterkunft 4 km südöstl. des Stadtkerns. Die freundliche Besitzerin bereitet persönlich das Frühstück zu – in einem Viersternehotel könnte es nicht besser sein! WLAN und Privatparkplätze sind gratis. DZ ab 46 €.

Essen & Trinken
Traditionell polnisch – **Ratuszowa:** Rynek 1, Tel. 18 443 56 15. Gemütliches Lokal im Keller des Rathauses am Marktplatz. Ob Pilzsuppe, Piroggen oder Kartoffelpuffer – alles schmeckt bestens! Hauptgerichte ab 9 €.

In der ›jüdischen‹ Schänke – **C. K. Gospoda Galicyjska:** ul. Lwowska 226, Tel. 18 441 63 90. Auch gastronomisch können Sie im Stetl eine Zeitreise unternehmen und jüdisch-ungarisch-habsburgisch-polnische Küche probieren. Hauptgerichte ab 5 €.
Café im Stetl-Rathaus – **Cesarsko-Królewska:** ul. Lwowska 226, tgl. 10–20 Uhr. In der Halle des Stetl-Rathauses wird Süßes aus Habsburger Zeit serviert – Schoko- und Möhren-, Käse- und Apfelkuchen.

Verkehr
Züge: Mehrmals tgl. nach Krynica, Tarnów und Krakau. Der Bahnhof liegt 2,5 km südl. der Altstadt. Näher am Zentrum liegt die Bahnstation Nowy Sącz Miasto, doch verkehren von hier nur Züge nach Chabówka, einem Ort auf halber Strecke zwischen Krakau und Zakopane.
Busse: Häufige und schnelle Verbindungen nach Stary Sącz und Krynica, Szczawnica, Zakopane und Krakau. Die Busstation liegt 1,5 km südl. der Altstadt in Richtung Bahnhof.

Weiterfahrt gen Osten

Eine gut ausgebaute Straße führt von Nowy Sącz ostwärts in Richtung Sanok (s. S. 314) und Przemyśl (s. S. 311), doch nur wenige Orte lohnen einen Halt. Auf das enttäuschende **Gorlice** (▶ 2, S 21) folgt nach 15 km das denkmalgeschützte **Biecz** (▶ 2, S 21) – schläfrig, aber ganz hübsch!

Krosno (▶ 2, T 21) ist seit dem späten 19. Jh. ein Zentrum der Erdölindustrie, einzig das Viertel um den Rynek erinnert an früheren Wohlstand. Von hier sind es noch 40 km bis Sanok, dem nordwestlichen Eingangstor zu Polens ›letzter Wildnis‹, den Bieszczaden. Oder Sie wählen den Einstieg über **Dukla** (▶ 2, T 21) nahe dem Karpatendurchbruch. Biegen Sie noch vor Erreichen der slowakischen Grenze links ab auf die E 897, erleben Sie 100 km fantastische Natur – die Straße führt über **Komańcza** (▶ 2, U 22), **Wetlina** (▶ 2, V 23) und **Ustrzyki Górne** (▶ 2, W 23) in den äußersten Südosten.

Kapitel 5

Der tiefe Osten

Die Städte in Polens Osten überraschen: In Zamość hat sich ein reicher Adeliger einen Traum verwirklicht und von italienischen Architekten eine Bilderbuchstadt im Geist der Renaissance erbauen lassen. Ihr Zauber blieb bis heute erhalten: Rings um eine Piazza scharen sich bunt geschmückte Palazzi, schachbrettartig angelegte Straßen führen zu Festungswällen hinaus.

Zamość dient als Sprungbrett in den südlich gelegenen Nationalpark Roztocze, einen Hügelstreifen mit Wäldern, Wildbächen und steilen Hängen. Größte Stadt der Region ist Lublin mit einer stimmungsvollen, sich über mehrere Hügel ausbreitenden Altstadt. Unmittelbar vor ihren Toren beginnen sanft gewellte, mit Feldern bedeckte Hügel, die Lokalpolitiker von einem ›Food Valley‹ träumen lassen. Schon jetzt werden hier viele (Bio-)Lebensmittel für Europa angebaut.

Besonders fruchtbar ist das Weichselschwemmland zwischen Sandomierz und Kazimierz Dolny. Am hohen Flussufer thront das mittelalterliche Sandomierz, ein Stück weiter stromabwärts liegt Kazimierz Dolny mit Renaissancespeichern, fantastischen Kaufmannshäusern und Ruinen mächtiger Burgen. Einen ganz anderen Eindruck hinterlässt die Landschaft der Heiligkreuzberge: Wie ein monumentaler, in die Ebene geworfener Klotz ragt der alte, von Wind und Wasser abgeschmirgelte Gebirgszug auf.

Vielleicht aber sollten Sie auch in den äußersten Südosten reisen? Im Dreiländereck Polen-Ukraine-Slowakei leben im Winter mehr Bären, Wölfe und Wisente als Menschen. Aber im Sommer belebt sich die Region mit zivilisationsmüden Aussteigern und Abenteurern auf der Suche nach dem ›wahren Leben‹ in der Natur.

Wahrlich archaisch ist das Leben im tiefen Osten – zur Freude
derer, die ihn bereisen, und zum Leid vieler jener, die dort
leben … und das Lachen dennoch nicht verlernt haben

Auf einen Blick: Der tiefe Osten

Sehenswert

 Bieszczady: Buchenwälder, windgepeitschte Hochalmen, rauschende Bäche – eines der letzten wahren Naturparadiese Europas (s. S. 314).

Zamość: Renaissance wie aus dem Bilderbuch – die UNESCO hat die ›Idealstadt‹ zum Weltkulturerbe erklärt (s. S. 326).

Lublin: Die ostpolnische Metropole lebt von Kontrasten – eine ›jüdische‹ Altstadt, eine katholische Universität und viel zeitgenössische Kultur (s. S. 332).

Kazimierz Dolny: Kopfsteinpflaster, Getreidespeicher und Kaufmannskolorit wie im späten Mittelalter (s. S. 343).

Schöne Route

Große Bieszczaden-Schleife: Eingangstore in die Waldkarpaten sind Sanok bzw. Przemyśl. Die auch für Radler geeignete Rundtour beginnt in Lesko und führt über Ustrzyki Górne, Wetlina und Komańcza zurück. Wer abkürzen will, fährt am Ufer des Solina-Sees entlang (s. S. 314).

Meine Tipps

Tarnów: Provinzieller Charme einer einst wohlhabenden jüdischen Stadt (s. S. 300).

Festival Alter Musik in Łańcut: Im Schloss präsentieren international renommierte Künstler Klassik und Crossover (s. S. 310).

Przemyśl: Der kopfsteingepflasterte Markt, die Burg über dem San und die vielen Kirchen verbreiten habsburgischen Charme (s. S. 311).

Sanok: Das Schloss lockt mit Polens größter Ikonensammlung und einer Galerie surrealistischer Gemälde (s. S. 315).

Mit Huzulenpferden unterwegs: 150 km an Wegen stehen im Nationalpark Waldkarpaten bereit, auf dem Pferderücken oder in einer Kutsche erkundet zu werden (s. S. 320).

Połonina Carynska: Vom Kamm der Waldkarpaten blickt man über liebliche Täler, versteppte Hochweiden und dunkle Gebirgsstaffeln (s. S. 321).

*Schräge Kreuze, kleine Kuppeln –
Holzkirchen gibt es viele in Polens Osten*

Aktiv

Wanderung im Dreiländereck: So weit das Auge reicht – urwüchsige Natur an der EU-Außengrenze (s. S. 321).

Wanderung zur Lössschlucht: Von Kazimierz Dolny geht es hinaus in eine sandige Landschaft, am Ende erwartet Sie eine Burg (s. S. 348).

Von Tarnów bis Przemyśl

Jenseits von Krakau ist die Welt nicht zu Ende. Nur eine Zug- bzw. Autostunde entfernt liegt Tarnów. Einst war es Privatbesitz der reichen Tarnowski-Familie und mehrheitlich – wie die meisten Städte im ehemaligen Galizien – von Juden bewohnt. Je weiter Sie Richtung Osten fahren, desto mehr stoßen Sie auch auf die Kulturen der orthodoxen Ruthenen, Bojken und Lemken.

Tarnów ▶ 2, R 19/20

Die liebevoll restaurierte Altstadt mit Renaissancehäusern, Kathedrale und Holzkirchen, Roma-Museum sowie Spuren der früheren jüdischen Bewohner machen **Tarnów** zu einem interessanten Zwischenstopp. Auch erfahren Sie hier, wie entspannt es sich in Polens Provinz leben lässt. Der Alltag geht seinen geruhsamen Gang, auf dem Marktplatz spielen Kinder, Katzen schleichen an den Fassaden entlang.

Das Stadtrecht erwarb Tarnów 1330, seinen raschen Aufstieg verdankte es der günstigen Lage an den nach Ungarn und in die Ukraine führenden Handelsrouten. Die Glanzzeit erlebte der Ort im frühen 16. Jh., als er den Tarnowskis gehörte, einem aufgeklärten Fürstengeschlecht mit engen Verbindungen zur Krakauer Universität.

Altstadt

Rund um den Marktplatz
Museum: Rynek 1, 3, 20/21, www.muzeum.tarnow.pl, Di, Do 9–17, Mi, Fr 9–15, Sa, So 10–16 Uhr, ab 8 zł

Der erste Weg führt zum **Marktplatz** (Rynek), dem architektonischen Glanzstück der 1330 gegründeten Altstadt. Ringsum gruppieren sich pastellfarbene Bürgerhäuser mit Laubengängen und schmucken Schaufassaden. Terrassencafés und -restaurants laden dazu ein, sich niederzulassen und das schöne Bild auf sich wirken zu lassen.

Alle Blicke zieht das gotische **Rathaus** (Ratusz) in der Platzmitte auf sich, das von Attiken im Renaissancestil und grotesken Masken gekrönt wird. Im Inneren ist ein **Museum** untergebracht, das Glas und Porzellan, Ritterrüstungen sowie Polens größte Sammlung sarmatischer Porträts zeigt: polnische Adlige mit ellenlangem Bart, orientalischem Kostüm und Säbeln. Fragen Sie, ob der 30 m hohe **Turm** zugänglich ist, von oben bieten sich weite Blicke über die Altstadt! Übrigens wird von dort jeden Tag um 12 Uhr eine Trompetenmelodie geblasen – ein Gruß an Krakau.

In einem mit Fresken ausgemalten Doppelhaus an der Nordseite des Platzes setzt sich die Ausstellung fort. Eine weitere Dependance an der Westseite zeichnet Tarnóws Geschichte nach – am interessantesten ist das maßstabsgetreue Modell der Stadt anno dazumal. Wem der Sinn eher nach Moderne steht, besucht das frei zugängliche **Kulturhaus** (Dom Kultury) nebenan. Schräg gegenüber entdecken Sie die engagierte Touristeninformation.

Kathedrale
pl. Katedralny, www.katedratarnowska.pl, tgl. 6–21 Uhr

Unmittelbar nordwestlich des Rynek ragt die backsteinrote **Kathedrale** (Katedra) aus dem 14. Jh. auf. Berühmt ist sie für ihre 13 m hohen Grabmäler hinter dem Hauptaltar, geschaffen vom Renaissancekünstler Jan Padovano für die Herren Tarnowski und Ostrogski, die einstigen Besitzer der Stadt.

Im Südschiff, am entgegengesetzten Ende der Kirche, wird auch einer weiblichen Adligen gehuldigt: Die von Bartolomeo Berecci 1530 angefertigte Skulptur von Barbara Tarnowska gilt als eine der schönsten Frauendarstellungen der Renaissanceplastik. Allerdings ist der Sarkophag so hoch angebracht, dass eine genauere Betrachtung verwehrt bleibt.

Auf Augenhöhe befindet sich dagegen das Grabmal der drei Jans vom gleichen Künstler im nördlichen Schiff: Jan Tarnowski senior und junior liegen in Ritterrüstung nebeneinander, ihre Gesichter sind so realistisch gestaltet, dass man meint, sie hätten soeben erst die Augen geschlossen. Über ihnen schwebt der dritte Jan, ein Baby mit lächelndem Antlitz.

Diözesanmuseum

pl. Katedralny 6, muzeum.diecezja.tarnow.pl, Di–Sa 10–12, 13–15, So 9–12, 13–14 Uhr, Eintritt frei

Gleich hinter der Kathedrale öffnet in einem 500 Jahre alten Haus das **Diözesanmuseum** (Muzeum Diecezjalne) mit einer der reichsten Sakralsammlungen Polens. Ausdrucksstarke mittelalterliche Madonnen und Pietàs, Triptychen und Altäre in Hülle und Fülle werden hier gezeigt, darunter das Altarbild der Holzkirche in Lipnica Murowana, heute Welterbe der UNESCO. Großartiges hält auch das Obergeschoss bereit, wo naive Malerei, teilweise auf Glas, aus ganz Mitteleuropa zu bewundern ist.

Jüdisches Viertel

Wenden Sie sich vom Marktplatz ostwärts, kommen Sie in die kopfsteingepflasterte **Judengasse** (ul. Żydowska). Hier und in den angrenzenden Straßen, der Ulica Wekslarska und der Ulica Goldhammera, lebten Tarnóws Juden. Bei Ausbruch des Zweiten Weltkriegs waren es 25 000, ca. 45 % der Stadtbevölkerung. Sie besaßen Dutzende Synagogen und Bethäuser, Schulen und Druckereien, Vereine sozialer und sportlicher Art. 1940 richteten die Nationalsozialisten im Umkreis der Ulica Grabowska für die hier lebenden und aus anderen Städten zusammengetriebenen Juden ein Ghetto ein, das sie nicht mehr verlassen durften. Im Juni 1942 begann ihre systematische Vernichtung.

Eine Plakette in der Judengasse erinnert an das Massaker auf dem Marktplatz, weitere Erschießungen fanden auf dem jüdischen Friedhof statt. Wer überlebte, wurde ins Todeslager Bełżec deportiert. Heute zählt Tarnów zu den wenigen polnischen Städten, in denen der jüdischen Mitbürger alljährlich mit Konzerten und Theateraufführungen gedacht wird.

Auf dem ehemaligen **Fischmarkt** (pl. Rybny), einem über die Judengasse erreichbaren Platz, stand Tarnóws erste **Synagoge** (1582). Die Weite des Platzes, durch Grünflächen und niedrige Mauern akzentuiert, wirkt wie eine Leerstelle, ein Loch mitten in der Altstadt. Zu diesem Eindruck trägt auch die luftige Bimah bei, das einzige Überbleibsel der Synagoge, die am 8. November 1939 von deutschen Soldaten zerstört wurde: Vier Säulen, die einst ihr Gewölbe stützten, markieren jenen Ort, von dem aus die heiligen Texte verlesen wurden. Heute spielen hier Kinder Räuber und Gendarm, wissen nichts von der Geschichte des Platzes. Und ein großes Graffito an einer Wand zeigt Vögel, die in die Ferne aufbrechen.

Viele Juden lebten in der **Goldhammerstraße** (ul. Goldhammera), benannt nach einem bekannten Rechtsanwalt und Politiker

TARNINÓWKA – SCHLEHENGEIST

Angeblich entlehnt sich der Stadtname nicht der allmächtigen Tarnowski-Familie, sondern den dunklen *tarnina*-Beeren (›Schlehdorn‹), die üppig auf dem Martinshügel wachsen. Aus ihnen wird nicht nur ein würziger Heiltee zubereitet, sondern auch ein köstlicher Likör: Tarninówka – den gibt's in dekorativen Flaschen z. B. in der Touristeninformation zu kaufen.

Die Kultur der Roma und Sinti

Wer sind »die Zigeuner«? Romantische Nomaden oder organisierte kriminelle Gruppen? Leben sie von Musik und der Natur oder profitieren sie von mafiösen Strukturen? In Europa findet man Anhänger der unterschiedlichsten Theorien – Sachkenntnis ist wenig verbreitet. Ein historisches Gutshaus in Tarnów beherbergt Europas erste Dauerausstellung zur Kultur der Roma.

 Ich hab keine Mutter / keinen schwarzen Vater. / Blieb ganz alleine / wie ein gefällter Baum. / Noch blieb der Baum / nicht ganz alleine: / kühler Wind weht, / streichelt ihn.« *(Zigeunerlied)*

In Polen haben die Veröffentlichungen Jerzy Ficowskis dazu beigetragen, dass der Anspruch der Zigeuner auf Minderheitenschutz ernst genommen wird. »Wieviel Trauer und Wege«: In diesem Buch widmet sich der Autor der Geschichte der in Polen seit dem frühen 15. Jh. nomadisierenden Gruppen, beleuchtet ihre Sitten und Bräuche, spürt Liedern und Legenden nach. Er berichtet, wie sie sich als Kesselflicker verdingten, als Akrobaten beim Wanderzirkus, als Wahrsager und Pferdeverkäufer auf großen Märkten. Für die meisten Polen waren die dunkelhäutigen Menschen fremde Gesellen, die sich durch ihr Nomadenleben suspekt machten. Dennoch brachte man ihnen ein gewisses Verständnis entgegen, das in einem polnischen Sprichwort zum Ausdruck kommt: »Der Schmied war schuld, doch den Zigeuner hat man gehängt.« Im Sozialismus wurde das Nomadentum 1964 gesetzlich verboten, Roma und Sinti sollten ein ›normales‹ Leben führen. Diese aber fühlten sich in den ihnen zugewiesenen Häusern nicht wohl: Sie vermissten den Sternenhimmel, das Rauschen des Windes – die Freiheit.

Heute leben ca. 20 000 Sinti und Roma in Polen. Die meisten schicken ihre Kinder in die Schule, haben einen festen Wohnsitz und betätigen sich als Händler. Ihre Vergangenheit lebt fort im starken Gemeinschaftsgefühl, zu dem auch ein eigenes Rechtsverständnis gehört. »Wenn ein Zigeuner etwas ausgefressen hat«, so Ficowski, »muss er sich der staatlichen und der Clan-Justiz stellen, Letztere ist meist härter …«

Adam Bartosz, in sozialistischer Zeit Direktor der Kulturabteilung, gründete in Tarnów ein Ethnografisches Museum, das sich ausschließlich dem Schicksal der 50 000 Roma widmet, die vor dem Krieg in Polen lebten. Auf Karten sind ihre Migrationsbewegungen nachgezeichnet und die Konzentrationslager markiert, in die sie von den Nationalsozialisten verschleppt wurden. Wachsfiguren zeigen – völlig unidealisiert – Roma in Tracht, z. B. beim Kartenlesen. Eine Pressetafel informiert über Attacken gegen Roma und Sinti aus jüngerer Zeit – nicht nur in Polen. Im Hofgarten sind mehrere bunt bemalte Zigeunerwagen zu sehen. Von hier startet im Juli die ›Karawane der Erinnerung‹ durch Kleinpolen – bei ihrer Rückkehr wird auf Zigeunerart groß gefeiert (ul. Krakowska 10, www.muzeum.tarnow.pl, Di, Do 9–17, Mi, Fr 9–15, Sa, So 10–16 Uhr, 8 zł).

(1851–1912). Haus Nr. 3, das frühere Soldinger-Hotel, wurde nach dem Krieg Treffpunkt der Jüdischen Gemeinde. Doch nachdem der letzte bekennende Jude Tarnóws gestorben ist, hat die Stadt kein einziges Bethaus mehr. Eine Marmorplatte in der Eingangshalle von Haus Nr. 5 erinnert noch einmal an Goldhammer, eine zweite an die hier angesiedelte jüdische Kreditgesellschaft. An der Fassade von Nr. 6 werben jiddisch-polnische Inschriften für die hier einst servierten Gerichte. Nahebei, am **Platz der Ghettohelden** (pl. Bohaterów Getta), steht die ehemalige, maurisch inspirierte **Mikwe**, das Badehaus der Juden: prachtvolle Architektur, leider arg vernachlässigt und mit dubiosem Innenleben. Gegenüber erinnert ein Denkmal an den Juni 1940, als von hier die ersten Juden ins Vernichtungslager Auschwitz verschleppt wurden.

Wallstraße

Wo sich einst eine Wehrmauer um die Altstadt spannte, verläuft nun die **Wallstraße** (ul. Wałowa), eine schöne Fußgängerstraße mit Läden und Terrassenlokalen. In einer Nische steht gewaltig König Ellenlang (Łokietek), der Tarnów 1330 die Stadtrechte verlieh. Weniger martialisch grüßen die Songwriterin Agnieszka Osiecka, der Poet Zbigniew Herbert und Jan Brzechwa, Letzterer mit einer Gans auf der Dichterbank. Ein Stück weiter stoßen Sie auf den jüdischen, aus Tarnów stammenden Schriftsteller Roman Brandstaetter: Pfeife rauchend blickt er in die ›jüdische‹ Ulica Goldhammera.

Außerhalb der Altstadt

Jüdischer Friedhof

ul. Szpitalna, Schlüssel im Touristenbüro

Der **Jüdische Friedhof** (Cmentarz Żydowski) liegt 1 km nördlich des Rynek. Das schmiedeeiserne Eingangsportal ist eine Replik, das Original befindet sich im Holocaust Memorial Museum in Washington. Der Friedhof ist mit Tausenden von Grabsteinen übersät, auf denen hebräische, polnische und deutsche Inschriften eingeritzt sind – vertraut lesen sich Namen wie Herzbaum, Borgenicht, Silbermann, Warenhaupt, Mosesreich, Landau, Faber, Aussenberg … Der älteste erhaltene Stein stammt aus dem Jahr 1734. Ein Monument, in das die Säule einer zerstörten Synagoge eingearbeitet ist, erinnert an die vielen von Deutschen ermordeten Juden Tarnóws.

Krakauer Straße

Die **Krakauer Straße** (ul. Krakowska), im Habsburgerreich Kaiserstraße genannt, wird von stattlichen Häusern von der Gründerzeit bis Art nouveau gesäumt und verläuft vom Westeingang der Altstadt bis zum Bahnhof. Nach ein paar Minuten passieren Sie einen schindelgedeckten Gutshof aus dem 18. Jh., heute ein **Ethnografisches Museum** (Muzeum Etnograficzne) mit Europas erster Ausstellung zur Kultur der Roma (s. Thema S. 302).

Ein Stück weiter bietet das holzgeschnitzte **Sekler Tor** (Brama Seklerska) Zugang zu einer Grünfläche. Es ist dies eine Schenkung aus Ungarn, mit dem die Stadt eng verbunden ist: Tarnóws Nationalheld General Bem, über den Sie in der Stadt auf Schritt und Tritt stolpern, kämpfte im 19. Jh. für Polen und Ungarn gegen die Besatzungsmächte Österreich und Russland.

Marienkirche

ul. N. M. Panny 1, meist nur zur Messe um 18.30 Uhr geöffnet

Eine große Treppe führt von der Südwestecke des Marktplatzes zum **Bem-Platz** (pl. General Bema) mit angrenzender **Markthalle**. Folgen Sie der Ulica N. M. Panny ein Stück weiter, erreichen Sie die **Marienkirche Burek** (Kościół Burek), eine von Tarnóws drei Holzkirchen. Das gotische, ganz aus Lärchenholz erbaute Gotteshaus stammt aus dem Jahr 1440 und steht – der Stadt entrückt – in einem großen Garten. Sollte es geöffnet sein, sehen Sie eine mit Blumen bemalte Decke, eine Mini-Orgel und ein ›wundersames‹ Marienbildnis.

Dreifaltigkeitskirche

ul. Tuchowska 5, unregelmäßig zur Messe geöffnet

Südlich der Marienkirche, jenseits des großen Friedhofs, stoßen Sie auf eine zweite Perle der Holzarchitektur. Die **Dreifaltigkeitskirche auf dem Terlikowska-Hügel** (Kościół Św. Trójcy Na Terlikówce) aus dem Jahr 1597 überrascht mit pompöser Ausstattung unter einem himmelblauen Sterngewölbe. Das Altarbild zeigt Gott mit sechs Fingern – sie symbolisieren die sechs Tage, die er brauchte, um die Erde zu erschaffen …

Martinshügel

Ganz im Süden der Stadt ragt der knapp 400 m hohe **Martinshügel** (Góra Św. Marcina) auf, das Naherholungsgebiet der Tarnauer. Von der Ruine jener **Burg** (Zamek), in der die allmächtigen Tarnowskis vom 14. bis 16. Jh. residierten, bietet sich ein weiter Blick über die Altstadt.

Infos

Touristenbüro: Rynek 7, Tel. 14 688 90 90, www.it.tarnow.pl, Mo–Fr 8–20, Sa, So 9–17 Uhr, im Winter kürzer. Das engagierte Personal versorgt mit Audio-Touren, eine App zu ›Tarnów Wooden Architecture‹ ist downloadbar. Gegen Kaution erhalten Sie den Schlüssel zum Jüdischen Friedhof. Mit Gratis-Internet, Radverleih und Gepäckaufbewahrung.

Übernachten

Das Touristenbüro vermittelt freundliche und preisgünstige Zimmer im gleichen Gebäude.
Gute alte Zeit – **U Jana:** Rynek 14, Tel. 14 626 05 64, www.hotelujana.pl. ›Bei Jan‹ schlafen Sie gut! Das stattliche Haus, geführt von Jans Söhnen Paweł und Marek, bietet zwölf Zimmer und Suiten, die teureren mit Salon und Blick auf Marktplatz und Rathaus. Das Haus besitzt den Charme verflossener Jahrhunderte, ist angefüllt mit über 250 Gemälden, die Szenen aus Tarnóws Vergangenheit schildern. Und genießen Sie das opulente Frühstück! DZ ab 52 €.

Essen & Trinken

Rund um den Marktplatz, auf der ul. Wałowa und der ul. Krakowska reihen sich Terrassenlokale von traditionell bis trendig.
Beste Wahl – **U Jana:** s. oben. Sie haben die Wahl zwischen einem Terrassenplatz unter den Arkaden mit Blick aufs Rathaus, dem Gewölbesaal mit Schlachtengemälde oder einem eleganten Raum hinter der Bar. Passend dazu gibt es polnische Küche, aber auch die besten Steaks der Stadt. Hauptgerichte ab 6 €.
Klassiker seit 1859 – **Tatrzańska**, ul. Krakowska 1, Ecke Batorego, Tel. 14 622 46 36, www.kudelski.pl. Das familiär geführte Café-Restaurant am Westeingang zur Altstadt hat eine lange Tradition. Von früh bis spät ist es gut besucht. Die Gäste schätzen die Torten und Kuchen, das hauseigene Eis, aber auch das handfeste, preiswerte Mittagsmenü. Hauptgerichte ab 5 €.
In der Straßenbahn – **Tramwaj:** pl. Sobieskiego 2. In einem ausrangierten knallroten Straßenbahnwaggon am Westeingang zur Altstadt schmecken Kaffee und Kuchen!
Cocktails & Co. – **Hybryda:** Rynek 22. Beliebter Hangout der Locals ist die begrünte Terrasse am Markt, auf der nebst Getränken auch diverse Kuchen serviert werden. Lust auf etwas Handfestes? Ordern Sie es nebenan bei ›Zur Gabel das Messer‹ (Nóż do Widelec) und verspeisen Sie es hier.

Abends & Nachts

Stimmungsvoll – Am schönsten sitzt man in den Terrassenlokalen am Marktplatz.

Aktiv

Radfahren – Im Touristenbüro können Sie günstig Räder leihen und erhalten Hinweise zu den fünf in Tarnów startenden Radtouren (insgesamt 65 km).

Termine

Festiwal Muzyki Odnalezionej (Mitte Juni, www.inter-art.com.pl): Ein einmaliges Musikevent – beim ›Festival der wiederentdeckten Musik‹ werden im alten Rathaus all jene Stücke gespielt, die zufällig in Kirchen, Klöstern und anderswo gefunden wurden.
Galicjaner Sztetl (Mitte Juni): Klezmer-Konzerte rings um die Bimah, Ausstellungen und andere Events zum Thema jüdische Kultur.
Tabor Pamięci (Juli): Die ›Karawane der Erinnerung‹ endet mit einem großen Fest in Tarnóws Roma-Museum (s. S. 302).

Tarnów

ZALIPIE – DAS BEMALTE DORF

In **Zalipie** (▶ 2, R 19), ca. 32 km nördlich von Tarnów, kamen die Bäuerinnen Ende des 19. Jh. auf die Idee, ihre Häuser zu verschönern: Sie bemalten Türen und Fenster in der Farbe des Himmels, die weißen Fassaden schmückten sie mit riesigen Blumensträußen. Auch Feuerwehr, Schule und Kindergarten präsentieren sich kunterbunt. Das Innere der Gebäude wurde gleichfalls dekoriert: Scherenschnitte, naive Skulpturen und Bilder schmücken Decken und Wände. Das ›bemalte Dorf‹ wurde in ganz Polen bekannt, mehr noch: Es wurde zum Trendsetter einer neuen selbstbewussten Volkskunst. Als beste Künstlerin galt Felicja Curyłowa (1904–74), auf deren Grundstück das **Haus der Malerinnen** (Dom Malarek) entstand, heute ein Kulturzentrum, in dem Ausstellungen zu ornamentaler Kunst stattfinden und Kunsthandwerk verkauft wird (Zalipie 128-A, www.dommalarek.pl, Mai–Sept. Mo–Fr 8–18, Sa, So 11–18, Okt.–April Mo–Fr 8–16 Uhr, nach Voranmeldung werden zweistündige Workshops organisiert).

Besuchen Sie auch die komplett ausgemalte Kirche, einen Blick lohnen die liturgischen, bunt bestickten Messgewänder. Am Wochenende nach Fronleichnam findet alljährlich der **Wettbewerb Malowana Chata** (›Bemalte Hütte‹) statt, bei dem die besten Open-Air-Künstler Polens prämiert werden.

Häuser als Leinwand – lassen Sie sich überraschen, wie es drinnen aussieht!

Von Tarnów bis Przemyśl

Verkehr

Züge: Stdl. nach Krakau (ca. 1,5 Std.), gute Verbindungen auch nach Rzeszów und Przemyśl. Tarnóws Bahnhof liegt im Südwesten der Stadt, von dort läuft man 20 Min. auf der ul. Krakowska in die Altstadt.

Busse: Mehrmals stdl. bestehen Verbindungen nach Krakau.

Mit dem eigenen Auto: Tarnów liegt 80 km westl. von Krakau und ist über die Autobahn A 4 in 1 Std. erreicht.

Rzeszów ▶ 2, U 19

Die Hauptstadt der Provinz Podkarpacie (Karpatenvorland) hat 700 Jahre auf dem Buckel, wirkt aber äußerst jung. Jeder sechste der fast 200 000 Einwohner von **Rzeszów** ist Student, das sorgt in den Straßen für ein lässiges Ambiente. Viele Fach- und Arbeitskräfte sowie eine gut entwickelte Industrie locken ausländisches Kapital in die Stadt, die sich sichtlich wohlhabend präsentiert. Ein internationaler Flughafen macht Rzeszów zum idealen Sprungbrett in die Karpaten, für eine gute Verkehrsanbindung sorgt auch die West-Ost-Autobahn.

Marktplatz und Unterirdische Route

Unterirdische Route: Rynek 12, www.trasa-podziemna.erzeszow.pl, Di–Fr 10–19, Sa, So 11–18 Uhr, 45-minütige Tour 6,50 zł

Gern trifft man sich am kopfsteingepflasterten **Marktplatz** (Rynek). Frisch restauriert leuchten die pastellfarbenen Fassaden, allen voran das **Rathaus** (Ratusz) im Renaissancestil mit seinen spitzen Giebeln und grotesken Maskaronen.

Beim Rathaus können Sie in Rzeszóws Unterwelt hinabsteigen: Eine **Unterirdische Route** (Podziemna Trasa Turystyczna) führt in ein dreigeschossiges Labyrinth, das auf einer Strecke von über 600 m erschlossen ist. Vom 14. bis 18. Jh. haben hier Kaufleute ihre Waren gelagert und Werkstätten unterhalten. Zugleich boten die Gewölbe Schutz vor Angreifern, so vor den Mongolen, die die Stadt mehrmals überfielen.

Ethnografisches und Gute-Nacht-Museum

Ethnografisches Museum: Rynek 6, www.muzeumetnograficzne.rzeszow.pl, Di–Fr 9.30–15.30, So 10–16 Uhr, 8 zł Gute-Nacht-Museum: ul. Mickiewicza 13, www.muzeumdobranocek.com.pl, Di–Fr 9–17, Sa, So 10–18 Uhr, 7 zł

Wieder über der Erde, können Sie am Marktplatz das **Ethnografische Museum** (Muzeum Etnograficzne) besuchen, das Schmuck, Trachten, Musikinstrumente und Kunsthandwerk der Region zeigt.

Skurril ist ein Museum wenige Schritte nordöstlich vom Marktplatz, das an ein Marionettentheater angeschlossen ist. Ausgestellt werden hier all die Puppen, die Polens erste Animationsfilme bevölkerten – und da diese zur Kinder-Schlafstunde ausgestrahlt wurden, muss es natürlich **Gute-Nacht-Museum** (Muzeum Dobranocek) heißen.

Synagogen und Alter Friedhof

Vom Gute-Nacht-Museum ist es nur ein Katzensprung zur Ulica Bożnicza, der Straße des Bethauses, wo die **Neustädter Synagoge** und die **Altstädter Synagoge** stehen – Erstere beherbergt heute eine Galerie, die Zweite ein Archiv. Die große Grünfläche vor den Synagogen nahm einst der Jüdische Friedhof ein, heute erinnert nur noch der Name, **Platz der Ghettohelden** (pl. Ofiar Getta), daran.

Ein ›verwunschener‹ **Alter Friedhof** (Cmentarz Stary) liegt wenige Gehminuten östlich. Neben dem Wochenmarkt spenden knorrige Bäume all jenen Schatten, die hier bis ca. 1930 beigesetzt wurden. Viele deutsche Namen sind darunter, was daran erinnert, dass Rzeszów bis 1918 zu Habsburg gehörte. Vögel zwitschern, Eichhörnchen springen herum – ein schöner Ort für einen Spaziergang.

Um die Bernhardinerkirche

Galerie im Theater: ul. Sokoła 7–9, Tel. 17 853 22 52, tgl. 18.30–19 Uhr

Im Nordwesten der Altstadt, wo die viel befahrene Ulica Piłsudskiego und die Aleja Cieplińskiego aufeinandertreffen, befindet sich Rzeszóws neuer Dreh- und Angelpunkt. An historische Zeiten erinnert die barocke **Bern-**

hardinerkirche (Kościoł Bernardynow), deren ehemaliger Klostergarten in einen halbkreisförmigen begrünten Platz verwandelt wurde. Mittendrin steht Rzeszóws ›Markenzeichen‹, das obeliskenhafte **Denkmal der Revolutionskämpfe** (Pomnik Czynu Rewolucyjnego), das manchen als Riesenphallus, anderen als aufsteigender Komet erscheint. Es wurde 1974 von Marian Konieczny, dem aus Rzeszów stammenden ›sozialistischen Michelangelo‹, geschaffen. Links und rechts des weiten Platzes erheben sich wuchtige Woiwodschaftsämter, jenseits davon lockt das große Einkaufszentrum Galeria Rzeszów (s. rechts).

Unmittelbar südlich der Bernhardinerkirche kündet das **Theater** (Teatr im. Wandy Siemaszkowej) wieder von alten Zeiten und wartet mit einer interessanten **Galerie** (Szajna Galeria) auf. Ausgestellt sind die düsteren Bühnenbilder, Collagen und Zeichnungen des in Rzeszów geborenen Regisseurs und Künstlers Józef Szajna (1922–2008).

Flanierstraße 3 Maja

Regionalmuseum: ul. 3 Maja 19, www.muzeum.rzeszow.pl, Di–Fr 8.30–15.30, So 10–16 Uhr, 10 zł
Auf der Ulica Sokoła geht es vom Theater weiter zur **Pfarrkirche** (Kościół Farny), in der gotische Sternrippengewölbe mit üppigem Barock kontrastieren. Hier nimmt die schmucke Fußgängerstraße Ulica 3 Maja ihren Ausgang.

300 m weiter erhebt sich die **Kirche des hl. Kreuzes** (Kościół Św. Krzyża). Einst gehörte sie den Piaristen, die im angrenzenden Kloster residierten. Längst sind die Mönche fort, ihre Prunksäle beherbergen nun das **Regionalmuseum** (Muzeum Okręgowe). Zu sehen ist polnische Kunst der letzten zwei Jahrhunderte, doch der wertvollste Schatz der Sammlung reicht weiter zurück: römischer Gold- und Silberschmuck aus dem 2. Jh. v. Chr., der im Vorland der Karpaten gefunden wurde.

Am Ende der Fußgängerstraße sieht man linker Hand das barocke **Lubomirski-Sommerpalais** (Letni Pałac Lubomirskich), heute Sitz der Pädagogischen Hochschule. Davor liegt ein großer Garten mit einem **Multimedialen Wasserspiel** (Multimedialna Fontanna), das besonders an lauen Sommerabenden viele Menschen anzieht – auf eine Wand aus Wasser wird eine fantastische Lichtershow gezaubert!

Jenseits der Straße sehen Sie die im 16. Jh. erbaute mächtige **Burg Lubomirski** (Zamek Lubomirskich), quadratisch angelegt mit barockem Turm und Bastionen. Heute tagt hier das Städtische Tribunal. Folgen Sie der Straße weiter bergab, kommen Sie zum Fluss Wisłok mit einer grünen Uferpromenade.

Infos

Touristenbüro: Rynek 26, Tel. 17 875 47 74, www.podkarpackie.travel.

Übernachten

Postmodern – **Grand Hotel:** ul. Dymickiego 1-A, Ecke ul. Kościuszki, Tel. 17 250 00 00, www.grand-hotel.pl. Boutiquehotel in der Nähe des Marktplatzes mit 40 sehr unterschiedlich dekorierten Zimmern, verteilt über drei Etagen und um einen luftigen Innenhof gruppiert. Lassen Sie das Frühstücksbüfett auf keinen Fall aus, auch das Spa und den Pool sollte man ausprobieren! DZ ab 90 €.

Mini – **Pod Ratuszem:** ul. Matejki 8, Ecke Rynek, Tel. 17 852 97 70, www.hotelpodratuszem.rzeszow.pl. Das Hotel ›Beim Rathaus‹ hat 14 gemütliche Zimmer im 1. Stock. Der Eingang – bitte klingeln! – liegt etwas versteckt in einer Passage. DZ ab 45 €.

Essen & Trinken

Zahlreiche Cafés, kleine Bars und Lokale finden sich rund um den Rynek.

Entspanntes Ambiente – **Confitura:** ul. Słowackiego 8, Tel. 17 784 44 40, www.restauracja konfitura.pl, Mo 12–22, Di–So 10–22 Uhr. Kleines Lokal in zentraler Lage, die Ecken sind für Verliebte reserviert. Gut zubereiteter Żurek und Piroggen in vielen Varianten, Fleischgerichte, Käse mit Preiselbeersoße – der Koch versteht sein Handwerk! Hauptgerichte ab 6 €.

Einkaufen

Einkaufszentrum – **Galeria Rzeszów:** ul. Piłsudskiego 44, www.galeria-rzeszow.pl. Hier findet man auf fünf Etagen alles, was das Herz begehrt, auch viele polnische Marken, z. B. freche Kinderkleidung von Coccodrillo und legere Mode von Reserved. Außerdem Delikatessen im Supermarkt Piotr i Paweł, Süßes bei Grycan, Milchiges in der Jogurteria und Knackiges im Kaktus. Auch Post, Apotheke, Reisebüro und ein großes Kino finden Sie hier!

Abends & Nachts

Lichtershow – Am Brunnen vor dem Sommerpalais der Familie Lubomirski (s. S. 307).
Klassikkonzerte – **Filharmonia:** ul. Szopena 30, www.filharmonia.rzeszow.pl. Die Vorstellungen finden meist freitags statt.

Termine

Folklorefestival (Juli, 2020): Alle drei Jahre findet dieses Mega-Folkfestival statt, zu dem Exilpolen aus aller Welt anreisen – ein skurriles Crossover mit brasilianischen Sambarhythmen, argentinischem Tango und indischem Raga!

Verkehr

Flüge: Der Flughafen, www.rzeszowairport.pl, liegt 10 km nördl. der Stadt und wird u. a. von Lufthansa und Ryanair angeflogen.
Züge: Vom Bahnhof, 500 m nördl. vom Rynek, kommt man bequem nach Krakau, Tarnów und Przemyśl, ein Nachtzug fährt nach Sandomierz.
Busse: Verbindungen gibt es u. a. zum Schloss von Łańcut sowie nach Lublin, Sanok und Ustrzyki Dolne.
Mit dem eigenen Auto: Gut parken kann man am Nordwestrand der Altstadt auf einem unterirdischen Parkplatz an der Bernhardinerkirche sowie am Einkaufszentrum Galeria Rzeszów (s. S. 308).

Łańcut ▶ 2, U/V 19

Wer beim Klang des Ortsnamens an ›Landshut‹ denkt, liegt richtig. **Łańcut**, 17 km östlich von Rzeszów, wurde um 1350 gegründet und mit jüdischen Bürgern aus der bayerischen Stadt besiedelt.

Wichtigste Attraktion ist das symmetrisch gegliederte, von Türmen flankierte Schloss, eines der schönsten in Polen (**2019/20 renoviert**). Der Adelige Stanisław Lubomirski ließ es zwischen 1629 und 1641 als ›Musterschloss‹ erbauen, im Stil der Renaissance und umgeben von einem fünfzackigen Festungswall. Gut 100 Jahre später meinte die neue Besitzerin, Fürstin Izabella Czartoryska, die Zeit für Erneuerung sei gekommen. Ein Lustschloss mit weitläufigem Park schien ihr zeitgemäßer als eine erhabene Festung und so baute man nach ihren Vorgaben eine Orangerie mit exotischen Pflanzen. Zugleich entstand eine antiken Vorbildern nachempfundene Freilichtbühne.

1772, unter österreichischer Herrschaft, entwickelte sich das Schloss zu einem Treffpunkt für den europäischen Hochadel. Ludwig XVIII. und Kaiser Franz Joseph waren hier zu Gast, vergnügten sich bei Theateraufführungen und Konzerten. Als das Schloss im 19. Jh. in den Besitz der Potockis überging, wurde es abermals umgestaltet, nun im neobarocken Stil. Die Ankunft der Roten Armee 1944 markierte das Ende der Magnatenherrschaft. Alfred Potocki, ein Graf mit preußischem Blut, konnte rechtzeitig fliehen und nahm in elf Güterwaggons die wertvollsten Stücke nach Liechtenstein mit. Ein Jahr später ging die Residenz in sozialistischen Staatsbesitz über, wurde Hotel und Museum.

Rings ums Schloss

Schloss: ul. Zamkowa 1, Facebook: mzlancut, Mo 12–15 ohne Führung und frei, Di–Fr 9–17, Sa, So 10–18 Uhr mit Führung 28 zł inkl. Ställe und Kutschenmuseum; für Audioguide, Orangerie, Ikonenmuseum und Orchideenhaus entstehen Zusatzkosten; Hinweis: kein Schlossbesuch an Ostern, 3. Mai, während des Musikfestivals im Mai, 1. und 11. Nov.

Sobald die Tore des **Schlosses** (Zamek) öffnen, stülpen sich die ersten Besucher die obligatorischen Pantoffeln über und gleiten über spiegelblanke Parkettböden durch eine Flut von Prunkgemächern: elegante Salons und Wohnzimmer, luxuriöse Ateliers, Rokokobäder und pompöse Schlafzimmer. Schon die Namen machen neugierig – es gibt ein Chinesisches und ein Türkisches Zimmer, einen Pompejanischen und einen Säulensaal.

Eine Adels-Connection bewahrte die Synagoge von Łańcut vor ihrer Zerstörung durch die Deutschen

Am Ende eines Flures weitet sich der Blick, der Ballsaal fasziniert mit illusionistisch bemalter Himmelsdecke. Daneben befindet sich das Hoftheater, dem eine bukolische Parklandschaft als Bühnenbild dient. Sehenswert sind auch der Speisesaal und die Skulpturengalerie sowie die in der Schlossbibliothek archivierten kostbaren Lederbände und Drucke.

In der **Orangerie** (Oranżeria) wachsen wie eh und je Palmen, Orchideen und andere ›Südländer‹. Ein 1929 eröffnetes **Kutschenmuseum** (Stajnie i Wozownia) mit mehr als 50 Gefährten aus dem 18. und 19. Jh. befindet sich an der Südseite des Parks. Nebenan zeigt das **Ikonenmuseum** (Sztuka Cerkiewna) über 1000 Kunsttafeln vom 15. bis 18. Jh. – so groß ist die Sammlung, dass die Bilder im Wechsel ausgestellt werden.

Synagoge
pl. Jana III Sobieskiego 16, Mo, Do–Sa
9–17 Uhr, 6 zł

Westlich des Schlossparks steht die 1761 erbaute **Synagoge** (Synagoga). Nur einem Zufall verdankt es sich, dass sie die Zeit der deutschen Besatzung überdauerte: Sie stand schon in Flammen, als Schlossbesitzer Alfred Potocki die Soldaten bat, den Brand zu löschen. Da seine Mutter von den Hohenzollern abstammte, ließen sich die Deutschen erweichen. Heute zählt die restaurierte Synagoge zu den schönsten im Land. Der Hauptsaal ist mit pastellfarbenen Fresken ausgemalt, auf denen vorwiegend biblische Tiergestalten zu sehen sind: Löwe und Gazelle, Schlange und Fuchs, Bär und Hirsch, eingerahmt von goldenen Ornamenten. Grafiken und Fotos gewähren Einblick in das damalige Leben der jüdischen Gemeinde.

Jüdischer Friedhof

Auf dem **Jüdischen Friedhof** (Cmentarz Żydowski) 1 km südlich des Ortszentrums liegt Naphtali aus Ropczyce begraben, von dem der Religionsphilosoph Martin Buber sagte, er sei der erste Intellektuelle in der chassidischen Welt gewesen. »Über seinem Grabstein«, heißt es in einem Text der polnischen Schriftstellerin Hanna Krall, »wächst ein baumhoher, weit ausladender Busch. Im Mai steht er rosarot in Blüte, aber jede Blüte hat einen anderen Ton. Die Chassiden sind im Frühling hergekommen und haben gesucht und verglichen, aber nie zwei gleiche Blüten gefunden …«

Übernachten

Charmantes Herrenhaus – **Pałacyk:** ul. Paderewskiego 18, Tel. 17 225 43 56, www.palacyk-lancut.pl. Restauriertes Hotel mit sieben Zimmern und Suiten nur wenige Schritte von der Synagoge entfernt. Auch das Restaurant ist zu empfehlen. DZ ab 35 €.

Schlosshotel – **Zamkowy:** ul. Zamkowa 1, Tel. 17 225 26 71. Im Südflügel des Schlosses kann man in renovierten, mit Stilmöbeln der Epoche ausgestatteten Zimmern logieren. Ist das Hotel noch wegen Renovierung geschlossen, können Sie ins freundlich geführte Hotel Vis á Vis Łańcut am pl. Sobieskiego 14 (www.visavis-lancut.pl), ausweichen. DZ jeweils ab 50 €.

Essen & Trinken

Das Ambiente stimmt – **Zamkowa:** ul. Zamkowa 1, Tel. 17 225 28 05, www.zamkowa-lancut.pl. Für ein Schlossrestaurant etwas farblos, aber *barszcz* und *żurek* schmecken nicht schlecht, auch das Hähnchen in Weißwein für 5 € hat mir gefallen.

Termine

Festival Alter Musik (Mai): Seit 1961 versammeln sich im Schloss Musiker und Musikliebhaber aus vielen Ländern zu Konzerten im Ballsaal und im Hoftheater.

Verkehr

Züge/Busse: Gute Verbindungen nach Rzeszów, Jarosław und Przemyśl. Die Busstation befindet sich 500 m östl., der Bahnhof 2 km nördl. des Schlosses.

Tipp

LAŃCUTS WODKA

Stadt- und Schlossbesitzer Alfred Potocki ließ im 19. Jh. hochwertige Spirituosen herstellen. Heute destilliert die Nachfolgefirma Polmos Wodkas von Premium bis Polonaise, die in jedem Lebensmittelladen und Restaurant vor Ort erhältlich sind. Kleingruppen können nach Anmeldung das **Wodkamuseum** (Muzeum Gorzelnictwa) besuchen, das in einem klassizistischen Palais nahe Łańcuts Bahnhof den Herstellungsprozess erläutert. Auch alte Flaschen und Etiketten, Destillier- und Befüllungsmaschinen sind zu sehen (ul. Kolejowa 1, Tel. 17 225 34 60, www.muzeumgorzelnictwa.pl).

Jarosław ▶ 2, W 19

Die Kleinstadt **Jarosław** (43 000 Einw.) liegt am linken Sanufer malerisch zwischen drei Klosterhügeln. Ein Fürst aus Kiew, so heißt es in Legenden, hat sie gegründet und ihr seinen Namen verliehen. Erstmals dokumentiert wurde Jarosław in der russischen Nestorchronik aus dem 12. Jh. Als Kazimierz III. 1340 Ruthenien okkupierte, fiel die Stadt an Polen. Dank ihrer günstigen Lage entwickelte sie sich zu einem wichtigen Handelsort. Auf den hiesigen Jahrmärkten kamen im ausgehenden Mittelalter Kaufleute der verschiedensten Länder zusammen: Türken und Perser, Armenier und Italiener, Spanier, Engländer und Deutsche. Nach dem Niedergang von Jarosław im 17. Jh. kam es erst mit dem Bau der

Eisenbahnlinie Krakau–Lemberg (1880) zu einem neuerlichen Aufschwung.

Altstadt

Ans goldene Zeitalter erinnert die teilweise autofreie Altstadt. Rings um den mittelalterlichen **Marktplatz** (Rynek) mit seinem imposanten **Rathaus** (Ratusz) reihen sich Patrizierhäuser, viele sind von Arkaden gesäumt. Am schönsten ist das 1581 erbaute Renaissancehaus des Bankiers Orsetti, in dem sich heute das **Stadtmuseum** (Kamienica Orsetich/Muzeum Miasta) befindet (Rynek 4, www.ckip.jaroslaw.pl, tgl. 9–16 Uhr, 7 zł). Am Haus Nr. 4 kann man sich auf eine **Unterirdische Route** (Podziemni Przejście) durch ehemalige Kellergewölbe begeben (Di–So 10–18 Uhr, 10 zł).

In den Seitenstraßen sind alte Kirchen zu entdecken, so eine russisch orthodoxe **Holzkirche** (Cerkiew) und ein griechisch-katholisches Gotteshaus, beide aus dem 18. Jh. Im Westen erhebt sich das barocke **Dominikanerkloster** (Klasztor Dominikanów), das östlich gelegene **Benediktinerkloster** (Klasztor Sióstr Benedyktynek) diente deutschen Besatzern als Gefängnis und Hinrichtungsstätte. Die ehemalige **Synagoge** (Synagoga) in der Ulica Opolska beherbergt heute eine Schule.

Przemyśl ▶ 2, W 20

Das fast 70 000 Einwohner zählende **Przemyśl** liegt im hügeligen Vorland der Karpaten beidseits des San, nur 14 km von der ukrainischen Grenze entfernt. Seine Silhouette wird von Kirchtürmen und Kuppeln geprägt, die sich über die Dächer der Altstadt erheben. Auf dem Burghügel haben Jesuiten und Franziskaner, Karmeliter und Reformierte ihre Klöster errichtet, die Kathedralen der Katholiken und Unierten sind nur wenige Schritte voneinander entfernt.

Ein Blick zurück

Przemyśl wurde 981 erstmals urkundlich erwähnt und ist damit eine der ältesten Städte Polens. Schon vor über 1000 Jahren lag sie im Schnittpunkt wichtiger Handelsrouten – Kaufleute, die von Krakau nach Kiew zogen, machten in Przemyśl Station und trafen auf Händler, die von der Ostsee zum Schwarzen Meer unterwegs waren. Doch die günstige Lage der Stadt brachte auch Schattenseiten mit sich: Um ihren Besitz konkurrierten Polen und Ungarn, Österreich und die Ukraine.

Unter österreichischer Besatzung wurde Przemyśl zur größten Garnisonsstadt Galiziens ausgebaut. Zur Zeit des Krimkrieges (1853) begann man mit der Errichtung von Befestigungsanlagen, erst kurz vor dem Ersten Weltkrieg waren die Arbeiten abgeschlossen. Die – nach eigenen Angaben – zweitgrößte Festung nach Verdun bestand aus einem 45 km langen äußeren Betonwall, der mit 60 teilweise mit Stahlplatten gesicherten Bastionen gespickt war. Dass dieses Wunderwerk der Technik wenig später wie ein Kartenhaus zusammenbrach, war auf das Wirken des legendären Oberst Alfred Redl zurückzuführen: Der Chef des österreichischen Spionagedienstes war Agent der russischen Regierung und verriet sämtliche Baupläne. So war es russischen Soldaten im Mai 1915 ein Leichtes, die Festung zu besetzen. Bei nachfolgenden Kämpfen wurde die Anlage weitgehend zerstört, Przemyśl fiel 1918 an Polen.

Einen neuerlichen ›Besitzerwechsel‹ erlebte die Stadt 1938. Gemäß der im Hitler-Stalin-Pakt (s. S. 42) festgelegten Demarkationslinie besetzten die Deutschen das linke Ufer des San, die Russen das rechte. Aber auch nach 1945 blieb die Region umkämpft. Bevor sie endgültig polnisch wurde, lieferten sich ukrainische Nationalisten und polnische Regierungstruppen einen dreijährigen blutigen Krieg. Nach Jahren der Stagnation ging es erst 1975 wieder bergauf: Przemyśl wurde vorübergehend Provinzhauptstadt, die wirtschaftliche Entwicklung belebte sich.

Die Spannungen zwischen Polen und der ukrainischen Minderheit halten jedoch an. Bis heute erhielten die Ukrainer ihre von den Katholiken angeeignete Karmeliterkirche nicht zurück, und selbst die jährliche Ausrichtung ihres Volksfestes wird ihnen von den Behörden meist erst nach langwierigen Auseinandersetzungen zugestanden.

Uhrturm

ul. Władycze 3, www.mnzp.pl, Di–Sa 9–16, So 11–15 Uhr, 10 zł bzw. 20 zł für alle drei Stadtmuseen

Mit ihren kopfsteingepflasterten Straßen und barocken Gebäuden strahlt die Altstadt habsburgisches Ambiente aus. Einen Überblick verschafft man sich von der Spitze des barocken **Uhrturms** (Wieża Zegarowa), der ein **Glocken- und Pfeifenmuseum** (Muzeum Dzwonów i Fajek) beherbergt. Was diese beiden Gegenstände gemein haben, bleibt rätselhaft. Nichtsdestotrotz lohnt vor allem der Blick auf die kunstvoll geschnitzten Rauchutensilien, deren Herstellung in der Stadt eine lange Tradition hat.

Stadt- und Nationalmuseum

Stadtmuseum: Rynek 9 und Serbańska 9, www.mnzp.pl, Di–Sa 9–16, So 12–16 Uhr, 10 zł; Nationalmuseum: pl. Berka Joselewicza 1, www.mnzp.pl, Di–Sa 9–16, So 12–16 Uhr, 10 zł

Um den nach Norden hin abschüssigen Rynek gruppieren sich Patrizierhäuser. In einem davon wurde 1884 Helena Rosenbach geboren, Psychoanalytikerin der ersten Stunde und Mitarbeiterin von Sigmund Freud.

An der Ecke zur Ulica Serbańska erzählt das auf zwei schöne Häuser verteilte **Stadtmuseum** (Muzeum Historii Miasta) die Geschichte von Przemyśl. Noch mehr über die Stadt erfährt man im **Nationalmuseum** (Muzeum Narodowe) unterhalb des Marktplatzes, das in spektakulären Ausstellungen die Festungsanlagen und die Kultur der orthodox-unierten Konfessionen vorstellt.

Franziskaner-, Jesuiten- und Karmeliterkirche

Enge Gassen und Treppen führen vom Marktplatz hinauf zur 1778 erbauten **Franziskanerkirche** (Kościół Franciszkański). Ihr Innenraum besticht durch Leichtigkeit und Anmut, Wände und Gewölbe sind mit Bibelszenen bemalt. Jugendstilfans nehmen weite Wege auf sich, um die von Stanisław Wyspiański gestalteten Fenster zu bewundern. Interessant sind auch Hochaltar, Kanzel und Orgel, allesamt Meisterwerke des Rokoko.

Über die Ulica Asnyka geht es hinauf zur barocken **Jesuitenkirche** (Kościół Pojezuicki), seit 1991 Sitz des Bistums der Unierten. Noch eine Etage höher steht die **Karmeliterkirche** (Kościół Karmelitów), die bis zum Ausbruch des Zweiten Weltkriegs griechisch-katholisch war. Der Renaissancebau mit byzantinischer Kuppel lohnt den Besuch wegen seiner prächtigen Rokoko-Altäre.

Kathedrale

Erzdiözesanmuseum: pl. Katedralny 2, www.muzeum.przemyska.pl, Di–Sa 10–16 Uhr, Eintritt frei

In westlicher Richtung erhebt sich die zwischen 1460 und 1571 erbaute römisch-katholische **Kathedrale** (Katedra), eine barock umgestaltete Basilika mit einem 71 m hohen, freistehenden Glockenturm. Zur Innenausstattung gehören eine Alabaster-Pietà am Hauptaltar und die Barockkapelle der Familie Fredro, der Polens bekannter Komödiendichter Aleksander Fredro entstammt. Auch ein Blick in die düsteren Krypten lohnt sich. Das **Erzdiözesanmuseum** (Muzeum Archidiecezjalne) zeigt eine reiche Sammlung sakraler Kunst.

Burg und Festung

Burg: www.kultura.przemysl.pl, Mo geschl.; Festung: Termine für Touren durch die gigantische Anlage erfährt man im Touristenbüro

Die **Burg** (Zamek), eine Stiftung von König Kazimierz III., erhielt 1630 ihre heutige Gestalt. Sie beherbergt ein Kulturzentrum und das **Theater Fredreum** (s. S. 313). Der Turm kann bestiegen werden und eröffnet einen weiten Blick auf die Umgebung.

Die **Festung Przemyśl** (Twierdza Przemyśl) bestand ursprünglich aus einem 45 km langen, mit 42 Forts gespickten Ring, vielen Vorwerken und 1000 Geschützstellungen. Zwar hat sich die Natur mittlerweile viel zurückerobert, doch einiges ist noch erhalten oder wurde museal aufbereitet.

Schloss Krasiczyn

www.krasiczyn.com.pl, tgl. 10–16 Uhr, 12 zł bzw. 16 zł inkl. Führung zu jeder vollen Stunde

10 km südwestlich der Stadt liegt inmitten einer großen Parklandschaft das prachtvolle

Przemyśl

Schloss Krasiczyn (Zamek w Krasiczynie), ehemaliger Sitz des ostpolnischen Magnaten Krasicki. Das um 1600 erbaute Renaissancepalais hat einen quadratischen Grundriss mit je 70 m Seitenlänge und seitwärts angebauten runden Basteien: Gott-, Papst-, Königs- und Adelsturm. Die Fassaden des Hauptgebäudes und die Basteien sind mit eleganten Reliefs und Attiken geschmückt. Teile der Anlage können besichtigt werden, schön ist auch ein Spaziergang durch den romantischen Park mit seltenen, teilweise sehr alten Bäumen. Wer will, kann im Schloss übernachten (s. unten), im Restaurant wird polnische Kost serviert.

Infos
Touristenbüro: ul. Grodzka 1, Tel. 16 675 21 63, www.visit.przemysl.pl/en, Mo–Fr 9–17, Sa, So 10–18 Uhr.

Übernachten
Im Schloss – **Zamek w Krasiczynie:** Tel. 16 671 83 21, www.krasiczyn.com.pl. Im ehemaligen Kutschenhaus kann man feudal, im Schweizer Haus etwas schlichter übernachten. 50 Zi., DZ ab 55 €.

Essen & Trinken
Auch in Przemyśl findet man Cafés und Kneipen rings um den Rynek.
Gemütlich – **Cuda Wianki:** Rynek 5, Tel. 533 090 999, Facebook: Cuda Wianki, tgl. 11–22 Uhr. Das kleine Lokal der ›Wunderkränze‹ (so sein Name) ist zu allen Tageszeiten ein beliebter Treff. Die Piroggen Kresowe (aus den ›Randgebieten‹), die Sauermehlsuppe (Żurek) und auch die Fischsuppe in Kokosmilch schmecken vorzüglich, ebenso die Pasta mit Pilzen in leckerer Sahnesoße. Tipp: Werktags bekommen Sie zur Mittagszeit ein schmackhaft zubereitetes Menü für 6 €.
Nur sieben Tische – **Rubin:** ul. Kazimierza Wielkiego 19, Tel. 16 678 25 78, www.barrubin.pl, tgl. 9–20 Uhr. Familienlokal mit einfacher deftiger polnischer Kost, mittags kann es eng werden. Probieren Sie doch mal Knödel mit Buchweizengrütze! Auf halber Strecke zwischen Bahnhof und Rynek gelegen. Hauptgerichte ab 4 €.

Der brave Soldat Schwejk
Der Antiheld aus der gleichnamigen Satire von Jaroslav Hašek ist nach Przemyśl zurückgekehrt. Hier saß der tschechisch-habsburgische Soldat zur Zeit des Ersten Weltkriegs in der Festung ein, wo er mit List und anarchischem Witz die militärische Ordnung auf den Kopf stellte. So ließ er sich, um sich vor weiterem Militärdienst zu drücken, von den Ärzten ein Leiden an Idiotie bescheinigen. Alle paar Jahre wird Schwejk zu Ehren in Przemyśl ein Fest mit Jahrmarkt und allerlei Fantastereien gefeiert. Eine von Schautafeln begleitete Rad- und Wanderroute auf den Spuren von Schwejk führt von der Stadt entlang der polnisch-ukrainischen Grenze nach Sanok (und weiter nach Tschechien); das Touristenbüro hält eine entsprechende Broschüre bereit. Der örtliche Verein der Freunde des Braven Soldaten Schwejk hat ihm zu Ehren auf dem Marktplatz ein Denkmal errichtet und viele Wegweiser schmückt das Schwejk-Logo. Auch gibt es Versuche, das unvollendet gebliebene Buch, dessen letzte Kapitel der Autor vom Totenbett aus diktierte, in Przemyśl enden zu lassen …

Abends & Nachts
Theater – **Teatr Fredreum:** al. 25 Polskiej Drużyny Strzeleckiej 1, www.fredreum.hekko.pl. Spielstätte auf dem Burghügel.

Termine
Fest des hl. Vincent (Aug.): Am letzten Wochenende des Monats wird dem Stadtpatron mit einem rauschenden Fest auf dem Rynek gehuldigt.

Verkehr
Züge: Alle 2–3 Std. via Rzeszów und Tarnów nach Krakau. Ins ukrainische Lviv (Lemberg) tgl. mehrere Verbindungen. Der Bahnhof liegt knapp nordöstl. des Zentrums.
Busse: Mehrmals tgl. Verbindungen nach Rzeszów, Sanok und Ustrzyki Dolne, 1 x tgl. nach Zamość. Die Busstation befindet sich neben dem Bahnhof. Stadtbus 40 fährt regelmäßig nach Krasiczyn.

✲ Bieszczady

Die beiden Städtchen Sanok und Lesko dienen als Eingangstor in die Bieszczady, die Waldkarpaten. Polens von September bis Juni einsamste Region ist ideal für Outdoorfans aller Couleur: Paddeln auf dem San, Wandern auf aussichtsreichen Kämmen, Radfahren auf einsamen Bergstraßen. Und auf den stämmigen Huzulenpferden lassen sich lange Trecks unternehmen …

Die polnischen **Bieszczady** sind eines der letzten vom Tourismus kaum eroberten Naturparadiese Europas: Buchenwälder reichen bis zu einer Höhe von 1000 m, wo sie von baumlosen Kämmen abgelöst werden. Höchster Gipfel ist der Tarnica mit 1346 m – seine relativ geringe Höhe verrät wenig über den wilden Charakter dieses Gebiets. Die Waldkarpaten werden im Westen durch den Dukla-Pass begrenzt und erstrecken sich ostwärts bis zur ukrainischen Grenze. In dieser entlegensten Region Polens, wo sich, so heißt es, Bär und Wolf Gute Nacht sagen, wurde 1973 ein Nationalpark geschaffen, der **Bieszczadzki Park Narodowy**. 20 Jahre später gründete die UNESCO das Biosphärenreservat Ostkarpaten.

Zwei Routen bieten sich an, um die Waldkarpaten kennenzulernen: Die **Große Bieszczaden-Schleife** (Wielka Pętla Bieszczadzka, 144 km) führt von Lesko über Ustrzyki Dolne, Czarna Górna, Ustrzyki Górne, Cisna, Komańcza und Rzepedź nach Lesko zurück. Die weniger attraktive **Kleine Bieszczaden-Schleife** (Mała Pętla Bieszczadzka, 78 km) startet und endet ebenfalls in Lesko und passiert die Orte Polańczyk am Solina-See, Czarna Górna, Ustrzyki Górne und Cisna.

Feriensiedlungen findet man nur am künstlich geschaffenen Solina-See, ansonsten gibt es außer Campingplätzen, Herbergen und einigen Berghotels nichts als Wildnis und Einsamkeit. Selbst in den Sommerferien, wenn die Waldkarpaten von Outdoorfreaks ›heimgesucht‹ werden, kann man stundenlang wandern, ohne einer Menschenseele zu begegnen. Wenn sich im Herbst die karpatischen Buchen goldgelb färben und für einen Indian Summer sorgen, kommen die Pilzsucher: Im Wald wachsen Pfifferling und Reizker, Wulsting, Steinpilz und Parasol, ein wilder Verwandter des Champignons. Ein dichtes Netz markierter Wege erschließt die Region, führt über Grassteppen, Hochweiden und Grate. Empfehlenswert ist der Kauf der Wanderkarte ›Bieszczady Mapa Turystyczna‹ (1 : 75 000).

Kultur erlebt man in Form von Ruinen und Relikten. Einige Holzkirchen wurden mithilfe der EU erneuert, an die Juden, einst die größte Minderheit der Region, erinnern Grabsteine. Den Frontverlauf des Ersten und Zweiten Weltkriegs dokumentieren versteckte Waldfriedhöfe mit windschiefen Kreuzen.

Verkehr

Busse: Außerhalb der Sommersaison (Juli, Aug.) sind Busverbindungen rar.

Mit dem eigenen Auto: Die Anreise erfolgt über Krosno und Sanok nach Lesko oder über Krosno und Dukla nach Komańcza. Wer von Krakau aus über Łancut gefahren ist, wird Przemyśl als Einstiegsort wählen.

Sanok ▶ 2, U/V 21

Karte: S. 324
Die 40 000-Einwohner-Stadt **Sanok** **1** liegt auf einer Anhöhe über dem San, 70 km südöstlich von Rzeszów und 30 km von der slowakischen Grenze entfernt. Bevor Sie in den Nationalpark weiterziehen, können Sie prüfen, was Sanok kulturell zu bieten hat.

Schloss

ul. Zamkowa 2, www.muzeum.sanok.pl, April–Sept. Mo 8–12, Di–So 9–17, Okt.–März bis 15 Uhr, 17 zł

Das auf einer Felsklippe thronende **Schloss** (Zamek), ursprünglich gotisch, später im Stil der Renaissance umgestaltet, birgt die umfangreichste Ikonensammlung des Landes. Die chronologisch angeordneten Bilder (14.–18. Jh.) stammen vorwiegend aus den nach der Vertreibung der Ukrainer 1947 verwaisten oder zerstörten Holzkirchen der Unierten.

Nebenan, in der **Beksiński-Galerie,** werden Werke des in Sanok geborenen Künstlers Zdzisław Beksiński (1929–2005) ausgestellt: 600 surrealistische Visionen aus einer Welt der Melancholie und Düsternis. Eine zweite Galerie, die **Galeria Mariana Kruczka,** zeigt Skulpturen, Reliefs und Grafiken von Marian Krucz (1927–89), die mit ihren bizarren Gestalten einer Märchenwelt zu entstammen scheinen.

Kirchen

Hinter dem Schloss, in der Ulica Zamkowa, erhebt sich die **Kathedrale der hl. Dreifaltigkeit** (Cerkiew Św. Trójcy) der Orthodoxen. Sie stammt von 1784 und wartet mit einer schönen Ikonostase auf. Die Katholiken versammeln sich in Sanoks ältestem Gotteshaus, der barocken **Franziskanerkirche** (Kościół Franciszkanów Św. Krzyża) in der Ulica Franciszkańska. Sie birgt ein ›wundertätiges‹ Marienbildnis.

Skansen Sanok

ul. Rybickiego 3, www.skansen.mblsanok.pl, Mai–Sept. 8–18, April–Okt. 9–16, Nov.–März 9–14 Uhr, 17 zł; Anfahrt mit Stadtbus 1 oder 3, Besichtigung 2 Std., nur in Gruppen (max. 20 Pers.).

Die verschwundene Welt der Bojken und Lemken, die bis 1947 in den Bieszczaden lebten, wurde im **Museum der Volksbaukunst** (Muzeum Budownictwa Ludowego) rekonstruiert. Polens größtes Freilichtmuseum befindet sich 2 km nördlich der Stadt am gegenüberliegenden San-Ufer.

Auf dem Weißen Berg (Biała Góra) entstand ein komplettes Dorf mit mehr als 100 Holzhäusern, russisch-orthodoxen und griechisch-ka-

Ein fahrbarer Untersatz ist nicht schlecht für die Erkundung von Polens größtem Freilichtmuseum

Bieszczady

tholischen Kirchen, Wind- und Wassermühlen sowie Speichern. Selbst eine Schule fehlt nicht. Typisch für die Bauweise der Bojken und Lemken sind die schindelgedeckten geschwungenen Hausdächer und zwiebelförmigen Kirchenkuppeln. Im Inneren der Gotteshäuser veranschaulichen Ikonen orthodoxe Gläubigkeit, jüdische Kultgegenstände stammen aus ehemaligen Synagogen.

Infos
Touristenbüro: Rynek 14, Tel. 13 464 45 33, www.sanok.pl, Mo–Fr 9–17, Sa, So 9–13 Uhr. Hier bekommt man u. a. Wanderkarten und Broschüren.

Übernachten
Akzeptabel – **Jagielloński:** ul. Jagiellońska 49, Tel. 13 463 12 08, www.hoteljagiellonski.pl. Familiär geführtes Hotel mit 21 Zimmern an der Straße nach Lesko, das Schloss lässt sich von hier gut zu Fuß erreichen. Tipp: Wählen Sie ein Zimmer nach hinten, so schlafen Sie ruhiger! DZ ab 45 €.

Tipp

EUROPAS GREISIN UNTER DEN HOLZKIRCHEN

30 km nordwestlich von Sanok steht im Weiler **Haczów** 2 (▶ 2, U 21) Europas größte, älteste und besterhaltene gotische Holzkirche – mit mehreren anderen Gotteshäusern der Region gehört sie zum UNESCO-Weltkulturerbe. Sie stammt von 1459, fast ebenso alt ist ein Fresko im Inneren sowie eine geschnitzte ›wundertätige‹ Pietà, die Wasser gespien haben soll – vermutlich als der Wisłok-Fluss hinter der Kirche über die Ufer trat … (Kościół Wniebowzięcia NMP, www.parafiahaczow.pl, tgl. 8–16 Uhr).

Essen & Trinken
Direkt am Markt – **Karczma Jadło Karpackie:** Rynek 12, Tel. 13 464 67 00, www.karczmasanok.pl, tgl. 10–22 Uhr. Gasthaus mit polnischer Küche und einigen ›Ausreißern‹ wie Buchweizenpfannkuchen (hreczanyky) und Vollkornpiroggen (pierogi z mąki razowej). Mir gefielen besonders die Kartoffelpuffer mit Sauerrahm (bandurjanki). Als Nachspeise könnte man Apfelkuchen oder hausgemachtes Eis wählen. Hauptgerichte ab 5 €.

Aktiv
Kajakfahren – **Kajaki Sanok:** ul. Białagórska, Tel. 607 751 114, www.kajaki-sanok.pl, tgl. 9–17 Uhr. Vom Parkplatz an der Brücke zum Skansen, gegenüber dem Hotel Bona, starten Touren auf dem San. Der Rücktransport wird vom Veranstalter organisiert.

Radfahren – In Sanok beginnen Mountainbiketrails in die Karpaten, die auf der Karte ›Atlas Szlaków Rowerowych Podkarpackie‹ eingezeichnet sind. Radverleih bitte im Touristenbüro erfragen!

Wandern – In Sanok startet die Ikonenroute (Szlak Ikon), eine 15-stündige Wandertour von einer Holzkirche zur nächsten. Details erfährt man im Touristenbüro.

Verkehr
Züge/Busse: Nur mit Bus kommt man nach Ustrzyki Górne und Wetlina, per Zug via Zagórz nach Komańcza. Bahnhof und Busstation befinden sich 1,5 km südl. der Stadt.

Von Lesko bis nach Ustrzyki Górne

Karte: S. 324

Lesko ▶ 2, V 21
14 km südlich von Sanok liegt am Ufer des San die 12 000 Einwohner zählende, verschlafene Kleinstadt **Lesko** 3. Auch sie darf sich Eingangstor zu den Waldkarpaten nennen: Hier beginnen die Große und die Kleine Bieszczaden-Schleife (s. S. 314).

Von Lesko bis nach Ustrzyki Górne

Die Stadt wurde 1470 gegründet und erst von Ruthenen, dann von sephardischen, vor der spanischen Inquisition fliehenden Juden besiedelt. Während ihrer Blütezeit im 16. Jh. entstanden die **Marienkirche** (Kościół Parafialny NMP), ein **Schloss** (Zamek, heute Hotel) sowie mehrere Synagogen.

Bei Ausbruch des Zweiten Weltkriegs bekannten sich mehr als 50 % der Einwohner Leskos zum jüdischen Glauben. Sie wurden von den Nationalsozialisten getötet, die restliche Bevölkerung – vorwiegend Lemken – nach Kriegsende von den Polen deportiert. Die **Synagoge** östlich des Rynek, die einzige verbliebene in der Stadt, ist der Goldenen Rose nachempfunden, der bekannten Lemberger Synagoge. Heute beherbergt der Bau eine **Kunstgalerie** (Galeria Sztuki Synagoga, ul. Berka Joselewicza, Ecke Moniuszki).

Geht man von der Synagoge 300 m den Hügel hinab, kommt man zum Eingang des **Jüdischen Friedhofs** (Kirkut w Lesku), erkennbar am Davidstern. Etwa 500 Grabsteine blieben erhalten, der älteste stammt aus dem Jahr 1548. Viele Monumente sind Meisterwerke der Steinmetzkunst, verziert mit Tiermotiven oder zum Gebet erhobenen Händen (ul. Moniuszki).

Übernachten

Im Schloss – **Zamek:** ul. Piłsudskiego 7, Tel. 13 469 62 68. Unterkunft im klassizistisch erneuerten Schloss. 34 Zimmer mit Bad, einige mit Terrasse, etwas abgenutzt. Die Mahlzeiten werden im gotisch gestalteten Rittersaal eingenommen. DZ ab 50 €.

Essen & Trinken

Von allem etwas – Rund um den Rynek gibt es Fastfood-Lokale, etwas besser ist das Ambiente im Schlossrestaurant.

Verkehr

Busse: Verbindungen nach Zagórz (dort Anschluss an die Bahn), Ustrzyki Dolne, Ustrzyki Górne, Wetlina und Cisna, außerdem zu den Ferienorten am Solina-See, nach Sanok und Krakau. Die Busstation befindet sich an der ul. Piłsudskiego, 1 km nordwestl. des Stadtkerns.

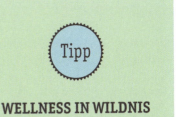

Tipp

WELLNESS IN WILDNIS

Bis 1990 war **Wojtkowa** 4 (▶ 2, V 21), ein etwa 30 km nordöstlich von Lesko gelegener Weiler, für die meisten Polen tabu: In der dortigen Unterkunft, dem **Hotel Arłamów**, traf sich die kommunistische Nomenklatura zu Sport, Erholung und Jagd. Das ist freilich lange her ... Heute bietet das Viersternehotel gepflegte Zimmer, Innen- und Außenpools sowie Saunen, Tennisplätze, zwei Skilifts und Pisten mit Kunstschnee, eine Golf-Range sowie einen Reitstall. Seit auf dem Hotelgelände die Weltmeisterschaften im Schlittenhunderennen ausgetragen wurden, gehören auch winterliche Ausflüge mit Huskies zum Programm (Wojtkowa s/n, Tel. 13 443 10 00, www.arlamow.pl, DZ ab 70 €).

Solina-See ▶ 2, V 22

16 km südlich von Lesko liegt der 2200 ha große, 1980 künstlich geschaffene **Solina-See** (Zalew Solińskie) mit zwei größeren Ferienzentren. Allerdings sind weder **Solina** 5 noch **Polańczyk** 6 architektonisch glücklich in die Berglandschaft eingepasst, beide wollen so gar nicht dem positiven Bild der Waldkarpaten entsprechen. Gleichwohl erfreuen sie sich im Sommer bei polnischen Urlaubern großer Beliebtheit.

Übernachten

Auf einer Landzunge – **Pensjonat Korona:** ul. Zdrojowa 29, Polańczyk, Tel. 13 469 22 01, www.pensjonatkorona.pl. Zu den empfehlenswerten Häusern zählt das freundliche Korona, man hat es nicht weit zum See und auch nicht zum Kurpark. Das Frühstück ist abwechslungsreich, das Restaurant auf Fisch

Bojken und Lemken, Holzkirchen und Ikonen

Niemand, der einmal in den Bieszczady war, wird sie vergessen: die orthodoxen Holzkirchen mit zwiebelförmigen Kuppeln, gewelltem Schindeldach und windschiefen Kreuzen. Oft stehen sie außerhalb des Dorfes auf einem Hügel und sind von einem Kranz knorriger Eichen und Linden eingerahmt.

Der orthodoxe Glaube kehrte mit den Ruthenen ein, einem Volksstamm aus der heutigen Ukraine, der sich ab dem 13. Jh. rund um den Fluss San ausbreitete. Im Spätmittelalter kam es zur Vermischung mit zugezogenen Balkannomaden, was zur Herausbildung von zwei neuen ethnischen Gruppierungen führte: den in den östlichen Waldkarpaten siedelnden Bojken und den Lemken, die westlich bis zu den Sandezer Beskiden lebten. Von beiden Stämmen traten viele nach der Union von Brest im Jahr 1596 zum unierten (griechisch-katholischen) Glauben über, d. h. sie kündigten dem Patriarchen von Konstantinopel den Gehorsam auf und unterwarfen sich dem Papst. Dieser war im Gegenzug bereit, die orthodoxe Liturgie zu akzeptieren.

Die beiden Volksgruppen bildeten voneinander abweichende Dialekte aus und unterschieden sich in Kleidung und Alltagskultur. Lemken waren bessergestellt, ihre Häuser zeugten von der Lust, Schönes und Eigenes zu schaffen. Aus mächtigen Tannenbohlen erbaut, waren die Gebäude außen wie innen mit farbigen Pflanzenornamenten bemalt. Vorlauben verliehen ihnen eine verspielte Note und boten zusätzlichen Wohnraum. Bojken lebten in niedrigen, mit Stroh gedeckten Holzhäusern, Stube und Stall waren unter einem Dach vereint. Waren sie auch arm, so wollten sie doch nicht auf eine Kirche verzichten. Diese wurde aus Tannen- und Buchenholz erbaut, dazu kam ein dreigliedriges Zeltdach, dessen Mittelteil durch eine Kuppel betont wurde. Die Lemken dagegen bevorzugten ein steiles Stufendach, wobei jeder First von einem Helm gekrönt war. Oft wurde es so weit hinabgezogen, dass ringsum eine durch Säulen abgestützte Galerie entstand.

Prachtstück einer Kirche waren die Ikonen, archaische, an der Grenze zwischen byzantinischer und römischer Kunst entstandene Heiligenbilder. Sie waren nicht als Bibelillustration gedacht, sondern sollten der Erleuchtung dienen. Die eingesetzten Farben, subtil abgestuft von rot und braun bis olivgrün, wirken sinnlich-betörend. Blattgold und -silber, eingelassen ins Holz, verleihen der Ikone geheimnisvollen Zauber.

Nach festem Reglement wurden die Bilder zu einer Ikonostase, d. h. einer Bilderwand verknüpft. Der Gläubige, hungrig nach mystischer Offenbarung, versenkte sich in den Anblick der Ikonen, öffnete seine Seele für die aus den Bildern zu ihm sprechende Schönheit. Jenseits der Ikonostase begann das Reich der himmlischen Wirklichkeit. Den Weg dorthin wies die Königstür, die sich während der Messe, im Dunkel der nur von Kerzen erleuchteten Kirche, öffnete.

Wanderer werden immer wieder von Pflanzen überwucherte Kirchenruinen und Friedhöfe entdecken. Doch was uns romantisch anmutet, ist der Ausdruck von Vertreibung und Zerstörung. Für die ukrainischsprachigen Bojken und Lemken, die in vielen Dörfern die Bevölkerungsmehrheit stellten, war in den Vorkarpaten ab Mitte des 20. Jh. kein Platz mehr – sie wurden Opfer des polnisch-ukrainischen Grenzkrieges, der in den Jahren zwischen 1945 und 1947 entbrannte.

*Eine der wenigen erhaltenen Holzkirchen im Besitz der Orthodoxen:
Komańczas Kapelle der Schützenden Muttergottes*

Da die polnische Regierung die Ethnien der Sympathie für die UPA-Rebellen bezichtigte, die für ein ukrainisches Reich von Krakau bis Kiew kämpften, wurde die Mehrzahl der Bojken und Lemken – schätzungsweise 200 000 Menschen – in einer Nacht-und-Nebel-Aktion am 29. April 1947 in andere Gegenden Polens umgesiedelt, vor allem in solche, die zuvor von Deutschen bewohnt waren. Bleiben durften nur die, deren Arbeitskraft als Holzfäller und Eisenbahner unentbehrlich schien.

Ganze Dörfer wurden dem Erdboden gleichgemacht, sollten nie wieder bewohnbar sein. Die Gotteshäuser fielen dem Verfall anheim: Von 155 Kirchen gibt es heute noch 59. Die Sakralbauten in Rzepedź, Ustrzyki Dolne und Wielopole durften im Besitz der Unierten bleiben, sechs Kirchen wurden den Orthodoxen zugesprochen, u. a. die in Komańcza und Turzańsk. Alle übrigen Gotteshäuser verleibte sich die katholische Kirche ein – sie weigert sich bis heute, diese an die ursprünglichen Eigentümer zurückzugeben.

Die Ikonen sind nach 1947 aus den Holzkirchen verschwunden. Die meisten wurden geraubt und auf dem internationalen Kunstmarkt verkauft. Nur knapp 1000 konnten gerettet werden. Sie befinden sich heute im Ikonenmuseum von Sanok sowie in Przemyśl, Łancut und Lublin. Eine in Sanok startende Ikonenroute (Szlak Ikon) führt Wanderer zu den schönsten verbliebenen Ikonenkirchen im Rahmen einer 70 km langen Rundroute (reine Gehzeit ca. 15 Std.).

Bieszczady

spezialisiert. DZ ab 75 €, günstiger bis Mitte Juni und ab Sept.

Verkehr
Busse: Gute Verbindungen nach Lesko und Ustrzyki Dolne.

Czarna Górna und Umgebung
▶ 2, W 22

Im Straßendorf **Czarna Górna** 7 knapp 40 km südöstlich von Lesko laufen die Große und die Kleine Bieszczaden-Schleife zusammen (s. S. 314). Wer mit dem eigenen Auto unterwegs ist, könnte einen kurzen Abstecher in Richtung Osten unternehmen: In den winzigen Orten **Bistre** 8 und **Michniowiec** 9 sind orthodoxe Holzkirchen zu entdecken. Auf der Weiterfahrt gen Süden lohnt sich ein Stopp kurz hinter **Smolnik** 10 , dessen dreitürmiges Kirchlein von 1791 dem Erzengel Michael geweiht ist.

Ustrzyki Górne ▶ 2, W 23

Karte: S. 324

In **Ustrzyki Górne** 11 , wo die Ringstraße ihren südöstlichsten Punkt erreicht, möchte man bleiben. Würzige Luft umfängt einen, die Ruhe wird nur vom Plätschern des Flusses unterbrochen. Die Direktion des Nationalparks hat hier ihr Quartier und die UNESCO veranstaltet Tagungen zum Thema ›Unzerstörte Landschaften‹.

Der Ort liegt 650 m hoch am Ufer des Wołosaty und besteht nur aus wenigen, an der Hauptstraße liegenden Häusern, darunter ein paar Unterkünfte, ein Laden und – man sehe und staune – eine winzige Post. Für Wanderer ist dieser Ort eine ideale Basis, denn einige der schönsten Wanderwege der Waldkarpaten laufen hier zusammen. Wenn man abends beim offenen Feuer auf dem Campingplatz sitzt, kann es geschehen, dass Rehe vorbeispazieren und die Gäste neugierig mustern. Und ist man bereit, eine Nacht zu opfern, kann man von Plätzen, die nur Förstern vertraut sind, Ausschau halten nach Bären und Wölfen.

Infos
Nationalparkbüro (Ośrodek Informacji i Edukacji Turystycznej): Lutowiska 2, Tel. 13 461 06 10, www.bdpn.pl, www.bieszczady.info.pl.

Übernachten
Direkt am Fluss – **Camping Górski PTTK:** Tel. 13 461 06 14, www.hotel-pttk.pl/de/camping. Das Hotel hat an Attraktivität verloren, der zugehörige einfache Campingplatz seinen Reiz bewahrt. Für wenig Geld können Sie hier auch kleine Hütten beziehen, die sanitären Anlagen des Campingplatzes dürfen mitbenutzt werden. 2 Pers. ca. 25 €.

Aktiv
Reiten – In Wołosate, 6 km südlich von Ustrzyki Górne, befindet sich eine Zucht für Huzulenpferde. Die kleinen, robusten und sehr trittsicheren Tiere sind wie geschaffen für das schwierige Berggelände. Ausritte, Kutschen- und Schlittenfahrten vermittelt das Nationalparkbüro (s. oben).
Schneeschuhtouren – **Albatros:** www.albatros-outdoor.de. Acht Tage lang wandern Sie durch die verschneiten Wälder der Waldkarpaten und folgen den Spuren der hier lebenden Wildtiere. Die Schneeschuhe werden vom Veranstalter gestellt.
Wandern – Ustrzyki Górne ist ein hervorragender Ausgangspunkt für Touren in den Nationalpark, z. B. auf den Tarnica (1346 m) oder den Wielka Rawka (1304 m). Der rot markierte Weg zur Alm Połonina Caryńska (1297 m) ist weniger anstrengend, wenn man ihn in Brzegi Górne beginnt (s. S. 321).

Wetlina und Majdan
▶ 2, V 22/23

Karte: S. 324

Das nur 400 Einwohner zählende **Wetlina** 13 konkurriert mit Ustrzyki Górne um den Ruf, der Hotspot des alternativen Lebens zu sein. Wetlina liegt eingebettet in eine sanfte Hügellandschaft an der Südseite des Nationalparks und erstreckt sich über 4 km längs der

Wetlina und Majdan

WANDERUNG IM DREILÄNDERECK

Tour-Infos
Start: Brzegi Górne (s. Karte S. 324)
Ziel: Ustrzyki Górne (s. S. 320)
Länge: 7,5 km
Dauer: 4 Std.
Höhenunterschied: ca. 570 m im Aufstieg, 620 m im Abstieg
Schwierigkeitsgrad: Nach teilweise steilem Aufstieg geht es Höhe haltend am Bergkamm entlang. Die Tour endet mit einem langen, aber nicht beschwerlichen Abstieg.
Einkehr: im Sommer Imbissbude in Brzegi Górne
Hinweis: Busse verkehren zwischen Brzegi Górne und Ustrzyki Górne nur im Juli/Aug.

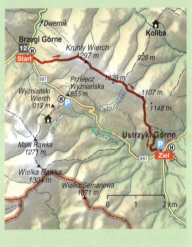

Der schönste Teil der Wanderung führt am versteppten, oft windgepeitschten Bergkamm entlang. Am Horizont erstrecken sich sanft geschwungene Gebirgszüge, eine Landschaft grandioser Einsamkeit. Bei guter Sicht reicht der Blick bis hinüber in die Slowakei und in die Ukraine. Besonders schön ist die Tour im Herbst, wenn sich die Buchenwälder rot-gold färben, es riecht nach Pilzen und modrigem Laub.

Der Weg startet an der Straßenkurve mit dem Schild **Brzegi Górne** 12 (Parkplatz) auf halber Strecke zwischen Ustrzyki Górne und Wetlina. Die asphaltierte, nach Dwernik führende Seitenstraße lässt man links liegen und steigt an einem **Marienbildstock** vorbei den steilen Hügel hinauf. Kurze Zeit später ist ein kleiner **Friedhof** erreicht. Eine Tafel mit kyrillischen Schriftzügen verweist darauf, dass hier früher eine orthodoxe Kirche stand. Ab dem Friedhof ist der Weg rot markiert und ausgeschildert, führt durch Birken- und Buchenwald stetig bergauf. Am Rande einer Lichtung bietet eine Bank letzte Möglichkeit zur Rast, bevor sich der Pfad durch dichten Wald steil emporschraubt. Die Baumgrenze wird passiert, auf geht es zum Gebirgskamm **Połonina Caryńska**, dessen höchster Gipfel 1297 m erreicht (2,15 Std.). Der Blick von hier ist atemberaubend: Schaut man hinab, sieht man bewaldete Täler, schaut man nach vorn, wilde, versteppte Hochweiden. Wenige Minuten später mündet von rechts der grün markierte, vom Wyżnianska-Pass kommende Pfad in unseren Weg ein, nach einer Viertelstunde zweigt er links zur Schutzhütte Koliba ab. Hier, am Gipfel **Wierzchołek** (2,35 Std.), eröffnet sich ein erster Ausblick auf den weiten Talkessel von Ustrzyki Górne. Durch dichten Wald geht es bergab. Auf einer Holzbrücke wird der Fluss Wołosaty gequert, der Ausflug endet an der Ringstraße zwischen dem Hotel Górski und dem Campingplatz in **Ustrzyki Górne** (4 Std.).

Straße. Im ›Zentrum‹, das den Namen **Osada** (›Ansiedlung‹) trägt, findet man nebst einigen preiswerten Herbergen eine moderne Holzkirche aus dem Jahr 1980, die anstelle der nach dem Krieg zerstörten orthodoxen Kirche errichtet wurde.

›Auf der grünen Wiese‹, so lautet die Übersetzung der 22 km westlich von Wetlina liegenden Ortschaft **Majdan** 14 . Von deren musealem Bahnhof startet eine Schmalspurbahn, die einmal gebaut worden war, um Holz aus dem Wald fortzuschaffen. Heute transportiert sie Touristen ins südlich gelegene Balnica an der slowakischen Grenze oder nach Przysłup westlich von Majdan. Lassen Sie sich in den teilweise offenen Waggons den Fahrtwind ins Gesicht wehen und die Wälder an sich vorbeirauschen (s. unten)!

Übernachten, Essen

In der ›Wanderhütte‹ – **Chata Wędrowca:** Wetlina 113, Tel. 500 225 533, Facebook: Chata Wedrowca, tgl. 13–20, Sa, So ab 11 Uhr. Robert Żechowski ist ein passionierter Koch, sein (Riesen-)Pfannkuchen mit Blaubeeren lockt Scharen von Gästen an und ist sogar als lokales Bieszczady-Produkt patentrechtlich geschützt! Die Karte ist klein, dafür ist alles frisch. Dazu wird Craft Beer regionaler Brauereien getrunken, z. B. von Ursa Maior. Gespeist wird im urigen Gastraum, im Wintergarten oder auf der Terrasse. Frau Ewa betreibt einen Kunstladen und vermietet 5 gemütliche Gästezimmer. Hauptgerichte ab 6 €, DZ ab 50 €.

Im alten Weiler – **W Starym Siole:** Wetlina 129, Tel. 664 273 776, www.chatywsiole.pl. Marianna und Aleksy Wójcik bieten in ihrem rustikalen Gasthaus deftige Regionalküche – probieren Sie z. B. in Kohlblätter gewickelte Rippchen in Pfeffersoße! Dazu schmeckt polnischer Wein. Auch vier urige Holzhütten zum Übernachten (mit Küche und Bad) werden vermietet. DZ ab 65 €.

Aktiv

Schmalspurbahn – Die rein touristische Bahn verkehrt nach Balnica (2 Std. hin und zurück inkl. 30 Min. Aufenthalt am Ziel) und Przysłup (3 Std. hin und zurück inkl. 30 Min. Pause). Infos: www.kolejka.bieszczady.pl, Mai, Juni sowie Sept. Sa, So 9.30, 13, Juli, Aug. tgl. 9.30, 10, 13, 13.30, 15.30, Okt. Sa, So 9.30 Uhr, 24 zł.

Verkehr

Busse: Die Strecke Wetlina–Ustrzyki Górne wird nur im Juli und Aug. bedient. Ganzjährig fahren Busse von Wetlina nach Lesko und Sanok sowie von Ustrzyki Górne über Czarna Górna nach Lesko bzw. Ustrzyki Dolne.

Komańcza und Umgebung ▶ 2, U 22

Karte: S. 324

Die Streusiedlung **Komańcza** 15 liegt an der Großen Bieszczaden-Schleife, wird auf einigen Karten aber bereits den Niederen Beskiden

(Beskid Niski) zugeschlagen. Komańcza wurde 1947 nicht ›gesäubert‹ und gilt als eines der letzten ›ukrainischen‹ Dörfer Polens. Orthodoxe und unierte Lemken stellen die Bevölkerungsmehrheit, Katholiken haben den östlichen Ritus nicht verdrängt. Besucher fühlen sich vor allem von jenem Teil Komańczas angezogen, der sich entlang der Straße nach Jaśliska erstreckt. Am Ufer des Flüsschens Barbarka, das sich malerisch durch den alten Dorfkern schlängelt, finden sich traditionelle Lemkengehöfte mit braun bemalten, von weißen Streben unterbrochenen Holzbohlen. Die Häuser ducken sich unter Obstbäumen, Pferde mit zottigen Mähnen grasen am Wegesrand.

Ein Blick zurück

Komańcza blickt auf eine konfliktreiche Geschichte zurück. 1312 gegründet, wurde es im 17. Jh. von ungarischen Truppen verwüstet. Bescheidener Wohlstand stellte sich unter habsburgischer Herrschaft im 19. Jh. ein. Zu dieser Zeit lebten hier vor allem Lemken, aber es gab auch Juden, Sinti und Roma. Letztere wurden als Schmiede und Musikanten geduldet und bewohnten eine eigene Straße.

Ab 1872 lief über Komańcza die Zuglinie Budapest–Lemberg, durch die Wien mit den Randprovinzen verbunden war. Mit dem neuen Transportmittel kam auch der Handel in Schwung. Davon profitierten vor allem die zugewanderten Kaufleute und Handwerker, vor allem Polen, die wie die habsburgischen Besatzer katholisch und deshalb als natürliche Verbündete anzusehen waren. Die Bevorzugung der katholischen Minderheit trieb die unierten Lemken in Kontrastellung. Viele von ihnen optierten für eine Rückkehr zum orthodoxen Glauben ihrer Ahnen.

Mehr als eine gute Ausrüstung und etwas Wandererfahrung brauchen Sie nicht, dann können Sie im Nationalpark Waldkarpaten einfach loslaufen – den Rest erledigen die Wegzeichen

Bieszczady

Der Keim für einen Nationalitätenkonflikt war gelegt, religiöser Protest schlug in politischen um. Im November 1918, beim Zusammenbruch des habsburgischen Reiches, kam es erstmals zu schweren Auseinandersetzungen. Noch im gleichen Monat wurde die Republik Komańcza ausgerufen, der 30 Dörfer in der Umgebung beitraten, um gemeinsam den Anschluss an die Ukraine zu fordern. Die Republik wurde von polnischen Truppen niedergeschlagen, die sozialen Spannungen blieben bis in die Zeit nach dem Zweiten Weltkrieg erhalten.

Kapelle der Schützenden Muttergottes

Starken Zauber entfaltet die **Kapelle der Schützenden Muttergottes** (Cerkiew Opieki Matki Bożej) von 1802 auf einem Hügel am westlichen Ortsausgang. Ihre schindelgedeckten Kuppeln verstecken sich im Schatten hoher Bäume, eine verwitterte Steinmauer schützt Gräber mit windschiefen Kreuzen. Die Kirche birgt schöne Ikonen, die noch aus jener Zeit stammen, als die Messe von Unierten besucht wurde. 1963 wurde das architektonische Kleinod der orthodoxen Minderheit zugesprochen. Polnische Behörden suchten damit Spannungen zwischen den beiden Konfessionen zu schüren, um das ukrainische Nationalgefühl, das beide Gruppen verband, aufzuweichen.

Kirche der Unierten

20 Jahre mussten die Unierten warten, bis es auch ihnen vergönnt war, ein eigenes Gotteshaus zu bauen. Die **Kirche der Unierten** (Parafia Greckokatolicka Opieki Najświętszej Ma-

rii Panny) befindet sich links der Straße nach Jaśliska. Der große Kuppelbau beherbergt eine goldverzierte Ikonostase, die aus einer verlassenen Kirche nahe Sanok stammt. Ein kleines **Museum** informiert über die bäuerliche Kultur der Lemken – den Schlüssel erhält man im benachbarten Pfarrhaus (plebania).

Die Publizistin Helga Hirsch hat die Schwierigkeiten beim Kampf um das neue Gotteshaus illustriert: »Erst hatten die griechisch-unierten Gläubigen den Bau über den römisch-katholischen Priester beantragen müssen – die unierte Kirche war ja keine Rechts-, sondern eine Unperson. Dann hatten sie den Katholiken dafür zahlen müssen, dass sie die Ikonostase, ihr altes Eigentum, überhaupt zurückerhielten. Schließlich mussten sie den Künstler aus Sanok, der die gestohlenen Ikonen ersetzte, noch in harten Dollar entlohnen. Nicht nur, dass sie 40 Jahre lang schikaniert und klein gehalten wurden: Jetzt sollen sie die Kosten der Wiedergutmachung auch noch selber tragen.«

Katholische Kirche

Die katholische Minderheit sicherte sich bereits in den frühen 1950er-Jahren eine **Holzkirche** (Parafia rzymskokatolicka Św. Józefa) gegenüber dem Bahnhof. Als zusätzlicher Treffpunkt dient ihnen die Kapelle im Nazarenenkloster. In dieser Holzvilla aus der Zwischenkriegszeit stand 1955/56 Kardinal Stefan Wyszyński ein Jahr unter Hausarrest.

Holzkirchen in Rzepedź und Turzańsk

Ein wunderschönes Exemplar entdeckt man in **Rzepedź** 16 5 km nördlich von Komańcza: die unierte **Kirche des hl. Michael** (Cerkiew Św. Mikołaja) aus dem Jahr 1824. Keine 2 km östlich davon steht im Weiler **Turzańsk** 17 ein wahres Schmuckstück von einer Holzkirche, die orthodoxe **St.-Michael-Erzengel-Kirche** (Cerkiew Św. Michała Archanioła) von 1803. Fünf elegante Zwiebeltürmchen streben aus dem gedrungenen Kirchenschiff empor, das sechste gehört zu einem freistehenden, besonders hoch aufragenden Glockenturm. Die ursprüngliche Einrichtung blieb im Stil des Rokoko mitsamt der Ikonostase erhalten – wer am Sonntagmorgen zur Messe erscheint, kann sie besichtigen.

Übernachten

Herberge – **Leśna Willa PTTK:** Komańcza 26, Tel. 533 999 865, www.wroclaw.wyborcza.pl/multimedia/schroniska/schroniska/komancza, www.facebook.com/lesnawilla. Bis vor Kurzem kannte man die 100 Jahre alte ›Waldvilla‹ nur unter dem bescheidenen Namen Schronisko PTTK Podkowiata. Sie liegt mitten im Buchen- und Kiefernwald und ist erreichbar über eine unter dem Bahngleis (Komańcza–Letnisko) hindurchführende Straße. Die Herberge bietet Zimmer für 2–4 Pers. und kostenlose Parkplätze. Sie ist das ganze Jahr über geöffnet und wurde von der »Gazeta Wyborcza« als eine der 20 besten Berghütten Polens ausgezeichnet. Ab 10 € pro Pers.
Ferien auf dem Bauernhof – **Agroturystyku u Marii:** Komańcza 18, buchbar über www.booking.com. Die Zimmer bieten ein eigenes Bad und einen Blick auf den Garten, in dem ein Kinderspielplatz eingerichtet wurde. Ein gutes Frühstück kann dazugebucht werden, WLAN ist kostenlos. Ab 21 €.

Essen & Trinken

Freundlich-familiär – **Leśna Willa PTTK:** s. oben, 7–21 Uhr. Polnische Gerichte in herzlichem Ambiente. Mit Bar und Terrasse. Ab 4 €.

Aktiv

Wandern – Auf der roten Route gelangt man von Komańcza aus innerhalb von drei Tagen in den Südostzipfel Polens. Und auch in Richtung Westen kann man aufbrechen: Eine volle Woche ist für die gleichfalls rot markierte Strecke nach Krynica einzuplanen.

Verkehr

Züge: In dem lang gestreckten Ort wurden zwei Bahnhöfe eingerichtet, im Zentrum und im nördl. gelegenen Komańcza-Letnisko. 4 x tgl. Verbindungen über Rzepedź nach Zagórz, von dort fahren Busse nach Lesko und Sanok.
Busse: Tgl. mehrmals via Rzepedź nach Sanok sowie 1 x tgl. nach Cisna und Dukla.

Zamość und Umgebung

Viel Überraschendes im fernen Osten. Im Niemandsland zwischen Weichsel und Bug ließ sich einer der reichsten Adeligen Polens eine Idealstadt errichten, die bis heute seinen Namen trägt: Zamość. Vor den Toren der Stadt kaufte er riesige Wälder, um seiner Jagdlust zu frönen – heute sind diese als Roztocze-Nationalpark geschützt.

 Zamość ▶ 2, X 16/17

Cityplan: S. 329

Zamość (65 000 Einw.) liegt nahe der ukrainischen Grenze, 100 km südöstlich von Lublin. Die ›utopische‹ Stadt vom Ende des 16. Jh. basiert auf einem streng geometrischen Grundriss, ihre bunten und mit fantastischen Ornamenten geschmückten Gebäude scheinen einem Traum zu entstammen – die UNESCO erklärte das Ensemble zum Weltkulturerbe.

Ein Blick zurück

1580 beauftragte Jan Zamoyski (1542–1605), königlicher Großkanzler und Kronfeldherr, den ihm von seiner Studienzeit in Padua bekannten Architekten Bernardo Morando mit dem Bau einer 600 x 400 m großen Idealstadt. Die Straßen sollten sich – wie in Krakau – schachbrettartig um einen riesigen Marktplatz gruppieren. Noch vor der Jahrhundertwende war das Zauberwerk vollendet. Es umfasste ein prunkvolles Zentrum mit Rathaus und Schloss, Kirchen und Bürgerhäusern, gesichert durch ein System moderner Festungsmauern mit Zeughaus, sieben mächtigen Bastionen und mehreren Toren.

Zamoyski machte aus seiner Stadt eine Kunst- und Kulturmetropole – sie wurde Sitz einer Akademie, es fanden Theatervorführungen und Dichterlesungen statt. Zur intellektuellen Blüte gesellte sich der Aufschwung des Handels. Garantierte Religionsfreiheit und das Versprechen, 25 Jahre lang keine Steuern zahlen zu müssen, zogen Siedler aus allen Teilen Europas an. Es kamen Juden aus Spanien, Kaufleute und Handwerker aus Armenien, Griechenland, Schottland und Italien – eine exotische Mischung mit äußerst unterschiedlichen Sitten und Gebräuchen.

1655 war Zamość neben Częstochowa (Tschenstochau) und Danzig die einzige Stadt Polens, die der schwedischen Belagerung standhielt. In der Folge wurde freilich auch sie vom Niedergang Polens erfasst, der Klerus eroberte wichtige Positionen und die Kaufleute wanderten ab. Bis 1821 blieb die Stadt im Privatbesitz der Zamoyskis, ihren politischen Einfluss hatte die Familie aber schon vorher verloren: 1772 war Zamość an Österreich, danach an Russland gefallen.

1939 wurde die Stadt östlicher Vorposten des Dritten Reichs und trug vorübergehend den Namen Himmlerstadt. In den Jahren der Besatzung wurde fast die gesamte jüdische Bevölkerung ermordet – in der Rotunde gab es Massenerschießungen, in Belżec Tod durch Vergasung.

Marktplatz

Alle wichtigen Straßen münden in den quadratisch angelegten, 100 x 100 m großen **Marktplatz** (Rynek Wielki). Er ist einer der schönsten Renaissanceplätze Polens mit eleganten Bogengängen und dekorativen Friesen an den Gebäuden.

Auf der Ostseite des Platzes lebten ab dem frühen 17. Jh. Professoren der neu gegründeten Akademie. Ihr erster Rektor war ein Mediziner, der 1609 im Haus Nr. 2 eine Apotheke einrichtete – noch heute trägt sie den Namen Rektorska. Gegenüber lebten Schotten und Griechen, an der Südseite Italiener. Ihre Häuser sind vergleichsweise schlicht, haben aber wunderbare Portale. Geht man hinein, entdeckt man Flure mit Stuckarbeiten und Räume mit umlaufendem Fries.

Rathaus 1

Wie in Krakau erklingt auch in Zamość jeden Tag um 12 Uhr das Turmlied der Stadt. Doch anders als in der einstigen Königsstadt lässt der Trompeter seine Melodie nicht von der Kirche, sondern vom Turm des barocken **Rathauses** (Ratusz) erklingen. Dessen achteckiger, 52 m in die Höhe aufschießender Turm entspricht in seiner Eigenwilligkeit dem dazugehörigen Gebäude. Über eine großzügige, 1768 angefügte Freitreppe steigt man zu seinem Eingang hinauf, von der Plattform wirft man einen Blick auf das bunte Treiben des Platzes.

Stadtmuseum 2

ul. Ormiańska 30, www.muzeum-zamojskie.pl, Di–So 9–17 Uhr, Okt.–Mai 1 Std. kürzer, 12 zł, Kombiticket 25 zł

Kulturelle Vielfalt spiegelt sich in den Reliefs der den Rynek säumenden Laubenhäuser. Besonders imposant sind die farbenprächtigen, orientalisch anmutenden Bauten der Nordseite, so das **Armenische Kaufmannshaus** mit dem Erzengel Gabriel an der Fassade. Es beherbergt das sehenswerte **Stadtmuseum** (Muzeum Zamojskie) mit Volkskunst, Gemälden und Porträts. Ein architektonisches Modell erlaubt den Vergleich zwischen dem Zamość von 1700 und der heutigen Stadt.

Rosa-Luxemburg-Haus 3

Die berühmteste Bewohnerin der Stadt, Rosa Luxemburg, wurde am 5. März 1870 im **Haus Nr. 37** (ul. Staszica) geboren, aber nur eine Plakette (2019 von der Regierung vorerst entfernt!) erinnert an die Kaufmannstochter aus

Die große Freitreppe führt vom Rathaus hinunter zum Marktplatz von Zamość, einem der schönsten Renaissanceensembles in Polen

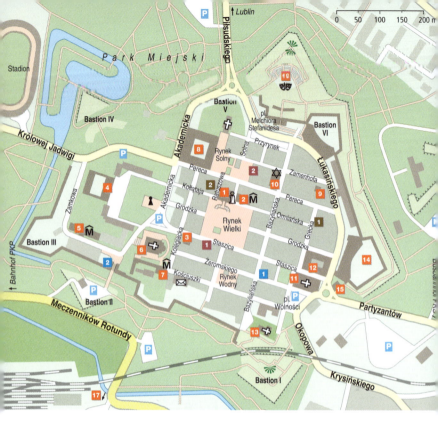

gutem Hause, die sich nicht verführen ließ von den Annehmlichkeiten des bürgerlichen Lebens, sondern bereits als 16-jährige Kontakt zu sozialrevolutionären Kreisen suchte. 1894 gründete sie die Sozialdemokratie des Königreichs Polen und Litauen, schrieb in Artikeln gegen die nationalistische Verengung des Denkens an und plädierte für einen marxistischen Freiheitsbegriff, der die »Freiheit des anders Denkenden« anerkannte. Gemeinsam mit Karl Liebknecht begründete sie 1918 die Kommunistische Partei Deutschlands, ein Jahr später wurde sie ermordet.

Im Westen der Altstadt

Zamoyski-Palais und Museum Arsenal
Museum: ul. Zamkowa 2, www.muzeum
arsenal.pl, Di–So 9–17 Uhr, Okt.–Mai 1 Std.
kürzer, 25 zł

Der Marktplatz bildete das Handelszentrum von Zamość, vom **Zamoyski-Palais** 4 (Pałac Zamojskich) aus lenkte der Stadtgründer die Geschicke des Majorats. Das Gebäude hat viel von seiner einstigen Pracht eingebüßt, seit es 1830 umgebaut wurde und als Militärlazarett diente. Nach Wiedererlangung der Unabhängigkeit 1918 zog das Gericht ein – und noch immer wird hier getagt.

Ein Facelifting beschert dem **Museum Arsenał** 5 im Alten Zeughaus wahre Besucherrekorde. Die Ausstellung huldigt insbesondere Jan Zamoyski, einem erfolgreichen Feldherrn, der ruhmreich aus den Schlachten gegen die Türken, Russen und Schweden hervorging. Zu sehen sind auch Waffen und Militärgerät aus jüngerer Zeit. In der Pulverkammer wird ein Film zur Stadtgeschichte gezeigt, der sich über Audioguide auch auf Deutsch verfolgen lässt.

Zamość

Sehenswert
1. Rathaus
2. Stadtmuseum
3. Rosa-Luxemburg-Haus
4. Zamoyski-Palais
5. Museum Arsenał
6. Kathedrale
7. Sakralmuseum
8. Akademie
9. Mikwe
10. Synagoge
11. Franziskanerkirche
12. Kloster der barmherzigen Brüder
13. Nikolaikirche
14. Bastion VII
15. Lemberger Tor
16. Amphitheater
17. Rotunde-Mausoleum

Übernachten
1. Renesans
2. Zamojski

Essen & Trinken
1. Bohema
2. Galicja

Abends & Nachts
1. Corner Pub
2. Klub Kosz

Kathedrale und Sakralmuseum

Kathedrale: ul. Kolegiacka 1 A; Sakralmuseum: ul. Kolegiacka 3; beide· Mai–Okt. Mo–Sa 10–18, So 13–18 Uhr

Der politischen und militärischen Macht der Zamoyskis stellte sich die Kirche zur Seite. Die dreischiffige **Kathedrale** 6 (Katedra), bis 1992 Kollegiatskirche, hat im Inneren venezianischen Manierismus in Reinform bewahrt. Sie verfügt über reich ausgestattete Kapellen, eine Schatzkammer, Skulpturen und Gemälde. Zu den Kostbarkeiten gehört ein silbernes Tabernakel im Rokokostil sowie »Mariä Verkündigung«, ein Bild von Carlo Dolci. Der Stadtgründer Zamoyski wurde in der Krypta unter der nach ihm benannten Kapelle beigesetzt. Vom freistehenden Glockenturm bietet sich ein weiter Blick über die Stadt.

Das angrenzende Priesterhaus beherbergt das **Sakralmuseum** 7 (Muzeum Sakralne). Zu sehen ist eine reiche Sammlung von liturgischen Gewändern, Messkelchen und wertvoller Goldschmiedekunst.

Im Norden der Altstadt

Akademie 8

Die **Akademie** (Akademia), 1594 an der Westseite des **Salzmarkts** (Rynek Solny) gegründet, war die nach Krakau und Vilnius dritte Hochschule Polens. Hier konnten Jura, Philosophie und Medizin studiert werden – heute ist dort eine Schule untergebracht.

Jüdisches Viertel

Mikwe: ul. Zamenhofa 3; Kulturzentrum: ul. Pereca 14, Facebook· Centrum Synagoga FB, Sa, Di, Mi 10–18, Do 10–17 Uhr, 8 zł

Im Umkreis des Salzmarkts, wo das Weiße Gold aus Wieliczka und Drohobycz umgeschlagen wurde, siedelten sich ab 1588 viele Juden an. In einem unterirdischen Saal, der vorerst nicht zugänglich ist, befand sich die **Mikwe** 9 (Mykwa), das rituelle jüdische Badehaus.

Die palastartige **Synagoge** 10 (Synagoga), ein gutes Beispiel jüdischer, orientalisierender Spätrenaissance, wurde fantastisch renoviert und dient jetzt als **Kulturzentrum** (Centrum Synagoga). Hier finden Ausstellungen statt, Konzerte und Workshops. Eine interaktive Ausstellung beleuchtet die Geschichte der Juden von Zamość vor, während und nach dem Zweiten Weltkrieg.

Im Osten der Altstadt

Franziskanerkirche und Kloster der barmherzigen Brüder

Die Ulica Grecka ist nach den früher hier lebenden Griechen benannt. An ihrem südlichen Ende erhebt sich die zwischen 1637 und 1685 erbaute **Franziskanerkirche** 11 (Kościół Franciszkanów) – keine andere Kirche Polens konnte mit ihrer Schönheit konkurrieren. Im 19. Jh. wurde sie zur Kaserne umfunktioniert, selbst die hübschen Barockspitzen ließ man abtragen. Doch seit die Franziskaner in den 1990er-Jahren zurückgekehrt sind, wird für die Restaurierung gesammelt, auf dass »Polens größte Barockkirche der Franziskaner« (so der Titel des Projekts) eines Tages wieder in alter Schönheit erstrahlen möge.

Gegenüber befindet sich das ehemalige **Kloster der barmherzigen Brüder** 12, das einer neuen Bestimmung zugeführt wurde. Im restaurierten Prachtbau ist die Musikschule untergebracht, die Kirche dient als stimmungsvoller Konzertsaal.

Nikolaikirche 13

Weiter südlich steht die **Nikolaikirche** (Kościół Św. Mikołaja), 1631 im typisch moldauischen Stil erbaut – mit niedriger, weit ausladender Kuppel und hohem Zwiebelturm. Sie wird heute von Katholiken genutzt.

Bastion VII, Lemberger Tor und Amphitheater

Bastion VII: ul. Łukasińskiego 2, www.nadszaniec.zamosc.pl, April–Okt. tgl. 9–19, Nov.–März bis 17 Uhr, polnischsprachige Führung mit deutscher Broschüre zu jeder vollen Stunde, 10 zł

Seit ein Teil der alten Wehrmauern restauriert wurde, können mehrere Bollwerke besichtigt werden. Am besten erhalten ist **Bastion VII** 14, die größte von einst sieben Exemplaren. Touren durch die Festungsanlagen und Kasematten starten hier. Sie passieren den Eisernen Vorhang, von dem auf Angreifer geschossen wurde, und eine riesige Halle, die jetzt für Konzerte genutzt wird. Über eine Kanonenrampe und durch Gefängniszellen laufen Sie zum **Lemberger Tor** 15 (Brama Lwowska), wo die Tour endet – insgesamt haben Sie 500 m unterirdisch zurückgelegt.

Folgt man dem Befestigungsring nach Norden, kommt man zum **Amphitheater** 16 (Amfiteatr), wo während des Festivals im Sommer meist experimentelle Gruppen auftreten.

Rotunde-Mausoleum 17

ul. Męczenników Rotundy, Mai–Okt. tgl. 8–20 Uhr, im Winter geschl., Eintritt frei

500 m südlich der alten Wehrmauern liegt das **Rotunde-Mausoleum** (Muzeum Martyrologii Rotunda), ein Ziegelbau in Form eines zur Stadt hin geöffneten Ringes. 1831 wurde er zur Verstärkung der Wehranlagen erbaut. Nach dem Einmarsch der Deutschen 1939 diente die Rotunde als »Gefangenen-Durchgangslager – Sicherheitspolizei«, so steht es in verblasster Sütterlinschrift auf einem der Tore. Für die meisten Häftlinge endete das Durchgangslager mit dem Tod: Schätzungsweise über 8000 Menschen, meist Juden, wurden hier ermordet und im Hof verbrannt, ihre Asche ringsum verstreut. In den 19 erhaltenen Zellen informiert eine Ausstellung über das, was an diesem Ort geschah. Die im Schatten der Rotunde angelegten Gräber haben vor allem symbolische Bedeutung und erinnern an die hier umgekommenen polnischen Soldaten, Partisanen und russischen Kriegsgefangenen.

Infos

Touristenbüro: Rynek Wielki 13, im Rathaus, Tel. 84 639 22 92, www.travel.zamosc.pl. Das Personal ist bei der Zimmersuche behilflich, organisiert im Sommer eine ›Unterirdische Route‹ (10 zł). Hier erhalten Sie auch das Touristenticket ›Zamojska Karta Turysty‹ (www.kartaturysty.zamosc.pl), das ermäßigten Eintritt in Museen und Zoo bietet.

Übernachten

Innen schöner als außen – **Renesans** 1 : ul. Grecka 6, Tel. 84 639 20 01, www.hotelrenesans.pl. Wo heute das Hotel steht, erhob sich einst eine orthodoxe Kirche. Nach dem Willen der Hotelbesitzer soll die Fassade mit einer originalgetreuen Replik der Kirchenfront verkleidet werden. Das Dreisternehotel bietet 40 Zimmer mit schönen Bädern, einen Garten mit Wasserspiel und einen freundlichen Service. Zum Rynek läuft man 2 Min. DZ ab 50 €.

Bestlage am Marktplatz – **Zamojski** 2 : ul. Kołłątaja 2–6, Tel. 84 639 25 16, www.hotelzamojski.pl. Mehrere Renaissancehäuser wurden zu einem Dreisternehotel verknüpft. 54 komfortable, modern-funktionale Zimmer, einige mit tollem Blick auf den Platz. DZ ab 40 €.

Essen & Trinken

In historischem Ambiente – **Bohema** 1 : ul Staszica 29, Tel. 84 627 14, www.bohemaza mosc.pl. Unter Backsteingewölben können Sie mit Buchweizen gefüllte Piroggen probieren, Hirschsteak mit Waldpilzsoße, Forelle mit Röstkartoffeln und weitere Spezialitäten der Region. Mit Sommerterrasse auf dem Markt. Hauptgerichte ab 6 €.

Im Museum – **Muzealna** 2 : ul. Ormiańska 30, Tel. 84 638 73 00, www.ormianskiepiwnice.pl. Gemütlicher Treff im Renaissancekeller des Stadtmuseums. Deftige Hausmannskost, selbst gemachtes Schmalz mit Dillgurken und viele Piroggen-Varianten. Hauptgerichte ab 5 €.

Unter Arkaden – **Galicja** 2 : Rynek Solny 2, www.galicya.com.pl. Ein paar Schritte nördl. des Marktplatzes bekommen Sie hausgemachten Kuchen, guten Kaffee aus vor Ort gerösteten Bohnen und Varianten heißer Schokolade.

Abends & Nachts

Irisch-polnisch – **Corner Pub** 1 : ul. Żeromskiego 6, www.cornerpub.pl. Beliebter abendlicher Treffpunkt für Pub-Food und ein Guinness an der Bar.

Jazz – **Klub Kosz** 2 : ul. Szczebrzeska 3, Facebook: Jazz Klub Koszl. Ältester Jazzclub östl. der Weichsel (1982). Grzegorz Obst, der rührige Besitzer, organisiert Festivals und Konzerte mit Livemusik. Letztere meist freitags.

Termine

Jazz an der Grenze (Jazz na Kresach, meist im Mai oder Juni): Traditionsreiches Musikereignis, zu dem berühmte Solisten aus aller Welt kommen.

Verkehr

Züge: Der Bahnhof PKP befindet sich in der ul. Szczebrzeska 11, ca. 1 km südwestl. der Altstadt. Es bestehen gute Verbindungen nach Chełm und Lublin.

Busse: Vom Busbahnhof PKS, ul. Reja 2, ca. 2 km östl. der Altstadt beste Verbindungen nach Lublin und Zwierzyniec, gut kommt man auch nach Warschau.

Nationalpark Roztocze

▶ 2, W 17

Naturkundezentrum: ul. Plażowa 3, www.roztoczanskipn.pl, April–Sept. Di–So 8.30–16.30, Okt.–März bis 15 Uhr, 10 zł

Bester Ausgangspunkt für Spaziergänge durch den **Nationalpark Roztocze** (Roztoczański Park Narodowy) ist **Zwierzyniec** 32 km südlich von Zamość. Die Gründung des Ortes fällt ins Jahr 1593. Damals erwarb Jan Zamoyski hier ein riesiges Landgut und ›füllte‹ es mit Elchen, Auerochsen, Rehen und Hirschen, um seiner Jagdlust zu frönen. Seine Frau Maria zog sich ganz nach Zwierzyniec zurück, wo Bernardo Morando für sie eine Holzvilla schuf. Einsam war Maria hier nicht – schon bald entspann sich zwischen ihr und König Jan III. Sobieski eine verbotene Liebschaft … Die Holzvilla wurde im 19. Jh. abgerissen, erhalten blieb nur die über eine Brücke erreichbare **Inselkirche**. In einem Holzpalais von 1890 hat die Leitung des Nationalparks ihren Sitz, das für Besucher eingerichtete **Naturkundezentrum** (Ośrodek Edukacyjno-Muzealnego) liegt südlich des Teichs. Dort starten Wanderwege auf den 306 m hohen **Buchenberg** (Bukowa Góra, 2,6 km) oder zum **Echosee** (Stawy Echo, 1,2 km), wo es einen Badestrand gibt. Hier tummeln sich auch häufig die kleinen, robusten Tarpanpferde, im Wald leben Rehe und Hirsche, Wildschweine, Biber, Auerhähne, Schwarzstörche und Kraniche, außerdem mehr als 2000 Gattungen von Käfern und seltsamen Lurchen, darunter Feuersalamander, Teich- und Kammmolche.

Essen & Trinken

Brauerei – **Browar Zwierzyniec:** ul. Browarna, beim Naturkundezentrum. Nach der Wanderung kann man sich hier stärken. In der historischen Brauerei wird seit 1806 Hopfensaft hergestellt, heutzutage – passend zur Umgebung – ›Wildes Ale‹ (Dzikie Ale) und ›Roztocze-Rauchbier‹ (Roztoczańskie Dymione).

Verkehr

Busse: Regelmäßig nach Zamość, in den kleinen Orten sind die Haltestellen im Zentrum.

Lublin und Umgebung

Die Hauptstadt der gleichnamigen Provinz versprüht östliches Flair: Lublins orthodoxe Burgkapelle ist UNESCO-Weltkulturerbe, die Altstadt gespickt mit Bürgerhäusern im Stil byzantinisch inspirierter Renaissance. Einst stand in Lublin die größte jüdische Rabbischule der Welt, heute konkurriert eine katholische mit einer weltlichen Universität.

✪ Lublin  ▶ 2, V 15

Cityplan: S. 335

Studentische Jugend bestimmt das Straßenbild von **Lublin** (340 000 Einw.), es gibt avantgardistische Theaterbühnen und Kulturzentren, eine Vielzahl von Klubs, Bars und Cafés. Sie konzentrieren sich auf den westlichen Teil der Neustadt, den Boulevard Krakowskie Przedmieście und seine Nebenstraßen, und auf die restaurierte Altstadt, die sich über zwei Hügel erstreckt und mit ihren Türmen und Zinnen die ›Skyline‹ dominiert. Die modernen Vorstädte im Norden und Süden der Stadt können Sie sich sparen: Ein hässlicher Ring von Neubausiedlungen umschließt den historischen Kern.

Ein Blick zurück

Lublin stand zweimal im Brennpunkt der Weltgeschichte. 1569 wurde hier die Lubliner Union besiegelt, der Zusammenschluss Polens und Litauens zum mächtigsten Staat Osteuropas. Die Stadt avancierte zum Herzstück des Reiches, hier kreuzten sich die zentralen Handelsrouten zwischen beiden Landesteilen. Hieronimo Lippomano, Gesandter der Republik Venedig, notierte 1575: »In Lublin, das in der Mitte aller polnischen Provinzen liegt, gibt es Jahrmärkte, wohin Leute aus allen Grenzländern ziehen. Es kommen Russen, Tataren, Türken, Italiener, Juden, Deutsche, Ungarn, dazu auch Armenier und Litauer.«

Das zweite wichtige Ereignis fand in der Schlussphase des Zweiten Weltkriegs statt. Als eine der ersten polnischen Städte wurde Lublin am 25. Juli 1944 von sowjetischen Truppen befreit – und damit zur Keimzelle des neuen polnischen Staates. Hier entwickelte das in Moskau gegründete Komitee der nationalen Befreiung die Grundlinien der zukünftigen Gesellschaftsordnung. Im Januar 1945 erwuchs aus dem Komitee die Provisorische Regierung Polens, doch später wurden alle zentralen Planungsbehörden nach Warschau verlegt.

Altstadt

Krakauer Tor [1]

Museum: pl. Łokietka 1, www.muzeum lubelskie.pl, Di–So 10–17 Uhr, 6 zł

Lublins Hauptsehenswürdigkeit ist die auf zwei Hügeln gelegene Altstadt mit gewundenen Gassen, farbenfrohem Marktplatz, Kathedrale und Burg. Der klassische Zugang erfolgt über das **Krakauer Tor** (Brama Krakowska), Teil der 1341 erbauten Befestigungsanlage. Der Turm über dem mit einer Barockhaube gekrönten Tor beherbergt das **Museum zur Stadtgeschichte** (Muzeum Historii Miasta), in dem anhand von alten Karten und Skizzen, Dokumenten und Fotografien die Entwicklung der Stadt illustriert wird. Vom Obergeschoss bietet sich ein schönes Panorama, der Blick schwenkt von der Alt- bis zur Neustadt.

Marktplatz

Über die Ulica Bramowa erreicht man den historischen, von Bürgerhäusern und Terrassencafés gesäumten **Marktplatz** (Rynek).

Lublin

Nicht einmal ein Vogel würde hier vorbeiflattern, sondern ganz sicherlich zum Landeanflug ansetzen – Lublins Ring sieht nämlich schon von oben gar prächtig aus

Lubliner Kaufleute, reich geworden im Getreidehandel mit Westeuropa, ließen sich im 16. Jh. prächtige Häuser erbauen, stifteten Kirchen und Klöster. Die Architekten waren zumeist italienischer Herkunft. Sie gehörten zum Gefolge Bona Sforzas, die als Gemahlin Zygmunts I. Königin von Polen geworden war, und schufen jenen eigentümlichen Stil, der als Lubliner Renaissance in die Kunstgeschichte eingegangen ist. Von der südländischen Variante hebt er sich durch die Dekoration der Fassaden ab: Die Giebel sind reich ornamentiert, die Attiken hoch und originell geformt.

Im Zentrum des Platzes erhebt sich das **Alte Rathaus** 2 (Stary Ratusz) von 1389. Im Laufe seiner Geschichte wurde es mehrfach renoviert, ab 1579 war es Sitz des Königlichen Krontribunals, der wichtigsten juristischen Instanz Kleinpolens. Zeugnisse des Gerichts werden im **Museum des Krontribunals** (Muzeum Trybunału Koronnego) im Kellergewölbe des Rathauses präsentiert. Das Gebäude dient heute als Hochzeitspalast.

Zu den schönsten Häusern am Platz zählen das mit einem Renaissancefries geschmückte **Konopniców-Haus** 3 (Nr. 12) und das klassizistische, mit Sgraffito-Medaillons polnischer Dichter verzierte **Klonowica-Haus** 4 (Nr. 2). An der Fassade von Nr. 17, dem **Wieniawskich-Haus** 5 , erinnert eine Tafel an den hier geborenen Komponisten Henryk Wieniawski. Heute hat hier ein nach ihm benannter Musikverein seinen Sitz.

Eintreten können Sie in den **Weinkeller zu Fortuna** 6 (Piwnica pod Fortuną), ein dreigeschossiges ›Kellerverlies‹ mit zehn Sälen – leider ohne gute Tropfen, aber dafür mit einer attraktiven multimedialen Ausstellung zur Geschichte Lublins. Der letzte Raum ist mit wunderschönen originalen Wandmalerei-

en aus dem 16. Jh. geschmückt, die auf antike Mythen zurückgreifen (Rynek 8, www.piwnica.lublin.eu, tgl. 11–19 Uhr, 10 zł).

Kathedrale und Erzdiözesanmuseum

Museum: ul. Królewska 10, Di–So 10–17 Uhr, 7 zł
Wie ein Bollwerk schließt die um 1600 errichtete **Kathedrale** 7 (Katedra) die Altstadt gen Süden hin ab. An den Stil der Lubliner Renaissance erinnern nach Umbauten im 19. Jh. nur noch das steile Satteldach sowie die reich dekorierten Gewölbe und Giebel. Durch ein klassizistisches Portal mit sechs dorischen Säulen betritt man das Hauptschiff, über eine Passage gelangt man vom Hauptaltar zur ›Flüstersakristei‹, wo jedes noch so leise Geräusch vielfältig widerhallt. Illusionistische Malereien, die früher das Hauptschiff schmückten, sind in der Schatzkammer zu sehen.

Im **Trinitarierturm** (Wieża Trynitarska) aus dem Jahr 1819 befindet sich das **Erzdiözesanmuseum** 8 (Muzeum Archidiecezjalne) mit kostbaren Kultgegenständen, die der kirchlichen Macht Tribut zollen. Der Ausblick vom Turm beschließt den Besuch.

Dominikanerkirche 9

Vom Rynek führt die Goldene Gasse (ul. Złota) zur beeindruckenden **Dominikanerkirche** (Bazylika Dominikanów, auch Bazilika Św. Stanisława), 1342 von König Kazimierz III. gestiftet, 1574 zur Hallenkirche mit Seitenkapellen umgestaltet. Die Kapelle der Magnatenfamilie Firlej am Ende des rechten Seitenschiffs besticht durch ein mehrstöckiges Grabmal und einen barocken Kuppelbau. Nahe dem Eingang, in der Maria-Magdalena-Kapelle, erinnert ein Gemälde an das große Feuer von 1719, dem zahlreiche Häuserzeilen zum Opfer fielen; das Bild entstand 21 Jahre später.

Literaturmuseum 10

ul. Złota 3, www.muzeumlubleskie.pl, Di–So 10–17 Uhr, 6 zł
Im **Literaturmuseum** (Muzeum Literackie im. Józefa Czechowicza) wird der in Lublin geborene Józef Czechowicz (1903–39) vorgestellt. Mit seiner musikalischen, traumgleichen Poesie schrieb er sich in die polnische Literaturgeschichte ein. 36-jährig starb er bei einem der ersten deutschen Bombenangriffe auf die Stadt.

Lublin

Sehenswert
1. Krakauer Tor
2. Altes Rathaus
3. Konopniców-Haus
4. Klonowica-Haus
5. Wieniawskich-Haus
6. Weinkeller zu Fortuna
7. Kathedrale
8. Erzdiözesanmuseum
9. Dominikanerkirche
10. Literaturmuseum
11. Apothekenmuseum
12. Burgtor
13. Burg
14. Karmeliterkloster
15. Karmeliterinnenkloster
16. Kultur- und Begegnungszentrum
17. Marienkirche
18. Bernhardinerkirche
19. Alter jüdischer Friedhof
20. Neuer jüdischer Friedhof
21. Jeszywas Chachmej Lublin
22. Bethaus

Übernachten
1. Grand Hotel Lublinianka
2. Europa
3. Kamienica Muzyków
4. Dom na Podwalu
5. Królewska

Essen & Trinken
1. Mandragora
2. 16 Stołów
3. Zielony Talerczyk
4. Cukiernia Chmielewski

Abends & Nachts
1. U Szewca
2. Teatr im. H. Ch. Andersena
3. Filharmonia

Burggasse

Apothekenmuseum: ul. Grodzka 5-A, Di–So 10–16 Uhr; Brama Grodzka/Teatr NN: ul. Grodzka 21, Tel. 81 532 58 67, www.teatrnn.pl, Mo–Fr 9.30, 11, 12.30, 14 Uhr, 7 zł, mit Führung auf Deutsch bzw. Englisch 14 zł; für die Unterirdische Route warm anziehen, die Temperatur beträgt 7–12 °C

Lebensader der Altstadt ist die kopfsteingepflasterte **Burggasse** (ul. Grodzka). Hier finden sich interessante Bars und Lokale sowie ein uriges, original eingerichtetes **Apothekenmuseum** 11 (Muzeum Apteka).

Wo sich die Straße zum **Plac Po Farze** öffnet, hat man einen weiten Blick auf die östlichen Viertel jenseits der Stadtmauer. Die freigelegten ziegelroten Fundamente geben eine Vorstellung von der Größe der romanischen Kirche, die hier einst stand.

Danach wird es wieder eng, die Gasse führt, vorbei an verwitterten Häusern, zum mittelalterlichen **Burgtor** 12 (Brama Grodzka) hinab, das früher die Grenze zwischen dem jüdischen und dem christlichen Lublin markierte. Ein idealer Ort, um an die multikulturelle Vergangenheit der Stadt zu erinnern – so jedenfalls dachten die Initiatoren eines Alternativtheaters, die nach der Wende begannen, das Tor als Bühne für ihre skurrilen Stücke über den Alltag in Lublin zu nutzen. Nach langer, harter Arbeit ist das Ensemble heute eine lokale Institution. Unter dem Namen **Brama Grodzka – Teatr NN** betreiben sie ein Kulturzentrum, in dem sie die Vorkriegszeit auch multimedial zum Leben erwecken. »Erinnerungen der Stadt« heißt die Ausstellung, in der historische Fotos, literarische Texte, Tondokumente und Filmausschnitte in die multikulturelle, vor allem aber jüdische Welt Lublins zurückversetzen.

Im angeschlossenen **Haus des Wortes** (Dom Słów) finden wechselnde Ausstellungen zum Thema Druckkunst statt, oft auch Konzerte und Theateraufführungen. Faszinierend ist auch, was sich unter dem Burgtor abspielt. Hier startet die **Unterirdische Route von Lublin** (Lubelska Trasa Podziemna), die 280 m durch ehemalige Lagergewölbe bis zum Marktplatz führt. En passant sehen Sie maßstabsgetreue Modelle aus Lublins goldener Zeit vom 13. bis zum 16. Jh. Eine Attraktion ist auch die Visualisierung des großen Brandes 1719, der Lublin verwüstete.

Burg 13

Einzeltickets 7–15 zł, Kombiticket 31 zł

Über eine Brücke gelangt man zur **Burg** (Zamek). Das monumentale Bauwerk präsentiert sich in neogotischem Stil (1823–26), doch reichen seine Ursprünge ins 13. Jh. zurück. Der

Tipp

FOTOSCHATZ

Bei Bauarbeiten im Jahr 2010 wurden auf dem Dachboden des Hauses Rynek 4 mehr als 2700 Glasnegative gefunden. Sie hatten dort unbemerkt und unbeschädigt 71 Jahre verbracht! Die Bilder zeigen den Alltag der Jahre 1914 bis 1939: Frauen und Männer, Junge und Alte, Bauarbeiter, Schneider und Büroangestellte bei der Arbeit, verletzte Soldaten im Krankenhaus, Bestattungen auf dem Neuen Friedhof – Dokumente des untergegangenen jüdischen Lebens, vermutlich von Abraham Zylberberg. Ausgestellt werden sie im **Burgtor**, aber sie können auch im Internet eingesehen werden unter www.teatrnn.pl/ikonografia/negatywy.

---

wuchtige romanische **Turm** im Burghof ist eines der ältesten erhaltenen Baudenkmäler Polens, von seiner Aussichtsterrasse bietet sich ein weiter Blick über die Stadt. In der Wehrburg befand sich ab 1826 ein Gefängnis, das über 100 Jahre von der zaristischen Besatzungsmacht, im Zweiten Weltkrieg auch von der deutschen Gestapo genutzt wurde. 40 000 Menschen wurden in den Jahren 1939 bis 1944 in den Burgräumen interniert, gefoltert und ermordet. Der Opfer, in der Mehrzahl Juden und Kommunisten, erinnert man sich in der Burg mit Zurückhaltung – ein Schild am Haupteingang verweist auf sie.

Burgmuseum

ul. Zamkowa 9, www.muzeumlubelskie.pl, Mai–Sept. Di–So 10–18, Okt.–April 9–17 Uhr

Wo sich einst die Zellen der Häftlinge befanden, wird heute Kunst ausgestellt. Das **Burgmuseum** (Muzeum Lubelskie) beherbergt archäologische und numismatische Sammlungen, wertvolle Ikonen sowie Gemälde wichtiger polnischer Künstler. Eines der Historienbilder Jan Matejkos bezieht sich auf die Lubliner Union 1569 und stellt den im Schloss vollzogenen Vereinigungsakt als Unterwerfung litauischer Adliger unter die polnische Krone dar. Gleich daneben hängt das monumentale Gemälde »Ankunft der Juden in Polen 1096«. In der ethnografischen Kollektion sind raffinierte Scherenschnitte, naive Skulpturen und kunstvoll bemalte Ostereier zu sehen, dazu ›Spinnen‹, von der Decke herabbaumelnde Mobiles.

Dreifaltigkeitskapelle

Mai–Okt. tgl. 10–17.30, Nov.–März Di–So 9–16.30 Uhr

Besonders sehenswert ist die gotische **Dreifaltigkeitskapelle** (Kaplica Trójcy Świętej) aus dem Jahr 1385, die vom Boden bis zur Gewölbedecke mit geheimnisvoll schimmernden Fresken ausgemalt ist. Sie wurden 1418 von den Meistern Andrej, Kurył und Juszko im Auftrag des ersten Jagiellonenkönigs Władysław II. geschaffen und erzählen von seinem Übertritt zum Christentum und seinem Aufstieg zum König. Die UNESCO verlieh der Kapelle das Prädikat Weltkulturerbe und würdigte sie als eines der wertvollsten mittelalterlichen Baudenkmäler Europas.

Neustadt

Gegenpol zum beschaulichen Leben im historischen Zentrum ist die pulsierende Hauptstraße der Neustadt Lublins, die teilweise verkehrsberuhigte **Krakauer Vorstadt** (Krakowskie Przedmieście). Hier befinden sich mehrere Hotels im pompösen Gründerzeitstil, die Hauptpost, Läden und Cafés. Am **Litauer Platz** (pl. Litewski) wird Kongresspolen lebendig: Die alten Adelspaläste von Radziwiłł, Czartoryski und Lubomirski prunken um die Wette. Heute hat die Universität die Gebäude vereinnahmt. Denkmäler sind der Polnisch-Litauischen Union, der Verfassung des 3. Mai 1791 und den gefallenen Helden der einst siegreichen Roten Armee gewidmet.

Lublin

Karmeliter- und Karmeliterinnenkloster

Karmeliterkloster: ul. Świętoduska 14, Tel. 81 532 02 44, www.karmel.lublin.pl, Messe tgl. 18 Uhr

Längs der Krakauer Vorstadt und in den angrenzenden Gassen entdeckt man hübsche Kirchen und Klöster aus der Renaissance- und Barockzeit, so im Norden das **Karmeliterkloster** 14 (Klasztor Karmelitów Bosych). Das nahebei in der Ulica Staszica gelegene **Karmeliterinnenkloster** 15 (Klasztor Sióstr Karmelitanek), gleichfalls aus dem 17. Jh., wird heute als Krankenhaus (Szpital) genutzt.

Kultur- und Begegnungszentrum 16

pl. Teatralny 1, Tel. 81 4415 6 70, www.spotkaniakultur.com, Ausstellungen Di–Fr 10–16 Uhr, Eintritt frei

Ein zeitgenössisches Highlight ist das **Kultur- und Begegnungszentrum** (Centrum Spotkań Kultur), ein monumentales Bindeglied zwischen Altstadt und Akademischem Viertel. Der 1974 begonnene Mega-Bau wurde nach der Jahrtausendwende vollendet. Rhythmisch verglaste Multimedia-Fassaden, Kino- und Ballett-, Kammermusik- und Opernsaal – insgesamt 30 000 m² und mit ultramoderner Bühnentechnik – machen ihn zu *dem* Kulturtreff der Stadt. Galerien zeigen Zeitgenössisches und Populäres: Digitalfotografie, Street (s. Tipp rechts) und Poster Art. Dazu gibt es eine Kulturallee sowie zweigeschossige hängende Gärten auf dem Dach.

Marienkirche 17

ul. Narutowicza 6, Mo–Fr 12–17 Uhr, 5 zł

Im Süden kommt man via Philharmonie und Theater zur gotisch gestalteten **Marienkirche NMP** (Kościół Wniebowzięcia NMP). Sie wurde unmittelbar nach dem Sieg polnisch-litauischer Truppen über den Deutschen Orden 1410 von König Władysław Jagiełło gestiftet. Fresken zeigen seine triumphale Rückkehr vor der Silhouette Lublins. In der Kirche können Sie auf den aussichtsreichen Turm hinauf- und in die 2011 wiederentdeckten Krypten hinabsteigen – alles mit EU-Geld bestens restauriert!

Bernhardinerkirche 18

ul. Bernardyńska 15, Tel. 81 710 12 05, tgl. 12–22 Uhr

In der ehemaligen **Bernhardinerkirche** (Kościół Bernardynek) wurde der Vertrag zur polnisch-litauischen Union mit einem Te Deum besiegelt (1569). Ihr heutiges Aussehen erhielt sie zu Beginn des 17. Jh., als sie zu einer monumentalen, dreischiffigen Basilika ausgebaut wurde. Doch als Gotteshaus fungiert sie längst nicht mehr, desgleichen das angrenzende Kloster: Seit 1844 hat hier – zum Leidwesen der Geistlichen – eine **Brauerei** (Perłowa Pijalnia Piwa) ihren Sitz, was für Polen absolut ungewöhnlich ist! Aus Lubliner Hopfen werden Premium-Biere der Marke Perła gebraut. Kosten können Sie diese in der angeschlossenen, stylisch gestylten Pijalnia (Trinkstube) – dazu gibt es Deftiges aus frischen, regionalen Zutaten.

Jüdisches Lublin

Als sich 1316 die ersten Juden in Lublin niederließen, wurde ihnen das sumpfige Gelände **Podzamcze** am Fuß des Schlosshügels

Tipp

BRAIN DAMAGE GALLERY

»For lovers and haters of pure Graffiti« – In Europas erster Galerie dieser Art, der **Brain Damage Gallery,** wird Street Art in den Rang von Kunst erhoben. Hervorgegangen ist sie aus dem gleichnamigen Magazin, das seit 1997 publiziert wird. Deren Herausgeber laden nun Graffiti-Künstler aus aller Welt nach Lublin ein – man staunt über die Vielfalt ihrer Werke (im Kultur- und Begegnungszentrum, s. links, www.bd.pl, Di–So 12–17 Uhr, Eintritt frei).

Der Zauberer von Lublin

Längst war er im Exil, als Literaturnobelpreisträger Isaak Bashevis Singer im »Zauberer von Lublin«. Die untergegangene Welt chassidischer Juden wieder aufleben ließ. Unter dem Titel »The Magician of Lublin« (1979) wurde der Roman verfilmt. Und noch ein zweites Buch von Singer spielt in der Region: »Die Narren von Chełm« (s. S. 342) erzählt schalkhaft vom jüdischen Alltag anno dazumal. Viele jüdische Witze begannen mit den Worten »Es war einmal ein Rabbi aus Chełm …«

zugewiesen. Das jüdische Stetl beschrieb Alfred Döblin 1924 auf seiner Reise durch Polen illusionslos als ein Viertel der Armen: »Am Platz unten am Brunnen münden winklige Gassen ein; zerbrechliche Holzhäuser, mörtelige kleine Steinhäuser umgeben den Platz, Juden in schmutzigen Kaftanen wandern hin und her, schreiende Frauen.« Und an anderer Stelle: »Kinder in Massen. Der Weg lehmig. Lumpige Frauen schleppen Säuglinge.« Tatsächlich waren die hygienischen Verhältnisse in der Judenstadt so katastrophal, dass dort schon im Ersten Weltkrieg die österreichische Militärregierung ein Schild mit einem Totenkopf anbringen ließ. Kein österreichischer Soldat durfte das Gebiet betreten, zu groß war die Gefahr, sich mit Typhus oder Fleckfieber zu infizieren.

Podzamcze wurde im Zweiten Weltkrieg dem Erdboden gleichgemacht und präsentiert sich heute als moderne Ödnis mit großer Verkehrsstraße (al. Tysiąlecia), Busbahnhof und Parkplatz. Auf einer Tafel am Fuß des Burghügels wird angezeigt, wo sich die ehemaligen Stätten jüdischer Kultur befanden.

Alter und Neuer jüdischer Friedhof

Alter Friedhof: ul. Kalinowszczyzna, Besichtigung möglich nach Voranmeldung in der Jeszywas Chachmej Lublin (s. rechts); Neuer Friedhof: ul. Walecznych 7

Nordöstlich der Burg, im Ortsteil Kalinowszczyzna, wurde zu Beginn des 16. Jh. der **Alte jüdische Friedhof** [19] (Stary Cmentarz Żydowski) angelegt. Heute sind dort nur noch etwa 30 Grabsteine mit hebräischen Inschriften zu entdecken, einer stammt von 1541.

Zehn Gehminuten weiter nördlich liegt der **Neue jüdische Friedhof** [20] (Nowy Cmentarz Żydowski) von 1829, auf dem über 50 000 Juden bestattet wurden. Die Nazis haben ihn zerstört, die Grabplatten wurden zur Pflasterung der Straße nach Majdanek (s. S. 341) verwendet. Nur sein südlicher Teil dient noch als Friedhof der jüdischen Gemeinde. Hier befinden sich das Grab der von deutschen Soldaten ermordeten Waisenkinder aus der Ulica Grodzka, die Gräber jüdisch-polnischer Soldaten sowie das Grab von Leon Feldhendler, einem der Anführer des Aufstands im Konzentrationslager Sobibor. Zusammen mit 300 bis 600 Gefangenen konnte er entkommen, um im April 1945 von einem polnischen Soldaten der Heimatarmee erschossen zu werden. Zurzeit wird der Friedhof restauriert, die meisten seiner rund 50 Grabsteine stammen aus jüngster Zeit. In einem Mausoleum dokumentiert eine kleine Ausstellung die Geschichte der Lubliner Juden.

Jeszywas Chachmej Lublin [21]

ul. Lubartowska 85, Ecke ul. Unickiej s/n

In der Nähe des Neuen Friedhofs hielten die Juden früher ihren Markt ab. Hier nahm die Lubartowska, die – so Alfred Döblin – »große Judenstraße ihren Ausgang; die polnischen Straßen sind mäßig gefüllt, hier wimmelt es«.

Am oberen Ende der Straße steht ein monumentales sechsstöckiges Gebäude. Vor 1939 beherbergte es die **Jeszywas Chachmej Lublin**, die ›Lubliner Schule der Weisen‹, einst die größte Talmudschule der Welt. Als Alfred Döblin die Stadt besuchte, war sie gerade im Entstehen. »Fast am Ende der Straße«, schrieb er, »baut man dort eine große jüdische Hochschule, die der Orthodoxen, eine Welt-Schiwe. Auf der einen Seite der Stadt steht die katholische Universität, hier diese. Tausend Menschen, Schüler und Lehrer sollen darin unterkommen. Es ist die Provinz. Die Großstadt betreibt Politik, in der Provinz folgt die langsame Religion.«

Der Prachtbau hat den Krieg überstanden, weil sich hier im September 1939 die deutsche Wehrmacht einquartierte. Mehrere Jahrzehnte lang beherbergte er die medizinische Fakultät, bevor er nach der Jahrtausendwende der jüdischen Gemeinde zurückgegeben und mit Spendengeldern restauriert wurde. Die Jeszywas Chachmej Lublin ist Lublins einzige aktive Synagoge (von einst 38), hier treffen sich Juden zum Sabbath-Gottesdienst. Es handelt sich um einen 200 m² großen, von Galerien gesäumten schlichten Saal. Auch die **Mikwe,** das traditionelle Bad, wurde restauriert, glänzt nun in Weiß und Blau. Über einen Tank auf dem Dach wird es einzig von Regenwasser gespeist. In den übrigen Räumen des Baus befindet sich das Hotel Ilan (s. S. 340).

Bethaus 22
ul. Lubartowska 10, Zugang durchs Tor Nr. 8, So 13–15 Uhr
Bevor Lublins Synagoge in die Jeszywas Chachmej Lublin einzog, traf sich die Gemeinde im sogenannten **Bethaus** (Bożnica Bractwa Tragarzy Zwłok), einem Raum in einem klassizistischen Gebäude. Dort zeigt jetzt eine Ausstellung Fotos aus dem Leben der Lubliner Juden – einst und jetzt.

Infos
Touristen- und Kulturinfo: ul. Jezuicka 1/3, Tel. 81 532 44 12, www.lublintravel.pl. Hier wird auch die Lublin Card, www.lublincard.eu, verkauft, die Zugang zu Lublins Museen, Rabatt in Hotels und Restaurants sowie bei Konzerten gewährt.

Übernachten
Herrschaftlich – **Grand Hotel Lublinianka** 1 : ul. Krakowskie Przedmieście 56, Tel. 81 446 61 00, www.lublinianka.com. Viersternehotel mit 72 Zimmern in einem 100 Jahre alten ehemaligen Bank-Palais im Zentrum, 10 Gehmin. von der Altstadt. Große Zimmer mit Marmorbädern, gutes Frühstücksbüfett, kleines Spa. DZ ab 70 €.
Top-Lage – **Europa** 2 : ul. Krakowskie Przedmiescie 29, Tel. 81 535 03 03, www.hoteleuropa.pl. Das traditionsreiche Viersternehotel liegt vor den Toren der Altstadt, ein klassizis-

Sie stehen in jeder Stadt an (fast) jeder Ecke: Straßenmusikanten

Lublin und Umgebung

tisches Palais mit 73 geräumigen Zimmern. Das Frühstücksbüfett ist opulent, abends trifft man sich im Club Bohema. DZ ab 70 €.

Historisch am Marktplatz – **Kamienica Muzyków** 3: Rynek 16, Tel. 500 727 555, www.kamienicamuzykow.pl. Das ›Musikerhaus‹ hat seinen Namen von Jan aus Lublin, einem wichtigen Renaissancekomponisten, der hier im 15. Jh. lebte. Nebenan wurde Henryk Wieniawski, ein weiterer berühmter Musiker, geboren. Das Interieur mit Holzdielen und -balken, freigelegten Backsteinwänden und teilweise antiken Möbeln ruft alte Zeiten in Erinnerung. 4 Ap., ab 70 €.

In ehemaliger Rabbi-Akademie – **Ilan** 21: ul. Lubartowska 85, Tel. 81 745 03 47, www.hotelilan.pl. Das Viersternehotel in der Jeszywas Chachmej Lublin (s. S. 332) hat 40 Zimmer und steht unter dem Motto ›Feel the tradition‹ – in allen Räumen herrscht stilvolle Eleganz. Im Lokal wird koschere Kost serviert. DZ ab 65 €.

Im Kloster – **Dom na Podwalu** 4: ul. Podwale 15, Tel. 81 532 41 38, www.domnapodwalu.pl. Neben der schönen Adalbertkirche (Św. Wojciecha) werden in einem Klosterbau aus dem 17. Jh. blitzblanke 2er- bis 4er-Zimmer mit Bad vermietet. Die Gäste teilen sich eine Küche mit Mini-Salon sowie eine Terrasse. Frühstück wird auf Wunsch serviert; mit Parkplatz. DZ ab 45 €.

Hostel – **Królewska** 5: ul. Królewska 6, Tel. 885 383 885, www.hostelkrolewska.pl. Die gute Lage an der Wehrmauer macht den Nachteil der kleinen Zimmer wett. Mit Gemeinschaftsküche. DZ ab 25 €.

Essen & Trinken

Hier schmecken Sie das Stetl! – **Mandragora** 1: Rynek 9, Tel. 81 536 20 20, www.mandragora.lublin.pl, tgl. 9–22 Uhr. In einem nostalgisch-plüschigen Ambiente werden Purim-Hühnchen, in Honig marinierte Geflügelleber, Czulent aus Rindfleisch und Wein aus Israel aufgetischt. Die hauseigene Konditorei kreiert jeden Tag frische Torten und Backwaren, z. B. knusprige Mazze und hauchdünnes Brot. Hauptgerichte ab 7 €.

Feine Lubliner Küche – **16 Stołów** 2: Rynek 16, Tel. 81 534 30 40, www.16stolow.pl, Mo–Sa 13–23, So bis 20 Uhr. ›16 Stühle‹ heißt das elegante Lokal am Marktplatz, das z. B. Pilzsuppe mit Lamm-Ravioli, Kalbfleisch auf Möhrencreme und Käsekuchen mit Himbeergelee serviert. Hauptgerichte ab 7 €.

Bio – **Zielony Talerczyk** 3: ul. Królewska 3, Tel. 500 068 241, tgl. 9–22 Uhr. Im ›Grünen Tellerchen‹ gibt's jeden Tag etwas Neues, vegetarisch und vegan, aus regionalen und saisonalen Zutaten. Schon fürs Frühstück ein toller Ort! Hauptgerichte ab 5 €.

Traditionsreich – **Cukiernia Chmielewski** 4: ul. Krakowskie Przedmieście 8, Tel. 81 532 73 23, www.chmielewski.lublin.pl, tgl. 9–21 Uhr. Konditorei mit angeschlossenem Café nahe dem Krakauer Tor.

Abends & Nachts

Abends trifft man sich in der Altstadt, wo sich vor allem in der Burggasse (ul. Grodzka) die Kneipen rasch füllen.

Irish Pub – **U Szewca** 1: ul. Grodzka 18, www.uszewca.pl. Schon seit Jahren ist dies die Lieblingskneipe vieler Lubliner Studenten, außer Sonntag bleibt sie bis weit nach Mitternacht geöffnet. Am liebsten trinkt man hier diverse Biersorten, dazu gibt es etwas zu knabbern, Pizzateilchen und Snacks.

Puppentheater – **Teatr im. H. Ch. Andersena** 2: ul. Dominikańska 1, www.teatrandersena.pl. Man muss kein Polnisch sprechen, um an den Marionetten- und Pantomimevorführungen Gefallen zu finden.

Klassische Musik – **Filharmonia** 3: ul. Marii Curie-Skłodowskiej 5, Tel. 81 743 78 24, www.filharmonialubelska.pl.

Verkehr

Flüge: Der Flughafen Lublin-Świdnik, www.airport.lublin.pl, liegt 11 km östl. Ein Schienenbus fährt vom Terminal in 16 Min. nach Lublin.

Züge: Der Bahnhof liegt 2,5 km südl. der Altstadt. Schnelle Verbindungen nach Warschau, langsamer geht es nach Zamość und Chełm.

Busse: Von der Busstation unterhalb der Burg gibt es zahlreiche Verbindungen nach Warschau, Chełm, Zamość und Puławy via Kazimierz Dolny.

Die Umgebung von Lublin

Majdanek ▶ 2, V 15

Droga Męczenników Majdanka 67, Tel. 81 744 26 40, www.majdanek.eu, April–Okt. Di–So 9–17, Nov.–März bis 16 Uhr, Eintritt frei; Anfahrt mit Bus 23 oder Trolleybus 156 ab Krakauer Tor

An der Straße nach Zamość, 4 km südöstlich von Lublin, liegt die ›Kleine Wiese‹, **Majdanek** (Muzeum na Majdanku), das nach Auschwitz zweitgrößte Vernichtungslager. Zwischen 1941 und 1944 kamen auf dem Gelände mehr als 360 000 Menschen ums Leben, in der Mehrzahl Juden, aber auch Polen und Russen, Roma und Sinti. Sie wurden erschossen und vergast oder starben aufgrund von Infektionskrankheiten. 70 Gebäude blieben erhalten: Baracken, Wachtürme und Werkstätten, Gaskammern und Krematorien. Die Installation »Zeitfenster« (Okno Czasu) zeigt durch eine glasierte Konstruktion ein historisches Fragment jener Straße, die aus Grabsteinen jüdischer Friedhöfe gepflastert wurde. In einer Ausstellung sind Fotos von Tätern und Opfern zu sehen, Dokumentarfilme befassen sich mit der nationalsozialistischen Vernichtungspolitik.

Lubartów und Kozłówka ▶ 2, V 14

Schloss Kozłówka und Galerie: www.muzeum zamoyskich.pl, Di–So 10–16 Uhr, Schloss 24 zł, Galerie 8 zł

Die Stadt **Lubartów,** 27 km nördlich von Lublin, wurde 1540 von der einflussreichen Adelsfamilie Firlej gegründet. An deren Macht erinnert das Schloss im Zentrum der Stadt mit großem Park und Orangerie.

Die eigentliche Attraktion jedoch liegt gut 10 km weiter westlich bei **Kozłówka.** Bis

Hunderttausende wurden in Majdanek ermordet – das Krematorium, in dem man ihre Leichen verbrannte, ist heute Teil eines Museums

1944 bewohnte Graf Zamoyski das **Schloss Kozłówka** (Zamek Kozłówka) aus dem Jahr 1742, dessen Innenräume mit der Pracht der barocken Fassade konkurrieren. Hunderte von Gemälden bezeugen den Reichtum und die Sammelleidenschaft der früheren Besitzer. Kopien berühmter Meister hängen neben Familienporträts und Bildnissen von Königen und Hetmanen. Wer den Kontrast liebt, besichtigt die **Galerie** (Galeria Sztuki Socrealizmu) mit der Ausstellung ›Kunst und Kampf im Sozialismus‹ in einem Seitenflügel des Schlosses. Mehr als 1500 Bilder und Skulpturen aus den Jahren 1930 bis 1956 zeigen Helden der Arbeit sowie führende Köpfe der Linken: Lenin, Stalin, Ho Chi Minh und Mao.

Chełm ▶ 2, X 15

70 km östlich von Lublin, nahe der Grenze zur Ukraine, liegt das 65 000 Einwohner zählende **Chełm**. Bekannt ist es für sein unterirdisches dreistöckiges **Kreidebergwerk** (Zabytkowa Podziemia Kredowe), aus dem über 600 Jahre lang exzellente Schreibkreide gefördert wurde. In Kriegszeiten dienten die 15 km langen Gänge den Bewohnern als Versteck vor dem Feind. Heute sind 2 km im Rahmen einer 50-minütigen Tour zugänglich (ul. Lubelska 55-A, www.podziemiakredowe.pl, Mo–Sa 11, 13, 16 Uhr, 14 zł, warm anziehen – Temperatur 9 °C).

Auf dem Hügel in der Stadtmitte thront die spätbarocke, doppeltürmige **Marienbasilika** (Bazylika Maraicka, www.bazylika.net). Das angrenzende Kloster beherbergt das **Museum von Chełm** (Muzeum Chełmskie), das von Archäologie bis Kunst viele Aspekte beleuchtet (ul. Lubelska 55, www.mzch.pl, Di–Fr 10–16, Sa, So 12–16 Uhr, 8 zł).

Nałęczów ▶ 2, U 14

An der Straße von Lublin nach Kazimierz Dolny lohnt ein kurzer Stopp im Kurort **Nałęczów** – und sei es nur, um das in ganz Polen begehrte, mit dem Etikett der Alten Bäder geschmückte Mineralwasser Nałęczowianka zu kosten. Der Ort wurde Ende des 19. Jh. berühmt, als ihn die geistige Elite des Landes auserkor, um hier ihre Vorstellung eines gesunden Lebens mit Geselligkeit zu verknüpfen. Von der Präsenz der betuchten Besucher künden bis zum heutigen Tag die über die Stadt verstreuten Villen.

Puławy ▶ 2, U 14

Die kleine Industriestadt **Puławy** 50 km nordwestlich von Lublin ist keine Schönheit, hat für viele Polen gleichwohl einen guten Klang: In dem Ort residierte von 1784 bis 1831 die Magnatenfamilie Czartoryski. Ihr außerhalb der Stadt gelegenes, nach Plänen Tylman van Gamerens zwischen 1676 und 1679 erbautes Schloss war in den frühen Jahren der Teilung ein Kristallisationspunkt polnischer Kultur. Hier trafen sich die national gesonnenen Philosophen, Schriftsteller und Künstler. Izabella und Adam Czartoryski erwarben kostbare Bücher und Gemälde, kauften Waffen, Schmuck und Porzellan. Eines der Schlossgebäude trug den Schriftzug ›Die Vergangenheit für die Zukunft‹. In Zeiten der Fremdherrschaft sollte dieses erste Museum Polens nationaler Erbauung dienen.

1830, nach dem Aufstand gegen die russische Besatzungsmacht, zog die Adelsfamilie den Argwohn der zaristischen Besatzer auf sich. Aus Angst vor Konfiszierung ließ sie ihre wertvolle Sammlung nach Paris schaffen, wo sie über eine weitere Residenz verfügte. Nur ein Bruchteil der Kollektion kehrte 1870 nach Puławy zurück, die meisten Kunstwerke wurden in den Krakauer Czartoryski-Palast (s. S. 241) überführt.

Das im 19. Jh. neoklassizistisch umgebaute Schloss beherbergt heute ein Institut für Landwirtschaft und kann nicht besichtigt werden, zugänglich ist aber der **Park**. Die romantische, 30 ha umfassende Anlage beschwört ein bukolisches Arkadien herauf. Der Sybillentempel und das Marynka-Lustschloss, das Gotische, Griechische und Chinesische Haus erinnern an eine Zeit, da sich der Adel eine Kunstwelt erschuf und sich einbilden durfte, fern von allen Bedrohungen zu leben.

Längs der Weichsel

Als einer der letzten unregulierten Flüsse Europas bahnt sich die Weichsel einen Weg durch die Landschaft, schwemmt Sanddünen an, schüttet neue Inseln auf und lässt alte untergehen. An ihrem Ufer liegen die Städte Sandomierz und Kazimierz Dolny, die durch den Gleichklang von mittelalterlicher Architektur und anmutiger Landschaft gefallen.

★ Kazimierz Dolny

▶ 2, U 14

Cityplan: S. 347

Kazimierz Dolny (7500 Einw.) ist ein Bilderbuchstädtchen, terrassenförmig am zerklüfteten Weichselufer erbaut, mit windschiefen Getreidespeichern und exzentrischen Renaissancehäusern. Gleich vor seinen Toren liegt ein Landschaftspark. Seit Jahrzehnten kommen Künstler, Intellektuelle und Politiker, um in diesem Idyll zu entspannen. Junge Maler postieren gern ihre Staffeleien und warten darauf, dass das Sonnenlicht die weißen Steinmauern anstrahlt und die Ziegeldächer rot aufleuchten.

Polnisch-jüdisches Stetl

Namensgeber war im 12. Jh. der Piastenfürst Kazimierz II., der Zusatz *dolny* ›unten‹ wurde dem Ort 1340 von König Kazimierz III. verliehen – damit wollte er Verwechslungen mit jenem Kazimierz ausschließen, das er am oberen Flusslauf der Weichsel gegründet hatte und das heute zu Krakau gehört.

Viele Privilegien ermöglichten den raschen Aufstieg zu einer blühenden Handelsstadt. Wichtigster Wirtschaftszweig war der Transport von Getreide aus den fruchtbaren Ebenen des Lubliner Hochlands. Dieses wurde in Kazimierz Dolny auf Boote geladen, nach Danzig und von dort nach Westeuropa verschifft. Das Geschäft betrieben vor allem jüdische Kaufleute, die im 15. und 16. Jh. von West- und Südeuropa nach Polen geflüchtet waren. Sie nutzten ihre weitläufigen Kontakte und Kenntnisse, um den regionalen Handel in das Netz des internationalen Warenverkehrs einzugliedern. Auftraggeber waren Patrizierfamilien, deren Wohlstand sich in prachtvollen Bauwerken am Marktplatz und in den angrenzenden Gassen manifestierte. Über Jahrhunderte hinweg stellten Juden die Hälfte der Bewohner, im Zweiten Weltkrieg wurden sie von deutschen Soldaten ermordet. Kazimierz musste zum großen Teil neu aufgebaut werden. Das geschah in den 1950er-Jahren – so originalgetreu, dass man sich heute wie in einer steinalten Stadt fühlt.

Am Marktplatz

Mittelpunkt ist der kopfsteingepflasterte **Marktplatz** (Rynek) mit einem überdachten Holzbrunnen in seiner Mitte und gesäumt von hell getünchten Patrizierhäusern. Im Sommer stellen Cafés Tische nach draußen, die sich rasch füllen. Das Schönste, das **Doppelpalais der Brüder Przybyła**  (Kamienice Przybyłów) anno 1616, fesselt aufgrund seiner fantastischen Fassade. Sie ist in ihrer gesamten Breite und Höhe mit Reliefs geschmückt, keine Fläche blieb ausgespart. Die Fenster sind von Hermesfiguren eingefasst, darunter überdimensionale Darstellungen der beiden Heiligen Nikolaus und Christophorus, den Schutzpatronen der reichen Kaufleute und Reisenden. Drumherum winden sich üppige Pflanzenornamente, Tiermotive und Schriftzüge. Einer Krone gleich tragen beide Häuser eine Attika im Renaissancestil, ihr Erdgeschoss ziert ein Arkadengang (Rynek 12/13). Schön ist auch das Nebenhaus mit der Nr. 10, dessen Giebel die hebräische Psalminschrift trägt »Immer hatte ich den Herrn vor meinen Augen« – eine Anspielung auf die ehemaligen Besitzer, die jüdische Kaufmannsfamilie Lustig. Hineinschauen können Sie ins Haus **U Radka** [3] (Nr. 9), ein stimmungsvolles Café mit Wandmalereien befreundeter Künstler (s. S. 349).

Auch an der Westecke des Rynek sind Einblicke ins Innere der Häuser möglich. Im gotischen **Danziger Haus** (Kamienica Gdańska) zeigt das **Weichselmuseum** [2] (Muzeum Nadwiślańskiego) Bilder polnischer Künstler. Der wahre Schatz versteckt sich aber im Kellergewölbe: Dort sehen Sie Silber- und Goldschmiedearbeiten aus West- und Osteuropa, viele davon stammen aus Synagogen, die es nicht mehr gibt (Nr. 18, www.mnkd.pl, tgl. 10–17, im Winter 9–16 Uhr, 16 zł).

Nebenan befindet sich **Dom Architekta SARP** [3] (s. S. 349), ein Hotel aus den 1950er-Jahren, das mit seiner vom Barock inspirierten Fassade historisches Flair ausstrahlt. Auch hier können Sie eintreten und die schönen Gewölbe in der Eingangshalle, im Kaminzimmer und im Restaurant betrachten – im Innenhof plätschert ein Brunnen.

Gleichfalls auf Alt gemacht sind die Häuser mit den Nr. 1 und 2, davor steht die **Skulptur des Hundes Werniks** [3]. Laut Legende soll das reale Tier, von seinem Besitzer nach Danzig verfrachtet, zu Fuß nach Kazimierz Dolny zurückgelaufen sein, wo es nun als Bronzeplastik sehnsüchtig über den Platz blickt …

Synagoge [4]

www.beitenu.pl, 7 zł

An den großen Platz grenzt der – bescheidenere und dörflichere – **Kleine Ring** (Mały Rynek). Ab 1655 hatten Kazimierz' Juden hier ihre **Synagoge** (Synagoga Mały Rynek), laut Legende ein Geschenk von König Kazimierz III. an seine jüdische Geliebte Esther.

Der weite Raum ist von einer achteckigen Kuppel aus Holz überwölbt, darunter wird in einem **Museum** (Muzeum Historii Żydów) die Geschichte der Juden dokumentiert – von ihrer Ankunft im Mittelalter bis zu ihrer Ermordung im Zweiten Weltkrieg. Im alten Betsaal illustrieren historische Fotos von B. Dorys jüdischen Alltag in der Zwischenkriegszeit. Außerdem gibt es einen Laden mit Judaica und das koschere **Café U Esterki** (›Bei Esther‹). Koscher waren übrigens auch die **Schlachtbänke** hinter der Synagoge: einstöckige Holzhäuser mit Satteldach, in denen heute Souvenirs verkauft werden.

Westlich des Rynek

Celli-Haus: ul. Senatorska 11/13, tgl. 10–17, in der Nebensaison 9–16 Uhr, 8–12 zł

›Die Künstlerkolonie von Kazimierz Dolny 19.–21. Jh.‹ heißt das Thema der Ausstellung

Kazimierz Dolny

Wenn man es nicht weiß, bleibt es unbemerkt: Kazimierz Dolny wurde zerstört und erst in den 1950er-Jahren wieder aufgebaut – ganz originalgetreu

im 1630 errichteten **Celli-Haus** 5 (Kamienica Celejowska, auch Muzeum Nadwiślańskiego genannt). Hier sehen Sie die Stadt in Öl, Aquarell und Pastell, als Radierung und Lithografie, geschaffen auch von jüdischen Künstlern wie Aleksander Gierymski und Samuel Finkelstein, Natan Korzen sowie Efraim und Menasze Seidenbeutel. Das Renaissancehaus selbst mit seiner gigantischen Attika ist gleichfalls interessant: Über einem Fries mit dekorativen Nischen und Pilastern erhebt sich ein Kamm mit Säulen und Türmchen, dazwischen sieht man Heiligenfiguren und fabelhafte Wesen.

Wollen Sie noch mehr exzentrische Bauten sehen, folgen Sie der Ulica Krakowska westwärts. Aufgereiht sind hier ehemalige **Getreidespeicher** (Spichlerze) reicher Kaufleute, deren Größe eine Vorstellung von den Mengen gibt, die in dieser Stadt umgesetzt wurden. Überragt wird die Krakowska vom Kirchturm des **Klosters der Reformierten Franziskaner** 6 (Klasztor Ojców Franciszkanów Reformatów), auch dies ein romantischer Fleck!

Nördlich des Rynek

Hinter dem Ring steht auf einem Hügel die 1589 erbaute **Johanniskirche** 7 (Kościół Św. Jana). Vom Schiff streben schlanke Säulen zum Deckengewölbe, das eindrucksvoll mit Stukkaturen ornamentiert ist. Die Grabkapellen zieren Portale und elliptische Kuppeln. Prunkstück der Kirche ist die Orgel, von der es heißt, sie sei die älteste Polens. Ein Meister seines Fachs hat 13 Jahre lang an ihr gearbeitet (1607–20), danach wurde sie mit Schnitzwerk eingekleidet. Im Sommer kommen international bekannte Musiker in die Stadt, um der Orgel ihre wunderbaren Klänge zu entlocken.

Überragt wird die Kirche von der Ruine einer wahrscheinlich von Kazimierz III. um 1350 gestifteten **Burg** 8 (Zamek). Noch ein Stück weiter bergauf kommt man zu einem 20 m hohen gotischen **Aussichtsturm** 9 (Wieża Basztowa). Von hier oben schwenkt der Blick bis hinüber zum linken Weichselufer, wo die Burgruine von Janowiec aufragt.

Einen gleichfalls schönen Blick hat man vom **Berg der Drei Kreuze** 10 (Góra Trzech Krzyży) 300 m südlich. Diese erinnern an die verheerende Pest, von der die Bevölkerung zu Beginn des 18. Jh. heimgesucht wurde. Für den oft etwas rutschigen Aufstieg sind 2 zł zu zahlen, festes Schuhwerk ist zu empfehlen!

Kazimierz Dolny

Sehenswert
1. Doppelpalais der Brüder Przybyła
2. Weichselmuseum
3. Skulptur des Hundes Werniks
4. Synagoge
5. Celli-Haus
6. Kloster der Reformierten Franziskaner
7. Johanniskirche
8. Burg
9. Aussichtsturm
10. Berg der Drei Kreuze
11. Naturkundemuseum
12. Alter jüdischer Friedhof
13. Neuer jüdischer Friedhof

Übernachten
1. Król Kazimierz
2. Kazimierzówka
3. Dom Architekta SARP
4. Vincent

Essen & Trinken
1. Stara Łaznia
2. Piekarnia Sarzyński
3. U Radka
4. Klubojadalnia Przystanek Korzeniowa
5. Galeria Herbaciarnia U Dziwisza

Einkaufen
1. Jarmark Polski

Aktiv
1. Fähranleger

Naturkundemuseum 11
ul. Puławska 54, April–Sept. tgl. 9–16 Uhr, Okt.–März geschl., 12 zł

In der Nähe des Flusses verläuft die Ulica Puławska, ein aussichtsreicher Flanierparcours. Hier wurden im ausgehenden Mittelalter die ersten Getreidespeicher errichtet. In einem von ihnen, dem **Spichlerz Mikołaja Przybyły,** ist ein **Naturkundemuseum** (Muzeum Przyrodnicze) untergebracht. In sechs Sälen werden Geologie, Flora und Fauna des Landschaftsparks von Kazimierz vorgestellt.

Jüdische Friedhöfe
Folgen Sie der am Kleinen Ring (Mały Rynek) startenden Ulica Lubelska, kommen Sie zu dem, was vom **Alten jüdischen Friedhof** 12 (Stary Cmentarz Żydowski) aus dem 15. Jh. übrig blieb: eine Mauer, in die Splitter von Grabsteinen eingelassen sind. Wo einst die Toten ruhten, spielen heute die Kinder. Gleich zu Beginn des Krieges wurde der Friedhof von deutschen Soldaten dem Erdboden gleichgemacht. Sie zwangen Juden, die Grabplatten zum Kloster der Reformierten zu schleppen, um damit den Innenhof zu pflastern – das Kloster diente später als Gestapo-Quartier, in dem Oppositionelle gefoltert wurden.

Nach dem Krieg wurden einige Mazewa (jüdische Grabmäler) gerettet und auf dem **Neuen jüdischen Friedhof** 13 (Nowy Cmentarz Żydowski) in Form einer ›Klagemauer‹ aufgestellt. Der Neue Friedhof befindet sich 1 km südlich des Alten an der Ulica Czerniawy.

Infos
Touristenbüro: Rynek 27, Tel. 81 881 07 09, www.kazimierzdolny.pl, tgl. 9–17 Uhr. Vermittlung von Privatzimmern, Verkauf von Karten und Broschüren.

Übernachten
Im alten Speicher – **Król Kazimierz** 1 : ul. Puławska 86, Tel. 81 880 99 99, www.krolkazimierz.pl. In einem Speicher aus dem 17. Jh. ›königlich‹ eingerichtet, so wie es der Name *(król)* verspricht. Im Courtyard rufen von der Decke baumelnde Schiffe und eine Bar in Form eines Bootsrumpfes die Handelstraditionen der Stadt wach. Sie können wählen zwischen Standard- und Luxuszimmern (einige mit Blick auf den Fluss), schön ist auch das Spa mit Saunen und Pool. DZ ab 90 €.

Im Grünen – **Kazimierzówka** 2 : ul. Góry 10, Tel. 81 882 03 31, www.kazimierzowka.pl. Das Dreisternehotel liegt 1 km östl. des Stadtzentrums und wurde mit viel Naturstein und Holz im historisierenden ›Kazimierz-Stil‹ errichtet. Es gibt 21 freundlich-farbenfrohe Zimmer sowie ein kleines Spa, in dem Anwendungen mit lokaler weißer Kreide angeboten werden: gut für Allergiker als Peeling, Maske, Wickel und

WANDERUNG ZUR LÖSSSCHLUCHT

Tour-Infos
Start: am Marktplatz in Kazimierz Dolny
Länge: ca. 7 km
Dauer: 2,5 Std.

Schwierigkeitsgrad: leicht
Einkehr: Klubokawiarnia Przystanek Korzeniowa, ul. Doły 43. Ethno-Food in einer Holzhütte.

Mit ihren Steilwänden, über denen sich knorrige Eichen und Buchen türmen, wirkt die **Lössschlucht** (Wąwóz Korzeniowy) wie aus einem Märchen. Sie verbindet Kazimierz' untere und obere Landstraße (ul. Doły und ul. Góry), über die der Hin- bzw. Rückweg erfolgt.

Vom **Marktplatz** (Rynek) folgen wir der Ulica Lubelska ostwärts. Es geht vorbei an der hölzernen **Villa Karola** (Nr. 4), der **Kamienica Wysoka**, dem ›Hohen Haus‹ (Nr. 9), der **Annenkirche** (Nr. 24) und dem **Alten jüdischen Friedhof** (s. S. 347). Bald ändert die Straße ihren Namen (in Szkolna und Doły) – es wird ländlicher. Nach 2,5 km schwenken wir links ein in die schmale **Lössschlucht** (Wąwóz Korzeniowy). Mit ihren bis zu 8 m hohen, sich nach oben gewölbeartig schließenden Sandwänden wirkt sie fast wie ein Stollen. Freiliegende Wurzeln befestigen den Sand, sorgen dafür, dass die Wände nicht zerbröseln. Nach 400 m treten wir aus dieser begehbaren Naturskulptur heraus und finden uns auf der Ulica Góry wieder. Wir folgen der ruhigen Landstraße nach links, passieren nach knapp 2 km das **Hotel Kazimierzówka** und befinden uns bald auf der Ulica Zamkowa. Diese führt geradewegs zu den Ruinen einer **Burg** (s. S. 346), die ein prachtvolles Panorama über das Weichseltal eröffnet. Am Wendepunkt der Zufahrtsstraße zur Burg geht es erst über Treppen, dann über einen Weg zur Ulica Zamkowa hinab. Auf dieser erreichen wir, vorbei an der Pfarrkirche, wenig später den Rynek, wo die Tour begann.

Kazimierz Dolny

Bad. Mit großem Abenteuerspielplatz für Kinder. DZ ab 80 €.

Am Marktplatz – **Dom Architekta SARP** 3 : Rynek 20, Tel. 81 883 55 44, www.domarchitektasarp.pl. Das ›Haus des Architekten‹ bietet historisches Flair, ist aber renovierungsbedürftig. Am besten buchen Sie eines Richtung Marktplatz mit Blick auf die fantastischen Kaufmannshäuser! 41 Zimmer. DZ ab 60 €.

Klein & fein – **Vincent** 4 : ul. Krakowska 11, Tel. 81 881 08 76, www.pensjonatvincent.pl. Im Landhausstil elegant-gemütlich eingerichtete Zimmer, dazu ein kleiner Outdoorpool, auf Wunsch Massagen. Solides Büfett-Frühstück, mit ausgezeichnetem Restaurant (s. unten). DZ ab 60 €.

Essen & Trinken

Im Badehaus anno 1921 – **Stara Łaznia** 1 : ul. Senatorska 21, Tel. 81 889 13 50, www.restauracjalaznia.pl, 12–22 Uhr, wechselnde Ruhetage. Das Haus, wenige Schritte vom Markt und vom Weichselufer entfernt, untersteht der polnischen Filmvereinigung, oft steigen hier Regisseure und Schauspieler ab. Das Lokal ist stilvoll-gemütlich restauriert und bietet gute Küche, exzellent schmeckte beim letzten Besuch die gebackene Forelle. Im Sommer können Sie auch im schönen Garten sitzen, Fr und Sa werden abends Filme open air gezeigt. Hauptgerichte ab 7 €.

Süßes & Deftiges – **Piekarnia Sarzyński** 2 : ul. Nadrzeczna 6, www.sarzynski.com.pl, Mo–Sa 8–22, So bis 20 Uhr. Die traditionsreiche Bäckerei nahe dem Markt verkauft den ganzen Tag über Süßes und Pikantes. Wer ›richtig‹ essen will, steigt ins barocke Kellergewölbe hinab, wo deftige polnische Küche serviert wird. Piroggen mit Pilzen und Kraut schmecken hier sehr gut! Im Sommer öffnet zusätzlich ein Garten. Hauptgerichte ab 3 €.

Gemütlich – **U Radka** 3 : Rynek 9. ›Bei Radka‹, einem Café mit musealem Inventar und mit Fresken bemalten Wänden, fühlte man sich stets wohl. Derzeit aber sucht die Leitung nach engagierten Kellnern.

Holzhütte im Grünen – **Klubojadalnia Przystanek Korzeniowa** 4 : ul. Doły 43, Tel. 502 72 24 32, Facebook: Korzeniowa, Mi–So 11–19 Uhr. Lockeres, informelles Ambiente. Man sieht hier viele Wanderer, sie bestellen Thai-Tee, hausgemachte Limonade oder lokales Bier. Auch einfache Gerichte gibt es, eine Speisekarte allerdings nur auf Polnisch. Sehr beliebt ist die Gulasch-Suppe, andere schwören auf Bulgogi (mariniertes Rindfleisch), saftigen Hackbraten oder Spargel mit gebackener Kartoffel.

Charmantes Teehaus – **Galeria Herbaciarnia U Dziwisza** 5 : ul. Krakowska 6, www.herbaciarniaudziwisza.pl. Plüschig-elegantes Ambiente in einer alten Villa mit einer großen Auswahl an Tee und hausgemachtem Kuchen. Gute Musik und viele Bücher …

Einkaufen

Wochenmarkt – Rynek s/n, Fr 7–12 Uhr. Bauern aus der Umgebung verkaufen ihre Waren auf dem Rynek.

Souvenirs – **Jarmark Polski** 1 : Rynek 32. Polnisches Kunsthandwerk und Schnitzereien, Messingleuchter, Korb- und Holzwaren.

Aktiv

Bootsfahrt – Vom **Fähranleger** 1 am Bulwar Nadwiślański, der Flaniermeile auf dem Deich, starten im Sommer Schiffe zu Touren bis zum Dorf Mięćmierz. Von dort kann man mit einer Fähre (Mai–Okt. 8–20 Uhr) ans andere Ufer übersetzen und in 30 Min. zur Burgruine von Janowiec (s. S. 350) laufen.

Wandern – Der Landschaftspark vor den Toren der Stadt kann auf sandigen, von knorrigen Bäumen gesäumten Hohlwegen erkundet werden. Ausgeschilderte Routen starten am Marktplatz. Blau markiert ist der Weg, der vom Rynek erst südostwärts zur Reformiertenkirche und dem Albrechtówka-Hügel führt, dann hinab ins ehemalige Flößerdorf Mięćmierz. Von hier können Sie ans gegenüberliegende Weichselufer übersetzen.

Termine

Kultursommer (Juni–Aug.): Am letzten Juniwochenende, wenn Polens wichtigstes **Folkfestival** (Kapel i Śpiewaków Ludowych) auf dem Kleinen Markt steigt, erklingen schräg-archaische Töne. Weiter geht es mit dem **Film- und Kunstfestival Zwei Flüsse**

Längs der Weichsel

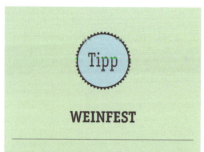

WEINFEST

Wein aus Polen? Gibt es das? Ja! Und zwar nicht nur aus dem klassischen Anbaugebiet in Zielona Góra (Grünberg), sondern aus allen Regionen des Landes. Mittlerweile sind es 40 Weinbauern, die sich zusammengetan haben, um am Tag ihres Schutzpatrons auf der **Burgruine Janowiec** (▶ 2, T 14) 6 km westlich von Lublin groß zu feiern. Zum Wein werden regionale Spezialitäten serviert (Święto Wina w Janowcu, Termin bitte bei der Touristeninfo erfragen).

(Dwa Brzegi, www.dwabrzegi.pl) und dem fetzigen **Klezmer-Festival** (Festiwal Muzyki Klezmerskiej, www.klezmerzy.pl), das ans jüdische Kazimierz erinnert. In der Pfarrkirche werden auf der historischen Orgel Konzerte gegeben (Letnie wieczory muzyczne).

Verkehr
Busse: Von der Station nordöstl. des Rynek Verbindungen nach Lublin und Warschau. Mit Linie 12 kommt man zum 14 km entfernten Bahnhof Puławy-Miasto.

Sandomierz ▶ 2, T 17

24 000 Einwohner leben in **Sandomierz**, einer der schönsten und ältesten Städte Polens. Verteilt über sieben Hügel, schmiegt sich der historische Kern ans linke Weichselufer, sechs Kirchtürme ragen daraus hervor. Wer durch das Opatów-Tor in die Altstadt tritt, fühlt sich in eine andere Zeit versetzt: Restaurierte Bürgerhäuser säumen die verkehrsberuhigten Straßen, erinnern an die glanzvolle Vergangenheit des Ortes.

Geschichte
Sandomierz wurde bereits in Chroniken des frühen 12. Jh. erwähnt und war im Mittelalter eines der wichtigsten Handelszentren in Polen. Seine Blüte fällt ins 15. und 16. Jh., eine Zeit der Toleranz und Glaubensfreiheit. Der Niedergang begann 1603 mit der Ankunft der Jesuiten, die im Sinne der Gegenreformation für Ordnung sorgen sollten, und wurde mit der zeitweiligen Besetzung durch schwedische Truppen 1656 besiegelt. Als Polen 1795 endgültig geteilt wurde, fiel Sandomierz an Österreich, 20 Jahre später an Russland. Dank glücklicher Umstände hat die Mehrzahl der Häuser den Zweiten Weltkrieg unversehrt überstanden. Wie es heißt, vermochte es Skopenko, Oberst der Roten Armee, die deutschen Truppen in aufreibende Kämpfe außerhalb von Sandomierz zu verwickeln. Er war ein glühender Bewunderer dieser Stadt, sein größter Wunsch war es, hier begraben zu werden. Heute wollen die Bewohner nichts mehr von ihm wissen: Die einst nach ihm benannte Straße heißt nun Opatowska, sein Denkmal am Stadttor wurde demontiert.

Opatów-Tor
ul. Opatowska, www.turystyka.sandomierz.pl, April–Okt. tgl. 9–19 Uhr, im Winter kürzer, 6 zł
Das backsteinerne, von einer Attika gekrönte **Opatów-Tor** (Brama Opatowska) aus dem 14. Jh. markiert den nördlichen Eingang zum historischen Zentrum. Steigen Sie zur Aussichtsplattform hinauf und verschaffen Sie sich einen Überblick über die Stadt!

Am Marktplatz
*Waffenkammer: Rynek 5,
Mai–Okt. tgl. 10–16 Uhr, 8 zł*
Auch in Sandomierz sind alle Gassen auf den 100 x 120 m großen **Marktplatz** (Rynek) ausgerichtet. In seiner Mitte steht das gotische **Rathaus** (Ratusz), das Mitte des 16. Jh. mit Attika und Sonnenuhr im Stil der Renaissance aufgehübscht wurde. Die Häuser ringsum stammen aus unterschiedlichen Epochen, vermitteln aber doch den Eindruck von Harmonie. Zwei von ihnen sind mit Arka-

Sandomierz

den geschmückt: das ursprünglich gotische **Oleśnicki-Haus** (Nr. 10) und das Haus **Zum Schnabelschuh** (Nr. 27). In Nr. 5 können Sie eine **Ritterliche Waffenkammer** (Zbrojwonia Rycerska) besuchen. Anfassen ist hier ausdrücklich erlaubt: Schlüpfen Sie in eine mittelalterliche Montur und schwingen Sie das Schwert! Auch Folterinstrumente können ausprobiert werden …

Unterirdischer Weg
ul. Oleśnickich, Mai–Sept. 9–17 Uhr, 13 zł

Wie Rzeszów und Jarosław ist auch Sandomierz unterkellert – in einem riesigen unterirdischen Labyrinth lagerten Kaufleute ab dem 16. Jh. ihre Waren. Ein kleiner Teil dieser geheimnisvollen Welt kann auf dem **Unterirdischen Weg** (Podziemna Trasa Turystyczna) besichtigt werden, der an der Ulica Oleśnickich westlich des Rings startet und auf einer Länge von 450 m durch 30 Kellergewölbe führt.

Um die Kathedrale
Kathedrale: ul. Mariacka s/n, www.katedra.sandomierz.org, Di–So 9–18 Uhr; Museum: ul. Długosza 9, www.domdlugosza.sandomierz.org, Di–Sa 9–16.30, So 13.30–16.30, im Winter bis 15.30 Uhr, 8 zł

Zu den wichtigsten Sehenswürdigkeiten der Stadt gehört die gotische, 1382 vollendete **Kathedrale** (Katedra) südlich des Rings. Unter hohen, illusionistisch bemalten Gewölben entdecken Sie russisch-byzantinische Fresken von 1420, die – einst übermalt – bei Restaurierungsarbeiten zufällig wiederentdeckt wurden. Schön ist auch der barocke Orgelprospekt sowie der marmorne Rokokoaltar. Das makabre Highlight der Kirche sind 12 große Tafeln, eine für jeden Monat, auf denen der Künstler Karol de Prevot (1708–37) mit minutiösem Pinselstrich an jene christlichen Märtyrer erinnert, die im 13. Jh. von den Mongolen getötet wurden. Die Bilder sind auch lesbar als Panoptikum verschiedener Folterarten: Men-

Janowiec ist mehr eine Ruine als eine Burg, aber allein die schöne Bootsfahrt von Kuzimierz Dolny rechtfertigt den Ausflug hierher, vor allem zur Zeit des Weinfestes

schen werden gewürgt, gehenkt und geviertteilt, zu Tode gepeitscht und bei lebendigem Leib verbrannt. Um das Unglück komplett zu machen, sind in den Seitenschiffen auch die Überfälle der Schweden dargestellt.

Nahe der Kathedrale kann im Haus des Historikers Jan Długosz (Dom Długosza) das **Diözesanmuseum** (Muzeum Diecezjalne) besucht werden. Das Gebäude von 1476 birgt wahre Kostbarkeiten, u. a. das Bild »Johannes der Täufer« von Caravaggio.

Burg und Jakobskirche

Burg: ul. Zamkowa 12, www.zamek-sando mierz.pl, Mai–Sept. Di–So 10–18, Okt.–April Di– Fr 9–16, Sa, So 10–16 Uhr, 15 zł; Jakobskirche: ul. Staromiejska s/n

Über einer der Weichselarme erhebt sich die restaurierte, im 14. Jh. von Kazimierz III. gestiftete **Burg** (Zamek), in der sich das **Regionalmuseum** (Muzeum Okręgowe) befindet. Von Archäologie über Ethnografie bis Kunst wird alles ausgestellt, was sich im Laufe der Zeit angesammelt hat. Als kleiner Schatz gilt das »Schachspiel von Sandomierz« aus dem 12. Jh.

Westlich davon liegt die **Jakobskirche** (Kościół Św. Jakuba), die erste Backsteinbasilika Polens und zugleich die schönste Kirche des im 13. Jh. nach Polen gekommenen Bettelordens. Am Ende der Straße führt ein Spazierweg in die Jadwiga-Schlucht hinab.

Infos

Im Internet: www.e-sandomierz.pl

Übernachten

Am schönsten – **Basztowy:** ul. Ks. J. Poniatowskiego 2, Tel. 15 833 34 50, www.hotelbasztowy.pl. Das attraktive Hotel steht an der Uferböschung knapp außerhalb der Altstadt. Mit seinen Giebeln, Erkern und Rundfenstern ist es von Renaissancearchitektur inspiriert, alle 31 Zimmer haben Sat-TV und Gratis-WLAN. DZ ab 85 €.

Am zentralsten gelegen – **Pod Ciżemką:** Rynek 27, Tel. 15 832 05 50, www.hotelcizemka.pl. Neun akzeptable Gästezimmer im 2. Stock eines Hauses direkt am Rynek, meist schon früh ausgebucht. DZ ab 60 €.

Essen & Trinken

Am Rynek Rund um den großen Marktplatz gibt es preiswerte Bars und Lokale, aber keine gastronomischen Highlights

Termine

Musik in Sandomierz (Sept./Okt.): Der Bogen dieses Festivals spannt sich von russisch-orthodoxer über klassische bis zur Unterhaltungsmusik.

Verkehr

Busse: Gute Verbindungen mit Warschau, Lublin und Kielce. Die Busstation befindet sich knapp 2 km nordwestl. des Rynek.

Baranów Sandomierski

▶ 2, T 18

Schloss: ul. Zamkowa 20, Tel. 15 811 80 40, www.baranow.com.pl, tgl. zu jeder vollen Stunde 9–16 Uhr, 15 zł

30 km südwestlich von Sandomierz steht in **Baranów Sandomierski** ein von Santi Gucci entworfenes **Schloss** (1591–1606), das mit seinen runden Ecktürmen und seinem hufeisenförmigen Arkadenhof zu den herausragenden Renaissancebauten Polens gehört. Auftraggeber von ›Klein-Wawel‹, wie es genannt wird, war die Magnatenfamilie Leszczyński, die es zu einem populären Treffpunkt für Andersgläubige machte und ab 1628 aufklärerische Schriften drucken ließ. Doch die Lubomirskis, an die das Schloss Ende des 17. Jh. überging, machten dem reformatorischen Treiben ein Ende und ließen sämtliche hier gedruckten Bücher verbrennen. Zugleich beauftragten sie Tylman van Gameren, die Residenz barock umzugestalten. Nach dem Zweiten Weltkrieg wurde das Palais restauriert, sodass Sie heute Hof und Schlosskapelle sowie Säle voller Stilmöbel, Gemälde und Skulpturen sehen können.

Übernachten

Im Schloss – **Zamek w Baranowie Sandomierskim:** s. oben. 15 Zimmer auf Dreisterneniveau und 14 ha großer Park. DZ ab 55 €.

Rund um die Heiligkreuzberge

Seinen Namen verdankt das Mittelgebirge italienischen Benediktinermönchen: Vor 1000 Jahren errichteten sie auf seinem Kamm ein Kloster, dessen kostbarste Reliquie fünf Späne vom Kreuz Christi sind. Am Fuß des Gebirges liegt die Provinzhauptstadt Kielce mit einem zwar kleinen, aber doch attraktiven historischen Zentrum.

Kielce ▶ 2, Q 16

Karte: S. 354
Industrieanlagen und Neubauviertel umschließen das historische Zentrum von **Kielce** 1, mit 220 000 Einwohnern die Hauptstadt der Provinz Heiligkreuzberge. Viel wurde getan, um dem Ort ein Facelifting zu verpassen …

Palast der Krakauer Bischöfe
pl. Zamkowy 1, www.mnki.pl, Di–So 10–18, im Winter 9–17 Uhr, ab 20 zł
Hauptattraktion ist der barocke **Palast der Krakauer Bischöfe** (Pałac Biskupich Krakowskich), die hier bis 1640 wohnten. Im repräsentativen Obergeschoss kann man ihren prächtigen Speisesaal bewundern – aufgrund der 56 Porträts der altehrwürdigen Herren hat man fast den Eindruck, sie seien noch anwesend. Im Erdgeschoss bezeugt eine Sammlung kostbarer Gemälde den Reichtum des Klerus. Zu den ausgestellten Künstlern zählen berühmte Maler wie Wyspiański, Witkacy, Kossak und Malczewski.

Basilika Mariä Himmelfahrt
Neben dem Bischofspalast befindet sich die frühbarocke **Basilika Mariä Himmelfahrt** (Bazylika Katedralna Wniebowzięcia Najświętszej Marii Panny), die den Bischöfen als Gebetsstätte diente. Ihr Prunkstück ist eine Renaissanceskulptur aus rotem Marmor, geschaffen von dem italienischen Künstler Il Padovano. Der von König Kazimierz III. gestiftete Kirchenschatz beinhaltet einen 1362 in Krakau gemeißelten, reich verzierten Kelch.

Rings um den Ring
Museum: Rynek 3, www.mnki.pl, Mo–Fr 8–16, So 10–18 Uhr, 13 zł
Ein paar Gehminuten nördlich der Basilika, am schmucken **Ring** (Rynek), wirbt das kleine, sperrig benannte **Museum des Dialogs der Kulturen** (Muzeum Dialogu Kultur) mit wechselnden Ausstellungen für Aussöhnung. Es erinnert auch an den 4. Juli 1946, als Kielcer Juden, die das Konzentrationslager überlebt hatten, in ihre alten Wohnungen zurück wollten – ein Mob von mehreren Hundert ›normalen‹ Bewohnern hinderte sie daran und tötete 42 von ihnen.

Im westlich gelegenen Parkgürtel Planty 4–6 errichtete man ein Denkmal zum **Pogrom von Kielce** (Pogrom Kielecki). Im Inneren gedenkt eine Fotoausstellung der jüdischen Gemeinde der Stadt.

Infos
Touristenbüro: ul. Sienkiewicza 29, Tel. 41 348 00 60, www.swietokrzyskie.travel, Mo–Fr 9–18, Sa, So bis 17 Uhr.

Übernachten
Klein und familiär – **Śródmiejski:** ul. Wesoła 5, Tel. 41 344 15 07, www.hotelsrodmiejski.pl. Freundliches Hotel mit 21 sauberen Zimmern. Zum Bischofspalast läuft man keine 10 Min., WLAN und Parkplatz gratis. DZ ab 45 €.
Hostel – **Art:** ul. Sienkiewicza 4-C, Tel. 41 344 66 17, www.hostel-art-kielce.pl. Ein wirklich außergewöhnliches Hostel – modernes Design, hübsch und sauber, dazu sehr zentral gelegen, 500 m vom Zentrum entfernt. Da stört

Rund um die Heiligkreuzberge

Nationalpark Heiligkreuz ▶ 2, R/S 16

Karte: s. links

Der **Nationalpark Heiligkreuz** (Świętokrzyski Park Narodowy) schützt den zentralen Teil eines 70 km langen, von West nach Ost verlaufenden Gebirgszuges. 300 Mio. Jahre ist er alt, sodass die Kräfte der Erosion viel Zeit hatten, ihn abzutragen – an seinem höchsten Punkt misst er magere 611 m. Gleichwohl hat das Gebirge seinen Reiz: Dichter Fichten- und Buchenwald bedeckt seine Hänge, knapp unterhalb des unbewachsenen Kamms liegen Geröll- und Felshalden.

Busse fahren von Kielce nach **Nowa Słupia** 2, von wo aus man auf dem **Königsweg** (Droga Królewska) in 30 Minuten das **Heiligkreuzkloster** (Klasztor Św. Krzyż) erreicht, dem der Nationalpark seinen Namen verdankt. Es wurde im 12. Jh. von italienischen Benediktinermönchen erbaut, hoch oben auf dem **Łysa Góra**, dem ›Kahlen Berg‹, wo zuvor schon heidnische Stämme eine Kultstätte errichtet hatten. Nach der Auflösung des Ordens 1819 wurde das Kloster als Gefängnis genutzt. Heute kann man hier das **Missionsmuseum** (Muzeum Misyjne) besichtigen, wo allerlei Dinge zu finden sind, die den Benediktinern beim Versuch, Asiaten und Afrikaner zum ›wahren‹ Glauben zu bekehren, in die Hände fielen (www.swietykrzyz.pl, tgl. 9–17 Uhr).

Im Westflügel des Klosters befindet sich außerdem ein **Naturkundemuseum** (Muzeum Przyrodniczo-Leśne), in dem Geologie, Flora und Fauna des Parks vorgestellt werden (www.swietokrzyskipn.org.pl, Mo geschl., 10 zł).

Wer Lust hat, den Nationalpark im Rahmen einer längeren Wanderung zu erkunden, folgt dem 18 km langen, rot markierten Weg vom Kloster via Nowa Słupia (30 Min.) nach **Święta Katarzyna** 3 (4,30 Std.). Von dort kann man mit dem Bus nach Kielce zurückfahren.

Aktiv

Radwandern: Der 2020 fertiggestellte, 16 km lange Radwanderweg durch den Nationalpark verläuft über den Damm der ehemaligen

es auch nicht, dass es nur Gemeinschaftsbäder gibt, für Männlein und Weiblein getrennt. 4er-Zimmer ab 56 €, DZ ab 33 €.

Essen & Trinken

Mediterran – **Si Señor:** ul. Kozia 3/1, Tel. 41 341 11 51, www.si-senor.pl, Mo-Sa 12–22, So 12–19 Uhr. Auch in Polen träumt man vom Süden, das spanische Kellerlokal wurde ein Erfolgsschlager. Als Vorspeise gibt es z. B. Ibérico-Schinken, danach Heilbutt oder hervorragende Paella mit Meeresfrüchten, dazu feinen Wein und zum Abschluss Crema Catalana oder ein Stück Tiramisú. Gerichte ab 7 €.

Abschied von Afrika – **Pożegnanie z Afryką:** ul. Leśna 18, Tel. 221 234 567, www.pozegnanie.com, tgl. 10–20 Uhr. Köstlicher, frisch gemahlener Kaffee in ruhigem Ambiente.

Verkehr

Züge: Gute, aber keine sehr schnellen Verbindungen nach Krakau, Lublin und Częstochowa. Der Bahnhof befindet sich 500 m vom Zentrum entfernt, am Westende der ul. Sienkiewica.

Busse: In der Nähe des Bahnhofs liegt auch die Busstation (ul. Czarnowska 12). Haltestellen für die Fahrten nach Jaskinia Ray, Tokarnia und Nowa Słupia (für Heiligkreuz-Nationalpark) bitte im Touristenbüro erfragen!

Schmalspureisenbahn und verbindet die Orte Nowa Słupia und Święta Katarzyna.

Termine
Fest der Schmelzöfen (2. Sept.-Wochenende): Viel Action in Nowa Słupia und im Heiligkreuzkloster beim Fest dymarki.

Südlich von Kielce

Karte: S. 354

Chęciny ▶ 2, Q 16/17
13 km südwestlich von Kielce liegt das ehemalige jüdische Stetl **Chęciny** 4. Über ihm thronen ehrfurchtgebietend die Ruinen einer **Burg** mit mehreren Türmen. An klaren Tagen genießt man von hier einen weiten Blick auf die Heiligkreuzberge. Nahebei wurde ein **Wissenschaftsmuseum** eingerichtet (Centrum Nauki Leonardo Da Vinci, Podzamcze 45, www.cndavinci.pl, Di–So 10–16 Uhr, 15 zł).

Wer sich für Natur interessiert, besucht die **Paradieshöhle** (Jaskinia Raj) nördlich des Orts. Sie ist 180 m lang und voller geheimnisvoller Stalaktiten und Stalagmiten. Dazu gehört das **Neandertal-Zentrum** (Centrum Neandertalczyka), das multimedial die Lebenswelt des *Homo neanderthalensis* inszeniert. Es werden Feuersteine ausgestellt, mit denen Neandertaler hier vor 50 000 Jahren Flammen entfachten, dazu Knochen von Mammut, Wollnashorn und Höhlenbär (http://jaskiniaraj.pl, im Sommer Di–So 9–18, Sept.–Nov. und Jan.–April 10–17 Uhr, Kombiticket 25 zł).

Tokarnia ▶ 2, Q 17
Tokarnia 5, 7 km südwestlich von Chęciny, besitzt einen **Ethnografischen Park** (Park Etnograficzny) in dem auf einer Fläche von 80 ha ein traditionelles Kielcer Dorf nachgestellt ist – komplett mit einem Markt und einer Kirche (www.mwk.com.pl, tgl. 10–17 Uhr, 14 zł).

Wirkt gar nicht wie ein ethnografischer Park, eher wie bukolisches Landleben: Tokarnia

Kapitel 6

Warschau und zentrales Tiefland

Von Weichsel und Warthe durchflossene Ebenen, Getreidefelder, hin und wieder ein Waldstück oder ein See: So präsentiert sich die polnische Tiefebene, die sich in einem breiten Gürtel von West nach Ost erstreckt. Hier verläuft auch Polens zentrale ›Globalisierungsachse‹ – gut ausgebaute Straßen und schnelle Züge verbinden die Städte Warschau, Łódź und Posen. Die Mitte des Landes lockt nicht mit spektakulären Landschaften, kann aber mit zwei Nationalparks aufwarten: dem urwüchsigen Kampinos-Nationalpark vor den Toren der Hauptstadt sowie dem Großpolnischen Nationalpark mit seinen Wäldern und Seen südlich von Posen.

Alle Straßen des Landes sind sternförmig auf die Boomtown Warschau ausgerichtet, seit 1596 Polens Hauptstadt. Wie ein Magnet zieht sie alle an, die von Karriere und großem Geld träumen. Besuchern bietet sie eine historische Alt- und Neustadt, ein modernes Zentrum, Boulevards und romantische Parks.

Łódź, Polens Hochburg für Film und Mode, liegt 130 km südlich. Die Stadt beeindruckt mit einem einmaligen Architekturensemble aus Backsteinfabriken und Palästen, die aus einer Zeit stammen, als deutsche und jüdische, russische und polnische Unternehmer vom Aufstieg der Textilindustrie profitierten.

Mit Posen assoziieren Besucher vor allem Messen – umso mehr staunen sie, wenn sie die Dominsel und eine lebendige Altstadt kennenlernen, Straßenzüge im wuchtig-wilhelminischen Gründerzeitstil, dazu eine rege Kulturszene. Die Region gilt als Wiege des polnischen Staates und erhielt deshalb den Namen Großpolen.

Er lässt an eine viereckige Geburtstagstorte denken,
der Kulturpalast in Warschau – nicht der modernste,
aber der höchste Wolkenkratzer Polens

Auf einen Blick: Warschau und zentrales Tiefland

Sehenswert

Warschau: Im Schatten von Stalins Kulturpalast liegt die moderne City, einen Katzensprung entfernt die originalgetreu rekonstruierte Altstadt und auf der anderen Weichselseite das Szeneviertel Praga (s. S. 360).

Łódź: Auf der 4 km langen Prachtmeile aus der Gründerzeit des Kapitalismus stehen Industriellenpaläste neben Backsteinfabriken (s. S. 383).

Posen: Alle Gassen münden in den gemütlichen Marktplatz, auf der Dominsel steht Polens älteste Kathedrale (s. S. 394).

Schöne Routen

Runde ab Warschau: Von der Hauptstadt fährt man über den Kampinos-Nationalpark nach Żelazowa Wola, Chopins Geburtsort, dann weiter über Łowicz in den Landschaftspark von Arkadia und zum Barockschloss von Nieborów (s. S. 379).

Piastenroute: Der Großpolnische Ethnografische Park und Gniezno, die Wiege Polens, sind die Ziele dieser Strecke, die von Posen aus Richtung Osten führt (s. S. 400).

Meine Tipps

Panoramablick vom Kulturpalast in Warschau: Vom obersten Stockwerk des Wolkenkratzers im Stil des sozialistischen Realismus genießt man die beste Aussicht auf die Stadt (s. S. 368).

Museum der Geschichte der polnischen Juden: Am Platz der Ghettohelden in Warschau lädt eine ›gläserne Höhle‹ zu einer beeindruckenden Zeitreise ein (s. S. 371).

Sonntagskonzert mit Chopin: In den Sommermonaten musizieren junge Pianisten im Warschauer Łazienki-Park und interpretieren bekannte oder auch weniger bekannte Stücke des Komponistengenies. Wer ein intimeres Ambiente bevorzugt, fährt nach Żelazowa Wola und lauscht der Musik im Geburtshaus von Chopin (s. S. 370, 380).

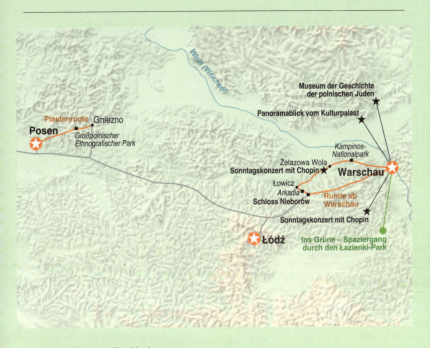

Raus in die Natur: über Plankenwege durch Warschaus Umland spazieren

Aktiv

Ins Grüne – Spaziergang durch den Łazienki-Park: Im 18. Jh. ließ Polens König einen Park anlegen, in dem er sich mitten in der Stadt wie auf dem Land fühlen konnte. Heute steht die Grünanlage allen offen und gefällt mit Teichen und Wasserspielen, Palästen und künstlichen Ruinen – selbst Eichhörnchen, Hasen und Hirsche lassen sich sehen (s. S. 370).

Warschau und Umgebung

Warschau hat viel durchgemacht: Im Zweiten Weltkrieg fast dem Erdboden gleichgemacht, wurde es anschließend – wenigstens in Teilen – originalgetreu rekonstruiert. Neben der historischen Alt- und Neustadt hat sich ein modernes Zentrum etabliert. Große Parks erlauben Fluchten ins Grüne, am rechten Weichselufer entwickelt sich Praga zum Szeneviertel.

 Warschau ▶ 1, R 11

Cityplan: S. 365

Ein Blick zurück

Warschau (Warszawa) profitierte von der 1569 erfolgten Vereinigung Polens und Litauens zu einem vereinten Königreich. Schrittweise verlagerte sich das Machtzentrum des neuen Staates von Krakau nach Warschau, das 1596 neue Hauptstadt und ab 1609 auch Königsresidenz wurde. In der Folge verstrickte sich die polnische Adelsrepublik in Krisen und Kriege, auch Warschau litt darunter, aber nur in begrenztem Umfang. Es entstanden prachtvolle Kirchen und Klöster, Kunst und Kultur wurden gefördert. 1791 verabschiedete man in Warschau die erste Verfassung Europas, wodurch die Teilung des Landes nicht mehr aufzuhalten war – Polen verschwand 1795 von der Landkarte, Warschau fiel an Preußen.

Mit dem Sieg Napoleons über die Preußen 1807 wurde Warschau Hauptstadt des gleichnamigen Großherzogtums, doch schon sechs Jahre später marschierten russische Truppen ein. Der Wiener Kongress etablierte 1815 das Königreich Polen (Kongresspolen), das nun in Personalunion mit Russland regiert wurde. 15 Jahre später, nach dem antizaristischen Novemberaufstand, wurde Warschau direkter russischer Herrschaft unterstellt. Nach einem neuerlichen Aufstand 1863 setzte eine Russifizierungskampagne ein.

Nach dem Ersten Weltkrieg wurde Warschau Hauptstadt eines unabhängigen polnischen Staates. Die Zahl der Einwohner stieg bis 1939 auf 1,3 Mio., davon waren fast 30 % Juden. Im September 1939 wurde die Stadt von deutschen Truppen besetzt, im Januar 1945 von der Roten Armee wieder befreit.

Das zerstörte Warschau wurde Hauptstadt der Volksrepublik Polen. 1952 begann man mit dem Wiederaufbau der Altstadt, die 1980 in die Liste des UNESCO-Welterbes aufgenommen wurde. Nach dem Ende des Sozialismus zehn Jahre später entwickelte sich Warschau zu einer kapitalistischen Boomtown. Im Vergleich zu 1990 ist Warschau kaum wiederzuerkennen: Spiegelglatte Wolkenkratzer ragen in die Höhe, grell leuchten Reklametafeln. Die 2-Mio.-Stadt fungiert als wirtschaftliche Drehscheibe zwischen Ost und West, Geschäftsleute aus Westeuropa, den USA und Südostasien haben sich ihre Warschauer Wall Street geschaffen.

Altstadt

Der deutsche Schriftsteller Hans-Magnus Enzensberger hat die **Altstadt** (Stare Miasto) als die »großartigste Fälschung der Welt« bezeichnet. Nach Niederschlagung des Warschauer Aufstands 1944 wurde sie von deutschen Truppen in Schutt und Asche gelegt, nichts sollte an hauptstädtischen Glanz erinnern. Doch die Deutschen unterschätzten den Selbstbehauptungswillen der Polen. In einem heroischen, fast an Wahnwitz grenzenden Akt wurde das alte Warschau unmit-

Warschau

telbar nach dem Krieg originalgetreu wiederaufgebaut. Alles, was heute alt erscheint, ist in Wirklichkeit neu – erschaffen nach Fotos und Stichen. Dabei bleibt die Vergangenheit allgegenwärtig: Straßennamen erinnern an Schlachten und Aufstände, Plaketten verweisen auf Hinrichtungen. Die Stadt ist noch immer ein Memento Mori, frische Blumen und Kerzen an vielen Orten beschwören den Geist der Toten.

Schlossplatz

Königsschloss: pl. Zamkowy 4, www.zamek-krolewski.pl, Mo–Sa 10–18, So 11–18 Uhr, 30 zł
Eingangstor zur Altstadt ist der **Schlossplatz** (pl. Zamkowy), ein beliebter Treffpunkt von Jung und Alt. Dominiert wird er von der hoch aufragenden **Sigismundsäule** 1 (Kolumna Zygmunta), eine Erinnerung an König Zygmunt III., der die Hauptstadt 1596 von Krakau nach Warschau verlegte.

Er war es auch, der die bescheidene Fürstenburg am Ostrand des Platzes in ein prachtvolles **Königsschloss** 2 (Zamek Królewski) verwandelte. In den Gemächern können Sie die Kunstgegenstände bestaunen, die die polnischen Monarchen im Lauf der Jahrhunderte ansammelten, im barocken Ballsaal das illusionistische Deckengemälde, ein Loblied auf den polnischen König. Ein Raum ist für die Stadtansichten des Hofmalers Canaletto (eigentlich Bernardo Bellotto, 1720–80) reserviert, nach denen man Warschau wiederaufgebaut hat.

Johanniskathedrale 3

Die gotische, zwischen Barockhäusern eingezwängte **Johanniskathedrale** (Katedra Św. Jana) macht nur durch einen Schaugiebel auf sich aufmerksam. Ihrem schlichten Äußeren entspricht der strenge, fast düstere Innenraum. Davon freilich lassen sich die Besucher nicht abschrecken, denn die Kirche hat Kultstatus: In ihrer Krypta sind masowische Fürsten, Warschauer Erzbischöfe und ›Nationalhelden‹ beigesetzt. Die meisten pilgern sogleich zum Mausoleum Stefan Wyszyńskis, der als Primas Polens von 1951 bis 1981 dem ›Reich des Bösen‹ widerstand.

Altstädter Ring

Warschau-Museum: Nr. 28, www.muzeum warszawy.pl, Di–So 10–19 Uhr, 20 zł; Literaturmuseum: Nr. 20, www.muzeumliteratury.pl, tgl. 11–16 Uhr, 6 zł
Die Świętojańska mündet in den **Altstädter Ring** (Rynek Starego Miasta), Warschaus schönsten Platz. Er wird von 40 Patrizierhäusern aus der Zeit der Renaissance und des Barock gesäumt – Architektur wie aus dem Bilderbuch, aufgrund seiner stilistischen Einheit ein einzigartiges Ensemble. In der Mitte des Platzes posiert Warschaus Wappenfigur, eine in Bronze gegossene Sirene mit Schwert und Schild. Um sie herum herrscht von Frühling bis Herbst Hochbetrieb.

Hinter einer der pastellfarbenen Fassaden beleuchtet das **Historische Museum** 4 (Muzeum Warszawy) multimedial und facettenreich Warschaus Entwicklung: von der mittelalterlichen Fischersiedlung über seine Zerstörung im Zweiten Weltkrieg bis zum glanzvollen Wiederaufbau.

Schräg gegenüber, an der Ostseite des Rings, zeigt das **Literaturmuseum** 5 (Muzeum Literatury) wechselnde, vorbildlich inszenierte Ausstellungen. Die Südseite wird vom Restaurant Bazyliszek eingenommen, an der Westseite befindet sich das traditionsreiche Restaurant U Fukiera, im 16. Jh. von Henryk Maria Fukier aus einer Nebenlinie der Augsburger Familie Fugger eröffnet.

Vom Altstädter Ring geht es über Treppenwege zum Weichselufer hinab, malerische

Touristenpass

In allen offiziellen Filialen der Touristeninformation kann man den **Warsaw Pass,** www.warsawpass.com, erstehen, der Eintritt zu zahlreichen Sehenswürdigkeiten und Museen sowie Rabatt beim Besuch diverser Restaurants und bei Buchung einiger Touren beinhaltet. Die Kosten liegen je nach Gültigkeitsdauer zwischen 32 € (24 Std.) und 50 € (72 Std.). Beim Kauf der Karte wird Ihnen eine Broschüre ausgehändigt, in der alle Vergünstigungen aufgeführt sind.

Im 16. Jh. trafen sich im U Fukiera die Fuhrleute auf ein Bier, heute geht's hier recht touristisch – und übertrieben hochpreisig – zu …

Gassen führen zur Promenade auf dem ehemaligen Festungsring.

Neustadt

›Neu‹ ist die im 15. Jh. entstandene, damals autonome **Neustadt** (Nowe Miasto) nur im Vergleich zur 200 Jahre älteren Altstadt. Von dieser ist sie durch die **Barbakane** 6 (Barbakan) getrennt, eine kreisrunde Backsteinbastion.

Rund um den Ring

Vorbei an der **Paulinerkirche** 7 (Kościół Paulinów), von der die Wallfahrt nach Tschenstochau startet, gelangt man zum **Neustädter Ring** (Rynek Nowego Miasta). Mit schattigen Bäumen und einem nostalgischen Brunnen erinnert er an eine stille, ländliche Oase. Blickfang ist die **Kirche der Sakramentinerinnen** 8 (Kościół Sakramentek), ein helles, barockes Kleinod, gestiftet von Königin Marysieńka Sobieska. Nahebei kann man zwei weitere Gotteshäuser besuchen. Streng wirkt die gotische **Marienkirche** 9 (Kościół Mariacki) mit weitem Weichselblick, durch üppigen Barock besticht die **Franziskanerkirche** 10 (Kościół Franciszkanów).

Brunnenpark 11

www.parkfontann.pl

Schauen Sie von der Uferböschung hinab, sehen Sie den **Brunnenpark** (Park Fontann), der im Sommer an Freitag- und Samstagabenden, meist zwischen 21 und 22 Uhr, viele Besucher anlockt. Dann findet hier ein multimediales Spektakel statt: Aus 300 Düsen werden – wie bei einem Geysir – Wasserfontänen ausgestoßen, effektvoll beleuchtet und von Musik untermalt. Das Ganze bildet eine glanzvolle Kulisse für die am Ufer vertäuten Gastroschiffe.

Denkmal des Warschauer Aufstands 12

Vor dem Justizpalast, an der Ecke Długa und Bonifraterska, prangt das **Denkmal des Warschauer Aufstands** (Pomnik Powstania Warszawskiego). Gigantische, in Bronze gegossene Figuren, die Waffe in der Hand,

Warschau

entsteigen düsteren Kanälen. Den meisten Kämpfern ist die Flucht misslungen: Sie ertranken in den Stollen oder starben im Feuer der in die Gänge hinabgeworfenen Granaten.

Museum der Militärgeistlichen 13
ul. Długa 13, www.ordynariat.muzeum warszawy.pl, Di–So 10–18 Uhr, 6 zł

Das düstere Denkmal steht in Kontrast zur Fassade der verspielt-barocken Piaristenkirche, heute umbenannt in Kathedrale der Feldgeistlichen. Wer sie betritt, wird mit Kriegsgräueln konfrontiert: Das hier untergebrachte **Museum der Militärgeistlichen** (Muzeum Ordynariatu Polowego) erinnert in fantastisch inszenierten Kellergewölben daran, wie der Klerus unter der deutschen Besatzung litt.

Westend

Museum des Warschauer Aufstands 14
ul. Grzybowska 79, Ecke Przyokopowa 28, www.1944.pl, Mo, Mi, Fr–So 10–18, Do 10–20 Uhr, 25 zł; Anfahrt mit Tram 1, 9, 11, 14, 22, 24

Wer mehr über die Erhebung der Polen gegen die deutschen Besatzungstruppen 1944 erfahren will, geht ins **Museum des Warschauer Aufstands** (Muzeum Powstania Warszawskiego) gut 2 km südwestlich im Viertel Mirów. In einem neugotischen Industriegebäude aus dem 19. Jh. wird der Kampf multimedial nachgezeichnet – so gut, dass man sich in die Rolle eines Zeitzeugen versetzt fühlt. Im Kinosaal laufen Dokumentar- und Spielfilme, eine ›Erinnerungsmauer‹ im Park trägt die Namen gefallener Polen.

Königsweg

Der **Königsweg** (Trakt Królewski) ist die Verbindungsstraße zwischen dem royalen Schloss in der Altstadt und der Sommerresidenz der Monarchen in Wilanów. Entlang des Boulevards siedelten sich Polens wichtigste Adelsgeschlechter an und ließen prunkvolle Paläste und Kirchen erbauen.

Annakirche 15
Tgl. 10–19 Uhr

Südlich des Schlossplatzes beginnt die **Krakauer Vorstadt** (Krakowskie Przedmieście) genannte Warschauer Prachtmeile, eine Fußgängerzone. Gleich zum Auftakt grüßt die **Annakirche** (Kościół Św. Anny), das Gotteshaus der Warschauer Studentengemeinde. Mit illusionistischen Malereien, vergoldeten Rokoko-Stukkaturen und schummrigem Licht zieht sie alle Register sinnlicher Verführung. Krönender Abschluss des Kirchenbesuchs ist der Aufstieg zum Glockenturm: Von seiner Aussichtsplattform bietet sich ein großartiger Blick auf Schlossplatz und Altstadt.

Mickiewicz-Denkmal und Präsidentenpalast

Kurz darauf passiert man das **Mickiewicz-Denkmal** 16 (Pomnik A. Mickiewicza), das den Dichter in Heldenpose zeigt. Der klassizistische **Präsidentenpalast** 17 (Rezydencja Prezydenta) schließt sich an. Hier wurde 1955 der Warschauer Pakt, das östliche Pendant zur NATO, unterzeichnet. Auch die Gespräche am Runden Tisch 1989 fanden dort statt – sie leiteten den Fall des sozialistischen Systems in Polen ein. Staatsgäste werden gern im benachbarten Hotel Bristol (s. S. 375) untergebracht, einer Perle des Art nouveau.

Grabmal des Unbekannten Soldaten und Sächsischer Garten

Von der Krakowskie Pruedmieście können Sie einen Abstecher zum größten Platz der Stadt unternehmen, dem **Plac Piłsudskiego,** benannt nach dem Diktator der Zwischenkriegszeit General Piłsudski. An der Westseite des Platzes steht das **Grabmal des Unbekannten Soldaten** 18 (Grób Nieznanego Żołnierza), das allen Polen gewidmet ist, die fürs Vaterland fielen. Der Bogen der Erinnerung spannt sich vom Sieg über den Deutschen Orden 1410 bis zur Befreiung vom Nationalsozialismus 1945. Für die Toten brennt eine ewige Flamme, und eine Ehrengarde, die täglich um 12 Uhr in einem feierlichen Zeremoniell abgelöst wird, hält rund um die Uhr Wache.

Warschau

Sehenswert

1. Sigismundsäule
2. Königsschloss
3. Johanniskathedrale
4. Warschau-Museum
5. Literaturmuseum
6. Barbakane
7. Paulinerkirche
8. Kirche der Sakramentinerinnen
9. Marienkirche
10. Franziskanerkirche
11. Brunnenpark
12. Denkmal des Warschauer Aufstands
13. Museum der Militärgeistlichen
14. Museum des Warschauer Aufstands
15. Annakirche
16. Mickiewicz-Denkmal
17. Präsidentenpalast
18. Grabmal des Unbekannten Soldaten
19. Sächsischer Garten
20. Großes Theater
21. Zachęta-Galerie
22. Universität
23. Kopernikus-Wissenschaftszentrum
24. Heiligkreuzkirche
25. Kopernikusskulptur
26. Chopin-Museum
27. National- und Militärmuseum
28. Schloss Ujazdów
29. Łazienki-Park
30. Schloss Wilanów
31. Tempel der Göttlichen Vorsehung
32. Kulturpalast
33. Hala Koszyki
34. Jüdisches Historisches Institut

Fortsetzung S. 366

Warschau und Umgebung

- 35 Denkmal der Ghettohelden
- 36 Museum der Geschichte der polnischen Juden
- 37 Bunkerdenkmal
- 38 Umschlagplatz
- 39 Jüdischer Friedhof
- 40 Pawiak-Museum
- 41 Nożyk-Synagoge
- 42 Praga

Übernachten
1. Bristol
2. Le Regina
3. Rialto
4. Chopin Boutique B & B
5. Dom Literatury

- 6 Harenda
- 7 Oki Doki

Essen & Trinken
1. Amber Room
2. Warszawa Wschodnia
3. U Barssa
4. N 31
5. U Szwejka
6. Stara Kamienica
7. Pod Barbakanem
8. Wedel
9. Blikle

Einkaufen
1. Złote Tarasy
2. EMPiK Megastore

- 3 Galeria Sztuki Napiórkowskiej
- 4 Galeria Autorska Andrzeja Mleczki

Abends & Nachts
1. Warszawska La Playa Music Bar
2. Łysy Pingwin
3. Między Nami
4. Teatr Żydowski
5. Filharmonia Narodowa

Aktiv
1. Tramwaj wodny

Das Grabmal bildet den imaginären Mittelpunkt des im Zweiten Weltkrieg zerstörten Sächsischen Palasts, der wiederaufgebaut werden soll. Dahinter befindet sich der **Sächsische Garten** 19 (Ogród Saski) aus dem 18. Jh. mit Teich, Springbrunnen und Skulpturen.

Großes Theater 20
Schaut man vom Piłsudskiego-Platz nordwärts, so blickt man über die gläserne **Norman-Foster-Rotunde** auf das **Große Theater** (Teatr Wielki), das 1833 im geteilten Polen entstand und viele Jahre als Tempel nationaler Kultur diente. Seine Grandezza ist der spiegelverkehrte Ausdruck realer Ohnmacht: Nur auf dem Feld der Kultur durften die politisch Unfreien ihre Größe beschwören.

Zachęta-Galerie 21
pl. Małachowskiego 3, www.zacheta.art.pl, Di–So 12–20 Uhr, 15 zł
An der Südseite des Platzes steht das Fünfsternehotel Victoria Sofitel, gleich nebenan ein Jugendstilpalast mit der **Zachęta-Galerie** (Galeria Zachęta). Zwar ist sie eigentlich dem »Großen, Wahren und Schönen« geweiht, doch zeigte sie in den letzten Jahren oft auch provokative Kunst: Riesenfotos polnischer Schauspieler in Naziuniform oder die Skulptur eines von einem Meteoriten niedergestreckten Papstes, was Nationalkonservative zu Bilderstürmerei veranlasste.

Universität und Kopernikus-Wissenschaftszentrum
Wissenschaftszentrum: ul. Wybrzeże Kościuszkowskie 20, www.kopernik.org.pl, Di–So 10–19 Uhr, 27 zł
Ein schmiedeeisernes Tor öffnet den Weg zu den symmetrisch angeordneten Bauten der **Universität** 22 (Uniwersytet). Sie wurde 1816 unter zaristischer Herrschaft gegründet, doch musste der Lehrbetrieb bereits 15 Jahre später eingestellt werden, da sich – wie es hieß – zu viele Studenten am Novemberaufstand von 1830 beteiligt hatten. 1915 durfte die Universität wieder öffnen, 1939, unter den Deutschen, wurde sie abermals aufgelöst.

500 m ostwärts, am Ufer der Weichsel (wo man jetzt auch herrlich flanieren kann!), erblickt man das Glaspalast des **Kopernikus-Wissenschaftszentrums** 23 (Centrum Nauki Kopernik) – eine Welt voller Wunder, die sich mithilfe von Experimenten erschließt.

Heiligkreuzkirche 24
Zurück auf der Krakowskie Przedmieście erreichen Sie kurz darauf die klassizistische **Heiligkreuzkirche** (Kościół Św. Krzyża), Pilgerziel so mancher Literatur- und Musikfans. In einem

Kirchenpfeiler wurden 1924 die sterblichen Überreste des Literaturnobelpreisträgers Władysław Reymont eingemauert, in einem zweiten ist das Herz des Komponisten Fryderyk Chopin beigesetzt. Eine Inschrift an seinem Epitaph verkündet: »Wo dein Schatz ist, dort ist auch dein Herz«. 31 Jahre nach seiner Beerdigung auf dem Pariser Friedhof Père Lachaise wurde Chopins Leichnam exhumiert und das Organ – oder besser das, was davon übrig geblieben war – nach Polen überführt. Mehr über Polens größten Komponisten erfahren Sie im Chopin-Museum (s. unten).

Neue Welt

An einer effektvoll postierten **Kopernikusskulptur** 25 (Pomnik Mikołaja Kopernika), einem Werk des dänischen Bildhauers Bertel Thorvaldsen, geht die Krakauer Vorstadt in die **Neue Welt** (Nowy Świat) über. Sprach man in den goldenen 1920er-Jahren von Warschau als dem Paris des Ostens, so dachte man vor allem an diese Flaniermeile. Wie damals ist sie von Boutiquen, Cafés und Restaurants gesäumt, gewiss eine Nummer kleiner als der Boulevard Saint Germain, aber gerade wohl deshalb attraktiv. Die Straße beschreibt einen eleganten Bogen, nostalgische Laternen verleihen ihr zusätzliches Flair. Abstecher lohnen in die exklusiven Seitengassen Chmielna und Foksal, Letztere mit Jugendstilbauten und guten Lokalen.

Chopin-Museum 26

ul. Okólnik 1, www.muzeum.nifc.pl/en,
Di–So 11–20 Uhr, 22 zł

Ein paar Gehminuten östlich der Neuen Welt befindet sich das **Chopin-Museum** (Muzeum Chopina), das in einem barocken Palast untergebracht ist. Hier erfahren Sie keine trockenen biografischen Daten, sondern werden – musikalisch unterfüttert – in Fryderyk Chopins Gefühls- und Gedankenwelt eingeführt.

National- und Militärmuseum 27

Nationalmuseum: al. Jerozolimskie 3, www.
mnw.art.pl, Di–So 10–18, Do bis 21 Uhr, ab
20 zł; Militärmuseum: www.muzeumwp.pl,
Mi–Fr 10–16 Uhr, 15 zł

Am **Rondo de Gaulle'a** mit einer Plastikpalme in der Mitte kreuzt der Königsweg die Jerusalemer Allee (al. Jerozolimsie). In dem grauen Bau links hinter der Kreuzung tagte früher das Zentralkomitee der Polnischen Vereinigten Arbeiterpartei, bevor dort 1991 die Wertpapierbörse einzog.

Daneben entpuppt sich das vierflügelige **Nationalmuseum** (Muzeum Narodowe) als Schatzkammer voller Kunstwerke von der Antike bis zur Gegenwart. Zu den Höhepunkten der Sammlung zählen frühmittelalterliche Fresken aus Pharos (Sudan), die in ihrer archaischen Ausdruckskraft an Ikonen erinnern. Aus ostpreußischen und schlesischen Kirchen stammen meisterhaft geschnitzte, gotische Skulpturen, darunter die »Schöne Madonna aus Breslau«. Im Ostflügel des Gebäudes befindet sich das **Militärmuseum** (Muzeum Wojska Polskiego), das die 1000-jährige Geschichte der nationalen Streitkräfte dokumentiert.

Ujazdowski-Allee

Kunstmuseum: www.u-jazdowski.pl, Di–So
11–18 Uhr, 10–16 zł

Südlich des Rondo de Gaulle'a setzt sich der Königsweg fort. Über den **Platz der Drei Kreuze** (pl. Trzech Krzyży) führt er zur **Ujazdowski-Allee** (al. Ujazdowski), von den Polen auch Champs-Élysées genannt. Den Boulevard säumen Paläste, in denen Botschafter und Staatsminister residieren. Von der Straße zurückgesetzt stehen Sejm und Senat, Polens Zweikammerparlament. Ihren Namen verdankt die Allee dem **Schloss Ujazdów** 28 (Zamek Ujazdowski), einer der königlichen Sommerresidenzen. Der Barockbau beherbergt ein **Zentrum für zeitgenössische Kunst** (Centrum Sztuki Współczesnej).

Südlich schließt sich der einst königliche **Łazienki-Park** 29 (Łazienki Królewskie) an, heute ein romantisches Refugium für jedermann. Stundenlang kann man hier spazieren und vergessen, in einer Großstadt zu sein (s. S. 370).

Schloss Wilanów 30

Schloss: ul. Kostki Potockiego 10/16, www.wi
lanow-palac.art.pl, Sa–Mo, Mi 9.30–18, Di, Do

9.30–16, im Winter Mi–Mo 10–16 Uhr, 20 zł;
Park: 5 zł; Plakatmuseum: www.postermuseum.
pl, tgl. 12–18 Uhr, 11 zł; Anfahrt u. a. mit Bus
116, 180 und E-2 bis Haltestelle Wilanów
Südwärts führt der Königsweg aus der Stadt
heraus und endet nach weiteren 6 km am
Schloss Wilanów (Pałac Wilanów). König
Jan III. Sobieski, der die Türken 1683 bei Wien
bezwang und so als ›Retter des christlichen
Abendlandes vor dem Islam‹ in die Geschichte einging, schuf sich hier seine Villa Nuova
– woraus sich der Name Wilanów ableiten
lässt. Die abgeschiedene Sommerresidenz
blieb im Krieg unzerstört und präsentiert
sich außen wie innen als Meisterwerk des
Barock. Zahlreiche Skulpturen, illusionistische Malereien und Gemälde schmücken die
Räume, eine Porträtgalerie im Obergeschoss
illustriert die Entwicklung dieses Kunstgenres. In der ehemaligen Reitschule zeigt das
weltweit erste **Plakatmuseum** (Muzeum
Plakatu) die besten Arbeiten von Polens erfindungsreichen Grafikern.

Tempel der Göttlichen Vorsehung 31

*ul. Księdza Prymasa Augusta Hlonda 49, Tel.
22 201 97 12, www.parafiaopatrznoscibozej.pl,
tgl. ab 9 Uhr*
1,5 km südwestlich des Łazienki-Parks, erreichbar über die Ulica Franciszka Klimczaka, gelangen Sie zu Polens ›Nationalkirche‹,
den für 1791 geplanten, aber erst 2016 fertiggestellten **Tempel der Göttlichen Vorsehung** (Świątynia Opatrzności Bożej). Die
Vorstellung der Polen, sie seien der Messias unter den Völkern, manifestiert sich hier
mit großem Pathos. Es werden Lebenswege
selig- und heiliggesprochener Polen nachgezeichnet, in der Krypta befindet sich ein
Pantheon großer Polen, eine Gedenkstätte
ist u. a. Papst Johannes Paul II. gewidmet.
Anlässlich der Einweihung schrieb die Frankfurter Allgemeine Zeitung, der quadratische
Kubus habe »den Charme eines Staatsbaus
postsozialistischer Diktatoren« und Regierungskritiker belächelten den Tempel »wegen seiner oval zulaufenden Kuppel als Zitronenpresse oder Raketenabschussrampe«.

Zentrum

Auf den Trümmern aus dem Zweiten Weltkrieg
wurde sie errichtet: die **Jerusalemer Allee** (al
Jerozolimsie), Warschaus Hauptschlagader.
An der Kreuzung mit der Marszałkowska, einer Aufmarschstraße sozialistischen Stils, befinden sich die Metro-Station Centrum, Drehund Angelpunkt der Hauptstadt, sowie gleich
daneben der schicke Zentralbahnhof mit
dem wellenförmigen Einkaufszentrum **Złote
Tarasy** 1, den ›Goldenen Terrassen‹. Drumherum schießen Wolkenkratzer in die Höhe –
einer von ihnen ist der Kulturpalast.

Kulturpalast 32

*pl. Defilad, www.pkin.pl, Aussichtsplattform
mit Café tgl. 10–20, im Sommer Fr, Sa bis
23.30 Uhr, 20 zł; im Sommer sollte man online
reservieren; mehrere Agenturen bieten eine
Innenbesichtigung an (s. Website)*
Obwohl bereits älteren Datums, ist der **Kulturpalast** (Pałac Kultury i Nauki) mit seinen 234 m
Höhe bis heute unübertroffen in Polen: ein Geschenk Stalins an das slawische Brudervolk –
früher meist kritisiert, heute hoch gepriesen.
Durch seine Attiken im Stil der Neorenaissance
wirkt das 1956 errichtete Gebäude prachtvoller als seine Konkurrenten. Auch bei der Innenausstattung wurde kein Rubel gescheut. Die
Böden sind mit Marmor unterschiedlicher Tönung ausgelegt, die hohen Decken von Stuck
eingefasst. Mehr als 3000 Räume gibt es hier,
darunter mehrere Theater, Kinos, Museen und
Jazzclubs, ein olympisches Hallenbad und ein
grandioser Veranstaltungssaal. Mit dem Aufzug erreicht man die Aussichtsterrasse im 30.
Stock, von der sich ein weiter Blick über die
Stadt eröffnet.

Hala Koszyki 33

*ul. Koszykowa 61–63, www.koszyki.com, Mo–
Sa 8–20, So 9–21 Uhr; Anfahrt u.a. mit Straßenbahn 1, 9, 10, 14 und 15 bis Haltestelle pl. Politechniki 02, dann 6 Min. zu Fuß*
Warschaus alte Markthalle von 1908 ist der
neue Publikumsmagnet. Sie liegt auf halber
Strecke zwischen Zentralbahnhof und Łazienki-Park und wurde in den Jahren 2010–

16 unter Bewahrung alter Jugendstilelemente neu errichtet. Heute beherbergt sie eine ›Schlemmer-Halle‹ mit einem langen Bartresen in der Mitte, vielen Läden und Streetfood-Ambiente. Ein beliebtes Fotomotiv sind die grüne Stahlträgerdecke und die noch erhaltenen, in kyrillischer Schrift verfassten Ladenschilder.

Muranów

Nördlich des Zentrums liegt das Viertel **Muranów,** wo bis zum Zweiten Weltkrieg die meisten der 375 000 Warschauer Juden lebten. Statt des Gassengewirrs mit dunklen Hinterhöfen kreuzen sich heute schnurgerade Straßen, die von anonymen Mietskasernen gesäumt sind. Nur ein paar Straßennamen wie Anielewicza und Zamenhofa blieben jüdisch.

Jüdisches Historisches Institut 34
ul. Tłomacka 3/5, www.jhi.pl, Mo–Fr, So 10– 18 Uhr, 12 zł; Anfahrt mit Metro bis Ratusz/ Arsenał

Das **Jüdische Historische Institut** (Żydowski Instytut Historyczny) beleuchtet in wechselnden Ausstellungen die Kultur der Juden. Offen zugänglich ist die Bibliothek, in der die vom Institut herausgegebenen Zeitschriften ausliegen: In englischer Sprache erscheint das »Bulletin of the Jewish Historical Institute in Poland«, auf Jiddisch die »Bleter far Geschichte«. Auch das Ringelblum-Archiv, Aufzeichnungen aus dem jüdischen Ghetto während der deutschen Besatzungszeit, wird hier ausgestellt.

Denkmal der Ghettohelden 35
Wo die beiden Straßen Anielewicza und Zamenhofa aufeinandertreffen, steht das **Denkmal der Ghettohelden** (Pomnik Bohaterów Getta), das 1948 inmitten von Trümmerfeldern enthüllt wurde. Vor diesem Monument leistete Willy Brandt 1970 seinen berühmten Kniefall, eine Geste, die weltweit als Entschuldigung eines deutschen Staatsmannes für die von Deutschen verübten Verbrechen interpretiert wurde – die Polen ehrten ihn dafür mit einer Plakette an der Nordwestecke des Platzes.

Zurück in die Vergangenheit: Das Museum der Geschichte der polnischen Juden versetzt nicht nur inhaltlich, sondern auch optisch in eine andere Zeit

INS GRÜNE – SPAZIERGANG DURCH DEN ŁAZIENKI-PARK

Tour-Infos

Start: Bushaltestelle Łazienki-Królewskie, Anfahrt mit Bus 116, 166 und 180
Ziel: Bushaltestelle Plac Na Rozdrożu, Rückfahrt mit den gleichen Linien
Dauer: knapp 2 Std.
Infos: Łazienki-Park, www.lazienki-krolewskie.pl, tgl. 6.30 Uhr bis Sonnenuntergang, Eintritt in den Park frei, Palais, Alte Orangerie und Schloss 55 zł; Botan. Garten, www.ogrod.uw.edu.pl, April–Sept. tgl. 10–18, Okt. 10–17 Uhr, 12 zł
Einkehr: Mit Kaffee und Kuchen stärkt man sich bei Trou Madame und im Amfiteatr (tgl. 10–19 Uhr). Veggie-Optionen und eine gute Aussicht bietet Qchnia Artystyczna (s. S. 377).
Hinweis: Mai–Sept. So 12 und 16 Uhr kostenlose Chopin-Konzerte – Picknick mitbringen!

Polens schönste Grünanlage, der **Łazienki-Park** 29, gefällt mit romantischen Alleen, Teichen und Wasserspielen. Eichhörnchen lassen sich füttern, Pfauen stolzieren umher und schlagen ein Rad. Sie können sich in einer Gondel über den See staken lassen, sonntags gratis und open air Chopin-Konzerten lauschen und sich einem Kunstgenuss von antik bis avantgardistisch hingeben.

Von der **Bushaltestelle Łazienki-Królewskie** geht es zum Haupteingang. Rechts liegt der **Palast Belvedere (1)** (Pałac Belwederski), in dem Polens Staatsgäste empfangen werden, Sie aber halten sich links und gelangen zu einem von Blumen gesäumten Teich. An seinem Ufer steht das 1926 enthüllte **Chopin-Denkmal (2)** (Pomnik Chopina), das den Komponisten überlebensgroß unter einer vom Wind niedergedrückten masowischen Trauerweide zeigt.

Sie spazieren nun ein kurzes Stück parallel zur Straße, stoßen auf das **Henryk-Sienkiewicz-Denkmal (3)** (Pomnik Henryka Sienkiewicza) für den Literaturnobelpreisträger und schwenken dann nach rechts ein. Wenige Minuten später erreichen Sie die **Alte Orangerie (4)** (Stara Orańżeria) mit der größten Galerie Polnischer Bildhauerkunst. Zwischen exotischen Pflanzen stehen Skulpturen vom 16. bis 20. Jh. – eine Augenweide!

Auf der Hauptallee geht es weiter, vorbei am **Weißen Haus (5)** (Biały Domek), das König Stanisław August Poniatowski für seine Geliebte bauen ließ. Nach ihr ist auch das **Café Trou Madame** in der **Neuen Hauptwache (6)** (Nowa Kordegarda) benannt.

Warschau

Am Seeufer angelangt, schwenken Sie nach rechts und laufen in südlicher Richtung zur **Neuen Orangerie (7)** (Nowa Oranżeria), ein neoklassizistischer Glaspalast, der das **Restaurant Belvedere** beherbergt.

Auf einer Diagonale gehen Sie nun nordostwärts, passieren auf einer Brücke den flussähnlichen Ausläufer des Sees und halten sich links. Kurz darauf erscheint das in Form einer antiken Ruine erbaute **Theater auf der Insel (8)** (Teatr na Wyspie) – zwischen Säulen stehen Skulpturen griechischer Gottheiten, ein romantischer Rahmen für Konzerte! Ein schönes Bauwerk ist auch das **Palais auf der Insel (9)** (Pałac na Wyspie), eine Sommerresidenz von König Poniatowski, hervorgegangen aus einem Badehaus *(łazienki)*. Die Räume wirken elegant und zugleich intim, sind mit kostbaren Kunstwerken ausgestattet. Verpassen Sie nicht den Badepavillon, von dem man sich wünschte, es wäre der eigene …

Anschließend laufen Sie am Seeufer entlang nordwärts, passieren die **Kadettenschule (10)** (Podchorążówka), das **Jagdpalais (11)** (Pałac Myśliwski) und die **Alte Hauptwache (12)** (Stara Kordegarda). Über die Ulica Agrykola und das **Denkmal für Jan III. Sobieski (13)** (Pomnik Jana III Sobieskiego) gelangen Sie zum **Ujazdowski-Park,** der sich mit schnurgeraden Wegen, Sichtachsen und Wasserläufen präsentiert. Über Treppen geht es zum **Schloss Ujazdów (14)** (Zamek Ujazdowski, s. S. 367) hinauf. In einem Flügel bietet das Restaurant **Qchnia Artystyczna** leichte Kost (s. S. 377), auf der anderen Seite, im **Zentrum für zeitgenössische Kunst** (s. S. 367), ist weniger leicht Verdauliches zu sehen. Bevor Sie zur Aleje Ujazdowskie zurückgehen, können Sie die Tour mit einem Besuch des **Botanischen Gartens (15)** (Ogród Botaniczny) abschließen.

Museum der Geschichte der polnischen Juden 36

ul. Anielewicza 6, www.polin.pl, Mi–Mo 10–18, Do, Sa, So bis 20 Uhr, 25 zł

Dominiert wird der Platz der Ghettohelden (pl. Bohaterów Getta) vom **Museum der Geschichte der polnischen Juden** (Muzeum Historii Żydów Polskich). Wie ein Fremdkörper erscheint der schillernde Glaskörper inmitten all der Plattenbauten ringsum. Durch einen ›Spalt‹ in der Fassade schlüpfen Sie hinein und finden sich in einem höhlenartigen Riesenraum wieder, der nicht nur optisch ›der Welt da draußen‹ entrückt ist. Was Sie nun erwartet, ist eine faszinierende Zeitreise in 1000 Jahre jüdisches Leben in Osteuropa: Zunächst werden Sie ins Mittelalter katapultiert, eine Epoche, in der die Juden Europas auf Einladung des Königs nach Polen strömten. In der Folge passieren Sie einen nachgebauten Wald und eine Synagoge, erfahren, wie Polen zur jüdischen Diaspora wurde – nirgends auf der Welt lebten mehr Juden als hier. Der Holocaust machte dem ein Ende, nur sehr verhalten setzt ein Neubeginn ein …

Weg des jüdischen Martyriums und Kampfes

Am Platz der Ghettohelden beginnt der **Weg des jüdischen Martyriums und Kampfes** (Trakt Pamięci Męczeństwa i Walki Żydów), der in Anknüpfung an christliche Kalvarien der jüdischen Opfer gedenkt. 16 Granitblöcke markieren die Strecke, über die Hunderttausende Juden in den Tod getrieben wurden. Die Steine tragen die Namen herausragender Persönlichkeiten des jüdischen Widerstands, eingeritzt in hebräischer, jiddischer und polnischer Sprache. Einer, an den erinnert wird, ist Mordechai Anielowicz (1919–43), Kommandant der Jüdischen Kampforganisation im Warschauer Ghetto. Das **Bunkerdenkmal** 37 (Pomnik Bunkera), ein schlichter Stein, bezeichnet den Ort, von dem aus er den Aufstand koordinierte.

Letzte Station des Weges ist der **Umschlagplatz** 38 an der Ulica Stawki. Der historische Ort war von einer hohen Mauer umschlossen, die sich an zwei Seiten öffnete: Das eine Tor führte ins Ghetto, das andere zur Rampe, an der die Güterzüge vorfuhren. Innerhalb eines Jahres wurden hier 300 000 Menschen ›umgeschlagen‹, von Warschau ins Vernichtungslager Treblinka deportiert.

Jüdischer Friedhof 39
ul. Okopowa 49/51, www.warszawa.jewish.org.pl, Mo–Do 10–17, Fr 9–13, So 9–16 Uhr, 10 zł; Eingang an der Tram-Haltestelle
Der **Jüdische Friedhof** (Cmentarz Żydowski) zählt über 100 000 Gräber – eine Stadt der Toten mit grasüberwachsenen Alleen, Schatten spendenden Bäumen und bröckeligen, efeuumrankten Steinen. Zuweilen kann man darauf noch hebräische Inschriften entziffern, Reliefs erinnern an die soziale Stellung der Verstorbenen. Auch Ludwik Zamenhof, der Begründer des Esperanto, liegt hier begraben.

Pawiak-Museum 40
ul. Dzielna 24–26, www.muzeum-niepod leglosci.pl, Mi–So 10–17 Uhr, 10 zł (z.Z. wegen Renovierung geschl.)
Vom Friedhof ist es nicht weit zum **Pawiak-Museum** (Muzeum Pawiak), einem ehemaligen Gefängnis, in dem die Nazis 37 000 Menschen hinrichteten. Modelle illustrieren die gewaltigen Ausmaße dieses 1944 gesprengten Gefängnisses, ausgestellt sind Dokumente und persönliche Habseligkeiten der Häftlinge.

Nożyk-Synagoge 41
ul. Twarda 6, www.warszawa.jewish.org.pl, Mo–Do 10–16, Fr 10–13 Uhr, 10 zł
Unzerstört blieb im Krieg die **Nożyk-Synagoge** (Synagoga Nożyków), in der sich heute wieder bekennende Juden zum Gottesdienst versammeln. Der einzige Schmuck der ansonsten außen und innen schlichten Synagoge besteht aus einer metallenen Kuppel, die sich über den Aufbewahrungsort der Thorarollen spannt.

Praga 42

Vom Arme-Leute-Quartier mutiert Praga zu einem schicken Ortsteil am rechten Weichselufer. Schon wirbt das städtische Promotionsamt mit dem Slogan ›The right side of Warsaw‹. Im Zweiten Weltkrieg wurde das Viertel nicht zerstört, sodass viel Historisches erhalten blieb. Backsteinfabriken werden in Kultur- und Einkaufszentren verwandelt, vielerorts öffnen hippe Klubs und alternative Cafés. Am Weichselufer entsteht mit dem Port Praski ein Jachthafen und selbst mit Stränden kann Praga aufwarten: Zwar wird dort noch nicht gebadet, doch immerhin schon Beachvolleyball gespielt und mit Blick auf die Silhouette der Warschauer Altstadt ausgiebig gechillt.

Sie erreichen Praga zu Fuß über die Brücken Most Śląsko-Dąbrowski und Most Świętokrzyskiego, mit Metro 2 (Haltestellen Stadion Narodowy, Warszawa Wschodnia und Dworzec Wileński), mit den Trams 3, 6, 26 und mit dem Bus (z. B. 120, 138, 156). Eine Gratis-Fähre pendelt von Podzamcze zum Praski-Strand. Weitere Infos: www.ztm.waw.pl.

Zoo
ul. Ratuszowa 1/3, www.zoo.waw.pl, tgl. 9 Uhr bis Sonnenuntergang, 30 zł
Seit 1928 leben in Warschaus **Zoo** exotische Tiere in großen, schattigen Gehegen, darunter Elefanten, Nilpferde und Zebras, Löwen und Tiger, Giraffen und Gorillas. Die 40 ha große Anlage schließt sich nordwärts an den Park Praski an und ist ein guter Ort, um sich an heißen Tagen zu erholen!

Metropolitenkirche
al. Solidarności 52
Über Baumkronen schweben fünf goldene Zwiebelkuppeln. Zwar sind sie längst nicht so mächtig wie jene von Moskau oder Kiew, wirken im katholischen Polen aber sehr exotisch. Sie gehören zur orthodoxen **Metropolitenkirche der hl. Maria Magdalena** (Cerkiew Metropolitalna Św. Marii Magdaleny) und entstanden 1860, als das Zarenreich bis an die Weichsel reichte. Auch innen ist alles, was glänzt, aus purem Gold: die Wände und der Altar, kyrillisch beschriftete Kreuze und russisch-byzantinische Ikonen. Im Untergewölbe erinnern Mosaikfragmente an die nicht mehr existierende Warschauer Alexander-Newski- Kirche.

Kathedrale
ul. Floriańska 3
Die Schönheit der orthodoxen Metropolitenkirche provozierte die Katholiken. So toppten

Früher wurde in diesen Gemäuern Wodka gebrannt, und auch nach dem Umbau ›brennt‹ es im Koneser – heute sind es die Besucher, u. a. auf der Suche nach extravaganten Designstücken

sie die Zwiebelkuppeln mit den 75 m hohen Türmen ihrer benachbarten **Kathedrale des Erzengels Michael und des St. Florian des Märtyrers** (Katedra św. Michała Archanioła i św. Floriana Męczennika). Auch die üppigen Formen der (Neu-)Gotik sollten die konfessionelle Konkurrenz in den Schatten stellen.

Museum von Praga
ul. Targowa 50, www.muzeumpragi.pl, Di–So 10–18 Uhr, 15 zł
Hotspot des Viertels ist das **Museum von Praga** (Muzeum Pragi), das spannend dessen Geschichte inszeniert – von jüdischen Betstuben bis zu typischen Wohninterieurs anno dazumal, von aussterbenden Berufen bis zu Pragas Märkten. Von der Aussichtsterrasse bietet sich ein weiter Blick auf die Umgebung.

Ulica Ząbkowska und Koneser
Koneser: ul. Ząbkowska 27, www.koneser.eu; Wodkamuseum: www.muzeumpolskiejwodki. pl, tgl. 11–20 Uhr, 40 zł mit Tour
Willkommen in der ›Altstadt‹ von Praga: Die von Bürgerhäusern aus dem 19. Jh. gesäumte **Ulica Ząbkowska** ist die Lebensader des Viertels. Hier zogen Szenecafés und Pop-up-Galerien ein, die so poetische Namen wie ›Kahler Pinguin‹ (Łysy Pingwin) und ›Im Dunst des Absurden‹ (W Oparach Absurdu) tragen.

Fast am Ende der Straße steht eine Backsteinburg, deren einschüchternd hohe Mauern, Zinnen und Türme von Macht und Gehorsam künden. Doch weder ein Polizei- noch ein Zuchthaus barg sie, sondern die Warschauer Wodkafabrik Koneser (Warszawska Wytwórnia Wódek Koneser)! Ab 1897 wurden hier 100 Jahre lang Polens beste Sorten gebrannt, u. a. der namensspendende Koneser (von frz. *connaisseur*, ›Kenner‹). Heute erlebt **Koneser** eine Renaissance, allerdings nicht als Fabrik, sondern als Einkaufs- und Vergnügungszentrum mit einem populären **Wodkamuseum**.

Am Ende der Straße macht die **Herz-Jesu-Basilika** (Bazylika Najświętszego Serca Jezusowego) auf sich aufmerksam, eine 1923 entstandene Replik der römischen Paulsbasilika.

Soho Factory
ul. Mińska 22–25, www.sohofactory.pl; Facebook: Soho Factory, 12 zł; Museum: www.neon muzeum.org, Do–Di 12–17 Uhr, 13 zł

Das ausgedehnte Gelände der **Soho Factory** liegt jenseits der Bahngleise des Bahnhofs Warszawa Wschodnia und war früher Standort einer Munitions- und einer Motorradfabrik. Heute wird es zu neuem Leben erweckt: Künstler werkeln in Ateliers, es gibt einen Mix von Designershops, Galerien, Theaterbühnen, Restaurants und einen Biomarkt. Auch das **Neonmuseum** (Muzeum Neonów) ist hier untergebracht, das ans sozialistische Warschau erinnert: 200 Schriftzüge und Logos aus dem Kalten Krieg leuchten um die Wette.

PGE-Stadion

al. Ks. J. Poniatowskiego 1, www.pgenarodowy.pl, tgl. 9–22 Uhr, ab 12 zł

Südlich der Soho Factory liegt der Park Skaryszewski mit Seen und Teichen, Rosengarten und Skulpturengalerie. Zur Weichselseite hin ist ihm das zur EM 2012 in Polens Nationalfarben erbaute **PGE-Stadion** (PGE Narodowy) vorgelagert. Es kann im Rahmen verschiedener Touren – von der Fußball- bis zur Nachttour – besichtigt werden. In der kalten Jahreszeit verwandelt es sich in eine ›Winterstadt‹ mit Eisbahnen, Ski- und Skatepiste.

Infos

Touristenbüro CIT: im Kulturpalast (Pałac Kultury i Nauki), pl. Defilad 1 (Eingang von der ul. Emilii Plater, zwischen Kongresshalle und Technikmuseum), Tel. 22 19431, www.warsawtour.pl, tgl. 8–19, Okt.–April bis 18 Uhr; mit Filialen am Altstädter Ring und am Chopin-Flughafen

Übernachten

Für Reisende, die sich etwas Besonderes leisten wollen, gibt es Luxushotels am Königstrakt sowie rund um die Altstadt. Privatzimmer ab 30 € und Apartments ab 50 € sind buchbar über Airbnb, Noclegowo und Apartmentsapart.

An der Königsroute – **Bristol** 1 : ul. Krakowskie Przedmieście 42/44, Tel. 22 551 10 00, www.hotelbristolwarsaw.pl. Das Hotel mit 206 Zimmern liegt gleich neben dem Präsidentenpalast, deshalb werden hier oft Staatsgäste untergebracht. Es ist ganz im Jugendstil gehalten und mit seiner majestätischen Fassade ein prachtvoller Anblick! DZ ab 350 €.

Palast mit Fresken – **Le Regina** 2 : ul. Koscielna 12, Tel. 22 531 60 00, www.mamaison.com. Wenige Schritte vom Neustädter Ring entfernt wurde ein klosterähnlicher Palast aus dem 18. Jh. in ein intimes Fünfsternehotel verwandelt – als erstes in Polen wurde es in den exklusiven Klub der ›Small Luxury Hotels of the World‹ aufgenommen. Begrüßt wird man in der hellen Kamin-Lobby, über Freitreppen geht es in die geräumigen Zimmer hinauf, die sich um einen Innenhof mit Brunnen gruppieren. Sie sind in ruhigen Creme- und Brauntönen gehalten, dazu passen die formstrengen italienischen Designmöbel aus Walnussholz. Farbtupfen setzen handgemalte Fresken, die Sandsteinbäder sind mit venezianischen Mosaiken verziert. 61 Zimmer. DZ ab 240 €.

Boutiquehotel – **Rialto** 3 : ul. Wilcza 73, Tel. 22 584 87 00, www.rialto.pl. In dem Designhotel nur wenige Gehminuten südl. des Hauptbahnhofs fühlt man sich um mehr als 100 Jahre zurückversetzt – von Art nouveau bis Art déco findet man hier alle Stilvarianten der ersten 20 Jahre des letzten Jahrhunderts. Die 44 Zimmer sind mit Originalmöbeln der Epoche ausgestattet, Beleuchtung und Dekor wurden perfekt angepasst. Zimmer 27, formstreng und in Schwarz-Weiß gehalten, erinnert an New York, Zimmer 41 ist mit erlesenen Thonet-Stücken von Josef Hoffmann eingerichtet, und Zimmer 13 verdient mit seinen zebrafellbezogenen Stühlen, Masken und Skulpturen den Titel ›Jenseits von Afrika‹. Herrlich sind die Marmor- und Mosaikbäder, auch sie bis ins letzte Detail Art nouveau. Zum Haus gehören ein Salon mit Bibliothek sowie ein Fitnesszentrum mit Sauna, das WLAN funktioniert hervorragend. Das Hotel Rialto wird 2020 um einen futuristischen Fünfsternebau erweitert. Finanzier: die Hotelgruppe von Hollywood-Star Robert de Niro und dem japanischen Spitzenkoch Nobu Matsuhisa. DZ ab 170 €.

Bio-Frühstück – **Chopin Boutique B & B** 4 : ul. Smolna 10, Tel. 22 829 48 00, www.bbwar

Schnuppern Sie auch mal in die Hinterhöfe hinein, vor allem im Stadtteil Praga, dort verbirgt sich so manche Überraschung …

Praga ist das neue In-Viertel Warschaus, die Kneipen kommen und gehen, aber man wird garantiert immer fündig: Begeben Sie sich auf Entdeckungstour

saw.com/en. Ruhiges Hotel mit stilvoll eingerichteten Zimmern und begrüntem Innenhof nur 200 m von der ul. Nowy Świat entfernt. Morgens gibt es im Jugendstilsaal ein Bio-Büfett, tagsüber kann man sich Räder leihen (s. S. 378) und abends im Salon einem Chopin-Konzert mit Studenten der Musikhochschule beiwohnen. WLAN gratis. DZ ab 100 €.

Die Lage ist gut – **Dom Literatury** 5 **:** ul. Krakowskie Przedmieście 87, Tel. 22 828 39 20. Das ›Literatenhotel‹ befindet sich im obersten Stock eines historischen Hauses am Schlossplatz, 70 Jahre lang tagte in den Räumen die polnische Schriftstellervereinigung. Die unterschiedlich großen Zimmer, 13 an der Zahl, sind sehr einfach ausgestattet, aber vor allem vom 3. Stock genießt man einen prächtigen Ausblick. Der Aufzug ist etwas langsam, WLAN gibt es nur im Bereich der Rezeption. DZ ab 95 €.

An der Flaniermeile – **Harenda** 6 **:** ul. Krakowskie Przedmieście 4/6, Tel. 22 826 00 71, www.hotelharenda.pl. Hotel ohne großen Komfort in zentraler Lage nahe der Universität, im Sommer mit beliebtem Biergarten. 43 Zi., DZ ab 70 €.

Hostel – **Oki Doki** 7 **:** pl. Dąbrowskiego 3, Ecke ul. Marszałkowska, Tel. 22 826 51 12, www.okidoki.pl. Hostel im Zentrum mit 18 Zimmern für 1–5 Pers., individuell gestaltet und mit altem Mobiliar eingerichtet, teils mit eigenem, teils mit Gemeinschaftsbad. Frühstücksbar, Küche, Waschsalon und Internetterminals. Vom Zentralbahnhof 12 Gehmin. Wer lieber in der Altstadt wohnt, wählt die Filiale in der ul. Długa 6. Ab 14 € pro Pers.

Essen & Trinken

Oase der Ruhe – **Amber Room** 1 **:** al. Ujazdowskie 13, Pałac Sobańskich, Tel. 22 523 66 64, www.amber-room.pl. Das Restaurant im Erdgeschoss der Sobanski-Villa bietet Wildgerichte und andere kulinarische Köstlichkeiten, der Service ist vornehm-perfekt. Hauptgerichte ab 14 €, werktags gibt es zur Mittagszeit einen preiswerten Business Lunch.

Ein Erlebnis – **Warszawa Wschodnia** 2 **:** ul. Mińska 25, Soho Factory, Praga, Tel. 22 870 29 18, www.gessler.sohofactory.pl, vorerst rund um die Uhr geöffnet. Industrielles Backsteinambiente und eine offene Küche, um die herum die Gäste sitzen und den Köchen bei der Arbeit zuschauen – das lockt eine trendbewusste Klientel an, die bereit ist, für polnische und französische Klassiker tiefer in die Tasche zu greifen. Hauptgerichte ab 14 €, Mittagsmenü Mo–Fr 12–16 Uhr 6,50 €.

Elegantes Dekor – **U Barssa** 3 : Rynek Starego Miasta 14, Tel. 22 635 24 76, www.ubarssa.pl. Um das Ambiente in den Lokalen rund um den Altstädter Markt zu genießen, müssen Sie tiefer in die Tasche greifen. So auch ›Beim hochwohlgeborenen Barss‹, wo feine altpolnische Küche geboten wird. Dazu passend das Interieur – golddurchwirkte Wandteppiche, dunkle Stilmöbel und Kerzenlicht erinnern an die gute Stube eines Landadeligen. Bei begrenztem Budget wählen Sie traditionelle Suppen, großartig schmeckt z. B. die Roggenmehlsuppe mit Wurst und Ei *(Żurek na zakwasie z białą kiełbasą i jajem)* für 6 €, Hauptgerichte ab 12 €.

Locker und modern – **N 31** 4 : ul. Nowogrodzka 31, Tel. 600 861 961, www.n31restaurant.pl. Wenige Schritte vom Kulturpalast entfernt werden Sie mit gutem Essen verwöhnt. Marinierter Hering mit Crème Fraîche und rotem Kaviar, zartes Lammfleisch oder auch Entenbrust mit süßsaurer Soße, Pilzen und Süßkartoffeln – alles perfekt! Gerichte ab 10 €.

Künstlertreff – **Qchnia Artystyczna** 28 : al. Ujazdowskie 6, Tel. 22 625 76 27, http://qchnia.pl, tgl. 12–22 Uhr, s. S. 367. Von der Terrasse des Schlosses Ujazdów schaut man über eine schnurgerade Sichtachse weit ins Grüne, um die Ecke befindet sich das Zentrum für zeitgenössische Kunst. In dem artistischen Lokal ist steter Wechsel angesagt – je nach Saison und Laune der Betreiber ändert sich das Menü und oft auch das Interieur. Immer gibt es einige vegetarische Optionen. Hauptgerichte ab 10 €.

Beste Schnitzel – **U Szwejka** 5 : pl. Konstytucji 1, Tel. 22 339 17 10, www.uszwejka.pl, Mo–Fr 8–23, Sa ab 10, So ab 13 Uhr. Das ›Schwejk‹ wurde nach der Wende als eines der ersten Warschauer Privatlokale eröffnet. Aufgrund seiner schmackhaften Grillgerichte und der leicht variierten polnischen Klassiker ist es noch immer sehr beliebt. Die Gäste schätzen das lockere Ambiente, viele kommen nur auf ein Glas Bier vorbei. Hauptgerichte ab 8 €.

Freundlich und versteckt – **Stara Kamienica** 6 : ul. Widok 8, Tel. 22 114 43 33, www.stara-kamienica.com.pl. Stilvoll eingerichtetes Lokal in einer ruhigen kleinen Straße zwischen der ul. Chmielna und der al. Jerozolimskie. Beginnen könnten Sie mit Heilbutt-Ceviche oder einem Salat, gefolgt von Roastbeef oder einem perfekt zubereiteten Steak. Die meisten Gäste lockt das Lokal mit seinem Dreigängemenü (Mo–Fr 12–16 Uhr) für 6 € an.

Milchbar – **Pod Barbakanem** 7 : ul. Mostowa 27, Tel. 22 831 47 37, Mo–Sa 9–17 Uhr. Das Selbstbedienungslokal ist ein Relikt aus früheren Zeiten und nichts für Gourmets. Es gibt einfache polnische Kost zum schnellen Verzehr. Hauptgerichte ab 3 €.

Für Schokofans – **Wedel** 8 : ul. Szpitalna 8, Tel. 22 827 29 16, www.wedelpijalnie.pl, tgl. 9–21 Uhr. Eine Rarität in Polen: In der ›Trinkstube‹ *(pijalnia)* des traditionsreichen Pralinen- und Schokoladenherstellers wird ausschließlich heiße Schokolade serviert! Die alte Einrichtung blieb bis heute unverändert, es gibt keine Musikberieselung und keinen Nikotinqualm – ein guter Ort für Leute, die miteinander reden wollen.

Historisches Café – **Blikle** 9 : Nowy Świat 33, Tel. 22 826 05 62, www.blikle.pl, tgl. 9–22 Uhr. Das Kaffeehaus gibt es schon seit 1869! Sie bekommen hier Eis und herrlichen Mohnkuchen, Napoleonschnitten, Krapfen und Berliner, aber auch Hering, Suppen und Piroggen. Bei gutem Wetter können Sie draußen sitzen und das Treiben in der ›Neuen Welt‹ beobachten.

Einkaufen

Einkaufszentren – Gleich mehrere *galerie* liegen im Umkreis des Kulturpalasts, meist Glaspaläste mit Springbrunnen und viel Grün, in denen sich schicke Boutiquen und Filialen westlicher Textilketten eingemietet haben. Besonders viel Zulauf, vor allem am Wochenende, erhalten die von dem Architekten Daniel Libeskind entworfenen ›Goldenen Terrassen‹, die **Złote Tarasy** 1 : ul. Złota, www.zlotetarasy.pl, Mo–Sa 9–22, So bis 21 Uhr.

Multimedia – **EMPiK Megastore** 2 : ul. Nowy Świat 15/17, www.empik.com, Mo–Sa 9–22,

So 11–19 Uhr. Internationale Presse, Bücher und CDs, Verkauf von Konzertkarten.
Kunst – **Galeria Sztuki Napiorkowskiej** 3 : ul. Świętokrzyska 32, www.napiorkowska.pl, Mo–Fr 11–19, Sa 11–15 Uhr. Werke aufstrebender und schon bekannter polnischer Künstler.
Karikaturen – **Galeria Autorska Andrzeja Mleczki** 4 : ul. Marszałkowska 140, www.mleczko.pl, tgl. 10–18 Uhr. Arbeiten von Polens Top-Karikaturisten auf Papier, Stoff, Keramik.

Abends & Nachts

Fiesta am Strand – **Warszawska La Playa Music Bar** 1 : ul. Wybrzeze Helskie 1/5, Praga, Tel. 608 552 336, www.laplaya.pl. Auch das gibt es in Warschau – fernab der großstädtischen Hektik tanzt man am Strand, schlürft zu Salsaklängen ein Mojito, spielt Beachvolleyball oder genießt ein Sonnenbad mit Blick auf die Altstadt. Snacks und Pizzahäppchen sind nicht so toll, doch das kann man verschmerzen …
Szenig in Praga – **Łysy Pingwin** 2 : ul. Ząbkowska 11, Praga, Tel. 22 618 02 56, Facebook: Lysy Pingwin, tgl. 15–24 Uhr. Beim ›Kahlen Pinguin‹ geht's heiß her – digitale Nomaden, Bohemiens und Hipster schätzen das coole Ambiente der Bar und die üppig belegten Bagels.
Bier und oft Konzerte – **Klub Harenda** 6 : im gleichnamigen Hotel (s. S. 376). Im großen Biergarten trifft sich ein bunt gemischtes Publikum, mehrmals im Monat gibt es Livemusik, Jazz und Blues.
Club & Café – **Między Nami** 3 : ul. Bracka 20, www.miedzynamicafe.com. ›Unter uns‹ ist seit vielen Jahren ein beliebter Treff von Künstlern und Intellektuellen.
Oper & Ballett – **Großes Theater** 20 (Teatr Wielki): pl. Teatralny 1, Tel. 22 826 50 19, www.teatrwielki.pl.
Jüdisches Theater – **Teatr Żydowski** 4 : ul. Senatorska 35, Tel. 22 526 20 15, www.teatr-zydowski.art.pl.
Klassik – **Filharmonia Narodowa** 5 : ul. Sienkiewicza 10, Tel. 22 551 71 27, www.filharmonia.pl.

Aktiv

Fahrradverleih – **Veturilo**, www.veturilo.waw.pl; nach Online-Registrierung gegen eine geringe Gebühr erhält man eine PIN und kann an mehr als 300 Stationen ein Rad ausleihen. Das Radwegenetz von Warschau umfasst derzeit 500 km.
Stadttour – **Orange Umbrella Free Tour** 1 : Tel. 661 368 758, www.orangeumbrella.pl. Treffpunkt für die kostenlose 2-stündige Altstadttour (auf Engl.) ist tgl. 10 Uhr an der Sigismundsäule; daneben gibt es auch Führungen durchs jüdische Krakau und nach Praga. Kostenpflichtige Alternativen gibt es viele, besonders empfehle ich die Touren der bekannten Journalistin Gabriele Lesser, Lesern der TAZ und anderer Tageszeitungen als profunde Polenkennerin bekannt. Wer an einem 4-stündigen Kultur- oder Politrundgang mit ihr interessiert ist, nimmt Kontakt auf unter glesser@gmx.net.
Bootsausflüge – **Tramwaj wodny** 1 : Most Poniatowskiego, www.ztm.waw.pl, Anfang Mai-Mitte Sept. Fr–So. An der Poniatowski-Brücke startet die ›Wasserstraßenbahn‹ mehrmals tgl. zu Weichseltouren. Zusteigemöglichkeiten und Preise s. Website (Link ›Tourist Lines‹).

Termine

Ludwig-van-Beethoven-Festival (März/April, www.beethoven.org.pl). Zwei Wochen Konzerte an herrlichen Aufführungsorten.
Mozartfestival (Juni/Juli, www.operakameralna.pl): Mozartopern in Kirchenambiente.
Straßentheater-Festival (Ende Juni/Anfang Juli, www.sztukaulicy.pl): Mit Gauklern und Zauberern aus aller Welt.
Jazz in der Altstadt (Juli/Aug., www.jazznastarowce.pl): Mit internationalen Solisten.
Warschauer Herbst (Sept., www.warszawska-jesien.art.pl): Festival zeitgenössischer Musik.
Singer-Festival (Sept./Okt., www.festiwalsingera.pl): Jüdisches Festival mit vielen Klezmer-Konzerten.

Verkehr

Flüge: Warschau hat zwei Flughäfen. Vom Chopin Airport, www.lotnisko-chopina.pl, 8 km südl. von Warschau, kommt man mit der Stadtbahn SKM (S2, S3, RL) und dem Stadtbus (175, N2 u.a.), dagegen vom Flughafen Mod-

lin, 40 km nordwestlich, www.modlinairport.pl, via Zug und Shuttlebus in die Innenstadt.
Züge: Die meisten Reisenden kommen am Zentralbahnhof Warszawa Centralna PKP, al. Jerozolimskie 54, an. Schnellzüge verbinden Warschau u. a. mit Berlin und Wien. Die Gleise befinden sich auf zwei unterirdischen Etagen, Tickets gibt es oben in der Schalterhalle.
Busse: Der Busbahnhof Dworzec Zachodni PKS befindet sich neben dem Westbahnhof Warszawa Zachodnia, al. Jerozolimskie 144. Viele Ziele in der Umgebung erreicht man aber leichter mit privaten Minibussen, Verbindungen erfragt man im Touristenbüro.
Fortbewegung in der Stadt: Fahrkarten für Metro, Bus und Straßenbahn bekommt man an Kiosken und Automaten. Es wird unterschieden zwischen Fahrten mit dem ›Bilet 20‹ (max. Fahrtdauer 20 Min.) und dem ›Bilet jednorazowy‹ (max. 75 Min., nur ein Verkehrsmittel). Beim Einsteigen sind die Karten zu entwerten. Da schwer abzuschätzen ist, ob das Ziel in 20 Min. erreicht wird, kaufe ich lieber ein preiswertes Tagesticket *(bilet dobowy)* oder auch ein Ticket für 3 Tage oder eine Woche. Bei der ersten Fahrt entwerten! Zone 1 umfasst die meisten touristischen Ziele (auch den Chopin-Airport), Zone 2 die Vorstädte. Rentner ab 70 Jahre fahren gratis. Infos unter www.ztm.waw.pl.

Rund um Warschau

Schöne Ausflugsziele befinden sich vor allem im Westen der Hauptstadt. Wanderer und Radfahrer zieht es in den Kampinos-Nationalpark, Kulturliebhaber in Chopins Geburtsort Żelazowa Wola, den Landschaftspark Arkadia und die Schlosslandschaft von Nieborów. Wer ein eigenes Auto zur Verfügung hat und Landstraßen bevorzugt, verlässt Warschau in Richtung Westen auf der DW 580 und erreicht nach 58 km Żelazowa Wola. Von dort aus geht es südwestwärts weiter auf der DK 92, nach 35 km kommt man nach Nieborów und Arkadia.

Ganz nah an Warschaus Zentrum, aber doch Welten entfernt: der Kampinos-Nationalpark

Nationalpark Kampinos
▶ 1 Q/R 10/11

www.kampinoski-pn.gov.pl, für Wanderungen empfiehlt sich die Karte ›Kampinoski Park Narodowy‹ (1 : 60 000)

Der **Nationalpark Kampinos** (Kampinoski Park Narodowy) reicht fast an die Hauptstadt heran. Mit seinen kiefernbewachsenen Sanddünen, seinen dichten Laubwäldern und Sümpfen vermittelt er einen Eindruck davon, wie einst weite Teile Masowiens aussahen, bevor sie landwirtschaftlich erschlossen wurden. Das Wappentier des 400 km² großen Naturschutzgebiets ist der Elch, doch nur selten wird man ihm begegnen, er scheut die von Menschen begangenen Wege. Oft kann man dagegen Schwarzstörche und Kraniche sehen, die auf der Suche nach Essbarem im Morast herumstaksen.

Ein guter Ausgangspunkt zur Erkundung des Nationalparks ist das Dorf **Dziekanów Leśny** am Ostrand des Waldgebiets, wo mehrere markierte Wege starten. Die längste Strecke führt über den Weiler **Kampinos** zum 51 km entfernten **Żelazowa Wola** (s. unten).

Żelazowa Wola ▶ 1, P 11

http://muzeum.nifc.pl, Di–So 9–17, im Sommer bis 19 Uhr, 23 zł; Kombiticket mit Chopin-Konzert in Warschau plus Transport nach Żelazowa Wola s. www.chopinpass.com

Jeder Pole kennt **Żelazowa Wola** als Geburtsort von Fryderyk Chopin (s. Thema S. 381), des größten Musikers, den das Land hervorgebracht hat. Seine Mutter war eine polnische Adelige, sein Vater ein junger Franzose, der auf dem Gut des Grafen Skarbek als Lehrer arbeitete. Zwar musste die Familie schon wenige Monate nach Fryderyks Geburt das Landhaus verlassen, doch kehrte der Sohn danach noch oft zurück. Er liebte die melancholische Stimmung Masowiens, die weiten, von Trauerweiden gesäumten Felder, ließ sich vom Klang der Volksmusik zu Mazurkas und Polonaisen inspirieren. Das romantische, efeuumrankte Geburtshaus wurde um 1920 in das stilvolle **Chopin-Museum** (Muzeum Chopina) verwandelt, das die Atmosphäre des frühen 19. Jh. heraufbeschwört. Von Anfang Mai bis Mitte Oktober finden sonntags um 11 und 15 Uhr Konzerte statt: Namhafte Interpreten spielen Chopins Klaviersonaten und Polonaisen – 50 Minuten Kulturgenuss! Und haben Sie Lust auf noch mehr seiner Musik, so besuchen Sie den Łazienki-Park in Warschau (s. S. 370)!

Łowicz ▶ 1, P 11

31 km südwestlich von Warschau liegt die ›Folklorestadt‹ **Łowicz.** Fast 700 Jahre lang, bis zur Teilung des Landes 1795, gehörte sie der Kirche und bildete ein eigenes Fürstentum. Den Leibeigenen des Bischofs, den sogenannten Pfaffenknechten, ging es ein ganzes Stück besser als den für den Adel arbeitenden Bauern. Und weil sie Zeit hatten, sich auch den schönen Dingen des Lebens zuzuwenden, konnte sich in Łowicz eine eigene Volkskultur herausbilden, die vor allem in den lokalen Trachten zum Ausdruck kommt. Die hiesige **Fronleichnamsprozession** gilt als die farbenprächtigste des Landes: In bunte, bestickte Gewänder gekleidet, mit Korallen- und Bernsteinketten behängt, schreiten die Frauen durch die Stadt, ihnen voran weiß gekleidete, Blumen streuende Mädchen. Nach der Prozession folgt das weltliche Vergnügen. Lokale Musikensembles spielen auf, man tanzt zu kraftvollen Weisen und stärkt sich bei Wurst und Bier.

Rund um den Marktplatz

Schmuckstück der Stadt ist der weitläufige **Marktplatz** (Rynek), der vom Bahnhof 600 m entfernt liegt. An seiner Westseite erhebt sich die **Stiftskirche** (Katedra pw Wniebowzięcia NMP) aus dem 15. Jh., die später barockisiert wurde. Im Inneren ist sie hell und luftig, in der Krypta sind 12 Primasse beerdigt.

An die Kirche grenzt nördlich der kleine, elegante **Bischofspalast** (Rezydencja Biskupa) mit naiver Wegkapelle an. Daneben steht das klassizistische **Rathaus** (Ratusz), dessen Uhrturm das ungewöhnliche Stadtwappen zeigt: einen sich zerfleischenden Pelikan, der laut christlicher Auslegung seine toten Jun-

Polens Musikgenie: Chopin

Der Gutshof in Żelazowa Wola, wo Fryderyk Chopin am 1. März 1810 das Licht der Welt erblickte, entwickelte sich schon im 19. Jh. zur Kultstätte, wurde ein Treffpunkt von Musikliebhabern aus ganz Polen – und ist es heute noch.

» Ein Gefühl von Trauer und Melancholie, verbunden mit rückwärtiger Erinnerung an Dinge, an denen das Herz hängt und die nicht mehr da sind: eine unerfüllbare, fortwährende, an der Seele nagende Sehnsucht, ein fortwährendes Sicherinnernmüssen an etwas Unerreichbares, ein hoffnungsloses Träumen von weiter Heimat, die man nicht mehr wiedersehen soll, von Menschen, mit denen man nie wieder zusammenkommen werde, ein Grübeln über versunkene Pracht, entschwundene Schönheit einstiger Lebensfreude und Lebenslust.« Mit diesen Worten hat der Schriftsteller Stanisław Przybyszewski in seinem Werk »Von Polens Seele« das Werk Chopins charakterisiert.

Fryderyk war der Sohn eines französischen Gymnasiallehrers und einer Polin aus masowischem Kleinadel. Im Herbst 1810 zog die Familie nach Warschau und bezog eine Wohnung im Kazimierzowski-Palais, wo Fryderyk schon früh das Klavierspielen lernte. Acht Jahre war der ›kleine Mozart‹ alt, als er die Polonaise G-Moll komponierte und einem staunenden Publikum im Palais Radziwiłł vorspielte.

1830 unternahm er eine Konzertreise nach Westeuropa, in Wien erfuhr er vom Ausbruch der Novemberrevolution in Polen. Fryderyk war damals 20 Jahre alt. Seine Erschütterung schlug sich nieder in der Etüde C-Moll, der Revolutionsetüde. Nie kehrte Chopin in das Land seiner Kindheit zurück. Nach dem fehlgeschlagenen Aufstand gegen die russischen Besatzer 1830 ging er ins Pariser Exil, wo er in aristokratischen Salons spielte und Wohltätigkeitskonzerte für polnische Emigranten gab. 1836 lernte er die Schriftstellerin George Sand kennen und reiste mit ihr zwei Jahre später nach Mallorca – auf der Insel erhoffte er sich Heilung von seiner schweren Lungenkrankheit. In jener Zeit entstanden einige seiner schönsten Kompositionen, so die Trauermarsch-Sonate und die Polonaise A-Dur.

Doch die Liebe der beiden Künstler hatte keinen Bestand und auch gesund wollte Chopin nicht werden. Er starb am 17. Oktober 1849 in Paris und wurde auf dem Friedhof Père-Lachaise begraben. Sein Herz überführte man 31 Jahre später in die Warschauer Heiligkreuzkirche. Der Nachwelt hinterließ Chopin ein Werk von 230 Kompositionen: eine Musik der Zerrissenheit, die den nationalen Gefühlen in besonderer Art Ausdruck verleiht. Motive polnischer Tradition sind in den Mazurkas und Polonaisen mit den Farben europäischer Romantik und Rebellion aufs Engste verknüpft. Es sind, so urteilte Robert Schumann über sie, »in einem Blumenbeet versteckte Kanonen«.

Bei Sonntagskonzerten in Chopins Geburtshaus können Sie sich von der fortdauernden Brisanz seiner Stücke überzeugen (s. S. 380).

gen mit dem eigenen Blut zum Leben erweckt. Im Bürgerhaus ist Napoleon zweimal abgestiegen – 1806 als großer Befreier und 1812, nach verlorenem Russlandfeldzug, als geschlagener Mann.

Regionalmuseum

Stary Rynek 5–7, www.muzeumlowicz.pl, Di–So 10–16 Uhr, ab 12 zł
Wichtigste Sehenswürdigkeit ist das **Regionalmuseum** (Muzeum Łowickie) im früheren Priesterseminar. Als Perle des Barock gilt die Kapelle im Erdgeschoss mit freskiertem Tonnengewölbe, Stukkaturen und ausdrucksstarken Pietà-Skulpturen. Das erste Stockwerk ist der Geschichte von Łowicz gewidmet, das zweite der Folklore: Trachten und naive Schnitzereien, kunstvoll bemalte Kacheln, Scherenschnitte und Keramik. Ein kleines Freilichtmuseum im Hof zeigt zwei Bauernhäuser mit originaler Inneneinrichtung.

Arkadia   ▶ 1, P 11

Park: Di–So 10–16, April–Okt. bis 18 Uhr, 12 zł
6 km östlich von Łowicz erstreckt sich der romantische **Landschaftspark von Arkadia** (Park Krajobrazowy), der Ende des 18. Jh. von Helena Radziwiłł in Auftrag gegeben wurde. Während Westeuropa von der Französischen Revolution erschüttert wurde, schuf sich die Fürstin hier ein idyllisches Refugium, eine Art Themenpark der Sehnsucht und Liebe. Wie von einer Laune der Natur hingeworfen wirken Teiche, Bäume und Sträucher – und sind doch das Ergebnis eines ausgeklügelten Plans. Walddickicht wechselt ab mit Lichtungen, die den Blick aufs geschwungene Flussband freigeben. Trauerweiden hängen ihre Zweige ins Wasser, alte Ulmen krallen sich mit knorrigen Wurzeln in die Erde. Wie Relikte einer längst versunkenen Welt erscheinen die in die Landschaft eingestreuten Architekturelemente. Die aus riesigen Findlingsblöcken gebaute **Sibyllengrotte** führt zum **Gotischen Häuschen** auf einer efeuumrankten Anhöhe. Ein Steinbogen verbindet es mit der **Burg des Markgrafen.** In die unverputzten, vom Zahn der Zeit bloßgelegten Wände sind verwitterte Skulpturen eingelassen. Unweit der Burg passiert man eine weitere künstlich angelegte Ruine, das **Haus des Erzpriesters.** An einem Relief, das davonschwebende Engel zeigt, ist zu lesen: »L'Espérance nourrit une chimère et la vie s'écoute« (›Die Hoffnung nährt Trugbilder, und das Leben lauscht seinem eigenen Klang‹).

Der elegische Faden spinnt sich weiter zum antiken **Dianatempel,** wo sich ein Zitat von Petrarca findet: »Dove pace trovai d'ogni mia guerra« (›Hier fand ich Frieden nach jedem meiner Kämpfe‹). Eine von Sphinx und Löwe flankierte Treppe führt vom Säulenportikus zum See hinab. Einst stieg hier die feine Gesellschaft ins Boot, um zur **Insel der Gefühle** überzusetzen.

Nieborów   ▶ 1, P 12

www.nieborow.art.pl, April–Okt. Di–So 10–18, sonst 10–16 Uhr, 22 zł
Wie und wo die Radziwiłłs lebten, erfährt man im 4 km östlich des Parks gelegenen **Schloss Nieborów** (Pałac w Nieborowie), einem der schönsten in Polen. Ende des 17. Jh. von Tylman van Gameren für einen Kardinal erbaut, wechselte es 1774 in den Besitz der Fürstenfamilie, die es bis 1944 bewohnte.

Eine lange, schnurgerade Allee führt zum barocken Schloss, der Besuchereingang befindet sich an der Ostseite. Über einen ›römischen‹ Korridor mit antiken Büsten und Grabsteinen gelangt man zur Eingangshalle mit einer Kopie des Niobe-Hauptes (4. Jh.). Der Bildhauer hat den Schmerz der Mutter, die aus Verzweiflung über den Verlust ihrer sieben Töchter und Söhne zu Stein erstarrt war, in weißen Marmor gebannt. Ein mit holländischen Kacheln ausgelegtes Treppenhaus führt ins erste Stockwerk hinauf, wo sich ein prunkvoller Raum an den nächsten reiht. Sehenswert sind vor allem das Gelbe Kabinett und der Rote Saal sowie die Bibliothek mit 11 000 Bänden und zwei Globen. Der Reiz des Schlosses wird erhöht durch den weitläufigen Park: teils ein symmetrisch angelegter Barockgarten, teils eine natürliche Landschaft mit Wäldern und Teichen.

Łódź und Umgebung

Eine ungewöhnliche Karriere: Binnen weniger Jahre avancierte ein 800-Seelen-Dorf zur größten Textilmetropole Europas. Der rasante Aufstieg von Łódź sorgte für ein architektonisches Potpourri – von Neugotik bis Neorenaissance sind auf der endlos langen Prachtmeile, der Ulica Piotrkowska, alle Baustile vertreten. Ein zusätzlicher Touristenmagnet ist die auf einem ehemaligen Fabrikgelände entstandene Kultur-, Einkaufs- und Freizeitstadt Manufaktura.

⭐ Łódź ▶ 1, N 13

»Theo, wir fahr'n nach Lodsch …« – wer kennt das Lied nicht. Doch kaum einer weiß, dass dieser Schlager aus den 1970er-Jahren einen historischen Hintergrund hat: den Aufstieg von Lodsch alias Lodz alias Łódź zum Industriezentrum, was die Menschen vom Land scharenweise hierherzog. Heute zählt die Stadt im Grenzgebiet von Masowien und Großpolen knapp 700 000 Einwohner und ist damit die drittgrößte Polens.

Da Łódź während des Krieges in keine schweren Kampfhandlungen verwickelt war, blieben der Nachwelt fantastische Architekturdenkmäler des Frühkapitalismus aus dem 19. und frühen 20. Jh. erhalten: Fabriken, Jugendstilhäuser und prächtige Villen. Ihre Besitzer waren reiche Textilfabrikanten, eine bunte Mischung aus Deutschen, Juden und Polen. Die Herren Geyer, Grohman, Scheibler und Poznański herrschten über das größte industrielle Imperium, das es damals in ganz Polen gab.

In jüngster Zeit wurden einige der alten Betriebe restauriert, teilweise auch komplett umgestaltet, und neuen Bestimmungen zugeführt. Auf dem Gelände der einst größten Textilfabrik beispielsweise entstand die Manufaktura (s. S. 385), die europaweit neue Maßstäbe setzte und für viele Besucher zum Hauptanziehungspunkt wurde.

Ein Blick zurück

Aufstieg zum Textilzentrum

1815 war Łódź, damals noch ein unbedeutendes Dorf mit 800 Einwohnern, dem russisch besetzten Teil Polens zugeschlagen worden. Der große Schritt nach vorn fand fünf Jahre später statt, als die Regierung Kongresspolens ausgerechnet Łódź dazu ausersah, Zentrum der Textilindustrie zu werden. Die Aussicht auf Land und großzügig vergebene Kredite, vor allem aber auf Zugang zu den riesigen Absatzmärkten in Russland weckte die unternehmerische Lust so manch eines rheinischen, böhmischen oder schlesischen Fabrikanten.

Im Jahr 1823 entstand an der Ulica Piotrkowska die erste mechanische Baumwollspinnerei der Stadt: Ludwig Geyers Weiße Fabrik. Das industrielle Wachstum beschleunigte sich in den 1850er-Jahren, als der Textilexport gen Russland aufgrund der Aufhebung der Zollschranken anwuchs. Soziale Spannungen ließen nicht lange auf sich warten: Die Weber, vorwiegend aus Schlesien und Sachsen, setzten sich gegen die Arbeitsbedingungen zur Wehr, anfangs spontan wie beim Weberaufstand 1861, später in organisierter Form. Nach der Bauernbefreiung von 1864 verschärfte sich die Krise. Auf der Suche nach dem ›gelobten Land‹ kamen Tausende vom Land in die Stadt und verdingten sich als Hilfsarbeiter. Bis Ende des 19. Jh. war die Einwohnerzahl auf 300 000 gestiegen.

Łódź und Umgebung

Revolutionärer Brennpunkt

Kapitalistische Lehr- und Märchenstunde par excellence: Die Fabrikanten häuften Reichtum an und bauten sich Paläste, derweil die Ideen von Marx Einzug in die Köpfe von Arbeitern und Intellektuellen hielten. Der Sozialistische Bund gewann Zulauf, mit dem Streik von 1892 wurde Łódź zu einem »Brennpunkt der revolutionären Bewegung im Zarenreich« (Rosa Luxemburg). Auseinandersetzungen um die Frage, welche Bedeutung der nationalen Befreiung zukomme, schwächten allerdings die Bewegung. Als während der Russischen Revolution von 1905 Arbeiter auf die Barrikaden gingen, waren sie nicht mehr geeint: Hunderte starben in Auseinandersetzungen mit der russischen Polizei.

Von Łódź zu Litzmannstadt

Ein sozialer Unruheherd blieb Łódź auch in der Zwischenkriegszeit, nur war es jetzt die polnische Polizei, die die Streiks unterdrückte. 1939 besetzte deutsches Militär die Stadt und schuf den sogenannten Warthegau des Großdeutschen Reichs. Łódź hieß fortan Litzmannstadt (nach dem preußischen General), die Piotrkowska wurde zur Adolf-Hitler-Straße, das Grand Hotel zum Fremdenhof General Litzmann. Die 200 000 jüdischen Bürger pferchte man in ein eng umrissenes Ghetto, viele von ihnen mussten in kriegswichtigen Betrieben arbeiten. Zusätzliche Lager wurden für polnische Kommunisten sowie für Sinti und Roma geschaffen. Im Januar 1942 begannen die Deportationen. Als die Stadt am 19. Januar 1945 befreit wurde, gab

Die Manufaktura erzählt zwei Geschichten: von Łódź als wichtigem Industriezentrum im 19. Jh. und von Łódź als moderner, aufstrebender Stadt in der Jetztzeit

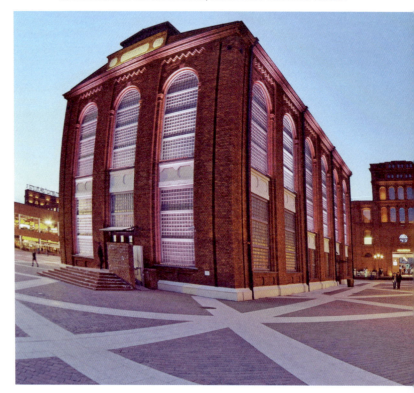

es kein Ghetto mehr – nur 870 Juden, darunter der Schriftsteller Jurek Becker, haben die deutsche Schreckensherrschaft überlebt.

Manufaktura 1

Hier taucht man ein ins lebendige Łódź: Auf dem 27 ha großen Terrain der im 19. Jh. von Izrael Poznański gegründeten Textilfabrik öffnete 2006 die **Manufaktura,** ein Shopping- und Kulturzentrum mit gigantischen Ausmaßen. Außer zwei Supermärkten und 250 Läden, einer zweigeschossigen Mega-Disco und der Cinema City gibt es mehrere Museen. Die Backsteinhallen gruppieren sich rings um einen 3 ha großen ›Marktplatz‹, auf dem Konzerte und Open-Air-Events stattfinden.

Museum der Stadtgeschichte
ul. Ogrodowa 15, www.muzeum-lodz.pl, Di–Do 10–16, Fr–So 12–18 Uhr, 12 zł

Für das **Museum der Stadtgeschichte** (Muzeum Miasta Łodzi) wurde mit der Residenz des Industriellen Poznański ein spannender Ort gefunden. Eine Ausstellung macht mit berühmten Łódźer Bürgern bekannt, so dem Pianisten Artur Rubinstein und dem Schriftsteller Władysław Reymont. Eine weitere Schau befasst sich mit der sogenannten Triada Lodzka, den drei großen Bevölkerungsgruppen (Polen, Deutsche, Juden), die das Leben der Stadt bis 1939 prägten.

Fabrikmuseum
ul. Drewnowska 58 (Eingang bei der Cinema City), www.muzeumfabryki.com.pl, Di–Fr 9–19, Sa, So 11–19 Uhr, 9 zł

Die Räumlichkeiten der ehemaligen Spinnerei beherbergen nun das **Fabrikmuseum** (Muzeum Fabryky). In den fünfschiffigen Hallen von monumentalen Ausmaßen waren einst 60 000 Spindeln in Betrieb, angetrieben von einer Dampfmaschine im mittleren Gebäudeteil. Die interaktive Ausstellung beleuchtet die Geschichte der Fabrik bis zu ihrer Schließung 1992, es werden Dokumentarfilme gezeigt und an Originalwebstühlen kurze Vorführungen gegeben.

Kunstmuseum ms2
ul. Ogrodowa 19, www.msl.org.pl, Di 10–18, Mi–So 11–19 Uhr, ab 15 zł

Das **Kunstmuseum ms2** (Muzeum Sztuki ms2), ein Ableger des ms1 in der Ulica Więckowskiego 36 (s. S. 387), lockt mit einer der bedeutendsten Sammlungen moderner Kunst in ganz Polen. Zum Museum gehören auch ein Café und ein Buchladen.

Experymentarium
ul. Drewnowska 58, Tel. 42 633 52 62, www.experymentarium.pl, Mo–Sa 10–22, So bis 21 Uhr, 17 zł

Optische Täuschung und Spiegelexperimente, magnetische Strahlung und vieles mehr: Das **Experymentarium,** ein interaktives Museum für Wissenschaft und Technik, ist unter-

haltsam und lehrreich für Kinder, aber auch für Erwachsene. Informationen gibt es auf Polnisch und Englisch.

Rund um die Piotrkowska

Die **Ulica Piotrkowska** birgt ein grandioses architektonisches Ensemble. Es ist ein Erlebnis, diese 4 km lange und verkehrsberuhigte, unter dem Schutz der UNESCO stehende Straße entlangzuspazieren. »Ein Strich ist von oben nach unten durch die ganze Stadt gezogen«, so hatte Döblin 1926 notiert, »ich habe in keiner Stadt einen solchen Strich gesehen.« Darauf ist alles versammelt, was die 200-jährige Geschichte der Stadt so interessant macht.

Am Nordende der Piotrkowska, am **Freiheitsplatz** (pl. Wolności), sieht man klassizistische Gebäude aus der Zeit um 1830, darunter das ehemalige Rathaus (Ratusz), die Garnisonskirche (Parafia Zesłania Ducha Świętego) sowie das Archäologische und Ethnografische Museum (Muzeum Archeologiczne i Etnograficzne). Weiter südlich Häuser im Stil der Neogotik, des Neobarock und der Neoromantik, dazwischen Zeugnisse der Gründerzeit. An vielen Fassaden ist Interessantes zu entdecken: etwa am Sitz von Geyers Aktiengesellschaft (Nr. 76), am Haus des Verlegers Jan Petersilge, der die erste Zeitung der Stadt gründete (Nr. 86), oder am Prachtbau des Bankiers Goldfeder (Nr. 77).

Auch ein bisschen ›Hollyłódź‹ (s. Thema S. 390) wird inszeniert: Auf der Piotrkowska sind Sterne ins Straßenpflaster eingelassen, die an polnische Filmgrößen erinnern. Und auch die berühmten Lodzer werden geehrt, so ist beispielsweise vor dem Geburtshaus Artur Rubinsteins (Nr. 78) ein Denkmal postiert, das den virtuosen Pianisten am Flügel zeigt. Schriftsteller Julian Tuwim macht es sich auf einer Bank bequem (Nr. 104), Nobelpreisträger Władysław Reymont sitzt auf einer Truhe (Nr. 137).

Im weiteren Verlauf quert man die Ulica Piłsudskiego und passiert die Rubinstein-Philharmonie (Filharmonia im. A. Rubinsteina). Gegenüber der neugotischen Kathedrale (Katedra) prunkt die Villa des jüdischen Fabrikanten Robert Schweikert (Pałac Roberta Schweikerta) aus dem Jahr 1913 (Nr. 262).

Łódź

Sehenswert
1 Manufaktura
2 Kunstmuseum ms1
3 Städtische Kunstgalerie
4 Alexander-Newski-Kathedrale
5 Museum für Textilindustrie
6 Pfaffendorf
7 Filmmuseum
8 Bahnhof Łódź Fabryczna
9 EC 1
10 Neuer jüdischer Friedhof
11 Bahnhof Radegast

Übernachten
1 Qubus
2 Revelo
3 Grand
4 City Center Rooms
5 Savoy
6 Music Hostel

Essen & Trinken
1 Lavash Restaurant

2 Piotrkowska Klub 97
3 Greenway

Abends & Nachts
1 Łódź Kaliska
2 Irish Pub
3 Filharmonia im. A. Rubinsteina
4 Teatr Wielki
5 Teatr Muzyczny

Aktiv
1 Muzeum Kanału Dętka

Kunstmuseum ms1 2
*ul. Więckowskiego 36, www.msl.org.pl,
Di 10–18, Mi–So 11–19 Uhr, ab 15 zł*
Das Straßennetz von Łódź ist schachbrettartig angelegt, darum kann man sich Abstecher erlauben, ohne die Orientierung zu verlieren. Bei einem Sprung drei Parallelstraßen nach rechts entdeckt man das **Kunstmuseum ms1** (Muzeum Sztuki ms1), Polens erste allein der Moderne gewidmete Ausstellung, 1931 von der Gruppe »Revolutionäre Künstler« gegründet. Das im Stil der Neorenaissance erbaute Palais, gleichfalls Eigentum der Familie Poznański, vereint avantgardistische Kunst Polens und Westeuropas. In sozialistischen Zeiten war das Museum der wichtigste Brückenkopf zwischen den politischen Systemen. Arbeiten von Klee, Chagall, Ernst und Picasso, Arp, Jawlensky, Léger und Beuys konnten hier ebenso ausgestellt werden wie die Werke moderner polnischer Maler: Witkowski, Witkiewicz, Wojciechowski und Strzeminski.

Städtische Kunstgalerie 3
ul. Wólczańska 31, www.mgslodz.pl, Di–Fr 11–18, Sa, So 11–17 Uhr
1903 entstand nach einem Entwurf von Landau-Gutenberg die **Villa Kindermann** (Pałac Juliusza Kindermanna), ein Jugendstilpalais für den gleichnamigen deutschen Textilfabrikanten. An der Fassade erblickt man zwei windverwehte, ineinander verschlungene Bäume.

Im Inneren setzt sich die Pflanzenornamentik fort. Die Decken sind mit Stuckwerk verziert, Glasfenster mit faszinierenden Gestalten und Landschaftsmotiven bemalt. Die Villa birgt heute die **Städtische Kunstgalerie** (Miejska Galeria Sztuki), in wechselnden Ausstellungen wird zeitgenössische Kunst präsentiert.

Alexander-Newski-Kathedrale 4
ul. Jana Kilińskiego 56, Sa 8.30–10.30, So 9.30–12.30 Uhr
Nur vier Blocks von der Städtischen Kunstgalerie entfernt erhebt sich auf der anderen Seite der Piotrkowska das erste griechisch-katholische Gotteshaus in Łódź, die **Alexander-Newski-Kathedrale** (Sobór Św. Aleksandra Newskiego) aus dem Jahr 1884. Ihre Form basiert auf dem Grundriss eines griechischen Kreuzes, geschmückt wird sie von einer halbrunden Kuppel.

Museum für Textilindustrie 5
ul. Piotrowska 282, www.cmwl.pl, So, Di, Mi 9–17, Do–Sa 12–19 Uhr, 12 zł
In der **Weißen Fabrik** (Biala Fabryka), einem klassizistischen, zwischen 1835 und 1837 errichteten Gebäude der Firma Geyer am Südende der Piotrkowska, befindet sich das **Museum für Textilindustrie** (Centralne Muzeum Włókiennictwa). Ludwig Geyer kam aus dem sächsischen Löbau und gehörte zu den ersten Unternehmern, die die von der Regierung

Kongresspolens geschaffenen günstigen Bedingungen nutzten und eine Fabrik gründeten. Um die Mitte des 19. Jh. übernahm er ebenfalls das gegenüberliegende Gelände der Rundzieher-Werke, wo um 1885 weitere Webereien entstanden.

Pfaffendorf 6

Palais Herbst: ul. Przędzalniana 72, www.palac-herbsta.org.pl, Di–So 11–17 Uhr, 15 zł

Von der Piotrkowska empfiehlt sich ein Abstecher in östlicher Richtung zum 2 km entfernten **Pfaffendorf** (Księży Młyn). Dort ließ der Unternehmer Karl Scheibler eine Spinnerei mit 88 000 Spindeln errichten. Zur Anlage gehörten auch eine Arbeitersiedlung und eine Unternehmervilla. Scheibler starb 1881, seine Nachkommen mit Schwiegersohn Herbst an der Spitze führten das Unternehmen bis 1944 fort. Vom Arbeitszimmer des **Palais Herbst** (Pałac Herbsta) konnte der Unternehmenschef das Rattern aus der Spinnerei hören. Heute kann die Neorenaissancevilla besichtigt werden. Die Innenräume bezeugen, in welcher Pracht das Bürgertum schwelgte. Man wandelt durch den im Geist der englischen Gotik gehaltenen Ballsaal und den im Rokokostil geschmückten Spiegelsalon, um anschließend vom Garten aus den Kontrast zu erleben: zur Rechten die Villa mit angrenzendem Fachwerkhaus und Orangerie, zur Linken die Ausläufer des riesigen Fabrikkomplexes, an den sich die Straßenzüge der (heute teilweise bewohnten) Arbeitersiedlung anschließen.

Museum für Kinematografie 7

pl. Zwycięstwa 1, Tel. 42 674 09 57, www.kinomuzeum.pl, Di 10–17, Mi, Fr 9–16, Do, Sa, So 11–18 Uhr, 10 zł

Ein weiterer Industrieller ließ sich 1886 das nach ihm benannte **Palais Scheibler** (Pałac Scheiblerów) errichten. Die Fassade ist unauffällig, aber dahinter verbergen sich prächtig ausgestattete Innenräume und das großartige polnische **Museum für Kinematografie** (Muzeum Kinematografii). Es ist für alle Kinofans ein Muss, allein schon wegen der Filmplakate, alles kleine Kunstwerke!

Bahnhof und EC 1

Bahnhof: pl. Sałacińskiego 1; EC 1: pl. Sałacińskiego, Ecke ul. Targowa 1/3, www.ec1lodz.pl; Planetarium: Tel. 539 997 693, www.planetariumec1.pl, Di–Fr 8.30–19 Uhr, 18 zł, Sa, So 9.30–19 Uhr, 20 zł

2016 wurde er nach fünfjähriger Bautätigkeit eröffnet: der **Bahnhof Łódź Fabryczna** 8 (Dworzec Łódź Fabryczna), ein architektonisches Glanzstück mit organischen, geschwungenen Formen. Durch die komplett verglaste Eingangshalle dringt Licht zu den in der Tiefe angelegten Gleisen – Polens modernster Bahnhof ist durchaus einen Blick wert.

Danach sollte man zum **EC 1** 9 (Elektrownia Centralna 1) hinüberspazieren, dem ehemaligen, von der Firma Siemens & Halske 1907 errichteten Heizkraftwerk, das nach seinem Umbau nicht wiederzuerkennen ist – ein weiteres architektonisches Meisterwerk. Entstanden ist ein gewaltiges, großartiges **Kulturzentrum,** in dem Künstler aller Disziplinen ihre ›Werkstatt‹ finden. Mit seinen Ton- und Filmstudios zog das National Film Cultural Centre (NCFK) ein, ebenso Musikclubs, Kunstateliers und auch ein Zentrum für Wissenschaft und Technologie. Das **Planetarium** wurde vom Reisemagazin »National Geographic Traveller« auf den Spitzenplatz der von ihm ermittelten ›sieben neuen Wunder von Polen‹ gesetzt.

Außerhalb des Zentrums

Neuer jüdischer Friedhof 10

ul. Bracka 40, www.jewishlodzcemetery.org, So–Fr 9–17, im Winter bis 15 Uhr, 9 zł

Der Alte jüdische Friedhof wurde zerstört, der **Neue jüdische Friedhof** (Cmentarz Żydowski) blieb erhalten. Er befindet sich 3 km nordöstlich des Zentrums und ist das größte jüdische Gräberfeld Europas. Von den ehemals 180 000 Grabsteinen gibt es noch knapp 100 000, die bedeutendsten Grabmäler gehören den Familien Poznański und Silberstein.

Bahnhof Radegast 11

al. Pamięci Ofiar Litzmannstadt Getto 12, Tel. 42 291 36 27, www.muzeumtradycji.pl, So–Di 11–18, Mi, Do, Sa 10–16 Uhr, Eintritt frei

Wenige Schritte nördlich vom Neuen jüdischen Friedhof erzählt der **Bahnhof Radegast** (Stacja Radegast) die Geschichte des jüdischen Ghettos. Ein Blick in deutsche Vergangenheit, ein Ort der Reflexion: Von Radegast aus wurden die Juden im Zweiten Weltkrieg ins Konzentrationslager transportiert – in Waggons der Deutschen Reichsbahn. Nur wenige der ehemals 200 000 Juden überlebten.

Infos
Touristenbüro: ul. Piotrkowska 28, Tel. 42 208 81 81, www.lodz.travel, tgl. ab 9, am Wochenende ab 10 Uhr. Einen weiteren Info-Punkt gibt es in der Manufaktura.

Übernachten
In alten Gemäuern – **Andel's 1 :** ul. Ogrodowa 1/, Tel. 42 279 10 00, www.viennahouse.com. Viersternehotel in der Manufaktura mit großartigem Ambiente – modernes Design ist geschickt auf historische Bauelemente bezogen, nackter Backstein trifft auf Pop-Art. Das Hotel verfügt über 277 Designzimmer und Suiten, das Frühstück ist optimal, WLAN gratis. Versäumen Sie auch nicht, den Pool auf dem Dach zu besuchen, dort erwartet Sie eine besondere Überraschung! DZ ab 145 €.

Effizient – **Qubus 1 :** al. Mickiewicza 7, Tel. 42 275 51 00, www.qubushotel.com. Modernes, halbrund gebautes Komforthotel mit 78 Zimmern. Es liegt ca. 5 Gehmin. von der Piotrkowska entfernt an der Kreuzung Mickiewicza/Żeromskiego. Die Zimmer sind gemütlich in Beige-Braun-Tönen gestaltet. Vom Verkehr bekommt man dank guter Isolierung nur wenig mit, ruhiger schläft man gleichwohl zur hinteren Seite. Das Frühstücksbüfett wird in der eleganten Restaurant-Lounge eingenommen. Mit bewachtem Parkplatz. DZ ab 95 €.

Boutiquehotel – **Revelo 2 :** ul. Wigury 4, Tel. 42 636 86 86, www.revelo.pl. Kleines Hotel im Jugendstil (1925), ein paar Schritte vom Südabschnitt der Piotrkowska entfernt. Die Zimmer sind mit Möbeln der Epoche eingerichtet, doch weisen die hinteren auf einen wenig attraktiven Hof. 6 Zimmer, DZ ab 70 €.

Verblasster Glanz – **Grand 3 :** ul. Piotrkowska 72, Tel. 42 633 99 20, www.grand.hotel.com.pl. Traditionsreiches Hotel mit 169 Zimmern, von dem deutschen Fabrikanten Ludwig Geyer 1888 eröffnet. Nach einem Umbau 1912 genoss es den Ruhm, eines der größten und modernsten Hotels Europas zu sein. Es war kultureller Mittelpunkt der Stadt, 1928 wurde hier der erste Tonfilm gezeigt. Heute ist der Glanz des Fin de Siècle verblasst, aber man spürt ihn noch in der Eingangshalle und im Restaurant. Vielleicht hat es sein Gutes, dass die vom neuen Besitzer angekündigte Modernisierung noch nicht erfolgt ist? DZ ab 70 €.

Neu und gepflegt – **City Center Rooms 4 :** ul. Piotrkowska 91, Tel. 42 208 08 08, www.citycenterrooms.pl. Behaglich eingerichtete Zimmer im Zentrum der Stadt, für alles ist gesorgt. Freier Parkplatz an der ul. Kosciuszki 34. DZ 50 €.

Literarisch verewigt – **Savoy 5 :** ul. Traugutta 6, Tel. 42 632 93 60, www.hotelspt.com.pl. Im zweitältesten Hotel der Stadt schrieb Joseph Roth seinen gleichnamigen Roman. Das Savoy liegt zentral, nur 5 Min. vom Bahnhof Łódź Fabryczna entfernt. Seit kein Verkehr mehr durch die Traugutta fließt, kann man wieder ruhig schlafen. Die Zimmer sind gepflegt, bedürften aber einer Auffrischung. Gutes Frühstücksbüfett, freundliches Ambiente. DZ ab 40 €.

Hip – **Music Hostel 6 :** ul. Piotrkowska 60, Tel. 53 353 32 63, www.music-hostel.pl. Über eine Passage erreicht man das Hostel mit sechs sauberen Zimmern (30 Betten), zwei Bädern und Gemeinschaftsküche. An den Wänden finden sich viele Bilder ehemaliger Popstars. DZ 30 €.

Essen & Trinken
Hier fühlt man sich wohl – **Galicja 1 :** ul. Ogrodowa 19-A (Rynek), Tel. 42 630 88 55, www.galicjamanufaktura.pl. Gemütliches Lokal in der Manufaktura. Wie sein Name andeutet, werden hier traditionelle Gerichte aus Polen und der Ukraine geboten. Es gibt z. B. ungarischen Gulasch auf Kartoffelpuffer, frisch zubereitete Piroggen mit Pilzen und Sauerkraut oder schmackhaften Barszcz, dazu Brot aus eigener Herstellung und regionale Bierspezialitäten. Hauptgerichte ab 7 €.

Armenisch – **Lavash Restaurant 1 :** ul. Piotrkowska 69, Tel. 660 525 379, www.lavash.

Das gelobte Land

Es war einmal eine aufstrebende Stadt, die Landarbeitern, Heimwebern und ›freigesetzten‹ Bauern Arbeit und Aufstieg verhieß. Heute ist sie das Traumziel junger Filmschaffender, die an der renommierten Filmhochschule einen Studienplatz ergattern und in den Studios des hochmodernen E 1 arbeiten wollen.

» Łódź war ein Drecksnest. Das fanden alle. Tag und Nacht spien die Schlote der Chemie- und Textilfabriken Ruß hervor, und der allgegenwärtige Schmutz, zusammen mit Dieselgasen, bröckelnden Mauern und zerbrochenen Fenstern, ist für mich immer der Inbegriff einer kommunistischen Industriestadt gewesen. Sie war so völlig ohne Charme – ganz anders als Krakau – dass ich mich trotz aller Freude über die Zulassung zum Studium unwillkürlich fragte, ob ich es hier geschlagene fünf Jahre aushalten würde« – wenig schmeichelhafte Worte des Filmstudenten Roman Polański.

Industrielle Hässlichkeit gab es freilich schon lange vor der Machtübernahme durch die Kommunisten. Der Schriftsteller und Nobelpreisträger Władysław Reymont (1867–1925) lebte Ende des 19. Jh. mehrere Jahre im ›polnischen Manchester‹ und schrieb an gegen das hier erlebte frühkapitalistische Elend. Die Stadt Łódź kennzeichnete er als ein Monstrum, das Land und Menschen zermalmte und einigen wenigen alles, den breiten Heerscharen aber nichts als Hunger und Mühsal gab. »Das gelobte Land« ist der Titel seines Romans, den Andrzej Wajda, wie Polański Absolvent der Filmakademie von Łódź, 1975 verfilmte. Zwischen Film und literarischer Vorlage gibt es einen brisanten Unterschied: Der Grund allen Übels, mutmaßte Reymont, stecke im ethnisch fremden Charakter des Kapitals – eine Auffassung, die noch heute nachhallt, wenn man in Łódź Menschen davon sprechen hört, es seien ›die Juden‹, die mit dem Aufkauf der Piotrkowska an die Macht zurückwollten. Andrzej Wajda widersprach dieser Sichtweise heftig: Schuld, so der Filmemacher, sei das Wolfsgesetz der Konkurrenz, das das Verhalten der Menschen mehr als alles andere determiniere – unabhängig von ihrer Nationalität und dem Milieu, dem sie entstammen.

Regisseure aus dem Westen blickten oft mit Neid auf Łódź, weil die hiesige Filmakademie über eigene Filmstudios verfügte und die technische Ausstattung beispielhaft war. Zwar litt die Arbeit anfangs an ideologischer Verengung und war zwanghaft ausgerichtet am Leitbild ›positiver Helden‹, doch ab 1956, nach Lockerung der Zensur, entzündete sich ein wahres Feuerwerk künstlerischer Fantasie: Roman Polanski, Andrzej Wajda, Krzysztof Zanussi und Krzysztof Kieślowski – nur einige von vielen, deren Werke den polnischen Film in aller Welt berühmt machten. An die glorreiche Zeit des polnischen Kinos erinnern Fotos und Plakate im Museum für Kinematografie (s. S. 388). Doch es besteht kein Grund, nostalgisch zu werden. Die Hochschule für Film, Fernsehen und Theater gilt auch heute wieder – und dies besonders nach der Eröffnung des neuen Kulturzentrum E 1 (s. S. 388) – als eine der bedeutendsten der Welt. Es ist nicht leicht, in Hollywódź einen Studienplatz zu bekommen, die Aufnahmeprüfung erstreckt sich über mehrere Tage. Und dann heißt es: Fünf Jahre hartes Studium – und am Ende eines jeden Jahres der Prüfungskommission einen Kurzfilm vorlegen! Infos: www.filmschool.lodz.pl/en.

Łódź

pl, tgl. 12–22 Uhr. Lavash ist ungesäuertes Fladenbrot, das als Vorspeise gereicht wird. Doch was verbirgt sich hinter den Namen Buglama, Sacivi, Dolma oder Ghormeh Sabzi? In einem folkloristisch anmutenden Hinterhof der Piotrkowska können Sie es erfahren – auf Englisch gibt es dazu interessante Erklärungen. Hauptgerichte ab 7 €.

Stilmix – **Piotrkowska Klub 97** 2 : ul. Piotrkowska 97, Tel. 42 630 65 73. Für jeden Geschmack etwas und dazu der passende Raum – so gibt es ein Lokal im Retrostil mit preiswertem Menü, ein fein eingedecktes Nobelrestaurant, eine plüschige Bar und einen Dance Floor. Auf und über der Straße sitzt man im Akwarium, einem zweigeschossigen Glasbau, von dem aus man die Passanten beobachten kann. Hauptgerichte ab 6 €.

Vegetarisch – **Greenway** 3 : ul. Piotrkowska 80, Tel. 42 632 08 52, Facebook: Greenway Łódź, tgl. 9–21 Uhr. Veggietreff an der Fußgängermeile mit polnischen und internationalen Speisen. Die Portionen sind nicht mehr so üppig wie früher, aber die Qualität hat nicht nachgelassen. Beliebt sind vor allem die Suppen und Säfte, oft gibt es auch indische Samosas. Hauptgerichte ab 4 €.

Schönes Dekor – **Grand Coffee** 3 : im Hotel Grand (s. S. 389), Tel. 696 383 387, Facebook: Grand Coffee Lodz, Mo–Fr 8–21, Sa 9–22, So 9.30–21 Uhr. Café in ausgezeichneter Lage direkt an der Piotrkowska. Es gibt Frühstück mit sehr guten Croissants, den ganzen Tag über Süßes, köstlichen Kaffee, Tee und Säfte. Der Service ist schnell und freundlich.

Einkaufen

Shoppingmall – **Manufaktura** 1 : ul. Jana Karskiego 5, Tel. 42 664 92 60, www.manufaktura.com, Mo–Sa 10–22, So bis 21 Uhr. Das Einkaufszentrum erstreckt sich über zwei Ebenen – 240 Boutiquen und Kleiderläden, Modeaccessoires und Schmuck, zwei Supermärkte. Der Parkplatz ist kostenlos.

Abends & Nachts

Nicht nur in der Manufaktura, auch längs der Piotrkowska und in den von ihr abzweigenden Passagen locken Kneipen und Biergärten.

Schräges Interieur – **Łódź Kaliska** 1 : ul. Piotrkowska 102, Mo–Do 16–2, Fr, Sa bis 6 Uhr. Viel Rotlicht, verrückte Fotos, schiefe Wände und Tische – die beliebteste Kneipe der Stadt ist gegen Mitternacht rappelvoll, im Sommer drängt man sich auf der Terrasse.

Kellerbar – **Irish Pub** 2 : ul. Piotrkowska 77, Mo–Sa ab 17 Uhr. Große, mit dunklem Holz gemütlich eingerichtete Kellerbar, in den Sommermonaten trifft man sich im Hinterhof. Guinness und Kilkenny aus dem Fass, dazu kleine Gerichte, am Wochenende Livemusik. Zur Beachparty am ersten Märzwochenende kommen die Gäste im Badeanzug, tanzen auf Sand und schlürfen unterm Sonnenschirm Cocktails.

Kino – **Cinema City IMAX** 1 : Manufaktura, www.cinema-city.pl. 15 Kinosäle, in einem kann man Filme in 3HD-Technik sehen.

Klassik – **Filharmonia im. A. Rubinsteina** 3 : ul. Narutowicza 20/22, Tel. 42 664 79 79, www.filharmonia.lodz.pl.

Oper & Theater – **Teatr Wielki** 4 : pl. Dąbrowskiego, Tel. 42 633 99 60, www.operalodz.com.

Musiktheater – **Teatr Muzyczny** 5 : ul. Północna 47/51, Tel. 42 678 19 68, Facebook: Teatr Muzyczny Łodzl.

Aktiv

Tour in die Kellergründe – **Muzeum Kanału Dętka** 1 : pl. Wolności s/n, Tel. 42 254 90 11, www.muzeum-lodz.pl, Mi–So 11–17 Uhr, im Winter geschl., 5 zł. Industrietourismus hat eine wachsende Zahl von Fans. Ziel dieses Ausflugs ist die Lodzer Unterwelt bzw. ein Kanal, der 140 m lang, 1,5 m breit und 1,87 m hoch ist!

Termine

Fashion Week (Termin wechselt, www.fashionweek.pl): Längst nicht mehr wird in Polen für Burberry, Boss und Roberto Cavalli geschneidert. Eigene Modelabels wie Reserved, Ceremony by Wójcik und Cocodrillo sind auf dem Vormarsch und auch auf dem westlichen Markt aktiv. Ihre Produkte werden im Rahmen der Fashion Week vorgestellt.

Cztery Kultury (meist Sept., www.4kultury.pl): Den ›Vier Kulturen‹, die die Stadt prägten, wird ein großes Kunst- und Musikfestival gewidmet.

Verkehr

Flüge: Vom Flughafen Łódź Lublinek, www.airport.lodz.pl, gibt es neben vielen innerpolnischen auch einige internationale Verbindungen, u. a. nach München.
Züge: Vom Bahnhof Łódź Fabryczna (s. S. 388) fahren Züge nach Warschau (1,10 Std.), Częstochowa und Krakau. Ein innerstädtischer Schienentunnel zum 3 km westlich gelegenen Bahnhof Łódź Kaliska ist in Planung. Von dort reist man nach Łowicz, Breslau und Posen.
Busse: Schnellbusse von PKS fahren nach Kielce, mit dem Polski Express kommt man nach Warschau und Krakau. Die Busstation liegt neben dem Bahnhof Łódź Fabryczna.

Rund um Łódź

Karte: S. 393
Westlich von Łódź geht das Masowische in das Großpolnische Tiefland über, eine von der Eiszeit geformte Landschaft mit Weiden und Feldern, so weit das Auge reicht.

Łęczyca und Tum ▶ 1, N 12

Einen ersten Überblick verschafft man sich vom **Turm** der mittelalterlichen Burg in **Łęczyca** 1, einer Kleinstadt 38 km nordwestlich von Łódź an der Straße nach Włocławek (Mo geschl.). Schaut man südostwärts, erkennt man das Dorf **Tum** 2 mit der größten romanischen Kirche Polens, zudem eine der wenigen, die bis heute erhalten geblieben sind. Mit dem Auto braucht man nur etwa fünf Minuten vom Nachbarort. Die **Stiftskirche** besteht aus einfachen kubischen Formen und beeindruckt durch ihre augenfällige Schlichtheit. Ihr Schmuckstück ist das Nordportal, wo im Giebelfeld die von Engeln flankierte Maria mit Jesuskind betrachtet werden kann.

Konin und Licheń ▶ 1, L 11

Über die Industriestadt **Konin** 3, in der nur die **Burg** mit Regionalmuseum einen Besuch lohnt, kommt man ins 13 km nordöstlich gelegene **Licheń** 4. Das an einem See gelegene Dorf ist der Standort von Europas größter Kirche. Sie wurde am 2000. Geburtstag Jesu Christi eingeweiht und ist laut Neuer Zürcher Zeitung »allen mit Sinn für die Erhaltung schöner Landschaften ausgestatteten Gläubigen ein Ärgernis«, Frucht »einer nach Perfektion strebenden, aber hohlen Megalomanie«.

Schon zuvor waren jedes Jahr Hunderttausende von Pilgern gekommen, um die Gnadenmadonna anzuschauen, die 1967 mit einem päpstlichen Diadem gekrönt worden war. Die neue Kirche hat freilich ganz andere Dimensionen: Sie ist 120 m lang und 77 m weit, bietet Raum für 20 000 Gläubige. 60 Türen führen in ihren Innenraum, durch 365 Fenster flutet Sonnenlicht herein. Mit 128 m Höhe übertrifft ihr Turm sogar den von Tschenstochau – kilometerweit sind die Glocken zu hören. Doch wie, so fragt der Besucher staunend, wurde der kostspielige Gigant finanziert? Aus Spenden der Gläubigen, vermeldet die Kirche lapidar und gibt keine Einzelheiten preis.

Ląd ▶ 1, K 11

Ein Mariensanktuarium älterer Art findet man in **Ląd** 5, 25 km westlich von Konin. Die 1175 von Zisterziensermönchen nahe der Warthe gegründete Kirchen-Kloster-Anlage wurde im 17. Jh. in ein Meisterwerk des Barock verwandelt. Sie besticht durch Weite und Helligkeit, Decken und Kuppeln sind illusionistisch ausgemalt. Weniger opulent, doch gleichermaßen ausdrucksstark wirken die gotischen Fresken im Oratorium (1370).

Gołuchów ▶ 1, K 12

ul. Działyńskich 2, www.mnp.art.pl, Mo geschl., 10 zł
Mittelpunkt von **Gołuchów** 6 50 km südlich von Ląd ist ein Schloss aus dem 16. Jh. Ab 1872 ließ es die Magnatin Izabela Czartoryski im Stil der französischen Renaissance umbauen, wobei die Zahl der Türme auf drei reduziert wurde. Die Wände des Innenhofs zieren Flachreliefs, Medaillons und Mosaiken aus Frankreich und Italien. Im **Schlossmuseum** (Muzeum Zamek) können Sie eine Gemälde- und Grafikgalerie, Emaillen aus dem Mittelalter und antike

Rund um Łódź

Die Umgebung von Łódź

Vasen betrachten. Der angrenzende, 158 ha große **Landschaftspark** umfasst die Grabkapelle von Izabela Czartoryski, ein altes Gartenhaus und ein **Forstmuseum**.

Kalisz ▶ 1, K 13

Regionalmuseum: ul. Kościuszki 12, www.stary.kalisz.pl, Mo geschl.

In **Kalisz** 7 (Kalisch), einem Wirtschaftszentrum mit über 100 000 Einwohnern, ist nur die **Altstadt** sehenswert. Sie erstreckt sich zwischen den Flüssen Prosna und Bernardynka und wird im Südosten von einem großen Park begrenzt. Hier findet man auch jene sechs Kirchen, die wie durch ein Wunder alle neuzeitlichen Kriege und Feuersbrünste überstanden.

Im **Regionalmuseum** (Muzeum Ziemi Kaliskiej) erfährt man, dass Kalisz Polens älteste Stadt ist. Schon 147 v. Chr. berichtete der griechische Schriftsteller Claudius Ptolemäus von einem Ort namens Calisia an der vom Baltikum zum Imperium Romanum führenden Bernsteinroute. Die Ausstellung beleuchtet die lange Stadtgeschichte. Am schlimmsten erging es der Stadt im Ersten Weltkrieg, als die deutschen Truppen sie bei ihrem Durchzug in Schutt und Asche legten.

Antonin ▶ 1, K 14

Tel. 501 124 585, tgl. 10–17, Café ab 11 Uhr

Romantiker machen einen Abstecher ins 40 km südlich gelegene **Antonin** 8 und besuchen das alte **Jagdschloss** der Radziwiłłs, eine Villa ganz aus Holz mit achteckiger Halle, die von dreistöckigen Galerien gesäumt ist. Karl Friedrich Schinkel hat sie zwischen 1822 und 1824 für Antoni Radziwiłł entworfen, einen engen Freund Goethes und Beethovens. Zu den Gästen des Fürsten gehörte auch Fryderyk Chopin, der hier mit 18 Jahren seine Sommerferien verbrachte. Im September findet das Festival Chopin in den Farben des Herbstes statt. 14 Gästezimmer hat das Schloss, doch die sind immer schon Monate im Voraus ausgebucht.

Posen und Umgebung

In Posen, der westlichsten aller polnischen Städte, boomt das Geschäft, Businessmen aus aller Welt drücken sich die Klinke in die Hand. Doch auch jenseits des Messebetriebs gibt es viel zu entdecken. Der Marktplatz mit Rathaus und Barockhäusern ist eine Augenweide und auf der Dominsel steht Polens älteste Kathedrale mit den Grabmälern der ersten Herrscher.

 Posen ▶ 1, G 10

Cityplan: S. 397

Die Posener gelten als zuverlässig, zielstrebig und sparsam – Eigenschaften, die auf das lange Zusammenleben mit den Deutschen zurückgeführt werden. Doch fantasielos – ja, auch das wird ihnen nachgesagt – sind sie mitnichten. Wie sie es vermocht haben, das Zentrum mit Leben zu füllen und das Geschäftliche mit dem Schönen zu verknüpfen, macht ihnen so schnell keiner nach. Davon zeugt schon ein kurzer Spaziergang um den zentralen Platz und zur Alten Brauerei, die sich in eine aufregende Shoppingmall verwandelt und auch Kunstfreunden etwas zu bieten hat. **Posen** (Poznań) besitzt ein herrliches Renaissancerathaus, Paläste und Klosterensembles, dazu ein boomendes Kulturleben, Jazz- und Alternativbühnen.

Bei der Planung eines Besuchs in Posen ist zu beachten, dass hier mehr als 50 % aller polnischen Messeveranstaltungen stattfinden, am häufigsten im Juni und September. Nach den Avantgardisten der Mode kommen die Technologen und Umweltschützer, dann die Schul-, Spielzeug- und Tourismusexperten, schließlich die Manager der Nahrungs- und Genussmittelindustrie. Während der Messen verlangen die Hotels Höchstpreise und es könnte schwierig sein, ein preiswertes Zimmer zu finden!

Geschichte kurz gefasst

Posen ist die Hauptstadt von Wielkopolska (Großpolen) und blickt auf eine mehr als 1000-jährige Geschichte zurück. Zunächst wurde das rechte Wartheufer besiedelt. 968 richtete man hier Polens ersten Bischofssitz ein – am Ort der ersten Kirche steht heute die Posener Kathedrale. 1253 ließ Fürst Przemysł I. deutsche Siedler kommen, die auf der gegenüberliegenden Flussseite eine Stadt nach Magdeburger Recht gründeten.

Polen erlebte im 16. Jh. sein goldenes Zeitalter. Der Handel florierte in vielen Städten, so auch in Posen, was ein Blick auf die damals entstandenen Häuser im Umkreis des Alten Markts belegt. Auf eine lange Phase des Aufschwungs folgte der Niedergang. Erst in der zweiten Hälfte des 18. Jh. belebte sich die Wirtschaft wieder, als Posen 1793 im Zuge der Zweiten Polnischen Teilung an Preußen fiel. Von 1807 bis 1815 gehörte die Stadt zum pronapoleonischen Herzogtum Warschau. Nach den polnischen Aufständen von 1830 und 1863 verschärfte sich die Besatzungspolitik: Die von Bismarck, später auch von Wilhelm II. betriebene Germanisierung erzeugte bei den Bewohnern Posens Hass auf alles Deutsche. 1918 wurde Posen wieder polnisch, unterbrochen von sechs Jahren deutscher Herrschaft im Reichsgau Wartheland (1939–45). Auf die Vertreibung der Polen folgte nach dem Zweiten Weltkrieg die Vertreibung der Deutschen.

Rund um den Alten Markt

Von früh bis spät tobt am **Alten Markt** (Stary Rynek) das Leben. Der von bunten Bürgerhäusern gesäumte Platz ist der drittgrößte Polens und birgt eine Vielzahl von Straßencafés und

Restaurants. Musikanten geben ein Ständchen, Künstler stellen ihre Werke aus, dazu gibt es eine Reihe von Museen.

Rathaus und Historisches Museum

Stary Rynek 1, www.mnp.art.pl, Di–Do 9–15 (im Sommer 11–17), Fr 12–21, Sa, So 11–18 Uhr, 7 zł

Mitten auf dem Platz prangt das ursprünglich gotische **Rathaus** 1 (Ratusz), 1536 in eine Perle der Renaissance verwandelt. Die Fassadenmalereien künden von den Tugenden des Rats, Loggia und Attika verleihen dem Bau Leichtigkeit und Eleganz. Jeden Mittag, wenn die Zeiger der Uhr am 61 m hohen Turm genau übereinanderstehen, treten aus einer Öffnung darüber zwei weiße Ziegen hervor, die ihre Hörner im Takt des Stundenschlags aneinanderstoßen das Spektakel erinnert an eine Lokallegende, derzufolge solche Tiere die Stadt einst vor einer Feuersbrunst bewahrten. Das Rathaus beherbergt das **Historische Museum** (Muzeum Historii Miasta Poznania). Glanzstück ist der üppig dekorierte Renaissancesaal im ersten Stock, in dem sich früher der Stadtrat versammelte. Wer speziell an der Geschichte des Posener Aufstands von 1918/19 interessiert ist, geht hinüber zur **Hauptwache** (Odwach), einer Filiale des Museums.

Vor der Frontseite des Rathauses dokumentiert ein Barockbrunnen von 1766 die Entführung der römischen Göttin Proserpina durch Pluto, den Herrscher der Unterwelt. Auch hinter dem Rathaus macht man eine Entdeckung: Die Brunnenskulptur der »Bamberka« (›Bambergerin‹) ruft ins Gedächtnis zurück, dass fränkische Bauern vor 300 Jahren mithalfen, das vom Krieg zerstörte Posen wiederaufzubauen. Im Lokal Bamberka gleich dahinter würde man gern leckere Weißwürste

Mitten in der Stadt und doch wie auf dem Land: In der ›Grünen Veranda‹, der Weranda Zielona, gibt es (fast) nur Hausgemachtes

bestellen, doch die gibt es (vorerst) nicht, polnische Hausmannskost ist angesagt.

Croissant-Museum 2
Stary Rynek 41, 1. Stock, Eingang ul. Klasztorna 23, Tel. 690 077 800, www.rogalowemuzeum.pl/en, Workshop mit engl. Übersetzung Sa, So 13.45 Uhr, Juli, Aug. tgl. 13.45 Uhr, 20 zł

In einem Renaissancebau gegenüber dem Rathaus kann man im **Croissant-Museum** (Rogalowe Muzeum Poznania) an heiter-informativen Workshops zur Geschichte des Croissants teilnehmen. Zum Abschluss darf man die leckeren Teilchen kosten und auch kaufen.

Museum für Musikinstrumente 3
Stary Rynek 45–47, www.mnp.art.pl, Di–Do 9–15, Fr 12–21, Sa, So 11–18 Uhr, 7 zł

Dies ist Polens einziges **Museum für Musikinstrumente** (Muzeum Instrumentów Muzycznych). Die Sammlung erstreckt sich über drei Renaissance- und Barockhäuser und umfasst u. a. Instrumente aus Nord- und Südamerika, Australien, Tibet, Indien und Nepal. Im Chopin-Salon ist das Klavier zu sehen, auf dem er dem Adeligen Antoni Henryk Radziwiłł seine neuesten Kompositionen vortrug.

Archäologisches Museum 4
ul. Wodna 27, www.muzarp.poznan.pl, Di–Do 10–16, Fr, Sa 10–17, So 12–16 Uhr, 8 zł

Im **Górka-Palast** (Pałac Górków) präsentiert das **Archäologische Museum** (Muzeum Archeologiczne) Ausstellungsstücke von der Steinzeit bis zum Mittelalter. Auf einer Kopie der Gnesener Kathedraltür aus dem Jahr 1170 sind Szenen aus dem Leben von Polens erstem Märtyrer, dem hl. Adalbert, abgebildet.

Pfarrkirche Maria Magdalena und Jesuitenkolleg
Kirche: ul. Gołębia 1

Südöstlich des Markts leuchtet die **Pfarrkirche Maria Magdalena** 5 (Kościół Farny Św. Marii Magdaleny) kupferrot. Sie ist ein Meisterwerk des Barock, entstanden in über 80-jähriger Bauzeit (1651–1732). Die rote Farbe wiederholt sich im Inneren auf den Marmorsäulen, die das dreischiffige Bauwerk gliedern.

Wenige Schritte entfernt liegt das ehemalige, 1571 erbaute **Jesuitenkolleg** 6 (Szkoła

Posen

Sehenswert
1. Rathaus
2. Croissant-Museum
3. Museum für Musikinstrumente
4. Archäologisches Museum
5. Pfarrkirche Maria Magdalena
6. Jesuitenkolleg
7. Franziskanerkirche
8. Königsschloss und Museum angewandter Kunst
9. Nationalmuseum
10. Raczyński-Bibliothek
11. Kaiserschloss
12. Geschichtszentrum ›Tor nach Posen‹
13. Kathedrale
14. Lubrański-Akademie
15. Diözesanmuseum

Übernachten
1. Brovaria
2. Park
3. Royal
4. Soda Hostel
5. Malta Nr. 155

Essen & Trinken
1. A Nóż Widelec
2. Weranda Zielona

Einkaufen
1. Stary Browar

Abends & Nachts
1. Teatr Wielki

Aktiv
1. Malta-See

Jezuicka). Zu den Berühmtheiten, die hier residierten, zählt Fryderyk Chopin.

Franziskanerkirche 7
ul. Franciszkańska 2, Ecke ul. Ludgardy, www.poznan.franciszkanie.pl, tgl. 6.30–19 Uhr
Westlich vom Stary Rynek, knapp 200 m vom Rathaus entfernt, liegt die **Franziskanerkirche** (Kościół Franciszkanów), auch bezeichnet als Kirche des hl. Antonius von Padua. Sie besticht durch ihre Porträtgalerie und den aus Eichenholz geschnitzten Altar mit einem Bildnis der Madonna von Posen, der seit über 300 Jahren Wunder zugeschrieben werden. Im Untergeschoss des Klosters können Sie Posen anno 1618 begutachten – als Miniaturstadt (19 zł)!

Königsschloss und Museum angewandter Kunst 8
ul. Franciszkańska, Ecke Góra Przemysła 1, www.mnp.art.pl, Di–Do 9–15, Fr 12–21, Sa, So 11–18 Uhr, 12 zł
Ursprünglich aus dem 13. Jh. stammt das für Fürst Przemysław II. erbaute **Königsschloss** (Zamek Królewski), das nach Zerstörungen rekonstruiert wurde. Es beherbergt heute das **Museum angewandter Kunst** (Muzeum Sztuk Użytkowych) mit einer bunten Sammlung an Keramik und Schmuck, Waffen und Kostümen. Vom 43 m hohen Turm genießt man einen prächtigen Ausblick auf die Stadt.

Nationalmuseum 9
ul. Marcinkowskiego 9, www.mnp.art.pl, Di–Do 9–15 (im Sommer 11–17), Fr 12–21, Sa, So 11–18 Uhr, 12 zł
In einem imposanten, 1903 fertiggestellten Neorenaissancebau, früher Sitz des Preußischen Friedrich-Museums, zeigt das **Nationalmuseum** (Muzeum Narodowe) bedeutende Werke polnischer Kunst. Zu sehen sind Gemälde aus dem Mittelalter und Sargporträts ebenso wie Bilder Jacek Malczewskis (1854–1929). Die Ausstellung im modernen Anbau widmet sich europäischen Meistern aus Holland, Frankreich, Spanien und Italien.

Raczyński-Bibliothek 10
pl. Wolności s/n, www.bracz.edu.pl, Mo–Fr 9–20, Sa 10–17 Uhr
Der auffällige Palast am Freiheitsplatz mit klassizistischer Fassade und korinthischen Säulen wurde 1828 erbaut. Ein Jahr später eröffnete Graf Edward Raczyński hier die nach ihm benannte **Bibliothek** (Biblioteka Raczyńskich). Dank seines Reichtums konnte er auch den weiteren Unterhalt garantieren und kam so seinem hehren Ziel, Posen in ein neues Athen zu verwandeln, wieder ein Stückchen näher. Früh erkannte Raczyński, dass Sprache und Literatur die Eckpfeiler eines nationalen Bewusstseins sind und bewahrt werden müssen – insbesondere in

Posen und Umgebung

> ### Jeżyce
> Journalisten und Travelblogger machten das Viertel westlich der Universität und der Altstadt bekannt ein »Jugendstilquartier mit Einschusslöchern in den Fassaden« (FAS) soll Touristen anlocken. Bei Studenten ist es schon länger beliebt, denn hier waren die Mieten erschwinglich. Nun aber beginnen sie zu steigen, schon florieren die ersten Lokale, Theaterbühnen und Produktionsstätten für Videos. Und natürlich sind Sprayer im Einsatz, die die hässlichen Fassaden aufhübschen – auch Häuser, die an das Wirken der fleißigen Bamberger erinnern, die man nach der Zerstörung des Dorfes durch Kampfhandlungen im Nordischen Krieg eingeladen hatte sich anzusiedeln. – Ein Stadtteil mit ungewisser Zukunft, aber vielleicht schon bald ein beliebtes Szeneviertel?

einem Land, das so häufig seinen ›Besitzer‹ wechselte …

Kaiserschloss 11
ul. Św. Marcin 80, Tel. 61 646 52 60, www.ckzamek.pl, Di–So 11–19, im Sommer bis 21 Uhr
Damit der wilhelminische Prunkbau nicht mit dem Königsschloss (s. S. 397) verwechselt wird, erhielt er einen neuen Namen: Statt ›Königliches Residenzschloss‹ heißt das Palais nun **Kaiserschloss** (Zamek Cesarski) – in Anspielung auf Kaiser Wilhelm II., für den es 1910 errichtet wurde. Knapp 30 Jahre später ordnete Adolf Hitler den Ausbau zur Führerresidenz an. Von hier, so wurde verlautet, wollte er nach dem angestrebten Endsieg Heerschau halten über den Lebensraum im Osten – das Kaiserschloss als Sinnbild deutschen Größenwahns. Heute beherbergt es ein **Kulturzentrum** (Centrum Kultury Zamek) mit Off-Cinema, Jazzclub, Galerien, Theater- und Konzertbühne. Im Brunnenhof lädt ein Café zu einer Pause ein.

Dominsel

Im Osten der Stadt liegt die **Dominsel** (Ostrów Tumski), auf der ab Mitte des 10. Jh. Fürst Mieszko I. residierte. Der Besuch hier ist ein Muss für jeden, der die polnische Mentalität und den polnischen Katholizismus ergründen möchte. Kommt man vom Stadtzentrum, erreicht man die Dominsel über die Brücke Bolesława Chrobrego. Ein einleitender Rundgang durch das multimediale Zentrum Brama Posnania (s. unten) östlich der Dominsel ist zu empfehlen.

Geschichtszentrum ›Tor nach Posen‹ 12
ul. Gdańska 2, Tel. 61 647 76 34, www.bramapoznania.pl, Di–Fr 9–18, Sa, So 10–19 Uhr, ab 18 zł
Ein minimalistischer Betonkubus markiert den Ort, an dem man die Anfänge des polnischen Staates vermutet. **Tor nach Posen** (Brama Posnania) heißt dieses Gebäude, in dem die 1000-jährige Geschichte Posens und seiner Dominsel erzählt wird. Mit einem im Ticket enthaltenen Audioguide begeben Sie sich auf Entdeckungsreise. Ein besonderer Raum zeigt die **Goldene Kapelle** (Budynek Główny) mit den Grabmalen der ersten polnischen Herrscher. Das Zentrum ist mit der Dominsel durch einen gläsernen Tunnel verbunden.

Kathedrale 13
Ostrów Tumski 17, Mo–Sa 9–18 Uhr
Anstelle der 968, kurz nach dem Übertritt des Fürsten zum Christentum errichteten Kirche erhebt sich nun die mächtige doppeltürmige **Kathedrale** (Katedra). Sie wurde zwischen 1050 und 1075 im Stil einer romanischen Basilika erbaut und später mehrfach verändert. Ihr Schmuckstück ist die Goldene Kapelle, das symbolische Mausoleum der ersten polnischen Herrscher Mieszko I. und Bolesław I. Der goldverkleidete, in neobyzantinischem Stil erbaute achteckige Raum entstand zwischen 1835 und 1841.

Lubrański-Akademie und Diözesanmuseum
ul. Lubrańskiego 1, www.muzeum.poznan.pl, Di–Fr 10–17, Sa 9–15 Uhr, 8 zł
Die **Lubrański-Akademie** (Akademia Lubrańskiego) ist nach dem Bischof benannt, der 1519 ein Kollegium stiftete, Posens erste Hochschule mit naturwissenschaftlicher und humanistischer Abteilung. Heute befindet sich darin

das Kirchenarchiv. Schön anzuschauen ist der arkadengeschmückte Innenhof.

Im Haus gegenüber befindet sich das **Diözesanmuseum** 15 (Muzeum Archidiecezjalne). Neben mittelalterlicher Schnitzkunst aus Polen zeigt es Meisterwerke aus anderen Ländern, darunter ein Gemälde von A. van Dyck.

Infos

Städtisches Touristenbüro CIT: Stary Rynek 59, Tel. 61 852 61 56, www.poznan.travel, Mo–Fr 9.30–18, Sa bis 17 Uhr. Hier bekommen Sie auch die **Posener City Card,** eine Rabattkarte für Museen, Zoo und Restaurants. Es gibt sie für 1, 2 oder 3 Tage, die kostenlose Nutzung der öffentlichen Verkehrsmittel kann dazugebucht werden.

Kulturinfo CIK: ul. Ratajczaka 44, Tel. 61 854 07 52, www.poznan.pl, Mo–Fr 10–19, Sa 10–17 Uhr.

Übernachten

Extravagant – **Blow Up Hall 5050** 1 **:** ul. Kościuszki 42, Tel. 500 161 671, www.starybrowar5050.com. An diesem Hotel scheiden sich die Geister – die einen sind fasziniert von diesem hypermodernen Bau, einem architektonischen Kunstwerk in den Gemäuern des Shoppingmall Stary Browar (s. S. 400), die anderen können mit dem Design nicht viel anfangen und urteilen: stylish, aber unpraktisch. 26 Zi., DZ ab 120 €.

Unschlagbare Lage – **Brovaria** 1 **:** Stary Rynek 73–74, Tel. 61 858 68 68, www.brovaria.pl. Das kleine, einer polnischen Brauerei (browaria) gehörende Hotel befindet sich in zwei schmuck restaurierten Bürgerhäusern am Markt und ist im Fin-de-Siècle-Stil eingerichtet. Achten Sie darauf, ein Zimmer mit Blick auf den Platz zu bekommen! 21 Zi., DZ ab 85 €.

Im Grünen – **Park** 2 **:** ul. Baraniaka 77, Tel. 61 874 11 00, www.poznan.hotelepark.pl/de. Viersternehotel am Malta-See (Jeziro Maltańskie) 3 km östl. des Stadtzentrums. Komfortable Zimmer, schöner Ausblick von der Terrasse. 98 Zi., DZ ab 60 €.

Boutiquehotel – **Royal** 3 **:** ul. Św. Marcin 71, Tel. 61 858 23 00, www.hotel-royal.com.pl. Das Gründerzeithaus ist erreichbar über eine kleine Passage. Gedämpfte Grün- und Rottöne ergänzen einander, Möbel und Lampen sind nostalgisch gestylt. Trotz der zentralen Lage schläft man sehr ruhig, alle wichtigen Ecken der Stadt sind in wenigen Gehminuten erreichbar. WLAN gratis. 27 Zi., DZ ab 60 €.

Hip – **Soda Hostel** 4 **:** ul. Dąbrowskiego 27-A, Tel. 793 272 720, www.sodahostel.com. In dem vor allem bei Jugendlichen angesagten Viertel Jeżyce (s. S. 398) gibt es ein erstes, modern eingerichtetes Hostel. DZ ab 50 €.

Camping – **Malta Nr. 155** 5 **:** ul. Krańcowa 98, Tel. 61 876 61 55, www.campingmalta.poznan.pl, geöffnet Mai–Sept. Große Wiese am Malta-See (Jezioro Maltańskie) mit Stellplätzen und über 40 Campinghäuschen für 1–4 Pers.

Essen & Trinken

Hochprämiert – **A Nóż Widelec** 1 **:** ul. Czechosłowacka 133 (8 km südwestl. des Stary Rynek), Tel. 506 031 265, www.anozwidelec.com, tgl. 12–18, Fr, Sa bis 21 Uhr, Anfahrt mit Tram 5, 8, 14 bis Haltestelle Górczyn. Wer über kein eigenes Auto verfügt, bedauert, dass das vom Restaurantführer Gault-Millau mit viel Lob bedachte Lokal so weit außerhalb liegt. Das Ambiente ist stimmig und die Qualität tadellos. Oft kennt man die Gerichte, doch hier schmecken sie anders – und besser! Obendrein sind die Portionen reichlich. Da das Lokal keine zehn Tische hat, unbedingt reservieren! Hauptgerichte ab 9 €, preiswerter Business Lunch.

Stimmungsvoll – **Stara Ratuszowa** 1 **:** Stary Rynek 55, Tel. 61 851 53 18, www.ratuszowa.pl, tgl. 12–23 Uhr. Lokal im Rathauskeller mit polnischen Gerichten und Posener Spezialitäten. Gut schmeckt z. B. die Räucherforelle mit Meerrettich, Sauerrahm und Roter Bete. Hauptgerichte ab 10 €.

Selbstgebrautes Bier – **Brovaria** 1 **:** im gleichnamigen Hotel (s. links), tgl. 8–24 Uhr. An der Bar kann es abends laut werden, im hellen Restaurant ist es ruhiger. Internationale Küche und dazu vorzügliches Bier, sehr beliebt ist das Dunkle, doch auch das Honigbier schmeckt! Hauptgerichte ab 6 €.

Mit kleinem Garten – **Weranda Zielona** 2 **:** ul. Świętosławska 10, Tel. 61 853 25 87, www.werandafamily.com, tgl. 10–23 Uhr. In der

Posen und Umgebung

›Grünen Veranda‹ mit ihren wuchernden Blumen und üppigen Früchtestillleben fühlt man sich fast wie auf dem Land. Hier schmecken die frisch zubereiteten Torten, das Frühstück und auch die kleinen Gerichte. Im Sommer können Sie sich im hübschen Garten bedienen lassen. Kaffee & Kuchen ab 4 €.

Einkaufen

Einkaufszentrum – **Stary Browar** 1 : ul. Półwiejska 42, www.starybrowar.pl, Mo–Sa 9–21, So 10–20 Uhr. Eine der schönsten Shoppingmalls in Polen – bescheiden formuliert! Auf dem Gelände der bis 1980 genutzten Brauerei Hugger gibt es alles, was das Herz begehrt: schicke Sport- und Modegeschäfte, Kinos, Cafés und Lokale sowie ein verrücktes Hotel (s. S. 399). Im Zweifelsfall sind die Preise hier übrigens günstiger als in den wenigen verbliebenen Läden rings um den Marktplatz und in den an ihn angrenzenden Gassen.

Abends & Nachts

Aktuelle Veranstaltungsinfos enthält die Monatszeitschrift »iks«, erhältlich im Touristenbüro. Wer des Polnischen mächtig ist, findet auch wertvolle Hinweise auf der Website www.kultura.poznan.pl.

Kultur im Schloss – **Kulturzentrum** 11 (Centrum Kultury Zamek): s. S. 398.

Jazz – **Blue Note Jazz Club** 11 : im Kulturzentrum (s. S. 398), Eingang von der ul. Kościuszki 76, www.bluenote.poznan.pl. In dem traditionsreichen Klub im Kaiserschloss treten hochkarätige Ensembles auf.

Klassik – **Filharmonia** 11 : im Kulturzentrum (s. S. 398), Tel. 61 852 47 08, www.filharmoniapoznanska.pl.

Oper – **Teatr Wielki** 1 : ul. Fredry 9, Tel. 61 659 02 00, www.opera.poznan.pl.

Aktiv

Rudern – Bootsmiete am **Malta-See** 1 (Jezioro Maltańskie), der internationalen Regattastrecke im Osten der Stadt.

Termine

Jazz-Ära (März, www.jazz.pl): Beim Festival Era Jazzu konkurrieren die besten Bands aus Posen mit bekannten einheimischen und ausländischen Stars.

Johannisjahrmarkt (Juni): Komödianten, Feuerschlucker und Jongleure verzaubern die Besucher des Alten Marktes.

Internationales Theaterfestival MALTA (Juni/Juli, www.malta-festival.pl): Ensembles aus ganz Europa zeigen ihre Stücke auf offiziellen und alternativen Bühnen – ein Crossover aus Theater, Film, Musik und Bildender Kunst.

Verkehr

Flüge: Posens Flughafen, www.airport-poznan.com.pl, liegt in Ławica 7 km westl. der Stadt. Verbindungen u. a. nach Köln, Frankfurt, München und Wien. Stadtbusse 78 und 59 fahren ins Zentrum.

Züge: Mehrere IC- und EC-Züge nach Warschau, Breslau und Berlin, 6 x tgl. nach Krakau. Der Bahnhof befindet sich knapp 2 km südwestl. des Rynek.

Busse: Mit dem Bus kommt man gut nach Pobiedziska und Gniezno, Kórnik und Rogalin. Die Busstation befindet sich 1 km südwestl. des Stary Rynek.

Östlich von Posen

Posen ist Startpunkt der ostwärts führenden **Piastenroute,** die die ersten Siedlungen des polnischen Reiches miteinander verbindet.

Großpolnischer Ethnografischer Park ▶ 1, H 10

Dziekanowice 32, www.lednicamuzeum.pl, Di–So 10–17 Uhr, 12 zł

Über **Pobiedziska** erreicht man nach gut 35 km Richtung Osten den **Lednica-See** (Jezioro Lednica), an dessen Ostufer sich der **Großpolnische Ethnografische Park** (Wielkopolski Park Etnograficzny) befindet. Um die 80, zumeist originale Gebäude veranschaulichen ein typisch großpolnisches Dorf des 19. Jh. 2 km nördlich des Freilichtmuseums erfährt man im dazugehörigen **Museum der ersten Piasten** (Muzeum Pierwszych Piastów) alles Wichtige über Polens Staatsgründer Mieszko I. Zu sehen sind Waffen, Keramik

Östlich von Posen

und Schmuck von der Insel Ostrów Lednicki, auf der die Piasten eine ihrer ersten Residenzen errichteten. Mit einem Boot kann man zu dem Eiland übersetzen, um Reste der Anlage, u. a. Ruinen des ringförmigen Burgwalls, in Augenschein zu nehmen.

Gniezno ▶ 1, J 10

Als Wiege des polnischen Staates wird am häufigsten **Gniezno** (Gniesen) genannt, weitere 15 km östlich des Ethnografischen Parks gelegen. Als Lech, ein Ahne Mieszkos I., ein Nest mit weißen Adlern entdeckte, beschloss er, an diesem wundersamen Ort sein Quartier aufzuschlagen: Polens erste ›Hauptstadt‹ war geboren. Immerhin ist eine Festung auf dem **Lechberg** (Góra Lecha) für das 8. Jh. belegt. Der weiße Adler machte Karriere als Wappentier des Landes, noch heute ist er auf der nationalen Flagge abgebildet.

Ins Schlaglicht der Weltgeschichte rückte der Ort im Jahr 1000, als er vom Papst nach Fürsprache des deutschen Kaisers Otto III. zum ersten Erzbistum Polens erwählt wurde. Der Kaiser kam persönlich zur Feier nach Gnesen und stellte dem polnischen Vasallen Souveränität in Aussicht. Gleichzeitig besuchte er das Grab des hl. Adalbert, der in seinem Auftrag drei Jahre zuvor aufgebrochen war, die heidnischen Pruzzen zu missionieren – und dabei den Märtyrertod gefunden hatte.

Erzbischöflicher Sitz ist Gniezno noch heute, die wuchtige, doppeltürmige **Kathedrale** (Katedra) dominiert die Silhouette der Stadt. Mitte des 14. Jh. im gotischen Stil entstanden, ist sie bereits der dritte Nachfolgebau der ursprünglich im 10. Jh. errichteten Kirche. Auf der romanischen Bronzetür von 1170 sind dramatische Szenen aus dem Leben des hl. Adalbert dargestellt: von seiner Geburt über seine Missionsreise ins Pruzzenland und seine Tötung durch einen heidnischen Priester bis zu seiner Beerdigung in der

In Dziekanowice, wenig nördlich des Großpolnischen Ethnografischen Parks, stehen sie in Reih und Glied: Skulpturen der ersten Piasten

Posen und Umgebung

Schloss Rogalin ist nur einer der Landsitze, den sich die Raczyńskis zulegten – drinnen kann man den feudalen Lebensstil des polnischen Adels bewundern

Kathedrale. Die Reliquien des Heiligen befinden sich in einem prächtigen, aus Silber geschaffenen Grabmal am Hochaltar (www.powiat-gniezno.pl).

Übernachten, Essen
Dreisternehotel – **Pietrak:** ul. Chrobrego 3, Tel. 61 426 14 97, www.pietrak.pl. Komfortables Dreisternehotel in einem Bürgerhaus in der Fußgängerzone unweit der Kathedrale. Im dazugehörigen Lokal dinierten schon neun europäische Premierminister und Präsidenten. Besonders oft bestellt wird *karp królewski* (Karpfen auf gedünstetem Gemüse). DZ ab 50 €, Hauptgerichte ab 8 €.

Verkehr
Züge: Nach Gniezno kommt man von Posen sehr gut mit dem Zug.

Südlich von Posen

Nationalpark Großpolen
▶ 1, G 11
Wer der nationalen Mythen überdrüssig ist, gönnt sich einen Tag im Grünen. 20 km südlich von Posen liegt der **Nationalpark Großpolen** (Wielkopolski Park Narodowy), eine von der Eiszeit geformte Hochebene mit Rinnenseen und dichten Mischwäldern.

Südlich von Posen

Rogalin ▶ 1, G 11

Schloss: http://rogalin.mnp.art.pl, Facebook: Muzeum Pałac w Rogalinie, Jan.–April Di–Fr 9.30–16, Sa, So 10–17, Mai–Sept. Di–So 10–17, Okt.–April Di–So 9–17 Uhr, Eintritt 35 zł, Garten & Park frei

Nur 7 km östlich des Nationalparks liegt das **Schloss Rogalin** (Pałac w Rogalinie), das im 18. Jh. entstandene Vorzeigepalais der Adelsfamilie Raczyński. Seine grandiose Wirkung verdankt es einem architektonischen Trick: Vom barocken Hauptbau ausgehend ›umarmen‹ zwei halbrunde Galerien einen riesigen Hof, der wie ein Paradeplatz anmutet. Neben Empire- und Biedermeiersalons gibt es Ball- und Festsäle, allesamt ausgestattet mit wertvollem Mobiliar, Skulpturen und Gobelins. Porträts der Familie schmücken das Treppenhaus, ihre Gemäldesammlung mit Bildern von Böcklin, Monet und Matejko ist in einem Pavillon ausgestellt.

Hinter dem Palast erstreckt sich ein französischer Garten, westlich schließt sich ein englischer Park an, der über den größten Bestand uralter Eichen in Europa verfügt. Die drei schönsten werden in Erinnerung an die sagenhaften Gründer der slawischen ›Bruderstaaten‹ Lech, Czech und Rus genannt.

Verkehr
Busse: Regelmäßig nach Posen.

Kórnik ▶ 1, H 11

Zamkowa 5, Di–So 10–15.30 Uhr, 15 zł

Noch einmal 13 km östlich, in **Kórnik,** steht ein weiteres **Schloss** (Zamek). Im 15. Jh. von der mächtigen Górka-Familie gegründet, wurde es im 19. Jh. nach einem Entwurf von Karl Friedrich Schinkel im neogotischen Stil umgebaut. Die original erhaltenen Innenräume bergen ein Museum mit einer Fülle von Kunstschätzen, die Bibliothek enthält Manuskripte von Mickiewicz, Słowacki und Napoleon. Herrlich ist ein Spaziergang durch den Schlosspark, einen riesigen botanischen Garten mit einer Fülle exotischer Pflanzen.

Als Startpunkt für eine Wanderung eignet sich der Ort **Mosina.** Hier beginnt der lohnenswerte, blau markierte Weg nach Puszczykowo (ca. 17 km). Über **Osowa Góra** erreicht man den See Kociołek, wo man auf den roten Weg einschwenkt und diesem bis **Puszczykowo** folgt. Unterwegs wird der schönste See des Nationalparks, der Jezioro Góreckie, passiert. Idealer Wegbegleiter ist die Karte ›Wielkopolski Park Narodowy‹ im Maßstab 1 : 35 000.

Verkehr
Züge/Busse: Mosina und Puszczykowo sind von Posen aus mit Bummelzug und Bus und erreichbar.

Verkehr
Busse: Viele Verbindungen nach Posen.

Kulinarisches Lexikon

Nur in den Restaurants großer Städte gibt es eine mehrsprachige Speisekarte. Auf dem Land gilt es, die polnischen Bezeichnungen zu entziffern.

Allgemeines

Frühstück	śniadanie
Mittagessen	obiad
Abendessen	kolacja
Speisekarte	jadłospis
Mittagsmenü	zestaw obiadowy
Zum Wohl!	Na zdrowje!

Speisekarte

barszcz czerwony	Rote-Bete-Suppe
– z krokotkiem	– mit Fleischkrokette
– z uszkami	– mit kleinen Teigtaschen
bigos	Krautgulasch mit Pilzen
borowiki	Steinpilze
botwinka	Rote-Bete-Suppe mit Rübenblättern
chłodnik	Kaltschale aus Roter Bete
dania bezmięsne	fleischlose Gerichte
drób	Geflügel
dziczyna	Wild
filet z kurczaka	Hähnchenfilet
frytki	Pommes frites
gołąbki	gefüllte Kohlrouladen
golonka	Eisbein
grzyby	Pilze
gulasz wołowy	Rindsgulasch
halibut	Heilbutt
herbata	Tee
– z cytryną	– mit Zitrone
jagnięcina	Lammbraten
jagody	Blaubeeren
jajecznica	Rührei
jajko	Ei
jarskie	vegetarische Gerichte
kaczka	Ente
– pieczona	gebratene, mit Äpfeln
z jabłkami	gefüllte Ente
– po starogdańsku	Ente auf Altdanziger Art (mit Orangen)
karp po żydowsku	Karpfen auf jüdische Art (süßsauer in Aspik)
kawa	Kaffee
– po staropolsku	– auf altpolnische Art (mit Sahne und Brandy)
– po turecku	– auf türkische Art (ungefiltert und mit Zucker)
– z mlekiem	– mit Milch
kiełbasa	Wurst
– z rożna	Grillwurst
knedle	Knödel
kopytka	Kartoffelklöße
kotlet szabowy	Schweineschnitzel
krewetki	Garnelen, Krabben
kugle	Krapfen
kurczak	Hähnchen
kurki	Pfifferlinge
łapa niedźwiedzia	Bärenpfote
lin	Schleie
lody	Eis
łosoś	Lachs
– marynowany	– mariniert
– z grila	– vom Grill
makowiec	Mohnkuchen
maliny	Himbeeren
makrela	Makrele
marynowane	marinierte Pilze
mięsne	Fleischgerichte
miód pitny	Met, Honigwein
mizeria	Gurkensalat mit saurer Sahne
mleko	Milch
– kwaśne	Sauermilch
naleśniki	Pfannkuchen
– z serem	– mit Schichtkäse
ogórki kiszone	saure Gurken
okoń	Barsch
owoce	Früchte, Obst
parówki	Würstchen
pieczarki	Champignons

pieczeń	Braten	– pomarańczowy	Orangensaft
– huzarksi	›Husarenbraten‹	– pomidorowy	Tomatensaft
	(gefüllter Rindsbraten)	sola	Seezunge
– z dzika	Wildschweinbraten	sos	Soße
– wieprzowa	Schweinebraten	– koperkowy	Dillsoße
pierogi	gefüllte Teigtaschen	– kurkowy	Pfifferlingsoße
– po ruskie	– auf russische Art	– myśliwksi	süßsaure Jägersoße
	(mit Kartoffel-Quark-	– ogórkowy	Gurkensoße
	Füllung)	– rakowy	Soße mit Flusskrebsen
– z dzika	– mit Wildschwein	– śmietanowy	Sahnesoße
– ze szpinakiem	– mit Spinat	– żurawinowy	Moosbeersoße
– z grzybami	– mit Pilzen	sum	Wels
– z kaszą	– mit Graupen	surówka	Rohkost, Salat-
– z mięsem	– mit Fleisch		beilage
– z kapustą	– mit Sauerkraut	– z marchewki	Karottensalat
piwo	Bier	– z pomidorów	Tomatensalat
– bezalkoholowy	alkoholfreies Bier	szarlotka	Apfelkuchen
placki ziemniaczane	Kartoffelpuffer	szaszłyk	Fleischspieß
polędwica	Lendenstück	szczupak	Hecht
pomidory	Tomaten	sznycel	Schnitzel
potrawka	Ragout	tatar	Tatar
– z kurczaka	Geflügelragout	tatar z łososia	Lachstatar
– cielęca	Kalbsragout	twaróg	Quark, Schichtkäse
poziomki	Wilderdbeeren	truskawki	Erdbeeren
pstrąg	Forelle	warzywa	Gemüse
rak	Krebs	węgorz	Aal
ryba	Fisch	– wędzony	Räucheraal
– ryba smażona	gebratener Fisch	wino	Wein
– wędzona	geräucherter Fisch	– białe	Weißwein
rybne	Fischgerichte	– czerwone	Rotwein
ryż	Reis	– grzane	Glühwein
sałatka	grüner Salat	woda mineralna	Mineralwasser
– jarzynowa	Gemüsesalat	wódka	Wodka
– z pomidorów	Tomatensalat	zębacz	Seewolf
sandacz	Zander	ziemniaki	Kartoffeln
sardynka	Sardine	zupa	Suppe
sarnina	Rehbraten	– grzybowa	Pilzsuppe
ser biały	Schichtkäse, Quark	– ogórkowa	Gurkensuppe
sielawa	Stinthengst	– pomidorowa	Tomatensuppe
	(masurischer Fisch)	– rybna	Fischsuppe
		– z borowikami	Steinpilzsuppe
śledź	Hering	– z raków	Flusskrebssuppe
– w oleju	– in Öl	żurek	Sauerrahmsuppe
– w śmietanie	– in Sahnesoße	– w chlebie	– im ausgehöhlten
sok	Saft		Brotlaib
– jabłkowy	Apfelsaft		

Sprachführer

Aussprache

Zu der Zahl ›999‹ sagen die Polen *dziewięć-setdzieniećdziesiątdzwieniec*, ›Glück‹ verwandelt sich in *szczęscia* und ›Liebe‹ in *miłość*. Bei so vielen Zungenbrechern raufen sich Besucher die Haare und sind froh, wenn sie nach ihrer Polenreise wenigstens das Wort ›Hallo‹ *(cześć)* aussprechen können. In Hotels und Restaurants sind zwar immer mehr jüngere Leute beschäftigt, die Deutsch oder Englisch gelernt haben, doch kann es nicht schaden, sich ein paar Brocken dieser schwierigen Sprache anzueignen. Zunächst gilt es, sich die Aussprache jener Buchstaben und Laute einzuprägen, die es im Deutschen nicht gibt:

- **ę** ähnlich dem ›in‹ im französischen *fin*
- **ą** ähnlich dem ›on‹ im französischen *mon*
- **ł** ähnlich dem ›wh‹ im englischen *where*
- **ś** wie ›sch‹
- **ć** wie ›tsch‹
- **ń** ähnlich dem ›gn‹ in Champagner
- **ó** entspricht dem kurzen ›u‹ in Hund
- **ź, ż, rz** ähnlich dem ›j‹ im französischen *journal*
- **z** wie das stimmhafte ›s‹ in Sonne, doch im Auslaut stimmlos
- **sz** wie ›sch‹
- **cz** wie ›tsch‹

Allgemeines

Guten Tag	dzień dobry
Guten Abend	dobry wieczór
Auf Wiedersehen	do widzenia
hallo/tschüss	cześć
danke	dziękuję
bitte (sehr)	proszę (bardzo)
ja/nein	tak/nie
warum	dlaczego

Unterwegs

hier/dort	tu, tutaj/tam
links/rechts	na lewo/na prawo
geradeaus	po prostu
gegenüber	na przeciw
nahe/weit	blisko/daleko
Auskunft	informacja
Stadtplan	plan miasta
Abfahrt	odjazd
Ankunft	przyjazd
Flughafen	lotnisko
Bahnhof	dworzec
Gleis	peron
Fahrkarte	bilet
Platzreservierung	miejscówka
Bushaltestelle	przystanek autobusowy
Straßenbahn	tramwaj
Auto	auto
Tankstelle	stacja benzynowa
Benzin (bleifrei)	benzyna (bezołowiowa)
Umleitung	objazd
Durchfahrt verboten	przejazd wzbroniony
bewachter Parkplatz	parking strełony
Straße	ulica (Abk. ul.)
Allee	aleja (Abk. al.)
Platz	plac (Abk. pl.)
Ring, Marktplatz	rynek
Kirche	kościół
orthodoxe Kirche	cerkiew
Friedhof	cmentarz
Kloster	klasztor
Museum	muzeum

Zeit

wann	kiedy
wie lange	jak długo
jetzt	teraz
heute	dziśaj
gestern	wczoraj
morgen	jutro
nachmittags	po południu
abends	wieczorem
Tag	dzień
Nacht	noc
Woche	tydzień
Monat	miesiąc
Montag	poniedziałek

Dienstag	wtorek
Mittwoch	środa
Donnerstag	czwartek
Freitag	piątek
Samstag	sobota
Sonntag	niedziela

Notfall

Hilfe!	Pomocy!
Arzt	lekarz
Apotheke	apteka
Krankenhaus	szpital
Rettungswagen	pogotowie ratunkowe
Polizei	policja
Botschaft	ambasada
Pannenhilfe	pogotowie techniczne

Übernachten

Einzelzimmer	pokój jednoosobowy
Doppelzimmer	pokój dwuosobowy
mit/ohne Bad	z łazienką/bez łazienki
besetzt/frei	zajęty/wolny

Einkaufen

Wechselstube	kantor
billig/teuer	tanio/drogo
klein/groß	mały/duży
wenig/viel	mało/dużo
gut/schlecht	dobry/niedobry, zły
geöffnet	czynne/otwarty
geschlossen	nieczynny/zamknięty

Zahlen

0	zero	7	siedem
1	jeden	8	osiem
2	dwa	9	dziewięć
3	trzy	10	dziesięć
4	cztery	50	pięćdziesiąt
5	pięć	100	sto
6	sześć	1000	tysiąc

Die wichtigsten Sätze

Allgemeines

Ich verstehe nicht.	Nie rozumiem.
Ich spreche kein Polnisch.	Nie mówi po polsku.
Sprechen Sie Deutsch/Englisch?	Pan/Pani (m/w) mówi po niemecku/po angielsku?
Ich heiße …	Mam na imię …
Wie geht es Ihnen?	Jak sié Pan/Pani (m/w) ma?
Ich weiß nicht!	Nie wiem!
Wie spät ist es?	Która jest godzina?

Im Restaurant

Ist hier frei?	Jest wolny tutaj?
Bitte die Speisekarte!	Poproszę o jadłospis!
Wie viel kostet das?	Ile to kosztuje?
Ich möchte …	Chciałbym (m)/chciałabym (w) …
Guten Appetit!	Smacznego!
Prost!	Na zdrowje!
Die Rechnung bitte!	Poproszę o rachunek!

Wo sind die Toiletten?	Gdzie jest toaleta?

Unterwegs

Ich will nach …	Ja chcę jechać do …
Wo kann man … kaufen?	Gdzie można kupić…?
Wo ist hier …?	Gdzie jest …?
Welcher Bus fährt nach …?	Który autobus jeżdzi do …?
Bitte langsam!	Proszę powoli!
Ich bin bestohlen worden!	Zostałem okradziony/okradziona (m/w)!

Übernachten

Haben Sie ein freies Zimmer?	Czy ma Pan/Pani (m/w) pokój?
Ich habe ein Zimmer reserviert.	Rezerwowałam pokój.
Wie viel kostet das Zimmer pro Tag?	Ile kosztuje ten pokój na dzień?
Das ist zu teuer.	To za drogo.

Register

Abakanowicz, Magdalena 56
Adolfsquelle 20
Agnetendorf 161
Albendorf 181
Alexander II. 41
Alkohol 78
Altheimer, Paweł 56
Andechs, Hedwig von 125
Angeln 73
Annaberg 200
Anreise 64
Antonin 393
Apps 83
Architektur 52
Arkadia 382
Arnsdorf 146
August II. 40
Auschwitz 266
Auskunft 78
Ausrüstung 82

Bad Altheide 176
Bad Flinsberg 150
Bad Kudowa 177
Bad Landeck 185
Bad Reinerz 177
Bad Salzbrunn 130
Bad Schwarzbach 153
Bad Warmbrunn 142
Baranów Sandomierski 352
Bardo 175
Bären 26, **28**
Bärenhöhle 181
Bauern- und Kosakenaufstand 39
Behinderte 78
Beksiński, Zdzisław 56
Berecci, Bartolomeo 52
Berest 292
Beskid Sądecki 292
Bevölkerung 23
Biecz 295
Bielitz-Biala 222
Bielsko-Biała 222
Bieszczady 26, **314**
Bieszczadzki Park Narodowy 26, **314**
Bismarck, Otto von 41
Bistre 320
Błędne Skały 180

Bobrviadukt 120
Bodzów 140
Bojken 318
Bolesław I. 37
Bolesławiec 120
Botschaften 78
Brandys, Kazimierz 48
Breslau 94
– Adalbertkirche 105
– Ägidienkirche 103
– Alte Börse 97
– Alte Schlachtbänke 100
– Altes Rathaus 96
– Altstadt 95
– Architekturmuseum 105
– Arsenal 108
– Aula Leopoldina 100
– Botanischer Garten 103
– Depot der Erinnerung 111
– Dominsel 101
– Doppelkirche zum Heiligen Kreuz und zum hl. Bartholomäus 102
– Dorotheenkirche 105
– Elisabethkirche 97
– Erzdiözesanmuseum 103
– Evangelisch-Augsburgische Kirche 108
– Fechterbrunnen 100
– Freiheitsplatz 105
– Greifenhaus 95
– Hänsel und Gretel 97
– Haus zur Goldenen Sonne 95
– Historisches Museum 108
– Hydropolis 110
– Iglica 110
– Jahrhunderthalle 109
– Jüdischer Friedhof 111
– Kathedrale der Polnischen Orthodoxen Kirche 108
– Kathedrale St. Johannes des Täufers 102
– Kirche Maria auf dem Sande 101
– Königsschloss 108
– Kreuzkirche 102
– Kurfürstenhaus 95
– Maria-Magdalena-Kirche 105
– Markthalle 101

– Museum der bürgerlichen Kunst 97
– Museum für Archäologie 108
– Museum für Militaria 108
– Museum für Post- und Fernmeldewesen 104
– Naschmarkt 95
– Nationales Musikforum 105
– Nationalmuseum 104
– Naturhistorisches Museum 103
– Nepomuksäule 102
– Oderinseln 101
– Oper 105
– Oppenheimer-Haus 97
– Ossolineum 101
– Panorama von Racławice 104
– Pan-Tadeusz-Museum 97
– Pod Kalamburem 100
– Polnischer Hof 95
– Ring 95
– Salzmarkt 97
– Sandinsel 101
– Scheitniger Park 109
– Schweidnitzer Keller 96
– Sky Tower 111
– Słowacki-Park 103
– Städtische Bibliothek 95
– Synagoge zum weißen Storch 108
– Theatermuseum 105
– Tuchhallen 97
– Universität 100
– Universitätsbibliothek 101
– Universitätsviertel 100
– Vier-Kuppel-Pavillon 110
– Vier-Tempel-Viertel 108
– Wratislavia Cantans 96
– Zoo 110
Brieg 194
Brzeg 194
Brzegi Górne 321
Brzozowski, Tadeusz 56
Buchwald 140, **145**
Bukowiec 140, **145**
Bunzlau 120
Bystrzyca Kłodzka 181

Camping 68
Chęciny 355

Der Haupteintrag ist **fett** hervorgehoben.

Chełm 342
Chmielnicki, Bohdan 39
Chochołów 282, **284**
Chojnik (Burg) 147
Chopin, Fryderyk 41, 177, 367, 380, **381**
Cieplice 142
Conrad, Joseph 58
Curzon-Linie 43
Cwenarski, Waldemar 56
Czarna Górna 320
Czechowicz, Józef 334
Czerniawa Zdrój 153
Częstochowa 40, **216**
Czocha (Burg) 153
Czorsztyn (Burg) 290

Debno 285
Deutscher Krieg 41
Deutscher Orden 37
Deutsches Reich 37
Dolina Chochołowska 284
Dolina Jeleniogórska 143
Dolina Kościeliska 284
Dritte Polnische Republik **33**, 43
Duda, Andrzej 23
Dukla 295
Dunajec 25, 287, **288**
Duszniki Zdrój 177
Dziekanów Leśny 380

Einkaufen 79
Einreise 64
Elektrizität 80
Erdmannsdorf 141, 143
Erste Polnische Republik 41
Essen 69
Europäische Union 33

Falkenberge 140, 145
Fauna 26
Feiertage 80
Ferienwohnungen 67
Feste 75
Film 60
Fiorentino, Francesco 53
Fischbach 140, **144**
Flora 26
Fontane, Theodor 164
Frauen 80

Fremdenverkehrsämter 78
Friedrich, Caspar David 164
Fürstenstein 128

Galizien 41
Gästehäuser 67
Geld 80
Geografie 22
Geschichte 22, **37**, 48
Geschichtstabelle 44
Gesellschaft 46
Gesundheit 81
Gierowski, Stefan 56
Glatz 174
Glatzer Bergland 174
Gleiwitz 211
Gliwice 211
Głogau 122
Głogów 122
Głogówek 199
Gniesen 401
Gniezno 401
Goldberg 119
Golfen 73
Gołuchów 392
Gombrowicz, Witold 58
Goralen 274
Góra Świętej Anny 200
Gorlice 295
Góry Izerskie 150
Góry Stołowe 180
Grodzisko 270
Großpolnischer Ethnografischer Park 400
Grüßau 130
Gubałówka 282
Gut Moltke 127, **129**

Habelschwerdt 181
Haczów 316
Hašek, Jaroslav 313
Hasior, Władysław 56
Hauptmann, Carl 155
Hauptmann, Gerhart 155, **161**, 164
Heiligkreuzberge 353
Heinrichau 131
Heinrich I. 125
Heinrich II. 119
Henryków 131

Herbert, Zbigniew 58
Hermsdorf 147
Heufuder 153
Heuscheuergebirge 180
Hirschberg 136
Hirschberger Tal 143
Hitler, Adolf 42
Hitler-Stalin-Pakt 42
Hohe Tatra 25, **272**
Holzkirchen 318
Holzschnitzerei 57
Homosexualität 46, 86
Hostels 68
Hotels 67
Huzulen 26

Individualreisen 10
Internet 81
Isergebirge 150

Jagiellonen-Dynastie 38
Jagniątków 161
Janas, Piotr 56
Jan III. Sobieski 40
Janowiec 350, 351
Jarosław 310
Jaskinia Niedźwiedzia 181
Jelenia Góra 136
Jezioro Lednica 400
Johann I. Albrecht 49
Jugendherbergen 68
Juliahütte **148**, 149
Julian, Jakub 56

Kaczyński, Jarosław 36
Kalisz 393
Kalwaria Zebrzydowska 262
Kamianna 292
Kammhäuser 153
Kampinos 380
Kantor, Tadeusz 56
Kapuscinski, Ryszard 58
Karkonoski Park Narodowy 24, **150**
Karkonosze 150
Karłów 180
Karlsberg 180
Karpacz 166
Karpaten 25
Karpatenbogen 25

Register

Karpniki 140, **144**
Karten 81
Kasprowy Wierch 282
Katharina II. 40
Katowice 202
– Altstadt 202
– BWA-Galerie 203
– Christuskathedrale 207
– Denkmal der schlesischen Aufständischen 203
– Erzbischöfliches Museum 207
– Galeria Katowicka 202
– Grand Hotel 203
– Hauptbahnhof 202
– Jüdischer Friedhof 207
– Kulturviertel 203
– MCK 203
– Museum der Stadtgeschichte 207
– Nikiszowiec 210
– NOSPR 203
– Rathaus 202
– Ring 202
– Schlesisches Museum 203, **204**
– Schlesisches Theater 203
– Spodek 203
Kattowitz 202
Kąty 288
Kazimierz Dolny 343
– Alter jüdischer Friedhof 347
– Aussichtsturm 346
– Berg der Drei Kreuze 346
– Burg 346
– Celli-Haus 345
– Doppelpalais der Brüder Przybyła 343
– Johanniskirche 346
– Kloster der Reformierten Franziskaner 345
– Lössschlucht 348
– Naturkundemuseum 347
– Neuer jüdischer Friedhof 347
– Skulptur des Hundes Werniks 344
– Synagoge 344
– Weichselmuseum 344
Kazimierz III. **37**, 49, 52
Kielce 353
Kieślowski, Krzysztof 61

Kinder 82
Kiry 284
Kleidung 82
Klessengrund 181
Kletno 181
Klima 82
Kłodzko 174
Kobier-Promnitz 222
Kobiór-Promnice 222
Komańcza 319, 322
Kongresspolen 41
Konin 392
Konsulate 78
Kopernikus, Nikolaus 240
Koplowitz, Jan 179
Kórnik 403
Kościuszko, Tadeusz 41
Kossak, Wojciech **54**, 104
Kowary 173
Kozłówka 342
Krajewski, Marek 60, 104
Krakau 230
– Adalbertkirche 232
– Adam-Mickiewicz-Denkmal 232
– Alter jüdischer Friedhof 246
– Altes Theater 241
– Alte Synagoge 246
– Andreaskirche 237
– Annakirche 241
– Apothekenmuseum 233
– Apotheke zum Adler 251
– Arsenal 241
– Barbakane 233
– Buntglasmuseum 244
– BWA-Galerie 241
– Café Jama Michalika 233
– Collegium Iuridicum 236
– Collegium Maius 240
– Collegium Novum 240
– Cricoteka 250
– Czapski-Palais 244
– Czartoryski-Museum 241
– Dominikanerkirche 236
– Erzbischöfliches Museum 237
– Ethnografisches Museum 245
– Europeum 244
– Florianstor 233
– Franziskanerkirche 236
– Fronleichnamskirche 245

– Galerie der polnischen Malerei und Bildhauerkunst 231
– Galerie des Internationalen Kulturzentrums (MCK) 232
– Galizisch-Jüdisches Museum 247
– Ghettomuseum 251
– Goethe-Institut 232
– Hauptmarkt 230
– Heiligkreuzkirche 241
– Historisches Museum 232
– Hohe Synagoge 245
– Isaak-Synagoge 245
– Jan-Matejki-Haus 233
– Japanisches Zentrum für Kunst und Technologie 247
– Kazimierz 244
– Königsweg 233
– Kunstpalast 241
– Kupa-Synagoge 245
– Manggha 247
– Marienkirche 232
– MOCAK 251
– Museum der jüdischen Kultur und Geschichte 246
– Nationalmuseum 244
– Neuer jüdischer Friedhof 247
– Neue Welt 241
– Palast des Bischofs Erasmus Ciołek 237
– Pavillon Wyspiański 233
– Peter-und-Paul-Kirche 236
– Piaristenkirche 241
– Planty 241
– Platz der Ghettohelden 250
– Podgórze 250
– Popper-Synagoge 246
– Rathausturm 232
– Remuh-Synagoge 246
– Rynek Underground 231
– Schindlers Fabrik 251
– Słowacki-Theater 241
– Stadtmauer 241
– Tempel-Synagoge 245
– Tuchhallen 230
– Universitätsmuseum 240
– Universitätsviertel 240
– Wawel 237
– Zentrum für Glas und Keramik 251

Der Haupteintrag ist **fett** hervorgehoben.

– Zentrum für jüdische Kultur 245
Kraków 230
Krall, Hanna 60
Krasiczyn 313
Krasiejów 194
Krasiński, Zygmunt 58
Krauze, Antoni 61
Kreisau 127
Kreisauer Kreis 127, **129**
Krogulec 140
Krościenko 286
Krosno 295
Krummhübel 166
Krynica 291
Krzeszów **130**, 131
Krzyżowa 127
Krzyż 128
Kudowa Zdrój **177**, 178
Kunst 54
Künstlergruppe Młoda Polska 54
Kuźnice 279, 282

Ląd 392
Lądek Zdrój 185
Łańcut 308
Łęczyca 392
Lednica-See 400
Legnica 116
Legnickie Pole 119
Lemken 318
Lem, Stanisław 58
Lesko 316
Leubus 124
Licheń 392
Liegnitz 116
Links 83
Literatur 58, 83
Łódź 383
– Alexander-Newski-Kathedrale 387
– Bahnhof Łódź Fabryczna 388
– Bahnhof Radegast 388
– EC 1 388
– Experymentarium 385
– Fabrikmuseum 385
– Filmmuseum 388
– Freiheitsplatz 386
– Kunstmuseum ms1 387

– Kunstmuseum ms2 385
– Manufaktura 385
– Museum der Stadtgeschichte 385
– Museum für Textilindustrie 387
– Neuer jüdischer Friedhof 388
– Pfaffendorf 388
– Städtische Kunstgalerie 387
Łomnica 140, **144**
Łowicz 380
Lubartów 341
Lubiąż 124
Lublin 332
– Alter jüdischer Friedhof 338
– Altes Rathaus 333
– Apothekenmuseum 335
– Bernhardinerkirche 337
– Bethaus 339
– Brain Damage Gallery 337
– Burg 335
– Burgtor 335
– Dominikanerkirche 334
– Erzdiözesanmuseum 334
– Haus des Wortes 335
– Jeszywas Chachmej Lublin 338
– Karmeliterinnenkloster 337
– Karmeliterkloster 337
– Kathedrale 334
– Klonowica-Haus 333
– Konopniców-Haus 333
– Krakauer Tor 332
– Krakauer Vorstadt 336
– Kultur- und Begegnungszentrum 337
– Literaturmuseum 334
– Marienkirche 337
– Neuer jüdischer Friedhof 338
– Trinitarierturm 334
– Weinkeller zu Fortuna 333
– Wieniawskich-Haus 333
Luchse 26
Luxemburg, Rosa 42, 327
Luxus-Gruppe 56

Mährische Pforte 25
Majdan 322
Majdanek 341
Marcinowice 127

Matejko, Jan 54, 231
Maziarska, Jadwiga 56
Mazowiecki, Tadeusz 43
Medien 84
Michałowski, Piotr 54
Michniowiec 320
Mickiewicz, Adam 41, **58**, 97, 232
Międzygórze 7, 184
Mieszko I. 37
Mietwagen 66
Miłków 146
Miłosz, Czesław 58
Miłoszewski, Zygmunt 60
Minderheiten 51
Mochnaczka Niżna 292
Moltke, Freya von 129
Moltke, Helmuth James von 129
Moltke, Helmuth von 127
Morando, Bernardo 326
Moschen 199
Mosina 403
Moszna 199
Mrożek, Sławomir 58
Mysłakowice 141, 143, **146**

Nachhaltig reisen 26
Nachtleben 84
Nałęczów 342
Nationalistische Heimatarmee 42
Nationalpark Großpolen 403
Nationalpark Heiligkreuz 354
Nationalpark Heuscheuergebirge 25, **180**
Nationalpark Hohe Tatra 25, **272**, 278
Nationalpark Kampinos 380
Nationalpark Pieninen 25, **286**
Nationalpark Riesengebirge 24, **150**
Nationalpark Roztocze 331
Nationalparks 24
Nationalpark Waldkarpaten 26, **314**
Natur 24
Neiße 196
Nieborów 382
Niedzica 290
Nikifor 57

Register

Notfälle 84
Nowa Słupia 354
Nowosielski, Jerzy 56
Nowy Sącz 294
Nycyfor 57
Nysa 196

Oberglogau 199
Oberschlesien 202
Oder-Neiße-Linie 43
Öffentlicher Nahverkehr 66
Öffnungszeiten 85
Ojców 271
Ojcowski Park Narodowy 269
Opole 190
Oppeln 190
Oppelner Land 190
Oświęcim 266
Otmuchów 198
Ottmachau 198
Otto I. 37
Outdoor 73

Paczków 199
Padovano, Gian Maria 53
Papst Johannes Paul II. 263, **264**
Park Narodowy Gór Stołowych 25, **180**
Patschkau 199
Pauschalreisen 12
Pawlikowski, Paweł 61
Petersdorf 149
Piasten-Dynastie 37
Piechowice 149
Pieninen 25, **286**
Pieniński Park Narodowy 25, **286**
Pieniny 25, **286**
Piłsudski, Józef 42
Plakatkunst 56
Pless 221
Pobiedziska 400
Pohl, Gerhart 165
Polana Izerska 153
Polańczyk 317
Polanica Zdrój 176
Polański, Roman 61
Polany 292
Politik 23, **32**
Polnisch-litauische Union 37

Poniatowski, Stanisław August **40**, 53
Poprad-Tal 291
Poronin 282
Posen 394
– Archäologisches Museum 396
– Croissant-Museum 396
– Diözesanmuseum 399
– Dominsel 398
– Franziskanerkirche 397
– Geschichtszentrum ›Tor nach Posen‹ 398
– Hauptwache 395
– Historisches Museum 395
– Jesuitenkolleg 396
– Kaiserschloss 398
– Kathedrale 398
– Königsschloss 397
– Lubrański-Akademie 398
– Museum angewandter Kunst 397
– Museum für Musikinstrumente 396
– Nationalmuseum 397
– Pfarrkirche Maria Magdalena 396
– Raczyński-Bibliothek 397
– Rathaus 395
Post 85
Powroźnik 292
Poznań 394
Preisniveau 86
Preußler, Otfried 200
Privatzimmer 67
Przemyśl 311
Pszczyna 221
Puławy 342
Puszczykowo 403

Radfahren 66, 73
Rauchen 85
Reiseinfos 62
Reisekasse 86
Reisezeit 82
Reiten 74
Religion 23, **46**
Republik der beiden Nationen 38
Rezepte 72
Riesengebirge 150

Rogalin 403
Rohrlach 140
Roma 302
Różewicz, Tadeusz 58
Roztoczański Park Narodowy 331
Rübezahl **156**, 163, 164
Rundreisen 18
Rzeczka 131
Rzepedź 325
Rzeszów 306

Sandezer Beskiden 292
Sandomierz 350
Sanok 314
Santi Gucci 53, 352
Saybusch 223
Schindler, Oskar 249, **251**
Schinkel, Karl Friedrich 53, 118, 146
Schlacht am Kahlenberg 40
Schlacht bei Grunwald 38
Schlacht bei Liegnitz 37, **119**
Schmiedeberg 173
Schneeberg 184
Schneekoppe 24, 159, **170**
Schreiberhau 155
Schulz, Bruno 59
Schweidnitz 126
Sejm 33, 38
Sforza, Bona 52
Sicherheit 86
Sienkiewicz, Henryk 58
Singer, Isaac Bashevis 59
Singer, Israel Joshua 59
Sinti 302
Skifahren 74
Ślęza 125
Słowacki, Juliusz 41, 58
Smolnik 320
Śnieżka 24, 159, **170**
Śnieżnik 184
Sobieszów 147
Sobótka 125
Solidarność 33, **43**, 47
Solina 317
Solina-See 317
Sozialistischer Realismus 53
Sozialistische Volksrepublik Polen 43

412

Der Haupteintrag ist **fett** hervorgehoben.

Spartipps 86
Sport 73
Staniszów 147
Stary Sącz 293
Stasiuk, Andrzej 60
Stern, Janusz 56
Stog Izerski 153
Stonsdorf 147
Stoß, Veit 54, 96, 232
Styka, Jan 104
Świdnica 126
Świeradów Zdrój 150
Święta Katarzyna 354
Świętokrzyski Park Narodowy 354
Szajna, Józef 56
Szapocznikow, Alina 56
Szczawnica 287
Szczawno Zdrój 130
Szklarska Poręba 155
Szydło, Beata 23
Szymborska, Wisława 58

Tarasewicz, Leon 56
Tarnów **300**
Tarnowitz 215
Tarnowskie Góry 215
Tarpane 26
Tatrzański Park Narodowy 25, **272**
Telefonieren 87
Toiletten 87
Tokarczuk, Olga 47, 60
Tokarnia 355
Tourismus 23
Transformation 32
Transportmittel 65
Trebnitz 125
Trinken 70
Trinkgeld 87
Trzcińsko 140
Trzebnica 125
Tschenstochau 40, **216**
Tum 392
Turzańsk 325
Tusk, Donald 35
Tylicz 292

Übernachten 67
Umweltschutz 27

Unterkünfte 67
Ustrzyki Górne 320

Veranstaltungen 75
Verhalten 79
Verkehr 64
Verkehrsregeln 66
Vertrag von Lublin 38
Vertrag von Trentschin 37
Volkskunst 56

Wadowice 263
Wahlstatt 119
Währung 80
Wajda, Andrzej 60
Wałbrzych 130
Waldenburg 130
Waldkarpaten 314
Wałęsa, Lech 43
Walim 131
Wambierzyce 181
Wandern 74
Warschau 360
– Altstadt 360
– Annakirche 363
– Barbakane 362
– Brunnenpark 362
– Bunkerdenkmal 371
– Chopin-Museum 367
– Denkmal der Ghettohelden 369
– Denkmal des Warschauer Aufstands 362
– Franziskanerkirche 362
– Grabmal des Unbekannten Soldaten 363
– Großes Theater 366
– Hala Koszyki 368
– Heiligkreuzkirche 366
– Herz-Jesu-Basilika 373
– Historisches Museum 361
– Johanniskathedrale 361
– Jüdischer Friedhof 372
– Jüdisches Historisches Institut 369
– Kathedrale des Erzengels Michael 372
– Kirche der Sakramentinerinnen 362
– Koneser 373

– Königsschloss 361
– Königsweg 363
– Kopernikusskulptur 367
– Kopernikus-Wissenschaftszentrum 366
– Kulturpalast 367
– Łazienki-Park 367, **370**
– Literaturmuseum 361
– Marienkirche 362
– Metropolitenkirche der hl. Maria Magdalena 372
– Mickiewicz-Denkmal 363
– Militärmuseum 367
– Muranów 369
– Museum der Geschichte der polnischen Juden 371
– Museum der Militärgeistlichen 363
– Museum des Warschauer Aufstands 363
– Museum von Praga 373
– Nationalmuseum 367
– Neue Welt 367
– Neustadt 362
– Nożyk-Synagoge 372
– Paulinerkirche 362
– Pawiak-Museum 372
– PGE-Stadion 374
– Praga 372
– Präsidentenpalast 363
– Ring 361
– Sächsischer Garten 366
– Schloss Ujazdów 367
– Schloss Wilanów 367
– Sigismundsäule 361
– Soho Factory 373
– Tempel der Göttlichen Vorsehung 368
– Ujazdowski-Park 371
– Umschlagplatz 371
– Universität 366
– Weg des jüdischen Martyriums und Kampfes 371
– Westend 363
– Wodkamuseum 373
– Zachęta-Galerie 366
– Zentrum für zeitgenössische Kunst 367
– Zoo 372
Warschauer Aufstand 43

Register

Warszawa 360
Wartha 175
Wellness 87
Wetlina 320
Wieliczka 260
Wielkopolski Park Narodowy 403
Wilhelm I. 143
Wilhelm III. 143
Wilhelm von Hohenzollern 143
Wirtschaft 23, **32**
Wisente 26, **28**
Witkacy 55
Witkiewicz, Stanisław (Architekt) 273
Witkiewicz, Stanisław Ignacy (Maler) 55
Witów 282
Władysław II. **38**, 54
Woiwodschaft 23
Wojanów 140, **144**
Wojtkowa 317
Wolfe 26, **28**

Wölfelsgrund 184
Wrublewski, Andrzej 56
Wrocław 94
Wüstewaltersdorf 131
Wyspiański, Stanisław 55

Zakopane 272
Zakopane-Stil 53
Zalew Soliński 317
Zalipie 305
Zamość 326
– Akademie 329
– Amphitheater 330
– Bastion VII 330
– Franziskanerkirche 329
– Kathedrale 329
– Kloster der barmherzigen Brüder 330
– Lemberger Tor 330
– Mikwe 329
– Museum Arsenał 328
– Nikolaikirche 330
– Rathaus 327
– Rosa-Luxemburg-Haus 327

– Rotunde-Mausoleum 330
– Sakralmuseum 329
– Stadtmuseum 327
– Synagoge 329
– Zamoyski-Palais 328
Zamoyski, Jan 326
Zeit 87
Zeitplanung 13
Zeittafel 44
Żelazowa Wola **380**, 381
Zillertal-Erdmannsdorf 146
Złotoryja 119
Złoty Stok 176
Zobten 125
Zweig, Arnold 123
Zweite Polnische Republik 42
Zwierzyniec 331
Zygmunt I. **38**, 52
Zygmunt II. 38
Zygmunt III. Wasa 95
Żywiec 223

Zitate
S. 20: Andrzeij Majewski, Breslau
S. 48: Kazimierz Brandys, Der Papst in Polen, Jahreszeiten-Verlag, Hamburg 1979
S. 51: Olga Tokarczuk, »Kleine Polenkunde«, Die Zeit 17/2004
S. 59: Isaac Bashevis Singer, Schoscha, Carl-Hanser-Verlag, München 1980
S. 123: Arnold Zweig, Die Festungen meiner Jugend. In: A.Z. 1887–1968, © Aufbau-Verlag, Berlin 1978
S. 164: E. T. A. Hoffmann, Poetische Werke, Sechster Band, Brief aus den Bergen, Aufbau-Verlag, Berlin 1963
S. 231, 236, 274, 337, 386: Alfred Döblin, Reise in Polen, Walter-Verlag, Olten 1968

S. 232: Stephan Hermlin, Rede über Mickiewicz. Sinn und Form 7 (1955), 6, 905–912
S. 258: Henryk Halkowski in Maria Kłańska (Hg.), Jüdisches Städtebild Krakau, © Jüdischer Verlag, Frankfurt a. M. 1994
S. 310: Hanna Krall, Tanz auf fremder Hochzeit, Aufbau-Verlag, Berlin 1997, © Verlag Neue Kritik, Frankfurt a. M. 1993
S. 360: Hans Magnus Enzensberger, Ach, Europa! Wahrnehmungen aus sieben Ländern, © Suhrkamp, Frankfurt a. M. 1987
S. 381: Stanisław Przybyszewski, Von Polens Seele. Ein Versuch, Eugen Diederichs Verlag, Jena, 1917
S. 390: Roman Polański, Autobiographie, © Heyne Verlag, München 1985

REISEN UND KLIMAWANDEL

Der Klimawandel ist vielleicht das dringlichste Thema, mit dem wir uns derzeit befassen müssen. Wer reist, erzeugt auch CO_2. Der Flugverkehr trägt mit einem Anteil von bis zu 10 % zur globalen Erwärmung bei. Wir sehen das Reisen dennoch als Bereicherung. Es verbindet Menschen und Kulturen und kann einen wichtigen Beitrag zur wirtschaftlichen Entwicklung eines Landes leisten. Reisen bringt aber auch eine Verantwortung mit sich. Dazu gehört, darüber nachzudenken, wie oft wir fliegen und was wir tun können, um die Umweltschäden auszugleichen, die wir mit unseren Reisen verursachen.

Wir können insgesamt weniger reisen – oder weniger fliegen und länger bleiben, den Zug nehmen, wenn möglich, und Nachtflüge meiden (da sie mehr Schaden verursachen). Und wir können einen Beitrag an ein Ausgleichsprogramm wie die Projekte von *atmosfair* leisten. *Atmosfair* ist eine gemeinnützige Klimaschutzorganisation. Die Idee: Flugpassagiere spenden einen kilometerabhängigen Beitrag für die von ihnen verursachten Emissionen und finanzieren damit Projekte in Entwicklungsländern, die dort den Ausstoß von Klimagasen verringern helfen. Dazu berechnet man mit dem Emissionsrechner auf **www.atmosfair.de,** wie viel CO_2 der Flug produziert und was es kostet, eine vergleichbare Menge Klimagase einzusparen. *Atmosfair* garantiert die sorgfältige Verwendung Ihres Beitrags.

nachdenken • klimabewusst reisen

Abbildungsnachweis/Impressum

Abbildungsnachweis

Café Dolce Far Niente, Opole (PL): S. 191
DuMont Bildarchiv, Ostfildern: S. 11, 21, 47, 71 o. li. , 71 o. re., 76 o. re., 79, 89, 129, 151, 165, 231, 250, 253, 256, 265, 285 (Peter Hirth)
Fotolia, New York (USA): S. 131 (anilah); 333 (art08); 288 (Marcin Mrówka); 384/385, Umschlagrückseite u. (whitelook)
Izabella Gawin & Dieter Schulze, Lohmar/Köln: S. 9, 55, 85, 93, 107, 109, 145, 148, 154, 287, 302, 395
iStock.com, Calgary (CA): S. 117 (benkrut); 124 (CCat82); 327 (ewg3D); 121 (jstankiewiczwitek); 71 u. (KSevchenko); 102/103 (Mike-Mareen); 355 (pkazmierczak); 49 (stigalenas); 132 (texasmile); 158, 182/183 (wrzesientomek)
laif, Köln: S. 63 M. (Jan-Peter Boening); 296 (Anika Buessemeier); 220 (Tobias Gerber); 218/219 (Alessia Giuliani/CPP/Polaris); 68 (Thomas Goisque/Le Figaro Magazine); 341 (Jean Paul Guilloteau/EXPRESS-REA); 114/115, 178, 186, 225 (Peter Hirth); Umschlagklappe vorn, 226, 238/239 (Malte Jaeger); 369 (Marcin Kalinski); 197 (Hans Christian Plambeck); 268/269 (Helena Schaetzle); 356, 373, 374, 376 (Dagmar Schwelle); 249 (Lucas Vallecillos/VWPics/Redux); 90 (Stefan Volk)
MATO, Hamburg: Umschlagrückseite o. (Cozzi)
Mauritius Images, Mittenwald: S. 58/59 (age fotostock/Henryk Tomasz Kaiser); 63 o. (Alamy/Alltravel); 63 u. (Alamy/Inigo Bujedo Aguirre-VIEW); 157 (Klaus-Gerhard Dumrath); 40 (Alamy/FL Historical 1D); 299, 319, 322/323, 344/345 (Mikolaj Gospodarek); 401 (Henryk Tomasz Kaiser); 390 (Alamy/Steve Skjold); 362 (Alamy/Anna Stowe Travel); 29 (nature picture library/Unterth/Wild Wonders of Europe); 381 (United Archives); 146 (Westend61/Artur Bogacki); Titelbild (Jan Wlodarczyk)
Shutterstock.com, Amsterdam (NL): S. 261 (akturer); 229, 280/281 (A. Aleksandravicius); 351 (AM-STUDiO); 16/17 (bogumil); 50 (Ioan Florin Cnejevici); 76 u., Umschlagrückseite M. (De Visu); 275 (DyziO); 359, 379 (Fotokon); 200/201 (Andreas Jung); 292/293 (Agnes Kantaruk); 39 (Lals Stock); 166 (Radoslaw Maciejewski); 25, 65 (Mariola Anna S); 172/173 (Lukasz Miegoc); 305 (Mirek Nowaczyk); 34/35 (praszkiewicz); 204/205, 243 (RossHelen); 209 (Andrzej Rostek); 309 (Elzbieta Sekowska); 74 (Sopotnicki); 95 (Lukasz Stefanski); 137 (Mariusz Switulski); 30/31 (Piotr Szpakowski); 402/403 (wb77); 315 (WeronikaH); 339 (whitelook); 76 o. li. (wjarek); 189, 214 (Velishchuk Yevhen)

Kartografie

DuMont Reisekartografie, Fürstenfeldbruck
© DuMont Reiseverlag, Ostfildern

Umschlagfotos

Titelbild: Nationalpark Bieszczady; Umschlagklappe vorn: Krakauer Schokoladenmanufaktur (Krakiwska Manufaktura Czekolady); Umschlagrückseite oben: Hauptmarkt in Krakau

Hinweis: Autor und Verlag haben alle Informationen mit größtmöglicher Sorgfalt geprüft. Gleichwohl sind Fehler nicht vollständig auszuschließen. Alle Angaben erfolgen ohne Gewähr. Bitte schreiben Sie uns! Über Ihre Rückmeldung zum Buch und über Verbesserungsvorschläge freuen sich Autor und Verlag:
DuMont Reiseverlag, Postfach 3151, 73751 Ostfildern, E-Mail: info@dumontreise.de

2., aktualisierte Auflage 2020
© DuMont Reiseverlag, Ostfildern
Alle Rechte vorbehalten
Autor: Dieter Schulze
Lektorat: Anke Munderloh, Gudrun Raether-Klünker;
Bildredaktion: Anke Munderloh
Grafisches Konzept: Groschwitz/Tempel, Hamburg
Printed in China